Stellung und Schutz des Minderheitsgesellschafters der schuldnerischen GmbH & Co. KG im Insolvenzplanverfahren nach dem ESUG

Europäische Hochschulschriften

European University Studies

Publications Universitaires Européennes

Reihe II **Rechtswissenschaft**

Series II Law

Série II Droit

Band/Volume **5882**

Laura Theresa Krull

Stellung und Schutz des Minderheitsgesellschafters der schuldnerischen GmbH & Co. KG im Insolvenzplanverfahren nach dem ESUG

Möglichkeiten des geschäftsführenden Mehrheitsgesellschafters zur Lösung andauernder Gesellschafterstreitigkeiten im Insolvenzplanverfahren in Eigenverwaltung

PL ACADEMIC RESEARCH

Bibliografische Information der Deutschen Nationalbibliothek
Die Deutsche Nationalbibliothek verzeichnet diese Publikation in der Deutschen Nationalbibliografie; detaillierte bibliografische Daten sind im Internet über http://dnb.d-nb.de abrufbar.

Zugl.: Münster (Westfalen), Univ., Diss., 2016

D 6
ISSN 0531-7312
ISBN 978-3-631-69932-4 (Print)
E-ISBN 978-3-631-69952-2 (E-PDF)
E-ISBN 978-3-631-69953-9 (EPUB)
E-ISBN 978-3-631-69954-6 (MOBI)
DOI 10.3726/978-3-631-69952-2

PL Academic Research ist ein Imprint der Peter Lang GmbH.
Peter Lang – Frankfurt am Main · Bern · Bruxelles · New York · Oxford · Warszawa · Wien

Diese Publikation wurde begutachtet.

www.peterlang.com

Meinen Eltern

Vorwort

Die vorliegende Arbeit wurde im März 2016 von der Rechtswissenschaftlichen Fakultät der Westfälischen Wilhelms-Universität Münster als Dissertation angenommen. Rechtsprechung und Literatur wurden bis November 2015 berücksichtigt.

Besonderer Dank gilt an erster Stelle meinem Doktorvater Herrn Professor Dr. Johann Kindl, der mich während der Erstellung dieser Arbeit stets mit hilfreichen Anregungen und konstruktiver Kritik unterstützt hat. Für die Übernahme und zügige Erstellung des Zweitgutachtens möchte ich zugleich Herrn Professor Dr. Ingo Saenger danken.

Weiterhin möchte ich, neben all meinen Freunden, die mich während der gesamten Zeit unterstützt und ermutigt haben, besonders meiner Schwester Johanna Krull und meinen Freundinnen Bianca Hammans, Claudia Kambach, Tine Rattey, Stefanie Schnieder, Marie-Christine Schulte, Katharina Velten und Julia Zwez danken, die die undankbare Aufgabe übernommen haben, das finale Korrekturlesen der Arbeit zu übernehmen.

Von Herzen danken möchte ich meinem Freund Thomas Vogtmeier für seine stetige Aufmunterung und Motivation, große Geduld sowie sein aufgebrachtes Verständnis. Ohne ihn wäre diese Arbeit so nicht fertig gestellt worden.

Mein ganz besonderer Dank gilt schließlich meinen Eltern Marie-Theres und Karl-Hermann Krull, deren bedingungsloser Rückhalt und uneingeschränkte Förderung diese Arbeit erst ermöglicht haben. Ihnen widme ich diese Arbeit.

Düsseldorf, im Juli 2016 *Laura Theresa Krull*

Inhaltsübersicht

Inhaltsverzeichnis

Abkürzungsverzeichnis

Das Abkürzungsverzeichnis enthält die verwendeten fachlichen Abkürzungen und Literaturangaben. Es orientiert sich hierbei an *Kirchner, Hildebert*, Abkürzungsverzeichnis der Rechtssprache, 8. Aufl., Berlin, 2015.

a.A.	anderer Ansicht
Abs.	Absatz
AcP	Archiv für die civilistische Praxis
a.F.	alte Fassung
AG	Amtsgericht; Aktiengesellschaft; Die Aktiengesellschaft
AKInsO Köln	Arbeitskreis für Insolvenz- und Schiedsgerichtswesen e.V., Köln
AktG	Aktiengesetz v. 6.09.1965 (BGBl I S. 1089)
allg.	Allgemein
Alt.	Alternative
Anh.	Anhang
Anm.	Anmerkung
Art.	Artikel
ARUG	Gesetz zur Umsetzung der Aktionärsrechterichtlinie v. 30.07.2009 (BGBl I S. 2479)
Aufl.	Auflage
BaFin	Bundesanstalt für Finanzdienstleistungsaufsicht
BAKInsO e.V.	Bundesarbeitskreis Insolvenzgerichte e.V.
BayObLG	Bayerisches Oberstes Landesgericht
BB	Der Betriebs-Berater
Bd.	Band
BeckOK	Beck'scher Online-Kommentar
BeckRS	Elektronische Entscheidungsdatenbank in beck-online (publizistische Verwendung Verlag C.H. Beck)
Begr.	Begründer; Begründung
Beil.	Beilage
ber.	Berichtigt
Beschl.	Beschluss
BGB	Bürgerliches Gesetzbuch v. 18.08.1896 (RGBl S. 195)
BGBl	Bundesgesetzblatt
BGH	Bundesgerichtshof
BGH LM	Kommentierte Rechtsprechung des Bundesgerichtshofs herausgegeben von Lindenmaier-Möhring

BGHZ	Entscheidungen des Bundesgerichtshofs in Zivilsachen
BKR	Zeitschrift für Bank- und Kapitalmarktrecht
BMJ	Bundesministerium der Justiz
BR-Drucks.	Drucksachen des Bundesrats
BT-Drucks.	Drucksachen des Bundestags
BVerfG	Bundesverfassungsgericht
BVerfGE	Entscheidungen des Bundesverfassungsgerichts
BVerfGG	Gesetz über das Bundesverfassungsgericht i d. Bek. v. 11.08.1993 (BGBl I S. 1473)
BVerwG	Bundesverwaltungsgericht
CFL	Corporate Finance law
DAV (InsR) e.V.	Deutscher Anwaltverein Insolvenzrecht e.V.
DB	Der Betrieb
DiskE	Diskussionsentwurf
DJT	Deutscher Juristentag
DStR	Deutsches Steuerrecht
DZWiR	Deutsche Zeitschrift für Wirtschafts- und Insolvenzrecht
Ed.	Edition
EGInsO	Einführungsgesetz Insolvenzordnung v. 5.10.1994 (BGBl I S. 2911)
EGInsOÄndG	Gesetz zur Änderung des Einführungsgesetzes zur Insolvenzordnung und anderer Gesetze v. 19.12.1998 (BGBl I S. 3836)
Einl.	Einleitung
ESUG	Gesetz zur weiteren Erleichterung der Sanierung von Unternehmen v. 7.12.2011 (BGBl I S. 2582, ber. S. 2800)
EuGH	Gerichtshof der Europäischen Gemeinschaften
EuInsVO	Verordnung (EG) Nr. 1346/2000 des Rates vom 29.05.2000 über Insolvenzverfahren
EWiR	Entscheidungen zum Wirtschaftsrecht
EWIV	Europäische wirtschaftliche Interessenvereinigung
FAK InsR	Fachanwalts-Kommentar Insolvenzrecht
FG	Finanzgericht
FK-InsO	Frankfurter Kommentar zur Insolvenzordnung
Fn.	Fußnote
Frankfurt / M.	Frankfurt am Main
FS	Festschrift
GbR	Gesellschaft bürgerlichen Rechts
GesO	Gesamtvollstreckungsordnung i. d. Bek. v. 23.05.1991 (BGBl I S. 1185)

GesR	Gesellschaftsrecht
GG	Grundgesetz für die Bundesrepublik Deutschland v. 23.05.1949 (BGBl S. 1)
GmbH	Gesellschaft mit beschränkter Haftung
GmbHG	Gesetz betreffend die Gesellschaften mit beschränkter Haftung i. d. Bek. v. 20.05.1898 (RGBl S. 369)
GmbHR	GmbH-Recht; GmbH-Rundschau
GVG	Gerichtsverfassungsgesetz i. d. Bek. v. 9.05.1975 (BGBl I S. 1077)
GWR	Gesellschafts- und Wirtschaftsrecht
Hdb.	Handbuch
HGB	Handelsgesetzbuch v. 10.05.1897 (RGBl S. 219)
HK-InsO	Heidelberger Kommentar zur Insolvenzordnung
HHK-InsO	Hamburger Kommentar zur Insolvenzordnung
HRI	Handbuch Restrukturierung in der Insolvenz
Hrsg.	Herausgeber
Hs.	Halbsatz
i. d. Bek.	in der Bekanntmachung
IdW	Institut der Wirtschaftsprüfer
IDW FN	IDW Fachnachrichten
IDW S	IDW Standard
InsO	Insolvenzordnung v. 5.10.1994 (BGBl I S. 2866)
InsR	Insolvenzrecht
InsVerw	Insolvenzverwaltung
InVO	Insolvenz und Vollstreckung
i.S.d.	im Sinne des; im Sinne der
i.V.m.	in Verbindung mit
JURIS	Juristisches Informationssystem
jurisPR-InsR	Der juris PraxisReport Insolvenzrecht
JuS	Juristische Schulung
JZ	Juristenzeitung
Kap.	Kapitel
KG	Kommanditgesellschaft
KG Berlin	Kammergericht Berlin
KGaA	Kommanditgesellschaft auf Aktien
KO	Konkursordnung i. d. Bek. v. 20.05.1898 (RGBl S. 369)
KredReorgG	Gesetz zur Reorganisation von Kreditinstituten (Kreditinstitute-Reorganisations-gesetz) v. 9.12.2010 (BGBl I S. 1900)
KSI	Krisen-, Sanierungs- und Insolvenzberatung – Wirtschaft Recht Steuern
KTS	Konkurs-, Treuhand und Schiedsgerichtswesen
lat.	Lateinisch
Lb	Loseblattsammlung

Lfg.	Lieferung
LG	Landgericht
lit.	littera (Buchstabe)
LS	Leitsatz
MAH	Münchener AnwaltsHandbuch
MDR	Monatsschrift für Deutsches Recht
MoMiG	Gesetz zur Modernisierung des GmbH-Rechts und zur Bekämpfung von Missbräuchen v. 23.10.2008 (BGBl I S. 2026)
MüKo	Münchener Kommentar
m.w.N.	mit weiteren Nachweisen
m.W.v.	mit Wirkung vom
NJW	Neue Juristische Wochenschrift
NJW-RR	NJW-Rechtsprechungs-Report Zivilrecht
NJW-Spezial	NJW spezial: Die wichtigsten Informationen zu speziellen Rechtsgebieten
NWB	Neue Wirtschafts-Briefe für Steuer- und Wirtschaftsrecht
NZG	Neue Zeitschrift für Gesellschaftsrecht
NZI	Neue Zeitschrift für das Recht der Insolvenz und Sanierung
NZM	Neue Zeitschrift für Miet- und Wohnungsrecht
OHG	Offene Handelsgesellschaft
OLG	Oberlandesgericht
PersG	Personengesellschaft(en)
PersGesR	Personengesellschaftsrecht
RegE	Gesetzentwurf der Bundesregierung
RettungsG	Gesetz zur Rettung von Unternehmen zur Stabilisierung des Finanzmarktes (Rettungsübernahmegesetz) v. 7.04.2009 (BGBl I S. 725)
RG	Reichsgericht, Reichsgesetz
RGBl	Reichsgesetzblatt
RGZ	Entscheidungen des Reichsgerichts in Zivilsachen
Rn.	Randnummer
RPflG	Rechtspflegergesetz v. 5.11.1969 (BGBl I S. 2065)
Rs.	Rechtssache
RSI	Restrukturierung, Sanierung, Insolvenz
Rz.	Randzahl
SE	Société européenne, Societas Europaea [Europäische Aktiengesellschaft]
Slg.	Sammlung (der Rechtsprechung des EuGH)
T.	Teil
u.a.	und andere; unter anderem
UG (haftungsbeschränkt)	Unternehmergesellschaft (haftungsbeschränkt)

Urt.	Urteil
UWG	Gesetz gegen den unlauteren Wettbewerb i. d. Bek. v. 3.07.2004 (BGBl I S. 1414)
VerglO	Vergleichsordnung v. 26.02.1935 (RGBl I S. 321)
vgl.	vergleiche
VGR	Die Gesellschaftsrechtliche Vereinigung
VBem	Vorbemerkung
WM	Wertpapier-Mitteilungen, T. 4: Zeitschrift für Wirtschafts- und Bankrecht
ZGR	Zeitschrift für Unternehmens- und Gesellschaftsrecht
ZHR	Zeitschrift für das gesamte Handels- und Wirtschaftsrecht
ZInsO	Zeitschrift für das gesamte Insolvenzrecht
ZIP	Zeitschrift für Wirtschaftsrecht und Insolvenzpraxis
ZPO	Zivilprozessordnung i. d. Bek. v. 5.12.2005 (BGBl I S. 3202)
ZRP	Zeitschrift für Rechtspolitik

Anlass, Gegenstand und Gang der Untersuchung

A. Anlass der Untersuchung

Nach dem Tod von *Siegfried Unseld* im Jahr 2002, welcher den 1950 von *Peter Suhrkamp* gegründeten *Suhrkamp-Verlag*, organisiert in der Form einer GmbH & Co. KG, nach dessen Tod 1959 als Verlagsgruppe Suhrkamp gelenkt hatte, führten Fragen über Rechte und Pflichten der Gesellschafter untereinander zu zahlreichen Streitigkeiten und einem Machtkampf zwischen den Kommanditisten.[1] Die wesentlichen Akteure dieses Gesellschafterstreits waren *Ursula Unseld-Berkewicz*, ehemals Leiterin der *Siegfried und Ursula Unseld Familienstiftung* (*Familienstiftung*), und *Hans-Georg Barlach*, ehemals Alleinaktionär der *Medienholding AG Winterthur* (*Medienholding AG*), einer Aktiengesellschaft schweizerischen Rechts. Im Zuge eines Vergleichs schied der Sohn von *Siegfried Unseld* aus dem Verlag aus. Seine Anteile in Höhe von 20 % wurden 2009 jeweils zur Hälfte auf die Kontrahenten aufgeteilt. Mit diesem Zeitpunkt waren am Kommanditkapital der *Suhrkamp Verlagsgruppe GmbH & Co. KG* (*Suhrkamp GmbH & Co. KG*) als Kommanditisten die *Familienstiftung* mit 61 % und die *Medienholding AG* mit 39 % beteiligt. Die beiden Gesellschafter waren durch eine Gesellschaftervereinbarung verbunden, zusätzlich regelte der Gesellschaftsvertrag der *Suhrkamp GmbH & Co. KG* weitreichende Einflussrechte beider Kommanditisten. Komplementär-GmbH der *Suhrkamp GmbH & Co. KG* war die *Suhrkamp Verlagsleitungs-Gesellschaft mbH*, an welcher – jeweils mittelbar – die *Familienstiftung* Geschäftsanteile von 55 % und die *Medienholding AG* Geschäftsanteile von 45 % hielten. Die beiden Widersacher bekämpften sich mit allen gesellschaftsrechtlichen Mitteln vor den Gerichten in Frankfurt / M. sowie Berlin und in der Medienöffentlichkeit. Sie versuchten, sich gegenseitig im Wege der Klage aus der Gesellschaft auszuschließen[2], warfen sich wechselseitig Treuepflichtverletzungen vor und drohten mit der Auflösung der Gesellschaft. Einigungen, dass der eine die Anteile des anderen übernehme, scheiterten.

---

1 Zur jüngeren Verlagsgeschichte vgl. die Zusammenfassung, abrufbar unter www.suhrkamp.de/suhrkamp-verlag/verlagsgeschichte_66.html (zuletzt aufgerufen am 20.11.2015); vgl. auch die zusammenfassenden Darstellungen anlässlich des Todes von *Hans-Georg Barlach* (* 31.08.1955 in Ratzeburg; † 15.07.2015, in Hamburg), abrufbar unter http://www.ndr.de/kultur/buch/Suhrkamp-Aktionaer-Hans-Barlach-ist-tot,barlach180.html (zuletzt aufgerufen am 20.11.2015); http://www.handelsblatt.com/panorama/kultur-kunstmarkt/suhrkamp-aktionaer-hans-barlach-ist-verstorben/12060118.html (zuletzt aufgerufen am 20.11.2015).

2 *LG Frankfurt / M.*, Urt. v. 13.11.2013 – 3-03 O 72/12 = NZG 2013, 1427 (Zurückweisung der gegenseitigen Ausschließungsklagen der Gesellschafter; Feststellung erheblicher Treuepflichtverletzungen beider Seiten zum Nachteil des Verlags).

Nach Jahren der Auseinandersetzung gipfelte der Streit schließlich darin, dass das Insolvenzgericht AG Charlottenburg auf Eigenantrag der Komplementärin vom 27. Mai 2013 und nach Durchführung des Schutzschirmverfahrens[3] als vorbereitendes Sanierungsverfahren (§ 270b InsO) am 6. August 2013 das Insolvenzverfahren über das Vermögen der *Suhrkamp GmbH & Co. KG* eröffnete und die Eigenverwaltung anordnete.[4] Noch am selben Tag legte der vorläufige Sachwalter einen Insolvenzplan (mit Nachtrag vom 21. Oktober 2013) vor, welcher insbesondere die Umwandlung der GmbH & Co. KG in eine AG und eine hundertprozentige Insolvenzquote für die bevorrechtigten Gläubiger vorsah. Zugleich sollte die mit erheblichen Mitwirkungsrechten ausgestattete Kommanditbeteiligung der Minderheitsgesellschafterin in eine Aktienbeteiligung mit gleicher Beteiligungshöhe umgewandelt werden.

Zwischenzeitlich ist dieses Insolvenzverfahren beendet und die Eintragung der im Insolvenzplan vorgesehenen Umwandlung der *Suhrkamp GmbH & Co. KG* in die *Suhrkamp Verlag AG* vollzogen.[5] Die Umwandlung hat zur Folge, dass der nach § 76 Abs. 1 AktG unabhängige Vorstand, zunächst besetzt durch die bisherige Verlagsleitung und kontrolliert durch einen von der Familienstiftung bestimmten Aufsichtsrat, der Geschäftsleitung ein vom Gesellschafterstreit unabhängiges Handeln möglich macht. Ein im Insolvenzplan vorgesehenes genehmigtes Kapital hatte zudem eine Reduzierung der Beteiligung der *Medienholding AG* auf 26 % bewirkt. Die zuvor mit erheblichen Mitwirkungs- und Sonderrechten ausgestattete Kommanditbeteiligung der Minderheitsgesellschafterin wurde durch die spezifische Corporate Governance der AG deutlich entwertet, die für die Kommanditbeteiligung insbesondere mit einem Verlust von Vetorechten verbunden war. Im Ergebnis hat das Insolvenzplanverfahren die im Vorhinein – unter ausschließlicher Geltung des Gesellschaftsrechts – (offenbar) unüberwindbaren Streitigkeiten zwischen den Kommanditisten zugunsten der Mehrheitsgesellschafterin entscheiden können.

Gegen dieses Ergebnis hatte sich die Minderheitsgesellschafterin mit allen zu Gebote stehenden juristischen Mitteln von Beginn an zu wehren versucht: Zunächst hatte sie sich – jeweils gestützt auf die Treuepflicht – gegen die Durchführung des

---

3 Im Gesetz als „Verfahren zur Vorbereitung einer Sanierung“ bezeichnet, vgl. § 270b InsO; der RegE ESUG spricht bereits von „Schutzschirm“ und „Schutzschirmverfahren“, vgl. RegE ESUG, BT-Drucks. 17/5712, S. 19, 40 f., 59 f., 70 f.

4 Zur Darstellung des Sachverhalts und der Prozessgeschichte *BGH*, Beschl. v. 17.07.2014 – IX ZB 13/14 = NZI 2014, 751; *Barth*, JUVE 12/2013, 70 ff.; *Böcker*, DZWiR 2015, 10 ff.; *Brockdorff / Heintze / Rolle*, BB 2014, 1859 ff.; *Commandeur / Hübler*, NZG 2015, 185 ff.; *Marotzke*, ZInsO 2015, 325, 327 ff.; *Meyer*, DB 2015, 538 ff.

5 Siehe hierzu die Pressemeldung v. 21.01.2015, abrufbar unter http://www.suhrkamp.de/news/suhrkamp_verlag_ag_2308.html (zuletzt aufgerufen am 20.11.2015); vgl. auch *Commandeur / Hübler*, NZG 2015, 185 ff.

Insolvenzverfahrens[6] und die Abstimmung über den Insolvenzplan[7] auf dem ordentlichen Rechtsweg im Wege des einstweiligen Rechtsschutzes zu schützen versucht. Mit Letzterem drang die Minderheitsgesellschafterin vor dem LG Frankfurt / M. zwar durch, indem dieses der Mehrheitsgesellschafterin verbot, für den Insolvenzplan zu stimmen. Mit Verweis auf das seiner Auffassung nach abschließende Rechtsschutzsystem der InsO stellte das OLG Frankfurt / M. dagegen die Vollstreckung aus der einstweiligen Verfügung ein und ebnete dadurch den Weg für die Verabschiedung des Insolvenzplans.[8] Im Abstimmungstermin über den Insolvenzplan hatte die Minderheitsgesellschafterin gegen den Plan gestimmt und zwei Schriftsätze mit Widersprüchen gegen den Plan eingereicht.[9] Einen Minderheitenschutzantrag (§ 251 InsO) hatte die Minderheitsgesellschafterin trotz eines Hinweises des Insolvenzgerichts dagegen nicht gestellt. Das Insolvenzgericht AG Charlottenburg stellte fest, dass sämtliche Gläubigergruppen und die Gesellschafter-Gläubigergruppe dem Plan zugestimmt hatten und bestätigte den Insolvenzplan.[10] Die Minderheitsgesellschafterin legte gegen diesen Bestätigungsbeschluss die sofortige Beschwerde (§ 253 InsO) ein, um die Wirkungen des Insolvenzplans zu verhindern.[11] Woraufhin die eigenverwaltende Schuldnerin beantragte, die sofortige Beschwerde gemäß § 253 Abs. 4 InsO unverzüglich zurückzuweisen, hilfsweise diese als unzulässig zu verwerfen.[12] Das LG Berlin als Beschwerdegericht hatte die sofortige Beschwerde zunächst als unzulässig verworfen[13] und schließlich in einem weiteren, nachträglich abändernden Beschluss gemäß § 253 Abs. 4 S. 1 InsO durch Freigabebeschluss zurückgewiesen.[14] Zur Verhinderung des Insolvenzplans legte die Minderheitsgesellschafterin daraufhin Rechtsbeschwerde zum BGH ein. Dieser hob zwar beide Beschlüsse des LG Berlin auf und wies sie zur sachlichen Überprüfung an die Vorinstanz zurück.[15] Das LG Berlin wies die sofortige Beschwerde jedoch im Eilverfahren nach § 253 Abs. 4 InsO (erneut) unverzüglich durch Freigabebeschluss und ohne Prüfung der Planinhalte aufgrund überwiegender Interessen der Gesellschaft

6 *LG Frankfurt/M.*, Urt. v. 13.08.2013 – 3-09 O 78/13 = NZI 2013, 981 (Stundung von Gewinnentnahmeansprüchen).
7 *LG Frankfurt/M.*, Urt. v. 10.09.2013 – 3-09 O 96/13 = NZI 2013, 986 (Untersagung der Stimmabgabe).
8 *OLG Frankfurt/M.*, Beschl. v. 1.10.2013 – 5 U 145/13 = NZI 2013, 978.
9 Abstimmungstermin v. 22.10.2013; vgl. *LG Berlin*, Beschl. v. 24.02.2014 – 51 T 107/14 = ZIP 2014, 893.
10 Mit Beschl. v. 15.01.2014 in der Fassung v. 21.10.2013, vgl. *LG Berlin*, Beschl. v. 24.02.2014 – 51 T 107/14 = ZIP 2014, 893.
11 Sofortige Beschwerde (§ 253 Abs. 1 InsO) v. 29.01.2014, vgl. *LG Berlin*, Beschl. v. 24.02.2014 – 51 T 107/14 = ZIP 2014, 893.
12 *LG Berlin*, Beschl. v. 24.02.2014 – 51 T 107/14 = ZIP 2014, 893.
13 *LG Berlin*, Beschl. v. 24.02.2014 – 51 T 107/14 = ZIP 2014, 893.
14 *LG Berlin*, Beschl. v. 14.04.2014 – 51 T 107/14 = DZWiR 2014, 375.
15 *BGH*, Beschl. v. 17.07.2014 – IX ZB 13/14 = NZI 2014, 751.

zurück.[16] Schließlich wurde der Antrag der Minderheitsgesellschafterin auf Erlass einer einstweiligen Anordnung nach § 32 Abs. 1 BVerfGG, der auf die vorläufige Verhinderung des Eintritts der Wirkungen des Insolvenzplans und der Eintragung des Formwechsels der Schuldnerin in eine AG in das Handelsregister gerichtet war, abgelehnt, womit der Formwechsel Ende 2014 wirksam wurde.[17]

Der spektakuläre Fall „*Suhrkamp*" hat die Brisanz der Reform des Insolvenzrechts durch das Gesetz zur weiteren Erleichterung der Sanierung von Unternehmen (ESUG)[18] und einer damit verbundenen Einbeziehung der Gesellschafter der schuldnerischen Gesellschaft in das Insolvenzplanverfahren einer breiten Öffentlichkeit vor Augen geführt. Der Fall hat weitreichenden Handlungs- und Gestaltungsspielraum und erhebliches Missbrauchspotenzial offenbart und der Rechtsprechung sowie Literatur wesentliche Aspekte für die Behandlung des Spannungsfelds zwischen Gesellschafts- und Insolvenzrecht aufgezeigt. Erstmals hat die Mehrheitsgesellschafterin einer GmbH & Co. KG öffentlich die Möglichkeiten des ESUG (aus-)genutzt, um die Minderheitsgesellschafterin zu entmachten, indem die Gesellschaft in eine AG umgewandelt und ihre Beteiligung infolge einer im Plan vorgesehenen Kapitalerhöhung reduziert worden ist. Mit der zwischenzeitlich vollzogenen Eintragung der Umwandlung des Verlags von einer GmbH & Co. KG in eine AG und der Kapitalerhöhung scheint der *Suhrkamp*-Fall für sich abgeschlossen zu sein. Zugleich hat er jedoch grundlegende Fragen aufgeworfen, die sich aus der Einbeziehung der Gesellschafter in das Insolvenzplanverfahren und der Kollision von Gesellschafts- und Insolvenzrecht ergeben.

Der facettenreiche Streit um Macht und Einfluss in dem traditionsreichen Verlagshaus *Suhrkamp* soll Anlass sein, sich in der nachfolgenden Untersuchung mit den Fragen auseinanderzusetzen, welche Stellung der (Minderheits-)Gesellschafter der schuldnerischen Gesellschaft im Insolvenzplanverfahren einnimmt und wie es um den Schutz seiner Gesellschafterrechte im Insolvenzplanverfahren bestellt ist.

B. Gegenstand der Untersuchung

Durch den *Suhrkamp*-Fall treten zahlreiche offene Fragen zutage, die sich daraus ergeben, dass die Reform der Insolvenzordnung (InsO) durch das ESUG seit dem 1. März 2012 ermöglicht, über den Insolvenzplan und das Insolvenzplanverfahren mit gestaltender Wirkung Eingriffe in die Organisation der schuldnerischen Gesellschaft und die Rechte ihrer Gesellschafter vorzunehmen. Der *Suhrkamp*-Fall, aber auch viele andere, wenngleich weniger populäre Beispiele, verdeutlichen die

---

16 *LG Berlin*, Beschl. v. 20.10.2014 – 51 T 696/14 = DZWiR 2015, 35.

17 *BVerfG*, Beschl. v. 18.12.2014 – 2 BvR 1978/13 = ZInsO 2015, 84; *Hans-Georg Barlachs* eigene Verfassungsbeschwerde hatte die Kammer im gleichen Beschluss nicht zur Entscheidung angenommen.

18 Gesetz zur weiteren Erleichterung der Sanierung von Unternehmen v. 7.12.2011 (BGBl I S. 2582, ber. S. 2800).

Attraktivität der über das Insolvenzplanverfahren geschaffenen Möglichkeiten zur Beseitigung bestehender Streitigkeiten zwischen den Gesellschaftern. Die Vorteile einzelner insolvenzrechtlicher Instrumente lassen sich so mit einem „breite[n] Strauß gesellschaftsrechtlicher Möglichkeiten“[19] konnektieren, dass eine wirkungsvolle Waffe zur Beseitigung nach gesellschaftsrechtlichen Regelungen nicht lösbarer Konflikte geschaffen werden kann. Die daraus entstandene und bereits im Vorfeld bzw. bei Inkrafttreten der Änderungen durch das ESUG laut gewordene und durch die ersten praktischen Erfahrungen zusätzlich angefachte Kritik[20] an der Einbeziehung der Gesellschafter und dem mit Blick auf die Minderheitsgesellschafter ganz generell für unzureichend empfundenen Schutz gilt es zu überprüfen.

Ziel der Untersuchung ist es, die bestehende durch den *Suhrkamp*-Fall angefachte Kritik an der Reichweite des bei Durchführung eines Insolvenzplanverfahrens in Eigenverwaltung zur Verfügung gestellten Handlungs- und Gestaltungsspielraums und dem zugleich zur Verfügung gestellten Schutz (teilweise) zu entkräften sowie beides anhand der Stellung der Minderheitsgesellschafter im Insolvenz(plan-)verfahren zu rechtfertigen. In Abgrenzung zu einer Verwendung der zur Verfügung gestellten Instrumente im Sinne des primären Insolvenzziels der Gläubigerbefriedigung soll es aufbauend auf diese Verwendung darum gehen, die Grenzen des (zulässigen) Handlungs- und Gestaltungsspielraums im Falle eines missbräuchlichen, ausschließlich insolvenzwidrigen Zwecken dienenden Einsatzes der Insolvenzinstrumente aufzuzeigen und die bereits unter Beachtung des primären Insolvenzziels geäußerte Kritik hinsichtlich der Einbeziehung der Gesellschafter in das Insolvenzplanverfahren auf die missbräuchliche Verwendung des Insolvenzplanverfahrens zu verlagern.

Die Untersuchung ist beschränkt auf die Stellung und den Schutz des Minderheitsgesellschafters in der schuldnerischen GmbH & Co. KG im Insolvenzplanverfahren. Zwar werden auch generelle Aussagen getroffen, die sich auf sonstige Gesellschafter und andere Gesellschaftsformen erstrecken, insgesamt soll der Untersuchung jedoch das Szenario eines Gesellschafterstreits zwischen Mehrheits- und Minderheitsgesellschafter zugrunde liegen. Das in der personalistischen Struktur angelegte, durch die Geltung des Einstimmigkeitsprinzips und des Zustimmungskatalogs des Gesellschaftsvertrags bedingte, teils unüberwindbare Störpotenzial ist geeignet, der weitreichenden Verdrängung gesellschaftsrechtlicher Regelungen und Wertungen bestmöglich Ausdruck zu verleihen. Der Wahl der GmbH & Co. KG,

19 *v. Unger*, in: Gummert (Hrsg.), MAH PersGesR, 2. Aufl., 2015, § 12, Rn. 134.

20 *Beissenhirtz*, ZInsO 2011, 57, 69; *Brinkmann*, WM 2011, 97, 99 ff.; *Brünkmans/Uebele*, ZInsO 2014, 265 ff.; *M. Hofmann*, NZI 2010, 798, 804; *Madaus*, ZGR 2011, 749, 759 ff.; *Meyer-Löwy/Pickerill*, GmbHR 2013, 1065 ff.; *Möhlenkamp*, BB 2013, 2828 ff.; *H.-F. Müller*, KTS 2012, 419 ff.; *ders.*, DB 2014, 41, 43; *Pape*, ZInsO 2013, 2129, 2136 ff.; *Priester*, in: FS Kübler, 2015, S. 557, 563; *Schäfer*, ZIP 2013, 2237 f., 2241; *K. Schmidt*, BB 2011, 1603, 1607 ff.; *ders.*, ZIP 2012, 2085, 2087, 2088; *Spliedt*, GmbHR 2012, 462 ff.; *ders.*, ZInsO 2013, 2155 ff.; *Stöber*, ZInsO 2013, 2457 ff., 2466; *Thole*, ZIP 2013, 1937 ff.; *ders.*, GesR Maßn. in der Insolvenz, 2. Aufl., 2015, Rn. 219 ff.; *Westermann*, NZG 2015, 134, 140.

die selbst Insolvenzschuldnerin[21] und nach § 11 Abs. 2 Nr. 1 InsO insolvenzfähig ist, als schuldnerische Gesellschaft ist ihrer praktischen Bedeutsamkeit unter den Personengesellschaften und einer vereinfachten Darstellung geschuldet. Infolge der Seltenheit anders gelagerter Fallkonstellationen mit mehr als einem persönlich haftenden Gesellschafter befasst sich die Untersuchung allein mit dem Normalfall der „typischen"[22] GmbH & Co. KG, einer KG, bei der die GmbH der einzige Komplementär ist. Zudem soll es ausschließlich um die „personenidentische"[23] GmbH & Co. KG gehen, bei der die Kommanditisten der KG zugleich – wenn auch nicht zwingend in demselben Verhältnis – an der Komplementär-GmbH beteiligt sind.

Die Fragen danach, inwieweit die Änderungen der InsO durch das ESUG die Stellung des Minderheitsgesellschafters im Insolvenzplanverfahren beeinflussen und dadurch Möglichkeiten zur Lösung andauernder Konflikte zwischen den Gesellschaftern schaffen, erfordern es, der GmbH & Co. KG eine Gesellschafterstruktur mit einem geschäftsführenden Mehrheitsgesellschafter zugrunde zu legen, der sowohl in der KG als auch in der Komplementär-GmbH eine Mehrheitsbeteiligung innehat.

C. Gang der Untersuchung

Die Untersuchung ist in sechs Kapitel gegliedert. Das *erste Kapitel* gibt einen historischen Abriss über die Entwicklung des Insolvenzrechts unter besonderer Beachtung der Frage der Einbeziehung der Gesellschafter in das Insolvenzplanverfahren. Hierzu wird zunächst die Entstehungs- und Entwicklungsgeschichte der InsO von 1999 skizziert und die Entscheidung des Gesetzgebers zur „gesellschaftsrechtlichen Neutralität" der InsO dargestellt. Die Darstellung der historischen Entwicklung der InsO soll in die Problematik um die (fehlende) Möglichkeit zur zwangsweisen Einbeziehung der Gesellschafter in den Insolvenzplan einführen und die der gesetzgeberischen Entscheidung zur Einbeziehung der Gesellschafter in den Insolvenzplan zugrunde liegenden Argumente voranstellen. Der anschließend dargestellte Reformbedarf wird anhand des zugunsten der Gesellschafter bestehenden Blockade- sowie Erpressungspotenzials aufgezeigt und durch unzureichende alternative Handlungsmöglichkeiten bestätigt. Nachfolgend wird der durch die Änderungen durch das ESUG vollzogene „Paradigmenwechsel" in Form der Aufgabe der „gesellschaftsrechtlichen Neutralität" durch die Einbeziehung der Gesellschafter in das Insolvenzplanverfahren und die daraus resultierenden Änderungen der InsO

---

21 Zum überholten Streitstand betreffend die „Schuldnerin" i. S. d InsO im Verfahren der Gesellschaftsinsolvenz, vgl. nur *K. Schmidt*, in: K. Schmidt (Hrsg.), MüKo-HGB, Bd. 2, 3. Aufl., 2011, Anh. § 158, Rn. 5.

22 Auch als „echte", „eigentliche" oder als GmbH & Co. KG „im engeren Sinn" bezeichnet, *Binz/Sorg*, GmbH & Co. KG, 11. Aufl., 2010, § 1, Rn. 3; vgl. auch *Henze/Notz*, in: Ebenroth u.a., HGB, 3. Aufl., 2014, Anh. A § 177a, Rn. 19; *Liebscher*, in: Reichert (Hrsg.), GmbH & Co. KG, 7. Aufl., 2015, § 3, Rn. 3 ff.

23 Auch als GmbH & Co. KG „im engsten Sinne" bezeichnet, die jedoch keine zwingende Identität der Beteiligungsquoten in beiden Gesellschaften voraussetzt.

beschrieben. Hierzu werden die wesentlichen Neuerungen der InsO zur Realisierung einer materiell-rechtlichen und verfahrensrechtlichen Einbeziehung sowie ein erster Blick auf die Beschränkung des Minderheiten- und Rechtsschutzes der Gesellschafter überblicksartig dargestellt.

Das *zweite Kapitel* befasst sich mit den Konsequenzen der Aufgabe der „gesellschaftsrechtlichen Neutralität" der InsO für die Stellung der Gesellschafter in der schuldnerischen GmbH & Co. KG. Der Abschnitt setzt sich aus drei Teilen zusammen: den Konsequenzen der insolvenzplanrechtlichen Regelungen für die Gesellschafterstellung (1) vor bzw. (2) mit Eröffnung des Insolvenzverfahrens und (3) mit Rechtskraft der Planbestätigung. Den Schwerpunkt bildet an dieser Stelle der zweite Teil, welcher die Konsequenzen mit Eröffnung des Insolvenzplanverfahrens behandelt. Neben der Darstellung der (gesetzlichen) Wertungen, die einer Einbeziehung der Gesellschafter zugrunde liegen, soll es darum gehen, die Auswirkungen der Insolvenzeröffnung auf die Stellung des Gesellschafters und die Beeinträchtigung seiner mitgliedschaftlichen Rechte herauszuarbeiten sowie den neu gewonnenen Handlungs- und Gestaltungsspielraum abzustecken.

Das *dritte Kapitel*, welches den ersten von zwei wesentlichen Schwerpunkten der Untersuchung bildet, erarbeitet das dem Minderheitsgesellschafter im Insolvenzplanverfahren zur Verfügung gestellte Schutzkonzept. Ausgehend von dem zuvor erzielten Ergebnis des Bestehens eines denkbar weitreichenden Handlungs- und Gestaltungsspielraums und der an die Einbeziehung der Gesellschafter geknüpften Kritik, wird den Ausführungen die Annahme zugrunde gelegt, dass ein verkürzter Schutz im Insolvenzplanverfahren dazu einlädt, dieses zur Verwirklichung gesellschaftsrechtlicher Maßnahmen zu nutzen. Unter Zugrundelegung der gesellschaftsrechtlichen Grundsätze und des Umfangs des gewährten Minderheitenschutzes in der GmbH & Co. KG wird über die Frage der Übertragbarkeit des gesellschaftsrechtlich gewährten Minderheitenschutzes auf das Insolvenzplanverfahren die Anpassung des Minderheiten- und Rechtsschutzes an den erweiterten Handlungs- und Gestaltungsspielraum problematisiert. An dieser Stelle soll es primär um eine Herausarbeitung des verkürzten Minderheiten- und Rechtsschutzes und einer Einordnung des gewährten insolvenzrechtlichen Schutzkonzepts *de lege lata* gehen. Ausgehend von den erzielten Ergebnissen wird eine Bewertung der Regelungen über die Einbeziehung in den Insolvenzplan vorgenommen. Unterschieden wird zum einen zwischen der generellen Kritik an einer Einbeziehung der Gesellschafter in den Insolvenzplan und einem wertbezogenen Schutzkonzept. Zum anderen wird eine Differenzierung zwischen dem gesetzlichen Regelfall, bei dem die einer Einbeziehung der Gesellschafter in den Insolvenzplan zugrunde liegenden gesetzlichen Wertungen vorliegen, und dem Ausnahmefall eines auch im eröffneten Insolvenzverfahren fortbestehenden Vermögenswerts vorgenommen.

Im *vierten Kapitel*, welches den zweiten wesentlichen Schwerpunkt der Untersuchung bildet, wird die Frage nach einem angemessenen Schutz zugunsten der Minderheitsgesellschafter auf die mit den Änderungen durch das ESUG geschaffene Gefahr einer missbräuchlichen Ausnutzung des Insolvenzplanverfahrens ausgeweitet. Unterschieden wird zwischen der missbräuchlichen Antragstellung durch den Schuldner sowie einem Missbrauch im Insolvenzplanverfahren in Form einzelner missbräuchlicher gesellschaftsrechtlicher Sanierungsmaßnahmen und missbräuchlicher Insolvenzpläne. Insofern werden zunächst die jeweilige Existenz und die Voraussetzungen des missbräuchlichen Verhaltens geklärt und die Prüfungskompetenz des Insolvenzgerichts bzw. die Rechtsfolgen eines (unterstellt) missbräuchlichen Verhaltens aufgezeigt. Daran anschließend wird der dem Minderheitsgesellschafter zur Verfügung gestellte Schutz vor einer missbräuchlichen (Aus-)Nutzung der Insolvenzinstrumente dargestellt. Ergebnis der darauffolgenden Bewertung soll die Beantwortung der Fragen sein, ob durch die Änderungen durch das ESUG eine Einladung an die Mehrheitsgesellschafter geschaffen wurde, die Insolvenzinstrumente missbräuchlich zu einer zum eigenen Vorteil gereichenden Lösung von Gesellschafterkonflikten auszunutzen und ob – daraus folgend – ein Rechtsschutzdefizit zulasten der Minderheitsgesellschafter besteht.

Das *fünfte Kapitel* rundet die Untersuchung durch die Überlegungen zur Gewährleistung eines effektiven Schutzes der Minderheitsgesellschafter im Anwendungsbereich des Insolvenzplanverfahrens ab. Auf der Grundlage der bis dahin gewonnenen Erkenntnisse kann die Notwendigkeit des Ausbaus des Minderheiten- und Rechtsschutzes gegen missbräuchliches Verhalten im eröffneten Insolvenzplanverfahren abgelehnt werden. Aufgezeigt und diskutiert werden indes Verbesserungsvorschläge zur Stärkung des Minderheiten- und Rechtsschutzes vor missbräuchlichen Insolvenzanträgen des Schuldners.

Das *sechste Kapitel* schließt die Untersuchung mit einem Fazit und einer thesenartigen Zusammenfassung der erzielten Ergebnisse.

§ 1. Entwicklung des Insolvenzrechts

Ausgehend von *K. Schmidts* bereits 1980 getätigtem Hinweis, dass das Ziel des Insolvenzverfahrens „gleichermaßen auf die Sanierung lebensfähiger Unternehmen wie auf die Zerschlagung lebensunfähiger Unternehmen gerichtet sein [muss]“[24], hat sich das Insolvenzplanverfahren entwickelt. Dessen Ansicht teilend, sah die Kommission für Insolvenzrecht in ihrem Ersten Kommissionsbericht 1985 erstmalig ein Reorganisationsverfahren vor, das in Verbindung mit gesellschaftsrechtlichen Vorgaben zur Sanierung zahlungsunfähiger und überschuldeter Gesellschaften verhelfen sollte.[25] Wenngleich die in die InsO letztlich aufgenommenen Regelungen keine Eingriffe in die Gesellschafterrechte vorsahen, war der Gesetzgebungsprozess stets von der Frage begleitet, ob die Gesellschafter in das Insolvenzplanverfahren einzubeziehen seien.

Nachfolgend werden zunächst die Entwicklungen des Insolvenzrechts unter der InsO von 1999, unter Zugrundelegung der praktischen Erfahrungen mit der „gesellschaftsrechtlichen Neutralität“[26] der InsO, umrissen und der daraus entstandene Reformbedarf dargestellt. Im Anschluss daran wird die Reformierung der InsO durch das ESUG skizziert, die Entwicklung und Zielsetzung der Neuregelungen besprochen und die wesentlichen Änderungen der InsO zur Einbeziehung der Gesellschafter dargestellt.

A. Entwicklung unter der InsO

Mit Wirkung zum 1. Januar 1999 ist die InsO in Kraft getreten.[27] Sie hat die bis dahin in den alten Bundesländern geltende Konkursordnung (KO) und Vergleichsordnung (VerglO) sowie die in den neuen Bundesländern geltende Gesamtvollstreckungsordnung (GesO) abgelöst. Die Funktionsunfähigkeit des alten Insolvenzrechts und die Erforderlichkeit einer umfassenden Reform ließen sich insbesondere anhand der steigenden Zahlen von Insolvenzen und der aufgrund fehlender Masse abgelehnten Konkursanträge ablesen.[28] Das gleiche Ergebnis zeigte die nahezu bedeutungslose

---

24 *K. Schmidt*, ZIP 1980, 233, 234.

25 *BMJ (Hrsg.)*, Erster Kommissionsbericht, 1985, S. 37 ff.; 152 ff.

26 *Noack*, in: FS Zöllner, 1998, S. 411; vgl. auch *ders.*, GesR, 1999, Rn. 5 ff.; *Büchele*, Eingriff in Gesellschafterrechte im Insolvenzplan, 2011, S. 64 ff.; *Eidenmüller / Engert*, ZIP 2009, 541, 542 ff.; *Heinrich*, NZI 2012, 235, 236; *Kresser*, ZInsO 2010, 1409; *H.-F. Müller*, KTS 2012, 419; *Sassenrath*, ZIP 2003, 1517, 1527 ff.; *Segmiller*, Kapitalmaßnahmen im Insolvenzplan, 2013, S. 45 f.; *Uhlenbruck*, in: FS Lüer, 2008, S. 461, 463; *ders.*, NZI 2008, 201; *Verse*, ZGR 2010, 299, 305 ff.

27 Vgl. Art. 110 Abs. 1 EGInsO.

28 *Statistisches Bundesamt*, Statistisches Jahrbuch für die Bundesrepublik Deutschland, 1998, S. 138 ff., abrufbar unter http://www.digizeitschriften.de/dms/img/?PPN=PPN635628112_1998 (zuletzt aufgerufen am 20.11.2015).

Anzahl eröffneter Vergleichsverfahren auf. Daneben wurde speziell die dem Konkursrecht allgemein anhaftende Zerschlagungstendenz kritisiert.[29]

I. Genese der InsO

Mit der Einsetzung der Kommission für Insolvenzrecht durch den damaligen Bundesminister der Justiz, Hans-Jochen Vogel, begann 1978 offiziell der Gesetzgebungsprozess für die geplante InsO. Unterstützt durch die Diskussionen des 54. Deutschen Juristentags 1982[30] wurden die Ergebnisse 1985 und 1986 in zwei Berichten[31] zusammengefasst und vorgestellt. Die den Berichten zugrunde liegenden Reformvorschläge stellten die Weichen für die inhaltliche Ausrichtung der Insolvenzrechtsreform.[32] Die bestehenden Grundmängel im Insolvenzrecht wurden durch Umsetzung der Reformforderungen, nach einem einheitlichen Insolvenzverfahren und einer Umwandlung des Gesamtvollstreckungsmodells hin zum Reorganisations- und Liquidationsmodell, behoben.[33] Das Einheitsbild des Gesamtschuldners wurde besser auf die Sachprobleme der Unternehmensinsolvenz zugeschnitten und ein Sonderrecht der Unternehmensinsolvenz geschaffen. Darüber hinaus wurde den Gläubigern mit dem Insolvenzplan eine von den allgemeinen Bestimmungen abweichende Form der Masseverwertung ermöglicht.[34] Das Insolvenzplanverfahren wurde dabei letztlich, sowohl hinsichtlich seines Ergebnisses als auch hinsichtlich der Methode der Masseverwertung, offen ausgestaltet, um den Gläubigern eine flexible, wirtschaftliche Abwicklung zu ermöglichen und der Kritik einer dem Konkursrecht innewohnenden Zerschlagungstendenz Rechnung zu tragen. Seine herausgehobene Bedeutung wird bereits durch den ausdrücklichen Verweis auf den Insolvenzplan innerhalb der Zielbestimmungen der InsO in § 1 S. 1 InsO deutlich.[35]

Zugleich sorgten die vorgelegten Kommissionsberichte für Uneinigkeit im Hinblick auf einzelne Neuerungen in der geplanten InsO und erforderten umfassende wissenschaftliche Diskussionen. Große Beachtung erfuhr die Konzentration auf das Reorganisations- bzw. Insolvenzplanverfahren anstelle des Liquidationsverfahrens.

---

29 Gesetzentwurf der Bundesregierung, Entwurf einer Insolvenzordnung (InsO) v. 3.01.1992, BR-Drucks. 1/92, S. 77 ff.

30 *Ständige Deputation des DJT (Hsrg.)*, Verhandlungen des 54. DJT, 1982, Gutachten (T. A-E).

31 *BMJ (Hrsg.)*, Erster und Zweiter Bericht der Kommission für Insolvenzrecht, 1985 und 1986.

32 *Kraemer*, Das neue InsR, 1995, S. 20.

33 *BMJ (Hrsg.)*, Erster Kommissionsbericht, 1985, LS 1.1.1, Begr. S. 90 f.; Gesetzentwurf der Bundesregierung, Entwurf einer Insolvenzordnung (InsO) v. 15.04.1992, RegE InsO, BT-Drucks. 12/2443, S. 90.

34 §§ 217–269 InsO a.F.

35 Neben dem Regelinsolvenzverfahren (§§ 11 ff. InsO a.F.) und dem Insolvenzplanverfahren (§ 217 ff. InsO a.F.) haben die Liquidation (§§ 159 ff. InsO a.F.) und das Verbraucherinsolvenzverfahren (§§ 304 ff. InsO a.F.) keine ausdrückliche Hervorhebung erfahren.

Ein wesentlicher Streitpunkt war die der Untersuchung zugrunde liegende Reichweite der Einbeziehungsmöglichkeiten der Gesellschafter und deren Stellung im Verfahren. Insgesamt bedurfte es einiger Anpassungen und Änderungen der anfänglichen Kommissionsvorschläge, auf die 1988 der Diskussionsentwurf bzw. 1989 der nahezu deckungsgleiche Referentenentwurf eines Gesetzes zur Reform des Insolvenzrechts folgte, bevor die InsO am 21. April 1994 verabschiedet wurde und am 1. Januar 1999 in Kraft trat.

1. Vorstellungen der Reformkommission

Als Reaktion auf die Unzulänglichkeiten des Insolvenzrechts[36] schlug die Kommission ein neuartiges Reorganisationsverfahren innerhalb eines einheitlichen Insolvenzverfahrens vor.[37] Das Reorganisationsverfahren sollte den unternehmerisch tätigen Schuldner[38] in geeigneten Fällen sanieren und auf Dauer erhalten.[39] Diese Ziele sollten in einem gerichtlichen Verfahren, das vom Grundsatz der Autonomie der Beteiligten beherrscht werden sollte, verfolgt werden. Die Kommission gewährte damit dem Reorganisationsverfahren den Vorzug gegenüber einem in der Reformdiskussion ebenfalls angedachten „selbstständigen, vorgelagerten Insolvenzverhütungsverfahren".[40] Die „übertragende Sanierung"[41] durch Trennung von Unternehmen und Unternehmensträger wurde allein für das Liquidationsverfahren vorgesehen.[42] Im Vorverfahren, welches nach Eröffnung des Insolvenzverfahrens über die Einleitung des Reorganisations- oder Liquidationsverfahrens entscheiden sollte[43], war die Anwendung der fortführungsfreundlichen Vorschriften des formellen und materiellen Reorganisationsrechts vorgesehen. Gläubigergruppen und Gesellschaftern sollte weder das Recht, die Einleitung der Liquidation zu verlangen, noch die Möglichkeit, die Entscheidung des Gerichts anzufechten, zustehen.

---

36 *BMJ (Hrsg.)*, Erster Kommissionsbericht, 1985, S. 3 ff.; zum bestehenden Reformbedarf vor Einführung der InsO, vgl. den Überblick bei *Flessner*, in: Kreft (Hrsg.), HK-InsO, 6. Aufl., 2011, Einl., Rn. 5 ff.

37 *BMJ (Hrsg.)*, Erster Kommissionsbericht, 1985, LS 2.1.1, Begr. S. 161 f.

38 *BMJ (Hrsg.)*, Erster Kommissionsbericht, 1985, LS 2.1.3, wonach Zweck und Wesen der Reorganisation dazu führen, dass das Reorganisationsverfahren allein für unternehmerisch tätige Schuldner in Betracht kommt.

39 *BMJ (Hrsg.)*, Erster Kommissionsbericht, 1985, LS 2.1.1, 2.1.2, Begr. S. 152 ff., 162 f.

40 *BMJ (Hrsg.)*, Erster Kommissionsbericht, 1985, Begr. S. 153 f., wonach die Eröffnungsvoraussetzungen eines solchen Verfahrens nur unbestimmt und generalklauselartig hätten umschrieben werden können, was erhebliche Unsicherheit sowie Missbrauchspotenzial hervorgerufen hätte; die Möglichkeit, Sanierungsmaßnahmen bereits vor dem Stadium der Insolvenz durchführen zu können, hätte zu gravierenden Eingriffen geführt und die Grenzen des Art. 14 GG erreicht.

41 Der Begriff der sog. „übertragenden Sanierung" wurde von *K. Schmidt* geprägt, vgl. *K. Schmidt*, ZIP 1980, 328, 336; *ders.*, Gutachten D zum 54. DJT, 1982, D 83 f.

42 *BMJ (Hrsg.)*, Erster Kommissionsbericht, 1985, LS 1.3.4.2, Begr. S. 146 ff.

43 *BMJ (Hrsg.)*, Erster Kommissionsbericht, 1985, LS 1.1.1 Abs. 2.

Insgesamt ließ sich den Kommissionsvorschlägen ein Vorrang der Sanierung vor der Liquidation und eine Privilegierung der Sanierung des Unternehmensträgers gegenüber der übertragenden Sanierung des schuldnerischen Unternehmens entnehmen.[44]

Grundlage der Reorganisation sollte der Plan sein, welcher alle erforderlichen Maßnahmen zusammenfassen sollte, die von den Beteiligten ausgehandelt und für die Verwirklichung der Ziele als erforderlich angesehen würden. Mit Zustimmung der gesetzlich festgelegten Mehrheit der von den vorgesehenen Maßnahmen Betroffenen und gerichtlicher Bestätigung der Rechtmäßigkeit des Zustandekommens sollte der Plan seine Rechtsverbindlichkeit erlangen.[45] Die Kommission vertrat den Standpunkt, dass eine erfolgreiche Abwendung der konkursmäßigen Liquidation des insolventen Unternehmens die Möglichkeit erfordere, alle rechtlichen, organisatorischen und unternehmerischen Maßnahmen im Plan vorsehen und ergreifen zu können.[46] Um der unterschiedlichen rechtlichen Tragweite des Planinhalts gerecht zu werden, schlug die Kommission eine Unterteilung in einen darstellenden und einen gestaltenden Teil vor.[47] Der darstellende Teil sollte das Konzept zur finanziellen Sanierung sowie zur Wiederherstellung der Ertragsfähigkeit des Unternehmens enthalten.[48] Demgegenüber sollten solche rechtlichen Maßnahmen und Änderungen, die mit der Rechtskraft des gerichtlichen Bestätigungsbeschlusses Wirksamkeit erlangen sollten, im gestaltenden, konstitutiven Teil des Plans dargestellt werden.[49] Der Umstand, dass die jeweilige Reorganisationsmaßnahme von der Zustimmung der Betroffenen abhängen sollte, hätte den gemeinsamen Willen von Gläubigern, Gesellschaftern und Arbeitnehmern, das Unternehmen zu erhalten, erfordert. Voraussetzung für den Erhalt des Unternehmens sollte daher auch die Bereitschaft sein, eine gewisse „Reorganisationslast“[50] zu tragen.

Die Gesellschafter betreffend, sah die Kommission Veränderungen in den gesellschaftsrechtlichen Verhältnissen und Eingriffe in die Gesellschafterrechte vielfach als geboten an und ließ mit wenigen Einschränkungen „jede nach materiellem Gesellschaftsrecht zulässige Maßnahme“[51] zu.[52] Unter die möglichen Sanierungsmaßnahmen sollten beispielsweise Änderungen des Gesellschaftsvertrags, der Gesellschaftsform, der Kapitalverhältnisse, der Organisation und Zusammensetzung der Gesellschaftsorgane sowie die Aufnahme neuer Gesellschafter fallen.[53] Als

---

44 *Balz*, Sanierung von Unternehmen oder von Unternehmensträgern?, 1986, S. 1, 49 ff., 71 ff.

45 *BMJ (Hrsg.)*, Erster Kommissionsbericht, 1985, LS 2.2.17, Begr. S. 184 f.; LS 2.2.21, Begr. S. 193.

46 *BMJ (Hrsg.)*, Erster Kommissionsbericht, 1985, LS 2.4.9.2, Begr. S. 278 f.

47 *BMJ (Hrsg.)*, Erster Kommissionsbericht, 1985, LS 2.2.5, Begr. S. 168.

48 *BMJ (Hrsg.)*, Erster Kommissionsbericht, 1985, LS 2.2.6, Begr. S. 169 f.

49 *BMJ (Hrsg.)*, Erster Kommissionsbericht, 1985, LS 2.2.7, Begr. S. 171 f.

50 *BMJ (Hrsg.)*, Erster Kommissionsbericht, 1985, LS 2.1.2, Begr. S. 162.

51 *BMJ (Hrsg.)*, Erster Kommissionsbericht, 1985, LS 2.4.9.2; LS 2.4.9, VBem S. 275.

52 *BMJ (Hrsg.)*, Erster Kommissionsbericht, 1985, LS 2.4.9.3, Begr. S. 279 ff.

53 *BMJ (Hrsg.)*, Erster Kommissionsbericht, 1985, LS 2.2.20, Begr. S. 190 ff.

besonders schwerwiegender Eingriff sollte mit der Entscheidung des Insolvenzgerichts – und unter bestimmten zusätzlichen Voraussetzungen[54] – ein (Zwangs-)Ausschluss der bisherigen Gesellschafter erfolgen dürfen.[55] Eine Aufnahme der vorgesehenen gesellschaftsrechtlichen Maßnahmen in den gestaltenden Teil des Plans lehnte die Kommission bereits aus tatsächlichen Gründen ab.[56] Zur Verwirklichung der vorgesehenen Maßnahmen sollten diese daher in den darstellenden Teil des Reorganisationsplans aufgenommen werden. Der Beschluss über die infrage stehenden gesellschaftsrechtlichen Maßnahmen sollte von den nach Gesellschaftsrecht zuständigen Personen gefasst werden.[57] Eine Beteiligung an der Abstimmung über den Reorganisationsplan sollte hingegen nicht erfolgen. In der Zustimmung zu den gesellschaftsrechtlichen Maßnahmen erkannte die Kommission jedoch eine Billigung des Reorganisationsplans an, den die Gesellschafter und Organe im Entscheidungsprozess bereits kennen und daher mitberücksichtigen würden.[58]

Gesellschafts- und Insolvenzrecht sollten demnach – auch im Insolvenzplanverfahren – grundsätzlich voneinander getrennte Materien sein. Für Beschlüsse, die nicht mit der nach Gesellschaftsrecht erforderlichen Mehrheit zustande kommen, sollte das Insolvenzgericht jedoch die Möglichkeit haben, die fehlende gesellschaftsrechtliche Zustimmung unter bestimmten Voraussetzungen zu ersetzen.[59] Die Ersetzung sei

---

54 *BMJ (Hrsg.)*, Erster Kommissionsbericht, 1985, LS 2.4.9.5, Begr. S. 282 f., LS 2.4.9.6, Begr. S. 283, durch Beschluss des Insolvenzgerichts sollten Gesellschafter im Fall der Wertlosigkeit ihrer Anteile und der fehlenden Bereitschaft, einen Nachschuss zu leisten oder an einer Kapitalerhöhung im Zuge der Reorganisation teilzunehmen (LS 2.4.9.5 Abs. 1) sowie bei Vorliegen eines wichtigen Grunds (LS 2.4.9.6) aus der Gesellschaft ausgeschlossen werden können.

55 *BMJ (Hrsg.)*, Erster Kommissionsbericht, 1985, LS 2.2.20, 2.4.9.3, Begr. S. 278 f., wonach der gerichtliche (Zwangs-)Ausschluss der bisherigen Gesellschafter besonderen Voraussetzungen (vgl. LS 2.4.9.5 und 2.4.9.6) und der Entscheidung des Insolvenzgerichts unterliegen sollte.

56 Die Kommission führt an, dass die fehlende Möglichkeit der Übertragbarkeit der Entscheidung auf ein repräsentierendes Organ dazu führen würde, dass etwa bei einer AG die Aktionärsversammlung einzubeziehen wäre; sei diese als Publikumsgesellschaft organisiert, wäre es schon aus tatsächlichen Gründen unmöglich, die Aktionärsversammlung in einen Abstimmungstermin einzubeziehen; an Abstimmungen über Maßnahmen, die durch die Hauptversammlung zu beschließen sind, sind die Aktionäre dagegen zu beteiligen; darüber hinaus müssten die Änderungen den gesellschaftsrechtlichen Erfordernissen entsprechen; dem Insolvenzverwalter könnte es gerade nicht zumutbar sein, die gesellschaftsrechtlichen Änderungen in eine sach- und formgerechte Fassung zu bringen, vgl. *BMJ (Hrsg.)*, Erster Kommissionsbericht, 1985, LS 2.2.20, Begr. S. 190.

57 *BMJ (Hrsg.)*, Erster Kommissionsbericht, 1985, LS 2.2.20 Abs. 2.

58 *BMJ (Hrsg.)*, Erster Kommissionsbericht, 1985, LS 2.2.20, Begr. S. 191.

59 *BMJ (Hrsg.)*, Erster Kommissionsbericht, 1985, LS 2.2.20 Abs. 3, Begr. S. 191 f.; wonach die Ersetzungsbefugnis des Gerichts auf die in LS 2.4.9.3 benannten Fälle eingeschränkt wird.

Voraussetzung dafür, dass die Reorganisation nicht an dem Widerstand der Gesellschafter scheitere und die gesellschaftsrechtliche Maßnahme, trotz Ausbleiben der erforderlichen Mehrheit, als wirksam zustande gekommen gelte.[60] Gerechtfertigt sei dies schon insoweit, als die Anteilsrechte der Gesellschafter in der konkreten Situation der Reorganisation als wertlos bzw. wenigstens als stark entwertet zu bewerten seien.[61]

2. *Diskussions- und Referentenentwurf eines Gesetzes zur Reform des Insolvenzrechts*

Beeinflusst durch Stellungnahmen, Ergebnisse der wissenschaftlichen Diskussion, ökonomische Analysen und Rechtsvergleiche hat das Bundesministerium der Justiz 1988 seinen Diskussionsentwurf zum Gesetz zur Reform des Insolvenzrechts veröffentlicht.[62] Die Stellungnahmen einiger namhafter Juristen zu dem neu angedachten Reorganisationsverfahren haben Unzulänglichkeiten der Kommissionsvorschläge offen gelegt, die Diskussion vertieft und in Wissenschaft und Praxis vorangetrieben.

a) *Zusammenfassung der kritischen Auseinandersetzung mit den Kommissionsberichten*

Deutlich kritisiert wurde die grundlegende Einschätzung der Kommission über den Vorrang der Sanierung vor der Liquidation und die starke Betonung der Sanierung des Unternehmensträgers vor der übertragenden Sanierung, die zusammen den Schluss auf die rechtspolitisch bevorzugte Stellung der Reorganisation zuließen.[63] *Balz* kritisierte, dass es für diese Privilegierung an einer überzeugenden Begründung fehle, stellte die Vorteile der Perpetuierung schuldnerischer Gesellschaften infrage und problematisierte mögliche Folgen nach abgeschlossener Reorganisation.[64] Auch der „Schematismus“[65], dem durch die pauschale, gesetzlich vorgeschriebene Bildung der Abstimmungsgruppen Einzug in das Reorganisationsverfahren gewährt werden sollte, stand in der Kritik. Insbesondere die unterschiedlichen Interessen der Beteiligten sollten vielmehr eine individuelle Behandlung einzelner Beteiligter oder ganzer Gruppen erfordern.[66] Als problematisch wurde insoweit die Macht der Forderungsmehrheit bewertet, die Minderheit zu Investitionen zu zwingen oder

---

60 *BMJ (Hrsg.)*, Erster Kommissionsbericht, 1985, LS 2.2.20 Abs. 3, Begr. S. 192.

61 *BMJ (Hrsg.)*, Erster Kommissionsbericht, 1985, LS 2.2.20, Begr. S. 192.

62 *BMJ (Hrsg.)*, Diskussionsentwurf InsO, 1988; vgl. die Stellungnahme des *Gravenbrucher Kreis*, ZIP 1989, 468 ff.

63 *BMJ (Hrsg.)*, Diskussionsentwurf InsO, 1988, S. A94 f.; zur Kritik in der Literatur *Ulmer*, ZHR 149 (1985), 541, 547 ff.; *Balz*, Sanierung von Unternehmen oder von Unternehmensträgern?, 1986, S. 1, 4, 55 ff.

64 *Balz*, Sanierung von Unternehmen oder von Unternehmensträgern?, 1986, S. 20 f., 49 ff., 54 f.

65 *Balz*, Sanierung von Unternehmen oder von Unternehmensträgern?, 1986, S. 42.

66 *Balz*, Sanierung von Unternehmen oder von Unternehmensträgern?, 1986, S. 42 f.

ihnen den Liquidationswert der Forderungen vorzuenthalten. Allein das Veto einer gesamten Gruppe sollte das Zustandekommen der Reorganisation verhindern können, wodurch die Minderheit einer Gruppe weitgehend schutzlos gestellt werden sollte.[67] Nicht nur, dass alle nach Gesellschaftsrecht möglichen Maßnahmen zur Durchsetzung der erforderlichen organisationsrechtlichen Maßnahmen zulässig sein sollten, zusätzlich sollten mit Verfahrenseröffnung die Privatautonomie und Vereinigungsfreiheit der Gesellschafter zugunsten des Ziels der Reorganisation ausgeschlossen bzw. eingeschränkt werden können.[68]

Darüber hinaus war insbesondere die Einbeziehung der Gesellschafter[69] Kritik- und Ausgangpunkt zahlreicher Diskussionen. Mit dem Ziel, das Unternehmen vor der Liquidation zu bewahren und nach erfolgreicher Reorganisation fortzuführen, sollten neben Eingriffen in die Rechte der Gläubiger auch solche in die Stellung der Gesellschafter vorgesehen werden können. Hierunter sollten allerdings zum einen nur solche Maßnahmen zu fassen sein, die auch außerhalb des Insolvenzverfahrens nach materiellem Gesellschaftsrecht vorgenommen werden konnten.[70] Zum anderen sollten die erforderlichen organisationsrechtlichen Maßnahmen lediglich in den darstellenden Teil des Plans aufzunehmen und demnach nach allgemeinem Recht regelmäßig im Vorfeld der Abstimmung über den Plan zu treffen sein.[71] Das den Gesellschaftern auf diese Weise zugebilligte starke Druckmittel gegenüber den Gläubigergruppen und das Nebeneinander von Gesellschafts- und Insolvenzrecht, das große Koordinationsprobleme wahrscheinlich werden lässt[72], hat die Frage nach der Notwendigkeit einer Einbeziehung der Gesellschafter als Beteiligte, die voll in das Reorganisationsverfahren einzubeziehen seien und als besondere Abstimmungsgruppe mit über den Plan abstimmen sollten, aufgeworfen.[73]

Als „deutliche[r] Einbruch in die bisher im Wesentlichen unangefochtene Gestaltungsautonomie der Gesellschafter“[74] wurde das Recht zur gerichtlichen Zustimmungsersetzung kritisiert. Eingriffe in die Gesellschafterrechte legitimierte die Kommission zwar mit der Zustimmung der betroffenen Gesellschafter und der Geltung gesellschaftsrechtlicher Grundsätze. Zugleich räumte sie dem Gericht jedoch für den Fall, dass die erforderlichen Mehrheiten nicht erreicht würden, das Recht zur

67 *Balz*, Sanierung von Unternehmen oder von Unternehmensträgern?, 1986, S. 44.
68 *Balz*, Sanierung von Unternehmen oder von Unternehmensträgern?, 1986, S. 54.
69 Vgl. *BMJ (Hrsg.)*, Erster Kommissionsbericht, 1985, LS 2.4.9.2 S. 2, allerdings sollte weder die erstmalige Begründung der Gesellschafterstellung gegen den Willen des Gesellschafters noch eine Reorganisation gegen den Willen aller Inhaber einer Personengesellschaft oder eines Einzelunternehmers möglich sein.
70 *BMJ (Hrsg.)*, Erster Kommissionsbericht, 1985, LS 2.2.3 Abs. 2; 2.2.6 Abs. 1 c); 2.2.10 e); 2.2.20 Abs. 1, 2; Begr. S. 159, 189 ff.
71 *BMJ (Hrsg.)*, Erster Kommissionsbericht, 1985, LS 2.2.6 Abs. 1.
72 *Balz*, Sanierung von Unternehmen oder von Unternehmensträgern?, 1986, S. 66; *Ulmer*, ZHR 149 (1985), 541, 562 f.
73 *Balz*, Sanierung von Unternehmen oder von Unternehmensträgern?, 1986, S. 66.
74 *Ulmer*, ZHR 149 (1985), 541, 547.

Ersetzung der Zustimmung ein. Zwar ließ sich diese Kritik nicht anhand einer dem Gesellschaftsrecht bereits bekannten, gerichtlichen Ersetzung einer von einzelnen Gesellschaftern verweigerten Zustimmung zu einer notwendigen Vertragsänderung begründen.[75] Vielmehr wurde die demgegenüber gesteigerte Dimension einer Ersetzung der Zustimmung der ablehnenden Gesellschafter zur Durchsetzung der erforderlichen Reorganisationsmaßnahmen im Insolvenzrecht herausgehoben. An der Vergleichbarkeit sollte es zusätzlich deshalb scheitern, weil die gesellschaftsrechtliche Klage gegen einen Mitgesellschafter auf Zustimmung in der Vergangenheit nur in Extremfällen, sofern ein eindeutiges Handeln im Gesellschaftsinteresse und die Zumutbarkeit für den widersprechenden Gesellschafter bejaht werden konnten, praktiziert wurde.[76] Demgegenüber sollte die Ersetzungsbefugnis des Insolvenzrechts der Reorganisation und damit primär den Interessen der Gläubiger und Arbeitnehmer dienen.[77] Das Gesellschaftsinteresse sollte dagegen insoweit zurücktreten, als eine Ersetzung der Zustimmung unabhängig von der Gesellschaftsform bereits dann erfolgen konnte, wenn nur ein einziger Gesellschafter für die Änderungen stimmte.[78]

Zugleich ging der Kommissionsvorschlag nicht auf die Zumutbarkeit für den betroffenen Gesellschafter ein, sondern formulierte lediglich negativ, dass keine eindeutig unzumutbaren, neuen Verpflichtungen für diesen begründet werden dürften.[79] Neben den kritisierten „wesentliche[n] qualitative[n] Änderungen des Gesellschaftsrechts“[80] durch die Einführung einer gerichtlichen Ersetzungsbefugnis ließe sich dieser Vorschlag schon insoweit nicht überzeugend legitimieren[81], als der gerichtlichen Ersetzung die Überlegung der Kommission zugrunde liegt, dass die Gesellschaftsanteile im Fall der Eröffnung des Insolvenzverfahrens typischerweise wertlos sind.[82] Gerade für das aussichtsreiche Reorganisationsverfahren sollte eine solche Sichtweise jedoch nicht pauschaliert werden können.[83]

An die Wertlosigkeit der Anteilsrechte knüpft auch der Vorschlag eines Ausschlussrechts der sanierungsunwilligen Gesellschafter aus der schuldnerischen Gesellschaft an[84], dessen Ausübung bereits vor der Abstimmung über den Reorganisationsplan

---

75 Gemeint ist das im ordentlichen Rechtsweg ergehende und die Zustimmung des beklagten Gesellschafters ersetzende Leistungsurteil nach § 894 ZPO.

76 *BGH*, Urt. v. 5.11.1984 – II ZR 111/84 = NJW 1985, 974; *Ulmer*, ZHR 149 (1985), 541, 555.

77 *Ulmer*, ZHR 149 (1985), 541, 555 f.

78 *BMJ (Hrsg.)*, Erster Kommissionsbericht, 1985, LS 2.4.9.3 Abs. 2.

79 *BMJ (Hrsg.)*, Erster Kommissionsbericht, 1985, LS 2.4.9.3 Abs. 1.

80 *Ulmer*, ZHR 149 (1985), 541, 555.

81 *Ulmer*, ZHR 149 (1985), 541, 556.

82 *Balz*, Sanierung von Unternehmen oder von Unternehmensträgern?, 1986, S. 60 ff.; *Ulmer*, ZHR 149 (1985), 541, 557.

83 *K. Schmidt*, Gutachten D zum 54. DJT, 1982, D 83, dessen Annahme zufolge die Anteile an der überschuldeten Gesellschaft nur unter der Zerschlagungsprognose, nicht jedoch unter der Reorganisationsprognose wertlos sind.

84 *BMJ (Hrsg.)*, Erster Kommissionsbericht, 1985, LS 2.4.9.5 Abs. 1.

möglich sein sollte, um die Verhandlungen über eine Reorganisation zu erleichtern. Insofern stellen sich insbesondere Fragen betreffend die Qualität und den Zeitpunkt der geforderten Wertlosigkeit der Gesellschafterbeteiligungen und die Höhe der (Mindest-)Sanierungsbeiträge. Diese stellen die Funktionsfähigkeit des Vorschlags infrage und fordern abermals die Einbeziehung der Gesellschafter als Beteiligte.[85]

b) Inhalt des Diskussionsentwurfs

Insgesamt wurden die Vorschläge der Kommission weitgehend positiv bewertet und in den Diskussionsentwurf übernommen. Kritik und Anregungen zur Verbesserung und Veränderung, die Neuerungen zur Reorganisation und Stellung der Gesellschafter betreffend, haben den Diskussionsentwurf darüber hinaus maßgeblich beeinflusst[86] und zu seiner Fassung beigetragen.[87]

Der weitreichende Einfluss von Gericht und Verwalter wurde zugunsten des Schuldners, der Gläubiger und Eigentümer reduziert.[88] Zur Beschleunigung des Verfahrens und der Sicherung einer optimalen Masseverwertung sollte den Gläubigern und Eigentümern die Entscheidung über Regel- und Planverfahren und eine Initiativbefugnis zur Plangestaltung eingeräumt werden.[89] Die bedeutendste Neuerung des Diskussionsentwurfs gegenüber den Berichten der Kommission lag in der Substitution des Reorganisations- durch das „Insolvenzplanverfahren“[90]. Um den Gläubigern eine flexible Abwicklung der Insolvenz zu ermöglichen, wurden die übertragende Sanierung, die treuhänderische Liquidation und die Sanierung durch Fortführung des Unternehmens gleichberechtigte Alternativen.[91] Die noch im Kommissionsbericht vorgesehene Anknüpfung an den Unternehmensträger, verbunden mit weitgehenden Eingriffsmöglichkeiten in Form von gesellschaftsrechtlichen Maßnahmen, fehlte im Diskussionsentwurf. Gegenstand der Haftung sei – entgegen der Ansicht der Kommission – nicht die gesellschafts- oder verbandsrechtliche Organisation des Schuldners, sondern dessen Vermögen.[92] Zugleich lasse der neue, vermögensorientierte Ausgangspunkt auch ohne Zustandekommen der für eine Sanierung des Schuldnerunternehmens erforderlichen gesellschaftsrechtlichen

---

85 *Balz*, Sanierung von Unternehmen oder von Unternehmensträgern?, 1986, S. 60 ff.; *Ulmer*, ZHR 149 (1985), 541, 550 f.

86 *BMJ (Hrsg.)*, Diskussionsentwurf InsO, 1988, A1 ff., A94 f.

87 Zugleich hat auch der 1982 erfolgte Wechsel der Bundesregierung dazu beigetragen, dass die Reform teilweise unter andere politische Vorzeichen gestellt wurde, vgl. *Flessner*, in: Kreft (Hrsg.), HK-InsO, 6. Aufl., 2011, Einl., Rn. 6.

88 *BMJ (Hrsg.)*, Diskussionsentwurf InsO, 1988, S. A17 ff., A22 ff., A41 ff.

89 *BMJ (Hrsg.)*, Diskussionsentwurf InsO, 1988, S. 125 f., A1 ff., A60 f.

90 *BMJ (Hrsg.)*, Diskussionsentwurf InsO, 1988, S. 125 ff., A56 ff., B216 ff.; *Kübler/Prütting (Hrsg.)*, Das neue InsR, 1994, S. 4.

91 *BMJ (Hrsg.)*, Diskussionsentwurf InsO, 1988, A67 f.; *Kübler/Prütting (Hrsg.)*, Das neue InsR, 1994, S. 4; *Kraemer*, Das neue InsR, 1995, S. 20 f.; vgl. auch *Strümpell*, Die übertragende Sanierung, 2006, S. 19.

92 *BMJ (Hrsg.)*, Diskussionsentwurf InsO, 1988, S. A33.

Maßnahmen eine Realisierung des Fortführungswerts im Wege einer übertragenden Sanierung zu.[93] Die Gefahr einer blockierenden Haltung kooperationsunwilliger Gesellschafter wurde insofern als gering eingestuft, als diesen jedenfalls die Alternative der übertragenden Sanierung drohte.[94]

Ebenso wurde unter Hinweis auf ein marktkonformes Verhalten und die marktwirtschaftliche Ordnung darauf verzichtet, den Beteiligten[95] Vermögensopfer abzunötigen oder sie in ihrer Investitionsentscheidung zu beschränken.[96] Der Diskussionsentwurf hält zwar daran fest, dass die Vermögensrechte des Schuldners und der an ihm beteiligten Personen in der Insolvenz, auch im Fall der angestrebten Fortführung des Unternehmens, in aller Regel entwertet seien.[97] Zwangseingriffe in die private Güterzuordnung zur Durchführung der Sanierung sollten dennoch nicht möglich sein. Für Eingriffe in die interne Organisation der Gesellschaft sei wegen des durch Art. 14 Abs. 1 GG garantierten Anteilseigentums und der nach Art. 9 Abs. 1 GG geschützten Verbandsautonomie die Zustimmung der Gesellschafter unabdingbar.[98] Zur Stärkung der Mitwirkungsrechte sollten die am Schuldner zu mindestens einem Fünftel beteiligten Personen ferner bei der Aufstellung des Plans beratend mitarbeiten dürfen[99] und außerdem zur Vorlage eines Insolvenzplans berechtigt sein.[100] Eine Abstimmung der Gesellschafter-Gruppe über den Insolvenzplan sollte aufgrund der regelmäßig bestehenden Entwertung der Vermögensrechte des Schuldners hingegen nicht in jedem Fall bestehen.[101]

c) Inhalt des Referentenentwurfs

Der im November 1989 veröffentlichte Referentenentwurf[102] ist die überarbeitete Fassung des Diskussionsentwurfs, inhaltlich sind beide nahezu deckungsgleich. Insbesondere in Bezug auf das im Mittelpunkt der Betrachtung stehende Insolvenzplanverfahren wurden weder neue Begründungen angeführt noch hielten nennenswerten Änderungen gegenüber dem Diskussionsentwurf Einzug.

---

93 *BMJ (Hrsg.)*, Diskussionsentwurf InsO, 1988, S. A33.
94 *BMJ (Hrsg.)*, Diskussionsentwurf InsO, 1988, S. A67 ff.
95 Wobei in diesem Kontext unter „Beteiligte“ alle Gläubigergruppen, der Schuldner und die am Schuldner beteiligten Personen zu fassen sind.
96 *BMJ (Hrsg.)*, Diskussionsentwurf InsO, 1988, S. A18 ff.
97 *BMJ (Hrsg.)*, Diskussionsentwurf InsO, 1988, S. A62.
98 *BMJ (Hrsg.)*, Diskussionsentwurf InsO, 1988, A33, A59 f.; vgl. auch *Sassenrath*, ZIP 2003, 1517, 1521.
99 *BMJ (Hrsg.)*, Diskussionsentwurf InsO, 1988, S. 126 (§ 244 Abs. 2 S. 2).
100 *BMJ (Hrsg.)*, Diskussionsentwurf InsO, 1988, S. 126 (§ 245 Abs. 1 Nr. 3).
101 Es wird vorgeschlagen, die Eigentümer als „latente“ Gruppe zu behandeln, in der sie sich auf eigene Kosten organisieren und an der Abstimmung über den Plan teilnehmen können, *BMJ (Hrsg.)*, Diskussionsentwurf InsO, 1988, A62.
102 *BMJ (Hrsg.)*, Referentenentwurf zur InsO, 1988.

3. *Rechtslage seit Inkrafttreten der InsO 1999*

Die letztlich verabschiedete Fassung wich in ihren Grundentscheidungen nicht von dem zuvor veröffentlichten Regierungsentwurf ab.[103] Wie dieser griff sie das im Diskussionsentwurf entwickelte „ordnungspolitische Leitbild"[104] auf. Zur Vereinfachung und Straffung wurde der Regierungsentwurf jedoch nicht unbedeutend überarbeitet und gekürzt, bevor die InsO 1994 verabschiedet wurde und 1999 in Kraft treten konnte.[105] Die Gesellschafter waren keine Beteiligten des Planverfahrens und es stand ihnen kein Recht zur Planinitiative zu. Die Berechtigung zur Vorlage eines Plans lag allein beim Insolvenzverwalter und beim Schuldner. Die noch im Regierungsentwurf vorgesehenen, weitgehenden Vorstellungen einer Gesellschaftermitwirkung finden sich in der InsO von 1999 nicht wieder.[106]

Das neuartige Insolvenzplanverfahren wurde als Innovation und „Kern-"[107] bzw. „Herzstück"[108] der Reform bezeichnet. Die §§ 217–269 InsO a.F. waren primär auf die Unternehmensinsolvenz zugeschnitten, sollten den Rechtsrahmen für die Bewältigung der Insolvenz im Wege von Verhandlungen und privatautonomen Austauschprozessen stellen und eine weitgehend autonome Gestaltung der Rechtsstellung durch Schuldner und Gläubiger ermöglichen.[109] Dem anfangs statuierten Ziel, mit einem Höchstmaß an Flexibilität die Sanierung zu erreichen, wurde durch die weitgehende Möglichkeit, die Haftungsverwirklichung abweichend vom gesetzlichen Regelinsolvenzverfahren zu gestalten, Rechnung getragen.[110] Die Sanierung, übertragende Sanierung oder auch Liquidation auf der Grundlage eines Insolvenzplans standen hierbei als gleichberechtigte Alternativen zur Verfügung.[111] Im Fall der Sanierung mittels Insolvenzplan stand das Initiativrecht zur Vorlage des Plans an das Insolvenzgericht dem Insolvenzverwalter sowie dem Schuldner zu.[112] Gemäß § 217 InsO konnte die Befriedigung der absonderungsberechtigten Gläubiger, die Verwertung der Insolvenzmasse, die Verteilung des Masseerlöses sowie die Haftung des Schuldners im Plan geregelt werden. Hierüber konnten sich die Gläubiger ohne die Zustimmung des Schuldners einigen.[113]

---

103 RegE InsO, BT-Drucks. 12/2443; vgl. *Sassenrath*, ZIP 2003, 1517, 1521.

104 RegE InsO, BT-Drucks. 12/2443, S. 72 ff.; *Flessner*, in: Kreft (Hrsg.), HK-InsO, 6. Aufl., 2011, Einl., Rn. 6.

105 *Flessner*, in: Kreft (Hrsg.), HK-InsO, 6. Aufl., 2011, Einl., Rn. 6; *Kübler / Prütting (Hrsg.)*, Das neue InsR, 1994, S. 5, 143, 145 ff.

106 *Kübler / Prütting (Hrsg.)*, Das neue InsR, 1994, S. 446 ff., 486 f., 494.

107 *Maus*, in: AKInsO Köln (Hrsg.), Kölner Schrift zur InsO, 2. Aufl., 2000, S. 931; *K. Schmidt*, BB 2011, 1603, 1607.

108 *Kübler / Prütting (Hrsg.)*, Das neue InsR, 1994, S. 11.

109 *Weisemann / Smid*, in: Weisemann / Smid (Hrsg.), Hdb. Unternehmensinsolvenz, 1999, S. 569 ff.; *Hess / Obermüller*, Insolvenzplan, 2. Aufl., 1999, Rn. 16 ff.

110 RegE InsO, BT-Drucks. 12/2443, S. 94 ff.

111 RegE InsO, BT-Drucks. 12/2443, S. 97 f.

112 *Kübler / Prütting (Hrsg.)*, Das neue InsR, 1994, S. 116, 448 f.

113 *Hess / Obermüller*, Insolvenzplan, 2. Aufl., 1999, Rn. 794.

Die im Laufe des Gesetzgebungsprozesses unterschiedlich beantwortete Frage, ob bzw. inwieweit Eingriffe in die Rechte und Stellung der Gesellschafter möglich seien, wurde zu deren Gunsten entschieden.[114] Entgegen den dargestellten, weitreichenden Vorschlägen der Kommission stellte der Gesetzgeber keine insolvenzrechtlichen Möglichkeiten für einen zwangsweisen Eingriff in die Rechte der Gesellschafter bereit. Dagegen verwies er auf ein marktkonformes Verhalten, welches darauf verzichten müsse, den Beteiligten Vermögensopfer abzunötigen.[115] Gegenstand der Haftung sei gerade nur das Vermögen des Schuldners, nicht seine gesellschafts- oder verbandsrechtliche Organisation, weshalb Zwangseingriffe in die private Güterzuordnung zurückzuweisen seien. § 217 InsO a.F. führte mit der Befriedigung der absonderungsberechtigten Gläubiger und der Insolvenzgläubiger, der Verwertung und Verteilung der Insolvenzmasse und der Haftung des Schuldners nach Beendigung des Insolvenzverfahrens die möglichen Regelungsgegenstände eines Insolvenzplans abschließend auf.[116] Eine Zuordnung von Eingriffen in die Organisationsverfassung der Gesellschaft oder die Rechtsposition der Gesellschafter zu einer der benannten Gruppen konnte nicht gelingen.[117] Für eine die Gesellschafterrechte umfassende Zuordnung zum Regelungsbereich der Gläubigerbefriedigung hätte es jedenfalls einer Erwähnung der Gesellschafterrechte als Teil der Haftungsmasse bedurft. Eine Zuordnung zur Verwertung bzw. Verteilung der Insolvenzmasse war jedoch schon deshalb abzulehnen, weil die zu verwertende Insolvenzmasse nach § 35 Abs. 1 InsO stets nur das Vermögen des Schuldners umfasste. Im Fall der Gesellschaftsinsolvenz war und ist alleiniger Schuldner die Gesellschaft, nicht die an ihr beteiligten Gesellschafter.[118] Auch war der Gesellschafter nicht unter den Begriff der „Beteiligten" zu fassen, für und gegen die mit Rechtskraft der Bestätigung des Insolvenzplans nach §§ 248 Abs. 1, 254 Abs. 1 S. 1 InsO die im gestaltenden Teil festgelegten Wirkungen eintraten. Eine Aufnahme gesellschaftsrechtlicher Maßnahmen in den gestaltenden Teil des Insolvenzplans war somit nicht möglich.

Der Plan konnte eine Fortsetzung des Unternehmens durch den Schuldner und organisationsrechtliche Zugeständnisse der Gesellschafter allein im darstellenden Teil des Plans vorsehen. Im Vergleich zum Kommissionsentwurf bedurften diese Änderungen der Struktur und Beteiligungsverhältnisse für ihre Wirksamkeit der

114 *Noack*, in: FS Zöllner, 1998, S. 411; vgl. auch *H.-F. Müller*, KTS 2012, 419; *Segmiller*, Kapitalmaßnahmen im Insolvenzplan, 2013, S. 45 f.; *Uhlenbruck*, in: FS Lüer, 2008, S. 461, 463; *ders.*, NZI 2008, 201.

115 RegE InsO, BT-Drucks. 12/2443, S. 78.

116 Vgl. *H.-F. Müller*, Verband in der Insolvenz, 2002, S. 319, der aus der abschließenden Aufzählung in § 217 InsO a.F. den zwingenden Charakter der Unzulässigkeit von Eingriffen in die Organisationsverfassung der Gesellschaft bzw. die Rechtspositionen der Gesellschafter ableitet.

117 *Büchele*, Eingriff in Gesellschafterrechte im Insolvenzplan, 2011, S. 64.

118 *K. Schmidt*, in: K. Schmidt (Hrsg.), MüKo-HGB, Bd. 2, 3. Aufl., 2011, § 158 Anh., Rn. 5; *Büchele*, Eingriff in Gesellschafterrechte im Insolvenzplan, 2011, S. 64, 130 f.; *Häsemeyer*, InsR, 4. Aufl., 2007, S. 231 ff.

Zustimmung des Schuldners bzw. der an ihm beteiligten Gesellschafter.[119] Eingeführt wurde das Institut des bedingten Plans nach § 249 InsO, wonach die Planbestätigung von der vorherigen Erbringung bestimmter Leistungen oder der Verwirklichung anderer Maßnahmen abhängig war. Nach der Vorstellung des Gesetzgebers sollten auf diese Weise gesellschaftsrechtliche und insolvenzrechtliche Beschlussfassungen „sinnvoll miteinander verzahnt“[120] werden. Eine Sanierung infolge gesellschaftsrechtlicher Reorganisation konnte demnach lediglich gelingen, wenn die betroffenen Gesellschafter einvernehmlich mitwirkten.[121] Dieses Verständnis zielte darauf, die Investitionsentscheidung der Gesellschafter bestmöglich zu schützen, auf jede Umverteilung von Vermögensrechten oder Zwangseingriffe in die Gesellschafterrechte zu verzichten[122] und dadurch den allgemeinen Prinzipien der Wirtschaftsverfassung und der Vereinigungsfreiheit gerecht zu werden.[123]

Zur Steigerung der Praktikabilität des Insolvenzplanverfahrens und mit dem Hinweis darauf, dass den am Schuldner beteiligten Personen solange keine Rechtsmittel gegen die Planbestätigung eingeräumt zu werden brauchten, als durch den Plan nicht in deren Rechtsstellung eingegriffen werden konnte, wurden die noch im Regierungsentwurf vorgesehenen Beteiligungsrechte der Gesellschafter gestrichen.[124] Den Gesellschaftern standen daher weder die Rechte zur Mitberatung des Insolvenzplans[125], zum Widerspruch[126] oder zur Beschwerde[127] gegen den Plan noch der Minderheitenschutz zu.[128] Im Ergebnis waren Gesellschafts- und Insolvenzrecht im Insolvenzplanverfahren daher strikt voneinander getrennte Materien.

II. Zusammenfassung

Der lange Gesetzgebungsprozess, bis hin zur Neukodifikation der InsO von 1999, war insbesondere der Uneinigkeit hinsichtlich der Stellung der Gesellschafter geschuldet. Den Ausgangspunkt der Diskussion bildete der Erste Bericht der Kommission für Insolvenzrecht, demgemäß die Gesellschafterrechte in das Insolvenzverfahren einbezogen werden sollten. Für das neu geschaffene Instrument des Insolvenzplans sollte der Plan jede nach materiellem Gesellschaftsrecht zulässige

119 *Hess/Obermüller*, Insolvenzplan, 2. Aufl., 1999, Rn. 795; *Hess/Weis*, InVO 1996, 169 ff.
120 RegE InsO, BT-Drucks. 12/2443, S. 211.
121 RegE InsO, BT-Drucks. 12/2443, S. 97 f.; *Uhlenbruck*, in: FS Lüer, 2008, S. 461, 463.
122 RegE InsO, BT-Drucks. 12/2443, S. 78.
123 RegE InsO, BT-Drucks. 12/2443, S. 78 f., 91.
124 Beschlussempfehlung und Bericht des Rechtsausschusses (6. Ausschuss) zu dem Gesetzentwurf der Bundesregierung – BT-Drucks. 12/2443 –, Entwurf einer Insolvenzordnung (InsO) v. 19.04.1994, BT-Drucks. 12/7302, S. 184.
125 BT-Drucks. 12/7302, S. 94.
126 BT-Drucks. 12/7302, S. 106.
127 BT-Drucks. 12/7302, S. 108.
128 BT-Drucks. 12/7302, S. 107, 181.

Maßnahme vorsehen können, die geboten erschien, um das Ziel der Reorganisation zu erreichen.[129] Bereits der Diskussionsentwurf zur InsO sah unter Berücksichtigung des Anknüpfungspunkts der Haftung an das Vermögen des Schuldners – nicht an seine gesellschaftsrechtliche Organisation – keine Einbeziehung der Anteilseigner vor. Der Regierungsentwurf übernahm diesen Standpunkt und versuchte dadurch, eine Stärkung der Autonomie des Gesellschaftsrechts und der wirtschaftlichen Vereinigungsfreiheit zu erwirken. Die dadurch Gesetz gewordene „gesellschaftsrechtliche Neutralität" der InsO hatte zur Folge, dass wesentliche Gestaltungsmöglichkeiten verschlossen blieben. Alternative Handlungsmöglichkeiten, wie die übertragende Sanierung oder eine Verpflichtung der Gesellschafter über die gesellschaftsrechtliche Treuepflicht, waren in ihren Wirkungen dem Insolvenzplan nicht vergleichbar. Das Gelingen der Reorganisation mit Insolvenzplan war von der Mitwirkung der Gesellschafter abhängig, wodurch den Gesellschaftern ein entscheidendes Blockade- und Erpressungspotenzial zugesprochen wurde. Die Erfahrungen mit der InsO von 1999 haben gezeigt, dass die „gesellschaftsrechtliche Neutralität" der InsO einer erfolgreichen Sanierung mittels Insolvenzplan im Wege stand. Als Folge hat sich eine Reformdiskussion entwickelt, die Defizite und Verbesserungsmöglichkeiten des Unternehmensinsolvenzrechts aufgezeigt hat.

B. Reformierung der InsO durch das ESUG

Die heutige InsO hat einen „Paradigmenwechsel"[130] vollzogen. Die in der InsO von 1999 bestehende „gesellschaftsrechtliche Neutralität" ist dem Grundsatz „Insolvenzrecht überlagert Gesellschaftsrecht"[131] gewichen: Nachdem der Vorschlag auf Einbeziehung der Anteilseigner durch die Kommission für Insolvenzrecht bei der Kodifizierung der InsO (noch) nicht überzeugen konnte, sind die Gesellschafter heute, infolge der Neuerungen durch das ESUG, in das Insolvenzplanverfahren einbezogen.

I. Reformbedarf: Gesellschafterstellung im Insolvenzrecht vor dem 1. März 2012

Der jahrzehntelange Gesetzgebungsprozess war der Diskussionsbedürftigkeit einiger zentraler Aspekte der Reform geschuldet. Das Ergebnis wurde als „letzte große

---

129 *BMJ (Hrsg.)*, Erster Kommissionsbericht, 1985, LS 2.4.9.5; vgl. auch *K. Schmidt*, ZGR 1986, 179, 198 f.

130 *Spliedt*, in: K. Schmidt (Hrsg.), InsO, 18. Aufl., 2013, § 225a, Rn. 6; *Frege / Nicht*, in: Theiselmann, Praxishdb. Restrukturierungsrecht, 2. Aufl., 2013, Kap. 15, Rn. 152; *Braun / Heinrich*, NZI 2011, 505, 507; *Göb*, NZG 2012, 371, 375; *K. Schmidt*, BB 2011, 1603; anders dagegen *Landfermann*, WM 2012, 821, 822, 828, der einen „Paradigmenwechsel" ablehnt, da weiterhin die bestmögliche Befriedigung der Gläubiger – nicht die Sanierung – Ziel des Insolvenzverfahrens sei.

131 *Spliedt*, in: K. Schmidt (Hrsg.), InsO, 18. Aufl., 2013, § 225a, Rn. 6.

Reform des Verfahrensrechts im ausgehenden 20. Jahrhundert“[132] gefeiert und das Insolvenzplanverfahren als bedeutendste Neuerung bezeichnet.[133] Zugleich war es Resultat und Kompromiss unterschiedlicher Vorstellungen zur Ausgestaltung der neuen InsO, weshalb letztlich nicht jede gute Idee Einzug in die InsO erhalten hatte.

1. *Auswirkungen der fehlenden Eingriffsmöglichkeiten*

Festzuhalten ist, dass sich die InsO von 1999 dem „Grundsatz gesellschaftsrechtlicher Abstinenz“[134] verschrieben hatte. Die fehlende Einbeziehung der Gesellschafter des schuldnerischen Unternehmens als Beteiligte in das Insolvenzplanverfahren hatte zur Folge, dass im Insolvenzplan keine Eingriffe in die Rechte und Stellung der Gesellschafter vorgesehen werden konnten.[135] Die Sanierung war daher insoweit von der Mitwirkung der Gesellschafter abhängig. Die Tatsache, dass das Insolvenzplanverfahren nur als „Konsensverfahren“[136] möglich war, war die Konsequenz dieses „Geburtsfehlers“[137] der InsO. Neben der zwingenden Voraussetzung zur Fassung eines Fortsetzungsbeschlusses als „gesellschaftsrechtliche Mindestvoraussetzung“[138] der Reorganisation[139] nach der Auflösung der Gesellschaft durch den Eröffnungsbeschluss waren auch solche Maßnahmen, die voraussichtlich hilfreich und erfolgsversprechend anmuteten, von deren Zustimmung abhängig: Es konnten keine Veränderungen des Gesellschaftsvertrags vorgesehen werden. Änderungen der Geschäftsführung, der Vertretungsverhältnisse oder der Stimmrechte einzelner Gesellschafter lagen allein in den Händen der Gesellschafter. Ebenso wenig konnten die Gläubiger verlangen – bzw. die Gesellschafter verpflichten –, die Voraussetzungen für eine Umwandlung des Unternehmensträgers zu schaffen. Zwar hatte die InsO die Bedeutung der Übernahme von Anteilsrechten durch die Gläubiger erkannt und daher ausdrücklich in § 230 Abs. 2 InsO a.F. aufgenommen. Eine Befriedigung der Gläubiger durch Umwandlung der Forderungen in Eigenkapital in Form von

---

132 Vgl. nur *Pape*, NJW 1999, 29.

133 *Balz/Landfermann*, Die neuen Insolvenzgesetze, 2. Aufl., 1999, S. 162.

134 *Brüning*, Gesellschafter und Insolvenzplan, 2006, S. 118.

135 *Braun*, in: FS G. Fischer, 2008, S. 53, 54; vgl. auch *Pape*, ZInsO 2010, 2155, 2157; *Uhlenbruck*, NZI 2008, 201, 204.

136 *Jaffé/Friedrich*, ZIP 2008, 1849, 1853.

137 *Jaffé/Friedrich*, ZIP 2008, 1849, 1853; vgl. auch *Frank/Heinrich*, ZInsO 2011, 1826, 1827.

138 *Brüning*, Gesellschafter und Insolvenzplan, 2006, S. 120.

139 Mit Eröffnung des Insolvenzverfahrens über das Vermögen der Gesellschaft bestimmt(e) das Gesellschaftsrecht – damals wie heute – die Auflösung der Schuldnerin (§§ 161 Abs. 2, 131 Abs. 1 Nr. 3 HGB); zur Fassung des Fortsetzungsbeschlusses als gesellschaftsrechtliche Mindestvoraussetzung der Reorganisation vgl. nur *Brüning*, Gesellschafter und Insolvenzplan, 2006, S. 120.

Gesellschaftsanteilen bedurfte neben der Zustimmung der Gläubiger[140] jedoch auch der Zustimmung der Gesellschafter.

Schnell wurde klar, dass infolge der fehlenden Eingriffsmöglichkeiten in die Rechte der Gesellschafter wesentliche Gestaltungsmöglichkeiten verschlossen blieben.[141] Eine Sanierung im Insolvenzplanverfahren setzte zwar primär voraus, dass die Gläubiger auf einen Teil ihrer Forderungen verzichteten.[142] Problematisch war jedoch, dass sich kein Gläubiger bereit erklären würde, durch eigenen Verzicht und zusätzliche Versorgung mit Kapital das schuldnerische Unternehmen zu sanieren, wenn letztlich allein die Gesellschafter profitierten, ohne ihrerseits Beiträge zu erbringen.[143] *Eidenmüller* hielt insofern zutreffend fest, dass eine erfolgreiche Unternehmensreorganisation, neben der Neuregelung der Gläubigerbeziehungen auf der Außenseite, gerade auch einer Neugestaltung der gesellschaftsrechtlichen Verhältnisse auf der Innenseite bedürfe.[144]

a) Blockade- und Erpressungspotenzial

Die Abhängigkeit der sanierungswilligen Gläubiger von der Zustimmung der Anteilseigner erforderte demnach die Kooperationsbereitschaft der Gesellschafter. Szenarien, in denen der Insolvenzverwalter bzw. die Gläubiger bestimmte gesellschaftsrechtliche Maßnahmen als zwingend erforderlich für das Gelingen der Sanierung ansahen, räumten den Gesellschaftern daher eine starke Stellung ein.[145] Die Gesellschafter konnten ihre Zustimmung verweigern und sinnvolle Restrukturierungsversuche blockieren.[146] Neben Desinteresse, schlichter Ignoranz oder bloßer Unfähigkeit, die aussichtsreichen Maßnahmen als solche zu erkennen, konnten auch finanzielle Berechnung oder reine Böswilligkeit den Gesellschafter dazu anhalten, nicht zu kooperieren.[147]

Der Ausgang bzw. Erfolg des Planverfahrens wurde damit *de facto* in die Hände der Altgesellschafter gelegt.[148] Diese waren häufig jedoch nicht bereit oder in der Lage, die Insolvenz durch eigene Beiträge zu verhindern. Um die Sanierung

---

140 Der wortlautgleiche § 230 Abs. 2 InsO setzt auch heute noch voraus, dass dem Plan die zustimmende Erklärung der betroffenen Gläubiger beizufügen ist, um diesen nicht gegen ihren Willen Anteilsrechte anstelle der Befriedigung in Geld aufzudrängen, vgl. RegE InsO, BT-Drucks. 12/2443, S. 203 f.

141 *Braun / Uhlenbruck*, Unternehmensinsolvenz, 1997, S. 582 f.; vgl. auch *DAV (InsR) e.V.*, NZI aktuell 2009, Heft 18, S. IXf.; *Verse*, ZGR 2010, 299, 301.

142 *Noack*, in: FS Zöllner, 1998, S. 411, 419.

143 *Braun*, in: FS G. Fischer, 2008, S. 53, 54 f.; *Undritz*, ZGR 2010, 201, 209 f.

144 Ausführlich hierzu *Eidenmüller*, Unternehmenssanierung, 1999, S. 778 ff.; *ders.*, ZGR 2001, 680 ff.; *H.-F. Müller*, Verband in der Insolvenz, 2002, S. 327.

145 *Brüning*, Gesellschafter und Insolvenzplan, 2006, S. 133 ff.

146 *Bitter*, ZGR 2010, 147, 150; *Eidenmüller*, ZGR 2001, 680, 688; *Smid / Rattunde*, Insolvenzplan, 2. Aufl., 2005, Rn. 6.15.

147 *Braun*, in: FS G. Fischer, 2008, S. 53, 54 f.

148 *Jaffé / Friedrich*, ZIP 2008, 1849, 1853.

im Insolvenzplanverfahren dennoch erfolgreich durchführen zu können, wurden der Insolvenzverwalter und die Gläubiger in die Lage versetzt, den Gesellschaftern ihre Zustimmung zur Fortführung bzw. zur Durchführung angedachter gesellschaftsrechtlicher Maßnahmen „abkaufen" zu müssen.[149] Die als „*Nassauer*"-Effekt[150] bezeichnete Rekonvaleszenz der wertlosen Gesellschaftsanteile ohne eigenen Beitrag der Altgesellschafter führte dazu, dass sich die Gesellschafter selbst „entschädigten"[151] und ihre eigene Stellung zulasten der Gläubiger aufwerten konnten.[152] Dieses Erpressungspotenzial[153] in den Händen der Gesellschafter und deren blockierende Stellung gegenüber gesellschaftsrechtlichen Maßnahmen zur Sanierung konnten im schlimmsten Fall zum Scheitern der Sanierung führen.[154] Die Machtposition der Gesellschafter wurde überwiegend als größtes Defizit des Insolvenzplanverfahrens hervorgehoben[155] und setzte die Reformforderungen in Gang.[156]

b) Alternative Handlungsmöglichkeiten außerhalb des Insolvenzplans

Frühzeitig wurde – als Reaktion auf die zuvor festgestellte, allein mögliche, „freiwillige" Einbeziehung der Anteilseigner in den Insolvenzplan – daher die Frage aufgeworfen, ob echte Alternativen bestehen, die Gesellschafter den vorgesehenen Sanierungsmaßnahmen zu unterwerfen[157]: Die übertragende Sanierung wurde im Gesetzgebungsprozess ausdrücklich als gleichwertige Alternative zur Reorganisation mittels Insolvenzplan eingestuft.[158] Deren entscheidender Vorteil gegenüber

---

149 *Bitter*, ZGR 2010, 147, 162; *Braun*, in: FS G. Fischer, 2008, S. 53, 69; *Brüning*, Gesellschafter und Insolvenzplan, 2006, S. 134; *Drukarczyk / Schöntag*, in: FS H. Schmidt, 2006, S. 649, 668 f.; *Eidenmüller*, ZIP 2007, 1729, 1736.

150 *Exner / Beck*, in: Beck / Depré (Hrsg.), Praxis der Insolvenz, 2. Aufl., 2010, § 43, Rn. 51.

151 *Westpfahl / Janjuah*, ZIP 2008, Beil. / Heft 3, 1, 15.

152 *Braun / Uhlenbruck*, Unternehmensinsolvenz, 1997, S. 91; *Brüning*, Gesellschafter und Insolvenzplan, 2006, S. 134; *Flessner*, ZRP 1982, 244, 245; *Kluth*, ZInsO 2002, 258.

153 *Brüning*, Gesellschafter und Insolvenzplan, 2006, S. 134.

154 *Flessner*, in: Kreft (Hrsg.), HK-InsO, 6. Aufl., 2011, § 221, Rn. 3; *Eidenmüller*, ZGR 2001, 680, 687; *Stapper*, ZInsO 2009, 2361, 2364; a.A. *H.-F. Müller*, Verband in der Insolvenz, 2002, S. 367, der rationales Verhalten der Gesellschafter und deren „massives Interesse" am Erfolg der Reorganisation voraussetzt und dem Vorliegen einer blockierenden Stellung wiederspricht.

155 Statt vieler, vgl. *Eidenmüller / Frobenius / Prusko*, NZI 2010, 545, 549, die eine eindeutig kritische Haltung in Bezug auf die bestehenden gesetzlichen Regelungen hinsichtlich der Stellung der Gesellschafter im Insolvenzverfahren als (Teil-)Ergebnis ihrer empirischen Untersuchung festhalten.

156 *Uhlenbruck*, in: FS Lüer, 2008, S. 461, 468 ff.; *ders. / Vallender*, NZI 2009, 1, 3 f.

157 Vgl. die ausführliche Darstellung zur Übertragung als alternative Fortführungsoption zur Reorganisation, *Brüning*, Gesellschafter und Insolvenzplan, 2006, S. 19 ff.; vgl. auch *Braun*, in: Nerlich / Römermann (Hrsg.), InsO, Lb, 9. Lfg. (03/2005), § 217, Rn. 39; *Sassenrath*, ZIP 2003, 1517, 1519.

158 RegE InsO, BT-Drucks. 12/2443, S. 77 f.; *Sassenrath*, ZIP 2003, 1517, 1527.

dem Insolvenzplanverfahren besteht in der Entbehrlichkeit einer Zustimmung der Gesellschafter, deren fehlende Kooperationsbereitschaft der übertragenden Sanierung gerade nicht entgegensteht.[159] Der Gesetzgeber der InsO ging daher ursprünglich davon aus, dass die Alternative der übertragenden Sanierung – selbst im Fall eines blockierenden Gesellschafters – zur Vermögensverwertung verhelfen könnte.[160] Unberücksichtigt ist insofern jedoch geblieben, dass in bestimmten Fällen nur der Erhalt des notleidenden Unternehmens in der Hand des bisherigen Unternehmensträgers zu einer Maximierung der verfügbaren Haftungsmasse führt.[161] Neben den überwindbaren praktischen Schwierigkeiten einer Übertragung jedes einzelnen Vermögensgegenstands stellt der Verlust immaterieller Vermögensgegenstände, die an den Unternehmensträger gebunden und damit nicht übertragbar sind, den bedeutendsten Nachteil einer Übertragung dar[162], der dazu führt, dass die übertragende Sanierung in vielen Fällen keine sinnvolle Alternative zum Insolvenzplan darzustellen vermag.[163]

Braun sah den Insolvenzverwalter in die Lage versetzt, einen Anspruch auf Abtretung der in der Liquidation wertlosen Anteile geltend zu machen.[164] Eine bestmögliche Haftungsverwirklichung bedürfe der Realisierung aller Vermögenswerte der Gesellschaft, worunter gerade auch die erst durch die Verfügung über die Gesellschaftsanteile zu realisierenden Werte fallen sollten.[165] Die in §§ 245, 246 InsO a.F. verankerte Wertordnung und die Möglichkeit der Gläubiger, von der Regelvermutung des § 227 InsO a.F. abzuweichen, verdeutlichten, dass den Eigentümern gegen den Willen der Gläubiger kein haftendes Vermögen bzw. keine Enthaftung bei noch vorhandenem Vermögen verbleiben sollte. Demgemäß bedurfte es einer vollständigen

159 Vgl. *Brüning*, Gesellschafter und Insolvenzplan, 2006, S. 22 f.; *Bitter*, ZGR 2010, 147, 156.

160 *BMJ (Hrsg.)*, Diskussionsentwurf InsO, 1988, S. A33, B259.

161 *Eidenmüller*, in: Kirchhof u.a. (Hrsg.), MüKo-InsO, Bd. 3, 2. Aufl., 2008, § 217, Rn. 75; *ders.*, Unternehmenssanierung, 1999, S. 42; vgl. auch *ders.*, ZIP 2010, 649, 651; *Frauer*, Grenzen des Eingriffs, 2014, S. 52 ff.; *Smid / Rattunde / Martini*, Insolvenzplan, 4. Aufl., 2015, Rn. 1, 6 ff.; *Verse*, ZGR 2010, 299, 306.

162 *Bitter*, ZGR 2010, 147, 150, 157 ff.; *Eidenmüller*, ZIP 2007, 1729, 1736; vgl. auch *Braun*, in: Nerlich / Römermann (Hrsg.), InsO, Lb, 9. Lfg. (03/2005), § 217, Rn. 39; *Noack*, in: FS Zöllner, 1998, S. 411, 417; *Westpfahl / Janjuah.*, ZIP 2008, Beil. / Heft 3, 1, 13.

163 *Bitter*, ZGR 2010, 147, 157 ff.; *Westpfahl / Janjuah*, ZIP 2008, Beil. / Heft 3, 1, 13.

164 *Braun*, in: Nerlich / Römermann (Hrsg.), InsO, Lb, 9. Lfg. (03/2005), § 217, Rn. 41 ff.; *Jaffé*, in: Wimmer (Hrsg.), FK-InsO, 6. Aufl., 2011, § 217, Rn. 85, der die Einführung eines Verwertungsrechts des Insolvenzverwalters an den Gesellschaftsanteilen anstrebte, soweit dies für die Sanierung erforderlich sei und die Altgesellschafter im Vergleich zur Regelinsolvenz nicht schlechtergestellt würden; kritischer in Bezug auf die Annahme eines Anspruchs des Insolvenzverwalters auf Abtretung der Gesellschaftsanteile dagegen *Otte*, in: Kübler u.a. (Hrsg.), InsO, Lb, 24. Lfg. (10/2005), § 217, Rn. 61c; *Noack*, in: FS Röhricht, 2005, S. 455, 460; *Sassenrath*, ZIP 2003, 1517, 1519.

165 *Braun*, in: Nerlich / Römermann (Hrsg.), InsO, Lb, 9. Lfg. (03/2005), § 217, Rn. 41.

Befriedigung sämtlicher Gläubiger oder deren Einverständnisses zum Verbleib der Anteile bei den Gesellschaftern.[166] Problematisch war insofern, dass für den Anspruch des Insolvenzverwalters gerade keine Rechtsgrundlage bestand.[167] Eine Geltendmachung des schuldrechtlichen Anspruchs hätte insbesondere im Fall der erforderlichen gerichtlichen Hilfe bei der Durchsetzung einen hohen Zeitaufwand gefordert.[168] Die im Zusammenhang mit dem Gelingen der Sanierung im Insolvenzplanverfahren erforderliche Eilbedürftigkeit stand einem solchen Vorgehen entgegen.[169] Ferner konnte die Notwendigkeit, blockierendes Verhalten zu verhindern, nicht darüber hinwegtäuschen, dass die Gesellschaftsanteile dem Privatvermögen der Gesellschafter unterfielen.[170] Zur Haftungsmasse nach § 35 Abs. 1 InsO a.F. gehörte nur das Vermögen der schuldnerischen Gesellschaft, wovon Anteilsrechte der Gesellschafter gerade nicht erfasst waren.[171]

Als gewisses Korrektiv konnte die gesellschaftsrechtliche Treuepflicht dienen, die – als organisationsrechtlicher Bestandteil des Mitgliedschaftsverhältnisses – konkrete Förderungs- und Interessenwahrungspflichten im Verhältnis des Gesellschafters zur Gesellschaft sowie gegenüber seinen Mitgesellschaftern zu begründen vermochte[172] und die Gesellschafter zur Mitwirkung an einem bestimmten Sanierungsvorhaben zwingen konnte.[173] Zwar ließ sich über die gesellschaftsrechtliche Treuepflicht keine Pflicht, an der Sanierung mitzuwirken[174], insbesondere keine

166 *Braun*, in: Nerlich / Römermann (Hrsg.), InsO, Lb, 9. Lfg. (03/2005), § 217, Rn. 43.

167 Der im Ersten Kommissionsbericht vorgesehene Ausschluss der Gesellschafter infolge bestehender Wertlosigkeit ihrer Anteile wurde nicht übernommen, vgl. *BMJ (Hrsg.)*, Erster Kommissionsbericht, 1985, LS 2.4.9.5; *Noack*, FS Röhricht, 2005, S. 455, 460.

168 Verweigert ein Gesellschafter die Übertragung seiner Anteile, bedarf es zunächst eines (im Zweifel) langwierigen Prozesses, bis festgestellt wurde, dass er zur Übertragung seiner Anteile verpflichtet war, vgl. *Bitter*, ZGR 2010, 147, 198; *Brüning*, Gesellschafter und Insolvenzplan, 2006, S. 243.

169 *Bitter*, ZGR 2010, 147, 149 f., 198.

170 Vgl. *Brüning*, Gesellschafter und Insolvenzplan, 2006, S. 242 ff.

171 *Bäuerle*, in: Braun (Hrsg.), InsO, 4. Aufl., 2010, § 35, Rn. 6; *Lüer*, in: Uhlenbruck u.a. (Hrsg.), InsO, 13. Aufl., 2010, § 217, Rn. 18.

172 *Weipert*, in: Gummert / Weipert (Hrsg.), Münchener Hdb. GesR, Bd. 2, 4. Aufl., 2014, § 13, Rn. 2; *Brüning*, Gesellschafter und Insolvenzplan, 2006, S. 192; *Lutter*, JZ 1995, 1053, 1054; *K. Schmidt*, GesR, 4. Aufl., 2002, § 20 IV 1 c) (S. 589) und § 20 IV 2 a) (S. 589 f.); zu den Treuepflichten der Aktionäre vgl. *Schuster*, ZGR 2010, 325, 332.

173 *Eidenmüller*, in: Kirchhof u.a. (Hrsg.), MüKo-InsO, Bd. 3, 2. Aufl., 2008, § 217, Rn. 74; *ders.*, Unternehmenssanierung, 1999, S. 778 ff.; zur Annahme einer im Einzelfall bestehenden positiven Stimmpflicht, vgl. *K. Schmidt*, ZGR 1982, 519, 524 f.; *Zöllner*, Schranken mitgliedschaftlicher Stimmrechtsmacht, 1963, S. 353 ff.

174 *BGH*, Urt. v. 20.03.1995 – II ZR 205/94 = BGHZ 129, 136, 151 („*Girmes*"); *Schuster*, ZGR 2010, 325, 333; *W. Müller*, in: Prinz / W.-D. Hoffmann (Hrsg.), Beck'sches Hdb. PersG, 4. Aufl., 2014, § 4, Rn. 106a.

Nachschusspflicht, begründen.[175] In seinem „*Girmes*"-Urteil hielt der BGH jedoch fest, dass die Gesellschafter einer sanierungsbedürftigen Gesellschaft aus Gründen der mitgliedschaftlichen Treuepflicht eine sinnvolle und mehrheitlich angestrebte Sanierung nicht aus eigennützigen Motiven verhindern dürften.[176] Unabhängig von den zahlreichen (weiteren) Voraussetzungen für das Verhinderungsverbot konnte die gesellschaftsrechtliche Treuepflicht jedoch aufgrund der bestehenden Ungewissheit über ihr Vorliegen und ihre fehlende Anwendbarkeit im Außenverhältnis, zwischen Gläubiger und Gesellschafter, keine echte Alternative darstellen.[177] Im Einzelfall konnte die gesellschaftsrechtliche Treuepflicht daher zwar das Blockade- und Erpressungspotenzial der Gesellschafter mildern, dieses jedoch nicht vollständig aufheben.[178]

2. *Zusammenfassung*

Die Erfahrungen mit der InsO haben gezeigt, dass gerade in den Fällen der im Insolvenzplanverfahren angestrebten Reorganisation dem Gelingen der Sanierung mittels Insolvenzplan eine strikte Trennung rein insolvenzrechtlicher Plangestaltung und -umsetzung gegenüber den außerhalb des Insolvenzrechts stattfindenden notwendigen gesellschaftsrechtlichen (Organisations-)Maßnahmen im Wege steht. Der Gesellschafter bleibt in seinen Rechten weitgehend unberührt, solange er solche Eingriffe nicht ausdrücklich zulässt. Das in der Folge entstehende Blockade- und Erpressungspotenzial der Gesellschafter hat sich als „Hauptschwäche"[179] des Insolvenzplanverfahrens herausgestellt: Da sich eine Unternehmensreorganisation nicht gegen den Willen der Gesellschafter durchführen ließ, eine „erkaufte" Mitwirkung der Gesellschafter zu erheblichen finanziellen Belastungen führen konnte und eine übertragende Sanierung sowie eine Verpflichtung über die gesellschaftsrechtliche Treuepflicht in ihrer Wirkung nicht weitreichend genug waren, bedurfte es einer Anpassung der gesetzlichen Vorgaben.

---

175 *BGH*, Urt. v. 13.03.1989 – II ZR 193/88 = NJW-RR 1989, 993, 995; *v. Falkenhausen/Schneider*, in: Gummert/Weipert (Hrsg.), Münchener Hdb. GesR, Bd. 2, 4. Aufl., 2014, § 19, Rn. 10; *Kreplin*, in: Nerlich/Kreplin (Hrsg.), MAH Insolvenz und Sanierung, 2. Aufl., 2012, § 9, Rn. 36; *W.-D. Hoffmann*, in: Prinz/W.-D. Hoffmann (Hrsg.), Beck'sches Hdb. PersG, 4. Aufl., 2014, § 5, Rn. 77; *Noack*, in: FS Zöllner, 1998, S. 411, 423; *Schuster*, ZGR 2010, 325, 333.

176 *BGH*, Urt. v. 20.03.1995 – II ZR 205/94 = BGHZ 129, 136, 152 f. („*Girmes*"); die jüngere Entscheidung „*Sanieren oder Ausscheiden*" hat diese Rechtsprechung für (Publikums-)Personengesellschaften bestätigt, vgl. *BGH*, Urt. v. 19.10.2009 – II ZR 240/08 = NJW 2010, 65 („*Sanieren oder Ausscheiden*"); vgl. auch deren Fortführung durch *BGH*, Urt. v. 9.06.2015 – II ZR 420/13 = NJW 2015, 2882.

177 Vgl. *Braun*, in: FS G. Fischer, 2008, S. 53, 69 f.

178 *Eidenmüller*, ZIP 2007, 1729, 1736; *Noack*, GesR, 1999, Rn. 123; vgl. auch *Schuster*, ZGR 2010, 325, 335.

179 *Eidenmüller*, ZGR 2001, 680, 687 f., 709; vgl. auch *Hölzle*, NZI 2011, 124, 127.

II. Entwicklung und Ziele der Neuregelungen

Am 1. März 2012 sind die wesentlichen Teile des Gesetzes zur weiteren Erleichterung der Sanierung von Unternehmen (ESUG) und die damit einhergehenden Änderungen der InsO in Kraft getreten.[180] Nachdem die ehemalige Bundesministerin der Justiz *Sabine Leutheusser-Schnarrenberger*[181] in ihrer Rede auf dem 7. Insolvenzrechtstag in Berlin am 17. März 2010[182] erstmals öffentlich die Eckpunkte der Insolvenzrechtsreform[183] skizziert hatte, wurden am 1. September 2010 der vom Bundesjustizministerium ausgearbeitete Diskussionsentwurf[184] und am 25. Januar 2011 der Referentenentwurf[185] vorgelegt. Am 2. Februar 2011 beschloss die Bundesregierung den Regierungsentwurf und leitete diesen an den Bundesrat weiter.[186] Nachdem die

180 BGBl I 2011, T. 1 Nr. 64, S. 2582 (pdf-Datei, hinterlegt beim Bundesanzeiger Verlag), verkündet am 13.12.2011; die Art. 4 und 5 sowie 7 und 8 des Gesetzes sind am 1.01.2013 in Kraft getreten; im Übrigen ist das Gesetz bereits am 1.03.2012 in Kraft getreten.

181 *Sabine Leutheusser-Schnarrenberger* (* 26.07.1951 in Minden) war von 1992 bis 1996 sowie von 2009 bis 2013 Bundesministerin der Justiz.

182 Die Rede der damaligen Bundesjustizministerin auf dem 7. Insolvenzrechtstag am 17.03.2010 in Berlin, abrufbar unter http://bmjv.de/SharedDocs/Archiv/DE/Reden/DE/2010/20100317_7er_Deutscher_Insolvenzrechtstag.html (zuletzt aufgerufen am 20.11.2015).

183 Grundlage der Insolvenzrechtsreform sollte die Durchsetzung eines „Drei-Stufen-Plans" sein, Stufe 1 (Reformen im Insolvenzplanverfahren und bei der Eigenverwaltung, Regelungen für sog. „Clearinghäuser", Einführung eines Insolvenzstatistikgesetzes sowie eines Reorganisationsverfahrens für systemrelevante Kreditinstitute), Stufe 2 (Verbraucherinsolvenzverfahren, ggf. Einführung eines der Insolvenz vorgelagerten Sanierungsverfahrens) und Stufe 3 (Regelungen für Konzerninsolvenzen und Insolvenzverwalter).

184 Diskussionsentwurf für ein Gesetz zur weiteren Erleichterung der Sanierung von Unternehmen (Bearbeitungsstand: 1.09.2010), abrufbar unter http://gesetzgebung.beck.de/sites/gesetzgebung.beck.de/files/Diskussionsentwurf_Sanierung_Unternehmen-BMJ.pdf (zuletzt aufgerufen am 20.11.2015).

185 Referentenentwurf für ein Gesetz zur weiteren Erleichterung der Sanierung von Unternehmen (Bearbeitungsstand: 25.01.2011), abrufbar unter http://rsw.beck.de/docs/librariesprovide5/rsw-dokumente/2011-01-25_ESUG-RefE (zuletzt aufgerufen am 20.11.2015).

186 Empfehlungen der Ausschüsse zu Punkt 26 der 882. Sitzung des Bundesrats am 15.04.2011, Entwurf eines Gesetzes zur weiteren Erleichterung der Sanierung von Unternehmen v. 5.04.2011, BR-Drucks. 127/1/11; Gesetzentwurf der Bundesregierung, Entwurf eines Gesetzes zur weiteren Erleichterung der Sanierung von Unternehmen v. 4.03.2011, RegE ESUG, BR-Drucks. 127/11; Stellungnahme des Bundesrats, Entwurf eines Gesetzes zur weiteren Erleichterung der Sanierung von Unternehmen vom 15.04.2011, BR-Drucks. 127/11 (Beschluss).

Bundesregierung den Gesetzentwurf[187] am 17. Mai 2011 in den Bundestag eingebracht hatte, fand am 29. Juni 2011 eine öffentliche Anhörung im Rechtsausschuss des Bundestags statt. An dieser Stelle äußerten sich die Experten zwar grundsätzlich positiv zu der geplanten Reform, forderten allerdings an einigen Stellen noch Nachbesserungen des Entwurfs.[188] Anschließend beriet der Bundestag den Entwurf am 30. Juni 2011 in erster Lesung und reichte diesen zur weiteren Behandlung an die Ausschüsse weiter. Am 27. Oktober 2011 nahm der Bundestag den Entwurf in der vom Rechtsausschuss geänderten Fassung[189] an.

Der Titel des Gesetzes ist Programm.[190] Die Neuregelungen der InsO stehen unter der übergeordneten Zielsetzung, eine „Erleichterung der Sanierung von Unternehmen"[191] zu bewirken. Ausweislich der Gesetzesbegründung soll die Reform der InsO, unter Beibehaltung der Zielsetzung einer bestmöglichen Befriedigung der Gläubiger, die Sanierungschancen fortführungsfähiger Unternehmen verbessern und damit zugleich zum Erhalt von Arbeitsplätzen beitragen.[192] Der Regierungsentwurf greift die praktischen Erfahrungen mit der InsO von 1999 auf.[193] Die Erkenntnis, dass es sich bei der übertragenden Sanierung nicht immer um einen gleichwertigen Ersatz für die Sanierung des Unternehmensträgers durch Insolvenzplan handelt, und die Einsicht, dass die Anteilseigner häufig gerade nicht konstruktiv an der Sanierung des Unternehmens durch Insolvenzplan mitarbeiten, sondern ihr Blockadepotenzial ausnutzen, gaben den Anstoß zum Umdenken und brachten letztlich den Sinneswandel mit sich.[194] Die Reform der InsO soll dazu beitragen, die Gestaltungsmöglichkeiten im Plan zu erweitern, Anreize für eine möglichst frühzeitige Einleitung des Insolvenzverfahrens (in Eigenverwaltung) durch den Schuldner zu setzen und wirtschaftlich sinnvolle, von einer Mehrheit getragene (vorinsolvenzrechtliche) Sanierungsbemühungen, mit dem Ziel der Gläubigerbefriedigung,

187 Gesetzentwurf der Bundesregierung, Entwurf eines Gesetzes zur weiteren Erleichterung der Sanierung von Unternehmen v. 4.05.2011, RegE ESUG, BT-Drucks. 17/5712.

188 Vgl. die Entwicklungsgeschichte des Gesetzes zur weiteren Erleichterung der Sanierung von Unternehmen, abrufbar unter http://rsw.beck.de/aktuell/gesetzgebung/gesetzgebungsvorhaben-entwicklungsgeschichte/erleichterung-der-unternehmenssanierung-(esug) (zuletzt aufgerufen am 20.11.2015).

189 Beschlussempfehlung und Bericht des Rechtsausschusses (6. Ausschuss) zu dem Gesetzentwurf der Bundesregierung – BT-Drucks. 17/5712 –, Entwurf eines Gesetzes zur weiteren Erleichterung der Sanierung von Unternehmen v. 26.10.2011, BT-Drucks. 17/7511.

190 Vgl. *Braun/Heinrich*, NZI 2011, 505.

191 Vgl. die Gesetzesbegründung zum Allgemeinen Teil, RegE ESUG, BT-Drucks. 17/5712, S. 17 ff.

192 RegE ESUG, BT-Drucks. 17/5712, S. 17 ff.

193 RegE ESUG, BT-Drucks. 17/5712, S. 30; zu den im Regierungsentwurf vorgesehenen Änderungen *Braun/Heinrich*, NZI 2011, 505 ff.

194 *Trams*, NJW-Spezial 2011, 149, 150; *Wimmer*, Das neue InsR, 2012, S. 90.

durchzusetzen.[195] Bestehende Hemmnisse und Verzögerungen sollen reduziert werden, um das Blockadepotenzial Einzelner abzubauen.[196] Zugleich sollen die in der rechtspolitischen Diskussion aufgedeckten Sanierungshindernisse und Standortnachteile Deutschlands, insbesondere gegenüber dem Recht Englands, welches in seinen außerinsolvenzlichen Verfahren, dem *company voluntary arrangement* und dem *scheme of arrangement*, jeweils eine Einbeziehung der Gesellschafter vorsieht, beseitigt werden.[197] Der Sanierungsstandort Deutschland soll gestärkt werden, um Sitzverlegungen von Unternehmen ins Ausland zu verhindern.[198]

III. Einbeziehung der Gesellschafter in das Insolvenzplanverfahren

Zur Realisierung der benannten Ziele hat der Gesetzgeber mit dem ESUG grundlegende Änderungen und Ergänzungen der Regelungen zum Insolvenzplanverfahren in den §§ 217 ff. InsO eingeführt. Die Neuerungen durch das ESUG umfassen die Struktur des Insolvenzplanverfahrens und unterziehen diese einer grundlegenden Überarbeitung. Diesen liegt dabei insbesondere das wegweisende Anliegen des Gesetzgebers zugrunde, die strikte Trennung von Gesellschafts- und Insolvenzrecht zu überwinden.[199] Die Eingriffsoption in die Gesellschafterrechte wird dadurch verwirklicht, dass nunmehr auch die Gesellschafter in den Insolvenzplan einbezogen werden können. Zu diesem Zweck wurde vorrangig § 217 S. 2 InsO um die Anteils- oder Mitgliedschaftsrechte der am Schuldner beteiligten Personen erweitert und in zahlreichen Regelungen der Begriff der „Gläubiger" auf den die Gesellschafter einschließenden Begriff der „Beteiligten" ausgedehnt.

---

195 RegE ESUG, BT-Drucks. 17/5712, S. 17, 19; vgl. auch *Minuth*, in: Kübler (Hrsg.), HRI, 2. Aufl., 2015, § 12, Rn. 14; *Desch*, BB 2011, 841, 846; *Rattunde*, GmbHR 2012, 455, 461.

196 RegE ESUG, BT-Drucks. 17/5712, S. 30.

197 RegE ESUG, BT-Drucks. 17/5712, S. 30; mit einer ausführlichen rechtsvergleichenden Umschau anderer Rechtssysteme im Umgang mit den Gesellschafterstellung in der Insolvenz *Prusko*, Gesellschafterstellung in der Insolvenz, 2013, S. 67 ff.; vgl. auch *Podewils*, ZInsO 2010, 209 ff.

198 Zum Wettbewerb der Rechtsordnungen vgl. RegE ESUG, BT-Drucks. 17/5712, S. 28; *Eidenmüller/Frobenius/Prusko*, NZI 2010, 545, 549; *Hölzle*, KTS 2011, 291, 303 ff.; *Prusko*, Gesellschafterstellung in der Insolvenz, 2013, S. 67 ff.; vgl. auch die bekannt gewordenen Fälle der „*Deutsche Nickel AG*" und „*Schefenacker*", für deren Entscheidung, den Sanierungsstandort England für die Restrukturierung zu wählen, die Möglichkeit der Durchführung eines Debt Equity Swaps maßgeblich war, vgl. *Zipperer*, in: Uhlenbruck u.a. (Hrsg.), InsO, 14. Aufl., 2015, § 270b, Rn. 1; *Griffiths*, NZI 2008, 18, 19 f.; *Hölzle*, KTS 2011, 291, 308 ff., 317 ff.; *Paulus*, NZI 2008, 1 f.; *Vallender*, NZI 2007, 129, 131 ff.; *Weller*, ZGR 2008, 835, 848 ff.

199 RegE ESUG, BT-Drucks. 17/5712, S. 18; vgl. *Heinrich*, NZI 2012, 235, 236, der die Aufgabe der gesellschaftsrechtlichen Neutralität als „Kernanliegen des Regierungsentwurfs" bezeichnet.

1. *Materiell-rechtliche Einbeziehung der Anteilseigner*

Durch die Neuregelung des § 217 S. 2 InsO gehört die „gesellschaftsrechtliche Neutralität“ und die strikte Trennung des Gesellschafts- und Insolvenzrechts im Insolvenzplanverfahren der Vergangenheit an. Nunmehr ist es möglich, neben den Rechten der absonderungsberechtigten Gläubiger und Insolvenzgläubiger, die Anteils- und Mitgliedschaftsrechte[200] der am unternehmerischen[201] Schuldner beteiligten Personen in den Insolvenzplan einzubeziehen. Die Konkretisierung dieser Einbeziehung erfolgt in § 225a InsO, welcher die bei der Schaffung der InsO explizit abgelehnte Eingriffsregelung normiert. Die Anwendbarkeit von § 225a InsO auf Personengesellschaften ergibt sich bereits aus § 217 S. 2 InsO.[202] § 225a Abs. 5 InsO bezieht die „Gesellschaften ohne Rechtspersönlichkeit“ und damit die rechtsfähige Personengesellschaft zudem explizit ein.[203] Klarstellend hält § 225a Abs. 1 InsO fest, dass die Einbeziehung der Anteils- und Mitgliedschaftsrechte der am Schuldner beteiligten Personen nicht zwingend ist. Die Gesellschafter werden demnach solange nicht vom Insolvenzplan berührt, bis dieser etwas anderes bestimmt.[204]

§ 225a Abs. 2 InsO regelt die Zulässigkeit des Debt Equity Swap, welcher sich im Laufe des Reformprozesses zum Prestigeobjekt der Reform herausgebildet und zentrale Bedeutung für die Attraktivität und die Annahme der Änderungen durch das ESUG erlangt hat.[205] Der Debt Equity Swap erfasst die Umwandlung von Fremd- in Eigenkapital. Bestehende Gläubigerforderungen werden im Wege der Sacheinlage[206]

200 Zur Differenzierung zwischen Anteils- und Mitgliedschaftsrechten vgl. *Spahlinger*, in: Kübler u.a. (Hrsg.), InsO, Lb, 55. Lfg. (10/2013), § 225a, Rn. 6 f.

201 Die Regelungen der §§ 217 S. 2, 225a InsO sehen als Negativ-Voraussetzung vor, dass es sich bei dem Schuldner nicht um eine natürliche Person handelt, vgl. nur *Lüer / Streit*, in: Uhlenbruck u.a. (Hrsg.), InsO, 14. Aufl., 2015, § 217, Rn. 23.

202 *Eidenmüller*, in: Kirchhof u.a. (Hrsg.), MüKo-InsO, Bd. 3, 3. Aufl., 2014, § 225a, Rn. 70.

203 *Braun / Frank*, in: Braun (Hrsg.), InsO, 6. Aufl., 2014, § 225a, Rn. 21; *Eidenmüller*, in: Kirchhof u.a. (Hrsg.), MüKo-InsO, Bd. 3, 3. Aufl., 2014, § 225a, Rn. 70; *Wertenbruch*, ZIP 2013, 1693, 1694.

204 RegE ESUG, BT-Drucks. 17/5712, S. 31; vgl. auch *Eidenmüller*, in: Kirchhof u.a. (Hrsg.), MüKo-InsO, Bd. 3, 3. Aufl., 2014, § 225a, Rn. 25, der die Abweichungen gegenüber dem US-amerikanischen Recht hervorhebt.

205 Vgl. RegE ESUG, BT-Drucks. 17/5712, S. 18, 31; vgl. auch *Jaffé*, in: Wimmer (Hrsg.), FK-InsO, 8. Aufl., 2015, § 225a, Rn. 3 f.; *Bauer / Dimmling*, NZI 2011, 517 ff.; *Bay / Seeburg / Böhmer*, ZInsO 2011, 1927 ff.; *Cahn / Simon / Theiselmann*, DB 2012, 501 ff.; *Hölzle*, NZI 2011, 124, 128; *H.-F. Müller*, KTS 2012, 419, 440 ff.; *Römermann*, NJW 2012, 645, 650 f.; *Simon*, CFL 2010, 448, 454; *Spliedt*, GmbHR 2012, 462, 467 ff.; *Stapper*, ZInsO 2009, 2361, 2364; *Uhlenbruck*, NZI 2008, 201; *Willemsen / Rechel*, BB 2010, 2059, 2067; *Zimmer*, ZInsO 2011, 950 ff.; kritischer dagegen *Smid*, DZWiR 2010, 397, 402 ff.

206 Zur Qualifikation als Sacheinlage *BGH*, Urt. v. 13.10.1954 – II ZR 182/53 = BGHZ 15, 52, 60; *BGH*, Beschl. v. 4.03.1996 – II ZB 8/95 = NJW 1996, 1473; *Schwandtner*, in:

in Gesellschaftsanteile am Schuldner umgewandelt.[207] Im Gegenzug wird die Gesellschaft von einem Teil ihrer Verbindlichkeiten befreit, wodurch der Fremdkapitalanteil verringert wird, während sich der Eigenkapitalanteil erhöht. Regelmäßig erfolgt diese Umwandlung im Rahmen der Insolvenz einer unternehmenstragenden Kapitalgesellschaft, im Zusammenhang mit einer vorangehenden Kapitalherabsetzung und einer anschließenden Kapitalerhöhung sowie Bezugsrechtsausschlüssen für die Altgesellschafter. Die Umwandlung von Forderungen in Anteilsrechte ist gerade auch innerhalb von Personengesellschaften denkbar.[208] Die Kapitalherabsetzung erfolgt hier im Wege der anteiligen Reduzierung der festen Kapitalanteile.[209] Die Besonderheit einer Umwandlung von Forderungen in Anteilsrechte innerhalb von Personengesellschaften besteht darin, dass eine Kapitalherabsetzung auf null nicht automatisch zum Ausscheiden der bisherigen Gesellschafter führt. Aufgrund der Trennung von Mitgliedschaft und Kapitalanteil gestattet das Gesetz für Gesellschafter der KG die Rechtsfigur des Gesellschafters ohne Kapitalanteil[210], eine Beteiligung ohne Einlage.[211] Ist es das Ziel des Debt Equity Swap, die bisherigen (Alt-)Gesellschafter auszuschließen, muss dies daher ausdrücklich im Insolvenzplan vorgesehen werden.

Fleischer / Goette (Hrsg.), MüKo-GmbHG, Bd. 1, 2. Aufl., 2015, § 5, Rn. 124; *Zeidler*, in: Michalski (Hrsg.), GmbHG, 2. Aufl., 2010, § 5, Rn. 89; *Arnold*, in: FS Hoffmann-Becking, 2013, S. 29, 30 ff.; *Segmiller*, Kapitalmaßnahmen im Insolvenzplan, 2013, S. 155 ff., 230.

207 *Hess*, in: Hess (Hrsg.), Sanierungshdb., 6. Aufl., 2013, Kap. 31, Rn. 31 ff.; *Haas*, in: Kreft (Hrsg.), HK-InsO, 7. Aufl., 2014, § 225a, Rn. 17 ff.; *Hölzle*, in: Kübler (Hrsg.), HRI, 2. Aufl., 2015, § 31, Rn. 59 ff.; *Thies*, in: A. Schmidt (Hrsg.), HHK-InsO, 5. Aufl., 2015, § 225a, Rn. 11 ff.; *Thole*, GesR Maßn. in der Insolvenz, 2. Aufl., 2015, Rn. 305 ff.; *Wertenbruch*, ZIP 2013, 1693, 1694 ff.; *Wuschek*, ZInsO 2012, 1768 ff.

208 *Braun / Frank*, in: Braun (Hrsg.), InsO, 6. Aufl., 2014, § 225a, Rn. 21 ff.; *Eidenmüller*, in: Kirchhof u.a. (Hrsg.), MüKo-InsO, Bd. 3, 3. Aufl., 2014, § 225a, Rn. 71; *Haas*, in: Kreft (Hrsg.), HK-InsO, 7. Aufl., 2014, § 225a, Rn. 26; *Spahlinger*, in: Kübler u.a. (Hrsg.), InsO, Lb, 55. Lfg. (10/2013), § 225a, Rn. 38 ff.; *K. Schmidt*, ZGR 2012, 566, 569 f.; *Wertenbruch*, ZIP 2013, 1693, 1694 ff.; a.A. *Andres*, in: Andres u.a., InsO, 3. Aufl., 2014, § 225a, Rn. 4.

209 *BGH*, Urt. v. 19.10.2009 – II ZR 240/08 = NJW 2010, 65, Rz. 28 („*Sanieren oder Ausscheiden*"); *Schäfer*, in: Säcker / Rixecker (Hrsg.), MüKo-BGB, Bd. 5, 6. Aufl., 2013, § 707, Rn. 10; *Segmiller*, Kapitalmaßnahmen im Insolvenzplan, 2013, S. 120 ff.; *K. Schmidt*, ZGR 2012, 566, 571 f.

210 *BGH*, Urt. v. 6.04.1987 – II ZR 101/86 = NJW 1987, 3124, 3125 f.; *OLG Frankfurt / M.*, Beschl. v. 20.09.2012 – 20 W 264/12 = ZIP 2013, 727, 728.

211 *Ehricke*, in: Ebenroth u.a., HGB, 3. Aufl., 2014, § 120, Rn. 80; *Priester*, in: K. Schmidt (Hrsg.), MüKo-HGB, Bd. 2, 3. Aufl., 2011, § 120, Rn. 91; *Wertenbruch*, ZIP 2013, 1693, 1698.

Die Vorschrift des § 225a Abs. 2 InsO wird durch die Generalklausel in Abs. 3 ergänzt und überlagert.[212] Sie sieht vor, dass im Hinblick auf die Rechte der Anteilseigner im gestaltenden Teil des Plans „jede Regelung getroffen werden [kann], die gesellschaftsrechtlich zulässig ist" und soll damit ermöglichen, dass die Organisation der Gesellschaft und die gesellschaftsrechtlichen Strukturen grundlegend umgestaltet und den Bedürfnissen des Insolvenzplanverfahrens angepasst werden können.[213] Gemäß § 225a Abs. 3 InsO kann hierzu die Fortsetzung der durch Insolvenzeröffnung aufgelösten Gesellschaft beschlossen[214] oder die Anteile bzw. Anteilsrechte übertragen werden.[215] Maßnahmen, welche die Anteils- und Mitgliedschaftsrechte betreffen, sind jedoch nur als Unterfall dessen einzuordnen, was als „gesellschaftsrechtlich zulässig" gilt.[216] Neben der Übertragung der Anteils- und Mitgliedschaftsrechte der am Schuldner beteiligten Personen kann jede andere gesellschaftsrechtlich zulässige Regelung Regelungsgegenstand des Insolvenzplans sein.[217] Als mögliche Strukturmaßnahmen im Sinne des § 225a Abs. 3 InsO seien an dieser Stelle Satzungsänderungen, Gesellschafterausschlüsse, Gesellschafteraustritte und -beitritte, Neuregelungen der Gesellschafterrechte und -pflichten sowie Umwandlungsmaßnahmen lediglich beispielhaft genannt.[218] Insgesamt hat der Gesetzgeber das Institut des Insolvenzplans daher zu einem umfassenden gesellschaftsrechtlichen Regelungsinstrument ausgebaut.[219]

Durch die Beschlussfassung über den Plan kann – je nach Plangestaltung – daher in erheblichem Maße in die Anteils- und Mitgliedschaftsrechte der Gesellschafter

212 *Braun/Frank*, in: Braun (Hrsg.), InsO, 6. Aufl., 2014, § 225a, Rn. 1; *Eidenmüller*, in: Kirchhof u.a. (Hrsg.), MüKo-InsO, Bd. 3, 3. Aufl., 2014, § 225a, Rn. 28, 72; *Spliedt*, in: K. Schmidt (Hrsg.), InsO, 18. Aufl., 2013, § 225a, Rn. 34; *Hirte*, in: Uhlenbruck u.a. (Hrsg.), InsO, 14. Aufl., 2015, § 225a, Rn. 39.

213 RegE ESUG, BT-Drucks. 17/5712, S. 32.

214 RegE ESUG, BT-Drucks. 17/5712, S. 32; *Eidenmüller*, in: Kirchhof u.a. (Hrsg.), MüKo-InsO, Bd. 3, 3. Aufl., 2014, § 225a, Rn. 84; *Spliedt*, in: K. Schmidt (Hrsg.), InsO, 18. Aufl., 2013, § 225a, Rn. 37.

215 RegE ESUG, BT-Drucks. 17/5712, S. 32; *Eidenmüller*, in: Kirchhof u.a. (Hrsg.), MüKo-InsO, Bd. 3, 3. Aufl., 2014, § 225a, Rn. 85 ff.; *Spliedt*, in: K. Schmidt (Hrsg.), InsO, 18. Aufl., 2013, § 225a, Rn. 39, 43.

216 *Eidenmüller*, in: Kirchhof u.a. (Hrsg.), MüKo-InsO, Bd. 3, 3. Aufl., 2014, § 225a, Rn. 23.

217 *Eidenmüller*, in: Kirchhof u.a. (Hrsg.), MüKo-InsO, Bd. 3, 3. Aufl., 2014, § 225a, Rn. 17, 23 f.; *Hölzle*, Praxisleitfaden ESUG, 2. Aufl., 2014, §§ 217, 225a, Rn. 33 ff.

218 Vgl. *Eidenmüller*, in: Kirchhof u.a. (Hrsg.), MüKo-InsO, Bd. 3, 3. Aufl., 2014, § 225a, Rn. 90 ff.; *Spliedt*, in: K. Schmidt (Hrsg.), InsO, 18. Aufl., 2013, § 225a, Rn. 34 ff.; *Hölzle*, Praxisleitfaden ESUG, 2. Aufl., 2014, §§ 217, 225a, Rn. 33 ff., 58; *Bork*, Einführung in das Insolvenzrecht, 7. Aufl., 2014, Rn. 385; zu der Möglichkeit Umwandlungsmaßnahmen in den Insolvenzplan aufzunehmen, vgl. *Priester*, in: FS Kübler, 2015, S. 557 ff.; vgl. auch *Commandeur/Hübler*, NZG 2015, 185 ff.

219 *Eidenmüller*, in: Kirchhof u.a. (Hrsg.), MüKo-InsO, Bd. 3, 3. Aufl., 2014, § 225a, Rn. 23; *ders.*, NJW 2014, 17 ff.

eingegriffen werden. § 222 Abs. 1 S. 1 InsO gibt vor, dass bei der Festlegung der Rechte der Beteiligten im Insolvenzplan Gruppen zu bilden sind, soweit Beteiligte mit unterschiedlicher Rechtsstellung betroffen werden. Als Folge der Einbeziehung der Anteilseigner in den Insolvenzplan wurde in § 222 Abs. 1 Nr. 4 InsO die Gruppe der Anteilseigner eingefügt. Anders als nach der InsO von 1999 gelten mit Einfügung des § 222 Abs. 1 S. 2 Nr. 4 InsO die am Schuldner beteiligten Personen als Beteiligte des Insolvenzplans, sofern deren Anteils- und Mitgliedschaftsrechte in den Plan einbezogen werden. Gemäß § 222 Abs. 2 InsO können Beteiligte mit gleicher Rechtsstellung, unter Anwendung sachgerechter Kriterien, zu Gruppen mit gleichartigen wirtschaftlichen Interessen zusammengefasst werden.[220] Zudem können für geringfügig beteiligte Anteilsinhaber mit einer Beteiligung am Haftkapital von weniger als 1 % oder weniger als 1000 Euro gemäß § 222 Abs. 3 S. 2, 2. Alt. InsO besondere Gruppen gebildet werden.

2. Verfahrensrechtliche Einbeziehung der Gesellschafter in den Plan

Die Aufnahme von gesellschaftsrechtlich zulässigen Maßnahmen in den Insolvenzplan, verbunden mit der Möglichkeit, in das Vermögen der Gesellschafter in Form ihrer Anteils- und Mitgliedschaftsrechte einzugreifen, erfordert eine Beteiligung der Anteilseigner auch auf verfahrensrechtlicher Seite. Die Gesetzesbegründung sieht insofern vor, dass die Inhaber von Anteils- und Mitgliedschaftsrechten am schuldnerischen Unternehmen als „Beteiligte" in das Planverfahren eingebunden sind und als eigene Gruppe über den Plan abstimmen.[221] Damit verbunden, genießen die Anteilseigner Minderheitenschutz und das Recht, sich gegen den Plan mit Rechtsmitteln zu wehren. Die Anpassungen zur Einbeziehung der Anteilseigner in verfahrensrechtlicher Hinsicht finden sich in §§ 235–253 InsO.

a) Beteiligung der Gesellschafter an der Beschlussfassung über den Plan

Notwendiges Gegengewicht und Konsequenz der Einbeziehung der Gesellschafter in den Insolvenzplan ist ihre Beteiligung an den Abstimmungsprozessen. Gemäß § 222 Abs. 1 S. 2 InsO bilden die am Schuldner beteiligten Personen eine bzw. mehrere eigene Gruppe(n). Aufgrund der gesetzlichen Regelungen zum Insolvenzplanverfahren, wonach ein Eingriff in die Rechte der Gesellschafter lediglich als Option ausgestaltet ist, erfolgt eine Beteiligung an der Abstimmung allerdings nur dann, wenn durch die Planbestimmungen in die Anteils- oder Mitgliedschaftsrechte der Gesellschafter eingegriffen wird. Es bleibt insofern jedoch klarstellend festzuhalten, dass ein Eingriff in die Rechte der Gesellschafter bereits dann zu bejahen ist, wenn der Rechtsträger durch den Plan erhalten werden soll. In einem solchen Fall ist die Fortsetzung zu beschließen bzw. im Insolvenzplan zu regeln (§ 225a Abs. 3, 1 Alt. InsO). Die rechtskräftige Bestätigung des Insolvenzplans,

220 RegE ESUG, BT-Drucks. 17/5712, S. 31.
221 RegE ESUG, BT-Drucks. 17/5712, S. 31.

einschließlich des aufgenommenen Fortsetzungbeschlusses, bewirkt eine Änderung der Mitgliedschaft in einem Verband mit Liquidationszweck in eine solche in einem Verband mit wieder werbendem Zweck, wodurch das Mitgliedschaftsrecht der Gesellschafter tangiert wird.[222]

Werden die Anteils- und Mitgliedschaftsrechte in den Plan einbezogen, sind die Inhaber gemäß § 235 Abs. 3 S. 3 InsO besonders zu laden. Teilnahmeberechtigt sind auch persönlich haftende Gesellschafter, selbst wenn sie den Schuldner weder vertreten noch mittels gesellschaftsrechtlich zulässiger Regelungen im Insolvenzplan in ihre Stellung eingegriffen wird.[223] Darüber hinaus steht den Gesellschaftern, deren Rechte nicht durch den Plan beeinträchtigt werden, kein Stimmrecht zu (§§ 238a Abs. 2, 237 Abs. 2 InsO). Nach § 238a Abs. 1 S. 1 InsO richtet sich das Stimmrecht der Gesellschafter allein nach der Summe ihrer Beteiligung am Gesellschaftskapital.[224] Unbeachtlich sind insofern bestehende Stimmrechtsbeschränkungen, Sonder- oder Mehrstimmrechte (§ 238a Abs. 1 S. 2 InsO).[225] Gemäß § 244 Abs. 1 Nr. 2, Abs. 3 InsO muss die Summe der Beteiligungen der zustimmenden Gesellschafter mehr als die Hälfte der Summe der Beteiligungen der überhaupt abstimmenden Gesellschafter betragen, damit der Plan durch die Gruppe der am Schuldner beteiligten Personen angenommen ist. Auf das Erfordernis einer zusätzlichen Kopfmehrheit, also der Mehrheit der abstimmenden Personen in einer Gruppe, hat der Gesetzgeber in Bezug auf die Gesellschafter verzichtet. Die im Rahmen der Abstimmung der Gläubiger angewandte Kopf- und Summenmehrheit wird in der Gesetzesbegründung – mit dem Hinweis auf die im Gesellschaftsrecht in der Regel entscheidende Mehrheit des Kapitals – für die Gruppe der Anteilseigner abgelehnt.[226] Eine Differenzierung zwischen Personen- und Kapitalgesellschaften unterbleibt insofern. Beteiligt sich

---

222 *Haas*, in: Kreft (Hrsg.), HK-InsO, 7. Aufl., 2014, § 222, Rn. 10; *Thies*, in: A. Schmidt (Hrsg.), HHK-InsO, 5. Aufl., 2015, § 222, Rn. 13; *Spliedt*, in: K. Schmidt (Hrsg.), InsO, 18. Aufl., 2013, § 222, Rn. 10; *Lüer/Streit*, in: Uhlenbruck u.a. (Hrsg.), InsO, 14. Aufl., 2015, § 222, Rn. 18.

223 Die persönlich haftenden Gesellschafter werden schon von einem Liquidationsplan betroffen, weil dieser ihre Haftung beeinflusst und damit auch ihre Position in der Gesellschaft verändert; selbst ohne Stimmrecht können sie daher einen Minderheitenschutzantrag (§ 251 InsO) stellen, vgl. *Spliedt*, in: K. Schmidt (Hrsg.), InsO, 18. Aufl., 2013, § 235, Rn. 7, § 251, Rn. 9; *Lüer/Streit*, in: Uhlenbruck u.a. (Hrsg.), InsO, 14. Aufl., 2015, § 235, Rn. 22.

224 *Spliedt*, in: K. Schmidt (Hrsg.), InsO, 18. Aufl., 2013, § 238a, Rn. 1 ff., 8; *Hirte*, in: Uhlenbruck u.a. (Hrsg.), InsO, 14. Aufl., 2015, § 238a, Rn. 1; zu der Frage, inwiefern es bereits im Vorfeld eines Eigenantrags durch den Schuldner, einer Konsultation und Beschlussfassung der Gesellschafter bedarf, wird auf die Ausführungen unter § 3.B.III.1.a) verwiesen.

225 *Frauer*, Grenzen des Eingriffs, 2014, S. 75; *Hölzle*, Praxisleitfaden ESUG, 2. Aufl., 2014, §§ 217, 225a, Rn. 9; *Prusko*, Gesellschafterstellung in der Insolvenz, 2013, S. 191; *Zarzitzky*, Reform des Insolvenzplanverfahrens, 2014, S. 55.

226 RegE ESUG, BT-Drucks. 17/5712, S. 33 f.

kein Mitglied der Gruppe der Gesellschafter an der Abstimmung über den Plan, so fingiert der ebenfalls neu eingefügte § 246a InsO die Zustimmung der Gruppe.[227]

Durch die Neufassung des § 245 Abs. 3 InsO wird das Obstruktionsverbot auf die Gesellschafter erstreckt. Vorbild dieses Ergebnisses ist die „*cram-down*"-Regelung im US-amerikanischen Recht[228]: Wird die Zustimmung einer Gruppe von Anteilseignern nicht erreicht, besteht die Möglichkeit, diese im Wege des Obstruktionsverbots herbeizuführen und dadurch die Blockade der Anteilseigner aufzuheben. Der Gesetzgeber möchte der (missbräuchlichen) Verweigerung einer Gruppe der Anteilseigner für den Fall begegnen, dass eine angemessene Beteiligung an dem wirtschaftlichen Wert erfolgt, welcher durch den Plan realisiert wird.[229] Die Zustimmung der opponierenden Anteilseigner gilt gemäß § 245 Abs. 1 InsO demnach als erteilt, sofern die Anteilseigner voraussichtlich nicht schlechtergestellt werden, als sie im Fall der Regelinsolvenzabwicklung (§ 245 Abs. 1 Nr. 1 InsO)[230] stehen würden, und eine angemessene Beteiligung an dem wirtschaftlichen Wert, der auf der Grundlage des Plans den Beteiligten zufließen soll (§ 245 Abs. 1 Nr. 2 InsO)[231], erfolgt. Zudem setzt die Anwendbarkeit von § 245 Abs. 1 InsO voraus, dass die Mehrheit der abstimmenden Gruppen dem Plan mit den erforderlichen Mehrheiten zustimmt (§ 245 Abs. 1 Nr. 3 InsO).[232] Die Anwendung des § 245 InsO scheidet aus, soweit der Insolvenzplan lediglich eine Gruppe vorsieht.[233]

b) Beschränkung der Rechtsbehelfe gegen die Planbestätigung

Der Insolvenzplan wird durch eine Mehrheitsentscheidung der Beteiligten legitimiert. Dadurch wird jedoch nicht zwingend gesichert, dass der Plan auch die Interessen der

---

227 RegE ESUG, BT-Drucks. 17/5712, S. 34.

228 Vgl. Chapter 11 Bankruptcy Code, § 1129 (b) (1); *Kebekus / Wehler*, in: Graf-Schlicker (Hrsg.), InsO, 4. Aufl., 2014, § 245, Rn. 1; *Becker*, in: Kübler (Hrsg.), HRI, 2. Aufl., 2015, § 41, Rn. 9; *Pleister*, in: Kübler u.a. (Hrsg.), InsO, Lb, 55. Lfg. (10/2013), § 245, Rn. 1; *Jaffé*, in: Wimmer (Hrsg.), FK-InsO, 8. Aufl., 2015, § 245, Rn. 1, 11 ff.; *Prusko*, Gesellschafterstellung in der Insolvenz, 2013, S. 72 f.; *Rendels / Zabel*, Insolvenzplan, 2. Aufl., 2015, Rn. 450.

229 RegE ESUG, BT-Drucks. 17/5712, S. 34.

230 RegE ESUG, BT-Drucks. 17/5712, S. 34; *Kebekus / Wehler*, in: Graf-Schlicker (Hrsg.), InsO, 4. Aufl., 2014, § 245, Rn. 3; *Wenzel*, in: Haarmeyer / Wutzke / Förster (Hrsg.), InsO, 2. Aufl., 2012, § 245, Rn. 12 ff.

231 RegE ESUG, BT-Drucks. 17/5712, S. 34; *Kebekus / Wehler*, in: Graf-Schlicker (Hrsg.), InsO, 4. Aufl., 2014, § 245, Rn. 4; *Wenzel*, in: Haarmeyer / Wutzke / Förster (Hrsg.), InsO, 2. Aufl., 2012, § 245, Rn. 24 ff.

232 RegE ESUG, BT-Drucks. 17/5712, S. 34; *Kebekus / Wehler*, in: Graf-Schlicker (Hrsg.), InsO, 4. Aufl., 2014, § 245, Rn. 2; *Wenzel*, in: Haarmeyer / Wutzke / Förster (Hrsg.), InsO, 2. Aufl., 2012, § 245, Rn. 9 ff.; *Wertenbruch*, ZIP 2013, 1693, 1701.

233 *AG Duisburg*, Beschl. v. 15.08.2001 – 43 IN 40/00 = NZI 2001, 605; *Becker*, in: Kübler (Hrsg.), HRI, 2. Aufl., 2015, § 41, Rn. 78; *Pleister*, in: Kübler u.a. (Hrsg.), InsO, Lb, 55. Lfg. (10/2013), § 245, Rn. 31; *Hess*, InsR, 2. Aufl., 2013, § 245, Rn. 37.

überstimmten Minderheit hinreichend wahrt. Damit die zur Verfügung gestellten Rechtsschutzmöglichkeiten keine Verlagerung des Blockadepotenzials der Gesellschafter auf die Ebene des Rechtsschutzes bewirken, haben die Regelungen zum Minderheitenschutz nach § 251 InsO und zum Rechtsmittel der sofortigen Beschwerde nach § 253 InsO entsprechende Anpassungen erfahren.

aa) Schutz der Minderheit

Neben den Regelungen in §§ 222, 238a, 244, 245 InsO dient § 251 InsO der Anpassung an die neue Rechtslage, die eine Einbeziehung der Gesellschafter in den Insolvenzplan ermöglicht. Die Vorschrift des § 251 Abs. 1 InsO will den betroffenen Gesellschafter davor schützen, gegen seinen Willen den Rechtswirkungen des Plans unterworfen und dadurch schlechtergestellt zu werden als bei einer Abwicklung im Regelinsolvenzverfahren (§ 251 Abs. 1 Nr. 2 InsO).[234] Der den Minderheitenschutzantrag stellende Gesellschafter muss hierzu spätestens im Abstimmungstermin dem Plan schriftlich oder zu Protokoll widersprechen (§ 251 Abs. 1 Nr. 1 InsO) und glaubhaft machen, dass er durch den Plan voraussichtlich schlechtergestellt wird, als er ohne den Plan stünde (§ 251 Abs. 2 InsO). Im Gegensatz zu § 245 InsO gewährt § 251 Abs. 1 InsO keinen Anspruch auf angemessene wirtschaftliche Beteiligung, sondern lediglich den Mindeststandard der Abwicklung im Regelinsolvenzverfahren.[235] Die Neufassung des § 251 InsO soll sicherstellen, dass die Anteilsinhaber den Liquidationswert ihrer Rechtsstellung nicht verlieren und durch den Plan nicht schlechtergestellt werden, als sie bei der Abwicklung des Rechtsträgers stehen würden.[236] Zugleich soll dem verfassungsrechtlichen Gebot des Eigentumsschutzes aus Art. 14 GG Rechnung getragen werden.[237] Einschränkungen und Verluste, betreffend die Gesellschafterrechte im Insolvenzplanverfahren, seien schon insofern unbedenklich, als der Gesellschafter im Falle der Eröffnung eines Insolvenzverfahrens, das ohne Plan zu einer Abwicklung und Löschung des insolventen Rechtsträgers führen würde, ohnehin nicht mit dem Erhalt seines Anteils- oder Mitgliedschaftsrechts rechnen könne.[238] Ein darüber hinaus bestehender restlicher Vermögenswert ist durch einen Ausgleich im Insolvenzplan zu kompensieren. Liegen die Voraussetzungen des § 251 Abs. 1, 2 InsO vor, so ist ein Antrag dennoch abzuweisen, soweit im gestaltenden Teil des Plans zweckgebundene Mittel für die Kompensation einer nachgewiesenen Schlechterstellung des

---

234 *Braun/Frank*, in: Braun (Hrsg.), InsO, 6. Aufl., 2014, § 251, Rn. 1; *Sinz*, in: Kirchhof u.a. (Hrsg.), MüKo-InsO, Bd. 3, 3. Aufl., 2014, § 251, Rn. 1; *Burmeister/Schmidt-Hern*, in: Kübler (Hrsg.), HRI, 2. Aufl., 2015, § 43, Rn. 1; *Thies*, in: A. Schmidt (Hrsg.), HHK-InsO, 5. Aufl., 2015, § 251, Rn. 1.

235 *Braun/Frank*, in: Braun (Hrsg.), InsO, 6. Aufl., 2014, § 251, Rn. 7.

236 RegE ESUG, BT-Drucks. 17/5712, S. 34 f.

237 RegE ESUG, BT-Drucks. 17/5712, S. 18, 34.

238 RegE ESUG, BT-Drucks. 17/5712, S. 35.

antragstellenden Gesellschafters vorgesehen sind.[239] Bleibt eine außergerichtliche Geltendmachung des Ausgleichszahlungsanspruchs erfolglos, muss der Gesellschafter diesen außerhalb des Insolvenzverfahrens mittels Leistungsklage vor den ordentlichen Gerichten erwirken, § 251 Abs. 3 S. 2 InsO.[240] Die Kombination eines Ausgleichsanspruchs aus bereitgestellten Mitteln und dessen Geltendmachung „außerhalb des Insolvenzverfahrens" (§ 251 Abs. 3 S. 2 InsO) dient dem Abbau von Blockademöglichkeiten, der schnelleren Bestätigung des Insolvenzplans und somit der Beschleunigung des Verfahrens insgesamt.[241]

bb) Rechtsmittel

Unter der InsO von 1999 stand den Gesellschaftern – mangels Einbeziehung in den Insolvenzplan – das Rechtsmittel der sofortigen Beschwerde nicht zu.[242] Im Gegensatz dazu konnten der Schuldner und alle Gläubiger die sofortige Beschwerde nach § 253 Abs. 1 InsO a.F. gegen die gerichtliche Bestätigung des Plans gemäß § 252 InsO a.F. erheben. In der Vergangenheit war dieses Rechtsmittel vermehrt zum Zweck der Verzögerung des Eintritts der Wirkungen des Plans eingesetzt worden.[243] Die sofortige Beschwerde war mit erheblichem Störpotenzial verbunden und sorgte aufgrund des ihr zukommenden Suspensiveffekts dafür, dass sich die Chancen einer Sanierung mittels Insolvenzplans nicht unerheblich verringerten.

Infolge der Änderungen durch das ESUG wurde § 253 Abs. 1 InsO dahingehend ergänzt, dass der über die sofortige Beschwerde gewährte Rechtsschutz zukünftig auch den am Schuldner beteiligten Personen zukommt. Daneben wurde die sofortige Beschwerde in ihren Voraussetzungen verschärft, um eine erleichterte und beschleunigte Umsetzung des Insolvenzplans zu bewirken.[244] Die sofortige Beschwerde ist nunmehr zulässig, sofern der Beschwerdeführer spätestens im Abstimmungstermin gegen den

---

239 RegE ESUG, BT-Drucks. 17/5712, S. 35; *Wenzel*, in: Haarmeyer / Wutzke / Förster (Hrsg.), InsO, 2. Aufl., 2012, § 251, 26 f.; *Rendels / Zabel*, Insolvenzplan, 2. Aufl., 2015, Rn. 462, der diese als „salvatorische Klausel" bezeichnet, die einem (nach Auffassung des Gerichts im Vergleich zur Regelabwicklung) benachteiligten Gläubiger eine Ausgleichszahlung oder sonstige Kompensationsleistung zuwenden soll, um eine Schlechterstellung im Vergleich zur Regelabwicklung zu vermeiden; zu den Vorteilen salvatorischer Klauseln, vgl. bereits *Eidenmüller*, NJW 1999, 1837, 1838.

240 RegE ESUG, BT-Drucks. 17/5712, S. 35; *Burmeister / Schmidt-Hern*, in: Kübler (Hrsg.), HRI, 2. Aufl., 2015, § 43, Rn. 88 ff.

241 RegE ESUG, BT-Drucks. 17/5712, S. 35; *Burmeister / Schmidt-Hern*, in: Kübler (Hrsg.), HRI, 2. Aufl., 2015, § 43, Rn. 68, 88 ff.

242 Zur alten Rechtslage, vgl. nur *Braun / Frank*, in: Braun (Hrsg.), InsO, 4. Aufl., 2010, § 253, Rn. 3.

243 *Andres*, in: Andres u.a., InsO, 3. Aufl., 2014, § 253, Rn. 1; *Sinz*, in: Kirchhof u.a. (Hrsg.), MüKo-InsO, Bd. 3, 3. Aufl., 2014, § 253, Rn. 6; *Haß*, in: Mehrbrey (Hrsg.), Hdb. Gesellschaftsrechtliche Streitigkeiten, 2. Aufl., 2015, § 2, Rn. 271; *G. Fischer*, NZI 2013, 513 f.; *Madaus*, NZI 2010, 430, 431; *ders.*, NZI 2012, 597 ff.

244 RegE ESUG, BT-Drucks. 17/5712, S. 35.

Plan Widerspruch erklärt, in der Abstimmung gegen den Plan gestimmt und innerhalb von zwei Wochen nach Verkündung des Bestätigungsbeschlusses[245] beim Insolvenzgericht die Beschwerde gegen den Plan einlegt hat (§ 253 Abs. 1, 2 Nr. 1, 2 InsO). Diese formelle Beschwer ist indes nur erforderlich, wenn die Anteilseigner zuvor auf die Notwendigkeit des Widerspruchs und der Planablehnung hingewiesen wurden (§ 253 Abs. 3 InsO). Zusätzlich muss der Beschwerdeführer glaubhaft machen, dass er durch den Plan wesentlich schlechtergestellt wird, als er ohne einen Plan stünde (§ 253 Abs. 2 Nr. 3 InsO).[246] Das Bereitstellen von Mitteln nach § 251 Abs. 3 InsO kann insofern zum Ausschluss der materiellen Beschwer führen (§ 253 Abs. 2 Nr. 3 InsO). Außerdem wird eine wesentliche Schlechterstellung jedenfalls für den Fall abgelehnt, dass die Abweichung gegenüber dem Wert, welcher im Regelinsolvenzverfahren realisiert worden wäre, unter 10 % liegt.[247]

Da der gestaltende Teil des Insolvenzplans seine Wirkungen erst mit Rechtskraft des gerichtlichen Bestätigungsbeschlusses entfaltet, kann der Vollzug des Insolvenzplans und damit auch die Umsetzung der Sanierungsmaßnahmen durch die Einlegung von Rechtsmitteln gegen den Bestätigungsbeschluss zu zeitlichen Verzögerungen und dessen Gefährdung führen.[248] In Anlehnung an das aktienrechtliche Freigabeverfahren nach § 246a AktG[249] wurde in einem neuen § 253 Abs. 4 InsO daher ein Freigabeverfahren für das Planverfahren geschaffen, welches die Beschwerdemöglichkeit gegen den Insolvenzplan, im Interesse eines raschen Inkrafttretens des Plans, einschränkt. Das Landgericht kann auf Antrag des Insolvenzverwalters die Beschwerde unverzüglich zurückweisen, den Insolvenzplan endgültig in Kraft setzen und dadurch den Suspensiveffekt der Beschwerde relativieren. Zur Entscheidungsfindung sind Planverzögerungen und etwaige Nachteile des Beschwerdeführers umfassend gegeneinander abzuwägen sowie das Vorliegen besonders schwerer Rechtsverstöße zu prüfen (§ 253 Abs. 4 S. 1, 2 InsO). Die bereitgestellten Mittel aus § 251 Abs. 3 S. 1 InsO können auch in diesem Fall die Anordnung des Sofortvollzugs erleichtern (§ 253 Abs. 2 Nr. 3 InsO). Gegen die gerichtliche Entscheidung über die sofortige Beschwerde ist gemäß § 4 InsO i.V.m. § 574 ZPO die Rechtsbeschwerde zum BGH statthaft, soweit das Beschwerdegericht sie gemäß § 574 Abs. 1 S. 1 Nr. 2 ZPO

---

245 Die zweiwöchige Frist ist als Notfrist (§ 569 Abs. 1 ZPO) ausgestaltet und beginnt mit Verkündung der Entscheidung zu laufen (§§ 6 Abs. 2, 252 Abs. 1 InsO); vgl. *Sinz*, in: Kirchhof u.a. (Hrsg.), MüKo-InsO, Bd. 3, 3. Aufl., 2014, § 253, Rn. 49 ff.

246 RegE ESUG, BT-Drucks. 17/5712, S. 36.

247 RegE ESUG, BT-Drucks. 17/5712, S. 35.

248 BT-Drucks. 17/7511, S. 36.

249 Zur Anlehnung an § 246a AktG BT-Drucks. 17/7511, S. 3, 36 f.; *Sinz*, in: Kirchhof u.a. (Hrsg.), MüKo-InsO, Bd. 3, 3. Aufl., 2014, § 253, Rn. 7; *Lüer/Streit*, in: Uhlenbruck u.a. (Hrsg.), InsO, 14. Aufl., 2015, § 253, Rn. 13; *Frauer*, Grenzen des Eingriffs, 2014, S. 76 f.; *Madaus*, NZI 2012, 597 ff.; *ders.*, NZI 2010, 430, 434 f.; *Wimmer*, Das neue InsR, 2012, S. 11; vgl. auch *Rattunde*, in: Borchardt / Frind (Hrsg.), Betriebsfortführung im Insolvenzverfahren, 2. Aufl., 2014, Kap. 24, Rn. 2692, der auf § 243 Abs. 1 AktG verweist.

zugelassen hat.[250] Zur Geltendmachung eines durch den Planvollzug gegebenenfalls entstehenden Schadens wird der Beschwerdeführer gemäß § 253 Abs. 4 S. 3, 4 InsO auf den Zivilrechtsweg verwiesen. Eine Rückgängigmachung der Wirkungen des Plans kann nicht verlangt werden (§ 253 Abs. 4 S. 3, 4 InsO).

c) Wirkungen des bestätigten Insolvenzplans

Mit der Rechtskraft der Bestätigung des Insolvenzplans durch das Insolvenzgericht gemäß § 248 InsO treten die Wirkungen des Plans ein. Die Regelungen des gestaltenden Teils des Insolvenzplans gelten ab diesem Moment unmittelbar für und gegen alle Beteiligten (§ 254 Abs. 1 S. 1 InsO). Die Bestätigung des Insolvenzplans erfolgt noch innerhalb des Insolvenzverfahrens. Sieht der Insolvenzplan nichts anderes vor, beschließt das Insolvenzgericht unmittelbar nach Eintritt der Rechtskraft der Bestätigung die Aufhebung des Insolvenzverfahrens (§ 258 Abs. 1 InsO). Die Wirksamkeit der im Plan getroffenen Regelungen sichert § 254a InsO. Mit der Bestätigung des Plans gelten die in den Plan aufgenommenen Beschlüsse der Anteilsinhaber und die sonstigen Willenserklärungen der Beteiligten als in der vorgeschriebenen Form gefasst (§ 254a Abs. 2 S. 1 InsO).[251] Entsprechendes gilt gemäß § 254a Abs. 3 InsO auch für die in den Plan aufgenommenen Verpflichtungserklärungen. Formelle Anforderungen, wie gesellschaftsrechtlich erforderliche Ladungen, Bekanntmachungen und weitere Vorbereitungsmaßnahmen für Beschlüsse der Anteilseigner, gelten als in der vorgeschriebenen Form bewirkt (§ 254a Abs. 2 S. 2 InsO).[252]

3. Insolvenzplanverfahren mit Eigenverwaltung

Ergänzt wird die Novellierung des Insolvenzplanverfahrens durch die Stärkung der Eigenverwaltung. In § 270b InsO hat der Gesetzgeber ein neues Instrument zur

---

250 Durch das Gesetz zur Änderung des § 522 ZPO vom 21.10.2011 (BGBl I 2082) wurde § 7 InsO a.F. aufgehoben, der die Statthaftigkeit der Rechtsbeschwerde ausdrücklich im Gesetz bestimmte.

251 *Braun/Frank*, in: Braun (Hrsg.), InsO, 6. Aufl., 2014, § 254a, Rn. 1; *ders.*, in: Kirchhof u.a. (Hrsg.), MüKo-InsO, Bd. 3, 3. Aufl., 2014, § 254a, Rn. 1; *Madaus*, in: Kübler (Hrsg.), HRI, 2. Aufl., 2015, § 33, Rn. 61; *Gietl*, in: Wimmer u.a. (Hrsg.), Hdb. des Fachanwalts InsR, 7. Aufl., 2015, Kap. 13, Rn. 192; *Simon/Merkelbach*, NZG 2012, 121, 123.

252 Demgegenüber sind die zur Umsetzung erforderlichen Registereintragungen in Form gesellschaftsrechtlicher Publizitätsvorschriften weiterhin konstitutiv und nach Anmeldung durch den Insolvenzverwalter bzw. im Fall der Eigenverwaltung durch die zur Vertretung des Schuldners befugte Person beim jeweiligen Registergericht vorzunehmen (§ 254a Abs. 2 S. 3 InsO); vgl. dazu *Haas*, in: Kreft (Hrsg.), HK-InsO, 7. Aufl., 2014, § 254a, Rn. 5; *Spahlinger*, in: Kübler u.a. (Hrsg.), InsO, Lb, 57. Lfg. (02/2014), § 254a, Rn. 6; *Jaffé*, in: Wimmer (Hrsg.), FK-InsO, 8. Aufl., 2015, § 254a, Rn. 7; *Hess*, InsR, 2. Aufl., 2013, § 254a, Rn. 5.

Vorbereitung der Sanierung von Unternehmen geregelt.[253] Das als „Schutzschirmverfahren" bezeichnete Sanierungsinstrument kombiniert die Insolvenzinstrumente aus Eigenverwaltung und Insolvenzplan und ist damit eine der grundlegendsten Änderungen der InsO.[254] Dem Schuldner wird mit § 270b InsO „im Zeitraum zwischen Eröffnungsantrag und Verfahrenseröffnung ein eigenständiges, vorbereitendes Sanierungsverfahren zur Verfügung gestellt"[255]. Der Schuldner erhält die Chance, in einem kontrollierbaren Verfahren, unter gerichtlicher Aufsicht, selbstständig ein Konzept zur Sanierung des Unternehmens zu erarbeiten, welches anschließend durch einen Insolvenzplan umgesetzt werden soll.[256] Durch Beschluss des Insolvenzgerichts bekommt der Schuldner bis zu drei Monate Zeit, solche Sanierungsmaßnahmen vorzubereiten, die Aussicht auf Erfolg haben.[257] Während der Ausarbeitung des Sanierungsplans behält der Schuldner bis zur Eröffnung des Insolvenzverfahrens die Kontrolle über das Unternehmen, was ihm ermöglicht, bereits vorbereitete Sanierungsschritte auch nach Antragstellung noch umzusetzen.[258] Dem Insolvenzgericht verbleibt die Möglichkeit bzw. die Pflicht (§ 270b Abs. 2 S. 3 1. Alt bzw. 2. Alt. InsO), Maßnahmen nach § 21 Abs. 1, 2 Nr. 1a, 3–5 InsO anzuordnen. Ausgeschlossen ist dagegen die Bestellung eines vorläufigen Insolvenzverwalters. Dem Schuldner darf kein Verfügungsverbot auferlegt werden und seine Verfügungen dürfen auch nicht unter Zustimmungsvorbehalt gestellt werden.[259] Dem Schuldner bleibt insoweit die Möglichkeit, den Sanierungsplan, unter Beibehaltung der Verfügungsbefugnis und durch den vom Insolvenzgericht regelmäßig anzuordnenden Vollstreckungsschutz in dem angeordneten Zeitraum unbehelligt von dem Zugriff einzelner Gläubiger[260]

---

253 RegE ESUG, BT-Drucks. 17/5712, S. 40.

254 Die Formulierung des „Herzstück[s]" (*Kübler/Prütting (Hrsg.),* Das neue InsR, 1994, S. 11) aufgreifend und auf das Schutzschirmverfahren und die Regelung des § 225a Abs. 2 S. 1 InsO übertragend *Wimmer,* Das neue InsR, 2012, S. 24; vgl. *Hölzle,* NZI 2011, 124, 128; *ders.,* KTS 2011, 291, 321; *Römermann,* NJW 2012, 645, 649 f.

255 RegE ESUG, BR-Drucks. 127/11, S. 61; RegE ESUG, BT-Drucks. 17/5712, S. 40; vgl. auch *Thiele,* in: Wimmer u.a. (Hrsg.), Hdb. des Fachanwalts InsR, 7. Aufl., 2015, Kap. 4, Rn. 166; *Braun/Heinrich,* NZI 2011, 505, 511; a.A. *Desch,* BB 2011, 841 ff., der das Schutzschirmverfahren nicht als eigenständig, sondern als vorläufige Eigenverwaltung mit gewissen Privilegien ansieht.

256 *Koch/Jung,* in: Kübler (Hrsg.), HRI, 2. Aufl., 2015, § 8, Rn. 1.

257 Das Schutzschirmverfahren wird daher auch als „sanierungsvorbereitendes (Eröffnungs-)Verfahren" bezeichnet, vgl. *Undritz,* in: K. Schmidt (Hrsg.), InsO, 18. Aufl., 2013, § 270b, Rn. 1; *Desch,* BB 2011, 841; *Hölzle,* Praxisleitfaden ESUG, 2. Aufl., 2014, § 270b, Rn. 1; *M. Hofmann,* NZI 2010, 798.

258 RegE ESUG, BT-Drucks. 17/5712, S. 40; *Koch/Jung,* in: Kübler (Hrsg.), HRI, 2. Aufl., 2015, § 8, Rn. 2 ff.; *Thiele,* in: Wimmer u.a. (Hrsg.), Hdb. des Fachanwalts InsR, 7. Aufl., 2015, Kap. 4, Rn. 169; *Desch,* BB 2011, 841, 842.

259 RegE ESUG, BT-Drucks. 17/5712, S. 40 f.

260 Vgl. *Schmerbach,* in: Wimmer (Hrsg.), FK-InsO, 8. Aufl., 2015, § 21, Rn. 243; *Frege/Keller/Riedel,* InsR, 8. Aufl., 2015, T. 4, Kap. 2, Rn. 2066, 2073 ff.

auszuarbeiten. Zur Vorbereitung des Sanierungsplans soll der Schuldner bereits in dieser vorinsolvenzlichen Sanierungsphase mit den späteren Hauptbeteiligten kooperieren und mit diesen in Verhandlung treten.[261] Für den Erfolg des Verfahrens spielt es daher eine große Rolle, dass die Gläubiger frühzeitig – in der Regel noch vor Antragstellung – in das Verfahren einbezogen werden.[262] Auf Antrag des Schuldners hat das Gericht zudem anzuordnen, dass der Schuldner Masseverbindlichkeiten begründen kann (§§ 270b Abs. 3 InsO, 55 Abs. 2 InsO). Der Schuldner steht unter der Aufsicht und Kontrolle des vorläufigen Sachwalters (§§ 270b Abs. 2 S. 1, 2, 270a Abs. 1 Nr. 2, 274, 275 InsO), der zeitgleich mit dem Beschluss des Gerichts zur Festsetzung der Vorlagefrist des Sanierungsplans bestellt wird. Der Schuldner hat gemäß § 270b Abs. 2 S. 2 InsO das Recht, den vorläufigen Sachwalter vorzuschlagen. Das Gericht hat nur dann die Möglichkeit, von diesem Vorschlag abzuweichen, wenn die vorgeschlagene Person nach objektiven Kriterien offensichtlich für die Übernahme des Amts nicht geeignet ist. Das Vorschlagsrecht soll dem Schuldner die Sicherheit geben, die Sanierung mit einer Person zu betreiben, die für ihn vertrauenswürdig und zugleich unabhängig ist.[263]

Voraussetzungen für die Anordnung des Schutzschirmverfahrens sind gemäß § 270b Abs. 1 S. 1 InsO zunächst ein eigener Insolvenzantrag des Schuldners und dessen Antrag auf Anordnung der Eigenverwaltung.[264] Daneben muss der Schuldner einen zusätzlichen Antrag auf Fristbestimmung zur Vorlage eines Insolvenzplans gemäß § 270b Abs. 1 S. 1 InsO stellen. Diesem Antrag ist stattzugeben, soweit die Sanierung nicht offensichtlich aussichtslos ist und der Schuldner den Eröffnungsantrag bei drohender Zahlungsunfähigkeit oder Überschuldung gestellt hat. Zum Nachweis dessen hat der Schuldner mit dem Antrag eine mit Gründen versehene Bescheinigung eines in Insolvenzsachen erfahrenen Steuerberaters, Wirtschaftsprüfers, Rechtsanwalts oder einer Person mit vergleichbarer Qualifikation vorzulegen (§ 270b Abs. 1 S. 3 InsO). Aus dieser muss sich ergeben, dass drohende Zahlungsunfähigkeit oder Überschuldung (aber keine Zahlungsfähigkeit) vorliegt und die angestrebte Sanierung nicht offensichtlich aussichtslos ist. Hintergrund dieser deutlichen Erweiterung des Einflusses des Schuldners ist das gesetzgeberische Ziel, durch die

---

261 RegE ESUG, BT-Drucks. 17/5712, S. 40; *Frege/Keller/Riedel*, InsR, 8. Aufl., 2015, T. 4, Kap. 2, Rn. 2067; *Hölzle*, Praxisleitfaden ESUG, 2. Aufl., 2014, § 270b, Rn. 4, 37 („Schutzschirmverfahren [...] als eine Art Kooperationsverfahren“); vgl. auch *Gerster*, ZInsO 2008, 437, 440 f.

262 *Hölzle*, Praxisleitfaden ESUG, 2. Aufl., 2014, § 270b, Rn. 4; *Schluck-Amend*, GWR 2013, 418, 420; *Siebert*, ZIP 2014, 2153, 2159.

263 RegE ESUG, BR-Drucks. 127/11, S. 62.

264 Zu den Voraussetzungen für die Bewilligung eines Schutzschirmverfahrens gem. § 270b Abs. 1 InsO, vgl. *Koch/Jung*, in: Kübler (Hrsg.), HRI, 2. Aufl., 2015, § 8, Rn. 14 ff.; *Landry*, in: Mohrbutter / Ringstmeier (Hrsg.), Hdb. InsVerw, 9. Aufl., 2015, Kap. 15, Rn. 71 ff.; speziell zur Voraussetzung der „offensichtlichen Aussichtslosigkeit“ des schuldnerischen Antrags auf Eigenverwaltung (§ 270a Abs. 1 S. 1 InsO), vgl. *Henkel*, ZIP 2015, 562, 570 f.

Minderung des Kontrollverlusts und den Einfluss des Schuldners einen Anreiz zur frühzeitigen Stellung des Insolvenzantrags zu bieten, um noch vorhandene Sanierungsmöglichkeiten nutzen zu können.[265] Der Schuldner soll das Insolvenzverfahren als Chance begreifen, mit der Hilfe des Gerichts, des vorläufigen Sachwalters und in Zusammenarbeit mit den Gläubigern tragfähige Lösungen für das in Schieflage geratene Unternehmen zu erarbeiten.

4. Zusammenfassung und Bewertung

Mit dem ESUG hat der Gesetzgeber die strikte Trennung zwischen Gesellschafts- und Insolvenzrecht in der InsO überwunden, damit das insolvenzrechtliche Instrumentarium deutlich erweitert und die Chancen zur Sanierung mittels Insolvenzplan erhöht. Neben den Gläubigern wird insbesondere dem Schuldner ein deutlich stärkerer Einfluss gegenüber der bisherigen Gesetzeslage eingeräumt. Den Gesellschaftern steht demgegenüber grundsätzlich kein Blockade- bzw. Erpressungspotenzial mehr zur Verfügung.

Der lange Kampf um die Einbeziehung der Anteilseigner und die damit verbundenen Vorteile für das Insolvenzplanverfahren gehen bis auf die Anfänge der Schaffung der InsO zurück. Die praktischen Erfahrungen mit der InsO von 1999 haben die Schwächen einer Trennung von Gesellschafts- und Insolvenzrecht aufgedeckt und Reformen notwendig werden lassen. Betrachtet man die daraus gewonnenen Erkenntnisse und Diskussions- bzw. Lösungsvorschläge der Literatur, so stellt sich die Einbeziehung der Anteilseigner in das Insolvenzplanverfahren als einzig denkbare Alternative zur Erreichung der Gläubigerbefriedigung und die Neuerungen im Insolvenzplanverfahren durch das ESUG daher als wichtige Reform dar. Gleichzeitig bleibt festzuhalten, dass die Fokussierung des Gesetzgebers auf die bestehenden Sanierungshindernisse und deren stellenweise rigorose Beseitigung weitreichende Folgen für die am Insolvenzplanverfahren beteiligten Gesellschafter bedeuten. Inwieweit die Einbeziehung der Gesellschafter Auswirkungen auf deren Stellung in der Gesellschaft hat bzw. mit dieser vereinbar ist, soll im Folgenden untersucht werden.

---

265 RegE ESUG, BT-Drucks. 17/5712, S. 60; vgl. auch *Landfermann*, in: Kreft (Hrsg.), HK-InsO, 7. Aufl., 2014, § 270b, Rn. 1 ff.; *Minuth*, in: Kübler (Hrsg.), HRI, 2. Aufl., 2015, § 12, Rn. 14; *Frege/Keller/Riedel*, InsR, 8. Aufl., 2015, T. 4, Kap. 2, Rn. 2067; *Ganter*, NZI 2012, 985, 987; *Hölzle*, Praxisleitfaden ESUG, 2. Aufl., 2014, § 270b, Rn. 1 ff.

§ 2. Konsequenzen der Aufgabe der „gesellschaftsrechtlichen Neutralität“ der InsO auf die Stellung der Gesellschafter der schuldnerischen GmbH & Co. KG

Das ESUG hat durch die §§ 217 S. 2, 225a, 254 Abs. 4, 254a Abs. 2 InsO Eingriffe mittels Insolvenzplan in die Rechte der (Alt-)Gesellschafter zugelassen. Die Neuerungen gestatten erstmalig gegen den Willen der Anteilseigner gerichtete Eingriffe in deren Anteils- und Mitgliedschaftsrechte und gehen damit nicht nur einen entscheidenden Schritt in Richtung einer erfolgreichen Sanierung mittels Insolvenzplan, sondern bewirken zugleich eine Kollision von Gesellschafts- und Insolvenzrecht. Sie berühren eine Vielzahl verfahrens- und materiell-rechtlicher Regelungen, die funktional Materien betreffen, für die es auch gesellschaftsrechtliche Regelungen gibt.[266]

Nach der auf *Weber*[267] zurückgehenden Verdrängungslehre war vor den Änderungen durch das ESUG hinsichtlich der Kompetenzzuweisung im Insolvenzverfahren zwischen (1) dem Verdrängungsbereich, in dem der Übergang der Verwaltungs- und Verfügungsbefugnis der Gesellschaftsorgane nach § 80 Abs. 1 InsO auf den Insolvenzverwalter Vorrang genießt, (2) dem Schuldnerbereich, der das insolvenzfreie Vermögen und die Innenorganisation der Gesellschafter betrifft und damit der Bereich, in dem die Gesellschaftsorgane ihre Kompetenzen behalten sowie (3) dem Überschneidungsbereich, in dem der Schuldnerbereich betroffen ist, sich aber zugleich nachteilige Auswirkungen auf die Insolvenzmasse ergeben können und daher Gesellschaftsorgane sowie Insolvenzverwalter zusammenwirken müssen, zu unterscheiden.[268] Die Abgrenzung zwischen Verdrängungs- und Schuldnerbereich erfolgte anhand der Grenze des Fremdkapitals zum Eigenkapital bzw. der Zugehörigkeit zur Masse und Einflussnahme auf diese und den insolvenzfreien Bereich. Diese ursprüngliche Unterteilung hat sich – jedenfalls im Insolvenzplanverfahren – infolge der Einbeziehung der Gesellschafter in das Insolvenzverfahren (§§ 217 S. 2, 225a InsO) grundlegend geändert.[269] Die Möglichkeit, jede gesellschaftsrechtlich zulässige Maßnahme im Insolvenzplan vorzusehen, entzieht den schuldnerischen Organen bislang vorbehaltene Kompetenzen und weist diese zwar nicht dem Insolvenzverwalter bzw.

---

266 *Eidenmüller*, in: Kirchhof u.a. (Hrsg.), MüKo-InsO, Bd. 3, 3. Aufl., 2014, § 225a, Rn. 77; *ders.*, NJW 2014, 17, 18.

267 *Weber*, KTS 1970, 73, 77 ff.

268 Vgl. dazu *OLG Köln*, Beschl. v. 11.07.2001 – 2 Wx 13/01 = NJW-RR 2001, 1417, 1418; *BayObLG*, Beschl. v. 17.03.2004 – 3Z BR 046/04 = NZG 2004, 582, 583; *Finke*, Kollision von Gesellschafts- und Insolvenzrecht, 2011, S. 69 ff.; *H.-F. Müller*, ZGR 2004, 842 ff.

269 *Hölzle*, in: Kübler (Hrsg.), HRI, 2. Aufl., 2015, § 31, Rn. 20 ff.; *ders.*, ZIP 2012, 2427, 2428 f.

dem eigenverwaltenden Schuldner, wohl aber der über den Insolvenzplan beschließenden Gläubigerversammlung zu. Im Insolvenzplanverfahren wird der Verdrängungsbereich damit deutlich zulasten des Schuldnerbereichs ausgedehnt, wodurch ein den Schuldnerbereich überlagernder „Verdrängungsbereich II"[270] entsteht.

Der folgende Abschnitt zeigt auf, welche gesellschaftsrechtlichen Regelungen und Grundsätze, ab welchem Zeitpunkt und aufgrund welcher (vom Gesetzgeber zugrunde gelegten) Wertungen durch die Einbeziehung der Gesellschafter in das Insolvenzplanverfahren verdrängt werden und welche Stellung die Gesellschafter dadurch im Insolvenzverfahren einnehmen. Der Untersuchung liegt insofern allein das auf Sanierung des Unternehmensträgers gerichtete Insolvenzverfahren zugrunde. Das auf Liquidation gerichtete Insolvenzverfahren, welches bei Vollabwicklung den Untergang des Rechtsträgers und damit auch der Mitgliedschaft zur Folge hat, wird nachfolgend nicht behandelt. Unterschieden werden die Stadien der vorinsolvenzrechtlichen Krisensituation, der Zeitraum ab Eröffnung des Insolvenzverfahrens und das Stadium nach Abschluss des Insolvenzverfahrens, die abgrenzen, mit bzw. bis zu welchem Zeitpunkt das Insolvenzrecht den Vorrang gegenüber den gesellschaftsrechtlichen Regelungen erhält.

A. Konsequenzen vor Eröffnung des Insolvenzplanverfahrens

Die Krise ist der der Insolvenz vorgelagerte Zeitraum, über die Antragstellung, ggf. über die Einleitung eines Schutzschirmverfahrens, bis zur Eröffnung des Insolvenzverfahrens. Der Begriff Krise leitet sich aus dem altgriechischen Wort „*crisis*" ab und bezeichnet eine problematische, mit einem Wendepunkt verbundene Entscheidungssituation.[271] Sie wird vom BGH als Zustand definiert, in welchem die Gesellschaft von dritter Seite den für die Fortführung des Unternehmens notwendigen Kredit nicht mehr zu marktüblichen Bedingungen erhält und deshalb liquidiert werden müsste, wenn nicht die Gesellschafter mit ihrer Leistung einspringen würden.[272] Bis zum Inkrafttreten des Gesetzes zur Modernisierung des GmbH-Rechts und zur Bekämpfung von Missbräuchen (MoMiG) war in § 32a GmbHG a.F. der Begriff der „Krise der Gesellschaft" als Zeitpunkt beschrieben, in dem die Gesellschafter als ordentliche

---

270 *Hölzle*, in: Kübler (Hrsg.), HRI, 2. Aufl., 2015, § 31, Rn. 25; *ders.*, ZIP 2012, 2427, 2428 f.; vgl. auch *Haas / Kolmann / Pauw*, in: Gottwald (Hrsg.), InsR-Hdb., 5. Aufl., 2015, § 92, Rn. 326.

271 *Niemann*, in: Bork / Hölzle (Hrsg.), Hdb. InsR, 2014, Kap. 26, Rn. 2; *Wellensiek / Schluck-Amend*, in: Römermann (Hrsg.), MAH GmbHR, 3. Aufl., 2014, § 23, Rn. 2; *Maus*, in: K. Schmidt / Uhlenbruck (Hrsg.), GmbH in Krise, Sanierung und Insolvenz, 4. Aufl., 2009, Rn. 1.1 ff.

272 *BGH*, Urt. v. 13.07.1992 – II ZR 269/91 = NJW 1992, 2891, 2892; vgl. zum Begriff der Unternehmenskrise *Zabel*, in: Kübler (Hrsg.), HRI, 2. Aufl., 2015, § 4 Rn. 3 ff.; *Niemann*, in: Bork / Hölzle (Hrsg.), Hdb. InsR, 2014, Kap. 26, Rn. 1 ff.

Kaufleute der GmbH Eigenkapital zugeführt hätten.[273] An einer eigenständigen Definition für das Recht der Personengesellschaften fehlte es auch damals schon.[274] Gemäß § 15a Abs. 1 InsO besteht für den Geschäftsführer der GmbH & Co. KG mit Eintritt der Zahlungsunfähigkeit (§ 17 InsO) oder Überschuldung (§ 18 InsO) eine Antragspflicht. Um diese Pflicht abzuwenden und die Insolvenz zu vermeiden, müssen die Gesellschafter den Insolvenzgrund beseitigen.[275] Die Sanierung in Insolvenznähe befindlicher Gesellschaften hängt in aller Regel davon ab, dass die Gesellschafter in der Gesellschafterversammlung über Kapital- und Strukturmaßnahmen beschließen. Beide Ansatzpunkte verdeutlichen die Schlüsselposition der Gesellschafter, von deren Einsatz und Bereitschaft, die erforderlichen Maßnahmen zur Beendigung der Krise zu ergreifen, die Überwindung der Krise abhängt. Befindet sich die Gesellschaft in einer solchen bestandsgefährdenden Situation, ist das Einfluss- und Blockadepotenzial einzelner Gesellschafter über die Ausübung ihrer Mitgliedschaftsrechte nicht nur wegen des bestehenden Zeitdrucks zur Umsetzung der geplanten Sanierungsmaßnahmen, sondern insbesondere aufgrund der gesetzlich vorgesehenen einstimmigen, gesellschaftsvertraglich jedenfalls mehrheitlichen Beschlussfassung besonders hoch.[276] Es stellt sich die Frage, inwieweit bereits die (Krisen-)Situation, vor Eröffnung des Insolvenzverfahrens, zu einer Verdrängung gesellschaftsrechtlicher Grundsätze und Rechte führt und Einfluss auf die Gesellschafter und deren Verhaltenspflichten nimmt, um ein geeignetes Gegengewicht zu diesem hohen Einfluss- und Blockadepotenzial zu schaffen.

I. Geltung gesellschaftsrechtlicher Grundsätze

Wird die GmbH & Co. KG zahlungsunfähig oder überschuldet, sind die persönlich haftenden Gesellschafter gemäß § 15a InsO zur Stellung eines Insolvenzantrags verpflichtet. Mit Eintritt der drohenden Zahlungsunfähigkeit gemäß § 18 InsO besteht keine Pflicht zur Antragsstellung. Der Schuldner erhält jedoch gemäß § 15 InsO das Recht zur Antragsstellung. Das mit Antragstellung in Gang gesetzte Eröffnungsverfahren (§§ 11–34 InsO) unterliegt, als Teil des Insolvenzverfahrens, grundsätzlich bereits den Regelungen des Insolvenzverfahrens und der weitgehenden Herrschaft

273 *Drukarczyk / Schöntag*, in: Gottwald (Hrsg.), InsR-Hdb., 5. Aufl., 2015, § 2, Rn. 4; *Eberhard*, in: Prinz / W.-D. Hoffmann (Hrsg.), Beck'sches Hdb. PersG, 4. Aufl., 2014, § 11, Rn. 7; *Strümpell*, Die übertragende Sanierung, 2006, S. 149.

274 Vgl. jedoch die in einer typisierenden Betrachtung durch den IDW S 6 unterschiedenen sechs Stadien der Krise *IdW (Hrsg.)*, IDW-FN 12/2012, 719 ff., Rn. 44 ff.; vgl. dazu *Hermanns*, in: Buth / Hermanns (Hrsg.), RSI, 4. Aufl., 2014, § 6, Rn. 1 ff.

275 *Leithaus*, in: Andres u.a., InsO, 3. Aufl., 2014, § 15a, Rn. 9; *Klöhn*, in: Kirchhof u.a. (Hrsg.), MüKo-InsO, Bd. 1, 3. Aufl., 2013, § 15a, Rn. 135 ff.; *Spliedt*, GmbHR 2012, 462, 465; vgl. auch *Zipperer*, ZIP 2015, 2002, 2008.

276 *Seibt*, ZIP 2014, 1909 ff.

des Insolvenzgerichts.[277] Die Gesellschafter betreffend, bleibt das Binnenrecht der Gesellschaft jedoch (weitgehend) unberührt.[278] Insbesondere finden die Vorschriften zur Einbeziehung der Gesellschafterrechte in den Insolvenzplan (§§ 217, 225a InsO) – mit den nachfolgend dargestellten Folgen – erst mit der Entscheidung des Insolvenzgerichts zur Eröffnung des Insolvenzverfahrens Anwendung.

II. Vorinsolvenzrechtliche (Sanierungs-)Pflichten der Gesellschafter?

Ausgehend von der Situation, dass nicht alle Gesellschafter den vorgeschlagenen Sanierungsmaßnahmen ihre Zustimmung erteilen, die für eine Rettung der in die Krise geratenen Gesellschaft zwingend erforderlich sind, haben sich auf der Grundlage der gesellschaftsrechtlichen Treuepflicht Anforderungen und Grenzen an das Verhalten der Gesellschafter herausgebildet[279]: Der BGH bejahte in seiner „*Girmes*"-Entscheidung – im Anschluss an vorangegangene Entscheidungen, betreffend die Zustimmungspflicht einzelner Gesellschafter, zur Anpassung des Gesellschaftsvertrags an die Krisensituation[280] – die gesellschaftsrechtliche Pflicht der Minderheitsaktionäre, auf die Interessen der Mitgesellschafter Rücksicht zu nehmen.[281] Dem Minderheitsgesellschafter ist es demnach verboten, eine sinnvolle und mehrheitlich angestrebte Sanierung aus eigennützigen Motiven zu verhindern. Das Verbot wird an die Voraussetzungen geknüpft, dass (1) bei Scheitern der Maßnahme der Zusammenbruch der Gesellschaft unvermeidlich ist, (2) im Falle des Zusammenbruchs die Stellung des einzelnen Gesellschafters ungünstiger ist als bei einem Austritt aus der fortbestehenden Gesellschaft, (3) die Durchführung der Sanierungsmaßnahme die Verfolgung des Gesellschaftszwecks nach objektiver Einschätzung nachhaltig sicherstellt und (4) keine schonendere Sanierung möglich ist.[282] Ausdrücklich stellt der BGH demgegenüber klar, dass aus der Treuepflicht weder eine Pflicht zur Mitwirkung an

277 *Beck*, in: Beck / Depré (Hrsg.), Praxis der Insolvenz, 2. Aufl., 2010, § 1, Rn. 4; *Haas*, in: Kreft (Hrsg.), HK-InsO, 7. Aufl., 2014, § 11, Rn. 1; *Hirte*, in: Uhlenbruck u.a. (Hrsg.), InsO, 14. Aufl., 2015, VBem § 11, Rn. 1.

278 *Haas*, in: Gottwald (Hrsg.), InsR-Hdb., 5. Aufl., 2015, § 90, Rn. 97 ff.; *Meyer*, ZInsO 2013, 2361, 2366.

279 Zu den Pflichten der Gesellschafter in der Krise der Gesellschaft, vgl. *Eberhard*, in: Prinz / W.-D. Hoffmann (Hrsg.), Beck'sches Hdb. PersG, 4. Aufl., 2014, § 11, Rn. 118 ff.; vgl. auch *Bitter*, ZGR 2010, 147, 149 ff., 163 ff.; *Schuster*, ZGR 2010, 325, 332 ff.; *Seibt*, ZIP 2014, 1909, 1911 ff.; *Thole*, ZIP 2013, 1937, 1938.

280 Zur Entwicklung der Rechtsprechung, betreffend die Zustimmungspflicht der Gesellschafter zur Anpassung des Gesellschaftsvertrags an die veränderten Umstände in der Krise, vgl. *BGH*, Urt. v. 10.06.1965 – II ZR 6/63 = BGHZ 44, 40, 41; *BGH*, Urt. v. 28.04.1975 – II ZR 16/73 = BGHZ 64, 253, 257; *BGH*, Urt. v. 25.09.1986 – II ZR 262/85 = BGHZ 98, 276, 279 f.; *BGH*, Urt. v. 20.10.1986 – II ZR 86/85 = NJW 1987, 952; *BGH*, Urt. v. 10.10.1994 – II ZR 18/94 = NJW 1995, 194.

281 *BGH*, Urt. v. 20.03.1995 – II ZR 205/94 = BGHZ 129, 136, 142 ff. („*Girmes*").

282 *BGH*, Urt. v. 20.03.1995 – II ZR 205/94 = BGHZ 129, 136, 153 („*Girmes*").

der Sanierung noch eine Pflicht zur Ergreifung von Maßnahmen, um die Gesellschaft vor der Insolvenz zu bewahren, hergeleitet werden kann.[283]

Diese Rechtsprechung führte der BGH in seinem Urteil *„Sanieren oder Ausscheiden"*[284] fort, indem er eine Pflicht zur Zustimmung zu sanierungsbedingten Kapitalmaßnahmen als Ausfluss der gesellschaftsrechtlichen Treuepflicht anerkannte. Den Gesellschaftern obliegt demnach eine Zustimmungspflicht, sofern (1) eine Zerschlagung der Gesellschaft ansonsten unvermeidlich ist und (2) ein Vergleich der geplanten Sanierungsmaßnahme mit den Folgen der Zerschlagung ergibt, dass es sich um eine wirtschaftlich sinnvolle Maßnahme handelt.[285] Schließlich darf auch (3) keine mildere, den sonstigen Gesellschaftern zumutbare Alternative zur Verfügung stehen.[286] Liegen die Voraussetzungen vor, so müssen auch die Gesellschafter, die der Sanierungsmaßnahme nicht zugestimmt haben, sich behandeln lassen, als hätten sie dieser zugestimmt. Zwar kann kein Gesellschafter gegen seinen Willen gezwungen werden, im Gesellschaftsvertrag nicht vorgesehene (nachträgliche) Beiträge zu übernehmen, weshalb die Teilnahme an der Kapitalerhöhung als freiwillige Beitragsleistung ausgestaltet wurde. Andererseits kann es den risikobereiten, zahlungswilligen Gesellschaftern auch nicht zumutbar sein, die Gesellschaft mit den nicht zahlungsbereiten Gesellschaftern fortzusetzen.[287] Der BGH bejahte insofern ein treuwidriges Verhalten der Gesellschafter, die an den beschlossenen Sanierungsmaßnahmen zwar nicht teilnehmen, jedoch in der Gesellschaft verbleiben wollten, und die gegenüber diesen bestehende Wirksamkeit des Gesellschafterbeschlusses.[288] Bereits im Vorfeld dieses Urteils haben *Noack* und *H.-F. Müller* darauf hingewiesen, dass den Gesellschaftern eine solche Zustimmung zu notwendigen Sanierungsmaßnahmen umso eher zuzumuten sei, als ihre Gesellschaftsanteile ohnehin entwertet seien.[289]

---

283 *BGH*, Urt. v. 20.03.1995 – II ZR 205/94 = BGHZ 129, 136, 153 (*„Girmes"*), noch vom „Konkurs" sprechend.

284 *BGH*, Urt. v. 19.10.2009 – II ZR 240/08 = NJW 2010, 65 (*„Sanieren oder Ausscheiden"*); *BGH*, Urt. v. 9.06.2015 – II ZR 420/13 = NJW 2015, 2882; zur Zustimmungspflicht infolge gesellschafterlicher Treuepflicht, vgl. *Wertenbruch*, in: Ebenroth u.a., HGB, 3. Aufl., 2014, § 105, Rn. 103 ff.; *ders.*, ZIP 2013, 1693 f.

285 *BGH*, Urt. v. 19.10.2009 – II ZR 240/08 = NJW 2010, 65, Rz. 25 ff., 32 (*„Sanieren oder Ausscheiden"*).

286 *BGH*, Urt. v. 19.10.2009 – II ZR 240/08 = NJW 2010, 65, Rz. 29 ff. (*„Sanieren oder Ausscheiden"*).

287 *BGH*, Urt. v. 19.10.2009 – II ZR 240/08 = NJW 2010, 65, Rz. 29 (*„Sanieren oder Ausscheiden"*).

288 *BGH*, Urt. v. 19.10.2009 – II ZR 240/08 = NJW 2010, 65, Rz. 22 ff. (*„Sanieren oder Ausscheiden"*); vgl. auch *v. Falkenhausen / Schneider*, in: Gummert / Weipert (Hrsg.), Münchener Hdb. GesR, Bd. 2, 4. Aufl., 2014, § 19, Rn. 10.

289 *Noack*, in: FS Zöllner, 1998, S. 411, 423; *H.-F. Müller*, Verband in der Insolvenz, 2002, S. 334.

In Abgrenzung dazu hat der BGH in seiner Entscheidung vom 25. Januar 2011[290] klargestellt, dass für sanierungsunwillige Gesellschafter keine generelle Zustimmungspflicht auf der Grundlage der gesellschafterlichen Treuepflicht begründbar ist. Eine solche Pflicht lässt sich nur in Ausnahmefällen begründen, wenn sie beispielsweise (1) mit Rücksicht auf das bestehende Gesellschaftsverhältnis oder auf die bestehenden Rechtsbeziehungen der Gesellschafter untereinander dringend erforderlich ist, (2) die Änderung des Gesellschaftsvertrags dem Gesellschafter unter Berücksichtigung seiner eigenen Belange zumutbar ist und (3) bei den übrigen Gesellschaftern eine auf dem konkreten Gesellschaftsverhältnis beruhende Erwartungshaltung hinsichtlich der Zustimmung aller Gesellschafter existiert.[291] Im konkreten Fall war den Bestimmungen des Gesellschaftsvertrags zu entnehmen, dass in der Krisensituation erforderliche Kapitalmaßnahmen einstimmig beschlossen werden mussten, sofern alle Gesellschafter verpflichtet werden sollten. Anderenfalls sollten die zustimmenden Gesellschafter ihre Einlage erhöhen können, während die nicht zustimmenden Gesellschafter unter Verringerung ihrer Beteiligungsverhältnisse in der Gesellschaft verbleiben können sollten.[292] Eine auf dem konkreten Gesellschaftsverhältnis beruhende Erwartungshaltung sah der BGH daher nicht als begründet an und erklärte den Beschluss, demzufolge der nicht an der Kapitalerhöhung teilnehmende Gesellschafter aus der Gesellschaft ausscheidet, jedenfalls gegenüber dem Kläger, der diesem nicht zugestimmt hat, für unwirksam.

Der Beschluss des OLG München knüpfte in seinem Fall der *7 days music entertainment AG* vom 16. Januar 2014[293] wiederum an die „*Girmes*"-Entscheidung an, verneinte jedoch im konkreten Fall eine aus gesellschafterlicher Treuepflicht begründete Zustimmungspflicht des einzelnen Aktionärs zum Beschluss über eine Kapitalmaßnahme. Das OLG München sah allein in der Kapitalmaßnahme einer Kapitalherabsetzung und Ausgabe neuer Aktien zur Einwerbung neuer Mittel kein zur nachhaltigen Sanierung geeignetes Konzept.[294] Die bloße Zuführung von weiterem Kapital würde mit gewisser Wahrscheinlichkeit nur den Zeitpunkt der Zahlungsunfähigkeit verzögern, wofür auch eine bereits wenige Jahre zuvor durchgeführte Kapitalmaßnahme spreche, die offensichtlich keine dauerhafte Verbesserung der wirtschaftlichen Lage bewirkt hatte.

Zusammenfassend lässt sich festhalten, dass die gesellschaftsrechtliche Treuepflicht in einer außerinsolvenzrechtlichen Sanierungssituation intensiviert ist und den Gesellschafter verpflichtet, seine Mitgliedschaftsrechte, insbesondere seine

---

290 *BGH*, Urt. v. 25.01.2011 – II ZR 122/09 = NJW 2011, 1667; zur Entscheidung *Göb*, NZI 2011, 532, 533; vgl. auch *Schöne*, ZIP 2015, 501 ff.

291 *BGH*, Urt. v. 25.01.2011 – II ZR 122/09 = NJW 2011, 1667, Rz. 19 ff.

292 *BGH*, Urt. v. 25.01.2011 – II ZR 122/09 = NJW 2011, 1667, Rz. 15.

293 *OLG München*, Beschl. v. 16.01.2014 – 23 AktG 3/13 = ZIP 2014, 472; vgl. auch *Seibt*, ZIP 2014, 1909 ff., der die Entscheidung als Anlass für eine Auseinandersetzung mit den Grenzen der Stimmrechtsausübung in der AG nimmt.

294 *OLG München*, Beschl. v. 16.01.2014 – 23 AktG 3/13 = ZIP 2014, 472, 474; vgl. auch Voraussetzung (3) der „*Girmes*"-Entscheidung, siehe hierzu § 2.A.II.

Mitverwaltungsrechte, unter angemessener Berücksichtigung der gesellschaftsbezogenen Interessen der anderen Gesellschafter auszuüben.[295] Für den Gesellschafter in der Krisensituation begründet dies jedoch weder die Pflicht zur Unternehmenserhaltung im Sinne einer Zweckperpetuierung[296] noch lassen sich Verpflichtungen zur Leistung von Nachschüssen begründen.[297] Die Verpflichtung, einer Änderung des Gesellschaftsvertrags zuzustimmen und das Verbot, angestrebte Sanierungsmaßnahmen zu verhindern, sind an strenge kumulative Voraussetzungen geknüpft: Nur wenn der Beschlussantrag auf eine *ex-ante* sinnvolle, nachhaltige und mehrheitlich gewollte Sanierungsmaßnahme gerichtet ist, die zugleich das schonendste Mittel der Sanierung darstellt und im Falle ihres Scheiterns den Zusammenbruch der Gesellschaft unvermeidlich werden lässt, der zugleich den einzelnen Gesellschafter schlechterstellen würde, als bei der Realisierung des gegenwärtigen Beteiligungswerts, bleibt Raum für eine treuepflichtbasierte Begrenzung der Stimmrechtsausübung. Fehlt es an einer auf dem konkreten Gesellschaftsverhältnis begründeten Erwartungshaltung der übrigen Gesellschafter hinsichtlich der Zustimmung, ist eine generelle Zustimmungspflicht nicht begründbar. Die nicht zustimmenden Gesellschafter dürfen (ggf. unter Verringerung ihrer Beteiligungsverhältnisse) in der Gesellschaft verbleiben. Ein treuwidriges Verhalten ist im Falle der entgegenstehenden Erwartungshaltung nicht begründbar. Liegen die Voraussetzungen dagegen vor, erhält der Versammlungsleiter das Recht, treuwidrige und damit nichtige Stimmabgaben bei der Beschlussfeststellung unberücksichtigt zu lassen.[298]

Daneben kann die Treuepflicht im vorinsolvenzrechtlichen Stadium auch zu einer Begrenzung des Entnahmerechts des Komplementärs gemäß § 122 Abs. 1, 1. Hs. HGB bzw. des Anspruchs auf Gewinnauszahlung des Kommanditisten gemäß § 169 Abs. 1 HGB führen.[299] Anders als das Recht zur Entnahme des weiteren Gewinnanteils des persönlich haftenden Gesellschafters (§ 122 Abs. 1, 2. Hs. HGB) ist der Anspruch

---

295 *Eberhard*, in: Prinz / W.-D. Hoffmann (Hrsg.), Beck'sches Hdb. PersG, 4. Aufl., 2014, § 11, Rn. 118; *Weipert*, in: Gummert / Weipert (Hrsg.), Münchener Hdb. GesR, Bd. 2, 4. Aufl., 2014, § 13, Rn. 12 ff.; von einer „deutlichen Intensivierung" der mitgliedschaftlichen Treuepflicht der Aktionäre gegenüber ihren Mitaktionären sprechend, *Seibt*, ZIP 2014, 1909, 1911; vgl. auch *Thole*, ZIP 2013, 1937, 1944.

296 *Weipert*, in: Gummert / Weipert (Hrsg.), Münchener Hdb. GesR, Bd. 2, 4. Aufl., 2014, § 6, Rn. 48 ff.; *Eberhard*, in: Prinz / W.-D. Hoffmann (Hrsg.), Beck'sches Hdb. PersG, 4. Aufl., 2014, § 11, Rn. 118.

297 *Weipert*, in: Gummert / Weipert (Hrsg.), Münchener Hdb. GesR, Bd. 2, 4. Aufl., 2014, § 6, Rn. 48 ff.; *Eberhard*, in: Prinz / W.-D. Hoffmann (Hrsg.), Beck'sches Hdb. PersG, 4. Aufl., 2014, § 11, Rn. 118 f.; vgl. auch *BGH*, Urt. v. 5.03.2007 – II ZR 282/05 = NZG 2007, 381, Rz. 14.

298 Vgl. nur *BGH*, Urt. v. 9.11.1987 – II ZR 100/87 = BGHZ 102, 178; *BGH*, Urt. v. 19.11.1990 – II ZR 88/89 = NJW 1991, 846; *BGH*, Urt. v. 12.07.1993 – II ZR 65/92 = NJW-RR 1993, 1253.

299 *Roth*, in: Baumbach / Hopt, HGB, 36. Aufl., 2014, § 169, Rn. 3 und § 122, Rn. 9, 13; *v. Falkenhausen / Schneider*, in: Gummert / Weipert (Hrsg.), Münchener Hdb. GesR, Bd. 2, 4. Aufl., 2014, § 24, Rn. 4 ff., 8 ff.

des Kommanditisten nach dem Wortlaut des § 169 Abs. 1 HGB nicht dadurch begrenzt, dass die Auszahlung nicht zum offenbaren Schaden der Gesellschaft gereichen darf. Obgleich das Recht des Kommanditisten auf Gewinnauszahlung in der Krisensituation damit nicht von vornherein ausgeschlossen ist, kann die allgemeine Treuepflicht der Gesellschafter das Entnahmerecht ausnahmsweise vorübergehend, und soweit der Gesellschaft ein schwerer nicht wiedergutzumachender Schaden droht, begrenzen. Gleiches gilt insoweit für das gesetzlich nicht beschränkte Entnahmerecht des Komplementärs (§ 122 Abs. 1, 1. Hs. HGB). Die Treuepflicht kann folglich nur dann zu einer Verpflichtung der Gesellschafter zur Erklärung des Rangrücktritts führen, wenn dies zur Abwendung der Insolvenz, unter Berücksichtigung der Gesamtumstände, zumutbar und dringend geboten ist.[300]

Die durch die Rechtsprechung entwickelten Verhaltenspflichten und Grenzen zeigen auf, dass auch in der Krise der Gesellschaft große Zurückhaltung bei der Annahme bestehender Gesellschafterpflichten geboten ist, um allgemeine Grundsätze des Gesellschaftsrechts, die gerade auch in der Krisensituation der Gesellschaft Anwendung finden, nicht bedeutungslos werden zu lassen.

III. Besonderheiten im Rahmen des Schutzschirmverfahrens

Das Schutzschirmverfahren setzt die außergerichtliche Sanierung mit zusätzlichen Mitteln in einem neuen Verfahren fort.[301] Es bietet dem Schuldner zwischen Eröffnungsantrag und Verfahrenseröffnung ein eigenständiges Sanierungsverfahren mit dem Ziel, in einem bis zu drei Monate andauernden Zeitraum einen Insolvenzplan zu erstellen. Dabei hat das Schutzschirmverfahren weder unmittelbare Folgen auf die für den Schuldner geltenden gesellschaftsrechtlichen Regelungen noch direkte Auswirkungen auf die Gesellschafter und deren Verhaltenspflichten gegenüber der Gesellschaft und ihren Mitgesellschaftern.

---

300 *BGH*, Urt. v. 28.04.1975 – II ZR 16/73 = BGHZ 64, 253; *BGH*, Urt. v. 25.09.1986 – II ZR 262/85 = BGHZ 98, 276; *LG Frankfurt/M.*, Urt. v. 13.08.2013 – 3-09 O 78/13 = NZI 2013, 981; zur Ablehnung einer den Gesellschafter nach Eröffnung des Insolvenzverfahrens zum Rangrücktritt verpflichtenden gesellschaftsrechtlichen Treuepflicht, vgl. *OLG Frankfurt/M.*, Beschl. v. 7.10.2013 – 5 U 135/13 = ZInsO 2013, 2162; vgl. auch *Ziegenhagen*, in: Borchardt / Frind (Hrsg.), Betriebsfortführung im Insolvenzverfahren, 2. Aufl., 2014, Kap. 27, Rn. 2836 ff.

301 RegE ESUG, BT-Drucks. 17/5712, S. 40; *Kolmann*, Schutzschirmverfahren, 2014, Rn. 12 ff.; vgl. auch *Leithaus*, in: Andres u.a., InsO, 3. Aufl., 2014, § 270b, Rn. 2; *Zipperer*, in: Uhlenbruck u.a. (Hrsg.), InsO, 14. Aufl., 2015, § 270b, Rn. 1; *Desch*, BB 2011, 841, 842.

1. *„Vorwirkungen" des im Schutzschirmverfahren ausgearbeiteten Sanierungskonzepts*

Unter dem Blickpunkt, dass der Schuldner die Möglichkeit erhält, mit einem von ihm vorgeschlagenen (§ 270b Abs. 2 S. 2 InsO) vorläufigen Sachwalter zusammenzuarbeiten, der das von ihm befürwortete Sanierungskonzept – nach seinen Interessen – unterstützt[302], können dem Schutzschirmverfahren jedoch bereits (mittelbare) Auswirkungen für die Gesellschafter der schuldnerischen Gesellschaft zukommen: Die bisherige Geschäftsführung bleibt „an der Macht", weshalb auch der Mehrheitsgesellschafter in der GmbH & Co. KG weiterhin beherrschenden Einfluss auf den Planentwurf nehmen und die Maßnahmen nach seinen Vorstellungen aufnehmen kann. Zwar obliegt der Gläubigerversammlung im sich anschließenden Insolvenzplanverfahren die Entscheidung über den Plan. Idealtypisch reicht die schuldnerische Gesellschaft jedoch am Ende des Schutzschirmverfahrens den entwickelten Sanierungsplan zur Überwindung der Krisensituation ein, welcher anschließend durch einen Insolvenzplan umgesetzt werden soll.[303] Dem Schutzschirmverfahren sind demnach jedenfalls insoweit „Vorwirkungen" zuzusprechen, als das Sanierungskonzept die Grundlage für den zur Abstimmung stehenden Insolvenzplan bildet. Zugleich ist dem Vorschlagsrecht des Schuldners insoweit eine über das Schutzschirmverfahren hinausreichende Wirkung zuzusprechen, als die Person des bestellten, endgültigen Sachwalters im eröffneten Planverfahren meist mit der Person des vorläufigen Sachwalters identisch sein wird.[304] Insofern wird von einem „mitgebrachten Sachwalter" gesprochen.[305] Das Vorschlagsrecht des Schuldners führt in der Folge dazu, dass der Schuldner letztlich die Person bestimmt, die ihn später bei der Eigenverwaltung überwachen soll. Ergänzend sei erwähnt, dass das Insolvenzgericht im Rahmen der Prüfung der Eröffnungsvoraussetzungen, in Erfüllung der Amtsermittlungspflicht aus § 5 Abs. 1 InsO, anstelle eines Sachverständigen zur positiven Feststellung eines Insolvenzgrunds auch den vorläufigen Sachwalter mit der Erstellung dieses Gutachtens betrauen kann (vgl. § 22 Abs. 1 S. 2 Nr. 3 InsO) und diesem dadurch wesentlichen Einfluss auf den möglichen Ablauf des Insolvenzeröffnungsverfahrens einräumt.[306]

---

302 *Koch/Jung*, in: Kübler (Hrsg.), HRI, 2. Aufl., 2015, § 8, Rn. 1; *Madaus*, ZIP 2014, 500, 503; *K. Schmidt*, BB 2011, 1603, 1606; vgl. auch *Römermann*, NJW 2012, 645, 648.

303 RegE ESUG, BT-Drucks. 17/5712, S. 40; *Koch/Jung*, in: Kübler (Hrsg.), HRI, 2. Aufl., 2015, § 7, Rn. 221; *Kolmann*, Schutzschirmverfahren, 2014, Rn. 12 ff.

304 *Riggert*, in: Braun (Hrsg.), InsO, 6. Aufl., 2014, § 270, Rn. 14; *Desch*, BB 2011, 841, 843; *Siebert*, ZIP 2014, 2153, 2165; *Urlaub*, ZIP 2011, 1040, 1045; aber „kein Bestellungszwang", vgl. *Foltis*, in: Wimmer (Hrsg.), FK-InsO, 8. Aufl., 2015, § 270b, Rn. 35.

305 *Haas*, in: Gottwald (Hrsg.), InsR-Hdb., 5. Aufl., 2015, § 88, Rn. 63; *Tetzlaff*, in: Kirchhof u.a. (Hrsg.), MüKo-InsO, Bd. 3, 3. Aufl., 2014, § 270b, Rn. 72, 80; *Madaus*, ZIP 2014, 500, 503; *Urlaub*, ZIP 2011, 1040, 1045; *Westermann*, NZG 2015, 134, 136.

306 So geschehen im *Suhrkamp*-Verfahren, vgl. dazu *Madaus*, ZIP 2014, 500, 503; *Hölzle*, Praxisleitfaden ESUG, 2. Aufl., 2014, § 270b, Rn. 25.

2. *Analoge Anwendung des § 276a InsO?*

Sieht der Gesellschaftsvertrag der GmbH & Co. KG eine Gesellschafterversammlung vor und begründet durch die Zuweisung bestimmter Aufgaben deren Organstellung, kann diese im Fall der Eigenverwaltung gemäß § 276a S. 1 InsO keinen Einfluss auf die Geschäftsführung des Schuldners nehmen. Zugleich ist die Abberufung und Neubestellung von Mitgliedern der Geschäftsführung nur wirksam, wenn der Sachwalter zustimmt (§ 276a S. 2 InsO). Die Vorschrift verdeutlicht, dass der Gesetzgeber das Problem einer missbräuchlichen Abberufung und Neubestellung von Mitgliedern der Geschäftsleitung im eröffneten Eigenverwaltungsverfahren erkannt und deren Wirksamkeit von der Zustimmung des Sachwalters abhängig gemacht hat (§ 276 S. 2 InsO).[307] Dass eben dieses Missbrauchspotenzial bereits im Schutzschirmverfahren fatale Folgen haben kann, wird hingegen nicht erkannt, jedenfalls nicht explizit aufgenommen. Es wird daher diskutiert, ob § 276a InsO bereits im vorbereitenden Schutzschirmverfahren nach § 270b InsO gilt, wenn ein vorläufiger Sachwalter bestellt ist. Die entsprechende Geltung des § 276a InsO hätte zur Folge, dass bereits im Eröffnungsverfahren wesentliche Gesellschafterkompetenzen suspendiert würden, um dem Bedürfnis danach, Hemmnisse und Blockaden der Gesellschafter zu verhindern, gerecht zu werden.

Teilweise wird eine entsprechende Anwendung auf den vorläufigen Sachwalter im Schutzschirmverfahren mit dem Argument für sinnvoll erachtet, dass bereits im Eröffnungsverfahren die Entscheidungen im Interesse der Insolvenzgläubiger und nicht der Gesellschafter zu treffen sind.[308] Ohne eine entsprechende Geltung von § 276a InsO im Schutzschirmverfahren könnten die Gesellschafter die Ausrichtung der Gesellschaft zu ihren Gunsten und zulasten der Gläubiger verändern und dadurch die Gläubigerinteressen gefährden. *Hölzle* hält darüber hinaus eine gesellschaftsrechtliche Veränderungssperre durch analoge Anwendung des § 276a InsO für gegeben.[309] Er argumentiert mit der Funktion des Schutzschirmverfahrens als ein die Sanierung vorbereitendes Verfahren, das primär auf die Vorlage eines Insolvenzplans angelegt ist.[310] Um dieser Funktion gerecht zu werden, dürfe der Plan nicht durch obstruierende, seinen Regelungszielen widersprechende Maßnahmen gefährdet oder sogar vereitelt werden, weshalb der Verdrängungsbereich II[311] bereits Vorwirkungen im Schutzschirmverfahren erhalten müsse. Angesichts dessen, dass im Verdrängungsbereich II die Befugnisse der Gesellschafterversammlung auf die Beteiligtenversammlung übergeleitet werden und keine unmittelbare

---

307 RegE ESUG, BT-Drucks. 17/5712, S. 42; vgl. *Haas*, in: Gottwald (Hrsg.), InsR-Hdb., 5. Aufl., 2015, § 90, Rn. 35 ff.; *Zipperer*, in: Uhlenbruck u.a. (Hrsg.), InsO, 14. Aufl., 2015, § 276a, Rn. 10.

308 *Brinkmann*, DB 2012, 1369; *Thole*, GesR Maßn. in der Insolvenz, 2. Aufl., 2015, Rn. 199 ff.

309 *Hölzle*, ZIP 2012, 2427, 2429 f.; vgl. auch *ders.*, ZIP 2013, 1846, 1847.

310 RegE ESUG, BT-Drucks. 17/5712, S. 40.

311 Siehe hierzu § 2.

Zuständigkeitsverlagerung auf den vorläufigen Sachwalter erfolgt, sollen sich die Vorwirkungen jedoch darauf beschränken, dass Maßnahmen gegen den Widerspruch des vorläufigen Sachwalters unzulässig und damit undurchführbar sind. Im Ergebnis sei das Insolvenzplanverfahren demnach materiell-rechtlich bereits mit Stellung des Schutzschirmverfahrens eingeleitet, sodass von diesem Zeitpunkt an die gesellschaftsrechtlichen Kompetenzen und Verbandsziele durch das Insolvenzplanverfahren überlagert würden.[312]

Andere lehnen dagegen eine ausreichende Legitimation für die Vorverlagerung der Wirkungen der Insolvenzeröffnung im Schutzschirmverfahren ab.[313] Die Auslegung des Wortlauts, der in § 276a S. 2 InsO allein auf die Zustimmung des „Sachwalters" – nicht die des „vorläufigen Sachwalters" – Bezug nimmt, die systematische Stellung hinter §§ 270–273 InsO und der fehlenden Verweis auf § 270b InsO sprechen für eine bewusste Entscheidung des Gesetzgebers und gegen das Vorliegen einer planwidrigen Regelungslücke. Im Ergebnis kann eine analoge Anwendung des § 276a InsO auf den vorläufigen Sachwalter – neben der eindeutigen gesetzlichen Lage – insbesondere auch aufgrund der ungleichen Interessenlage, die sich daraus ergibt, dass noch nicht klar ist, ob das Insolvenzverfahren überhaupt eröffnet wird, nicht überzeugen. Zugleich besteht für den Schuldner als Antragsteller die Möglichkeit, den Insolvenzantrag bis zur Entscheidung über die Eröffnung des Verfahrens zurückzunehmen, § 13 Abs. 2 InsO. Solange keine Entscheidung über die Eröffnung des Insolvenzverfahrens getroffen ist, sind Eingriffe in die gesellschaftsrechtliche Position gemäß § 276a InsO daher als unangemessen zu bewerten und eine analoge Anwendung von § 276a InsO im Ergebnis abzulehnen.

IV. Zusammenfassung

Das dem Insolvenzplanverfahren vorgelagerte Eröffnungsverfahren hat (noch) keine Verdrängung gesellschaftsrechtlicher Grundsätze und Regelungen zur Folge. Vor Eröffnung des Insolvenzverfahrens gibt es keine gesetzlichen Regelungen zum Vorrang des Insolvenzrechts und auch der Insolvenzantrag des Schuldners lässt das Binnenrecht der in die Krise geratenen Gesellschaft unberührt. Zu diesem Zeitpunkt besteht demnach eine weitgehend unveränderte gesellschaftsrechtliche Sonderverbindung zwischen den Gesellschaftern, die jedoch verstärkt von gegenseitigen Treuepflichten geprägt wird.[314] Da nach überzeugender Ansicht § 276a InsO im Schutzschirmverfahren nicht analog anwendbar ist, beschränken sich die Auswirkungen des

---

312 *Hölzle*, ZIP 2012, 2427, 2429 ff.

313 *Riggert*, in: Braun (Hrsg.), InsO, 6. Aufl., 2014, § 276a, Rn. 3; *ders.*, in: Nerlich / Römermann (Hrsg.), InsO, Lb, 23. Lfg. (03/2012), § 276a, Rn. 6; *Landfermann*, in: Kreft (Hrsg.), HK-InsO, 7. Aufl., 2014, § 276a, Rn. 8; *Pape*, in: Kübler u.a. (Hrsg.), InsO, Lb, 49. Lfg. (07/2012), § 276a, Rn. 6; *Undritz*, in: K. Schmidt (Hrsg.), InsO, 18. Aufl., 2013, § 276a, Rn. 2; *Klöhn*, NZG 2013, 81, 84; *Kolmann*, Schutzschirmverfahren, 2014, Rn. 447 f.; *Zipperer*, ZIP 2012, 1492, 1494.

314 *Meyer*, ZInsO 2013, 2361, 2368.

Schutzschirmverfahrens im Insolvenzverfahren auf die von dem entwickelten Sanierungskonzept ausgehenden „Vorwirkungen".

B. Konsequenzen mit Eröffnung des Insolvenzplanverfahrens

Die vorinsolvenzrechtliche Krisensituation hat nur geringfügige Auswirkungen auf die Gesellschafter. Diese Situation ändert sich nach der Eröffnung des Insolvenzplanverfahrens, der gemäß § 11 Abs. 2 Nr. 1 InsO insolvenzfähigen GmbH & Co. KG[315], gravierend: Mit Eröffnung des Insolvenzverfahrens über das Vermögen der KG wird die Gesellschaft kraft Gesetzes aufgelöst, §§ 161 Abs. 2, 131 Abs. 1 Nr. 3 HGB.[316] Der Rechtsträger bleibt, wie auch seine Organe, bestehen.[317] Die Rechte und Pflichten der Insolvenzschuldnerin werden vom Geschäftsführer der Komplementär-GmbH wahrgenommen. Diesem obliegt gemäß § 15a Abs. 1 S. 1, 2, Abs. 2 InsO im Fall der Zahlungsunfähigkeit oder Überschuldung die Pflicht zur Stellung des Insolvenzantrags. Im Fall drohender Zahlungsunfähigkeit kann das Insolvenzverfahren gemäß § 15 Abs. 1 S. 1, Abs. 3 S. 1 InsO nur auf Antrag des Schuldners bzw. der Mitglieder des Vertretungsorgans eröffnet werden.[318] Das Binnenrecht der Gesellschaft wird durch die insolvenzrechtlichen Sonderregelungen (teilweise) überlagert. In den §§ 217 ff. InsO und insbesondere §§ 217 S. 2, 225a, 238a InsO i.V.m. §§ 244, 254a InsO, die die Einbeziehung der Gesellschafter in den Insolvenzplan regeln und konkretisieren, wird der Vorrang des Insolvenzrechts vor dem Gesellschaftsrecht im Insolvenzplanverfahren besonders deutlich.[319]

---

315 *Henze / Notz*, in: Ebenroth u.a. (Hrsg.), HGB, 3. Aufl., 2014, Anh. A § 177a, Rn. 296; *Friel*, in: Gummert (Hrsg.), MAH PersGesR, 2. Aufl., 2015, § 13, Rn. 47; *Salger*, in: Reichert (Hrsg.), GmbH & Co. KG, 7. Aufl., 2015, § 49, Rn. 4 f.

316 *Sander*, in: Ahrens u.a. (Hrsg.), FAK InsR, 2. Aufl., 2014, § 27, Rn. 35; *Roth*, in: Baumbach / Hopt, HGB, 36. Aufl., 2014, § 131, Rn. 13; *Voß*, in: Graf-Schlicker (Hrsg.), InsO, 4. Aufl., 2014, § 27, Rn. 25; *Schmid*, in: Gummert / Weipert (Hrsg.), Münchener Hdb. GesR, Bd. 2, 4. Aufl., 2014, § 45, Rn. 41; *Kirchhof*, in: Kreft (Hrsg.), HK-InsO, 7. Aufl., 2014, § 27, Rn. 39; *Pape*, in: Kübler u.a. (Hrsg.), InsO, Lb, 30. Lfg. (10/2007), § 27, Rn. 64; *Watermeyer*, in: Prinz / W.-D. Hoffmann (Hrsg.), Beck'sches Hdb. PersG, 4. Aufl., 2014, § 13, Rn. 154; *K. Schmidt*, in: K. Schmidt (Hrsg.), MüKo-HGB, Bd. 2, 3. Aufl., 2011, § 131, Rn. 24; *Schmerbach*, in: Wimmer (Hrsg.), FK-InsO, 8. Aufl., 2015, § 30, Rn. 38.

317 *Watermeyer*, in: Prinz / W.-D. Hoffmann (Hrsg.), Beck'sches Hdb. PersG, 4. Aufl., 2014, § 13, Rn. 155.

318 *Gummert*, in: Gummert / Weipert (Hrsg.), Münchener Hdb. GesR, Bd. 2, 4. Aufl., 2014, § 55, Rn. 14 f.; *Klöhn*, in: Kirchhof u.a. (Hrsg.), MüKo-InsO, Bd. 1, 3. Aufl., 2013, § 15, Rn. 56 ff.

319 Zum Vorrang des Insolvenzrechts gegenüber dem Gesellschaftsrecht mit Eröffnung des Insolvenzplanverfahrens vgl. nur *Böcker*, DZWiR 2015, 125; *ders.*, ZInsO 2015, 773, 780 f.; *ders.*, DZWiR 2015, 10, 20; *Meyer*, ZInsO 2013, 2361, 2363; *Schluck-Amend*, in: Jahrestagung der VGR, 2015, S. 151 ff., 181; *Thole*, ZIP 2013, 1937, 1940;

I. Ziel(e) des Insolvenzverfahrens

Gemäß § 1 S. 1 InsO dient das Insolvenzverfahren dazu, „die Gläubiger eines Schuldners gemeinschaftlich zu befriedigen". Die Änderungen durch das ESUG sorgen durch die Möglichkeit zur Einbeziehung der Gesellschafter und der Stärkung der Eigenverwaltung jedoch insbesondere auch für die Verbesserung der Sanierungsaussichten durch den Insolvenzplan. Zugleich hat der Gesetzgeber mit dem ESUG die Vorschriften der InsO mit dem ausdrücklich erklärten Ziel geändert, die Sanierung von Unternehmen zu erleichtern. Dies bietet Anlass, zunächst die Erweiterung der Zielsetzung des Insolvenzverfahrens, neben der in § 1 S. 1 InsO benannten Befriedigung der Gläubiger, auf den Erhalt sanierungsfähiger Unternehmen zu hinterfragen.[320] Auch soll der Frage nachgegangen werden, ob die Möglichkeit zur zwangsweisen Einbeziehung der Gesellschafter in den Insolvenzplan und der gleichzeitig bestehende Vorrang des Insolvenzrechts überhaupt Raum für den Verbleib eines binnengesellschaftlichen Bereichs im eröffneten Insolvenzverfahren belassen.

1. Gläubigerbefriedigung als primäres Ziel des Insolvenzverfahrens?

Bereits die Einführung des § 1 InsO mit Inkrafttreten der InsO hat einen Wandel dahingehend bewirkt, dass die kritisierte Liquidationslastigkeit der KO, die eine Verwertung des schuldnerischen Vermögens im Wege der Liquidation durch den Konkursverwalter vorsah (§ 117 Abs. 1 KO), abgeschafft wurde. Liquidation und (übertragende) Sanierung wurden dagegen als gleichrangige Verwertungswege festgelegt.[321] Mit den Änderungen über die Eigenverwaltung unter Einschluss des Schutzschirmverfahrens hat der Gesetzgeber nunmehr den Sanierungsansatz der InsO weiter gestärkt.[322] Teilweise wird daraus gefolgert, dass die Unternehmenssanierung – regelmäßig durch Insolvenzplan, der jedenfalls in seinen Grundzügen Ergebnis des Schutzschirmverfahrens sein soll – als weiteres „gleichberechtigtes" Ziel oder wenigstens als Nebenziel des Insolvenzverfahrens zu der gleichmäßigen und bestmöglichen Gläubigerbefriedigung getreten ist.[323] Ausgangspunkt dieser Sichtweise ist insbesondere die Gesetzesbegründung zur InsO, die einen Gleichrang

---

Westermann, NZG 2015, 134, 141; a.A. *Stöber*, ZInsO 2013, 2457, 2466, der den absoluten Vorrang des Insolvenzrechts vor dem Gesellschaftsrecht im Allgemeinen und der gesellschaftsrechtlichen Treuepflicht im Besonderen ablehnt.

320 Vgl. *Buchalik*, ZInsO 2015, 484 ff.; sowie bereits vor den Änderungen durch das ESUG die Auffassung des *BVerwG*, Beschl. v. 17.03.2008 – 6 B 7/08 = ZInsO 2009, 1811, wonach zu den Zielen der InsO auch die Erhaltung des Unternehmens gehören sollte.

321 *Prütting*, in: Kübler u.a. (Hrsg.), InsO, Lb, 45. Lfg. (08/2011), § 1, Rn. 23 ff.; *Schmerbach*, in: Wimmer (Hrsg.), FK-InsO, 8. Aufl., 2015, § 1, Rn. 9 ff.;

322 *Bremen*, NZI 2014, 137, 138.

323 So jedenfalls *Ahrens*, in: Ahrens u.a. (Hrsg.), FAK InsR, 2. Aufl., 2014, § 1, Rn. 8; *A. Schmidt*, in: A. Schmidt (Hrsg.), HHK-InsO, 5. Aufl., 2015, § 1, Rn. 23 f., 26; vgl. auch *Böcker*, ZInsO 2015, 773, 781.

zwischen der übertragenden Sanierung und der Sanierung der schuldnerischen Gesellschaft als Unternehmensträgerin festsetzt.[324] Demnach soll die InsO zwar in wesentlichen Grundlagen, aber weder ausschließlich noch auch nur stets vorrangig am Ziel der Gläubigerbefriedigung auszurichten sein.

Unberücksichtigt bleibt nach dieser Ansicht, dass § 1 S. 1 InsO das Ziel, „die Gläubiger eines Schuldners gemeinschaftlich zu befriedigen", explizit festlegt. Die Schuldnersanierung ist neben der Vermögensverwertung bzw. Erlösverteilung demgegenüber nur Mittel zur Erreichung des Hauptzwecks der Gläubigerbefriedigung als absolutem Ziel der InsO.[325] Die Sanierung bzw. der Erhalt eines insolventen Unternehmens in einer marktwirtschaftlichen Ordnung sollte dagegen zu keiner Zeit ein Selbstzweck sein.[326] Die Unternehmenssanierung kann daher als Mittel zur Gläubigerbefriedigung dienen, ist insofern jedoch nur „sekundäres Verfahrensziel" und als solches dem Ziel der bestmöglichen Gläubigerbefriedigung untergeordnet.[327] Übersteigt der Fortführungswert des Unternehmens den Zerschlagungswert, ist eine Erhaltung des Unternehmens zwar gewollt, auch insofern bleibt die Sanierung jedoch (nur) Mittel zum Zweck. Im „Wettbewerb um die beste Verwertungsart" legitimiert sich der Einsatz eines Insolvenzplans dadurch, dass er eine bessere Befriedigungsaussicht für die Gläubiger verspricht als die Liquidation des schuldnerischen Vermögens oder die übertragende Sanierung.[328] Demgemäß hebt der Gesetzgeber die Gläubigerbefriedigung als „vorrangiges Ziel des Insolvenzverfahrens"[329] hervor, stellt klar, dass „[d]ie Erhaltung von Unternehmen oder von Betrieben kein eigenständiges Ziel des Insolvenzverfahrens"[330] ist und hält damit ausdrücklich an seinem bisherigen Verständnis fest. Wird in einem in Eigenverwaltung durchgeführten Insolvenzplanverfahren, ggf. unter Inanspruchnahme eines vorgelagerten Schutzschirmverfahrens, eine Sanierung des schuldnerischen Unternehmens verfolgt, ist

324 RegE InsO, BT-Drucks. 12/2443, S. 77 f.

325 Vgl. § 1 S. 1 InsO („indem"); *Henckel*, in: Jaeger, InsO, 2004, § 1, Rn. 2, 5; *Ganter/Lohmann*, in: Kirchhof u.a. (Hrsg.), MüKo-InsO, Bd. 1, 3. Aufl., 2013, § 1, Rn. 20; *Kirchhof*, in: Kreft (Hrsg.), HK-InsO, 7. Aufl., 2014, § 1, Rn. 5; *Undritz*, in: Kübler (Hrsg.), HRI, 2. Aufl., 2015, § 2, Rn. 3; *Schmerbach*, in: Wimmer (Hrsg.), FK-InsO, 8. Aufl., 2015, § 1, Rn. 11; *Bremen*, NZI 2014, 137, 138; *Brinkmann*, ZIP 2014, 197, 199; *Brünkmans/Uebele*, ZInsO 2014, 265, 272.

326 RegE InsO, BT-Drucks. 12/2443, S. 109; RegE ESUG, BT-Drucks. 17/5712, S. 17; *Schmerbach*, in: Wimmer (Hrsg.), FK-InsO, 8. Aufl., 2015, § 1, Rn. 11.

327 *Kirchhof*, in: Kreft (Hrsg.), HK-InsO, 7. Aufl., 2014, § 1, Rn. 3; *Schmerbach*, in: Wimmer (Hrsg.), FK-InsO, 8. Aufl., 2015, § 1, Rn. 11; *Böcker*, DZWiR 2014, 331, 336; *Madaus*, ZIP 2014, 500, 501; wohl auch *Brinkmann*, ZIP 2014, 197, 199 ff.; a.A. *A. Schmidt*, in: A. Schmidt (Hrsg.), HHK-InsO, 5. Aufl., 2015, § 1, Rn. 26, der ein Spannungsverhältnis zwischen dem Verfahrensziel der gleichmäßigen Gläubigerbefriedigung und der Sanierungsfunktion für möglich hält.

328 RegE ESUG, BT-Drucks. 17/5712, S. 45; *Undritz*, in: Kübler (Hrsg.), HRI, 2. Aufl., 2015, § 2, Rn. 3, 5.

329 RegE ESUG, BT-Drucks. 17/5712, S. 17; vgl. auch *Buchalik*, ZInsO 2015, 484, 486.

330 RegE ESUG, BT-Drucks. 17/5712, S. 109.

die Ausrichtung auf die Gläubigerbefriedigung daher in erster Linie maßgeblich für die Entscheidungen, die innerhalb des Verfahrens zu treffen sind.[331]

Vergleicht man die Situation der in die Krise geratenen Gesellschaft, in der die Gesellschafter unter Geltung der gesellschafterlichen Treuepflicht nur im Einzelfall zur Zustimmung verpflichtet werden können, mit der Situation einer Gesellschaft im eröffneten Insolvenzplanverfahren, die denkbar weitgehende Eingriffe in die Anteils- und Mitgliedschaftsrechte ermöglicht, wird deutlich, dass sich diese Unterschiede allein über den zugrunde liegenden Zweck rechtfertigen lassen. Allein die Einordnung des Insolvenzverfahrens als *ultima ratio*[332] vermag zu rechtfertigen, weshalb unter Geltung gesellschaftsrechtlicher Regelungen nicht durchsetzbaren Maßnahmen mittels Insolvenzplan zur Durchsetzung verholfen werden soll. Eine Ausweitung des primären Insolvenzzwecks der Gläubigerbefriedigung auf einen Gleichrang mit der Schuldbefreiung und der Unternehmenssanierung würde die Eröffnung des Verfahrens zu anderen Zwecken als dem der Gläubigerbefriedigung ermöglichen und das Missbrauchspotenzial des Insolvenzplanverfahrens deutlich erweitern. Trotz der großen Aufmerksamkeit, welche der Sanierung spätestens seit den Änderungen durch das ESUG zukommt, ist die Gläubigerbefriedigung daher weiterhin vorrangiges Ziel des Insolvenzverfahrens.

2. Überlagerung des Gesellschaftszwecks?

Mit Eröffnung des Insolvenzverfahrens über das Vermögen der Gesellschaft und deren Auflösung steht nicht länger ihr werbender Zweck, sondern die Gläubigerbefriedigung im Vordergrund.[333] Im Hinblick auf diese für das schuldnerische Unternehmen neue Zielsetzung besteht Uneinigkeit, ob der Gesellschaftszweck durch den Insolvenzzweck geändert bzw. ersetzt oder (lediglich) durch das Insolvenzrecht überlagert wird.[334] Interessant ist die Unterscheidung insbesondere für die Frage, ob sich das Handeln der Organe der aufgelösten Gesellschaft allein durch den Insolvenzzweck bestimmt oder, sofern Raum für dessen Berücksichtigung verbleibt, auch im eröffneten Verfahren ein binnengesellschaftsrechtlicher Bereich bestehen bleiben kann, der unangetastet bleibt.[335] Vorwiegend wird mit der Eröffnung des Insolvenzverfahrens und der damit zusammenhängenden Auflösung eine Zweckänderung

331 Vgl. nur *Ganter/Lohmann*, in: Kirchhof u.a. (Hrsg.), MüKo-InsO, Bd. 1, 3. Aufl., 2013, § 1, Rn. 20.

332 *Böcker*, DZWiR 2014, 331, 336; *Brinkmann*, ZIP 2014, 197, 200; *Madaus*, ZIP 2014, 500, 501.

333 *Haas*, in: Gottwald (Hrsg.), InsR-Hdb., 5. Aufl., 2015, § 91, Rn. 29; ausführlich zum Einfluss der Eröffnung des Insolvenzverfahrens auf den Gesellschaftszweck, vgl. *Finke*, Kollision von Gesellschaft- und Insolvenzrecht, 2011, S. 191 ff.; vgl. auch *H.-F. Müller*, Verband in der Insolvenz, 2002, S. 124 ff.

334 *Haas*, in: Baumbach / Hueck, GmbHG, 20. Aufl., 2013, § 60, Rn. 42; *Thole*, GesR Maßn. in der Insolvenz, 2. Aufl., 2015, Rn. 4 ff.

335 A.A. wohl *Thole*, GesR Maßn. in der Insolvenz, 2. Aufl., 2015, Rn. 6.

angenommen (Veränderungstheorie).[336] In der Insolvenz soll der Zweck der bestmöglichen Gläubigerbefriedigung demnach an die Stelle der bisherigen erwerbswirtschaftlichen, sonstigen wirtschaftlichen oder nicht wirtschaftlichen Zwecke treten. Sachgerechter ist es jedoch, eine Unterscheidung zwischen dem Zweck des Insolvenzverfahrens einerseits und dem Zweck der mit Insolvenzeröffnung aufgelösten Gesellschaft andererseits vorzunehmen.[337] Dadurch, dass die Gesellschaft in ein Insolvenzverfahren eintritt, ändert sich weder der verbandskonstituierende gemeinsame Zweck noch der Unternehmensgegenstand.[338] Anderenfalls ließe sich kaum erklären, wieso mit dem Schuldnerbereich auch im eröffneten Insolvenzverfahren ein binnengesellschaftsrechtlicher Bereich bestehen bleibt.[339] Eine Änderung des gemeinsamen Zwecks würde im Fall der erfolgreichen Sanierung bzw. Reorganisation zudem eine erneute (Rück-)Änderung des gemeinsamen Zwecks nach Abschluss des Insolvenzverfahrens erforderlich machen und der Kontinuität des Gesellschaftszwecks vom Gründungsstadium bis zur Vollbeendigung der Gesellschaft widersprechen.[340] Es ist daher (lediglich) von einer Überlagerung des gemeinsamen Zwecks durch den Zweck des Insolvenzverfahrens auszugehen (Überlagerungstheorie).

II. (Gesetzliche) Wertungsgrundlagen der Einbeziehung der Gesellschafter

Die praktischen Erfahrungen mit der InsO von 1999 haben gezeigt, dass eine zwangsweise Einbeziehung der Gesellschafter erforderlich ist, um insbesondere die einst als gering eingeschätzte Gefahr sanierungshindernder Blockaden der Gesellschafter zu vermeiden und erfolgsversprechenden Sanierungskonzepten zur Durchsetzung zu verhelfen. Zugleich ist die Möglichkeit, zwangsweise Eingriffe in die Gesellschafterrechte vorzunehmen, unter Berücksichtigung der bei einer

---

336 *RG*, Urt. v. 21.01.1929 – VIII 286/28 = RGZ 123, 151, 155; *BGH*, Urt. v. 14.12.1987 – II ZR 170/87 = BGHZ 103, 1, 6; *Roth*, in: Baumbach / Hopt, HGB, 36. Aufl., 2014, § 145, Rn. 4; *Klöhn*, NZG 2013, 81, der von einer Verdrängung des Gesellschaftszwecks spricht; *Uhlenbruck*, in: FS Kirchhof, 2003, S. 479, 496; vgl. auch *Hillmann*, in: Ebenroth u.a., HGB, 3. Aufl., 2014, § 145, Rn. 12, der eine Einschränkung insoweit vornimmt, als die gesellschaftsrechtliche Treuepflicht zwar weiterhin bestehen, in Inhalt und Umfang jedoch durch den Zweck der Liquidation bestimmt werden soll.

337 *K. Schmidt*, in: K. Schmidt (Hrsg.), MüKo-HGB, Bd. 2, 3. Aufl., 2011, § 145, Rn. 28 und § 156, Rn. 10 f.; *ders.*, in: K. Schmidt / Uhlenbruck (Hrsg.), GmbH in Krise, Sanierung und Insolvenz, 4. Aufl., 2009, Rn. 7.4; *ders.*, GesR, 4. Aufl., 2002, § 11 V 4 c) (S. 313); vgl. auch *Finke*, Kollision von Gesellschafts- und Insolvenzrecht, 2011, S. 193 ff.; *H.-F. Müller*, Verband in der Insolvenz, 2002, S. 124 ff.; *Thole*, GesR Maßn. in der Insolvenz, 2. Aufl., 2015, Rn. 5.

338 Zur Differenzierung zwischen dem Verbandszweck („gemeinsamer Zweck") und dem Unternehmensgegenstand vgl. *K. Schmidt*, GesR, 4. Aufl., 2002, § 4 II 3 (S. 64 ff.).

339 Siehe hierzu § 2; vgl. auch *Thole*, GesR Maßn. in der Insolvenz, 2. Aufl., 2015, Rn. 5.

340 *K. Schmidt*, GesR, 4. Aufl., 2002, § 4 II 3 (S. 64 ff.).

übertragenden Sanierung (möglicherweise) in Kauf zu nehmenden erheblichen Verluste, auch als ökonomisch sinnvoll zu bewerten.[341] Da die Sanierung als Mittel zur Erreichung der bestmöglichen Gläubigerbefriedigung dient, ist dieses Ziel in erster Linie maßgeblich für die Entscheidungen, die innerhalb des Verfahrens zu treffen sind.[342] Die Gewährleistung einer bestmöglichen Gläubigerbefriedigung im Insolvenzverfahren ist folglich Grund und zugleich Rechtfertigung der Einbeziehung der Gesellschafter in das Insolvenzplanverfahren.

Nachfolgend werden die einer Einbeziehung der Anteils- und Mitgliedschaftsrechte der Gesellschafter in das Insolvenzplanverfahren zugrunde liegenden Wertungen des Gesetzgebers angeführt und dessen verändertes Verständnis gegenüber der Gesetzesbegründung der InsO von 1999 beleuchtet. Anschließend werden die Auswirkungen und die Reichweite der Einbeziehung auf die mitgliedschaftliche Stellung und das Ausmaß des neu eröffneten Handlungs- und Gestaltungsspielraum dargestellt.

1. *Gesellschafter als letztrangige Gläubiger und Beteiligte des Insolvenzplanverfahrens*

§ 225a InsO beruht auf dem geänderten Verständnis, dass die Gesellschafter in der Insolvenz den Gläubigern gleichgestellt[343] und als letztrangige Gläubiger zu behandeln sind.[344] Mit Eröffnung des Insolvenzverfahrens „wandelt sich [die Rechtsstellung aus dem Mitgliedschaftsrecht] in ein *‚aliud‘* um“[345], welches den Gesellschaftern allein den Liquidationsüberschuss sichert.[346] Die Gesellschafter halten lediglich die Residualansprüche[347], die ihnen aus dem Gesellschaftsvermögen nach Berichtigung der Schulden zustehen. Erst wenn die Schlussverteilung zu einer vollständigen Befriedigung

341 *Haas*, in: Kreft (Hrsg.), HK-InsO, 7. Aufl., 2014, § 225a, Rn. 2; *ders.*, in: FS Konzen, 2006, S. 157, 172 ff.; *Bitter*, ZGR 2010, 147, 150 ff., 157 ff.; *Brinkmann*, WM 2011, 97 f.; *Eidenmüller/Engert*, ZIP 2009, 541; *H.-F. Müller*, KTS 2012, 419, 420.

342 Zur Einordnung der Gläubigerbefriedigung als „Hauptziel“ des Insolvenzverfahrens vgl. § 2.B.I.1; *Ganter/Lohmann*, in: Kirchhof u.a. (Hrsg.), MüKo-InsO, Bd. 1, 3. Aufl., 2013, § 1, Rn. 20.

343 RegE ESUG, BT-Drucks. 17/5712, S. 18.

344 *Drukarczyk*, in: Kirchhof u.a. (Hrsg.), MüKo-InsO, Bd. 3, 3. Aufl., 2014, § 245, Rn. 92; *Haas*, in: Kreft (Hrsg.), HK-InsO, 7. Aufl., 2014, § 225a, Rn. 3; *Spliedt*, in: K. Schmidt (Hrsg.), InsO, 18. Aufl., 2013, § 225a, Rn. 4; *Altmeppen*, in: FS Hommelhoff, 2012, S. 1, 19; *Bay/Seeburg/Böhmer*, ZInsO 2011, 1927, 1930; *Bitter*, ZGR 2010, 147, 191 ff.; *Brinkmann*, WM 2011, 97, 100; *Hirte/Knof/Mock*, DB 2011, 632, 637; womit der Gesetzgeber eine in der Literatur bereits frühzeitig empfohlene Form der Einbeziehung gewählt hat, vgl. *Eidenmüller/Engert*, ZIP 2009, 541, 543 ff.

345 *Altmeppen*, in: FS Hommelhoff, 2012, S. 1, 19; vgl. auch *Leinekugel/Skauradszun*, GmbHR 2011, 1121, 1125.

346 *Altmeppen*, in: FS Hommelhoff, 2012, S. 1, 19, mit dem Hinweis darauf, dass diese Teilhabe am Liquidationsüberschuss als „praktisch irrelevant[e]“ einzuordnen sei.

347 *Klöhn*, in: Henssler / Strohn (Hrsg.), GesR, 2. Aufl., 2014, § 255, Rn. 4 ff.; *Drukarczyk*, in: Kirchhof u.a. (Hrsg.), MüKo-InsO, Bd. 3, 3. Aufl., 2014, § 245, Rn. 92.

aller Insolvenzgläubiger führt, können die Anteilseigner des Schuldners gemäß § 199 S. 2 InsO den Überschuss in maximal der Höhe verlangen, die ihnen bei einer Abwicklung außerhalb der Insolvenz zustünde.[348] Die Rangfolge im Wege der Verteilung hinter den nachrangigen Gläubigern gemäß § 39 InsO führte zur Bezeichnung der Anteilseigner im Insolvenzverfahren als „letzt-"[349] bzw. „nach-nachrangige"[350] Gläubiger. Diese Einordnung der Gesellschafter entspricht dem Grundgedanken, dass in der Insolvenz die Gläubiger die wirtschaftlichen Eigentümer des Unternehmens sind[351] und der Ratio der InsO, die Gesellschafter vorrangig in die Haftung zu nehmen.[352] Die Verortung der Rechte der Anteilseigner in § 225a InsO, hinter den Rechten der nachrangigen Insolvenzgläubiger in § 225 InsO, stärkt diese Sichtweise in systematischer Hinsicht.[353] Werden die Gesellschafter in den Insolvenzplan einbezogen, sind ihnen als Ausgleich Mitbestimmungsrechte im Planverfahren zuzugestehen.[354] Sie sind daher als Beteiligte in das Insolvenzverfahren eingebunden und können als eigene Gruppe über den Plan abstimmen.

2. Bewertung der Gesellschaftsanteile

Im Rahmen des eröffneten Insolvenzplanverfahrens legt der Gesetzgeber der Einbeziehung der Gesellschafter die Wertung zugrunde, dass die Anteile in der Insolvenz in der Regel wertreduziert oder sogar wertlos sind.[355] Den Anteilen ist allenfalls ein

---

348 *Eidenmüller*, in: Kirchhof u.a. (Hrsg.), MüKo-InsO, Bd. 3, 3. Aufl., 2014, § 217, Rn. 69; *Hölzle*, in: Kübler (Hrsg.), HRI, 2. Aufl., 2015, § 31, Rn. 7; *Wellensiek / Schluck-Amend*, in: Römermann (Hrsg.), MAH GmbHR, 3. Aufl., 2014, § 23, Rn. 345; *Schäfer*, ZIP 2013, 2237, 2241.

349 *Drukarczyk*, in: Kirchhof u.a. (Hrsg.), MüKo-InsO, Bd. 3, 3. Aufl., 2014, § 245, Rn. 92; *Brinkmann*, WM 2011, 97, 99.

350 *BGH*, Urt. v. 15.04.2010 – IX ZR 188/09 = BGHZ 185, 206, zu der Frage, in welcher Form Vorzugsaktionäre stimmrechtsloser Vorzugsaktien am Insolvenzplanverfahren zu beteiligen sind; vgl. auch *Spliedt*, in: K. Schmidt (Hrsg.), InsO, 18. Aufl., 2013, § 225a, Rn. 4; *Bitter*, ZGR 2010, 147, 191 („doppelt nachrangige" Gläubiger); *Hirte / Knof / Mock*, DB 2011, 632, 637.

351 *Eidenmüller*, in: Kirchhof u.a. (Hrsg.), MüKo-InsO, Bd. 3, 3. Aufl., 2014, § 225a, Rn. 10; *Spliedt*, in: K. Schmidt (Hrsg.), InsO, 18. Aufl., 2013, § 225a, Rn. 4; *Bitter*, ZGR 2010, 147, 191 ff.; *Braun / Heinrich*, NZI 2011, 505, 508; *Schelo*, DB 2010, 2209, 2210.

352 *Drukarczyk*, in: Kirchhof u.a. (Hrsg.), MüKo-InsO, Bd. 3, 3. Aufl., 2014, § 245, Rn. 92.

353 *Eidenmüller*, in: Kirchhof u.a. (Hrsg.), MüKo-InsO, Bd. 3, 3. Aufl., 2014, § 225a, Rn. 10; *Spliedt*, in: K. Schmidt (Hrsg.), InsO, 18. Aufl., 2013, § 225a, Rn. 4.

354 *Jaffé*, in: Wimmer (Hrsg.), FK-InsO, 8. Aufl., 2015, § 225a, Rn. 28.

355 RegE ESUG, BT-Drucks. 17/5712, S. 32; vgl. *Altmeppen*, in: FS Hommelhoff, 2012, S. 1, 17; *Decher / Voland*, ZIP 2013, 103, 107; *H.-F. Müller*, DB 2014, 41, 44; *Stapper*, ZInsO 2009, 2361, 2364; *Thole*, ZIP 2013, 1937, 1940; kritisch dagegen *Schäfer*, ZIP 2013, 2237, 2240; *ders. / Wüstemann*, ZIP 2014, 1757, 1758 ff., wonach weder dem Gesetz selbst noch den ESUG-Motiven eine gesetzliche Anordnung der Wertlosigkeit der Gesellschaftsanteile zu entnehmen sei.

nach dem anteiligen Zerschlagungswert des Unternehmens im Regelinsolvenzverfahren zu bemessender und demnach praktisch gleich null zu setzender Wert zuzugestehen. Die vor Inkrafttreten des ESUG teilweise vertretene Ansicht[356], dass eine Bewertung der Gesellschaftsanteile im Insolvenzplanverfahren auf der Grundlage der im Plan vorgesehenen Sanierung, damit zum Fortführungswert, erfolgt, ist *de lege lata* kaum vertretbar.[357] Zwar wäre es in Anbetracht der Tatsache, dass der Insolvenzplan gleichsam zur Auflösung auch auf die Fortführung der Gesellschaft gerichtet sein kann, einleuchtend gewesen, zu differenzieren und ggf. eben diesen Fortführungswert als Bewertungsgrundlage anzunehmen.[358] Für die Bewertung der Anteile der Altgesellschafter geht der Gesetzgeber jedoch ausdrücklich von deren Liquidationswert aus. Die Abfindungsregelung im Fall des Austritts des Gesellschafters aus wichtigem Grund sieht als Bemessungsgrundlage für die Höhe des etwaig bestehenden Abfindungsanspruchs dementsprechend die Vermögenslage vor, die sich bei einer Abwicklung des Schuldners – ohne Plan – ergeben hätte (vgl. § 225a Abs. 5 S. 1 InsO).[359] Infolge der Wertlosigkeit bzw. dem praktisch immer mit null anzusetzenden Wert der Beteiligung an einer insolventen Gesellschaft[360] kann eine fortführungsbezogene Betrachtung zur Bewertung der Gesellschaftsanteile erst nach einer erfolgreichen Sanierung, nicht jedoch schon zu dem Zeitpunkt erfolgen, in dem die Sanierungsmaßnahmen erst noch insolvenzrechtlich umgesetzt werden sollen.[361] Maßgebend bleibt jedoch immer die bestmögliche Verwertung, die regelmäßig der Verkauf des Unternehmens als Ganzes sein wird, sodass Fortführungsaussichten insofern berücksichtigt werden können, als diese ein Dritter

356 *Eidenmüller/Engert*, ZIP 2009, 541, 543; *Verse*, ZGR 2010, 299, 311.

357 Zur Bewertung der Anteile der Altgesellschafter anhand des Liquidationswerts, vgl. *Altmeppen*, in: FS Hommelhoff, 2012, S. 1, 17 ff.; *Hirte/Knof/Mock*, DB 2011, 632, 641; *Simon/Merkelbach*, NZG 2012, 121, 124 f.; eine Bewertung nach Fortführungswerten befürwortend, *Schäfer/Wüstemann*, ZIP 2014, 1757 ff.; vgl. auch *Eidenmüller*, in: Kirchhof u.a. (Hrsg.), MüKo-InsO, Bd. 3, 3. Aufl., 2014, § 225a, Rn. 46; *Drukarczyk*, NZI 2015, 110, 116 ff.

358 *Eidenmüller/Engert*, ZIP 2009, 541, 543; *Simon/Merkelbach*, NZG 2012, 121, 124; *Verse*, ZGR 2010, 299, 311.

359 *Thies*, in: A. Schmidt (Hrsg.), HHK-InsO, 5. Aufl., 2015, § 225a, Rn. 60; *Spliedt*, in: K. Schmidt (Hrsg.), InsO, 18. Aufl., 2013, § 225a, Rn. 53; *Wertenbruch*, ZIP 2013, 1693, 1699; weniger eindeutig RegE ESUG, BT-Drucks. 17/5712, S. 32 („[...] kann auch die Quotenerwartung berücksichtigt werden"); a.A. *Schäfer/Wüstemann*, ZIP 2014, 1757, 1758 ff.

360 RegE ESUG, BT-Drucks. 17/5712, S. 30, 32; RegE ESUG, BR-Drucks. 127/11, S. 45; *Jaffé*, in: Wimmer (Hrsg.), FK-InsO, 8. Aufl., 2015, § 251, Rn. 7, § 253, Rn. 14; vgl. auch *BGH*, Beschl. v. 17.07.2014 – IX ZB 13/14 = NZI 2014, 751, Rz. 41, mit einer Ausnahme vom gesetzlichen „Regelfall [...], dass der Wert der Beteiligung an der insolventen Gesellschaft wirtschaftlich mit null anzusetzen ist"; *Göb*, NZI 2014, 948 f.; *Hölzle*, ZIP 2014, 1819, 1822 f.; *Meyer*, DB 2015, 538, 542.

361 Vgl. *Wertenbruch*, ZIP 2013, 1693, 1699.

vergüten würde.[362] Dieses Verständnis zugrunde legend, wurde auch die zunächst im Diskussionsentwurf vorgesehene Regelung[363], wonach bei einem Eingriff in die Anteils- oder Mitgliedschaftsrechte der Gesellschafter eine finanzielle Kompensation für den Fall der Werthaltigkeit erfolgen sollte, ersatzlos gestrichen.

Anzumerken ist zwar, dass der BGH in seinem Beschluss vom 17. Juli 2014 den „von § 253 Abs. 2 Nr. 3 InsO gemeinte[n] Regelfall [...], dass der Wert der Beteiligung an der insolventen Gesellschaft wirtschaftlich mit null anzusetzen ist"[364] für den konkreten Fall ablehnt, wodurch die gesetzgeberische Grundannahme einer regelmäßig bestehenden Wertlosigkeit jedenfalls in ihrer Pauschalität fragwürdig wird.[365] Die Entscheidung sagt jedoch nicht mehr als das ohnehin Bekannte, dass jeder Regelfall auch Raum für die Annahme von Ausnahmefällen belässt. Insofern ist es zutreffend, wenn kritische Stimmen davon sprechen, dass die InsO keinen automatischen Nullwert von Gesellschaftsanteilen aufgrund der Eröffnung des Insolvenzplanverfahrens „dekretiere"[366]. Dies vermag gerade nichts daran zu ändern, dass die Wertlosigkeit der Gesellschaftsanteile im Regelungskonzept der Änderungen durch das ESUG zum Ausdruck kommt.[367]

3. *Mitgliedschaft als Massebestandteil?*

Die Möglichkeit, die Anteils- und Mitgliedschaftsrechte der Gesellschafter in den Insolvenzplan einzubeziehen, steht auch im Zusammenhang mit der Grundsatzfrage, ob die Mitgliedschaft des einzelnen Gesellschafters als Massebestandteil angesehen werden kann.[368] In die Insolvenzmasse fällt gemäß § 35 Abs. 1 InsO das gesamte Vermögen, das dem Schuldner zur Zeit der Eröffnung des Verfahrens gehört und das er während des Verfahrens erlangt. Demnach umfasst das Insolvenzverfahren das gesamte, einer Zwangsvollstreckung unterliegende Vermögen

---

362 *Spliedt*, in: K. Schmidt (Hrsg.), InsO, 18. Aufl., 2013, § 225a, Rn. 53; vgl. auch *Braun*, in: Nerlich / Römermann (Hrsg.), InsO, Lb, 9. Lfg. (03/2005), § 245, Rn. 7; *Thies*, in: A. Schmidt (Hrsg.), HHK-InsO, 5. Aufl., 2015, § 245, Rn. 7; *Lüer / Streit*, in: Uhlenbruck u.a. (Hrsg.), InsO, 14. Aufl., 2015, § 245, Rn. 13.

363 § 225a Abs. 4 DiskE ESUG, abrufbar unter http://gesetzgebung.beck.de/sites/gesetzgebung.beck.de/files/Diskussionsentwurf_Sanierung_Unternehmen-BMJ.pdf (zuletzt aufgerufen am 20.11.2015); *BMJ (Hrsg.)*, ZIP 2010, Beil. / Heft 28, 1, 10 f.

364 *BGH*, Beschl. v. 17.07.2014 – IX ZB 13/14 = NZI 2014, 751, Rz. 41.

365 Insofern zutreffend *Schäfer / Wüstemann*, ZIP 2014, 1757, 1758 f., die festhalten, dass „der Gesetzgeber keinesfalls davon ausgeht, die Anteile seien *schlechterdings* wertlos" [Hervorhebung durch die Verfasser].

366 *Schäfer*, ZIP 2013, 2237, 2239; *ders. / Wüstemann*, ZIP 2014, 1757 ff., 1768.

367 *Thole*, ZIP 2013, 1937, 1940.

368 *Haas*, NZG 2012, 961, 963; *Thole*, GesR Maßn. in der Insolvenz, 2. Aufl., 2015, Rn. 210.

des Gemeinschuldners. Gemäß § 859 Abs. 1 S. 1 ZPO pfändbare Gesellschaftsbeteiligungen fallen daher grundsätzlich in die Insolvenzmasse.[369]

Unterschiedlich wird hingegen die Frage beurteilt, ob bei Personengesellschaften auch die Mitgliedschaft der Gesellschafter als solche in die Insolvenzmasse fällt. Teilweise wird für Personengesellschaften angenommen, dass der Gesellschaftsanteil den „Inbegriff der mitgliedschaftlichen Rechte"[370] darstellt und demnach die gesamte Beteiligung des Gesellschafters umfasst.[371] Nach richtiger Ansicht ist jedoch davon auszugehen, dass die Mitgliedschaft selbst nicht in die Insolvenzmasse fällt.[372] Erfasst ist lediglich der Vermögensanteil der zur Mitgliedschaft gehörenden Vermögensrechte. Das aus der Mitgliedschaft fließende Stimmrecht sowie die Zustimmungsbefugnis zu solchen Maßnahmen, welche den Kernbereich der Mitgliedschaft betreffen, stehen im Regelinsolvenzverfahren der Gläubigerversammlung und nicht etwa dem Schuldner zu. Unabhängig von einer Entscheidung steht einer Einbeziehung der aus der Mitgliedschaft folgenden Rechte in das Insolvenzverfahren keine der Ansichten entgegen: Zum einen schließt die InsO trotz ihres vollstreckungsrechtlichen Gedankens den Einfluss auf Dritte nicht grundsätzlich aus.[373] Zum anderen kann ein solcher Eingriff bereits aufgrund der Akzessorietät des Anteilsrechts[374], die im Fall der Vollbeendigung des Rechtsträgers zugleich zum Wegfall des Anteilsrechts führt, nicht als systemfremd eingestuft werden.

---

369 *Peters*, in: Kirchhof u.a. (Hrsg.), MüKo-InsO, Bd. 1, 3. Aufl., 2013, § 35, Rn. 179; *Andres*, in: Nerlich /Römermann (Hrsg.), InsO, Lb, 15. Lfg. (04/2008), § 35, Rn. 53; *Hekschen*, in: Reul / Hekschen (Hrsg.), Insolvenzrecht in der Gestaltungspraxis, 2012, N, Rn. 966.

370 *Hekschen*, in: Reul u.a. (Hrsg.), Insolvenzrecht in der Gestaltungspraxis, 2012, N, Rn. 967.

371 *Peters*, in: Kirchhof u.a. (Hrsg.), MüKo-InsO, Bd. 1, 3. Aufl., 2013, § 35, Rn. 179 ff., 185; *Hekschen*, in: Reul / Hekschen (Hrsg.), Insolvenzrecht in der Gestaltungspraxis, 2012, N, Rn. 967; *Bitter*, ZGR 2010, 147, 186; wohl auch *Braun*, in: FS G. Fischer, 2008, S. 53, 70.

372 *Andres*, in: Nerlich / Römermann (Hrsg.), InsO, Lb, 15. Lfg. (04/2008), § 35, Rn. 53; *Haas / Kolmann / Pauw*, in: Gottwald (Hrsg.), InsR-Hdb., 5. Aufl., 2015, § 92, Rn. 332; *Braun*, in: FS G. Fischer, 2008, S. 53, 70; *Haas*, NZG 2012, 961, 963 f.; *Madaus*, ZGR 2011, 749, 752, *Thole*, GesR Maßn. in der Insolvenz, 2. Aufl., 2015, Rn. 209 ff.; *ders.*, ZIP 2013, 1937, 1940; vgl. auch *Bäuerle*, in: Braun (Hrsg.), InsO, 6. Aufl., 2014, § 35, Rn. 63, der die Vermögensrechte mitsamt der vorgeschalteten Auskunfts- und Rechenschaftsansprüche in die Insolvenzmasse einbezieht; für die GmbH *Schluck-Amend*, in: FS Hoffmann-Becking, 2013, S. 1039, 1050.

373 *Kübler*, in: Kübler (Hrsg.), HRI, 2. Aufl., 2015, § 1, Rn. 16; *Madaus*, ZGR 2011, 749, 756 ff., 771; *Thole*, GesR Maßn. in der Insolvenz, 2. Aufl., 2015, Rn. 219 f.

374 *Thole*, GesR Maßn. in der Insolvenz, 2. Aufl., 2015, Rn. 220.

III. Beeinträchtigung mitgliedschaftlicher Rechte im Insolvenzplanverfahren

Das Insolvenzverfahren über das Vermögen der GmbH & Co. KG als schuldnerische Gesellschaft hat weitgehende Auswirkungen auf die Stellung des Gesellschafters innerhalb derselben. Im eröffneten Verfahren bleibt die Mitgliedschaft zwar erhalten und fällt (nach überzeugender Ansicht) auch nicht in die Insolvenzmasse. Jedoch führt die Eröffnung des Insolvenzverfahrens dazu, dass die in der Mitgliedschaft begründeten Gesellschafterrechte weitgehend beschnitten werden.[375] Teilweise werden Zuständigkeiten der Gesellschafter für bestimmte Maßnahmen durch die insolvenzrechtlichen Vorschriften vollständig verdrängt, teilweise werden den Gesellschaftern am Insolvenzzweck ausgerichtete Schranken zur Wahrnehmung ihrer Rechte auferlegt.[376]

Die Mitgliedschaftsrechte der Gesellschafter sind in Verwaltungs- und Vermögensrechte zu unterscheiden.[377] Verwaltungsrechte umfassen das Recht auf Teilhabe an der Gestaltung der gesellschaftsrechtlichen Verhältnisse, in Form von Stimm-, Auskunfts- und Informationsrechten sowie der *actio pro socio*, und Schutzrechte, wie Klage- und Anfechtungsrechte.[378] Unter die vermögensbezogenen Rechte der Gesellschafter sind vor allem die Ansprüche auf Beteiligung am Gewinn und am Liquidationserlös im Auflösungsfall zu fassen.[379] Der nachfolgende Abschnitt zeigt anhand der vorangestellten Wertungsgrundlagen auf, inwieweit die in der Mitgliedschaft begründeten Gesellschafterrechte und korrespondierenden gesellschaftsrechtlichen Regelungen mit Eröffnung des Insolvenzplanverfahrens verdrängt werden.

---

375 *Haas*, in: Kreft (Hrsg.), HK-InsO, 7. Aufl., 2014, § 225a, Rn. 1, 6; *ders.*, NZG 2012, 961, 963; vgl. auch *ders.*, in: FS Konzen, 2006, S. 157 ff.; *Hölzle*, in: Kübler (Hrsg.), HRI, 2. Aufl., 2015, § 31, Rn. 5 ff., 20 ff.

376 *Finke*, Kollision von Gesellschafts- und Insolvenzrecht, 2011, S. 73 ff., 123 ff.

377 *Ulmer / Schäfer*, in: Säcker / Rixecker (Hrsg.), MüKo-BGB, Bd. 5, 6. Aufl., 2013, § 705, Rn. 185; *Schäfer*, in: Staub, HGB, Bd. 3, 5. Aufl., 2009, § 105, Rn. 215; *A. Hueck*, OHG, 4. Aufl., 1971, § 18 III. 1 (S. 267); a.A. *K. Schmidt*, GesR, 4. Aufl., 2002, § 19 III 3 c) aa) (S. 557 f.), der eine Einteilung in Teilhabe-, Schutz- und Vermögensrechte vornimmt, wobei in den ersten beiden Gruppen Abgrenzungsschwierigkeiten auftreten, weil den Teilhaberechten auch eine Schutzfunktion zukommt und die Schutzrechte wiederum in Gestalt von Teilhaberechten eingeräumt werden können.

378 *Weipert*, in: Gummert / Weipert (Hrsg.), Münchener Hdb. GesR, Bd. 2, 4. Aufl., 2014, § 12, Rn. 5 f., *Servatius*, in: Henssler / Strohn (Hrsg.), GesR, 2. Aufl., 2014, § 705, Rn. 44; *K. Schmidt*, in: K. Schmidt (Hrsg.), MüKo-HGB, Bd. 2, 3. Aufl., 2011, § 105, Rn. 194; *Habersack*, in: Staub, HGB, Bd. 3, 5. Aufl., 2009, § 124, Rn. 9 f.; *Wiedemann*, Mitgliedschaftsrechte, 1965, S. 32.

379 *Weipert*, in: Gummert / Weipert (Hrsg.), Münchener Hdb. GesR, Bd. 2, 4. Aufl., 2014, § 12, Rn. 2; *Servatius*, in: Henssler / Strohn (Hrsg.), GesR, 2. Aufl., 2014, § 705, Rn. 44 f.

1. *Verwaltungsrechte*

Die Verwaltungsrechte sind höchstpersönliche Rechte, die untrennbar mit der Mitgliedschaft verbunden sind.[380] Aus dem der Personengesellschaft innewohnenden Prinzip der gesamthänderischen Verbundenheit der Mitglieder folgt die „personenrechtliche Befugnis, an den gemeinsamen Angelegenheiten teilnehmen zu können, sei es in stärkerem Umfang in Form von Mitsprache- oder Mitverwaltungsrechten, sei es verkümmert durch Teilnahme-, Auskunfts-, Kontroll- und Wahlrechte."[381] Die primären Verwaltungsrechte lassen sich in das aktive Stimmrecht und das passive Verweigerungsrecht unterteilen. Während das Stimmrecht die Möglichkeit zur Änderung bestehender Rechtszustände gewährt, gibt das Verweigerungsrecht die Möglichkeit, die von anderen Gesellschaftern erstrebte Rechtsänderung zu verhindern.[382] Zur Sicherung dieser primären Verwaltungsrechte stehen den Gesellschaftern Auskunfts-, Kontroll- und Prüfungsrechte sowie die Möglichkeit, Beschlussmängel in Gesellschafterbeschlüssen durch allgemeine Feststellungsklage[383] nach § 256 ZPO geltend zu machen, zur Verfügung (sekundäre Verwaltungsrechte).[384] Die benannten Verwaltungsrechte können durch die gleichzeitig bestehenden Förderungspflichten jedoch insoweit eingrenzt werden, als Unterlassungspflichten mit Stimmrechten und Handlungs- bzw. Zustimmungspflichten mit Verweigerungsrechten korrespondieren.[385] Der eigene Wille eines jeden Gesellschafters findet seine Grenzen im Verbot der unzulässigen Rechtsausübung und der Treuepflicht, die jeweils die Förderung des gesellschaftlichen Gemeinschaftsinteresses zum Ziel haben. Eine isolierte Übertragung der bestehenden Verwaltungsrechte im Wege der Abtretung ist nicht möglich.[386] Die Überlassung einzelner Verwaltungsrechte zur Ausübung an Dritte, unter Beibehaltung der Rechtsinhaberschaft, ist hingegen denkbar.

---

380 *W. Müller*, in: Prinz / W.-D. Hoffmann (Hrsg.), Beck'sches Hdb. PersG, 4. Aufl., 2014, § 4, Rn. 49; *Ulmer / Schäfer*, in: Säcker / Rixecker (Hrsg.), MüKo-BGB, Bd. 5, 6. Aufl., 2013, § 705, Rn. 195.

381 *Wiedemann*, Mitgliedschaftsrechte, 1965, S. 32.

382 *Weipert*, in: Gummert / Weipert (Hrsg.), Münchener Hdb. GesR, Bd. 2, 4. Aufl., 2014, § 12, Rn. 5.

383 A.A. *K. Schmidt*, GesR, 4. Aufl., 2002, § 15 II 3 b) (S. 448 f.), der analog zu den aktienrechtlichen Bestimmungen die Geltendmachung von Beschlussmängeln in parteifähigen Personengesellschaften durch Anfechtungsklage zulassen will.

384 *Weipert*, in: Gummert / Weipert (Hrsg.), Münchener Hdb. GesR, Bd. 2, 4. Aufl., 2014, § 12, Rn. 6; *Stengel*, in: Prinz / W.-D. Hoffmann (Hrsg.), Beck'sches Hdb. PersG, 4. Aufl., 2014, § 3, Rn. 468; *Westermann*, NZG 2012, 1121 ff.

385 *Weipert*, in: Gummert / Weipert (Hrsg.), Münchener Hdb. GesR, Bd. 2, 4. Aufl., 2014, § 12, Rn. 7.

386 *Schäfer*, in: Säcker / Rixecker (Hrsg.), MüKo-BGB, Bd. 5, 6. Aufl., 2013, § 717, Rn. 16.

a) Stimmrecht

Das Stimmrecht zählt zu den wichtigsten Mitgliedschaftsrechten und bietet dem Gesellschafter die Möglichkeit, an der Willensbildung in der Gesellschaft teilzunehmen.[387] Es ist höchstpersönlich und untrennbar mit der Mitgliedschaft verbunden.[388] Ausgeübt wird das Stimmrecht, sofern durch Gesellschaftsvertrag geregelt, in der Gesellschafterversammlung. Diese ist kein Organ der GmbH & Co. KG, sondern die einzelnen Gesellschafter sind „Herren der Gesellschaft"[389]. Demgemäß bringt die Initiative der Gesellschafter die Gesellschaft zur Entstehung.[390] Die Gesellschafter bestimmen in der Gründungsphase den Gesellschaftszweck als konstituierendes Element der Gesellschaft, der auch zu einem späteren Zeitpunkt für seine Änderung der Zustimmung sämtlicher Gesellschafter bedarf, sofern der Gesellschaftsvertrag keine Mehrheitsklausel vorsieht.[391]

Die Geschäftsführung ist nicht weisungsgebunden (§ 116 Abs. 2 HGB), gleichzeitig jedoch in der Geschäftsführungsbefugnis beschränkt auf Tätigkeiten bzw. Geschäfte zur Verwirklichung des Gesellschaftszwecks.[392] Sie umfasst damit neben tatsächlichen Handlungen, wie Buchführung, Rechnungslegung und Personalplanung, auch Rechtsgeschäfte, beispielsweise Erwerbsgeschäfte mit Dritten. Darüber hinausgehende, außergewöhnliche Geschäfte, die das Gesellschaftsverhältnis und seine Gestaltung betreffen[393], gehören nicht zur Geschäftsführung und bedürfen der Entscheidung der Gesellschafter.[394] Speziell im Rahmen von Sanierungsplänen

---

387 *Stengel*, in: Prinz / W.-D. Hoffmann (Hrsg.), Beck'sches Hdb. PersG, 4. Aufl., 2014, § 3, Rn. 80.

388 *Roth*, in: Baumbach / Hopt, HGB, 36. Aufl., 2014, § 119, Rn. 5, 19; *Sprau*, in: Palandt, BGB, 74. Aufl., 2015, VBem § 709, Rn. 12; *K. Schmidt*, GesR, 4. Aufl., 2002, § 21 II 1 b) (S. 604 f.).

389 *RG*, Urt. v. 13.04.1940 – II 143/39 = RGZ 163, 385, 392 f.; *Stengel*, in: Prinz / W.-D. Hoffmann (Hrsg.), Beck'sches Hdb. PersG, 4. Aufl., 2014, § 3, Rn. 440.

390 *Sauter*, in: Prinz / W.-D. Hoffmann (Hrsg.), Beck'sches Hdb. PersG, 4. Aufl., 2014, § 2, Rn. 11.

391 *Stengel*, in: Prinz / W.-D. Hoffmann (Hrsg.), Beck'sches Hdb. PersG, 4. Aufl., 2014, § 3, Rn. 400.

392 *Stengel*, in: Prinz / W.-D. Hoffmann (Hrsg.), Beck'sches Hdb. PersG, 4. Aufl., 2014, § 3, Rn. 25.

393 *BGH*, Urt. v. 15.01.2007 – II ZR 245/05 = NZG 2007, 259 („*Otto*"); *Roth*, in: Baumbach / Hopt, HGB, 36. Aufl., 2014, § 114, Rn. 3.

394 *Stengel*, in: Prinz / W.-D. Hoffmann (Hrsg.), Beck'sches Hdb. PersG, 4. Aufl., 2014, § 3, Rn. 26, 389 ff.; *Liebscher*, in: Reichert (Hrsg.), GmbH & Co. KG, 7. Aufl., 2015, § 17, Rn. 7; *Grunewald*, in: K. Schmidt (Hrsg.), MüKo-HGB, Bd. 3, 3. Aufl., 2012, § 164, Rn. 10 f.; *Lutz*, Gesellschafterstreit, 4. Aufl., 2015, Rn. 458; obwohl der Wortlaut des § 164 HGB zunächst nur auf ein Widerspruchsrecht des Kommanditisten hindeutet, wird er dahingehend ausgelegt, dass den Kommanditisten ein Zustimmungsrecht zusteht, da ein bloßes Widerspruchsrecht keinen ausreichenden Interessenschutz bieten würde, vgl. *BGH*, Urt. v. 11.02.1980 – II ZR 41/79 = BGHZ 76, 160, 164; vgl. auch *Roth*, in: Baumbach / Hopt, HGB, 36. Aufl., 2014, § 164, Rn. 2.

bedeutet dies, dass, sobald die denkbaren Maßnahmen im Zuständigkeitsbereich der Geschäftsführung ausgeschöpft sind, regelmäßig Sanierungsmaßnahmen durch die Gesellschafter getroffen werden müssen. Hierzu bedarf es für sämtliche Vertragsänderungen zur Durchsetzung von Kapital- und Strukturmaßnahmen, wie für Beitragserhöhungen, die Aufnahme und den Ausschluss eines Gesellschafters oder die Umwandlung der schuldnerischen Gesellschaft, soweit nichts anderes im Gesellschaftsvertrag vereinbart ist, der einstimmigen Beschlussfassung der Gesellschafter. Wie schon die Gründung hängt die Beendigung der unternehmerischen Tätigkeit vom Willensakt der Gesellschafter ab. Der Auflösungsbeschluss der Gesellschafter bewirkt eine Änderung des Gesellschaftszwecks von der werbenden zur abzuwickelnden Gesellschaft im Liquidationsstadium und bedarf als Vertragsänderung daher grundsätzlich einer einstimmigen Beschlussfassung.[395] Solange keine Vollbeendigung der Gesellschaft eingetreten ist, kann der Gesellschaftszweck jederzeit wieder durch einstimmigen Fortsetzungsbeschluss der Gesellschafter zu einem werbenden Zweck geändert werden.[396] Die (Minderheits-)Gesellschafter der GmbH & Co. KG haben einen Unterlassungsanspruch gegenüber dem geschäftsführenden Gesellschafter, wenn dieser im Falle eines Zustimmungsvorbehalts, insbesondere bei „außergewöhnlichen Geschäften" gemäß § 164 S. 1, 2. Hs. HGB beabsichtigt, eine Geschäftsführungsmaßnahme ohne die vorherige Zustimmung der Gesellschafter bzw. entgegen dem wirksamen Ablehnungsbeschluss durchzuführen.[397] Darüber hinaus können den Gesellschaftern bei (sonstigem) rechts- und vertragswidrigem Verhalten der Organe oder Mitgesellschafter auf der Grundlage der Treuepflicht der Gesellschafter Ansprüche und entsprechende Klagemöglichkeiten zustehen.[398]

Weichen die Gesellschafter im Rahmen der Privatautonomie vom Einstimmigkeitsprinzip ab und legitimieren Mehrheitsbeschlüsse im Gesellschaftsvertrag, unterliegen diese einer zweistufigen Kontrolle.[399] Auf einer ersten Stufe wird untersucht,

---

395 *Roth*, in: Baumbach / Hopt, HGB, 36. Aufl., 2014, § 131, Rn. 2; *Stengel*, in: Prinz / W.-D. Hoffmann (Hrsg.), Beck'sches Hdb. PersG, 4. Aufl., 2014, § 3, Rn. 400, 412; *Schäfer*, in: Säcker / Rixecker (Hrsg.), MüKo-BGB, Bd. 5, 6. Aufl., 2013, VBem § 723, Rn. 18.

396 *Roth*, in: Baumbach / Hopt, HGB, 36. Aufl., 2014, § 131, Rn. 30; *Stengel*, in: Prinz / W.-D. Hoffmann (Hrsg.), Beck'sches Hdb. PersG, 4. Aufl., 2014, § 3, Rn. 417.

397 *OLG Celle*, Beschl. v. 1.12.1999 – 9 W 142/99 = GmbHR 2000, 388; *OLG Koblenz*, Urt. v. 9.08.1990 – 6 U 888/90 = NJW-RR 1991, 487; *Roth*, in: Baumbach / Hopt, HGB, 36. Aufl., 2014, § 116, Rn. 4; *Martens*, in: Schlegelberger, HGB, Bd. III/1, 5. Aufl., 1992, § 116, Rn. 22; *Jickeli*, in: K. Schmidt (Hrsg.), MüKo-HGB, Bd. 2, 3. Aufl., 2011, § 116, Rn. 46; *Grunewald*, in: K. Schmidt (Hrsg.), MüKo-HGB, Bd. 3, 3. Aufl., 2012, § 164, Rn. 12; *Schäfer*, in: Staub, HGB, Bd. 3, 5. Aufl., 2009, § 116, Rn. 19; *Lutz*, Gesellschafterstreit, 4. Aufl., 2015, Rn. 471.

398 *K. Schmidt*, GesR, 4. Aufl., 2002, § 20 IV 4. (S. 595); *Wiedemann*, GesR, Bd. II, 2004, § 3 III 6 b) aa) (S. 286 ff.).

399 Wobei offen bleibt, ob der BGH an der Kernbereichslehre festhält vgl. *BGH*, Urt. v. 21.10.2014 – II ZR 84/13 = NJW 2015, 859, Rz. 19; *BGH*, Urt. v. 15.01.2007 – II ZR 245/05 = NZG 2007, 259 („*Otto*"); *BGH*, Urt. v. 24.11.2008 – II ZR 116/08 = NJW

ob der Gesellschaftsvertrag eine hinreichende formelle Legitimation für den Mehrheitsbeschluss enthält. Anschließend ist auf der zweiten Stufe materiell zu prüfen, ob der Beschluss einen Verstoß gegen die Kernbereichslehre darstellt oder infolge treuwidriger Ausübung der Mehrheitsmacht unwirksam ist. Nach den Grundsätzen der Kernbereichslehre sind Abweichungen vom gesetzlichen Einstimmigkeitsprinzip im Gesellschaftsvertrag zugunsten des Mehrheitsprinzips nur insoweit zulässig, als Beschlussgegenstände betroffen sind, die nicht in den Kernbereich der Mitgliedschaft fallen. Eingriffe, die in den Kernbereich der Mitgliedschaft fallen, sind hingegen von der Zustimmung aller betroffenen Gesellschafter abhängig.[400] Die Kernbereichslehre bildet damit eine dem Mehrheitsbeschluss vorgelagerte Grenze für Beschlüsse, die in die Rechtsstellung des (Minderheits-)Gesellschafters als solche eingreifen.[401] Eine Bestimmung dieser durch Mehrheitsbeschluss unentziehbaren Rechte lässt sich nicht eindeutig, erst recht nicht abstrakt, vornehmen. Erforderlich ist insofern stets die „Berücksichtigung der konkreten Struktur der jeweiligen Personengesellschaft und der besonderen Stellung des betroffenen Gesellschafters“[402]. Der BGH bezieht neben den unverzichtbaren Rechten[403] alle „individuellen, dem Gesellschafter nach Gesetz und Gesellschaftsvertrag zustehenden wesentlichen Gesellschafterrechte, die seine Stellung in der Gesellschaft“ und seine „individuelle Rechtsstellung [...], d.h. seine rechtliche und vermögensmäßige Position in der Gesellschaft“ maßgeblich prägen, in den Kernbereich ein.[404] Unabhängig davon, welche Rechte im Einzelnen davon erfasst sind, werden jedenfalls Änderungen des Gesellschaftsvertrags in Form von Eingriffen in das Stimm-, Gewinn- und Geschäftsführungsrecht sowie das Recht auf Beteiligung am Liquidationserlös ausdrücklich vom BGH benannt.[405]

Der durch die Rechtsprechung des RG begründete und vom BGH weiter entwickelte Bestimmtheitsgrundsatz besagt, dass eine gesellschaftsvertraglich vereinbarte schlichte oder qualifizierte Mehrheitsklausel nur dann ausreichend ist, wenn sie sich auf gewöhnliche Beschlussgegenstände, wie alltägliche Geschäftsführungsmaßnahmen,

---

2009, 669, 670 ff. („*Schutzgemeinschaftsvertrag II*“); *BGH*, Urt. v. 15.11.2011 – II ZR 266/09 = NJW 2012, 1439; *Freitag*, in: Ebenroth u.a., HGB, 3. Aufl., 2014, § 119, Rn. 66; *Wertenbruch*, NZG 2013, 641 ff.

400 *BGH*, Urt. v. 5.11.1984 – II ZR 111/84 = NJW 1985, 974; *BGH*, Urt. v. 10.10.1994 – II ZR 18/94 = NJW 1995, 194, 195.

401 *BGH*, Urt. v. 14.05.1956 – II ZR 229/54 = NJW 1956, 1198, 1200; vgl. *Enzinger*, in: K. Schmidt (Hrsg.), MüKo-HGB, Bd. 2, 3. Aufl., 2011, § 119, Rn. 64; *Schäfer*, in: Staub, HGB, Bd. 3, 5. Aufl., 2009, § 119, Rn. 38.

402 *BGH*, Urt. v. 10.10.1994 – II ZR 18/94 = NJW 1995, 194, 195.

403 *Martens*, in: Schlegelberger, HGB, Bd. III/1, 5. Aufl., 1992, § 119, Rn. 25.

404 *BGH*, Urt. v. 10.10.1994 – II ZR 18/94 = NJW 1995, 194, 195.

405 Vgl. die Entscheidung und Aufzählung, betreffend den vollständigen Entzug des Informationsrechts bei erlaubter Konkurrenztätigkeit, *BGH*, Urt. v. 10.10.1994 – II ZR 18/94 = NJW 1995, 194, 195.

beschränkt.[406] Eine einstimmige Beschlussfassung soll hingegen erforderlich bleiben, sofern es um ungewöhnliche Maßnahmen geht und diese nicht hinreichend konkret im Gesellschaftsvertrag bezeichnet werden. Heute ist der Bestimmtheitsgrundsatz vom BGH aufgegeben worden.[407] Eine hinreichend konkrete Benennung des Beschlussgegenstands der Mehrheitsentscheidung ist folglich auch bei Grundlagengeschäften insofern nicht notwendig, als die Auslegung ergibt, dass die Mehrheitsentscheidung zulässig sein soll.[408]

Mit Eröffnung des Insolvenzplanverfahrens verschiebt sich die „Herrschaft der Gesellschafter" beinahe vollständig zugunsten der Gläubigerversammlung. Angestrebte Sanierungsmaßnahmen der Gesellschaft werden in den Insolvenzplan aufgenommen und unterliegen nicht länger der einstimmigen Beschlussfassung (mitsamt „Richtigkeitsgewähr"[409]) durch ihre Gesellschafter, sondern sind von der Zustimmung der Gläubigergruppen abhängig. Mit der Einbeziehung der Gesellschafter in den Insolvenzplan werden demnach sowohl formelle als auch materielle gesellschaftsrechtliche Anforderungen an Eingriffe in das Anteils- und Mitgliedschaftsrecht durch das Insolvenzrecht weitgehend verdrängt.

aa) Verdrängung formeller Anforderungen

Die formellen Anforderungen, die über das Gesellschaftsrecht und den Gesellschaftsvertrag an einen über das Mitgliedschaftsrecht verfügenden Beschluss bzw. sonstige Eingriffe in die Anteils- und Mitgliedschaftsrechte der Gesellschafter zu stellen sind, werden durch das Insolvenzrecht beinahe vollständig verdrängt.[410] Außerhalb des Insolvenzplanverfahrens sind die Gesellschafter selbst für Verfügungen über ihre

---

406 Vgl. *RG*, Urt. v. 23.11.1917 – II 242/17 = RGZ 91, 166, 168; *BGH*, Urt. v. 12.11.1952 – II ZR 260/51 = BGHZ 8, 35, 41 f.; *BGH*, Urt. v. 13.07.1967 – II ZR 72/67 = BGHZ 48, 251, 253 ff.; *BGH*, Urt. v. 24.11.1975 – II ZR 89/74 = BGHZ 66, 82, 85; *BGH*, Urt. v. 15.11.1982 – II ZR 62/82 = BGHZ 85, 350, 354; *BGH*, Urt. v. 10.05.1976 – II ZR 180/74 = BGHZ 76, 328; *Weipert*, in: Gummert / Weipert (Hrsg.), Münchener Hdb. GesR, Bd. 2, 4. Aufl., 2014, § 14, Rn. 46 ff.; *Westermann*, in: Westermann / Wertenbruch (Hrsg.), Hdb. PersG, Lb, 62. Lfg. (05/2015), Rn. 517a; *Leenen*, in: FS Larenz, 1983, S. 372 ff.; *K. Schmidt*, GesR, 4. Aufl., 2002, § 16 II 2 (S. 453 ff.), § 47 V 2b) (S. 1396).

407 *BGH*, Urt. v. 21.10.2014 – II ZR 84/13 = NJW 2015, 859; *BGH*, Urt. v. 16.10.2012 – II ZR 239/11 = NZG 2013, 63; vgl. *Roth*, in: Baumbach / Hopt, HGB, 36. Aufl., 2014, § 119, Rn. 36; *Sauter*, in: Prinz / W.-D. Hoffmann (Hrsg.), Beck'sches Hdb. PersG, 4. Aufl., 2014, § 2, Rn. 60; *Ulmer*, ZIP 2015, 657 ff.

408 *BGH*, Urt. v. 15.11.2011 – II ZR 266/09 = NJW 2012, 1439; *BGH*, Urt. v. 24.11.2008 – II ZR 116/08 = NJW 2009, 669 (*„Schutzgemeinschaftsvertrag II"*).

409 Von einer in der Einstimmigkeit begründeten „Richtigkeitsgewähr" einer Vertragsänderung sprechend, da keiner der Beteiligten gegen seinen Willen zur Zustimmung gezwungen werden kann, *Sauter*, in: Prinz / W.-D. Hoffmann (Hrsg.), Beck'sches Hdb. PersG, 4. Aufl., 2014, § 2, Rn. 60.

410 Mit der Annahme einer abschließenden Regelung der formellen Anforderungen an die Beschlussfassung im Insolvenzplanverfahren *Haas*, NZG 2012, 961, 964 f.;

Anteils- bzw. Mitgliedschaftsrechte zuständig. Im Insolvenzplanverfahren ist die formelle Zuständigkeit für die Entscheidung über gesellschaftsrechtliche Maßnahmen der Gesellschafterversammlung entzogen und der Beteiligtenversammlung zugewiesen.[411] Auch wenn es sich um gravierende Änderungen des Gesellschaftsvertrags handelt, obliegt die Entscheidung den insolvenzrechtlichen Abstimmungsgruppen nach Maßgabe der Mehrheitsregelung des § 244 InsO.[412] Diese Kompetenzverschiebung zugunsten der Gläubigerversammlung besteht so lange, wie im Erötertungs- und Abstimmungstermin entweder ein Insolvenzplan beschlossen wird, der keine gesellschaftsrechtlichen Maßnahmen enthält, oder solche beschlossen werden. Sieht der Insolvenzplan noch keine Maßnahmen vor, können diese im Änderungswege noch im Erörterungs- und Abstimmungstermin eingebracht werden. Die Entscheidungsbefugnis über die Verfahrensgestaltung und -abwicklung sowie sämtliche Verfügungen über das Anteils- bzw. Mitgliedschaftsrecht – unabhängig von einer Qualifizierung als Grundlagengeschäft – führen zu einer nunmehr zu treffenden Einordnung der Gläubigerversammlung als „Herrin des Insolvenzverfahrens"[413].

Die Gläubigerversammlung bildet ihren Willen durch Beschluss. Der Beschluss wird im vom Insolvenzgericht anberaumten Erörterungs- und Abstimmungstermin getroffen (§ 235 Abs. 1 InsO), der zuvor öffentlich bekannt zu machen ist (§ 235 Abs. 2 InsO) und zu dem die Beteiligten zu laden sind (§§ 235 Abs. 3, 241 Abs. 2 InsO). Der unliebsame Minderheitsgesellschafter wird regelmäßig nicht damit rechnen können, in den Prozess der Planverfassung eingebunden zu werden und wird demnach erst durch die Ladung vom Inhalt des Plans Kenntnis erlangen.[414] Teilnahme- und stimmberechtigt sind die Gesellschafter, die Insolvenzgläubiger, die Forderungen angemeldet haben und von dem Plan betroffen sind (§ 237 Abs. 1, 2 InsO), sowie die absonderungsberechtigten Gläubiger (§§ 238 Abs. 1, 2, 237 Abs. 1, S. 2, Abs. 2 InsO).

Die Gläubigerversammlung setzt sich aus den Beteiligtengruppen zusammen, die jeweils durch den Planinitiator nach Maßgabe des § 222 InsO gebildet und

---

Hirte/Knof/Mock, DB 2011, 632, 638; *Thole*, GesR Maßn. in der Insolvenz, 2. Aufl., 2015, Rn. 242 ff.; *ders.*, ZIP 2013, 1937, 1940.

411 *Haas*, NZG 2012, 961. 964 ff.; *Hölzle*, ZIP 2012, 2427, 2429; *Rendels/Zabel*, Insolvenzplan, 2. Aufl., 2015, Rn. 238; *Thole*, GesR Maßn. in der Insolvenz, 2. Aufl., 2015, Rn. 247; *ders.*, ZIP 2013, 1937, 1940.

412 *Wertenbruch*, ZIP 2013, 1693, 1700.

413 *OLG Frankfurt/M.*, Beschl. v. 1.10.2013 – 5 U 145/13 = NZI 2013, 978, Rz. 18; *Ries*, in: K. Schmidt (Hrsg.), InsO, 18. Aufl., 2013, § 225a, Rn. 2; *Böcker*, DZWiR 2014, 331, 335; *Priester*, in: FS Kübler, 2015, S. 557, 563; a.A. wohl *Haas*, NZG 2012, 961, 964, der die umfassende Verfügungsbefugnis kritisiert und für Verfügungen über das Mitgliedschaftsrecht, die nicht als Grundlagengeschäfte einzuordnen sind, eine Verfügungsbefugnis des Insolvenzverwalters für richtig erachtet; vgl. auch *Ehricke*, in: Aufbruch nach Europa – 75 Jahre Max-Planck-Institut, 2001, S. 337 ff., der die Insolvenzverwalter ebenfalls für die „Herren der Verfahren" hält.

414 *Zipperer*, ZIP 2015, 2002, 2007.

später im Rahmen der §§ 231 Abs. 1, 250 InsO durch das Insolvenzgericht überprüft werden. Die einzelnen Gruppen stimmen unter Berücksichtigung der in § 244 InsO festgelegten Mehrheiten gesondert über den Plan ab (§ 243 InsO). Der Plan ist angenommen, wenn in jeder Gruppe die Mehrheit der abstimmenden Gläubiger dem Plan zustimmt (§ 244 Abs. 1 Nr. 1 InsO) und die Summe der Ansprüche der zustimmenden Gläubiger mehr als die Hälfte der Summe der Ansprüche der abstimmenden Gläubiger beträgt (§ 244 Abs. 1 Nr. 2 InsO). Das Stimmrecht der Gesellschafter, die nach § 222 Abs. 1 Nr. 4 InsO eine eigene Gruppe bilden, bestimmt sich nach deren Beteiligungen am Vermögen der GmbH & Co. KG (§ 238a Abs. 1 S. 1 InsO). Etwaig bestehende Sonderstimmrechte oder Stimmrechtsbeschränkungen sind bei der Abstimmung über den Plan nicht zu berücksichtigen, § 238a Abs. 1 S. 2 InsO.[415] Wird die erforderliche Mehrheit in einer Gruppe nicht erreicht, kann die Zustimmung dieser Gruppe ersetzt werden (§ 245 InsO).[416] Beteiligt sich keiner der Gesellschafter einer Gruppe an der Abstimmung, wird die Zustimmung dieser Gruppe fingiert (§ 246a InsO). Wird der Plan nach diesen Voraussetzungen angenommen, wird der Beschluss mit rechtskräftiger gerichtlicher Bestätigung des Insolvenzplans wirksam (§§ 248, 254 Abs. 1 InsO). Die (sonstigen) erforderlichen Formvorgaben werden weitgehend fingiert, § 254a Abs. 2 InsO. Lediglich die Anforderungen an die Eintragungen in das Handelsregister stimmen, abgesehen davon, dass auch der Insolvenzverwalter die erforderlichen Anmeldungen beim jeweiligen Registergericht vornehmen kann (§ 254a Abs. 2, S. 3 InsO), mit den Anforderungen des Gesellschaftsrechts überein.

Die Regelungen zur Abstimmung über den Plan entziehen den Gesellschaftern ihr Recht zur alleinigen Entscheidung über Eingriffe in die Anteils- und Mitgliedschaftsrechte im Rahmen der Gesellschafterversammlung und verwerfen dadurch das gesellschaftsrechtlich normierte Prinzip der Einstimmigkeit für Beschlussfassungen in Personengesellschaften. Zwar wird angeführt, dass das Stimmgewicht den gesellschaftsrechtlichen Werten entspreche, indem für eine Annahme in der Gruppe der Gesellschafter mehr als die Hälfte der Summe der Beteiligungen dem Beschluss zustimmen müsse. Dies lässt jedoch außer Acht, dass in Personengesellschaften die Mehrheit grundsätzlich nach Köpfen zu berechnen ist, sofern gesellschaftsvertraglich Mehrheitsbeschlüsse zugelassen sind.[417] Gesellschaftsvertraglich ausgehandelte

415 *Spliedt*, in: K. Schmidt (Hrsg.), InsO, 18. Aufl., 2013, § 238a, Rn. 14.

416 Zum Obstruktionsverbot *Becker*, in: Kübler (Hrsg.), HRI, 2. Aufl., 2015, § 41, Rn. 5 ff.; *Hölzle*, Praxisleitfaden ESUG, 2. Aufl., 2014, §§ 217, 225a, Rn. 15 ff.; *Rendels/Zabel*, Insolvenzplan, 2. Aufl., 2015, Rn. 460 f.

417 Zur Beschlussfassung in der Personengesellschaft vgl. nur *Weipert*, in: Gummert/Weipert (Hrsg.), Münchener Hdb. GesR, Bd. 2, 4. Aufl., 2014, § 1, Rn. 36 ff.; *Mutter*, in: Gummert (Hrsg.), MAH PersGesR, 2. Aufl., 2015, § 1, Rn. 167; die Beurteilung des Stimmgewichts nach der Summe der Beteiligung führt zudem dazu, dass einem Gesellschafter, der vermögensmäßig nicht an der KG beteiligt ist, wie es häufig für die Komplementär-GmbH der Fall ist, gemäß § 238a Abs. 1 InsO im Planverfahren kein Stimmrecht zusteht; für den Fall der personenidentischen GmbH & Co. KG

Sonderstimmrechte werden nicht angerechnet und nach Gesellschaftsrecht relevante Sperrminoritäten bleiben ergebnislos. Die Möglichkeit zur Ersetzung der Zustimmung der Gruppe der Anteilseigner gemäß § 245 Abs. 1, 3 InsO kann schließlich dazu führen, dass eine im Insolvenzplan vorgesehene und die Gesellschafter betreffende Verfügung unabhängig von der Zustimmung der Gesellschafter-Gruppe vorgenommen werden kann[418], soweit nur die Mehrheit der sonst abstimmenden Gläubigergruppen den Plan mehrheitlich unterstützt.

bb) (Teilweise) Verdrängung materieller Anforderungen

§ 225a Abs. 3 InsO gestattet alle Regelungen, die „gesellschaftsrechtlich zulässig" sind und knüpft damit gesellschaftsrechtliche Gestaltungsgrenzen an Verfügungen über das Mitgliedschaftsrecht im Insolvenzplanverfahren. Zu der Frage, wie weit bzw. eng diese Grenzen durch das Gesellschaftsrecht gesteckt sind, schweigt § 225a Abs. 3 InsO und auch die Regierungsbegründung zum Gesetzentwurf behandelt diese Frage nicht.[419]

Teilweise wird davon ausgegangen, dass § 225a Abs. 3 InsO einen umfassenden Verweis auf den gesellschaftsrechtlichen Prüfungsmaßstab darstellt.[420] Verfügungen über das Mitgliedschaftsrecht müssen demnach gerade auch den Anforderungen des Gesellschaftsrechts entsprechen, um das Konzept der Verbandssouveränität nicht auszuhebeln und die Majorisierung und Aneignung von Fortführungswerten durch die Gläubiger einzuschränken.[421] Einem solchen Verständnis des § 225a Abs. 3 InsO stehen jedoch die zu Beginn des Abschnitts angeführten, dem Insolvenzplanverfahren zugrunde liegenden Wertungen entgegen: Mit Eröffnung des Insolvenzverfahrens wird die GmbH & Co. KG aufgelöst. Der Gesellschaftszweck wird durch den Insolvenzzweck überlagert[422] und die Einordnung der Gesellschafter als nach-nachrangige Gläubiger führt zur Überlagerung der Gesellschafterrechte durch die Rechte der Insolvenzgläubiger. Die gesellschaftsrechtlichen Maßnahmen des Insolvenzplans zur Realisierung der Sanierung als Mittel zur Erreichung der Gläubigerbefriedigung

---

ist dies insofern unproblematisch, als die Mitspracherechte der hinter der GmbH stehenden Personen über deren Stellung als Kommanditisten der KG gesichert sind.

418 *Simon / Merkelbach*, NZG 2012, 121, 125; vgl. auch *Madaus*, ZGR 2011, 749, 770 f., der einen Vorrang der Stimmen der Gesellschafter bei gesellschaftsrechtlichen Eingriffen mittels Insolvenzplan befürwortet.

419 A.A. *Spliedt*, GmbHR 2012, 462, 466, der in der Regierungsbegründung zum ESUG (RegE ESUG, BT-Drucks. 17/5712, S. 31) verankert sieht, dass die Gestaltungsgrenzen allein durch das zwingende Gesellschaftsrecht gebildet werden.

420 *H.-F. Müller*, KTS 2012, 419, 441 f.; *Simon / Merkelbach*, NZG 2012, 121, 125; vgl. auch *Prusko*, Gesellschafterstellung in der Insolvenz, 2013, S. 198; *Schäfer*, ZIP 2014, 2417, 2418; *K. Schmidt*, ZIP 2012, 2085, 2087; nicht eindeutig *Meyer*, DB 2015, 538, 540.

421 *Decher / Voland*, ZIP 2013, 103, 105 ff.; *Rod. Fischer*, NZI 2013, 823; *Haas*, NZG 2012, 961, 965; *Meyer*, ZInsO 2013, 2361, 2363; a.A. *H.-F. Müller*, KTS 2012, 419, 441 f.; *Simon / Merkelbach*, NZG 2012, 121, 125; zu den besonderen Fragestellungen bei Personengesellschaften *Wertenbruch*, ZIP 2013, 1693 ff.

422 Siehe hierzu § 2.B.I.2.

unterliegen insolvenzrechtlichen Regelungen. Diesen Regelungen liegt die gesetzgeberische Vorstellung zugrunde, dass die Gesellschaftsanteile regelmäßig wertlos sind. Die Mitgliedschaftsrechte der Gesellschafter verengen sich daher, sofern über ihre Anteils- und Mitgliedschaftsrechte im Plan verfügt wird, auf die Abstimmung über den Insolvenzplan in der Gläubigerversammlung. Ein dahingehendes Verständnis, dass über die „Hintertür des § 225a Abs. 3 InsO“[423] das gesamte materielle Gesellschaftsrecht Einzug in das Insolvenzplanverfahren erhält, würde dessen Sinn und Zweck grundlegend widersprechen.

Der Insolvenzplan ist ein mehrseitiger Vertrag zwischen dem Schuldner und seinen Gläubigern sowie den Anteilsinhabern über eine von dem Regelinsolvenzverfahren abweichende Form der Verwertung des haftenden Schuldnervermögens.[424] Es handelt sich um ein privatautonomes Instrument der Haftungsverwirklichung, an dessen Einordnung auch die gerichtliche Bestätigung des Insolvenzgerichts (§ 248 Abs. 1 InsO) nichts zu ändern vermag.[425] Dem Insolvenzgericht steht insoweit lediglich eine Rechtsentscheidung, ohne jede Gestaltungsmöglichkeit in Bezug auf den Inhalt des Insolvenzplans, zu. Innerhalb des Insolvenzplans darf gemäß § 225a Abs. 3 InsO alles, „was rechtsgeschäftlich bzw. (gesellschafts-)rechtlich und damit individualvertraglich zulässig ist“[426], geregelt werden. Durch privatautonome Vereinbarung ist es aber gerade möglich, vom dispositiven Recht abzuweichen und auf Individual- und Minderheitenrechte zu verzichten. Nach überzeugender Auffassung werden die Grenzen der Gestaltungsfreiheit im Insolvenzplanverfahren daher nicht durch das gesamte, sondern nur durch das zwingende Gesellschaftsrecht gezogen.[427] Der Kreis möglicher Maßnahmen im Insolvenzplan wird dadurch insbesondere auf das gesellschaftsrechtlich zur Verfügung stehende Instrumentarium

---

423 *Haas*, NZG 2012, 961, 965.

424 *Eidenmüller*, in: Kirchhof u.a. (Hrsg.), MüKo-InsO, Bd. 3, 3. Aufl., 2014, § 217, Rn. 14 ff., 25.

425 *Eidenmüller*, in: Kirchhof u.a. (Hrsg.), MüKo-InsO, Bd. 3, 3. Aufl., 2014, § 217, Rn. 17, 20; *Gaul*, in: FS Huber, 2006, S. 1187, 1198 f.; *Madaus*, Insolvenzplan, 2011, S. 310 ff.; *ders.*, KTS 2012, 27, 50.

426 *Braun / Frank*, in: Braun (Hrsg.), InsO, 6. Aufl., 2014, § 225a, Rn. 2 („Der Plan wird [...] zum ‚Gestaltungsmantel‘.“).

427 RegE ESUG, BT-Drucks. 17/5712, S. 31; *LG Berlin*, Beschl. v. 20.10.2014 – 51 T 696/14 = DZWiR 2015, 35, 40; *Eidenmüller*, in: Kirchhof u.a. (Hrsg.), MüKo-InsO, Bd. 3, 3. Aufl., 2014, § 225a, Rn. 76 ff., 82; *ders.*, NJW 2014, 17, 18; *Haas*, in: Kreft (Hrsg.), HK-InsO, 7. Aufl., 2014, § 225a, Rn. 8; *ders.*, NZG 2012, 961, 965; *Spliedt*, in: K. Schmidt (Hrsg.), InsO, 18. Aufl., 2013, § 225a, Rn. 35; *ders.*, GmbHR 2012, 462, 466; *Madaus*, ZIP 2014, 500, 503 f.; *Pleister / Tholen*, ZIP 2015, 414, 416 f. („gesamte gesellschaftsrechtliche Gestaltungspalette“); *Rendels / Zabel*, Insolvenzplan, 2. Aufl., 2015, Rn. 261; *Thole*, GesR Maßn. in der Insolvenz, 2. Aufl., 2015, Rn. 272; a.A. *Hirte*, in: Uhlenbruck u.a. (Hrsg.), InsO, 14. Aufl., 2015, § 225a, Rn. 41, der zusätzlich die gesellschaftsrechtlichen Minderheitenrechte für beachtlich hält; vgl. auch *H.-F. Müller*, KTS 2012, 419, 441 f.; *Schäfer*, ZIP 2015, 1208, 1209 f.; *Simon / Merkelbach*, NZG 2012, 121, 125.

an Maßnahmen beschränkt[428] und soll zugleich ein Unterlaufen des gesellschaftsrechtlichen *numerus clausus* verhindern[429].

Die Verdrängung gesellschaftsrechtlicher Anforderungen geht allerdings insoweit noch über die benannten Grenzen hinaus, als der Gesetzgeber eine Vielzahl (formeller und) materiell-rechtlicher Regelungen, für die es auch gesellschaftsrechtliche Vorschriften und Rechtsinstitute gibt, die zum Teil auch zwingend sind, in der InsO regelt. Hat der Gesetzgeber für Materien mit gesellschaftsrechtlichem Bezug Spezialregelungen in den §§ 217 ff. InsO geschaffen, gehen diese den gesellschaftsrechtlichen Regelungen vor.[430] Gesellschaftsrechtliche Regelungen werden demnach grundsätzlich verdrängt, soweit es nicht das zwingende Gesellschaftsrecht betrifft oder das vorrangige Insolvenzrecht zum Insolvenzplanverfahren eigene Maßstäbe setzt.

(1) Gesellschaftsrechtliche Treuepflicht

Für die vorinsolvenzrechtliche Sanierungssituation haben Rechtsprechung und Literatur bereits eine Intensivierung der Treuepflicht bejaht.[431] Demgegenüber ist die Frage, ob die Gesellschafter darüber hinaus auch noch nach Eröffnung des Insolvenzplanverfahrens untereinander einer Treuepflicht unterliegen, weitgehend ungeklärt. Aufgrund der vor den Änderungen durch das ESUG fehlenden Einbeziehung der Gesellschafter in den Insolvenzplan und der strikten Trennung von Gesellschafts- und Insolvenzrecht war die Frage nach der Geltung der Treuepflicht als „elementare[m] Baustein des Verbandsrechts"[432] nicht von Interesse und wurde demgemäß kaum erörtert.[433] Heute haben insbesondere die medienwirksamen (Einzel-) Entscheidungen[434] zum Fall der *Suhrkamp Verlag GmbH & Co. KG* dazu beigetragen, diese Frage auch in den Fokus der Literatur zu rücken. Ob die gesellschaftsrechtliche

428 *Decher / Voland*, ZIP 2013, 103, 106; a.A. *Schäfer*, ZIP 2014, 2417, 2418 f.

429 *Haas*, NZG 2012, 961, 965; *Priester*, in: FS Kübler, 2015, S. 557, 565; *Thole*, ZIP 2013, 1937, 1940.

430 *LG Berlin*, Beschl. v. 20.10.2014 – 51 T 696/14 = DZWiR 2015, 35; *Eidenmüller*, in: Kirchhof u.a. (Hrsg.), MüKo-InsO, Bd. 3, 3. Aufl., 2014, § 225a, Rn. 77; *ders.*, NJW 2014, 17, 18; *Thole*, GesR Maßn. in der Insolvenz, 2. Aufl., 2015, Rn. 275; *ders.*, ZIP 2013, 1937, 1941 f.; a.A. *Schäfer*, ZIP 2014, 2417, 2418 ff.

431 Siehe hierzu § 2.A.II.

432 *Priester*, in: FS Kübler, 2015, S. 557, 561.

433 *Priester*, in: FS Kübler, 2015, S. 557, 561; *Thole*, ZIP 2013, 1937, 1938 f.; vgl. aber *Haas*, in: FS Konzen, 2006, S. 157, 175, der bereits einige Jahre vor dem Inkrafttreten der Änderungen durch das ESUG daran zweifelt, ob die gesellschaftsrechtliche Treuepflicht im Insolvenzplanverfahren Anwendung finden kann.

434 *LG Frankfurt / M.*, Urt. v. 13.08.2013 – 3-09 O 78/13 = NZI 2013, 981; *OLG Frankfurt / M.*, Beschl. v. 29.08.2013 – 5 U 135/13 = BeckRS 2013, 16300; *OLG Frankfurt / M.*, Beschl. v. 7.10.2013 – 5 U 135/13 = ZInsO 2013, 2162; *LG Frankfurt / M.*, Urt. v. 10.09.2013 – 3-09 O 96/13 = NZI 2013, 986; *OLG Frankfurt / M.*, Beschl. v. 1.10.2013 – 5 U 145/13 = NZI 2013, 978; *LG Frankfurt / M.*, Urt. v. 13.11.2013 – 3-03 O 72/12 = NZG 2013, 1427.

Treuepflicht jedoch im Insolvenzplanverfahren beachtlich und daher von den beteiligten Gesellschaftern zu berücksichtigen ist, wurde noch nicht höchstrichterlich entschieden und auch in der Literatur konnte bislang keine Einigung erzielt werden. Relevanz kommt der Entscheidung – angelehnt an die vorinsolvenzrechtliche Sanierung – insbesondere für die Frage zu, ob die Treuepflicht einen Gesellschafter dazu zwingen kann, bei der Abstimmung über den Insolvenzplan sein Stimmrecht in einer bestimmten Weise auszuüben.[435] Die Annahme der Treuepflicht hätte u.a. zur Folge, dass ein Mehrheitsgesellschafter nicht auf einen Plan hinwirken könnte, der einen Mit- bzw. Minderheitsgesellschafter treuwidrig seiner Rechte beraubt.

Nach wohl überwiegender Auffassung muss die Treuepflicht bei der Abstimmung der Gesellschafter-Gläubigergruppen über den Insolvenzplan jedoch unberücksichtigt bleiben[436]: Mit Eröffnung des Insolvenzplanverfahrens wird der Verband aufgelöst.[437] Die Rechtsstellung der Gesellschafter wird von der Auflösung der Gesellschaft grundsätzlich nicht berührt.[438] Ob hingegen auch die gesellschaftsrechtliche Treuepflicht, die im Falle der Liquidation – inhaltlich auf den geänderten Gesellschaftszweck ausgerichtet – grundsätzlich bestehen bleibt,[439] auch bei der Auflösung durch Eröffnung des Insolvenzverfahrens über das Vermögen der Gesellschaft Bestand hat, wird nicht einheitlich beantwortet.[440] Jedenfalls muss für die Teilnahme an der Abstimmung über den Plan jedoch beachtet werden, dass es sich, sofern der Gesellschafter in den

---

435 *LG Frankfurt/M.*, Urt. v. 10.09.2013 – 3-09 O 96/13 = NZI 2013, 986.

436 *OLG Frankfurt/M.*, Beschl. v. 1.10.2013 – 5 U 145/13 = NZI 2013, 978; *OLG Frankfurt/M.*, Beschl. v. 7.10.2013 – 5 U 135/13 = ZInsO 2013, 2162; in Reaktion auf das Urt. des LG Frankfurt / M., vgl. *Hölzle*, in: Kübler (Hrsg.), HRI, 2. Aufl., 2015, § 31, Rn. 52, 67; *ders.*, EWiR 2013, 589, 590; *ders.*, ZIP 2013, 1846, 1847 f.; *Haas*, in: Kreft (Hrsg.), HK-InsO, 7. Aufl., 2014, § 225a, Rn. 8; *ders.*, NZG 2012, 961, 965; *Weitemeyer*, in: Oetker (Hrsg.), HGB, 4. Aufl., 2015, § 109, Rn. 22; *Eidenmüller*, NJW 2014, 17, 18; *Pape*, ZInsO 2013, 2129, 2136; *Thole*, GesR Maßn. in der Insolvenz, 2. Aufl., 2015, Rn. 283; *Wertenbruch*, ZIP 2013, 1693, 1700; *ders.*, ZIP 2013, 1937, 1939 ff., 1944; wohl auch *D. Lang/Muschalle*, NZI 2013, 953, 957.

437 Siehe hierzu § 2.B.

438 *Salger*, in: Reichert (Hrsg.), GmbH & Co. KG, 7. Aufl., 2015, § 46, Rn. 63.

439 *BGH*, Urt. v. 11.01.1971 – II ZR 143/68 = NJW 1971, 802; *Roth*, in: Baumbach / Hopt, HGB, 36. Aufl., 2014, § 109, Rn. 24; *Born*, in: Ebenroth u.a., HGB, 3. Aufl., 2014, § 109, Rn. 24; *Kamanabrou*, in: Oetker (Hrsg.), HGB, 4. Aufl., 2015, § 145, Rn. 11; *K. Schmidt*, in: K. Schmidt (Hrsg.), MüKo-HGB, Bd. 2, 3. Aufl., 2011, § 105, Rn. 188, § 156, Rn. 2, 11; vgl. auch *Priester*, in: FS Kübler, 2015, S. 557, 564.

440 Die wohl herrschende gesellschaftsrechtliche Auffasung geht davon aus, dass die Treuepflicht auch in der Insolvenz (ggf. inhaltlich eingeschränkt) fortbesteht, vgl. nur *Meyer*, ZInsO 2013, 2361, 2367; *H.-F. Müller*, DB 2014, 41, 44; *Schäfer*, ZIP 2013, 2237 ff.; *Spliedt*, ZInsO 2013, 2155, 2158; die wohl herrschende insolvenzrechtliche Auffassung geht dagegen von einem abschließenden Schutz über die insolvenzrechtlichen Regelungen aus, vgl. nur *OLG Frankfurt/M.*, Beschl. v. 1.10.2013 – 5 U 145/13 = NZI 2013, 978, Rz. 18; *Eidenmüller*, NJW 2014, 17, 18; *Haas*, NZG 2012, 961, 965; *Hölzle*, EWiR 2013, 589, 590; *D. Lang/Muschalle*, NZI 2013, 953; *Thole*,

Plan einbezogen wurde, um eine insolvenzrechtliche Mitwirkungsbefugnis als Folge der Einbindung in die Zwangsgemeinschaft der Gläubigerversammlung handelt (vgl. § 222 Abs. 1 Nr. 4 InsO).[441] Innerhalb dieser Zwangsgemeinschaft hat die gesellschaftsrechtliche Treuepflicht, als Ausdruck der Verbandsautonomie, keinen Raum. Gesellschaftsrecht und Insolvenzrecht sind insoweit schon nicht vergleichbar und in der Folge nicht vereinbar, als die im Gesellschaftsrecht herrschende Privatautonomie Ausdruck in der Vertragsfreiheit findet, die es den in freiwilligen Gemeinschaften verbundenen Gesellschaftern freistellt, die Legitimation von Mehrheitsentscheidungen durch Beschluss bzw. freiwilligen Beitritt zu legitimieren. Der Gesellschaftszweck, dessen Förderung die Treuepflicht primär dient(e), wird durch den Insolvenzzweck überlagert. Die nunmehr geltenden Regelungen und Schutzmechanismen des Planverfahrens erhalten Vorrang, sofern eine Materie, für die es gesellschaftsrechtliche Regelungen gibt, in der InsO spezialgesetzlich geregelt ist.[442] Im Insolvenzplanverfahren tritt die neue Gemeinschaft der Gläubiger, zu denen die Altgesellschafter letztrangig gehören, an die Stelle der Gesellschafterversammlung.[443] Die Gesellschafter bilden in dem Organ der Gläubigerversammlung lediglich eine Gruppe und nehmen nur mit der Nominale ihrer Beteiligung teil. § 238a Abs. 1 S. 2 InsO stellt klar, dass „Sonderstimmrechte" keine Berücksichtigung finden und lässt damit verbandsinterne Regelungen außer Betracht. Die Vorschrift bringt somit den gesetzgeberischen Willen zum Ausdruck, das Planverfahren von verbandsinternen Stimmrechtsbindungen freizuhalten. Die Berücksichtigung der Treuepflicht – als Stimmrechtsbeschränkung im weiteren Sinne – würde im Widerspruch zu dieser Entscheidung stehen. Mit der Stellung als nach-nachrangige Gläubiger im Insolvenzplanverfahren ist es nicht zu vereinbaren, den Gesellschaftern ein zusätzliches Stimmgewicht durch gesellschaftsinterne Beziehungen zukommen zu lassen.[444] Wenn schon gegenüber den Gläubigern keine Treuepflicht begründbar ist,[445] wieso sollte dann die Gesellschafter, deren Gesellschaft aufgelöst ist, eine Treuepflicht treffen? Um das primäre Ziel der Gläubigerbefriedigung nicht zu gefährden, darf die rein interne Bindung der

GesR Maßn. in der Insolvenz, 2. Aufl., 2015, Rn. 283; *ders.*, ZIP 2013, 1937, 1940 ff.; *Wertenbruch*, ZIP 2013, 1693, 1700.

441 Dazu *Haas*, in: Kreft (Hrsg.), HK-InsO, 7. Aufl., 2014, § 225a, Rn. 8.

442 *Eidenmüller*, in: Kirchhof u.a. (Hrsg.), MüKo-InsO, Bd. 3, 3. Aufl., 2014, § 217, Rn. 34 f.; *Böcker*, DZWiR 2015, 125; *ders.*, ZInsO 2015, 773, 780 f.; *ders.*, DZWiR 2015, 10, 20; *Meyer*, ZInsO 2013, 2361, 2363; *Schluck-Amend*, in: Jahrestagung der VGR, 2015, S. 151 ff., 181; *Thole*, ZIP 2013, 1937, 1940; *Westermann*, NZG 2015, 134, 141.

443 *Eidenmüller*, NJW 2014, 17, 18.

444 *Madaus*, ZIP 2014, 500, 504; *Spliedt*, ZInsO 2013, 2155, 2158; *Thole*, ZIP 2013, 1937, 1943; *ders.*, in: FS Vallender, 2015, S. 679, 690; vgl. auch *Schäfer*, ZIP 2013, 2237, 2243, der die Regelung des § 238a Abs. 1 S. 2 InsO zur Annahme der Treuepflicht im Insolvenzverfahren ignoriert.

445 Zu der Frage nach einer auf der Treuepflicht basierenden Gesellschafterpflicht, in der Insolvenz zugunsten der Gläubiger auf ihre Gesellschafterposition zu verzichten, vgl. *Frauer*, Grenzen des Eingriffs, 2014, S. 185 ff., 193 f.

Gesellschafter durch die Treuepflicht gerade nicht zu einer Belastung der Gläubiger und des Verfahrensgangs führen.

Zusätzlich wird mit dem Schutzkonzept des § 225a InsO argumentiert. Die Gesellschaftsanteile sind in der Insolvenz in der Regel wertlos. Für die Höhe des Abfindungsanspruchs nach § 225a Abs. 5 InsO ist der Liquidationswert der Mitgliedschaft maßgeblich. Zugleich wird auch im Rahmen der §§ 251, 253 InsO nur ein Vergleich zwischen Planergebnis und dem Ergebnis der Regelabwicklung angestellt, wobei eine Schlechterstellung (§ 251 Abs. 1 Nr. 2 InsO) bzw. eine wesentliche Schlechterstellung (§ 253 Abs. 2 Nr. 3 InsO) das Ergebnis sein muss und eine rein wirtschaftliche Betrachtungsweise zugrunde liegt. Die InsO stellt ein austariertes System an Eingriffs- und Schutzmöglichkeiten zur Verfügung, dem die regelmäßig bestehende Wertlosigkeit der Gesellschaftsanteile zugrunde liegt.[446] Diese gesetzgeberische Wertung darf nicht dadurch umgangen werden, dass gesellschaftsrechtliche Wertungen im Abstimmungsvorgang (unverändert) Einzug erhalten. Der InsO ist daher insoweit ein abschließender Charakter zuzusprechen.[447]

Die Gegenseite hält eine vollständige Verdrängung der gesellschaftsvertraglichen Bindungen und damit der Treuepflicht bei der Abstimmung über den Insolvenzplan demgegenüber nicht für gegeben.[448] Teilweise wird dabei von einer inhaltlich eingeschränkten Weitergeltung der Treuepflicht, unter Anpassung an die veränderten Umstände, ausgegangen.[449] Die Treuepflicht ist zentraler Rechtssatz des Gesellschaftsrechts, fundamental und beherrschend für die gesamte Mitgliedschaft der Gesellschafter, und wirkt als solcher weit über die Grenzen des Gesellschaftsrechts hinaus.[450] Gesellschafts- und Insolvenzrecht sind dennoch – auch nach den Änderungen durch das ESUG – autonome, streng voneinander zu trennende Rechtsgebiete.[451] Die Treuepflicht beschränkt sich auf das Verhältnis der Gesellschafter zueinander

---

446 *OLG Frankfurt/M.*, Beschl. v. 1.10.2013 – 5 U 145/13 = NZI 2013, 978, Rz. 16 ff.; *D. Lang/Muschalle*, NZI 2013, 953, 957.

447 *Thole*, ZIP 2013, 1937, 1943.

448 *LG Frankfurt/M.*, Urt. v. 13.08.2013 – 3-09 O 78/13 = NZI 2013, 981; *LG Frankfurt/M.*, Urt. v. 10.09.2013 – 3-09 O 96/13 = NZI 2013, 986; *Meyer*, ZInsO 2013, 2361, 2367; *H.-F. Müller*, DB 2014, 41, 45; *Schäfer*, ZIP 2013, 2237 ff.; *Spliedt*, ZInsO 2013, 2155, 2157 f.; *Stöber*, ZInsO 2013, 2457, 2462 ff.; vgl. auch *Bitter*, ZGR 2010, 147, 164, der bereits vor den Änderungen durch das ESUG das Bestehen von Rücksichtnahmepflichten – auch nach Stellung des Insolvenzantrags – insoweit forderte, als den Gesellschaftern für die Sanierungschance eine wichtige Position zugesprochen werden konnte, die sie ggf. zur Erzielung nicht gerechtfertigter Vorteile einzusetzen versuchten.

449 *H.-F. Müller*, DB 2014, 41, 45; *Spliedt*, ZInsO 2013, 2155, 2157; *Stöber*, ZInsO 2013, 2457, 2463.

450 So die Begründung des *LG Frankfurt/M.*, Urt. v. 10.09.2013 – 3-09 O 96/13 = NZI 2013, 986, Rz. 37; vgl. auch *Stöber*, ZInsO 2013, 2457, 2463; allg. zur Rechtsnatur und dem Inhalt der gesellschafterlichen Treuepflicht *Roth*, in: Baumbach/Hopt, HGB, 36. Aufl., 2014, § 109, Rn. 23.

451 *Thole*, ZIP 2013, 1937, 1939.

und ist unabhängig davon, dass die Gesellschafter im Planverfahren als Gruppe neben den anderen Gläubigergruppen stehen. Die Treuepflicht wirkt sich gerade nur auf die Gruppe der Gesellschafter aus, weshalb die Abstimmung der sonstigen Gruppen und die gesamte insolvenzrechtliche Sphäre unberührt bleiben. Eine Trennung von Innen- und Außenverhältnis ist insoweit ohne Schwierigkeiten möglich. Die Treuepflicht der Gesellschafter betrifft lediglich deren Motivlage, für oder gegen den vorgelegten Insolvenzplan zu stimmen, weshalb eine Verletzung der Treuepflicht allenfalls auf eine Schadensersatzpflicht im Innenverhältnis hinausläuft.[452] Die zuvor festgestellte Überprüfung „gesellschaftsrechtlich zulässiger" Sanierungsmaßnahmen anhand des zwingenden Gesellschaftsrechts stimmt mit diesem Verständnis überein, da die aus der Treuepflicht hergeleiteten Schranken der Mehrheitsmacht gerade zum zwingenden, wenn auch ungeschriebenen Gesellschaftsrecht gehören.[453] Darüber hinaus wird der Treuepflicht auch im vorinsolvenzrechtlichen Bereich der Sanierung eine herausgehobene Rolle zugesprochen. Bereits im vorinsolvenzrechtlichen Bereich ist das Interesse der Gesellschaft an der Sanierung auszurichten und auf der Grundlage der Treuepflicht unter besonderen Voraussetzungen die Begründung einer positiven Zustimmungspflicht der Gesellschafter möglich. Der Einsatz der Treuepflicht soll auch hier zur Beseitigung bestehenden Obstruktionspotenzials verhelfen und die Sanierungschancen steigern. Eine Geltung der Treuepflicht im Insolvenzplanverfahren steht daher auch im Einklang mit dem gesetzgeberischen Willen, mit dem ESUG die Sanierung im Insolvenzplanverfahren aktiv zu fördern.

Andere halten eine Geltung der Treuepflicht zwischen den Gesellschaftern letztlich für unproblematisch, da diese wegen §§ 244, 245 InsO ohnehin nicht entscheidend sei.[454] Bei der Abstimmung über den Insolvenzplan gilt die Zustimmung der ablehnenden Gesellschaftergruppe gemäß § 245 Abs. 1, 3 InsO als erteilt, wenn die Gesellschafter durch den Insolvenzplan voraussichtlich nicht schlechtergestellt werden, als sie ohne Plan stünden (§ 245 Abs. 1 Nr. 1 InsO), und sie angemessen an dem wirtschaftlichen Wert beteiligt werden, der den Beteiligten auf Grundlage des Plans zufließen soll (§ 245 Abs. 1 Nr. 2 InsO). Vergleichsmaßstab ist die Durchführung des Insolvenzverfahrens ohne Insolvenzplan, welche die Liquidation wahrscheinlich werden lässt. Die für die Mitgliedschaftsposition regelmäßig anzusetzende Wertlosigkeit führt dazu, dass die Gesellschafter in der Regel nichts erhalten würden, weshalb eine Schlechterstellung durch Zustimmung zum Insolvenzplan entfällt. Der Insolvenzplan kann folglich unabhängig von der Zustimmung der Gruppe der Gesellschafter zustande kommen. Gleichzeitig bedeutet dies, dass auch § 238a Abs. 1 S. 2 InsO einer Geltung der Treuepflicht nicht entgegenstehen kann. Solange die Zustimmung eines Gesellschafters zum Plan den Mitgesellschafter

452 *Thole*, GesR Maßn. in der Insolvenz, 2. Aufl., 2015, Rn. 283; *Wertenbruch*, ZIP 2013, 1693, 1700.

453 *Ulmer / Schäfer*, in: Säcker / Rixecker (Hrsg.), MüKo-BGB, Bd. 5, 6. Aufl., 2013, § 705, Rn. 221 ff.; *Schäfer*, ZIP 2014, 2417, 2418.

454 *Meyer*, ZInsO 2013, 2361, 2367.

in seiner Position nicht schlechterstellt, kann sie keine Verletzung der Treuepflicht bedeuten. Mangels Stimmpflicht besteht folglich auch keine nach § 238a InsO unbeachtliche „Stimmrechtsbeschränkung".

Dieser Ansicht muss wiederum entgegengehalten werden, dass eine Isolierung der Wirkungen der Treuepflicht, allein auf die Gruppe der Gesellschafter, nicht überzeugen kann. Die Trennung zwischen Innen- und Außenverhältnis ist im Insolvenzplanverfahren schon insoweit nicht möglich, als mit Insolvenzeröffnung der Gesellschaftszweck überlagert wird.[455] Das gläubigerbestimmte Insolvenzplanverfahren hat die Befriedigung der Gläubiger zum Zweck, weshalb die Wirkungen der Treuepflicht stets auch das Außenverhältnis treffen. Nicht unbeachtet bleiben dürfen auch die rein praktischen Folgeprobleme einer Anerkennung der gesellschaftsrechtlichen Treuepflicht im Insolvenzverfahren, deren Verstoß im Wege des einstweiligen Rechtsschutzes vor den ordentlichen Gerichten geltend gemacht werden müsste.

Eine rein abstrakte Betrachtung der für und widerstreitenden Argumente spricht daher für eine vollständige Verdrängung der Treuepflicht innerhalb der Gesellschafter-Gläubigergruppe bei der Abstimmung über den Insolvenzplan. Die Annahme der Treuepflicht würde den vorangestellten Grundlagen des Insolvenzplanverfahrens widersprechen und dieses infolge der dann anzunehmenden Inkonsequenz abwerten. Im Ergebnis kann über die Treuepflicht daher kein bestimmtes Abstimmungsverhalten einzelner Gesellschafter nach Verfahrenseröffnung konstruiert werden.

(2) Keine inhaltliche Beschlusskontrolle

Nach inzwischen gefestigter Rechtsprechung des BGH unterliegen Mehrheitsbeschlüsse in der Personengesellschaft einer zweistufigen Kontrolle.[456] Auf der ersten Stufe ist zu prüfen, ob der Gesellschaftsvertrag eine hinreichende formelle Legitimation für den Mehrheitsbeschluss enthält. Auf der zweiten Stufe wird eine materielle Beschlusskontrolle durchgeführt, wobei zu fragen ist, ob der Beschluss (1) wegen eines Eingriffs in ein unentziehbares Mitgliedschaftsrecht, (2) wegen fehlender, wenngleich erforderlicher Zustimmung des betroffenen Gesellschafters oder eines nur aus wichtigem Grund entziehbaren Mitgliedschaftsrechts, oder (3) wegen treuwidriger Ausübung der Mehrheitsmacht unwirksam ist.

Wie zuvor angeführt, ist eine im Insolvenzplan vorgesehene Sanierungsmaßnahme demgegenüber (schon) dann als „gesellschaftsrechtlich zulässig" anzusehen, wenn sie im Einklang mit dem zwingenden Gesellschaftsrecht steht. Die Überlagerung des

---

455 *Thole*, ZIP 2013, 1937, 1943.

456 *BGH*, Urt. v. 15.01.2007 – II ZR 245/05 = NZG 2007, 259 („*Otto*"); *BGH*, Urt. v. 24.11.2008 – II ZR 116/08 = NJW 2009, 669 („*Schutzgemeinschaftsvertrag II*"); *BGH*, Urt. v. 15.11.2011 – II ZR 266/09 = NJW 2012, 1439; *BGH*, Urt. v. 16.10.2012 – II ZR 251/10 = NZG 2013, 57; vgl. auch *Roth*, in: Baumbach / Hopt (Hrsg.), HGB, 36. Aufl., 2014, § 119, Rn. 35 ff.; *Möhrle*, in: Gummert / Weipert (Hrsg.), Münchener Hdb. GesR, Bd. 2, 4. Aufl., 2014, § 2, Rn. 133; *Wertenbruch*, NZG 2013, 641, 643 ff.

Gesellschaftszwecks durch den Insolvenzzweck und die damit einhergehende Überlagerung der Gesellschafterrechte und -interessen durch die Gläubiger, basierend auf der Einordnung der Gesellschafter als nach-nachrangige Gläubiger, lassen keinen Raum für eine materielle Beschlusskontrolle neben den vorrangigen insolvenzrechtlichen Normen. Mit Eröffnung des Insolvenzverfahrens bedarf es folglich keiner inhaltlichen Beschlusskontrolle der die Gesellschafter betreffenden Sanierungsmaßnahmen.[457]

(3) Bestand schuldrechtlicher Vereinbarungen

Treffen die Gesellschafter der Schuldnerin im Vorfeld der Insolvenz untereinander schuldrechtliche Vereinbarungen, die beispielsweise einzelnen Gesellschaftern zusätzliche Sonder- bzw. Stimm- oder Vetorechte einräumen, stellt sich die Frage, ob diese Vereinbarungen mit Eröffnung des Insolvenzplanverfahrens untergehen oder ihre Wirkung beibehalten.[458] Relevanz kommt der Frage insbesondere für den Fall zu, dass sich die Gesellschaftervereinbarung auf den konkreten Inhalt des Insolvenzplans auswirken könnte.

Als zwischen schuldnerfremden Dritten abgeschlossene Vereinbarungen werden Gesellschaftervereinbarungen mit Eröffnung des Insolvenzverfahrens und Auflösung der Gesellschaft jedenfalls nicht automatisch ungültig. Gemessen an den vorangestellten Wertungsgrundlagen sind sie in ihrer Wirksamkeit im eröffneten Insolvenzplanverfahren allerdings von den vorrangigen insolvenzrechtlichen Regelungen, dem dominierenden, den Gesellschaftszweck überlagernden Insolvenzzweck und der Einordnung der Gesellschafter als letztrangige Gläubiger abhängig. Steht die Gesellschaftervereinbarung im Einklang mit diesen Grundlagen oder berührt sie den durch das Insolvenzrecht verdrängten Bereich nicht, bleibt sie bestehen.[459]

Das LG Berlin hatte in seiner Entscheidung vom 16. Juni 2014[460] über den Fortbestand einer solchen zwischen den Gesellschaftern geschlossenen und diese verpflichtenden Gesellschaftervereinbarung im Insolvenzplanverfahren zu entscheiden. Die Gesellschaftervereinbarung regelte den Umzug der Gesellschaft und

---

457 *Spliedt*, in: K. Schmidt (Hrsg.), InsO, 18. Aufl., 2013, § 225a, Rn. 35 („keine inhaltliche Beschlusskontrolle im Hinblick auf Gleichbehandlung, Treuebindung, sachlichen oder wichtigen Grund"); *Decher / Voland*, ZIP 2013, 103, 105 ff.; *Rod. Fischer*, NZI 2013, 823, 825; *Haas*, NZG 2012, 961, 965; *Hirte / Knof / Mock*, DB 2011, 632, 638; *Meyer*, ZInsO 2013, 2361, 2363; *Spliedt*, GmbHR 2012, 462, 466; a.A. *Madaus*, ZIP 2012, 2133, 2137 (Fn. 32), der rglm. jedoch die Rechtfertigung über den Sanierungszweck anerkennt; *H.-F. Müller*, KTS 2012, 419, 441 f.; *Simon / Merkelbach*, NZG 2012, 121, 125.

458 Zur Problematik fortbestehender schuldrechtlicher Vereinbarungen, vgl. *LG Berlin*, Urt. v. 16.06.2014 – 95 O 52/13 = NZG 2014, 1303; vgl. auch *Fölsing*, ZInsO 2014, 1541 ff.; vor der Entscheidung des LG Berlin *Spahlinger*, in: Kübler u.a. (Hrsg.), InsO, Lb, 55. Lfg. (10/2013), § 225a, Rn. 88; a.A. *Hirte*, in: Uhlenbruck u.a. (Hrsg.), InsO, 14. Aufl., 2015, § 225a, Rn. 11.

459 *Fölsing*, ZInsO 2014, 1541, 1543.

460 *LG Berlin*, Urt. v. 16.06.2014 – 95 O 52/13 = NZG 2014, 1303.

verpflichtete die Gesellschafter dazu, der Veräußerung eigener Immobilien und bestimmter, nicht betriebsnotwendiger Vermögensgegenstände zuzustimmen und der Geschäftsführung diesbezügliche Weisungen zu erteilen. Darüber hinaus sicherte die Gesellschaftervereinbarung den Gesellschaftern die Ausschüttung der Gewinne aus den Verkäufen zu. Hierbei wurde eine bevorzugte Bedienung des Minderheitsgesellschafters vereinbart. Das Gericht ging zutreffend davon aus, dass die Insolvenzeröffnung der Fortdauer der Gesellschaftervereinbarung nicht entgegensteht.

Die Gesellschaftervereinbarung sieht zwar eine bevorzugte Bedienung des Minderheitsgesellschafters vor. Aufgrund der Einordnung der Gesellschafter als nach-nachrangige Gläubiger im Insolvenzverfahren, die eine Befriedigung der Gesellschafter in der Rangfolge noch nach den nachrangigen Gläubigern vorsieht (vgl. §§ 39, 199 S. 2 InsO), können die Insolvenzgläubiger durch die Umsetzung der Gesellschaftervereinbarung dagegen nicht benachteiligt werden. Die Gesellschaftervereinbarung kann gerade erst dann zum Tragen kommen, wenn nach der Schlussverteilung und der Befriedigung sämtlicher Insolvenzgläubiger ein Überschuss verbleibt. Weiterhin sah das LG Berlin die Formumwandlung der KG in eine AG für die Fortgeltung der Gesellschaftervereinbarung für unproblematisch an. Auch nach Formumwandlung handle es sich um dieselbe Rechtsperson und der Rechtträger bleibe bestehen (§ 202 Abs. 1 Nr. 1 UmwG). Die Vereinbarung könne daher grundsätzlich auch nach Umwandlung fortbestehen, soweit sie auf die AG übertragbar ist.[461]

Im konkreten Fall ist insoweit unberücksichtigt geblieben, dass der Vorstand in der AG nicht weisungsgebunden ist, sondern das Unternehmen eigenverantwortlich führt, § 77 Abs. 1 AktG. Zwar kann dem Aufsichtsrat in Einzelfällen in der Satzung ein Vetorecht, betreffend Geschäfte von grundsätzlicher Bedeutung, eingeräumt werden.[462] Weisungen an den Vorstand, bestimmte Geschäfte vorzunehmen, kann der Aufsichtsrat dennoch nicht erteilen. Der Hauptversammlung selbst können zwar Gegenstände der Geschäftsführung durch den Vorstand zur Entscheidung vorgelegt werden (vgl. § 119 Abs. 2 AktG), dies begründet jedoch ebenfalls kein Weisungsrecht der Aktionäre gegenüber dem Vorstand.[463] Entgegen der Auffassung des LG Berlin wäre daher richtigerweise mit der Umwandlung in eine AG von der Erledigung der Gesellschaftervereinbarung auszugehen gewesen.[464]

Losgelöst vom konkreten Fall kann eine pauschalisierte Unwirksamkeit gesellschaftsrechtlicher Vereinbarungen mit Eröffnung des Insolvenzverfahrens nicht festgestellt werden. Es bedarf in jedem Einzelfall einer Überprüfung dessen, ob die

---

461 *LG Berlin*, Urt. v. 16.06.2014 – 95 O 52/13 = NZG 2014, 1303, 1306.

462 *Fölsing*, ZInsO 2014, 1541, 1543 („Bei Geschäften von grundsätzlicher Bedeutung hat allenfalls der Aufsichtsrat gem. § 111 Abs. 1 Satz 4 AktG ein Vetorecht [...].").

463 Vgl. *Mülbert*, in: Hopt/Wiedemann (Hrsg.), AktG, 4. Aufl., 2008, § 119, Rn. 38 ff.; *Koch*, in: Hüffer, AktG, 11. Aufl., 2014, § 119, Rn. 11 ff.; *Hoffmann*, in: Spindler/Stilz (Hrsg.), AktG, 3. Aufl., 2015, § 119, Rn. 13 ff.

464 *Fölsing*, ZInsO 2014, 1541, 1543.

schuldrechtliche Vereinbarung zwischen den Gesellschaftern im Widerspruch zu den Wertungsgrundlagen der InsO steht. Ist dies der Fall, wird die Gesellschaftervereinbarung für die Dauer des Insolvenzverfahrens in ihrer Wirkung suspendiert. Wird dies hingegen verneint, muss die Vereinbarung zusätzlich im Einklang mit den sonstigen Regelungen im Insolvenzplan stehen. Für den Fall, dass die Vereinbarung nach Umsetzung der sonstigen Sanierungsmaßnahmen keinen Bestand haben kann, erledigt sich die Gesellschaftervereinbarung aufgrund der vorrangigen Interessen der Gläubiger.

b) Auskunfts- und Informationsrecht

Mit der Mitgliedschaft in der Gesellschaft korrespondieren notwendig Auskunfts- und Informationsrechte der Gesellschafter. Diese sind als institutionelle Garantie des allgemeinen Mitgliedschaftsrechts der Willkür des Gesetzgebers entzogen und Voraussetzung – wenn auch nicht Gewähr – für eine verantwortliche Entscheidung und Kontrolle durch die Gesellschafter.[465] Demgemäß stehen die Auskunfts- und Informationsrechte in einem untrennbaren Zusammenhang zu den Mitwirkungsbefugnissen des Gesellschafters im Rahmen der gesellschaftsinternen Willensbildung.[466] Der Funktionszusammenhang führt dazu, dass dem Auskunfts- und Informationsrecht der Gesellschafter durch deren Informationsbedürfnis Grenzen gesetzt werden. Zugleich soll das Auskunfts- und Informationsrecht dem mitgliedschaftlichen Eigeninteresse des Gesellschafters hinsichtlich der Bewertung und Verwertung des eigenen Gesellschaftsanteils dienen.[467]

Um die nötige Informationsgrundlage, die dem (Minderheits-)Gesellschafter eine sachgerechte Entscheidung und Beteiligung an der Willensbildung und Verfolgung legitimer Eigeninteressen ermöglichen soll[468], zu gewährleisten, verfügen die Kommanditisten, die in der personenidentischen GmbH & Co. KG zugleich Gesellschafter der Komplementär-GmbH sind, über das funktionsgebundene Kontroll- und Informationsrecht gemäß § 166 HGB[469] hinaus gemäß § 51a Abs. 1, 3 GmbHG über ein umfassendes und zweckgebundenes Auskunfts- und Einsichtsrecht zu allen

465 *W. Müller*, in: Prinz / W.-D. Hoffmann (Hrsg.), Beck'sches Hdb. PersG, 4. Aufl., 2014, § 4, Rn. 111; *Haas*, in: FS Konzen, 2006, S. 157, 162 ff.; *K. Schmidt*, GesR, 4. Aufl., 2002, § 21 III 1 a) (S. 624 f.).

466 *Zöllner*, in: Baumbach / Hueck, GmbHG, 20. Aufl., 2013, § 51a, Rn. 29; *Haas*, in: FS Konzen, 2006, S. 157, 163.

467 *Zöllner*, in: Baumbach / Hueck, GmbHG, 20. Aufl., 2013, § 51a, Rn. 20, 29; *K. Schmidt*, in: Scholz (Hrsg.), GmbHG, 11. Aufl., 2015, § 51a, Rn. 1.

468 *Roth*, in: Roth / Altmeppen, GmbHG, 8. Aufl., 2015, § 51a, Rn. 3.

469 *Binz / Sorg*, GmbH & Co. KG, 11. Aufl., 2010, § 5, Rn. 84, 93; *K. Schmidt*, GesR, 4. Aufl., 2002, § 53 III 3 a) (S. 1540 f.).

Angelegenheiten der Gesellschaft,[470] welche für die sachgemäße Wahrnehmung seiner Mitgliedschaftsrechte wesentlich sind.[471]

Mit Eröffnung des Insolvenzplanverfahrens besteht dieses Auskunfts- und Informationsrecht der Gesellschafter zwar grundsätzlich fort.[472] Es wird jedoch sowohl allgemein durch die neue Situation des in Eigenverwaltung eröffneten Insolvenzplanverfahrens als auch abhängig von der konkreten Einbeziehung der Gesellschafterrechte in den Insolvenzplan beeinflusst[473]: Das Informationsrecht der Gesellschafter ist an die veränderten Umstände und Aufgaben der Gesellschafter bzw. der Gesellschafterversammlung im eröffneten Insolvenzplanverfahren anzupassen.[474] Ordnet das Insolvenzgericht in dem Beschluss über die Eröffnung des Insolvenzverfahrens die Eigenverwaltung an, ist der Schuldner berechtigt, unter der Aufsicht eines Sachwalters die Insolvenzmasse zu verwalten und über sie zu verfügen (§ 270 Abs. 1 S. 1 InsO). § 276a S. 1 InsO trifft darüber hinaus eine Regelung für das Innenverhältnis der Gesellschafter, indem die Regelung den Einfluss von Überwachungsorganen auf die Geschäftsführung der schuldnerischen Gesellschaft

---

470 Dieses erstreckt sich nach überzeugender und herrschender Meinung auch auf die Angelegenheiten der KG, vgl. *BGH*, Urt. v. 11.07.1988 – II ZR 346/87 = WM 1988, 1447 (*obiter dictum*); *OLG Hamm*, Urt. v. 6.02.1986 – 8 W 52/85 = NJW 1986, 1693; *KG Berlin*, Beschl. v. 23.12.1987 – 2 W 6008/87 = GmbHR 1988, 221; *OLG Düsseldorf*, Beschl. v. 2.03.1990, 17 W 40 und 43/89 = GmbHR 1991, 18; *OLG Karlsruhe*, Beschl. v. 8.05.1998 – 4 W 46/98 = GmbHR 1998, 691; *Gummert*, in: Gummert / Weipert (Hrsg.), Münchener Hdb. GesR, Bd. 2, 4. Aufl., 2014, § 50, Rn. 85; *Römermann*, in: Michalski (Hrsg.), GmbHG, 2. Aufl., 2010, § 51a, Rn. 41; *Roth*, in: Baumbach / Hopt, HGB, 36. Aufl., 2014, Anh. § 177a, Rn. 25; *ders.*, in: Roth / Altmeppen, GmbHG, 8. Aufl., 2015, § 51a, Rn. 44; a.A. *Zöllner*, in: Baumbach / Hueck, GmbHG, 20. Aufl., 2013, § 51a, Rn. 19, der ein Einsichtsrecht der GmbH-Gesellschafter in die Bücher und Schriften der KG ablehnt; *Binz / Sorg*, GmbH & Co. KG, 11. Aufl., 2010, § 5, Rn. 100 ff., die den Wertungswiderspruch einer Anwendung von § 51a GmbHG auf die Unterlagen der KG anhand einer sog. Einheitsgesellschaft aufzeigen.

471 Das Informationsrecht wird durch das Informationsbedürfnis der Kommanditisten gleichzeitig begründet und begrenzt, vgl. *Roth*, in: Baumbach / Hopt, HGB, 36. Aufl., 2014, § 166, Rn. 11; vgl. auch *Hekschen*, in: Reul / Hekschen (Hrsg.), Insolvenzrecht in der Gestaltungspraxis, 2012, N, Rn. 36 ff.; *Grunewald*, in: K. Schmidt (Hrsg.), MüKo-HGB, Bd. 3, 3. Aufl., 2012, § 166, Rn. 12; *Schilling*, in: Staub, HGB, Bd. 4, 5. Aufl., 2015, § 166, Rn. 2; vgl. auch *Binz / Sorg*, GmbH & Co. KG, 11. Aufl., 2010, § 5, Rn. 93 f.; *Lutz*, Gesellschafterstreit, 4. Aufl., 2015, Rn. 429.

472 *Haas / Kolmann / Pauw*, in: Gottwald (Hrsg.), InsR-Hdb., 5. Aufl., 2015, § 92, Rn. 333; *Thole*, GesR Maßn. in der Insolvenz, 2. Aufl., 2015, Rn. 113; so auch vor den Änderungen durch das ESUG, vgl. *OLG Hamm*, Beschl. v. 25.10.2001 – 15 W 118/01 = NZG 2002, 178, 179; *Robrecht*, GmbHR 2002, 692 ff.

473 *Haas*, NZG 2012, 961, 963; bereits vor den Änderungen durch das ESUG *ders.*, in: FS Konzen, 2006, S. 157, 162 ff.; *Thole*, GesR Maßn. in der Insolvenz, 2. Aufl., 2015, Rn. 112 ff.

474 *OLG Hamm*, Beschl. v. 25.10.2001 – 15 W 118/01 = NZG 2002, 178, 180.

ausschließt.[475] Mit Eröffnung des Insolvenzverfahrens und Anordnung der Eigenverwaltung obliegt die Überwachung der Geschäftsführung des Schuldners nicht länger den Gesellschaftern, sondern neben dem Sachwalter und dem Insolvenzgericht allein den Gläubigerorganen, dem Gesellschafterausschuss und der Gläubigerversammlung.[476] Neben allgemeinen Informationsrechten werden die Kontrollrechte der Gesellschafter daher insoweit ausgeschlossen[477], als die Geschäftsführung ihr Handeln auf den Insolvenzzweck auszurichten hat und zugunsten der Gesellschafter durch eine Fortgeltung der Rechte kein unnötiges Blockadepotenzial geschaffen werden darf.[478] Da § 276a S. 1 InsO nur insoweit gelten kann, als die Insolvenzmasse betroffen ist, kann ein individuelles Auskunftsrecht des Gesellschafters jedoch auch im eröffneten Insolvenzplanverfahren fortbestehen, wenn die begehrte Auskunft der Vorbereitung einer Stimmabgabe dient und sich auf solche Belange bezieht, in denen die Gesellschafter noch zuständig sind (Schuldnerbereich).[479] Das Auskunftsrecht nach § 51a GmbHG ist daher beschränkt auf den masseneutralen Schuldnerbereich. Vorgänge aus der Zeit nach der Eröffnung des Insolvenzverfahrens können dementsprechend regelmäßig nicht Gegenstand der Auskunftspflicht sein.[480]

c) *Austrittsrecht*

Um den Gesellschafter in seiner persönlichen und wirtschaftlichen Bewegungsfreiheit nicht unerträglich zu beschränken[481], besteht ein gesellschaftsrechtliches Austrittsrecht als zwingendes und unverzichtbares Mitgliedschaftsrecht[482] und Ausprägung

---

475 *Landfermann*, in: Kreft (Hrsg.), HK-InsO, 7. Aufl., 2014, § 276a, Rn. 2 f.; *Pape*, in: Kübler u.a. (Hrsg.), InsO, Lb, 49. Lfg. (07/2012), § 276a, Rn. 1; *Undritz*, in: K. Schmidt (Hrsg.), InsO, 18. Aufl., 2013, § 276a, Rn. 2; *Foltis*, in: Wimmer (Hrsg.), FK-InsO, 8. Aufl., 2015, § 276a, Rn. 2 ff.

476 *Bierbach*, in: Kübler (Hrsg.), HRI, 2. Aufl., 2015, § 11, Rn. 160; *Undritz*, in: K. Schmidt (Hrsg.), InsO, 18. Aufl., 2013, § 276a, Rn. 2.

477 *Undritz*, in: K. Schmidt (Hrsg.), InsO, 18. Aufl., 2013, § 276a, Rn. 2; *Hirte/Knof/Mock*, DB 2011, 693, 697; *Klöhn*, NZG 2013, 81, 86.

478 RegE ESUG, BR-Drucks. 127/11, S. 65; vgl. auch *Landfermann*, in: Kreft (Hrsg.), HK-InsO, 7. Aufl., 2014, § 276a, Rn. 8; *Undritz*, in: K. Schmidt (Hrsg.), InsO, 18. Aufl., 2013, § 276a, Rn. 2.

479 *Landfermann*, in: Kreft (Hrsg.), HK-InsO, 7. Aufl., 2014, § 276a, Rn. 8; *Thole*, GesR Maßn. in der Insolvenz, 2. Aufl., 2015, Rn. 114.

480 *Thole*, GesR Maßn. in der Insolvenz, 2. Aufl., 2015, Rn. 114; vgl. auch *Robrecht*, GmbHR 2002, 692, 693.

481 *BGH*, Urt. v. 19.01.1967 – II ZR 27/65 = BB 1967, 309, Rz. 14; *C. Hofmann*, Minderheitsschutz im GesR, 2011, S. 476.

482 Terminologie eingeführt durch *K. Schmidt*, GesR, 4. Aufl., 2002, § 16 III 3 (S. 470) (m.w.N. in Fn. 86); vgl. auch *Schäfer*, in: Staub, HGB, Bd. 3, 5. Aufl., 2009, § 119, Rn. 39.

der negativen Vereinigungsfreiheit (Art. 9 Abs. 1 GG).[483] Die gemeinhin bestehende enge gesellschafterliche Bindung in Personengesellschaften bewirkt für den Fall des Vorliegens eines wichtigen Grunds, auch in der GmbH & Co. KG, dass die gesellschaftlichen Interessen – beispielsweise an der Vermeidung eines Kapitalabflusses aus der Gesellschaft – hinter den Belangen des Gesellschafters zurücktreten müssen.[484] Nimmt der Gesellschafter sein Recht zur ordentlichen Kündigung wahr (§§ 161 Abs. 2, 131 Abs. 3 S. 1 Nr. 3 HGB)[485] oder tritt aus wichtigem Grund aus der Gesellschaft aus[486], steht diesem ein Anspruch auf Auszahlung des Abfindungsguthabens zu (vgl. §§ 161 Abs. 2, 105 Abs. 3 HGB i.V.m. § 738 Abs. 1 S. 2 BGB). Der Anspruch des Gesellschafters berechnet sich nach dem Gesetzeswortlaut auf das, „was er bei der Auseinandersetzung erhalten würde, wenn die Gesellschaft zur Zeit seines Ausscheidens aufgelöst worden wäre", was den anteiligen wirklichen Wert am fortgesetzten Unternehmen widerspiegelt.[487] Der Abfindungsanspruch wird als „typisches Rechtsinstitut des Minderheits- und Anlegerschutzrechts"[488] bewertet und stellt einen Grundbestandteil der Mitgliedschaft dar.[489]

Die Höhe des Abfindungsanspruchs im Falle des Austrittsrechts eines (Alt-) Gesellschafters infolge gesellschaftsrechtlicher Maßnahmen nach § 225a Abs. 2, 3 InsO wird durch § 225a Abs. 5 InsO spezialgesetzlich geregelt.[490] Die Frage, ob eine bestimmte Maßnahme ein entsprechendes Austrittsrecht begründet, bleibt

483 *BVerfG*, Beschl. v. 19.01.2001 – 1 BvR 1759/91 = NJW 2001, 2617; *BVerfG*, Urt. v. 10.03.1992 – 1 BvR 454/91 u.a. = NJW 1992, 1373; *BVerfG*, Beschl. v. 18.12.1974 – 1 BvR 430/65 und 259/66 = NJW 1975, 1265; vgl. auch *Haas*, in: Kreft (Hrsg.), HK-InsO, 7. Aufl., 2014, § 225a, Rn. 15; *ders.*, NZG 2012, 961, 965; *H.-F. Müller*, Verband in der Insolvenz, 2002, S. 364 ff.; *Prusko*, Gesellschafterstellung in der Insolvenz, 2013, S. 103; *Thole*, GesR Maßn. in der Insolvenz, 2. Aufl., 2015, Rn. 287.

484 Vgl. *Haas*, NZG 2012, 961, 966; *C. Hofmann*, Minderheitsschutz im GesR, 2011, S. 484 ff., 491 ff.

485 *C. Hofmann*, Minderheitsschutz im GesR, 2011, S. 475.

486 Für Kommanditgesellschaften, vgl. *BGH*, Urt. v. 19.12.1974 – II ZR 27/73 = BGHZ 63, 338, 346; *BGH*, Urt. v. 12.05.1977, II ZR 89/75 = BGHZ 69, 160, 162; *BGH*, Urt. v. 11.12.1978 – II ZR 41/78 = NJW 1979, 765; *BGH*, Urt. v. 22.01.1979 – II ZR 178/77 = BGHZ 73, 294, 300; vgl. auch *C. Hofmann*, Minderheitsschutz im GesR, 2011, S. 484 ff.

487 *W. Müller*, in: Prinz / W.-D. Hoffmann (Hrsg.), Beck'sches Hdb. PersG, 4. Aufl., 2014, § 4, Rn. 166; *Heinrich*, in: Reichert (Hrsg.), GmbH & Co. KG, 7. Aufl., 2015, § 32, Rn. 2, 4; *C. Hofmann*, Minderheitsschutz im GesR, 2011, S. 479, 491; *Binz / Sorg*, GmbH & Co. KG, 11. Aufl., 2010, § 6, Rn. 141 ff.

488 *Wiedemann*, ZGR 1978, 477, 484.

489 *C. Hofmann*, Minderheitsschutz im GesR, 2011, S. 484 ff., 491 ff.

490 *Andres*, in: Andres u.a., InsO, 3. Aufl., 2014, § 225a, Rn. 9; *Eidenmüller*, in: Kirchhof u.a. (Hrsg.), MüKo-InsO, Bd. 3, 3. Aufl., 2014, § 225a, Rn. 115 f.; *Haas*, in: Kreft (Hrsg.), HK-InsO, 7. Aufl., 2014, § 225a, Rn. 30; *ders.*, NZG 2012, 961, 966; *Thole*, GesR Maßn. in der Insolvenz, 2. Aufl., 2015, Rn. 287, 289.

demgegenüber eine Frage des anwendbaren Gesellschaftsrechts.[491] Das Austrittsrecht trägt dem Umstand Rechnung, dass die Durchführung von Maßnahmen nach § 225a Abs. 2, 3 InsO zu einem Wechsel im Kreis der Gesellschafter führen kann. Es besteht regelmäßig erst mit rechtskräftiger Planbestätigung in dem Zeitpunkt, zu dem die entsprechenden Maßnahmen wirksam werden.[492] Denkbar bleibt es zugleich, den wichtigen Grund bereits dann zu bejahen, wenn die Maßnahme nur droht, aber noch nicht verbindlich ist, sofern der zur Abstimmung gestellte Planinhalt einen Verbleib in der Gesellschaft bereits zu diesem Zeitpunkt unzumutbar macht.[493]

Stellt eine im Plan vorgesehene Sanierungsmaßnahme für den Gesellschafter einen wichtigen Grund zum Austritt aus der Gesellschaft dar, richtet sich dessen Abfindungsanspruch – im Falle des Austritts – nach dem Liquidationswert des Gesellschaftsvermögens (§ 225a Abs. 5 S. 1 InsO).[494] Gerade in personalistisch strukturierten Gesellschaften kann durch die Aufnahme der Gläubiger in den Gesellschafterkreis im Rahmen des Debt Equity Swap, aus Sicht der bisherigen Gesellschafter, ein wichtiger Grund zum Austritt bestehen.[495] Um dem Spannungsverhältnis zu § 225a Abs. 4 InsO Rechnung zu tragen, wonach den Vertragspartnern zugemutet wird, die Vertragsbeziehung auch nach erfolgter Strukturänderung fortzusetzen, sind jedoch grundsätzlich strenge Anforderungen an den „wichtigen Grund" zu stellen.[496]

d) Gesellschaftsrechtlicher Gleichbehandlungsgrundsatz

Als Bestandteil der Mitgliedschaft unterliegt der gesellschaftsrechtliche Gleichbehandlungsgrundsatz denselben Einschränkungen, denen die Mitgliedschaft unterliegt.[497] Im Insolvenzplanverfahren ist der Gleichheitsgrundsatz als insolvenzrechtlicher Gleichbehandlungsgrundsatz speziell geregelt und verdrängt damit insoweit den gesellschaftsrechtlichen Gleichbehandlungsgrundsatz, sofern die Anteilseigner in den Plan einbezogen sind.[498] § 226 Abs. 1 InsO legt fest, dass innerhalb

---

491 *Eidenmüller*, in: Kirchhof u.a. (Hrsg.), MüKo-InsO, Bd. 3, 3. Aufl., 2014, § 225a, Rn. 116; *Spliedt*, in: K. Schmidt (Hrsg.), InsO, 18. Aufl., 2013, § 225a, Rn. 40; *Hirte*, in: Uhlenbruck u.a. (Hrsg.), InsO, 14. Aufl., 2015, § 225a, Rn. 51; a.A. *Haas*, NZG 2012, 961, 965 f., der eine vollständige Verdrängung des gesellschaftsrechtlichen Austrittsrechts infolge der spezielleren Regelung in § 225a Abs. 5 S. 1 InsO annimmt; mit dem gleichen Ergebnis *H.-F. Müller*, KTS 2012, 419, 425.

492 *Eidenmüller*, in: Kirchhof u.a. (Hrsg.), MüKo-InsO, Bd. 3, 3. Aufl., 2014, § 225a, Rn. 116; *Thole*, GesR Maßn. in der Insolvenz, 2. Aufl., 2015, Rn. 289.

493 *Thole*, GesR Maßn. in der Insolvenz, 2. Aufl., 2015, Rn. 289.

494 *Thole*, GesR Maßn. in der Insolvenz, 2. Aufl., 2015, Rn. 289 ff.

495 BT-Drucks. 17/7511, S. 36; *Hölzle*, in: Kübler (Hrsg.), HRI, 2. Aufl., 2015, § 31, Rn. 11.

496 *Haas*, NZG 2012, 961, 966.

497 *Thole*, GesR Maßn. in der Insolvenz, 2. Aufl., 2015, Rn. 273 f.; zum Grundsatz der Gleichbehandlung in der Personengesellschaft, vgl. § 2.B.III.1.d).

498 *Eidenmüller*, in: Kirchhof u.a. (Hrsg.), MüKo-InsO, Bd. 3, 3. Aufl., 2014, § 225a, Rn. 78; *ders.*, NJW 2014, 17, 18; *Haas*, NZG 2012, 961, 965; *Thole*, GesR Maßn. in der Insolvenz, 2. Aufl., 2015, Rn. 273 f., 279.

jeder Gruppe den Beteiligten gleiche Rechte anzubieten sind. Der Grundsatz ist gewahrt, solange für sämtliche Beteiligte einer Gruppe dieselbe Regelung gilt.[499] Eine unterschiedliche Behandlung innerhalb einer Gruppe bleibt möglich, sofern der betroffene Beteiligte zustimmt, § 226 Abs. 2 S. 1 InsO. Zudem spricht § 226 Abs. 1 InsO ausdrücklich von dem Angebot „gleiche[r] Rechte", womit wirtschaftliche Ungleichbehandlungen möglich bleiben. Gegen ein derartiges Verbot würden darüber hinaus Schwierigkeiten bei der Feststellung einer Gleichstellung sprechen, die jedenfalls zu ungewollten zeitlichen Verzögerungen des Planverfahrens führen würden.[500] Eine beabsichtigte Differenzierung zwischen den zugedachten Rechten innerhalb einer Gruppe ist nur möglich, soweit gemäß § 222 Abs. 2 InsO verschiedene Untergruppen gebildet werden. Dass nicht beliebig eigene Gruppen für die Minderheitsgesellschafter gebildet werden, um infolge bestehender Mehrheitsmacht Sanierungsopfer einseitig zulasten der Minderheit zu verteilen, soll die Gleichbehandlungspflicht in Verbindung mit dem Verbot einer willkürlichen Gruppenbildung sicherstellen (vgl. §§ 222, 226 InsO).[501]

Ergänzend darf gemäß § 245 Abs. 3 Nr. 2 InsO kein Anteilsinhaber, welcher ohne einen Plan den Anteilsinhabern der Gruppe gleichgestellt wäre, bessergestellt werden als diese. Diesem Verbot liegt zum einen das Szenario zugrunde, dass Gesellschafter, welche die gleiche gesellschaftsrechtliche Stellung einnehmen[502], in unterschiedliche Plangruppen eingeteilt werden. Zum anderen kann der Plan Eingriffe in die Anteils- und Mitgliedschaftsrechte nur bei einem Teil der Gesellschafter vorsehen, welche die gleiche gesellschaftliche Stellung einnehmen, wodurch der übrige Teil der Gesellschafter nicht stimmberechtigt ist und bei der Abstimmung über den Plan außen vor bleibt (*arg ex* § 222 Abs. 1, S. 2 Nr. 4 InsO).[503] Der angemessenen Beteiligung wird in diesen Fällen Rechnung getragen, wenn kein Gesellschafter bzw. Gläubiger mehr als den Wert seiner Forderungen erhält und die Gesellschafter untereinander gleichgestellt sind.[504]

Uneinigkeit herrscht über die Frage, ob § 245 Abs. 3 Nr. 2 InsO tatsächlich jede Differenzierung zwischen den Anteilsinhabern – auch der Durchsetzung des Plans dienende Bagatellregelungen – verbietet. Relevanz kommt dieser Frage ebenfalls

---

499 *Haas*, in: Kreft (Hrsg.), HK-InsO, 7. Aufl., 2014, § 226, Rn. 2; *Thies*, in: A. Schmidt (Hrsg.), HHK-InsO, 5. Aufl., 2015, § 226, Rn. 2; *Spliedt*, in: K. Schmidt (Hrsg.), InsO, 18. Aufl., 2013, § 226, Rn. 2.

500 *Spahlinger*, in: Kübler u.a. (Hrsg.), InsO, Lb, 55. Lfg. (10/2013), § 226, Rn. 5; *Thies*, in: A. Schmidt (Hrsg.), HHK-InsO, 5. Aufl., 2015, § 226, Rn. 2; *Spliedt*, in: K. Schmidt (Hrsg.), InsO, 18. Aufl., 2013, § 226, Rn. 2; a.A. *Breuer*, in: Kirchhof u.a. (Hrsg.), MüKo-InsO, Bd. 3, 3. Aufl., 2014, § 226, Rn. 8.

501 Vgl. nur *Madaus*, ZIP 2014, 500, 506.

502 Maßgeblich ist im Rahmen des § 245 Abs. 3 Nr. 2 InsO die rechtliche Gleichstellung, vgl. RegE ESUG, BT-Drucks. 17/5712, S. 34; vgl. auch *Thies*, in: A. Schmidt (Hrsg.), HHK-InsO, 5. Aufl., 2015, § 245, Rn. 17.

503 *Jaffé*, in: Wimmer (Hrsg.), FK-InsO, InsO, 8. Aufl., 2015, § 245, Rn. 37.

504 *Spliedt*, in: K. Schmidt (Hrsg.), InsO, 18. Aufl., 2013, § 226, Rn. 2.

im Hinblick auf das Vorliegen eines abschließend geregelten insolvenzrechtlichen Gleichbehandlungsschutzes zu, der einen Rückgriff auf den gesellschaftsrechtlichen Gleichbehandlungsgrundsatz verbieten würde.[505] Teilweise wird davon ausgegangen, dass dem Plan dienende Maßnahmen, die sich zur Durchführung der materiellen Ziele des Plans als hilfreich erweisen und für die Nicht-Anteilseigner keine Wesentlichkeit besitzen (Bagatellregelungen)[506], nicht unter die Regelung des § 245 Abs. 3 Nr. 2 InsO fallen.[507] Im Sinne eines erfolgreichen Planverfahrens soll es daher möglich sein, kleinbeteiligten Anteilsinhabern, für die gemäß § 222 Abs. 3 InsO eine eigene Gruppe gebildet werden kann, bessere Konditionen, die den Charakter von Bagatellregelungen nicht überschreiten, anzubieten, um sich deren Zustimmung „billig zu [er]kaufen“[508]. Die Gegenauffassung anerkennt indessen keinen Raum für (auch nur bagatellartige) Ungleichbehandlungen.[509] Soweit es ihre Anteilsrechte betrifft, müssen Gesellschafter gleichgestellt werden, wobei die Zugehörigkeit zu verschiedenen Gruppen nicht von Bedeutung sei. Ein taktischer Einsatz besonders hoher Quoten zur Gewinnung der Zustimmung der kleinbeteiligten Gesellschafter soll damit durch die übrigen Gruppen zum Scheitern gebracht werden können.[510] Dem entspricht auch der Wortlaut des § 245 Abs. 3 Nr. 2 InsO, welcher keine Differenzierung in Bezug auf die Gruppe der kleinbeteiligten Gesellschafter vorsieht. In der Gesetzesbegründung zu § 245 Abs. 3 Nr. 2 InsO wird ausdrücklich das Beispiel angeführt, dass Angehörige einer Gruppe der geringfügig beteiligten Anteilsinhaber (§ 222 Abs. 3 S. 2 InsO) nach dem Plan mehr bekommen sollen als die übrigen, rechtlich gleichstehenden Anteilsinhaber.[511] Eine derartige Ungleichbehandlung ist zwar möglich, für diesen Fall soll die fehlende Zustimmung der Gruppe dieser übrigen Anteilsinhaber jedoch gerade nicht durch das Obstruktionsverbot überwunden werden können. Allein ein derartiges Verständnis vermag dem Problem einer taktischen Umgehung der unterschiedlichen Behandlung in den Grenzen des § 222 InsO entgegenzuwirken und steht mit dem auf Minderheitenschutz gerichteten Charakter des § 245 Abs. 3 InsO in Einklang. Im Ergebnis ist daher der zweiten Auffassung, die umfassenden Schutz vor Ungleichbehandlung

505 *Thole*, GesR Maßn. in der Insolvenz, 2. Aufl., 2015, Rn. 278.

506 *Braun / Frank*, in: Braun (Hrsg.), InsO, 6. Aufl., 2014, § 245, Rn. 21.

507 *Braun / Frank*, in: Braun (Hrsg.), InsO, 6. Aufl., 2014, § 245, Rn. 21; *Spliedt*, in: K. Schmidt (Hrsg.), InsO, 18. Aufl., 2013, § 245, Rn. 30.

508 *Jaffé*, in: Wimmer (Hrsg.), FK-InsO, 8. Aufl., 2015, § 245, Rn. 38; vgl. auch RegE ESUG, BT-Drucks. 17/5712, S. 35 f.

509 *Hölzle*, in: Kübler (Hrsg.), HRI, 2. Aufl., 2015, § 31, Rn. 33; *Thies*, in: A. Schmidt (Hrsg.), HHK-InsO, 5. Aufl., 2015, § 245, Rn. 17; *Jaffé*, in: Wimmer (Hrsg.), FK-InsO, 8. Aufl., 2015, § 245, Rn. 36 ff.; *Thole*, GesR Maßn. in der Insolvenz, 2. Aufl., 2015, Rn. 277 f.; vgl. auch *Simon / Merkelbach*, NZG 2012, 121, 127 f.

510 Zum taktischen Einsatz hoher Quoten gegenüber den kleinbeteiligten Gesellschaftern bzw. Gläubigern, vgl. *Thies*, in: A. Schmidt (Hrsg.), HHK-InsO, 5. Aufl., 2015, § 222, Rn. 2, § 245, Rn. 15, 17.

511 RegE ESUG, BR-Drucks. 127/11, S. 49.

sichert, zu folgen. Der Gleichbehandlungsgrundsatz ist folglich durch die Regelungen der InsO abschließend geregelt, weshalb kein Raum für den gesellschaftsrechtlichen Gleichbehandlungsgrundsatz verbleibt.[512]

e) *Gesellschaftsrechtlicher Rechtsschutz*

Werden gesellschaftsrechtliche Regelungen nach § 225a Abs. 2, 3 InsO im Insolvenzplan getroffen, sind die sonst notwendigen Mitwirkungshandlungen der Gesellschafter nicht erforderlich.[513] Der im Gesellschaftsrecht zur Verfügung stehende Schutz vor ungewollten Eingriffen in das Anteils- und Mitgliedschaftsrecht, insbesondere durch die eigene Gegenstimme in der Beschlussfassung, wird von insolvenzrechtlichen Spezialregelungen verdrängt.[514] Der den Gesellschaftern außerhalb des Insolvenzverfahrens zur Verfügung gestellte gesellschaftsrechtliche Rechtsschutz gegen fehlerhafte Beschlüsse, insbesondere in Form der Feststellungsklage gemäß § 256 ZPO[515], steht den Gesellschaftern im Insolvenzplanverfahren nicht zur Verfügung. Da § 6 Abs. 1 S. 1 InsO andere als die in der InsO vorgesehenen Rechtsmittel ausdrücklich ausschließt, verbleibt dem (Minderheits-)Gesellschafter gegen die Entscheidungen des Insolvenzgerichts vorwiegend die Möglichkeit der sofortigen Beschwerde (§ 253 InsO), die an die Stelle des gesellschaftsrechtlichen Schutzes tritt.[516]

Der Ablehnung spezifisch gesellschaftsrechtlicher Rechtsschutzinstrumente muss sich die Frage anschließen, inwieweit den Gesellschaftern das allgemeine zivilprozessuale Instrumentarium im Insolvenzplanverfahren jedenfalls mit dem Ziel zur Verfügung steht, andere Beteiligte des Insolvenzplanverfahrens zu einem bestimmten Verhalten zu zwingen und das Zustandekommen des Insolvenzplans auf diese Weise zu verhindern.[517] Über die Frage der Statthaftigkeit eines neben dem Planverfahren laufenden gerichtlichen Vorgehens über Fragen von Belang für das

---

512 Vgl. nur *Eidenmüller*, NJW 2014, 17, 18.

513 RegE ESUG, BT-Drucks. 17/5712, S. 30.

514 *Burmeister/Schmidt-Hern*, in: Kübler (Hrsg.), HRI, 2. Aufl., 2015, § 43, Rn. 224 ff.; *Haas*, NZG 2012, 961, 965; *Landfermann*, WM 2012, 821, 827; *H.-F. Müller*, KTS 2012, 419, 436; *Rattunde*, GmbHR 2012, 455, 459; *K. Schmidt*, BB 2011, 1603, 1609; *Zarzitzky*, Reform des Insolvenzplanverfahrens, 2014, S. 68.

515 Vgl. *BGH*, Urt. v. 7.06.1999 – II ZR 278/89 = NJW 1999, 3113; *Koller*, in: Koller u.a., HGB, 8. Aufl., 2015, § 119, Rn. 15; *Stengel*, in: Prinz/W.-D. Hoffmann (Hrsg.), Beck'sches Hdb. PersG, 4. Aufl., 2014, § 3, Rn. 468; *Schäfer*, in: Staub, HGB, Bd. 3, 5. Aufl., 2009, § 119, Rn. 91; *Haas*, NZG 2012, 961, 965; *Wiedemann*, GesR, Bd. I, 1980, § 8 IV 2 (S. 465); a.A. *K. Schmidt*, GesR, 4. Aufl., 2002, § 16 II 4 b) (S. 463) und § 15 II 3 (S. 447 ff.), der auch für Personengesellschaften von der Möglichkeit der Anfechtung des Mehrheitsbeschlusses ausgeht.

516 *Spliedt*, in: K. Schmidt (Hrsg.), InsO, 18. Aufl., 2013, § 225a Rn. 35; *Frauer*, Grenzen des Eingriffs, 2014, S. 75 f.; *Haas*, NZG 2012, 961, 965; *Landfermann*, WM 2012, 821, 827; vgl. auch *Smid/Rattunde/Martini*, Insolvenzplan, 4. Aufl., 2015, Rn. 20.1 ff., 21.1 ff.

517 *Burmeister/Schmidt-Hern*, in: Kübler (Hrsg.), HRI, 2. Aufl., 2015, § 43, Rn. 225 ff.

Insolvenzverfahren hatte erstinstanzlich das LG Frankfurt / M. zu entscheiden.[518] Die Verfügungsklägerin beantragte im Wege des einstweiligen Rechtsschutzes, es der Verfügungsbeklagten zu untersagen, in der Gläubigerversammlung des Insolvenzverfahrens über das Vermögen der schuldnerischen Gesellschaft (*Suhrkamp Verlag GmbH & Co. KG*) für die Annahme eines Insolvenzplans zu stimmen. Das LG Frankfurt / M. hatte in seiner Entscheidung vom 10. September 2013 den Antrag der Verfügungsklägerin auf Untersagung der positiven Stimmabgabe für den zur Abstimmung gestellten Insolvenzplan bejaht und dem Begehren der Verfügungsklägerin, der Verfügungsbeklagten die Zustimmung zum Insolvenzplan im Wege des einstweiligen Rechtsschutzes zu untersagen, entsprochen. In seiner Begründung führte es an, die Mehrheitsgesellschafterin bezwecke mit der Durchsetzung des Insolvenzplans allein die Entmachtung des Minderheitsgesellschafters und handele demgemäß treuwidrig. Das LG Frankfurt / M. sah sowohl das Sicherungsbedürfnis der Verfügungsklägerin als auch den Handlungsbedarf, insbesondere in zeitlicher Hinsicht, als gegeben an.[519]

Das OLG Frankfurt / M. hingegen hat in seinem Berufungsbeschluss vom 1. Oktober 2013 das Rechtsschutzbegehren der Verfügungsklägerin für unzulässig erklärt[520] und damit der Beeinflussung des Ablaufs des Insolvenzverfahrens durch am Insolvenzverfahren nicht beteiligte dritte Gerichte eine Absage erteilt.[521] Seine Entscheidung begründete das OLG Frankfurt / M. insbesondere mit dem abschließenden Charakter der InsO nach der Eröffnung des Insolvenzverfahrens.[522] Die Zulassung einer präventiven Einwirkung mittels einstweiliger Verfügung würde die Regelungen der InsO unterlaufen und zur Öffnung von „Nebenkriegsschauplätzen"[523] führen, die nicht unter der Aufsicht des Insolvenzgerichts stünden und eine zeitliche sowie rein tatsächliche Belastung des Planverfahrens bewirken würden. Insgesamt stünde die Möglichkeit der Untersagung einer positiven Stimmabgabe zum Insolvenzplan im Wege des einstweiligen Rechtsschutzes demnach im Widerspruch zur Zielvorstellung des Gesetzgebers, einen möglichst ungehinderten Verfahrensgang zu ermöglichen und das gesellschafterliche Blockadepotenzial abzubauen.[524]

---

518 *LG Frankfurt / M.*, Urt. v. 10.09.2013 – 3-09 O 96/13 = NZI 2013, 986.

519 *LG Frankfurt / M.*, Urt. v. 10.09.2013 – 3-09 O 96/13 = NZI 2013, 986; zur Entscheidung *Thole*, ZIP 2013, 1937, 1942.

520 *OLG Frankfurt / M.*, Beschl. v. 1.10.2013 – 5 U 145/13 = NZI 2013, 978; zur Entscheidung *Paul*, ZInsO 2014, 636, 637 f.

521 Zur Entscheidung des OLG Frankfurt / M. *Brünkmans*, ZInsO 2014, 993 ff.; *D. Lang / Muschalle*, NZI 2013, 953 ff.; ausführlich zur (Fehl-)Entscheidung des LG Frankfurt / M., *Thole*, ZIP 2013, 1937, 1941 ff.; vgl. auch *Haas*, in: Kreft (Hrsg.), HK-InsO, 7. Aufl., 2014, § 225a, Rn. 8; *Burmeister / Schmidt-Hern*, in: Kübler (Hrsg.), HRI, 2. Aufl., 2015, § 43, Rn. 225 ff.; *Möhlenkamp*, BB 2013, 2828, 2830; *H.-F. Müller*, DB 2014, 41, 45; *Pape*, ZInsO 2013, 2129, 2136; *Stöber*, ZInsO 2013, 2457, 2463 f.

522 *OLG Frankfurt / M.*, Beschl. v. 1.10.2013 – 5 U 145/13 = NZI 2013, 978, Rz. 8.

523 *D. Lang / Muschalle*, NZI 2013, 953, 957; *Thole*, ZIP 2013, 1937, 1941.

524 *OLG Frankfurt / M.*, Beschl. v. 1.10.2013 – 5 U 145/13 = NZI 2013, 978, Rz. 13.

Der Auffassung des OLG Frankfurt / M. ist – jedenfalls im Ergebnis – zuzustimmen. Die Zulassung derartiger Rechtsschutzbegehren hätte faktisch zwar keine Sperre des Planverfahrens zur Folge, würde jedoch erhebliche Unsicherheiten schüren. Mangels allseitiger Rechtskraftwirkungen könnte beispielsweise das Szenario wechselseitiger einstweiliger Verfügungen mit unterschiedlichen Inhalten entstehen.[525] In einem ähnlichen Fall der versuchten Beeinflussung eines gerichtlichen Verfahrens, auf welches sich auch das OLG Frankfurt / M. bezieht, hat der BGH bereits entschieden, dass einem derartigen gerichtlichen Vorgehen das Rechtsschutzbedürfnis fehlt.[526] Der BGH stellte insofern klar, dass auf den Ablauf eines rechtsstaatlich geregelten Verfahrens durch die Geltendmachung behaupteter Unterlassungsansprüche eines Verfahrensbeteiligten, vor mit dem eigentlichen Verfahren nicht befassten Gerichten, kein Einfluss genommen werden darf. Jede andere Entscheidung würde im geschlossenen System des Insolvenzplanverfahrens einer schnellen und konzentrierten Sanierung entgegenstehen. Die vom OLG Frankfurt / M. nicht zu entscheidende Frage, ob und inwieweit im eröffneten Insolvenzplanverfahren überhaupt ein Verstoß gegen die gesellschaftsrechtliche Treuepflicht denkbar ist, lässt sich an dieser Stelle nicht pauschal verneinen.[527] Die Geltung der gesellschaftsrechtlichen Treuepflicht – ausgenommen der bereits im Rahmen der Abstimmung über den Insolvenzplan abgelehnten Bedeutung – bedarf insofern einer Überprüfung des zum Schutz der (Minderheits-)Gesellschafter zur Verfügung stehenden Rechtsschutzes. Vorwegzunehmen bleibt, dass sich ihre Geltung jedenfalls nicht *per se* durch die Veränderung des Gesellschaftszwecks ausschließen lässt, da dieser, wie festgestellt, lediglich überlagert wird.

In seinem kurz darauf ergangenen Beschluss vom 7. Oktober 2013 bestätigte das OLG Frankfurt / M. sein Ergebnis: Durch das LG Frankfurt / M. war der Verfügungsbeklagten im Wege der einstweiligen Verfügung auf Antrag der Verfügungsklägerin u.a. aufgegeben worden, hinsichtlich ihrer Gewinnforderungen gegen die schuldnerische Gesellschaft für die vergangenen Jahre den Rangrücktritt dergestalt zu erklären, dass diese Forderungen in den Rang des § 39 Abs. 2 InsO rücken, hinsichtlich dieser Forderungen die Stundung zu erklären und die Fälligstellung ihrer Gewinnentnahmeforderungen zu unterlassen, um dadurch die treuwidrige Herbeiführung der Insolvenz abzuwenden.[528] Das Berufungsgericht sah eine Verpflichtung der Verfügungsbeklagten zur Abgabe der ihr abgeforderten Rangrücktrittserklärung schon insoweit nicht als gegeben an, als Fragen der Zulässigkeit des Insolvenzantrags

525 *Thole*, ZIP 2013, 1937, 1941.

526 Das *OLG Frankfurt / M.* berief sich in seinem Beschluss auf die Entscheidung des BGH (*BGH*, Urt. v. 15.11.2012 – I ZR 128/11 = NZM 2013, 589), der mit ähnlichen Argumenten eine auf das UWG gestützte Klage gegen die Abgabe des Gebots in einer Zwangsversteigerung für unzulässig erklärt hatte, vgl. *OLG Frankfurt / M.*, Beschl. v. 1.10.2013 – 5 U 145/13 = NZI 2013, 978, Rz. 5 ff.; dazu auch *Böcker*, DZWiR 2014, 331, 335 f.; *H.-F. Müller*, DB 2014, 41, 45.

527 A.A. *Burmeister / Schmidt-Hern*, in: Kübler (Hrsg.), HRI, 2. Aufl., 2015, § 43, Rn. 228.

528 *LG Frankfurt / M.*, Urt. v. 13.08.2013 – 3-09 O 78/13 = NZI 2013, 981.

und einzelner Verfahrenshandlungen der Beteiligten der Entscheidungskompetenz des Insolvenzgerichts bzw. der Zuständigkeit der Rechtsmittelgerichte zuzuordnen seien.[529] Das Prozessgericht hat insoweit die Eröffnung des Insolvenzverfahrens hinzunehmen und die Zuständigkeit des Insolvenzgerichts für die davon erfassten Fragen zu beachten.[530] In Abgrenzung dazu sind weitere, parallel laufende Verfahren vor den ordentlichen Gerichten, deren Entscheidung unabhängig vom laufenden Insolvenzverfahren erfolgt und die nicht nach § 148 ZPO auszusetzen sind, grundsätzlich zulässig.[531]

f) Actio pro socio

Die *actio pro socio* ist ein unverzichtbares, d.h. nicht durch Gesellschaftsvertrag entziehbares Mitgliedschaftsrecht.[532] Sie bezeichnet die Klage des Gesellschafters, mit der dieser im eigenen Namen Ansprüche aus dem Gesellschaftsverhältnis gegen einen Mitgesellschafter auf Leistung an die Gesellschaft geltend macht.[533] Die *actio pro socio* erfasst nur Sozialansprüche[534], worunter insbesondere Ansprüche auf Leistung der Beiträge oder Nachschüsse, Erstattungsansprüche wegen unzulässiger Auszahlungen, Schadensersatzansprüche oder Unterlassungsansprüche zu fassen sind.[535] Sie ist nur dann begründet, wenn die zur Geltendmachung der Sozialansprüche berufenen Geschäftsführer der Gesellschaft das Recht nicht geltend machen können oder wollen, und daher Raum für das Handeln des einzelnen Gesellschafters bleibt.[536] Relevanz kommt der Klage damit gerade in den Fällen zu, in denen die Zuständigkeitsordnung aufgrund von Konflikten, Zerwürfnissen und Mehrheitsverhältnissen in der Gesellschaft nicht funktioniert und daher nicht davon ausgegangen werden kann, dass die

---

529 *OLG Frankfurt/M.*, Beschl. v. 7.10.2013 – 5 U 135/13 = ZInsO 2013, 2162.

530 Vgl. den Verweis auf *BGH*, Urt. v. 22.01.1998 – IX ZR 99/97 = BGHZ 138, 40, Rz. 9.

531 *LG Frankfurt/M.*, Urt. v. 13.11.2013 – 3-03 O 72/12 = NZG 2013, 1427.

532 *Wertenbruch*, in: Ebenroth u.a., HGB, 3. Aufl., 2014, § 105, Rn. 203; *K. Schmidt*, in: Schlegelberger, HGB, Bd. III/1, 5. Aufl., 1992, § 105, Rn. 174; *K. Schmidt*, in: K. Schmidt (Hrsg.), MüKo-HGB, Bd. 2, 3. Aufl., 2011, § 105, Rn. 199; *Wiedemann*, GesR, Bd. I, 1980, § 5 III. 2 b) (S. 271 ff.).

533 *Stengel*, in: Prinz / W.-D. Hoffmann (Hrsg.), Beck'sches Hdb. PersG, 4. Aufl., 2014, § 3, Rn. 100 f.; *Ulmer/Schäfer*, in: Säcker / Rixecker (Hrsg.), MüKo-BGB, Bd. 5, 6. Aufl., 2013, § 705, Rn. 204; *K. Schmidt*, GesR, 4. Aufl., 2002, § 21 IV 1 a) (S. 629 f.).

534 *Roth*, in: Baumbach / Hopt, HGB, 36. Aufl., 2014, § 109, Rn. 32; *Wertenbruch*, in: Ebenroth u.a., HGB, 3. Aufl., 2014, § 105, Rn. 199; *Sprau*, in: Palandt, BGB, 74. Aufl., 2015, § 714, Rn. 9; *Stengel*, in: Prinz / W.-D. Hoffmann (Hrsg.), Beck'sches Hdb. PersG, 4. Aufl., 2014, § 3, Rn. 104; *Ulmer/Schäfer*, in: Säcker / Rixecker (Hrsg.), MüKo-BGB, Bd. 5, 6. Aufl., 2013, § 705, Rn. 210.

535 Vgl. *Ebbing*, in: Michalski (Hrsg.), GmbHG, 2. Aufl., 2010, § 14, Rn. 99.

536 *W. Müller*, in: Prinz / W.-D. Hoffmann (Hrsg.), Beck'sches Hdb. PersG, 4. Aufl., 2014, § 4, Rn. 215.

Gesellschaft die Ansprüche in der gebotenen Weise verfolgt.[537] Die Anwendungsfälle unterstreichen die Funktion der Klage als Minderheitenrecht[538], die jedoch davon abhängig ist, dass ein funktionsfähiges Organ zur Anspruchsdurchsetzung fehlt.[539] Nicht einheitlich wird in diesem Zusammenhang beurteilt, ob die *actio pro socio* als auf Ausnahmefälle beschränkte Notkompetenz des Einzelgesellschafters[540] oder als generelle Befugnis jedes Gesellschafters[541] einzuordnen ist. Einigkeit besteht jedoch dahingehend, dass jedenfalls die gesellschaftsrechtliche Kompetenzverteilung mithilfe der *actio pro socio* als Hilfszuständigkeit nicht umgangen werden darf und diese insofern subsidiär ist.[542] Die Rechtsfähigkeit der Gesamthandsgemeinschaft spricht dafür, dass Sozialansprüche der Gesellschaft primär von dieser selbst, vertreten durch die vertretungsberechtigten Gesellschafter geltend zu machen sind, weshalb ein Vorrang der gesellschaftsrechtlichen Organisation zu bejahen ist. Der Gesellschafter muss im eigenen Namen Klage auf Leistung an die Gesellschaft erheben. Er trägt das Prozesskostenrisiko und kann im Falle der Abweisung der Klage keine Erstattung der Prozesskosten von der Gesellschaft verlangen.[543] Eine Rechtskrafterstreckung

---

537 *Haas*, in: FS Konzen, 2006, S. 157, 164; *Weipert*, in: Ebenroth u.a., HGB, 3. Aufl., 2014, § 163, Rn. 39 f.

538 *Ulmer / Schäfer*, in: Säcker / Rixecker (Hrsg.), MüKo-BGB, Bd. 5, 6. Aufl., 2013, § 705, Rn. 207; *Rob. Fischer*, ZGR 1979, 251, 260 f.; *Haas*, in: FS Konzen, 2006, S. 157, 164; *A. Hueck*, OHG, 4. Aufl., 1971, § 18 II. 3 (S. 266, Fn. 21); *Wiedemann*, GesR, Bd. I, 1980, § 5 III 2 b) (S. 274) und § 8 IV. 1 c) (S. 459); vgl. auch *K. Schmidt*, GesR, 4. Aufl., 2002, § 16 III 2 b) (S. 468 f.) und 21 IV 1 c) (S. 631 f.), der die *actio pro socio* nicht als Minderheitsrecht, sondern als jedem Mitglied gleichermaßen zustehendes „Minderheitsschutzinstrument" begreift.

539 *Wertenbruch*, in: Ebenroth u.a., HGB, 3. Aufl., 2014, § 105, Rn. 201 ff.; *Schäfer*, in: Staub, HGB, Bd. 3, 5. Aufl., 2009, § 105, Rn. 262; *Haas*, in: FS Konzen, 2006, S. 157, 164; *K. Schmidt*, GesR, 4. Aufl., 2002, § 21 IV 4 b) (637 f.).

540 *Ulmer / Schäfer*, in: Säcker / Rixecker (Hrsg.), MüKo-BGB, Bd. 5, 6. Aufl., 2013, § 705, Rn. 206; *Schöne*, in: Bamberger / Roth (Hrsg.), BeckOK BGB, Ed. 36 (08/2015), § 705, Rn. 119.

541 *BGH*, Urt. v. 27.06.1957 – II ZR 15/56 = BGHZ 25, 47, 50; *Roth*, in: Baumbach / Hopt, HGB, 36. Aufl., 2014, § 109, Rn. 32; *K. Schmidt*, GesR, 4. Aufl., 2002, § 21 IV 3 (S. 634 f.).

542 *BGH*, Urt. v. 9.05.1974 – II ZR 84/72 = NJW 1974, 1555, 1556, der die Anspruchsverfolgung durch die Gesellschafter nur als „Hilfsrecht" versteht; *BGH*, Urt. v. 29.11.2004 – II ZR 14/03 = NZG 2005, 216; *Ulmer / Schäfer*, in: Säcker / Rixecker (Hrsg.), MüKo-BGB, Bd. 5, 6. Aufl., 2013, § 705, Rn. 210; *Hadding / Kießling*, in: Soergel, BGB, 13. Aufl., 2011, § 705, Rn. 50; *K. Schmidt*, ZGR 2011, 108, 125.

543 *Wertenbruch*, in: Ebenroth u.a., HGB, 3. Aufl., 2014, § 105, Rn. 205; *K. Schmidt*, in: K. Schmidt (Hrsg.), MüKo-HGB, Bd. 2, 3. Aufl., 2011, § 105, Rn. 202; *Schäfer*, in: Staub, HGB, Bd. 3, 5. Aufl., 2009, § 105, Rn. 263.

der im Rechtsstreit zwischen Gesellschafter und Mitgesellschafter ergehenden Entscheidung findet jedenfalls nicht zulasten der Gesellschaft statt.[544]

Es stellt sich die Frage, ob und inwieweit auch nach der Eröffnung des Insolvenzverfahrens Raum für die *actio pro socio* des Gesellschafters bleibt.[545] Denkbar wäre zunächst, dass es dem einzelnen Gesellschafter auch weiterhin nicht verwehrt sein kann, Ansprüche im eigenen Namen gegen die Mitgesellschafter geltend zu machen. Mit Eröffnung des Insolvenzverfahrens wird die Gesellschaft zwar aufgelöst, die Mitgliedschaft bleibt jedoch erhalten und fällt – nach richtiger Ansicht – auch nicht in die Insolvenzmasse der Gesellschaft, weshalb auch die aus der Mitgliedschaft folgenden Rechte bestehen bleiben, sofern keine Regelung der InsO entgegensteht. Zudem kann sich die *actio pro socio* mangels Rechtskrafterstreckung nicht negativ, sondern allenfalls positiv auf die Insolvenzmasse auswirken. Wird die Klage abgewiesen, so bindet die Abweisung weder den eigenverwaltenden Schuldner noch wird die Insolvenzmasse mit den Kosten der Prozessführung des Gesellschafters belastet. Die vorrangigen Gläubigerinteressen stehen der Anwendbarkeit der *actio pro socio* damit nicht entgegen.

Einer Anwendbarkeit der *actio pro socio* im eröffneten Insolvenzplanverfahren ist jedoch insoweit zu widersprechen, als es um Sozialansprüche der Gesamthand geht, die Bestandteil der Insolvenzmasse sind.[546] Zudem kann eine Erhebung der *actio pro socio* nach Eröffnung des Insolvenzverfahrens und Anordnung der Eigenverwaltung durch das Gericht auch insoweit nicht überzeugen, als die Hilfszuständigkeit der Gesellschafter subsidiär ausgestaltet ist und nur dort eingreifen kann, wo kein Geschäftsführer das Recht geltend machen kann bzw. will. Mit Eröffnung des Insolvenzverfahrens ist die *actio pro socio* – aufgrund des Vorrangs des Insolvenzrechts – nicht allein gegenüber der gesellschaftsrechtlichen Kompetenzordnung, sondern nunmehr insbesondere gegenüber der vorrangigen insolvenzrechtlichen Kompetenzordnung subsidiär. Im in Eigenverwaltung durchgeführten Insolvenzplanverfahren bleibt der geschäftsführende Mehrheitsgesellschafter jedoch verwaltungs- und verfügungsbefugt, weshalb kein Raum für die Hilfszuständigkeit der Gesellschafter verbleibt.[547] Zusätzlich darf ein Klagerecht des Gesellschafters insbesondere nicht dazu führen,

---

544 *Schöne*, in: Bamberger / Roth (Hrsg.), BeckOK BGB, Ed. 36 (08/2015), § 705, Rn. 123; *Ulmer / Schäfer*, in: Säcker / Rixecker (Hrsg.), MüKo-BGB, Bd. 5, 6. Aufl., 2013, § 705, Rn. 214; *K. Schmidt*, in: K. Schmidt (Hrsg.), MüKo-HGB, Bd. 2, 3. Aufl., 2011, § 105, Rn. 202.

545 Vgl. dazu vor den Änderungen durch das ESUG *Haas*, in: FS Konzen, 2006, S. 157, 165.

546 *Thole*, GesR Maßn. in der Insolvenz, 2. Aufl., 2015, Rn. 96, 163; a.A. wohl *Haas / Mock*, in: Gottwald (Hrsg.), InsR-Hdb., 5. Aufl., 2015, § 94, Rn. 27; *ders.*, in: FS Konzen, 2006, S. 157, 165;

547 *Butzer / Knof*, in: Gummert / Weipert (Hrsg.), Münchener Hdb. GesR, Bd. 1, 4. Aufl., 2014, § 85, Rn. 36; *Schmid*, in: Gummert / Weipert (Hrsg.), Münchener Hdb. GesR, Bd. 2, 4. Aufl., 2014, § 47, Rn. 19; *Salger*, in: Reichert (Hrsg.), GmbH & Co. KG, 7. Aufl., 2015, § 48, Rn. 68; *Schäfer*, in: Säcker / Rixecker (Hrsg.), MüKo-BGB, Bd. 5,

dass das Insolvenzplanverfahren in seinem Ablauf gestört wird. Selbst ohne Rechtskrafterstreckung sind die Auswirkungen und Folgen jedoch unabsehbar.[548] Im Ergebnis kann die *actio pro socio* daher im eröffneten Insolvenzplanverfahren nicht erhoben werden.

2. *Vermögensrechte*

Neben den Verwaltungsrechten begründet die Mitgliedschaft in der GmbH & Co. KG Vermögensrechte der Gesellschafter.[549] Hierzu zählen vor allem Ansprüche auf Auszahlungen aus dem Gesellschaftsvermögen, wie Ansprüche auf Gewinn und Entnahmerechte (§ 122 Abs. 1 HGB und §§ 168, 169 HGB), Ansprüche auf Aufwendungsersatz (§ 670 BGB, § 110 HGB), auf Ausgleich bei gesamtschuldnerischer Inanspruchnahme (§ 426 Abs. 1 BGB) sowie Schadensersatzansprüche infolge fehlerhafter Geschäftsführung oder Beeinträchtigung von Gegenständen, die der Gesellschaft zum Gebrauch überlassen wurden. Daneben stehen dem Gesellschafter Ansprüche auf Beteiligung am Liquidationserlös im Falle der Auflösung der Gesellschaft (§§ 733, 734 BGB, § 155 HGB) oder Ansprüche auf Abfindung (§ 738 BGB) zu, soweit ein Gesellschafter zuvor aus der Gesellschaft ausscheidet.[550]

Mit Eröffnung des Insolvenzverfahrens werden diese Vermögensrechte der Gesellschafter durch das vorrangige Verfahrensziel der InsO vollständig überlagert. Das Ziel, eine bestmögliche Befriedigung der Gläubiger im Insolvenzverfahren zu erreichen, ist nicht mit der ursprünglichen Funktion des Gesellschaftsvermögens, als Quelle für die Bestreitung ihres Lebensunterhalts zu dienen[551], zu vereinbaren. Die InsO ordnet daher in § 199 InsO eine totale Ausschüttungssperre an die Gesellschafter an und bringt zugleich zum Ausdruck, dass das Gesellschaftsvermögen allein bestimmt ist, der Gläubigerbefriedigung zu dienen.[552] An die Gesellschafter, als nach-nachrangige Gläubiger, dürfen solange keine Leistungen erfolgen, bis dieses Ziel vollständig erreicht worden ist (§ 199 S. 2 InsO).

---

6. Aufl., 2013, § 728, Rn. 17 ff.; *Hirte*, in: Uhlenbruck u.a. (Hrsg.), InsO, 14. Aufl., 2015, § 35, Rn. 104, 380 f.

548 *Haas*, in: FS Konzen, 2006, S. 157, 165 führt beispielhaft den Fall an, dass sich der Insolvenzverwalter und der haftende Mitgesellschafter über die Höhe des Anspruchs vergleichen wollen.

549 *W. Müller*, in: Prinz / W.-D. Hoffmann (Hrsg.), Beck'sches Hdb. PersG, 4. Aufl., 2014, § 4, Rn. 50.

550 Für einen Überblick über die Vermögensansprüche der Gesellschafter im Gesellschaftsrecht, vgl. *W. Müller*, in: Prinz / W.-D. Hoffmann (Hrsg.), Beck'sches Hdb. PersG, 4. Aufl., 2014, § 4, Rn. 50, 127 ff., 148 ff.

551 *W. Müller*, in: Prinz / W.-D. Hoffmann (Hrsg.), Beck'sches Hdb. PersG, 4. Aufl., 2014, § 4, Rn. 148.

552 *Haas*, in: Gottwald (Hrsg.), InsR-Hdb., 5. Aufl., 2015, § 91, Rn. 36; vgl. bereits vor den Änderungen durch das ESUG *ders.*, in: FS Konzen, 2006, S. 157, 167.

Zwar sichert § 225a Abs. 5 InsO dem aus wichtigem Grund aus der Gesellschaft austretenden Gesellschafter einen Abfindungsanspruch zu und §§ 251 Abs. 1, 3, 253 Abs. 2 Nr. 3 InsO erfordern für den Fall, dass der beteiligte Gesellschafter eine (wesentliche) Schlechterstellung durch den Plan nachweist, zu deren Ausgleich im Plan vorgesehene, zweckgebundene Mittel. Diese sind jedoch nicht äquivalent zu den gesellschaftsrechtlichen Vermögensrechten: Der Abfindungsanspruch gemäß § 225a Abs. 5 InsO bemisst sich in seiner Höhe nach der Vermögenslage, die sich bei der Abwicklung des Schuldners ergeben hätte.[553] Der Anteilswert berechnet sich auf der Grundlage des Liquidationsszenarios, ohne dass ein prognostischer Sanierungserfolg zu berücksichtigen ist.[554] Zusätzlich kann der Anspruch verzinslich auf bis zu drei Jahre gestundet werden (vgl. § 225a Abs. 5 S. 2 InsO), damit etwaige Abfindungsansprüche nicht zu einer die Sanierungsaussichten gefährdenden Belastung des Schuldners führen können und das Risiko einer Folgeinsolvenz dem austrittswilligen Gesellschafter aufgebürdet wird.[555] Gesellschaftsvertragliche Abfindungsvereinbarungen haben nur insofern Bestand, als sie den Gesellschafter gegenüber der insolvenzrechtlichen Regelung schlechterstellen sollen.[556] Die Stundung der Abfindungsforderung bewirkt für den austretenden Gesellschafter zudem das hohe Risiko einer Folgeinsolvenz, die ihn wiederum schlechterstellt als bei einer Regelabwicklung, bei der das Risiko einer verzögerten Zahlung des nach § 199 InsO auszuschüttenden Überschusses durch die persönliche Haftung des Insolvenzverwalters gemildert wird.[557] Daneben dienen die im Plan bereitgestellten Mittel lediglich zur Kompensation einer Schlechterstellung.[558] Dem Gericht obliegt insoweit ein Beurteilungsspielraum, ob die vom Planinitiator vorgesehen Mittel, auf die der Ausgleichsanspruch des Gesellschafters beschränkt ist, ausreichen. Für den Fall des § 253 Abs. 3 InsO ist es bereits ausreichend, dass das Mittelvolumen

---

553 *Jaffé*, in: Wimmer (Hrsg.), FK-InsO, 8. Aufl., 2015, § 253, Rn. 6 ff.; wie im Rahmen des Minderheitenschutzantrags (§ 251 InsO) und der Beschwerde gegen den Planbestätigungsbeschluss (§ 253 InsO) ist mit „Abwicklung" gemeint, dass die bestmögliche Verwertung außerhalb des Plans, also die Regelabwicklung als Maßstab herangezogen wird, vgl. *Spahlinger*, in: Kübler u.a. (Hrsg.), InsO, Lb, 55. Lfg. (10/2013), § 225a, Rn. 98; *Spliedt*, in: K. Schmidt (Hrsg.), InsO, 18. Aufl., 2013, § 225a, Rn. 53.

554 *Eidenmüller*, in: Kirchhof u.a. (Hrsg.), MüKo-InsO, Bd. 3, 3. Aufl., 2014, § 225a, Rn. 117 ff.; *Haas*, in: Kreft (Hrsg.), HK-InsO, 7. Aufl., 2014, § 225a, Rn. 31; *Simon / Merkelbach*, NZG 2012, 121, 124 f.

555 BT-Drucks. 17/7511, S. 36; *Braun / Frank*, in: Braun (Hrsg.), InsO, 6. Aufl., 2014, § 225a, Rn. 31; *Hirte*, in: Uhlenbruck u.a. (Hrsg.), InsO, 14. Aufl., 2015, § 225a, Rn. 55.

556 *Spliedt*, in: K. Schmidt (Hrsg.), InsO, 18. Aufl., 2013, § 225a, Rn. 54, 55; dies unberücksichtigt lassend und entgegenstehende Abfindungsregelungen als unbeachtlich einordnend *Eidenmüller* in: Kirchhof u.a. (Hrsg.), MüKo-InsO, Bd. 3, 3. Aufl., 2014, § 225a, Rn. 122.

557 *Spliedt*, in: K. Schmidt (Hrsg.), InsO, 18. Aufl., 2013, § 225a, Rn. 57; vgl. auch *Hirte*, in: Uhlenbruck u.a. (Hrsg.), InsO, 14. Aufl., 2015, § 225a, Rn. 55.

558 *Spliedt*, in: K. Schmidt (Hrsg.), InsO, 18. Aufl., 2013, § 251, Rn. 18.

eine wesentliche Schlechterstellung ausgleichen kann. Die Wesentlichkeitsschwelle ist gemäß der Regierungsbegründung bei einer Schlechterstellung von 10 % im Vergleich zur Regelabwicklung erreicht.[559]

IV. Handlungs- und Gestaltungsspielraum im Insolvenzplanverfahren

Die §§ 217 S. 2, 225a InsO bewirken die Einordnung der Gesellschafter der schuldnerischen Gesellschaft als umfassend zwangsweise Planunterworfene.[560] Die vorrangingen Regelungen der InsO verdrängen die gesellschaftsrechtlichen Maßgaben und Grundsätze mit Insolvenzeröffnung fast vollständig und sorgen unter Berufung auf die zugrunde liegenden Wertungen dafür, dass die Rechtsstellung der Gesellschafter im Insolvenzplan auch gegen ihren Willen zu ihren Lasten geändert werden kann. Die Einbeziehung der Gesellschafter in das Insolvenzplanverfahren eröffnet die Möglichkeit, bestehendes Blockadepotenzial einzelner Gesellschafter zu überwinden und sonst im Kompetenzbereich der Gesellschafter(-versammlung) liegende gesellschaftsrechtliche Sanierungsmaßnahmen im Insolvenzplan durchzusetzen.

1. Grundlagen

Grundsätzlich bleiben die Anteils- und Mitgliedschaftsrechte der Gesellschafter vom Insolvenzplan unberührt, sofern dieser nichts anderes vorsieht (§ 225a Abs. 1 InsO). Sollen die Gesellschafter hingegen in den Plan einbezogen werden, kann im gestaltenden Teil des Plans vorgesehen werden, dass Forderungen der Gläubiger – mit deren Zustimmung – in Anteils- oder Mitgliedschaftsrechte am Schuldner umgewandelt werden, § 225a Abs. 2 S. 1, 2 InsO. Gemäß § 225a Abs. 2 S. 3 InsO kann der Plan insbesondere eine Kapitalherabsetzung oder -erhöhung, die Leistung von Sacheinlagen, den Ausschluss von Bezugsrechten oder die Zahlung von Abfindungen an ausscheidende Anteilsinhaber vorsehen, womit der gewohnte Ablauf eines Debt Equity Swap beschrieben und dessen Zulässigkeit ausdrücklich vorausgesetzt wird.[561] Die Grundnorm für gesellschaftsrechtliche Sanierungsmaßnahmen im Insolvenzplanverfahren bildet § 225a Abs. 3 InsO. Dieser legt darüber hinausgehend fest, dass im gestaltenden Teil des Plans „jede Regelung" getroffen werden kann, die „gesellschaftsrechtlich zulässig" ist. Lediglich beispielhaft zählt die Norm den

---

559 Vgl. RegE ESUG, BT-Drucks. 17/5712, S. 35; *Spliedt*, in: K. Schmidt (Hrsg.), InsO, 18. Aufl., 2013, § 253, Rn. 10 f.; *Jaffé*, in: Wimmer (Hrsg.), FK-InsO, 8. Aufl., 2015, § 253, Rn. 6 ff.; kritisch in Bezug auf eine strikte Grenzziehung *Pleister*, in: Kübler u.a. (Hrsg.), InsO, Lb, 55. Lfg. (10/2013), § 253, Rn. 17.

560 *Eidenmüller*, in: Kirchhof u.a. (Hrsg.), MüKo-InsO, Bd. 3, 3. Aufl., 2014, § 217, Rn. 2, 60, § 225a, Rn. 1.

561 Vgl. nur *Hölzle*, in: Kübler (Hrsg.), HRI, 2. Aufl., 2015, § 31, Rn. 14.

Beschluss über die Fortsetzung der aufgelösten Gesellschaft und die Übertragung von Anteils- und Mitgliedschaftsrechten[562] auf.

2. *Debt Equity Swap, § 225a Abs. 2 InsO*

Aktuelle Fälle in der Rechtsprechung zeugen von dem Gelingen solcher Vorhaben und testen die Grenzen des zur Verfügung gestellten Handlungs- und Gestaltungsspielraums im Insolvenzplanverfahren: Im *Suhrkamp*-Fall wurde eindrucksvoll und medienwirksam die Umwandlung der *Suhrkamp Verlags GmbH & Co. KG*, unter denkbar großem Widerstand des Minderheitsgesellschafters und mit weitgehenden Einschränkungen dessen gesellschaftsvertraglich vereinbarter Mitwirkungsrechte, in eine AG vollzogen. In den Fällen der *„Pfleiderer AG"*[563] und der *„IVG Immobilien AG"*[564] stellte sich die Einleitung des Insolvenzverfahrens in Eigenverwaltung zwar nicht als Folge eines Gesellschafterstreits dar. Diese ersten prominenten Fälle veranschaulichen jedoch ebenso eindrucksvoll die Möglichkeit(en) einer Sanierung durch Kapitalherabsetzung auf null bei vollständigem Ausschluss der Bezugsrechte der Altaktionäre. Im Fall der ebenfalls in Eigenverwaltung durchgeführten Insolvenz der *„centrotherm photovoltaics AG"* sah der Insolvenzplan einen Debt Equity Swap vor, bei dem die Gläubiger 70 % ihrer Forderungen auf eine Verwertungsgesellschaft übertrugen, die anschließend ihrerseits an der Kapitalerhöhung der *„centrotherm photovoltaics AG"* teilnahm und die Forderungen als Sacheinlage in die Gesellschaft einbrachte.[565] In der Folge wurden die (Alt-)Gesellschafter zwar nicht aus der AG ausgeschlossen. Der im Insolvenzplan vorgesehene Bezugsrechtsausschluss sorgte jedoch dafür, dass deren Beteiligungen um 80 % auf 20 % herabgesetzt wurden und die Verwertungsgesellschaft nach durchgeführtem Debt Equity Swap 80 % der Aktien hielt.

---

562 Hierunter sind neben der Übertragung von Beteiligungen am Schuldner auch Übertragungen von Beteiligungen des Schuldners an Drittgesellschaften zu fassen, vgl. RegE ESUG, BT-Drucks. 17/5712, S. 32; *Hölzle*, in: Kübler (Hrsg.), HRI, 2. Aufl., 2015, § 31, Rn. 33 ff.; *Thies*, in: A. Schmidt (Hrsg.), HHK-InsO, 5. Aufl., 2015, § 225a, Rn. 48 f.; *Spliedt*, in: K. Schmidt (Hrsg.), InsO, 18. Aufl., 2013, § 225a, Rn. 43.

563 *OLG Frankfurt/M.*, Beschl. v. 27.03.2012 – 5 AktG 3/11 = ZIP 2012, 725; *Brockdorff/Heintze/Rolle*, BB 2014, 1859, 1865 f.; *Schluck-Amend*, in: Jahrestagung der VGR, 2015, S. 151, 156 f.; *K. Schmidt*, ZIP 2012, 2085 ff.; vgl. auch *Eidenmüller*, in: Kirchhof u.a. (Hrsg.), MüKo-InsO, Bd. 3, 3. Aufl., 2014, § 225a, Rn. 14 (Fn. 18).

564 *LG Bonn*, Beschl. v. 10.07.2014 – 6 T 178/14 = ZInsO 2015, 43 (Zulässigkeit einer sofortigen Beschwerde gegen die Bestätigung eines Insolvenzplans); zum Fall der *IVG Immobilien AG*, vgl. auch Handelsblatt v. 21.08.2013 (abrufbar unter http://www.handelsblatt.com/unternehmen/dienstleister/immobilienkonzern-ivg-darf-unter-den-schutzschirm/8672652.html, zuletzt aufgerufen am 20.11.2015); Verfassungsbeschwerde ist eingelegt und angenommen, vgl. auch *Brockdorff/Heintze/Rolle*, BB 2014, 1859, 1865 f.

565 *Brockdorff/Heintze/Rolle*, BB 2014, 1859, 1865; *Pleister*, GWR 2013, 220, 222.

Mit Blick auf die geschaffene Möglichkeit und die weitreichenden Folgen der Durchführung eines Debt Equity Swap für die betroffenen (Minderheits-)Gesellschafter stellen sich insbesondere Fragen nach dem für die einzubringenden Forderungen der Gläubiger anzulegenden Bewertungsmaßstab und den Voraussetzungen eines durch Bezugsrechtsausschluss ermöglichten vollständigen Ausschlusses aus der Gesellschaft.

a) Bewertung der einzubringenden Gläubigerforderungen

Der an die einzubringenden Gläubigerforderungen anzulegende Bewertungsmaßstab ist umstritten.[566] Er ist relevant für die Höhe des durch den Debt Equity Swap geschaffenen Kapitals bzw. der Kapitalausstattung des sanierten Unternehmens. Zugleich hat der Bewertungsmaßstab Auswirkungen auf die quotale Beteiligung der infolge des Debt Equity Swap neu in die Gesellschaft eintretenden Gesellschafter zu den übrigen Gesellschaftergruppen. Mittelbar ist den zugrunde gelegten Werten der einzubringenden Gläubigerforderungen daher auch Einfluss darauf zuzuschreiben, in welchem betragsmäßigen Umfang den Altgesellschaftern das Recht eingeräumt wird, sich durch die Ausübung eingeräumter Bezugsrechte an der Sanierung des Unternehmens zu beteiligen.

Die Kapitalerhöhung im Rahmen des Debt Equity Swap wird als Kapitalerhöhung gegen Sacheinlage qualifiziert, weshalb eine Anrechnung auf die Einlageverpflichtung des einbringenden Gläubigers – wie auch im Gesellschaftsrecht – nur in Höhe des werthaltigen Teils der Forderung überzeugend ist (Vollwertigkeitsprinzip).[567] Die Regierungsbegründung hebt zutreffend hervor, dass im Stadium des Insolvenzfahrens der Wert der Forderung nicht mehr dem Buchwert entspricht, sondern in der Regel deutlich unter diesem Wert liegt.[568] Für die Frage der Werthaltigkeit sieht der Gesetzgeber daher vor, dass ein Wertgutachten eingeholt werden kann, bei welchem ebenfalls die Quotenerwartung zu berücksichtigen ist. Die Einbringung

566 *Hess*, in: Hess (Hrsg.), Sanierungshdb., 6. Aufl., 2013, Kap. 31, Rn. 46 ff.; *Haas*, in: Kreft (Hrsg.), HK-InsO, 7. Aufl., 2014, § 225a, Rn. 19; *Spahlinger*, in: Kübler u.a. (Hrsg.), InsO, Lb, 55. Lfg. (10/2013), § 225a, Rn. 15 ff.; *Altmeppen*, in: FS Hommelhoff, 2012, S. 1, 10 ff.; *Simon / Merkelbach*, NZG 2012, 121, 123 f.; *Thole*, GesR Maßn. in der Insolvenz, 2. Aufl., 2015, Rn. 327 ff.

567 RegE ESUG, BR-Drucks. 127/11, S. 45; RegE ESUG, BT-Drucks. 17/5712, S. 32; *Wertenbruch*, in: Ebenroth u.a., HGB, 3. Aufl., 2014, § 105, Rn. 114; *ders.*, ZIP 2013, 1693, 1699; *Haas*, in: Kreft (Hrsg.), HK-InsO, 7. Aufl., 2014, § 225a, Rn. 18 f.; *Spahlinger*, in: Kübler u.a. (Hrsg.), InsO, Lb, 55. Lfg. (10/2013), § 225a, Rn. 21; *Jaffé*, in: Wimmer (Hrsg.), FK-InsO, 8. Aufl., 2015, § 225a, Rn. 19 ff.; *Altmeppen*, in: FS Hommelhoff, 2012, S. 1, 13 ff.; *Ekkenga*, DB 2012, 331 f.; *Kleindiek*, in: FS Hommelhoff, 2012, S. 543, 550 ff.; *H.-F. Müller*, KTS 2012, 419, 447; *Simon / Merkelbach*, NZG 2012, 121, 123 f.; *Thole*, GesR Maßn. in der Insolvenz, 2. Aufl., 2015, Rn. 333.

568 RegE ESUG, BT-Drucks. 17/5712, S. 32.

der Forderungen zu ihrem jeweiligen Nennwert kann hingegen nicht überzeugen.[569] Zum einen widerspricht einer Einbringung zum Nennwert, dass den Forderungen in der Insolvenz regelmäßig ein deutlich geringerer Wert zukommt. Zum anderen spricht auch der Ausschluss der Differenzhaftung im Fall der Überbewertung der Forderungen im Plan gemäß § 254 Abs. 4 InsO gegen eine Nennwertbetrachtung. Mit dem Ziel, dem Schuldner Planungs- und Kalkulationssicherheit zu gewähren, führt eine Überbewertung der Sacheinlage nach Beendigung des Planverfahrens nicht mehr zu einer Haftung des Einlegers gegenüber dem Schuldner auf die Differenz. Würden die einzubringenden Forderungen nicht zu ihrem Verkehrswert eingebracht, wäre § 254 Abs. 4 InsO jedoch überflüssig, wenn das Risiko einer Überbewertung gar nicht bestünde, weil Forderungen ohne Rücksicht auf ihre Werthaltigkeit ohnehin zum Nennwert eingebracht werden könnten. Für die GmbH & Co. KG ist zwar der kapitalgesellschaftsrechtliche Kapitalaufbringungsgrundsatz infolge der persönlichen Haftung der Komplementär-GmbH nicht anwendbar und auch die vorrangigen insolvenzrechtlichen Regelungen beseitigen diesen Unterschied nicht. Für die Kommanditisten der GmbH & Co. KG gilt aber gemäß § 171 Abs. 1 HGB weiterhin der Grundsatz, dass deren Außenhaftung nur erlischt, soweit die Einlage geleistet worden ist. Entspricht die im Rahmen des Debt Equity Swap eingebrachte Forderung nicht ihrem Nennbetrag, bleibt die Außenhaftung des Kommanditisten in Höhe der Differenz bestehen. Es wird eine übereinstimmende Interessenlage und eine analoge Anwendung des § 254 Abs. 4 InsO auf die Kommanditgesellschaft bejaht, weshalb die Argumentation insoweit übertragbar ist.[570]

Innerhalb der Ansicht, die einem Vollwertprinzip folgt, bleibt jedoch fraglich, welches „Verwertungsszenario“[571] zugrunde zu legen ist. Teilweise wird davon ausgegangen, dass eine Planperspektive einbezogen werden darf und für das auf Sanierung gerichtete Insolvenzplanverfahren der Fortführungswert zugrunde gelegt werden

---

569 *Haas*, in: Kreft (Hrsg.), HK-InsO, 7. Aufl., 2014, § 225a, Rn. 19, 22; *ders.*, NZG 2012, 961, 967; *Spahlinger*, in: Kübler u.a. (Hrsg.), InsO, Lb, 55. Lfg. (10/2013), § 225a, Rn. 18 ff.; *H.-F. Müller*, KTS 2012, 419, 448; *Simon / Merkelbach*, NZG 2012, 121, 123 f.; *Wertenbruch*, ZIP 2013, 1693, 1699 f.; vgl. auch *Arnold*, in: FS Hoffmann-Becking, 2013, S. 29, 35 ff.; *ders. / Born*, in: Bork / Schäfer (Hrsg.), GmbHG, 3. Aufl., 2015, § 56, Rn. 14 ff., 17; *K. Schmidt*, ZGR 2012, 566, 583; *Wiedemann*, in: FS Hoffmann-Becking, 2013, S. 1387, 1391 ff.; zum eingeschränkten Ausschluss der Differenzhaftung bei der Umwandlung einer Forderung in eine Kommanditbeteiligung im Außenverhältnis, vgl. *Braun / Frank*, in: Braun (Hrsg.), InsO, 6. Aufl., 2014, § 225a, Rn. 21 ff.; anders dagegen *Thies*, in: A. Schmidt (Hrsg.), HHK-InsO, 5. Aufl., 2015, § 225a, Rn. 24, der eine Bewertung zum (buchmäßigen) Nennwert vertritt; vgl. auch *Hölzle*, in: Kübler (Hrsg.), HRI, 2. Aufl., 2015, § 31, Rn. 77 ff.; *Cahn / Simon / Theiselmann*, CFL 2010, 238, 242 ff.; *Spliedt*, GmbHR 2012, 462, 464.

570 *Wertenbruch*, in: Ebenroth u.a., HGB, 3. Aufl., 2014, § 105, Rn. 116; *ders.*, ZIP 2013, 1693, 1699 f.; *Haas*, in: Kreft (Hrsg.), HK-InsO, 7. Aufl., 2014, § 225a, Rn. 26; *Spliedt*, in: K. Schmidt (Hrsg.), InsO, 18. Aufl., 2013, § 225a, Rn. 15; *K. Schmidt*, ZGR 2012, 566, 581 ff.

571 *Haas*, in: Kreft (Hrsg.), HK-InsO, 7. Aufl., 2014, § 225a, Rn. 20.

muss.[572] Eine Wertermittlung unter der Prämisse der Fortführung der Gesellschaft spricht der einzubringenden Forderung den Wert zu, den der einzelne Gläubiger auf seine Forderung bei unterstellt erfolgreicher Sanierung erhalten hätte. Der Fortführungswert wird dadurch dem Umstand gerecht, dass der Insolvenzplan die Grundlage für die Fortführung des schuldnerischen Unternehmens bilden soll, das nach der Sanierung besser dasteht als zuvor. Der Gesetzgeber bezieht zwar ausdrücklich ein, dass der Schuldner ein Wertgutachten einholen kann und die Quotenerwartung hierbei zu berücksichtigen sei. Der Wortlaut verdeutlicht jedoch, dass es sich hierbei nicht um eine Pflicht handelt. Zudem würde eine Bewertung zu Zerschlagungswerten insbesondere für nachrangige Gläubiger (beinahe) zur Wertlosigkeit ihrer Forderungen führen, weshalb deren Inhaber kaum Interesse an einer Umwandlung haben dürften.[573] Andere legen für die Bewertung der Forderungen den Liquidationswert zugrunde.[574] Gemäß § 225a Abs. 5 S. 1 InsO ist „die Vermögenslage maßgeblich, die sich bei einer Abwicklung des Schuldners eingestellt hätte." Anzeichen, die für eine unterschiedliche Bewertung von Anteils- und Forderungswert sprechen, sind nicht ersichtlich, weshalb für die Bewertungen nichts Unterschiedliches gelten darf.[575] Neben der gegen eine Fortführungsperspektive sprechenden Systematik der InsO kann eine solche aber auch schon deshalb nicht entscheidend sein, weil die Fortführung der schuldnerischen Gesellschaft gerade davon abhängig ist, dass die Sanierungsmaßnahme – nach Maßgabe ihrer Voraussetzungen – überhaupt vollzogen wird. Die Wertermittlung ist eine Voraussetzung des Debt Equity Swap, weshalb der Vollzug der Sanierungsmaßnahme und das Gelingen der Sanierung nicht vorausgesetzt werden dürfen, um auf dieser Grundlage den Wert zu ermitteln. Angesichts des anvisierten Ziels der Beseitigung der Insolvenzgründe wäre ohnehin der Nennwert anzusetzen und von einer bilanziellen Deckung der Forderungen auszugehen, wenn man den wirklichen Fortführungswert zugrunde legen wollte.[576] Im Ergebnis ist es daher überzeugend, mit der zweiten Ansicht eine Zugrundelegung

---

572 *Eidenmüller/Engert*, ZIP 2009, 541, 543 ff.; *Rendels/Zabel*, Insolvenzplan, 2. Aufl., 2015, Rn. 254; *K. Schmidt*, BB 2011, 1603, 1609; *ders.*, ZIP 2012, 2085, 2087; *Verse*, ZGR 2009, 299, 305.

573 *Jaffé*, in: Wimmer (Hrsg.), FK-InsO, 8. Aufl., 2015, § 225a, Rn. 22; *Hirte/Knof/Mock*, DB 2011, 632, 643; *Simon*, CFL 2010, 448, 451.

574 *Haas*, in: Kreft (Hrsg.), HK-InsO, 7. Aufl., 2014, § 225a, Rn. 20; *Jaffé*, in: Wimmer (Hrsg.), FK-InsO, 8. Aufl., 2015, § 225a, Rn. 23; *Altmeppen*, in: FS Hommelhoff, 2012, S. 1, 15 f.; *Braun/Heinrich*, NZI 2011, 505, 508; *Decher/Voland*, ZIP 2013, 103, 108; *Ekkenga*, DB 2012, 331, 336; *Hirte/Knof/Mock*, DB 2011, 632, 641; *Hölzle*, NZI 2011, 124, 127; *H.-F. Müller*, KTS 2012, 419, 448; *Simon/Merkelbach*, NZG 2012, 121, 124, 127; *Thole*, GesR Maßn. in der Insolvenz, 2. Aufl., 2015, Rn. 334; *Wertenbruch*, ZIP 2013, 1693, 1699.

575 *Haas*, in: Kreft (Hrsg.), HK-InsO, 7. Aufl., 2014, § 225a, Rn. 20; *Simon/Merkelbach*, NZG 2012, 121, 124.

576 *Thole*, GesR Maßn. in der Insolvenz, 2. Aufl., 2015, Rn. 334; *Wertenbruch*, ZIP 2013, 1693, 1699.

des Liquidationswerts zu befürworten. Die einzubringende Gläubigerforderung ist folglich zum Verkehrswert einzubringen, ohne dass die sich im Fortführungswert widerspiegelnde Planperspektive berücksichtigt werden darf.

b) Bezugsrechtsausschluss

Die Gesellschaftsanteile werden nach ihrem Liquidationswert bestimmt und sind – jedenfalls der Gesetzesbegründung nach – im Insolvenzverfahren regelmäßig wertlos.[577] Da der Liquidationswert der Anteile der (Alt-)Gesellschafter regelmäßig null beträgt, führt die Kapitalherabsetzung im Rahmen des Debt Equity Swap dazu, dass sie ihre Anteile in der Regel vollständig verlieren. Aufgrund der regelmäßig bestehenden Wertlosigkeit der Gesellschaftsanteile erfolgt keine Kompensation des Anteilsverlusts nach § 251 Abs. 3 InsO und auch eine Schlechterstellung gegenüber der Situation ohne Insolvenz ist nicht begründbar, weshalb eine Ersetzung der Zustimmung der Gruppe der Gesellschafter gemäß § 245 InsO zumeist unproblematisch möglich ist. Sieht der Insolvenzplan das Ausscheiden der Gesellschafter ohne Kapitalanteil nicht ausdrücklich vor, verbleiben diese zwar als Mitglieder in der Gesellschaft, verfügen nach Beendigung der Insolvenz jedoch über keine Gewinnbeteiligung. Ihnen stehen daher weder Ansprüche auf Vordividende noch Entnahmerechte oder Beteiligungen an etwaigen Liquidationserlösen zu.[578] In der Konsequenz kann ein Debt Equity Swap daher nicht selten dazu führen, dass die Gläubiger die Gesellschafter entmachten.[579]

Vor diesem Hintergrund stellt sich umso mehr die Frage, ob bzw. unter welchen Voraussetzungen die Gesellschafter der schuldnerischen GmbH & Co. KG von der mit dem Debt Equity Swap verbundenen Kapitalerhöhung vollständig ausgeschlossen werden können. Außerhalb des Insolvenzrechts bedarf der Ausschluss des Bezugsrechts der Aktionäre bzw. GmbH-Gesellschafter einer sachlichen Rechtfertigung.[580] Der Bezugsrechtsausschluss muss im Gesellschaftsinteresse liegen, geeignet, erforderlich und angemessen sein. Diese sachliche Rechtfertigung wird im

---

577 Siehe hierzu § 2.B.II.2.

578 *Ehricke*, in: Ebenroth u.a., HGB, 3. Aufl., 2014, § 120, Rn. 80; *Priester*, in: K. Schmidt (Hrsg.), MüKo-HGB, Bd. 2, 3. Aufl., 2011, § 120, Rn. 91; *Schäfer*, in: Staub, HGB, Bd. 3, 5. Aufl., 2009, § 120, Rn. 75; selbstverständlich bleibt es möglich, eine davon abweichende Stellung im Insolvenzplan vorzusehen und nach Beendigung des Insolvenzverfahrens in den Gesellschaftsvertrag zu übernehmen.

579 Vgl. nur *K. Schmidt*, ZIP 2012, 2085, 2086 („Gesellschafter raus, Gläubiger rein!"); *ders.*, ZGR 2012, 566, 578 („Das Insolvenzplanverfahren ist zu einem Vehikel geworden, Gesellschafter aus dem Unternehmen zu drängen.").

580 *BGH*, Urt. v. 13.03.1978 – II ZR 142/76 = NJW 1978, 1316, 1317 (Kapitalerhöhungsbeschluss mit Bezugsrechtsausschluss für einen Großteil der Aktionäre); *BGH*, Urt. v. 19.04.1982 – II ZR 55/81 = ZIP 1982, 689 (Bezugsrechtsausschluss beim genehmigten Kapital); *Koch*, in: Hüffer, AktG, 11. Aufl., 2014, § 186, Rn. 25; *Pfeifer*, in: Goette u.a. (Hrsg.), MüKo-AktG, Bd. 4, 3. Aufl., 2011, § 186, Rn. 71 ff., 90; vgl. auch *Thole*, GesR Maßn. in der Insolvenz, 2. Aufl., 2015, Rn. 315.

Fall der Sachkapitalerhöhung zu Sanierungszwecken regelmäßig bejaht.[581] Im Fall der Barkapitalerhöhung kann der vollständige Bezugsrechtsausschluss ggf. dann gerechtfertigt sein, wenn anderenfalls der neue Investor nicht investieren würde, dieser alle Anteile *en bloc* erhalten soll und keine andere Sanierungsmöglichkeit besteht.[582] Demgegenüber ist im Personengesellschaftsrecht ein Bezugsrechtsausschluss schon deshalb kaum relevant, weil die damit zusammenhängenden Änderungen des Gesellschaftsvertrags durch Verschiebungen der Stimmgewichte und Gewinnanteile auch bei Existenz einer gesellschaftsvertraglichen Mehrheitsklausel einer einstimmigen Beschlussfassung bedürfen.[583]

Das Insolvenzplanverfahren bietet dagegen mit § 225a Abs. 2 S. 3 InsO rechtsformunabhängig die Möglichkeit, im gestaltenden Teil des Plans Bezugsrechte unter insolvenzrechtlichen Voraussetzungen auszuschließen.[584] Die Gesetzesbegründung enthält dazu die Vorgabe, dass im Rahmen einer Kapitalerhöhung im Zusammenhang mit einem Debt Equity Swap, die von einem oder mehreren Gläubigern übernommen wird, ein Bezugsrechtsausschluss zulasten der Anteilseigner geregelt werden muss.[585] Der Gesetzgeber stellt damit klar, dass im Insolvenzplanverfahren grundsätzlich ein Bezugsrecht zugunsten der Anteilsinhaber besteht, dieses jedoch im Insolvenzplan ausgeschlossen werden kann. Unter Berücksichtigung des Effekts eines faktischen, kompensationslosen Ausschlusses der (Alt-)Gesellschafter stellt sich die Frage, an welche Voraussetzungen der Ausschluss des Bezugsrechts für die (Alt-)Gesellschafter im Rahmen des Debt Equity Swap im Insolvenzplanverfahren geknüpft ist.[586]

Dem Ergebnis folgend, dass das materielle Gesellschaftsrecht von den Regelungen der InsO grundsätzlich verdrängt wird, soweit es nicht das zwingende Gesellschaftsrecht betrifft und das Insolvenzplanverfahren keine eigenen Maßstäbe setzt, kann der Bezugsrechtsausschluss grundsätzlich nicht an das Vorliegen einer sachlichen Rechtfertigung geknüpft werden.[587] Daran vermag sich auch dadurch nichts zu ändern, dass die geforderte sachliche Rechtfertigung im Fall der Insolvenz durch

---

581 *BGH*, Urt. v. 19.04.1982 – II ZR 55/81 = ZIP 1982, 689, 690; *Koch*, in: Hüffer, AktG, 11. Aufl., 2014, § 186, Rn. 35; *Decher/Voland*, ZIP 2013, 103, 105; *Madaus*, ZIP 2012, 2133, 2137 (Fn. 33).

582 *Decher/Voland*, ZIP 2013, 103, 105; vgl. auch *Meyer*, ZInsO 2015, 538, 540.

583 *Roth*, in: Baumbach/Hopt, HGB, 36. Aufl., 2014, § 121, Rn. 10; *Schäfer*, in: Staub, HGB, Bd. 3, 5. Aufl., 2009, § 121, Rn. 23; *Wertenbruch*, ZIP 2013, 1693, 1696.

584 *K. Schmidt*, ZGR 2012, 566, 569 f., 579 f.; *Wertenbruch*, ZIP 2013, 1693, 1696.

585 RegE ESUG, BR-Drucks. 127/11, S. 45; RegE ESUG, BT-Drucks. 17/5712, S. 32.

586 Für einen Überblick über die vertretenen Auffassungen, vgl. nur *Thole*, GesR Maßn. in der Insolvenz, 2. Aufl., 2015, Rn. 321.

587 *Haas*, in: Kreft (Hrsg.), HK-InsO, 7. Aufl., 2014, § 225a, Rn. 15; *Hölzle*, KTS 2011, 291, 321 f.; *Horstkotte/Martini*, ZInsO 2012, 557, 563 (Fn. 45); *Madaus*, ZIP 2012, 2133, 2137 (Fn. 33); *Rendels/Zabel*, Insolvenzplan, 2. Aufl., 2015, Rn. 258 ff.; a.A. *H.-F. Müller*, DB 2014, 41, 42; *ders.*, KTS 2012, 419, 441; *Simon/Merkelbach*, NZG 2012, 121, 125 f.; *Wertenbruch*, ZIP 2013, 1693, 1697 ff.

den verfolgten Zweck der Gläubigerbefriedigung regelmäßig (ohnehin) vorliegt.[588] Das Bezugsrecht der Gesellschafter ist Ausdruck ihres Individual- und Minderheitenschutzes.[589] Mit Eröffnung des Insolvenzverfahrens erhält das Insolvenzrecht den Vorrang gegenüber dem Gesellschaftsrecht. Der Insolvenzzweck überlagert den Gesellschaftszweck und die Rechte der Gesellschafter. Die Mitgliedschaftsrechte der Gesellschafter, als nach-nachrangige Gläubiger, verengen sich auf die Abstimmung über den Insolvenzplan und auf einen Vermögensschutz in Höhe des etwaigen Restwerts der Mitgliedschaft. Der Schutz der Gesellschafter wird über §§ 245, 251, 253 InsO gewährleistet. Das Bezugsrecht der Gesellschafter ist Ausfluss des gesellschaftsrechtlichen Gleichbehandlungsgebots und als solches, infolge der für das Insolvenzplanverfahren bestehenden eigenständigen Gleichbehandlungsregelungen, die grundsätzlich keinen Raum für das Erfordernis einer sachlichen Rechtfertigung belassen, verdrängt.[590] *De lege lata* ist ein Bezugsrechtsausschluss der (Alt-)Gesellschafter damit unabhängig von einer sachlichen Rechtfertigung möglich und auch gewollt.

Fraglich bleibt, ob eine Differenzierung für den Fall einer bestehenden Sanierungsbereitschaft einzelner Gesellschafter geboten ist.[591] Ausgangspunkt für diese Überlegung ist das „*Sanieren oder Ausscheiden*“-Urteil des BGH[592], in welchem dieser (unter bestimmten Voraussetzungen) eine Pflicht der Gesellschafter zur Zustimmung zu sanierungsbedingten Kapitalmaßnahmen anerkannte. Zwar lehnte der BGH die Möglichkeit, die Gesellschafter zur Übernahme von Sanierungsbeiträgen zu verpflichten, ab, ermöglichte in der Konsequenz jedoch den Ausschluss einzelner Gesellschafter für den Fall, dass sich diese nicht an der Sanierung beteiligen wollten. Für den Fall des Bezugsrechtsausschlusses im Rahmen des Debt Equity Swap könnte

---

588 Einzelne Vertreter des Erfordernisses einer sachlichen Rechtfertigung für den Bezugsrechtsausschluss sehen diese im Fall der Barkapitalerhöhung nicht als gegeben an, sofern den (Alt-)Gesellschaftern keine Beteiligungsmöglichkeit an der Sanierung eingeräumt wird, vgl. *Simon/Merkelbach*, NZG 2012, 121, 126; a.A. *Horstkotte/Martini*, ZInsO 2012, 557, 563, die kritisch herausstellen, dass es sich bei wirtschaftlicher Betrachtung der Sach- bzw. Barkapitalerhöhung um zueinander im Bedingungszusammenhang stehende Maßnahmen handelt, die beide der Wiederherstellung der betriebswirtschaftlichen Überlebensfähigkeit des Unternehmensträgers dienen, weshalb den Gesellschaftern kein schützenswertes Interesse beizumessen sei.

589 *Thole*, GesR Maßn. in der Insolvenz, 2. Aufl., 2015, Rn. 322.

590 *Spahlinger*, in: Kübler u.a. (Hrsg.), InsO, Lb, 55. Lfg. (10/2013), § 225a, Rn. 24; *Wertenbruch*, ZIP 2013, 1693, 1696 ff.

591 *Thole*, GesR Maßn. in der Insolvenz, 2. Aufl., 2015, Rn. 319 ff.; vgl. auch *Brinkmann*, WM 2011, 97, 100 f.; *K. Schmidt*, ZGR 2012, 566, 580; *Simon/Merkelbach*, NZG 2012, 121, 125 f.

592 *BGH*, Urt. v. 19.10.2009 – II ZR 240/08 = NJW 2010, 65 („*Sanieren oder Ausscheiden*“); zu „*Sanieren und Ausscheiden*“ als Insolvenzplanvariante *K. Schmidt*, ZGR 2012, 566, 579; *ders.*, ZIP 2012, 2085, 2086 ff.; dem im Ergebnis zustimmend *Brinkmann*, ZIP 2014, 197, 201.

diese Rechtsprechung mit dem Ergebnis übertragbar sein, dass sanierungsbereite Gesellschafter ausnahmsweise doch nicht ohne sachliche Rechtfertigung vom Bezugsrecht ausgeschlossen werden dürfen.[593] Ein solcher Ansatz verkennt jedoch, dass „die Gesellschafter auf dem Rücken ihrer Gläubiger spekuliert"[594] und „verspielt"[595] haben. Die Gesellschafter hätten vor Eintritt der Insolvenz Maßnahmen zur Vermeidung der Insolvenzgründe und zum Erhalt des Unternehmens unter gesellschaftsrechtlichen Bedingungen treffen müssen. Mit Eröffnung des Insolvenzverfahrens verlieren die Gesellschafter ihre Position und nehmen die Stellung der letztrangig beteiligten Gläubiger ein. Zwangseingriffe in die Anteils- und Mitgliedschaftsrechte der Gesellschafter können dann ausdrücklich im Insolvenzplan vorgesehen werden. Eine Differenzierung zwischen zu diesem Zeitpunkt sanierungsbereiten bzw. nicht sanierungsbereiten Gesellschaftern ist weder im Gesetz angelegt noch mit den Wertungen der InsO vereinbar. Der denkbare Einwand, dass die Gesellschaft auch unverschuldet in die Insolvenz geraten kann[596], mag im Einzelfall zwar zutreffen, darf im Ergebnis jedoch nicht dazu führen, das Ziel der Gläubigerbefriedigung zu gefährden. Die Annahme der Voraussetzung einer sachlichen Rechtfertigung zum Ausschluss des Bezugsrechts der Gesellschafter würde jedoch das den (Minderheits-) Gesellschaftern abgenommene Blockadepotenzial wieder einführen.

Ein Verstoß gegen § 225a Abs. 3 InsO ist unter Berücksichtigung des zugrunde gelegten Verständnisses „gesellschaftsrechtlich zulässiger" Maßnahmen abzulehnen. Zugleich ist auch eine Verletzung von Art. 14 GG abzulehnen, solange der volle wirtschaftliche Wert des Gesellschaftsanteils entschädigt wird.[597] Auch ein Verstoß gegen das Gleichbehandlungsgebot des § 226 InsO, durch den Ausschluss der (Alt-) Gesellschafter vom Bezugsrecht, ist abzulehnen. Eine Pflicht zur Gleichbehandlung besteht gerade nur gruppenintern, nicht gruppenübergreifend.[598] Ebenso wenig ist eine Pflicht des Planinitiators begründbar, alle sanierungsbereiten Gesellschafter

---

593 *Brinkmann*, WM 2011, 97, 101; *Madaus*, ZIP 2012, 2133, 2137 (Fn. 33); *K. Schmidt*, ZIP 2012, 2085, 2086; *Simon / Merkelbach*, NZG 2012, 121, 125 f.; *Urlaub*, ZIP 2011, 1040, 1044; weniger eindeutig *Hölzle*, KTS 2011, 291, 321 f.

594 *Brinkmann*, ZIP 2014, 197, 202.

595 *Eidenmüller*, NJW 2014, 17, 18; vgl. auch *Tetzlaff*, in: Kirchhof u.a. (Hrsg.), MüKo-InsO, Bd. 3, 3. Aufl., 2014, VBem §§ 270–285, Rn. 5.

596 Vgl. *Brinkmann*, ZIP 2014, 197, 199; *Schäfer*, ZIP 2013, 2237, 2241; dieses Szenario unberücksichtigt lassend *Eidenmüller*, NJW 2014, 17, 18 („Gesellschafter haben vespielt"); vgl. auch *Decher / Voland*, ZIP 2013, 103, 109 f.; *Thole*, ZIP 2013, 1937, 1943.

597 *BVerfG*, Beschl. v. 27.04.1999 – 1 BvR 1613/94 = NJW 1999, 3769 („DAT / Altana"); *BVerfG*, 25.07.2003 – 1 BvR 234/01 = NZG 2003, 1016; *BVerfG*, Beschl. v. 30.05.2007 – 1 BvR 390/04 = NJW 2007, 3268; *Eidenmüller*, in: Kirchhof (Hrsg.), MüKo-InsO, Bd. 3, 3. Aufl., 2014, § 225a, Rn. 45; *Hirte*, in: Uhlenbruck u.a. (Hrsg.), InsO, 14. Aufl., 2015, § 225a, Rn. 48 f.; *Prusko*, Gesellschafterstellung in der Insolvenz, 2013, S. 99 f.; vgl. auch *Büchele*, Eingriff in Gesellschafterrechte im Insolvenzplan, 2011, S. 128 ff.; *Frauer*, Grenzen des Eingriffs, 2014, S. 81.

598 *Spliedt*, in: K. Schmidt (Hrsg.), InsO, 18. Aufl., 2013, § 225a, Rn. 31.

in einer Gruppe zusammenzufassen. Im Ergebnis ist es daher überzeugend, einer etwaig bestehenden Sanierungsbereitschaft des (Minderheits-)Gesellschafters keine Auswirkungen darauf zuzusprechen, dass der Gesellschafter ohne sachliche Rechtfertigung von der Kapitalerhöhung im Rahmen des Debt Equity Swap ausgeschlossen werden kann.

3. *Sonstige gesellschaftsrechtlich zulässige Maßnahmen, § 225a Abs. 3 InsO*

Gemäß § 225a Abs. 3 InsO kann im Insolvenzplan jede Regelung getroffen werden, die gesellschaftsrechtlich zulässig ist, worunter insbesondere – aber nicht nur – die Fortsetzung der aufgelösten Gesellschaft oder die Übertragung von Anteils- und Mitgliedschaftsrechten zu fassen ist. Der Begriff der „Regelung" ist in diesem Kontext sehr weit zu verstehen und umfasst insbesondere gesellschaftsrechtliche Beschlüsse und Willenserklärungen der Gesellschafter.[599] Zudem ist eine Maßnahme schon dann „gesellschaftsrechtlich zulässig", wenn sie mit dem zwingenden Gesellschaftsrecht im Einklang steht.[600] Die wesentlichen Grenzen dieser Gestaltungsbefugnis im Insolvenzplan zeigen die Verfahrensvorschriften (§§ 231 Abs. 1, 250 InsO), das Obstruktionsverbot (§ 245 InsO) der Minderheiten- bzw. Rechtsschutz (§§ 251, 253 InsO) sowie die zwingenden gesellschaftsrechtlichen Vorgaben auf. Innerhalb dieses Rahmens bildet § 225a Abs. 3 InsO die Grundlage für die (mögliche, vgl. § 225a Abs. 2 InsO) Einbeziehung jeglicher gesellschaftsrechtlicher Regelungen in den Insolvenzplan und damit zugleich die Grundlage für die regelmäßig verbundenen Eingriffe in die Anteils- und Mitgliedschaftsrechte der am Schuldner beteiligten Personen.

Teilweise wird vertreten, dass die in den Insolvenzplan aufzunehmenden Sanierungsmaßnahmen und damit die Regelungsbefugnisse der Gläubigerversammlung zudem einer Beschränkung dahingehend unterliegen, dass ein „intensiver Bezug" zu den Anteils- und Mitgliedschaftsrechten der (Alt-)Gesellschafter gegeben sein muss.[601] Demnach sollen solche gesellschaftsrechtlichen Sanierungsmaßnahmen im Insolvenzplan nicht zur Abstimmung der Gläubigerversammlung gestellt werden können, die nichts mit den Anteils- und Mitgliedschaftsrechten der Gesellschafter zu tun haben, sondern Eingriffe in die Stellung anderer Gesellschaftsorgane darstellen. Insbesondere die Abberufung und Bestellung von Organmitgliedern, der Widerruf und die Erteilung von Prokura oder Handlungsvollmacht, Maßregeln zur Prüfung und Überwachung der Geschäftsführung, bis hin zur Aufstellung einer Geschäftsordnung, könnten nicht in die Kompetenz der Planmehrheit fallen, sondern würden als Folge-Aufgaben nach Bestätigung des Plans und Aufhebung des

---

599 *Spahlinger*, in: Kübler u.a. (Hrsg.), InsO, Lb, 55. Lfg. (10/2013), § 225a, Rn. 63; *Hirte*, in: Uhlenbruck u.a. (Hrsg.), InsO, 14. Aufl., 2015, § 225a, Rn. 40.

600 Siehe hierzu § 2.B.III.1.a)bb).

601 *Madaus*, ZIP 2012, 2133, 2137; *Rendels / Zabel*, Insolvenzplan, 2. Aufl., 2015, Rn. 241.

Insolvenzverfahrens wieder den Gesellschaftern bzw. der neu zusammengestellten Gesellschafterversammlung zufallen.

Für eine dahingehende Beschränkung der Regelungsbefugnisse der Gläubigerversammlung spricht zunächst, dass das Insolvenzverfahren massebezogen ist. Im Schuldnerbereich fehlt es jedoch gerade an diesem Massebezug, weshalb sich argumentieren ließe, dass auch im Insolvenzplan nichts anderes geregelt werden könne. Dem widerspricht jedoch bereits die Regelung des § 276a S. 2 InsO, der zur wirksamen Abberufung und Neubestellung von Mitgliedern der Geschäftsleitung die Zustimmung des Sachwalters voraussetzt.[602] Der Austausch der Geschäftsführung ist folglich an die Zustimmung des Sachwalters gebunden und damit – trotz Zuordnung der Personalkompetenz zum Schuldnerbereich – jedenfalls nicht *per se* masseneutral.

Für ein solch weitgehendes Verständnis spricht auch die Zielsetzung des Gesetzgebers, den Insolvenzplan als universelles, ergebnisoffenes Instrument zur privatautonomen Insolvenzbewältigung mit der Einbeziehung der Gesellschafter stärker den Bedürfnissen der Sanierungspraxis anzupassen.[603] Die Einbeziehung der Anteils- und Mitgliedschaftsrechte soll insbesondere der Vermeidung bislang bestehender Blockademöglichkeiten und der Vermeidung von Mitnahmeeffekten der Gesellschafter dienen und eine zügige, effektive und schließlich erfolgreiche Sanierung der Gesellschaft, als Mittel zur Erreichung des Insolvenzziels, erleichtern.[604] Ausdrücklich sind unter § 225a Abs. 3 InsO daher solche Sanierungsmaßnahmen zu fassen, die – außerhalb eines Debt Equity Swap – eine grundlegende Umgestaltung des Schuldners ermöglichen.[605] Die der Einbeziehung der Gesellschafter zugrunde liegenden gesetzgeberischen Wertungen liegen mit dieser Zielsetzung auf einer Linie und entsprechen dem Verständnis eines denkbar weitgehenden Gestaltungsspielraums. Die Tatsache, dass die Mitgliedschaft nicht Bestandteil der Insolvenzmasse ist, widerspricht dem nicht, da eine unmittelbare Masseauswirkung der Sanierungsmaßnahme für ihre Zulässigkeit nicht erforderlich ist.[606]

Über die im Gesetz ausdrücklich aufgeführten Sanierungsmaßnahmen hinaus bietet das Insolvenzplanverfahren daher insbesondere mit der Möglichkeit, Gesellschafteraustritte und -beitritte, Umwandlungsmaßnahmen[607], Änderungen bzw. Neufassungen des Gesellschaftsvertrags, Neuregelungen von Gesellschafterrechten und -pflichten, Abberufungen und Bestellungen von Organmitgliedern[608]

---

602 *Thole*, GesR Maßn. in der Insolvenz, 2. Aufl., 2015, Rn. 238.

603 RegE ESUG, BT-Drucks. 17/5713, S. 30 ff., 54.

604 RegE ESUG, BT-Drucks. 17/5712, S. 30.

605 RegE ESUG, BT-Drucks. 17/5712, S. 32.

606 *Hölzle*, in: Kübler (Hrsg.), HRI, 2. Aufl., 2015, § 31, Rn. 22 (mit Verweis auf RegE ESUG, BT-Drucks. 17/5712, S. 32); *Spliedt*, in: K. Schmidt (Hrsg.), InsO, 18. Aufl., 2013, § 225a, Rn. 34.

607 *Becker*, ZInsO 2013, 1885, 1888.

608 *Spliedt*, in: K. Schmidt (Hrsg.), InsO, 18. Aufl., 2013, § 225a, Rn. 36 (m.w.N.), sieht die Organbesetzung zwar als verbandsinterne Willensbildung im insolvenzfreien

oder Einführungen fakultativer Organe sowie sonstige Entscheidungen (auch ohne strukturändernde Bedeutung) vorzusehen, einen enormen Gestaltungsspielraum.[609] Insgesamt ist der Insolvenzplan daher als „gesellschaftsrechtliches Universalwerkzeug“[610] zu verstehen, bei dem die Auswahl der konkreten (gesellschaftsrechtlichen) Sanierungsmaßnahmen der „Fantasie des Planarchitekten“[611] überlassen ist. Wenngleich die zentrale Bedeutung des Debt Equity Swap insbesondere im Vorfeld der Änderungen durch das ESUG vielfach hervorgehoben worden ist, ist der wesentliche Sanierungsgewinn des ESUG – und damit eine ungleich größere Bedeutung – den sonstigen Gestaltungsmöglichkeiten des § 225a Abs. 3 InsO zuzusprechen.[612]

4. *Kombination aus Eigenantrag, vorbereitendem Schutzschirmverfahren und Insolvenzplan mit Eigenverwaltung*

Vor der Einführung des Schutzschirmverfahrens wurde im Insolvenzplanverfahren nur selten an vorinsolvenzrechtliche Sanierungsbemühungen angeknüpft. Unter Geltung der InsO von 1999 brachte die Eröffnung des Insolvenzverfahrens meist „neue Spieler mit neuen Regeln“ in das Insolvenzplanverfahren ein[613], die bereits mit Eintritt der materiellen Insolvenz, dem Vorliegen der Insolvenzgründe, eine strikte Trennung zwischen außergerichtlicher Sanierung und Insolvenz(eröffnungs-)verfahren bewirkten.[614]

Heute wird der Gestaltungsspielraum im Insolvenzplanverfahren auch durch die Möglichkeit der Vorschaltung des vorbereitenden Sanierungsverfahrens nach § 270b InsO erweitert. Das Schutzschirmverfahren verbindet die Stadien der vorinsolvenzrechtlichen Sanierungsbemühungen mit dem Eröffnungsverfahren und der

---

Bereich und nicht als „Regelung“ an, spricht ihr jedoch eine Annexkompetenz für das Planverfahren zu, da ein Austausch der Organmitglieder häufig Voraussetzung für den Erfolg eines Insolvenzplans sei.

609 *Andres*, in: Andres u.a., InsO, 3. Aufl., 2014, § 225a, Rn. 8; *Eidenmüller*, in: Kirchhof u.a. (Hrsg.), MüKo-InsO, Bd. 3, 3. Aufl., 2014, § 225a, Rn. 23, 73 ff.; *Haas*, in: Kreft (Hrsg.), HK-InsO, 7. Aufl., 2014, § 225a, Rn. 28; *Hölzle*, in: Kübler (Hrsg.), HRI, 2. Aufl., 2015, § 31, Rn. 20 ff.; *Spahlinger*, in: Kübler u.a. (Hrsg.), InsO, Lb, 55. Lfg. (10/2013), § 225a, Rn. 62 ff.; *Thies*, in: A. Schmidt (Hrsg.), HHK-InsO, 5. Aufl., 2015, § 225a, Rn. 46 ff.; *Spliedt*, in: K. Schmidt (Hrsg.), InsO, 18. Aufl., 2013, § 225a, Rn. 34 ff.; *Jaffé*, in: Wimmer (Hrsg.), FK-InsO, 8. Aufl., 2015, § 225a, Rn. 36 f.

610 *Eidenmüller*, NJW 2014, 17 ff.

611 *Hölzle*, in: Kübler (Hrsg.), HRI, 2. Aufl., 2015, § 31, Rn. 19.

612 Vgl. *Braun/Frank*, in: Braun (Hrsg.), InsO, 6. Aufl., 2014, § 225a, Rn. 2; *Eidenmüller*, in: Kirchhof u.a. (Hrsg.), MüKo-InsO, Bd. 3, 3. Aufl., 2014, § 225a, Rn. 23, 72 ff.; *ders.*, NJW 2014, 17 f.; *Hirte*, in: Uhlenbruck u.a. (Hrsg.), InsO, 14. Aufl., 2015, § 225a, Rn. 38 f.; *Prusko*, Gesellschafterstellung in der Insolvenz, 2013, S. 199; *Spliedt*, GmbHR 2012, 462, 471.

613 *Kolmann*, Schutzschirmverfahren, 2014, Rn. 12 ff.

614 Siehe hierzu § 1.B.III.3.

Überleitung in das eigenverwaltende Insolvenzplanverfahren. Durch die Verknüpfung des schuldnerischen Eigenantrags bei drohender Zahlungsunfähigkeit (bzw. Überschuldung), der Vorbereitung eines Sanierungskonzepts, das im Idealfall als Insolvenzplan mit in das Insolvenzplanverfahren eingebracht wird, und einem in Eigenverwaltung durchgeführten Insolvenzplanverfahren werden neue Perspektiven und Möglichkeiten zur Erleichterung von Sanierungen geschaffen.[615]

a) *Vorteile des Schutzschirmverfahrens*

Das Schutzschirmverfahren soll dem Schuldner auch nach Stellung des Insolvenzantrags die Möglichkeit erhalten, einen tragfähigen Insolvenzplan vorzubereiten und auszuarbeiten. Die Minderung des Kontrollverlusts bzw. der weitgehend fortbestehende Einfluss des Schuldners im Insolvenz(eröffnungs-)verfahren soll diesen zur rechtzeitigen Antragstellung motivieren und zum Erhalt vielversprechender Sanierungsmöglichkeiten beitragen.[616] Dazu wird dem Schuldner ein „Schutzschirm“, mit dem Charakter eines „echten Moratoriums“[617], für eine durch Beschluss des Insolvenzgerichts gemäß § 270b Abs. 1 S. 1 InsO zu bestimmende Frist von maximal drei Monaten zur Vorlage eines Sanierungskonzepts gewährt.[618] In diesem Zeitraum kann dem Schuldner weder ein Verfügungsverbot noch ein Zustimmungsvorbehalt auferlegt werden.[619] Der Schuldner bleibt verfügungsbefugt und die Geschäftsführung im Amt, wodurch diese auch weiterhin die wesentlichen Entscheidungen treffen kann.

Dem vorläufigen Sachwalter, auf den §§ 274, 275 InsO gemäß § 270a Abs. 1 S. 2 InsO entsprechende Anwendung finden, obliegt die Prüfung der wirtschaftlichen Lage des Schuldners und die Überwachung bei dessen Geschäftsführung

---

615 *Ahrendt*, ZRP 2010, 66, 67; vgl. auch *Kübler*, in: Kübler (Hrsg.), HRI, 2. Aufl., 2015, § 1, Rn. 27 ff.; *Kolmann*, Schutzschirmverfahren, 2014, Rn. 8 ff.; *Wimmer*, Das neue InsR, 2012, S. 27.

616 *Landfermann*, in: Kreft (Hrsg.), HK-InsO, 7. Aufl., 2014, § 270b, Rn. 1; *Haas*, in: Gottwald (Hrsg.), InsR-Hdb., 5. Aufl., 2015, § 88, Rn. 15 ff.; *Pape*, in: Kübler u.a. (Hrsg.), InsO, Lb, 49 Lfg. (07/2012), § 270b, Rn. 13; *Nerlich*, in: Nerlich / Kreplin (Hrsg.), MAH Insolvenz und Sanierung, 2. Aufl., 2012, § 24, Rn. 182 ff.; *Beth*, ZInsO 2015, 369; *Göb*, NZG 2012, 371, 376.

617 *Hölzle*, in: Bork / Hölzle (Hrsg.), Hdb. InsR, 2014, Kap. 14, Rn. 75; *Ganter*, NZI 2012, 985, 988; *Römermann*, GmbHR 2013, 337, 342; *Schelo*, DB 2010, 2209, 2211; zum Erfordernis eines Moratoriums, vgl. *Bork*, ZIP 2010, 397, 406; a.A. RegE ESUG, BR-Drucks. 127/11, S. 59; *Desch*, BB 2011, 841, 843; *Frege / Keller / Riedel*, InsR, 8. Aufl., 2015, T. 4, Kap. 2, Rn. 2066; *Wimmer*, Das neue InsR, 2012, S. 25.

618 *Riggert*, in: Braun (Hrsg.), InsO, 6. Aufl., 2014, § 270b, Rn. 13; *Kern*, in: Kirchhof u.a. (Hrsg.), MüKo-InsO, Bd. 3, 3. Aufl., 2014, § 270b, Rn. 74 ff.; *Landfermann*, in: Kreft (Hrsg.), HK-InsO, 7. Aufl., 2014, § 270b, Rn. 31 f.; *Hirte / Knof / Mock*, DB 2011, 693, 695.

619 Vgl. nur *Kern*, in: Kirchhof u.a. (Hrsg.), MüKo-InsO, Bd. 3, 3. Aufl., 2014, § 270b, Rn. 6.

(§§ 270a Abs. 1 S. 2, 274 Abs. 2 S. 1 InsO).[620] Stellt er Umstände fest, die erwarten lassen, dass die Fortsetzung der vorläufigen Eigenverwaltung zu Nachteilen für die Gläubiger führt, ist er verpflichtet, dies unverzüglich dem vorläufigen Gläubigerausschuss sowie dem Insolvenzgericht, ggf., sofern kein vorläufiger Gläubigerausschuss eingesetzt ist, den absonderungsberechtigten und sämtlichen (bekannten) Insolvenzgläubigern anzuzeigen.[621] Die Anzeige führt regelmäßig zur Überleitung in ein Regelinsolvenzverfahren durch das Insolvenzgericht und räumt dem vorläufigen Sachwalter dadurch die Macht zur Beendigung der vorläufigen Eigenverwaltung bzw. des Schutzschirmverfahrens ein. Darüber hinaus obliegen dem vorläufigen Sachwalter weitere Mitwirkungs- und Zustimmungspflichten,[622] die letztlich Ausfluss der Überwachungs- und Prüfungspflicht sind und ihm in der Zusammenschau mit den sonstigen Rechten und Pflichten eine nicht unbedeutende Rolle zuweisen.[623] Diese Rolle wird jedoch insoweit zum Vorteil des geschäftsführenden Mehrheitsgesellschafters geschwächt, als dieser das Recht erhält, für das Amt des vorläufigen Sachwalters eine Person seiner Wahl vorzuschlagen (§ 270b Abs. 2 S. 2 InsO). Das Vorschlagsrecht des Schuldners verdrängt damit das allgemeine Vorschlagsrecht des vorläufigen Gläubigerausschusses gemäß §§ 270a Abs. 1 S. 2, 274 Abs. 1, 56a InsO.[624]

---

620 Vgl. BT-Drucks. 17/7511, S. 37; *Riggert*, in: Braun (Hrsg.), InsO, 6. Aufl., 2014, § 274, Rn. 11; *Seagon*, in: Buth / Hermanns (Hrsg.), RSI, 4. Aufl., 2014, § 26, Rn. 17; *Tetzlaff/Kern*, in: Kirchhof u.a. (Hrsg.), MüKo-InsO, Bd. 3, 3. Aufl., 2014, § 274, Rn. 42 ff.; *Landfermann*, in: Kreft (Hrsg.), HK-InsO, 7. Aufl., 2014, § 270b, Rn. 45; *Pape*, in: Kübler u.a. (Hrsg.), InsO, Lb, 49. Lfg. (07/2012), § 270b, Rn. 76; *Undritz*, in: K. Schmidt (Hrsg.), InsO, 18. Aufl., 2013, § 270b, Rn. 9, § 274, Rn. 8 ff.; *Ehlers*, ZInsO 2015, 1417, 1418 ff.; *Kolmann*, Schutzschirmverfahren, 2014, Rn. 434 ff.; *Madaus*, KTS 2015, 115, 128.

621 *Tetzlaff/Kern*, in: Kirchhof u.a. (Hrsg.), MüKo-InsO, Bd. 3, 3. Aufl., 2014, § 274, Rn. 51 f.; *M. Hofmann*, in: Kübler (Hrsg.), HRI, 2. Aufl., 2015, § 8, Rn. 80 ff.; *Pape*, in: Kübler u.a. (Hrsg.), InsO, Lb, 49. Lfg. (07/2012), § 270b, Rn. 67; *Undritz*, in: K. Schmidt (Hrsg.), InsO, 18. Aufl., 2013, § 270b, Rn. 9, § 274, Rn. 9, 12 f.; *Kolmann*, Schutzschirmverfahren, 2014, Rn. 440 ff.

622 Zu nennen sind insbesondere das Konto- und Kassenführungsrecht (§ 275 Abs. 2 InsO), die Pflicht des eigenverwaltenden Schuldners zur Einholung der Zustimmung des Sachwalters bzgl. der Eingehung von Verbindlichkeiten, die nicht zum gewöhnlichen Geschäftsbetrieb gehören (§ 275 Abs. 1 S. 1 InsO), und dessen Widerspruchsrecht bzgl. der Eingehung von Verbindlichkeiten, die zum gewöhnlichen Geschäftsbetrieb gehören (§ 275 Abs. 1 S. 2 InsO).

623 *Seagon*, in: Buth / Hermanns (Hrsg.), RSI, 4. Aufl., 2014, § 26, Rn. 22; *Tetzlaff/Kern*, in: Kirchhof u.a. (Hrsg.), MüKo-InsO, Bd. 3, 3. Aufl., 2014, § 274, Rn. 42 ff.; *Pape*, in: Kübler u.a. (Hrsg.), InsO, Lb, 49. Lfg. (07/2012), § 270b, Rn. 76; *Undritz*, in: K. Schmidt (Hrsg.), InsO, 18. Aufl., 2013, § 270b, Rn. 9, § 274, Rn. 8 ff.; *Kolmann*, Schutzschirmverfahren, 2014, Rn. 443 f.

624 *Riggert*, in: Braun (Hrsg.), InsO, 6. Aufl., 2014, § 270b, Rn. 9 ff.; *Kern*, in: Kirchhof u.a. (Hrsg.), MüKo-InsO, Bd. 3, 3. Aufl., 2014, § 270b, Rn. 6, 9; *Landfermann*, in: Kreft (Hrsg.), HK-InsO, 7. Aufl., 2014, § 270b, Rn. 33; *Pape*, in: Kübler u.a. (Hrsg.),

Die besondere Bedeutung dieses Vorschlagsrechts wird dadurch deutlich, dass der Schuldner – im Unterschied zu § 270a InsO – nicht nur in die Wahl einbezogen ist, sondern das Insolvenzgericht von dem Vorschlag des Schuldners auch nur dann abweichen darf, wenn der vorgeschlagene Sachwalter „offensichtlich ungeeignet" ist, weshalb von dem Vorschlag des Schuldners eine weitreichende Bindungswirkung für das Insolvenzgericht ausgeht.[625] Für den Schuldner erfasst das Vorschlagsrecht die Möglichkeit, eine unabhängige, für ihn gleichzeitig jedoch vertrauenswürdige Person (vgl. § 56 Abs. 1 S. 1 InsO) zum maßgeblichen Prüfungs- und Überwachungsorgan zu bestimmen[626], die zum einen – jedenfalls im Zweifel – das von ihm vorgesehene Sanierungskonzept unterstützt und zum anderen die erforderliche Sachkunde mitbringt.[627] Als wesentlicher Vorteil stellt sich insofern der Umstand dar, dass die vom Schuldner vorgeschlagene Person eines vorläufigen Sachwalters zumeist identisch mit dem später bestellten endgültigen Sachwalter ist. Der auf diese Weise vom Schuldner bestimmten und in das Insolvenzplanverfahren „mitgebrachten" Person obliegt die spätere Überwachung der Eigenverwaltung.

Zusätzlich kann der Schuldner auch die Einsetzung eines vorläufigen Gläubigerausschusses anregen und auf dessen Besetzung Einfluss nehmen, um auch dessen Gestaltung mit Blick auf den Erfolg von Schutzschirm und Eigensanierung vorzunehmen (§ 22a Abs. 2, 4 InsO).[628] Zu den Aufgaben des vorläufigen Gläubigerausschusses zählt die Unterstützung und zugleich Überwachung des Schuldners sowie

---

InsO, Lb, 49. Lfg. (07/2012), § 270b, Rn. 61 ff., 76; *Undritz*, in: K. Schmidt (Hrsg.), InsO, 18. Aufl., 2013, § 270b, Rn. 1, 9; *Foltis*, in: Wimmer (Hrsg.), FK-InsO, 8. Aufl., 2015, § 270b, Rn. 29 ff.; *de Bruyn*, Der vorläufige Gläubigerausschuss, 2015, Rn. 468; *Flöther*, ZInsO 2014, 465 ff.; *Kolmann*, Schutzschirmverfahren, 2014, Rn. 382 f., 572; *Siebert*, ZIP 2014, 2153, 2165 f.; *Vallender*, GmbHR 2012, 450, 452 f.; *ders.*, DB 2015, 231, 237; *Wimmer*, Das neue InsR, 2012, S. 27.

625 *Foltis*, in: Wimmer (Hrsg.), FK-InsO, 8. Aufl., 2015, § 270b, Rn. 6; *Frind*, in: FS Haarmeyer, 2013, S. 39; 60; *Kolmann*, Schutzschirmverfahren, 2014, Rn. 572, 636; *Vallender*, DB 2015, 231, 237; kritischer dagegen *Pape*, in: FS Haarmeyer, 2013, S. 219, 226 f., der die vorläufige Eigenverwaltung gemäß § 270a InsO insgesamt als vorteilhafter für den Schuldner bewertet.

626 Zum generellen Aufgabenkreis des vorläufigen Sachwalters, vgl. *Kolmann*, Schutzschirmverfahren, 2014, Rn. 432 ff.; *Madaus*, KTS 2015, 115, 127 f.

627 RegE ESUG, BR-Drucks. 127/11, S. 59; RegE ESUG, BT-Drucks. 17/5712, S. 40; *Siebert*, ZIP 2014, 2153, 2165, der von einer „gewisse[n] Dankbarkeit für die Mandatsverschaffung" spricht; vgl. auch *Riggert*, in: Nerlich / Römermann (Hrsg.), InsO, Lb, 23 Lfg. (03/2012), § 270b, Rn. 22; *Foltis*, in: Wimmer (Hrsg.), FK-InsO, 8. Aufl., 2015, § 270b, Rn. 6, 32; *Flöther*, ZInsO 2014, 465; *Frind*, in: FS Haarmeyer, 2013, S. 39, 43 ff., 60 ff.; *Vallender*, DB 2015, 231, 237; kritischer *Pape*, in: FS Haarmeyer, 2013, S. 219, 227 ff.

628 RegE ESUG, BT-Drucks. 17/5712, S. 24 ff.; 572; *Brand*, KTS 2014, 1, 8; *Kolmann*, Schutzschirmverfahren, 2014, Rn. 408 ff., *Römermann*, NJW 2012, 645, 647; vgl. auch *Fuhst*, DStR 2012, 418, 419 ff.

des vorläufigen Sachwalters (vgl. §§ 21 Abs. 2 S. 1 Nr. 1a, 69 InsO).[629] Er verfügt insbesondere über das Recht, das Schutzschirmverfahren jederzeit und ohne Angabe von Gründen zu beenden, indem er beim Insolvenzgericht einen Antrag auf Aufhebung stellt, dem das Insolvenzgericht stattgeben muss (§ 270b Abs. 4 S. 1 Nr. 2 InsO).[630] Die Besetzung des vorläufigen Gläubigerausschusses ist schon insoweit entscheidend, als dessen einstimmiges Votum zur vorläufigen Eigenverwaltung, innerhalb der Anhörungspflicht des Insolvenzgerichts gemäß §§ 270b, 270 Abs. 3 S. 1 InsO, eine Bindungswirkung für das Insolvenzgericht begründet.[631] Es ist daher notwendig, bereits frühzeitig mit den Mitgliedern des vorläufigen Gläubigerausschusses offen über Struktur, Entwicklung und Einzelheiten des Insolvenzplans und eine Sanierungslösung zu sprechen bzw. zu verhandeln und insofern Überzeugungsarbeit zu leisten.[632] Da der aus dem Sanierungskonzept entstehende Insolvenzplan letztlich der Zustimmung der Gläubigergruppen unterliegt, hat ein gegen den Willen des vorläufigen Gläubigerausschusses durchgeführtes Schutzschirmverfahren praktisch schon keine Aussicht auf Erfolg.[633]

Weitere Vorteile des Schutzschirmverfahrens bestehen für den Schuldner darin, dass ihm gemäß § 270b Abs. 3 InsO – auf seinen Antrag hin – vom Gericht die Befugnis verliehen werden kann, Verbindlichkeiten zu begründen, die im eröffneten Verfahren entsprechend § 55 Abs. 2 InsO als Masseverbindlichkeiten behandelt werden.[634] Das Insolvenzgericht hat auf Antrag des Schuldners gemäß §§ 21 Abs. 2 Nr. 3, 270b Abs. 2 S. 3 InsO Maßnahmen der Zwangsvollstreckung gegen den Schuldner zu untersagen oder einstweilen einzustellen, soweit nicht

629 *Böhm*, in: Braun (Hrsg.), InsO, 6. Aufl., 2014, § 274, Rn. 11; *Bruder*, in: Wimmer u.a. (Hrsg.), Hdb. des Fachanwalts InsR, 7. Aufl., 2015, Kap. 2, Rn. 194 f.; *de Bruyn*, Der vorläufige Gläubigerausschuss, 2015, Rn. 375 ff.; *Kolmann*, Schutzschirmverfahren, 2014, Rn. 389 ff.

630 *Herbst*, in: Buth / Hermanns (Hrsg.), RSI, 4. Aufl., 2014, § 28, Rn. 99; *Pape*, in: Kübler u.a. (Hrsg.), InsO, Lb, 49. Lfg. (07/2012), § 270b, Rn. 87; *Mönning*, in: Nerlich / Römermann (Hrsg.), InsO, Lb, 23. Lfg. (03/2012), § 21, Rn. 141; *Kolmann*, Schutzschirmverfahren, 2014, Rn. 736.

631 *Neußner*, in: Kübler (Hrsg.), HRI, 2. Aufl., 2015, § 6, Rn. 140; *M. Hofmann*, Eigenverwaltung, 2014, Rn. 315.

632 *Kolmann*, Schutzschirmverfahren, 2014, Rn. 391, 737; *Vallender*, DB 2015, 231, 232.

633 *Kolmann*, Schutzschirmverfahren, 2014, Rn. 389 ff., 736, darauf hinweisend, dass die Vorstellung des Gesetzgebers, wonach eine Einbindung des Gläubigerausschusses gemäß §§ 157 S. 2, 218 Abs. 3 InsO erst ab dem Zeitpunkt der Verfahrenseröffnung erfolgt (vgl. RegE ESUG, BT-Drucks. 17/5712 S. 24 f.), jedenfalls nicht der Situation im Schutzschirmverfahren entspricht, in dem der Plan bereits zum Zeitpunkt der Verfahrenseröffnung vorliegen soll.

634 *Hölzle*, in: Bork / Hölzle (Hrsg.), Hdb. InsR, 2014, Kap. 14, Rn. 167; *Riggert*, in: Braun (Hrsg.), InsO, 6. Aufl., 2014, § 270b, Rn. 14; *Kern*, in: Kirchhof u.a. (Hrsg.), MüKo-InsO, Bd. 3, 3. Aufl., 2014, § 270b, Rn. 104 ff.; *Landfermann*, in: Kreft (Hrsg.), HK-InsO, 7. Aufl., 2014, § 270b, Rn. 39; *Foltis*, in: Wimmer (Hrsg.), FK-InsO, 8. Aufl., 2015, § 270b, Rn. 38 ff.

unbewegliche Gegenstände betroffen sind.[635] Zudem können bestimmte weitere Sicherungsmaßnahmen durch das Insolvenzgericht angeordnet werden, wie sie unter §§ 270b Abs. 2 S. 2, 21 Abs. 1, 2 Nr. 1a, 3–5 InsO möglich sind.

Die angeführten Vorteile des Schutzschirmverfahrens ermöglichen dem Schuldner insgesamt eine eigenverantwortliche und selbstbestimmte Vorbereitung des Sanierungskonzepts, bei weitgehendem Einfluss auf das Verfahren und dem Verbleib der aktiven Steuerung in den Händen des geschäftsführenden Mehrheitsgesellschafters.[636] Für den Schuldner geht dies mit einer verbesserten Vorhersehbarkeit des Verfahrens[637] sowie Planungs- und Rechtssicherheit[638] einher. Insgesamt ist das Schutzschirmverfahren nach seiner Ausgestaltung daher geeignet, bestehende Hemmschwellen des Schuldners vor der Antragstellung zur Insolvenzeröffnung und Eigenverwaltung abzubauen und ihm die Sorge vor einem fremden, allmächtigen Verwalter und einem drohenden Kontrollverlust zu nehmen.[639] Im Ergebnis erhält der Schuldner im Schutzschirmverfahren daher eine Stellung, die mit der eines starken vorläufigen Insolvenzverwalters vergleichbar ist.[640]

b) Kombination aus Insolvenzplan, Eigenverwaltung und Schutzschirm

Aus Sicht des geschäftsführenden Mehrheitsgesellschafters zeigt sich die Kombination aus Eigenverwaltung und Insolvenzplanverfahren unter Vorschaltung des Schutzschirmverfahrens als wirkungsvolle Handlungsoption für eine von ihm, nach seinen Vorstellungen gesteuerte insolvenzrechtliche Sanierung des Rechtsträgers. Durch die Inanspruchnahme des Schutzschirmverfahrens behält die bisherige Geschäftsführung das Zepter in der Hand, wodurch diese ihren beherrschenden Einfluss auf den Planentwurf ausüben und die Sanierungsmaßnahmen nach ihrer Vorstellung – in Absprache mit den (sonstigen) Gläubigern – aufnehmen bzw. durchsetzen kann.[641] Zugleich werden die im Insolvenzplanverfahren bzw. im Regelinsolvenzverfahren mit Eigenverwaltung zuvor bestehenden Hürden, in der Phase zwischen Antragstellung und Eröffnung des Insolvenzverfahrens, beseitigt.

---

635 *Landfermann*, in: Kreft (Hrsg.), HK-InsO, 7. Aufl., 2014, § 270b, Rn. 38; *Foltis*, in: Wimmer (Hrsg.), FK-InsO, 8. Aufl., 2015, § 270b, Rn. 36 f.

636 *Landfermann*, in: Kreft (Hrsg.), HK-InsO, 7. Aufl., 2014, § 270b, Rn. 45; *Desch*, BB 2011, 841, 846; *Göb*, NZG 2012, 371, 376; *D. Lang/Muschalle*, NZI 2013, 953, 955; *K. Schmidt*, BB 2011, 1603, 1606.

637 *Koch/Jung*, in: Kübler (Hrsg.), HRI, 2. Aufl., 2015, § 8, Rn. 2; *Meyer-Löwy/Pickerill*, GmbHR 2013, 1065, 1066 f.

638 *Kern*, in: Kirchhof u.a. (Hrsg.), MüKo-InsO, Bd. 3, 3. Aufl., 2014, § 270b, Rn. 9; *Pape*, in: Kübler u.a. (Hrsg.), InsO, Lb, 49. Lfg. (07/2012), § 270b, Rn. 18; *Undritz*, in: K. Schmidt (Hrsg.), InsO, 18. Aufl., 2013, § 270b, Rn. 1.

639 *Siebert*, ZIP 2014, 2153, 2165 f.

640 Zutreffend *Siebert*, ZIP 2014, 2153, 2165 f.

641 *Brand*, KTS 2014, 1, 7; *Brünkmans/Uebele*, ZInsO 2014, 265, 266; *D. Lang/Muschalle*, NZI 2013, 953, 956; *Möhlenkamp*, BB 2013, 2828 f.; *Schäfer*, ZIP 2013, 2237 f.; *Wertenbruch*, DB 2013, 1592 ff.

Zwar ist der Schuldner nach der gesetzlichen Konzeption bei der Ausarbeitung des Sanierungskonzepts maßgeblich von der Mitwirkung und Unterstützung des vorläufigen Sachwalters und vorläufigen Gläubigerausschusses abhängig. Der diesen eingeräumte, insgesamt nicht unerhebliche Einfluss auf den eigenverwaltenden Schuldner wird jedoch insoweit abgemildert, als die Auswahl der Person des vorläufigen Sachwalters seinem Vorschlagsrecht unterliegt[642] und der Schuldner auch auf die Zusammensetzung des vorläufigen Gläubigerausschusses einwirken[643] kann. Der Schuldner wird sich daher im Vorfeld nach einem vorläufigen Sachwalter umsehen, der seine Sanierungsvorstellungen mitträgt und als seine Vertrauensperson fungiert, sowie solche potenziellen (Gläubiger-)Ausschussmitglieder ansprechen und rekrutieren, die ihm wohlgesonnen sind.[644]

Zwar sind die in den Sanierungsplan eingearbeiteten Vorschläge aus der Hand des geschäftsführenden Mehrheitsgesellschafters insbesondere von deren Einbringung als Insolvenzplan und der Abstimmung der Gläubigergruppen abhängig. Die (nur) erforderliche einfache Mehrheit innerhalb der abstimmenden Gläubigergruppen und die Möglichkeit, die Zustimmung ganzer (Gesellschafter-)Gläubigergruppen über das Obstruktionsverbot zu ersetzen, verhindern jedoch, dass ein in Zusammenarbeit mit den (sonstigen) Gläubigern erarbeitetes Sanierungskonzept an der blockierenden Haltung einzelner (Minderheits-)Gesellschafter scheitert. In der Folge kann dies dazu führen, dass der geschäftsführende Mehrheitsgesellschafter weitgehend eigenverantwortlich und selbstbestimmt über die Aufnahme solcher Maßnahmen entscheiden kann, die außerhalb des Insolvenzverfahrens an der Gegenstimme einzelner Mitgesellschafter scheitern würden. Das Ergebnis kann dann ein „von einem [geschäftsführenden] Mehrheitsgesellschafter nach seinen Interessen ausgetüftelte[r]"[645] Insolvenzplan sein. Gerade in Situationen, in denen die gesellschaftsrechtlich erforderlichen Beschlussmehrheiten für die vorgesehenen Sanierungsmaßnahmen infolge bestehender Uneinigkeiten zwischen den Gesellschaftern voraussichtlich nur schwer zu erzielen sind, eröffnet die Kombination aus Eigenantrag, Schutzschirmverfahren, Insolvenzplan und Eigenverwaltung daher vielfältige „strategische Handlungsoption[en]"[646], um auf die Organisations- und Gesellschafterstruktur erheblich Einfluss zu nehmen.[647]

---

642 Siehe hierzu § 1.B.III.3; § 2.A.III.1.; § 2.B.IV.4.a).

643 Siehe hierzu § 2.B.IV.4.a).

644 *Brand*, KTS 2014, 1, 8; *Siemon / Klein*, ZInsO 2012, 2009, 2014 ff.; *Vallender*, MDR 2012, 61, 63.

645 *Schäfer*, ZIP 2013, 2237, 2239; vgl. auch *Siebert*, ZIP 2014, 2153, 2165.

646 *Wertenbruch*, in: Ebenroth u.a., HGB, 3. Aufl., 2014, § 105, Rn. 110, 113; *ders.*, DB 2013, 1592 f.

647 *Eidenmüller*, in: Kirchhof u.a. (Hrsg.), MüKo-InsO, Bd. 3, 3. Aufl., 2014, VBem §§ 217–269, Rn. 71 und § 218, Rn. 66 f.; *Brünkmans / Uebele*, ZInsO 2014, 265.

V. Zusammenfassung

Unter Zugrundelegung der Gläubigerbefriedigung als primäres Ziel des Insolvenzplanverfahrens, der Einordnung der Gesellschafter als letztrangige Gläubiger und einer Bewertung deren Anteile an der schuldnerischen Gesellschaft als in der Insolvenz regelmäßig wertlos, hat der Gesetzgeber mit §§ 217 S. 2, 225a InsO die zwangsweise Einbeziehung der Gesellschafter in den Insolvenzplan ermöglicht. Mit Eröffnung des Insolvenzplanverfahrens wird das Gesellschaftsrecht (annähernd) umfassend verdrängt und die mitgliedschaftlichen Verwaltungs- und Vermögensrechte der Gesellschafter durch das Insolvenzziel überlagert. In der Folge wird der Insolvenzplan zum „gesellschaftsrechtlichen Universalwerkzeug" und kann nahezu jede gesellschaftsrechtliche Regelung beinhalten. Der durch § 225a Abs. 3 InsO geschaffenen Einschränkung auf „gesellschaftsrechtlich zulässige" Regelungen ist bereits insoweit keine bedeutsame Eingrenzung zuzusprechen, als sie allein Grenzen durch das zwingende Gesellschaftsrecht zieht.

Neben den dadurch zur Verfügung gestellten attraktiven Gestaltungsmöglichkeiten in Bezug auf die Wahl annähernd beliebiger gesellschaftsrechtlicher Sanierungsmaßnahmen eröffnet die Kombination aus Eigenantrag, vorbereitendem Sanierungsverfahren, Eigenverwaltung und Insolvenzplan insbesondere für den geschäftsführenden Mehrheitsgesellschafter vielfältige strategische Handlungsoptionen. Der geschäftsführende Mehrheitsgesellschafter kann (weitgehend) eigenständig und selbstbestimmt Maßnahmen im Sanierungskonzept vorsehen, die zwar vor Eröffnung des Insolvenzplanverfahrens im Schutzschirmverfahren nur mittelbare Auswirkungen haben, in Kombination mit dem nachfolgenden Insolvenzplanverfahren bei Einbringung des Sanierungskonzepts in das eröffnete Verfahren aber als Insolvenzplan in das Verfahren hineingetragen werden können. Das Insolvenzplanverfahren in Eigenverwaltung eröffnet damit gerade auch für den Fall bedeutende Sanierungsoptionen, dass im Vorfeld der Sanierung Maßnahmen zur Rettung des Unternehmens angedacht wurden, die nicht die gesellschaftsrechtlich erforderliche Mehrheit erhalten haben. Insgesamt eröffnen die zur Verfügung gestellten Insolvenzinstrumente dem geschäftsführenden Mehrheitsgesellschafter daher gerade durch deren Kombination einen denkbar weitreichenden Handlungs- und Gestaltungsspielraum im Insolvenzplanverfahren.

C. Konsequenzen mit Rechtskraft der Bestätigung des Insolvenzplans

Mit Rechtskraft der Bestätigung des Insolvenzplans, nach Unanfechtbarkeit wegen Ablaufs der zweiwöchigen Beschwerdefrist oder der Abweisung der sofortigen Beschwerde, gelten die für gesellschaftsrechtliche Änderungen erforderlichen Willenserklärungen als in der vorgesehenen Form abgegeben (§ 254 Abs. 1 InsO) und die im gestaltenden Teil des Insolvenzplans (§ 221 InsO) festgelegten Maßnahmen treten mit Wirkung für und gegen alle Beteiligten ein (§ 254 Abs. 1 InsO),[648] ohne dass es weiterer Vollzugsakte bedarf.[649] Sind in den Insolvenzplan solche Maßnahmen aufgenommen, die in die Anteils- und Mitgliedschaftsrechte der Gesellschafter eingreifen, erfasst die Formulierung „alle Beteiligte" (§ 254 Abs. 1 InsO) die Gesellschafter unabhängig davon, ob sie dem Insolvenzplan zugestimmt oder gegen ihn gestimmt haben und unabhängig davon, ob den Beteiligten zu Recht oder zu Unrecht die Teilnahme an der Gläubigerversammlung oder ein Stimmrecht bei der Abstimmung über den Plan ganz oder teilweise versagt wurde.[650] Gemäß § 258 Abs. 1 InsO erfolgt die Aufhebung des Insolvenzverfahrens, sobald die Bestätigung des Insolvenzplans rechtskräftig ist und der Plan nichts Abweichendes vorsieht. Die *ex-nunc*-Wirkung der Aufhebung des Insolvenzverfahrens hat zur Folge, dass die Gesellschaft nicht automatisch wieder zu einer werbenden Gesellschaft wird.[651] Für die Fortführung der Gesellschaft ist erforderlich, dass nach der Aufhebung des Insolvenzverfahrens ein Gesellschafterbeschluss gemäß § 144 Abs. 1, 2. Alt. HGB zur Fortsetzung der Gesellschaft gefasst wird bzw. diese Beschlüsse zweckmäßigerweise gemäß §§ 225a Abs. 3, 1. Alt., 254a Abs. 2 InsO bereits in den gestaltenden Teil des Insolvenzplans aufgenommen worden sind.[652] Die Beschlüsse sind jeweils nur wirksam, sofern der Insolvenzplan die Fortsetzung der Gesellschaft ausdrücklich vorsieht (§ 144 Abs. 1, 2. Alt. HGB). Der bestätigte rechtskräftige Insolvenzplan hat rechtsgestaltende Wirkung (§§ 254, 254a InsO) und ist zugleich Vollstreckungstitel (§ 257 InsO).[653] Im Zeitraum zwischen der rechtskräftigen Bestätigung des Insolvenzplans und der Aufhebung des Insolvenzverfahrens (§§ 258 ff. InsO) werden die im Plan vorgesehenen gesellschaftsrechtlichen Struktur- und Kapitalmaßnahmen umgesetzt bzw. eingetragen. Mit Aufhebung des Insolvenzverfahrens endet der

---

648 *Braun / Frank*, in: Braun (Hrsg.), InsO, 6. Aufl., 2014, § 254, Rn. 1 f.; *Haas*, in: Kreft (Hrsg.), HK-InsO, 7. Aufl., 2014, § 254, Rn. 3; *Spahlinger*, in: Kübler u.a. (Hrsg.), InsO, Lb, 57. Lfg. (02/2014), § 254, Rn. 3 ff.; *Spliedt*, GmbHR 2012, 462, 470.

649 *Braun / Frank*, in: Braun (Hrsg.), InsO, 6. Aufl., 2014, § 254, Rn. 2; *Spahlinger*, in: Kübler u.a. (Hrsg.), InsO, Lb, 57. Lfg. (02/2014), § 254, Rn. 4.

650 *Eidenmüller*, in: Kirchhof u.a. (Hrsg.), MüKo-InsO, Bd. 3, 3. Aufl., 2014, § 217, Rn. 20 ff.; *Spahlinger*, in: Kübler u.a. (Hrsg.), InsO, Lb, 57. Lfg. (02/2014), § 254, Rn. 9; *Hirte*, in: Uhlenbruck u.a. (Hrsg.), InsO, 14. Aufl., 2015, § 11, Rn. 160; *Haas*, NZG 2012, 961, 964 f.

651 *Spahlinger*, in: Kübler u.a. (Hrsg.), InsO, Lb, 59. Lfg. (06/2014), § 259, Rn. 7 f.; *Lüer / Streit*, in: Uhlenbruck u.a. (Hrsg.), InsO, 14. Aufl., 2015, § 259, Rn. 9; *Hess*, InsR, 2. Aufl., 2013, § 259, Rn. 15.

652 *Andres*, in: Andres u.a., InsO, 3. Aufl., 2014, § 259, Rn. 5; *Braun / Frank*, in: Braun (Hrsg.), InsO, 6. Aufl., 2014, § 259, Rn. 4; *Spahlinger*, in: Kübler u.a. (Hrsg.), InsO, Lb, 59. Lfg. (06/2014), § 259, Rn. 7; *Thies*, in: A. Schmidt (Hrsg.), HHK-InsO, 5. Aufl., 2015, § 259, Rn. 18; *Lüer / Streit*, in: Uhlenbruck u.a. (Hrsg.), InsO, 14. Aufl., 2015, § 259, Rn. 9.

653 *Huber*, in: Kirchhof u.a. (Hrsg.), MüKo-InsO, Bd. 3, 3. Aufl., 2014, § 257, Rn. 21 ff.; *Koch / de Bra*, in: Gottwald (Hrsg.), InsR-Hdb., 5. Aufl., 2015, § 69, Rn. 1; *Knof*, in: Uhlenbruck u.a. (Hrsg.), InsO, 14. Aufl., 2015, § 45, Rn. 29.

Vorrang des Insolvenzrechts gegenüber dem Gesellschaftsrecht und die Gesellschaft wandelt sich in eine werbende zurück.[654] Die fortgesetzte Gesellschaft wird anschließend nach Maßgabe der jeweiligen – ggf. angepassten – gesellschaftsrechtlichen und -vertraglichen Regelungen weitergeführt.

Für den Fall, dass die Gesellschaft nach Aufhebung des Insolvenzverfahrens als Unternehmensträger erhalten bleibt, können deren Gesellschafter in der Gesellschaft verbleiben. Wie bereits eingangs dargestellt, erfordert eine (erfolgreiche) Sanierung jedoch stets Zugeständnisse und Investitionen, nicht nur auf Gläubigerseite, sondern gerade auch auf Gesellschafterseite. Abhängig von den konkreten, in den Insolvenzplan aufgenommenen Sanierungsmaßnahmen, kann es mit deren Durchführung für die Gesellschafter daher zu Veränderungen der jeweils gehaltenen Anteile am Gesellschaftsvermögen als auch der Zusammensetzung der Gesellschafter kommen.[655] Die Umsetzung dieser gesellschaftsrechtlichen (Struktur-) Maßnahmen hat für die Gesellschafter weitreichende Auswirkungen und erstreckt sich vom Verlust einzelner (Sonder-)Rechte bis hin zum (kompensationslosen) Ausschluss aus der Gesellschaft.

D. Zusammenfassung

Aus der Krisensituation (möglicherweise) befreiende Kapital- und Strukturmaßnahmen sind nach den gesetzlichen Vorgaben im Personengesellschaftsrecht von der einstimmigen Beschlussfassung der Gesellschafter und damit zugleich von deren (uneingeschränkter) Sanierungsbereitschaft abhängig. Vor Eröffnung des Insolvenzverfahrens, im Eröffnungsverfahren sowie im vorbereitenden Sanierungsverfahren gemäß § 270b InsO sind Eingriffe in die Anteils- und Mitgliedschaftsrechte der Gesellschafter von den gesellschaftsrechtlichen und -vertraglichen Regelungen abhängig.

Mit Eröffnung des Insolvenzverfahrens durch das Insolvenzgericht wird die Gesellschaft aufgelöst. Der Gesetzesgeber stuft die Gesellschafter als letztrangig Beteiligte und zwangsweise Planunterworfene ein und schreibt ihren Anteilen regelmäßig die Wertlosigkeit zu, damit dem primären Ziel der Gläubigerbefriedigung bestmöglich zur Erreichung verholfen werden kann. Die zugrunde liegenden Wertungen ermöglichen eine Einbeziehung der Anteils- und Mitgliedschaftsrechte der Gesellschafter unter vorrangiger Geltung des Insolvenzrechts und insofern weitgehend vollständiger Verdrängung gesellschaftsrechtlicher und -vertraglicher Regelungen und Grundsätze. Dem Schuldner wird dadurch ein denkbar weitgehender Gestaltungsspielraum eröffnet, der dadurch noch an Bedeutung gewinnt, dass dieser den Insolvenzplan mitsamt seiner Sanierungsmaßnahmen im Schutzschirmverfahren

---

654 Zur (zeitweisen) Überlagerung des Gesellschaftszwecks durch den Insolvenzzweck siehe § 2.B.I.2; *Haas/Kolmann/Pauw*, in: Gottwald (Hrsg.), InsR-Hdb., 5. Aufl., 2015, § 92, Rn. 588 f.; *Klöhn*, in: Henssler / Strohn (Hrsg.), GesR, 2. Aufl., 2014, § 145, Rn. 22; *Salger*, in: Reichert (Hrsg.), GmbH & Co. KG, 7. Aufl., 2015, § 46, Rn. 74.

655 *Prusko*, Gesellschafterstellung in der Insolvenz, 2013, S. 31.

nahezu eigenständig und selbstbestimmt vorbereiten und ausarbeiten kann. Wird der Sanierungsplan durch einen Insolvenzplan umgesetzt und unterstützen die über den Gläubigerausschuss frühzeitig einbezogenen Gläubiger den Plan mehrheitlich, können die im Insolvenzplan vorgesehenen gesellschaftsrechtlichen Maßnahmen, nach Aufhebung des Insolvenzverfahrens, ohne die hohen gesellschaftsrechtlichen bzw. -vertraglichen Anforderungen, umgesetzt werden.

Das Insolvenzplanverfahren vermag damit vor allem dann bedeutende Sanierungsoptionen zu eröffnen, wenn die gesellschaftsrechtlichen Beschlussmehrheiten für die angedachten Kapitalmaßnahmen und sonstigen Sanierungsoptionen voraussichtlich nicht oder nur schwer zu erzielen sind. Für den geschäftsführenden Mehrheitsgesellschafter bieten sich unter Verwendung und Verknüpfung der zur Verfügung stehenden Insolvenzinstrumente aus Eigenantrag, vorbereitendem Schutzschirmverfahren, Eigenverwaltung und Insolvenzplan daher insbesondere auch Möglichkeiten zur Lösung von – nach Gesellschaftsrecht unüberwindbaren – Blockaden des Minderheitsgesellschafters, infolge bestehender Uneinigkeit und andauernden Streitigkeiten unter den Gesellschaftern.

§ 3. Schutz des (Minderheits-)Gesellschafters im Insolvenzplanverfahren

Der denkbar weitreichende Handlungs- und Gestaltungsspielraum des geschäftsführenden Mehrheitsgesellschafters durch die Möglichkeit zur (zwangsweisen) Einbeziehung der Gesellschafter in den Insolvenzplan, steht einem gesteigerten Schutzbedürfnis der – je nach Plangestaltung – in den Plan einbezogenen Minderheitsgesellschafter gegenüber. In der Folge gilt es zu klären, inwieweit dem Bedürfnis nach einem angepassten, ausreichenden Schutzkonzept mit den Änderungen durch das ESUG Rechnung getragen wird.

Nachfolgend wird der dem Minderheitsgesellschafter im Insolvenzplanverfahren *de lege lata* gewährte Schutz aufgezeigt und eingeordnet. Dieser Bestandsaufnahme wird eine grundlegende These vorangestellt, um daran anschließend die Einbeziehung der Gesellschafter in das Insolvenzplanverfahren sowie die Wahl und Umsetzung des eingeräumten Schutzkonzepts einzuordnen und diese abschließend unter den Prämissen (1) unterstellter Wertlosigkeit bzw. (2) Werthaltigkeit der Gesellschaftsanteile zu bewerten.

A. Grundlegende These

Den nachfolgenden Ausführungen liegt die These zugrunde, dass der durch die Einbeziehung der Gesellschafter in den Insolvenzplan und die Stärkung der Eigenverwaltung geschaffene, denkbar weitreichende Handlungs- und Gestaltungsspielraum der InsO zur Umsetzung beliebiger gesellschaftsrechtlicher Sanierungsmaßnahmen mittels Insolvenzplan „einlädt“.[656] Der gewährte Handlungs- und Gestaltungsspielraum soll als Einladung an die geschäftsführenden, mit den Minderheits- bzw. Mitgesellschaftern im Streit befindlichen Mehrheitsgesellschafter verstanden werden können, auf den Eintritt der drohenden Zahlungsunfähigkeit hinzuwirken bzw. diese jedenfalls nicht aktiv zu verhindern, um anschließend unter dem Deckmantel des Insolvenzplanverfahrens nach Gesellschaftsrecht unüberwindbare Streitigkeiten zu lösen. Zu denken ist insoweit insbesondere an die Situation bei Vorliegen

656 Diese Befürchtung äußernd *Stöber*, ZInsO 2013, 2457, 2463; vgl. auch *Eidenmüller*, ZIP 2014, 1197, 1202; *Mönning*, in: FS Kübler, 2015, S. 431, 433; *Priester*, in: FS Kübler, 2015, S. 557, 563; anders dagegen das *LG Frankfurt/M.*, Urt. v. 13.08.2013 – 3-09 O 78/13 = NZI 2013, 981, Rz. 39, das den durch das Insolvenzverfahren entstehenden „unmittelbaren wirtschaftlichen Schaden“ sowie den „nicht wieder gut zu machenden Ansehensverlust in der Öffentlichkeit, der den Unternehmenswert und damit auch den Wert der Anteile der Gesellschafter maßgeblich negativ beeinflusst“, hervorhebt; vgl. auch *Brinkmann*, ZIP 2014, 197, 200, der die enormen Kosten, die ein Insolvenzverfahren mit sich bringt, als Grund gegen eine schlichte Fortsetzung des Gesellschaftsrechts mit anderen Mitteln sieht.

des Insolvenzgrunds der drohenden Zahlungsunfähigkeit (§ 18 InsO), die lediglich dem Schuldner selbst das Recht zur Stellung des Insolvenzantrags einräumt (§ 15 InsO). Diesem ist es dadurch zum einen ermöglicht, in Eigenverwaltung und unter Vorschaltung eines vorbereitenden Sanierungsverfahrens die Sanierung durch Insolvenzplan weitgehend nach seinen Vorstellungen auszugestalten. Zum anderen räumt ihm die Situation insbesondere die Entscheidungsmacht darüber ein, den im Insolvenzplanverfahren geltenden Vorrang des Insolvenzrechts zur Schwächung der nach personengesellschaftsrechtlichen Maßgaben starken Stellung des Minderheitsgesellschafters zu nutzen, indem er das Verfahren durch seinen Antrag ins Rollen bringt.

B. Bestandsaufnahme: Minderheitenschutz im neuen Insolvenzplanverfahren *de lege lata*

Der *de lege lata* gewährte Minderheiten- und Rechtsschutz im Insolvenzplanverfahren ist der verbreiteten Kritik ausgesetzt, die Minderheitsgesellschafter unzureichend vor dem eingeräumten weitreichenden Handlungs- und Gestaltungsspielraum zu schützen.[657] Nur wenn die Bestandsaufnahme und Bewertung zum Minderheiten- und Rechtsschutz im Insolvenzplanverfahren mit dem Ergebnis schließt, dass der zugunsten der (Minderheits-)Gesellschafter zur Verfügung gestellte Schutz nicht an den neuen, weitreichenden Handlungs- und Gestaltungsspielraum angepasst ist, sodass ein angemessener und ausreichender Schutz abzulehnen wäre, kann sich die zuvor aufgestellte These bewahrheiten und ein echter Anreiz bzw. eine Einladung zur Lösung andauernder Gesellschafterstreitigkeiten mittels Insolvenzplan angenommen werden.

Eine vorangestellte Darstellung des in der GmbH & Co. KG grundsätzlich gewährten gesellschaftsrechtlichen Minderheitenschutzes soll dessen Grundsätze überblicksartig darstellen und als Ausgangs- bzw. Vergleichspunkt des gewährten Schutzes zugunsten des Minderheitsgesellschafters dienen. Dieser Abriss soll insbesondere der Verdeutlichung der im Zeitpunkt der drohenden Zahlungsunfähigkeit zugunsten des antragstellenden geschäftsführenden Mehrheitsgesellschafters bestehenden Entscheidungsmacht dienen, den weitgehenden gesellschaftsrechtlichen Schutz und eine – trotz Minderheitsbeteiligung – starke Gesellschafterstellung vorrangigen insolvenzrechtlichen Regelungen zu unterwerfen. Einführend kann auf dieser Grundlage eine (teilweise) Übertragung des gesellschaftsrechtlich gewährten Minderheitenschutzes auf das Insolvenzplanverfahren problematisiert werden, bevor der im Insolvenzplanverfahren geltende Minderheiten- und Rechtsschutz und

657 *Haas*, in: Kreft (Hrsg.), HK-InsO, 7. Aufl., 2014, § 225a, Rn. 14; *Böcker*, ZInsO 2015, 773, 775 ff.; *Brinkmann*, in: FS Schilken, 2015, S. 631, 635, 638 f.; *Brünkmans*, ZInsO 2014, 993 ff.; *Meyer*, ZInsO 2013, 2361, 2368; *H.-F. Müller*, DB 2014, 41, 43; *Schäfer*, ZIP 2013, 2237, 2238, 2241.

dessen „Anpassung" an den erweiterten Handlungs- und Gestaltungsspielraum besprochen werden.

I. Grundsätze des gesellschaftsrechtlichen Minderheitenschutzes

Dem Gesetz liegt das Leitbild der Personengesellschaft als Haftungs- und Arbeitsgemeinschaft zugrunde.[658] Die personalistische Gesellschaftsstruktur, die enge mitgliedschaftliche Bindung und das Einstimmigkeitsprinzip (§§ 709 Abs. 1, 2. Hs. BGB, 119 Abs. 1, 161 Abs. 2 HGB) tragen zu einer „intensiveren" Gesellschafterstellung als innerhalb der Kapitalgesellschaften bei.[659] Das gesamte mitgliedschaftliche Verhältnis wird insbesondere durch die Treuepflicht sowie die Pflicht zur gleichmäßigen Behandlung geprägt[660] und durch die weitreichenden Verwaltungs- und Vermögensrechte ausgestaltet.[661] Insbesondere Zustimmungserfordernisse und Widerspruchsrechte sorgen für einen weitreichenden Schutz des Gesellschafters vor ungewollten Beeinträchtigungen seiner gesellschaftlichen Interessen und Eingriffen in die eigene Gesellschafterstellung.[662] Gleichwohl kann es naturgemäß innerhalb der gesellschafterlichen Verbundenheit zu Uneinigkeiten und Konflikten bis hin zu tiefgreifenden Zerwürfnissen im Gesellschafterkreis und zur Obstruktion sowie Majorisierung einzelner Gesellschafter oder einer Gruppe von Gesellschaftern kommen. Sind die Gesellschafter nicht einer Meinung oder ziehen an unterschiedlichen Strängen, kann das Einstimmigkeitsprinzip die Umsetzung notwendiger Maßnahmen verzögern oder sogar verhindern, einen Stillstand der Gesellschaft bewirken und diese schlimmstenfalls in die Insolvenz treiben.[663] Nicht selten führt die gesetzlich

---

658 *Enzinger*, in: K. Schmidt (Hrsg.), MüKo-HGB, Bd. 2, 3. Aufl., 2011, § 119 Rn. 3, 61.

659 *Ulmer*, ZHR 161 (1997), 102, 120; *Zöllner*, Schranken mitgliedschaftlicher Stimmrechtsmacht, 1963, S. 354 f.

660 Zur Geltung der Treuepflicht in der Personengesellschaft, vgl. *Roth*, in: Baumbach / Hopt, HGB, 36. Aufl., 2014, Anh. § 177a, Rn. 22; *K. Schmidt*, in: K. Schmidt (Hrsg.), MüKo-HGB, Bd. 2, 3. Aufl., 2011, § 105, Rn. 171; *ders.*, GesR, 4. Aufl., 2002, § 20 IV (S. 587 ff.); *Mussaeus*, in: Hesselmann u.a., 20. Aufl., 2009, § 4, Rn. 6, 103 f.; *Wiedemann*, GesR, Bd. II, 2004, § 3 II 3 a) cc) (S. 194) und § 3 III 1 c) (S. 212); zum Gleichbehandlungsgrundsatz *G. Hueck*, Grundsatz der gleichmäßigen Behandlung, 1958, S. 35 ff., 278 ff.

661 *Schöne*, in: Bamberger / Roth (Hrsg.), BeckOK BGB, Ed. 36 (08/2015), § 705, Rn. 98; *W. Müller*, in: Prinz / W.-D. Hoffmann (Hrsg.), Beck'sches Hdb. PersG, 4. Aufl., 2014, § 4, Rn. 48 ff.; *Weipert*, in: Gummert / Weipert (Hrsg.), Münchener Hdb. GesR, Bd. 2, 4. Aufl., 2014, § 12, Rn. 1 ff.

662 *Finckh*, in: Henssler / Strohn (Hrsg.), GesR, 2. Aufl., 2014, § 119, Rn. 36; *Enzinger*, in: K. Schmidt (Hrsg.), MüKo-HGB, Bd. 2, 3. Aufl., 2011, § 119, Rn. 3; *C. Hofmann*, Minderheitsschutz im GesR, 2011, S. 19.

663 *Enzinger*, in: K. Schmidt (Hrsg.), MüKo-HGB, Bd. 2, 3. Aufl., 2011, § 119, Rn. 3 („Einzementierung des Status-Quo"); vgl. auch *Weipert*, in: Gummert / Weipert (Hrsg.), Münchener Hdb. GesR, Bd. 2, 4. Aufl., 2014, § 14, Rn. 34 ff.; *Finckh*, in: Henssler / Strohn (Hrsg.), GesR, 2. Aufl., 2014, § 119, Rn. 36 f.

vorgesehene einstimmige Beschlussfassung zur Blockademöglichkeit für einzelne Gesellschafter und in der Folge zur Handlungsunfähigkeit einer Gesellschaft mit heterogenen Gesellschaftergruppen. Insbesondere in Publikumsgesellschaften fällt es ins Gewicht, wenn die Entscheidungsfindung unter der Geltung des Einstimmigkeitsprinzips erfolgt und dadurch den Opportunitätsinteressen einzelner Gesellschafter gegenüber den Interessen der sonstigen Gesellschafter(-gruppen) der Vorrang eingeräumt wird.

Im Rahmen der Privatautonomie bleibt es den Gesellschaftern jedoch unbenommen, abweichend vom Einstimmigkeitsprinzip Mehrheitsentscheidungen zu legitimieren bzw. bestehenden gesellschaftsvertraglichen Vereinbarungen durch freiwilligen Beitritt zur Gemeinschaft zuzustimmen, um mehr Flexibilität herbeizuführen.[664] Für die sich aus der Abweichung vom Einstimmigkeitserfordernis ergebenden Konfliktfälle zwischen unterschiedlichen Gesellschaftergruppen hat der Gesetzgeber für die Personengesellschaften keine expliziten gesetzlichen Vorkehrungen getroffen.[665] Die Grundlagen sowie Art und Umfang des Schutzes der majorisierten Gesellschafter(-gruppe) waren und sind Gegenstand umfangreicher Diskussionen in Rechtsprechung und Literatur. Der Minderheitenschutz im Gesellschaftsrecht berührt das Innenverhältnis der Gesellschaft. Er betrifft den Konflikt über die Ausübung der dem einzelnen Gesellschafter eingeräumten Kompetenzen innerhalb der Gesellschaft, die Verfolgung eigennütziger Interessen, die Beeinträchtigung der Mitgesellschafter in ihren mitgliedschaftlichen Rechten und die Frage, inwieweit dem Handeln der Gesellschafter Grenzen zu setzen sind.[666] Aufgabe des Minderheitenschutzes im Gesellschaftsrecht muss es sein, in typischerweise auftretenden konfliktträchtigen Situationen einen Ausgleich der widerstreitenden Interessen zu schaffen: Einerseits muss der Leitungsmacht und der Mehrheitsherrschaft als legitime Herrschaft zur Geltung verholfen und dem Bedarf an privatautonomer Gestaltungsfreiheit Rechnung getragen werden, um die Funktions- und Handlungsfähigkeit der Gesellschaft zu erhalten.[667] Andererseits muss der Minderheitenschutz die betroffenen Gesellschafter vor den Gefahren einer ständigen Ungleichbehandlung schützen und verhindern, dass die Mehrheit ihre Macht unbeschränkt ausübt oder Legitimationsdefizite der Geschäftsführung bzw. der Mehrheitsherrschaft

---

664 *BGH*, Urt. v. 15.11.1982 – II ZR 62/82 = BGHZ 85, 350, 354; vgl. *Roth*, in: Baumbach / Hopt, HGB, 36. Aufl., 2014, § 119, Rn. 33 f.; *Stengel*, in: Prinz / W.-D. Hoffmann (Hrsg.), Beck'sches Hdb. PersG, 4. Aufl., 2014, § 3, Rn. 9; *Westermann*, in: Westermann / Wertenbruch (Hrsg.), Hdb. PersG, Lb, 62. Lfg. (05/2015), Rn. 514 ff.; vgl. auch *K. Schmidt*, GesR, 4. Aufl., 2002, § 16 I 2 b) (S. 451) und § 16 II 2 a) (S. 453).

665 *K. Schmidt*, GesR, 4. Aufl., 2002, § 16 III 2 a) (S. 468).

666 *C. Hofmann*, Minderheitsschutz im GesR, 2011, S. 23.

667 *C. Hofmann*, Minderheitsschutz im GesR, 2011, S. 9 ff.; *K. Schmidt*, GesR, 4. Aufl., 2002, § 16 III 1 a) (S. 466 f.).

ungerügt bleiben, damit die widerstreitenden Eigentümerpositionen in Ausgleich gebracht werden können.[668]

Nachstehend werden die Grundsätze des gesellschaftsrechtlichen Minderheitenschutzes dargestellt. Hierbei soll es lediglich um eine überblicksartige Einordnung der Figur des Minderheitsgesellschafters und die Begründung für einen notwendigerweise zu gewährleistenden Minderheitenschutz sowie dessen Grundlagen gehen.

1. *Begriff des Minderheitsgesellschafters*

Die Gesellschafter üben ihren Einfluss vorwiegend im Wege der Beschlussfassung aus. Sie erhalten die Möglichkeit, in der Gesellschafterversammlung ihren Willen kundzutun und über die Geschicke der Gesellschaft zu entscheiden, weswegen der Stimmrechtsmacht der Gesellschafter eine zentrale Bedeutung für den Minderheitenschutz zukommt. Dies vorangestellt, handelt es sich bei einem Minderheitsgesellschafter um ein Verbandsmitglied, das nicht in der Lage ist, seinen Willen gegenüber den übrigen Gesellschaftern durchzusetzen.[669] Gesellschafter, die bei Geltung des Mehrheitsprinzips über 50 % der stimmberechtigten Beteiligungen an der Gesellschaft in ihrer Person vereinen und damit in der Lage sind, die Entscheidungen innerhalb der Gesellschaft selbstständig zu treffen, sind demnach nicht als Minderheitsgesellschafter zu qualifizieren. Gleichzeitig können bei Publikumsgesellschaften mit hohem, regelmäßig nicht in der Gesellschaft vertretenem Streubesitz bereits Beteiligungen unter 50 % ausreichen, um Gesellschafterbeschlüsse zu entscheiden. Handelt es sich um eine Gesellschaft mit zwischen den Gesellschaftern im Wesentlichen gleich verteilten Beteiligungen, bildet sich bei jeder Abstimmung eine zustimmende und eine ablehnende Gruppe. Der bzw. die unterliegende(n) Gesellschafter sind in der konkreten Situation trotz ähnlicher Beteiligungsverhältnisse gegenüber den obsiegenden Gesellschaftern als Minderheitsgesellschafter zu charakterisieren. Unabhängig von der sonstigen Stimmverteilung muss der dann zu gewährende Minderheitenschutz an die konkrete Beeinträchtigung infolge der Stimmrechtsverteilung anknüpfen. Bereits der erste oder auch nur einmalig überstimmende Gesellschafterbeschluss kann für den Gesellschafter mit erheblichen Auswirkungen verbunden sein. Auf eine immerwährende, jedenfalls regelmäßige Fremdbestimmung infolge verfestigter Stimmrechtspositionen und erfolgter Zusammenschlüsse einzelner Gesellschafter, die eine Einflussnahme des dissentierenden Gesellschafters dauerhaft unmöglich machen, kann es für das Eingreifen von Schutzmechanismen folglich nicht ankommen.[670] Insgesamt gilt daher situationsgemäß als „Mehrheit […], wer in der konkreten Situation die Gesellschaft und ihre Organe kontrolliert,

---

668 *Weipert*, in: Ebenroth u.a., HGB, 3. Aufl., 2014, § 163, Rn. 30 ff.; *C. Hofmann*, Minderheitsschutz im GesR, 2011, S. 9 ff., 15; *K. Schmidt*, GesR, 4. Aufl., 2002, § 16 III 1 a) (S. 466 f.).

669 *C. Hofmann*, Minderheitsschutz im GesR, 2011, S. 5.

670 *C. Hofmann*, Minderheitsschutz im GesR, 2011, S. 6; a.A. *Pfeifer*, Schutzmechanismen bei der Umwandlung von Kapitalgesellschaften, 2001, S. 6 und *Wiedemann*,

[als] Minderheit, wer nicht kontrollieren kann und damit die Maßnahmen der kontrollierenden Gruppen hinnehmen muss"[671].

2. *Begründung des Minderheitenschutzes*

Die bei Einführung des Mehrheitsprinzips im Aktienrecht zunächst zugrunde gelegte Auffassung des Gesetzgebers[672], dass die Gesellschaftsorgane ihre Befugnisse verantwortungsbewusst ausüben und die Hauptversammlung[673] in ihren Mehrheitsbeschlüssen das Interesse der Gesellschaft verfolgt, hatte die Einführung eines Minderheitenschutzes unnötig erscheinen lassen und zu einer uneingeschränkten Mehrheitsmacht geführt.[674] Die Minderheitsgesellschafter verfügten trotz gesetzlicher Grundlage[675] über keine wirkungsvolle Möglichkeit, Beschlüsse der Hauptversammlung anzufechten, da keine gerichtliche Überprüfung der Beweggründe der beschließenden Mehrheit erfolgte.[676] Das Fehlen eines Auskunftsrechts der Minderheitsgesellschafter erschwerte zusätzlich deren Beweismöglichkeiten. In der Folgezeit wurde deutlich, dass eine Aktienmehrheit in den Händen nur eines Aktionärs diesem dazu verhalf, (auch) selbstsüchtig Eigeninteressen und Sondervorteile zu verfolgen.[677] Anders als erwartet, machte er nicht die Interessen der Gesellschaft zu seinen, sondern handelte – jedenfalls auch – nach seinen eigenen Interessen. Die Praxis hat gezeigt, dass sich die Gesellschafter nicht grundsätzlich von sachlichen Kriterien leiten lassen. Und auch die Annahme, dass sich wechselnde Mehrheiten bilden, hat sich nur teilweise als zutreffend erwiesen. In der Folge konnte eine (dauerhafte) Verdrängung der Minderheitsgesellschafter durch die Bildung von

---

GesR, Bd. I, 1980, § 8 I 3a) (S. 417), die für die Charakterisierung als Minderheitsgesellschafter jeweils auf eine dauerhafte, verfestigte Minderheitsposition abstellen.

671 *v. Falkenhausen*, Verfassungsrechtliche Grenzen der Mehrheitsherrschaft, 1967, S. 21.

672 *C. Hofmann*, Minderheitsschutz im GesR, 2011, S. 1 f.; *Roitzsch*, Minderheitenschutz, 1981, S. 15 ff.; *Spindler*, Recht und Konzern, 1993, S. 54.

673 Damals noch als „Generalversammlung" bezeichnet.

674 *Rob. Fischer*, in: FS Barz, 1974, S. 33 ff.; *C. Hofmann*, Minderheitsschutz im GesR, 2011, S. 7 ff.

675 Vgl. Art. 222, 190a HGB, in der Fassung des Gesetzes vom 18.07.1884, wonach dem Einzelaktionär wegen gesetzes- und statutenwidriger Beschlussfassung das Anfechtungsrecht als Individualrecht zustand, ohne dass es der Verletzung eines besonderen Interesses des Anfechtenden bedurfte, vgl. *Immenga*, GmbHR 1973, 5 f.; *Schubert/Hommelhoff*, Hundert Jahre modernes Aktienrecht, 1985, S. 97; *C. Hofmann*, Minderheitsschutz im GesR, 2011, S. 3 (Fn. 8).

676 *C. Hofmann*, Minderheitsschutz im GesR, 2011, S. 3.

677 Vgl. *Rob. Fischer*, in: Minderheitenschutz bei Kapitalgesellschaften, 1967, S. 59 ff.; *C. Hofmann*, Minderheitsschutz im GesR, 2011, S. 3, 156 f.; *Zöllner*, Schranken mitgliedschaftlicher Stimmrechtsmacht, 1963, S. 32 ff.; weniger kritisch *Martens*, in: Schlegelberger, HGB, Bd. III/1, 1992, § 109, Rn. 16, der von einem „präsumtive[n] Interessengleichgewicht" spricht.

Gesellschafterblöcken nicht länger mit der Annahme verantwortungsvoller, am Allgemeinwohl orientierter Ausübung von Mehrheitsmacht dementiert werden.

Die verschobene Wahrnehmung betreffend die Richtigkeit der Mehrheitsentscheidung hat die Notwendigkeit eines umfassenden Schutzes aufgedeckt und die Entwicklung des Minderheitenschutzes gefördert. Der Grundstein für den Minderheitenschutz wurde mit der Änderung der Sittenwidrigkeitsrechtsprechung gelegt.[678] (Hauptversammlungs-)Beschlüsse sollten demnach zunächst dann für sittenwidrig erklärt werden, wenn Mehrheitsgesellschafter bewusst eigennützige Zwecke zum Nachteil der Minderheit unter Außerachtlassung des Wohls der Gesellschaft, verfolgten. Verstärkt wurde dieser Minderheitenschutz anschließend dadurch, dass die Mehrheit im Rahmen des Gesamtinteresses auch die berechtigten Belange der Minderheit berücksichtigen musste.[679] Heute dient der Minderheitenschutz der Gesellschafter vorwiegend dem Willen zur Begrenzung der Mehrheitsmacht sowie als Ausgleich zum gesellschaftsvertraglich vereinbarten Mehrheitsprinzip.[680] Die Machtkonzentration in den Händen eines Gesellschafters bzw. einer Gesellschaftergruppe liegt regelmäßig nicht im Interesse der Gesellschaft und schadet allen dahinterstehenden Interessengruppen.[681] Der Minderheitenschutz dient insofern als notwendiges Gegengewicht zur Mehrheitsposition. Soweit dem Minderheitsgesellschafter brauchbare Instrumente zur Beschränkung der Mehrheitsmacht an die Hand gegeben werden, kommt dies beispielsweise auch den Gruppen der Gläubiger und Arbeitnehmer zugute, die infolge des rücksichtslosen Handelns der Mehrheit Nachteile erleiden können.[682] Die bei Gründung der Gesellschaft bzw. Eintritt des Gesellschafters vorzunehmende Neufassung bzw. die Änderungen des Gesellschaftsvertrags können nicht als vollständig und abschließend verstanden werden. Sie bedürfen auch zu einem späteren Zeitpunkt der Mitwirkung der Gesellschafter und wirksamer Verhandlungsmechanismen, trotz bestehender uneinheitlicher Beteiligungen.[683] Der Vorwurf an den Minderheitsgesellschafter, die Konditionen bei Eintritt in die Gesellschaft schlecht ausgehandelt zu haben, überzeugt schon deshalb nicht, weil diesem regelmäßig die dafür relevanten Informationen nicht zur Verfügung standen.[684] Schließlich sprechen der verfassungsrechtliche Schutz der

---

678 *RG*, Urt. v. 1.05.1908 – II 623/07 = RGZ 68, 314, 317; *RG*, Urt. v. 29.11.1912 – II 369/12 = RGZ 81, 37, 40; *RG*, Urt. v. 20.10.1923 – V 830/22 = RGZ 107, 202, 204; *RG*, Urt. v. 30.03.1926 – II 226/25 = RGZ 113, 188, 192 f.; vgl. nur *C. Hofmann,* Minderheitsschutz im GesR, 2011, S. 3 ff.

679 *RG*, Urt. v. 31.03.1931 – II 222/30 = RGZ 132, 149, 163; *BGH*, Urt. v. 27.09.1956 – II ZR 144/55 = BGHZ 21, 354, 357.

680 *C. Hofmann,* Minderheitsschutz im GesR, 2011, S. 9.

681 *C. Hofmann,* Minderheitsschutz im GesR, 2011, S. 13.

682 *Zöllner*, Schranken mitgliedschaftlicher Stimmrechtsmacht, 1963, S. 38 ff., 47 ff.

683 *C. Hofmann,* Minderheitsschutz im GesR, 2011, S. 14.

684 *C. Hofmann,* Minderheitsschutz im GesR, 2011, S. 14.

Beteiligung des einzelnen Gesellschafters und der Ausgleich widerstreitender Eigentümerpositionen für die Notwendigkeit eines umfassenden Minderheitenschutzes.[685]

3. Überblick über die Grundlagen des Minderheitenschutzes

Als wesentliche Grundlagen des Minderheitenschutzes sind die Treuepflicht und der Gleichbehandlungsgrundsatz anerkannt. Die daneben als Grundlage des Minderheitenschutzes diskutierte Generalklausel des § 138 BGB, die lediglich vereinzelt zur Korrektur eines besonders auffälligen Machtungleichgewichts im Gesellschaftsvertrag von der Rechtsprechung herangezogen wurde[686], soll an dieser Stelle ebenso unberücksichtigt bleiben wie Art. 14 GG, der als Ausfluss der Bestandsgarantie nicht nur als Schutzauftrag des Gesetzgebers, sondern als „Dreh- und Angelpunkt zur Bestimmung der Schranken der Mehrheitsmacht“[687] interpretiert wird und den der Richter bei seiner Entscheidung über einen Konflikt im Gesellschafterverhältnis beachten muss.[688]

a) Gesellschaftsrechtliche Treuepflicht

Die Schutzmechanismen zugunsten der Minderheitsgesellschafter haben ihre Grundlage vorwiegend in der gesellschaftsrechtlichen Treuepflicht.[689] Subsidiär zu den gesetzlich bestimmten Verhaltenspflichten tritt sie „als Generalklausel mitgliedschaftlicher Verhaltenspflichten“[690] ergänzend zu den Bestimmungen, welche die Gesellschafterkonflikte regeln, hinzu, um bestehende Schutzlücken zu schließen.[691] Zugleich bleibt jedoch zu beachten, dass die Treuepflicht im Bereich bestehender Schutzlücken insgesamt lediglich moderate und nur punktuelle Anwendung findet, damit das im Gesetz vorhandene System aus Kompetenzzuweisungen und

---

685 *C. Hofmann,* Minderheitsschutz im GesR, 2011, S. 15.

686 *BGH,* Urt. v. 12.07.1962 – II ZR 13/61 = BGHZ 37, 381, 385; *BGH,* Urt. v. 30.09.1974 – II ZR 148/72 = WM 1974, 1151, 1153; vgl. *K. Schmidt,* GesR, 4. Aufl., 2002, § 16 II 4 a) (S. 461 f.); *Wiedemann,* GesR, Bd. I, 1980, § 8 II 1 (S. 425).

687 *C. Hofmann,* Minderheitsschutz im GesR, 2011, S. 69.

688 Ausführlich hierzu *C. Hofmann,* Minderheitsschutz im GesR, 2011, S. 23 f., 69 ff.; die Treuepflicht unter Beachtung der Vorgaben des Art. 14 GG auslegend *Lutter,* AcP 180 (1980), 84, 90 f.; *ders.,* ZGR 1981, 171, 174 ff.; *Wiedemann,* GesR, Bd. II, 2004, § 3 II 3. (S. 191 ff.).

689 *Roth,* in: Baumbach / Hopt, HGB, 36. Aufl., 2014, § 109, Rn. 25; *Born,* in: Ebenroth u.a., HGB, 3. Aufl., 2014, § 109, Rn. 20; *Rob. Fischer,* in: FS Barz, 1974, S. 33, 45; *C. Hofmann,* Minderheitsschutz im GesR, 2011, S. 25 ff., 65; *Wiedemann,* GesR, Bd. I, 1980, § 8 II 3 (S. 431).

690 *C. Hofmann,* Minderheitsschutz im GesR, 2011, S. 25, 66 („Generalklausel des Minderheitsschutzes“).

691 *C. Hofmann,* Minderheitsschutz im GesR, 2011, S. 17, 27; *Prusko,* Gesellschafterstellung in der Insolvenz, 2013, S. 37.

Einzelbeschränkungen nicht durch die exzessive Anwendung der Treuepflicht systemwidrig modifiziert wird.[692]

Die Treuepflicht[693] ist als verbandsrechtliches Prinzip und Ausfluss gesellschaftsvertraglicher Bindung allgemein anerkannt und als richterliche Grundlage gewohnheitsrechtlich etabliert.[694] Im Unterschied zu den Kapitalgesellschaften wird das Gesellschaftsverhältnis bei den Personengesellschaften in besonderem Maße durch die gesellschaftsrechtliche Treuepflicht bestimmt.[695] Der Versuch einer definitorischen Erfassung der Treuepflicht gelingt aufgrund ihrer Weite und Vielgestaltigkeit nur schwer und nicht einheitlich. Teilweise wird der Schwerpunkt auf die gesellschaftsrechtliche Rücksichtnahme- und Loyalitätspflicht der Gesellschafter gelegt[696], andere betonen stärker den Disziplinierungseffekt der Treuepflicht[697], indem sie diese als eine die Einflussmacht beschränkende Verhaltenspflicht beschreiben. Einigkeit herrscht darüber, dass die Treuepflicht jedenfalls in der Mitgliedschaft wurzelt.[698] Sie gilt als auf dem Gesellschaftsvertrag beruhende Hauptpflicht, die jeder Gesellschafter dem anderen und der Gesamtheit der Gesellschafter schuldet.[699] Ihre dogmatische Grundlage findet sie in der durch den Gesellschaftsvertrag begründeten Sonderbeziehung

---

692 *C. Hofmann,* Minderheitsschutz im GesR, 2011, S. 27.

693 Die Terminologie wird nicht einheitlich verwandt; teilweise wird eine Unterteilung der Treuepflicht in Förderpflichten, Unterlassungs- und Loyalitäts- bzw. Rücksichtnahmepflichten, oder auch eine Umbenennung in „allgemeine Förderpflicht" gefordert, vgl. nur *Lutter*, AcP 180 (1980), 84, 103 ff.

694 *Schücking*, in: Gummert / Weipert (Hrsg.), Münchener Hdb. GesR, Bd. 1, 4. Aufl., 2014, § 1, Rn. 45; *W. Müller*, in: Prinz / W.-D. Hoffmann (Hrsg.), Beck'sches Hdb. PersG, 4. Aufl., 2014, § 4, Rn. 169; *Schäfer*, in: Staub, HGB, Bd. 3, 5. Aufl., 2009, § 105, Rn. 22.

695 *Schlitt / Maier-Reinhardt*, in: Reichert (Hrsg.), GmbH & Co. KG, 7. Aufl., 2015, § 26, Rn. 14 ff.; *Roth / Schubert*, in: Säcker / Rixecker (Hrsg.), MüKo-BGB, Bd. 2, 7. Aufl., 2015, § 242, Rn. 240; *Schäfer*, in: Staub, HGB, Bd. 3, 5. Aufl., 2009, § 105, Rn. 228, 232 ff.; *Rob. Fischer*, in: FS Barz, 1974, S. 33, 36.

696 *Hennrichs*, AcP 195 (1995), 221, 228; *C. Hofmann,* Minderheitsschutz im GesR, 2011, S. 26; *Wiedemann*, GesR, Bd. II, 2004, § 3 II 3 (S. 194).

697 *C. Hofmann,* Minderheitsschutz im GesR, 2011, S. 26; *Zöllner*, ZHR 162 (1998), 235, 237.

698 *Roth*, in: Baumbach / Hopt, HGB, 36. Aufl., 2014, § 109, Rn. 23; *Schlitt / Maier-Reinhardt*, in: Reichert (Hrsg.), GmbH & Co. KG, 7. Aufl., 2015, § 26, Rn. 2; *K. Schmidt*, in: Schlegelberger, HGB, Bd. III/1, 5. Aufl., 1992, § 105, Rn. 161; *Schäfer*, in: Staub, HGB, Bd. 3, 5. Aufl., 2009, § 105, Rn. 228.

699 *BGH*, Urt. v. 19.05.1958 – II ZR 53/57 = NJW 1958, 1188; *BGH*, Urt. v. 6.12.1962 – KZR 4/62 = NJW 1963, 646; *BGH*, Urt. v. 8.02.1962 – II ZR 205/60 = NJW 1962, 859; *Wiedemann*, GesR, Bd. II, 2004, § 3 II 3 c) (S. 198 f.); für Aktionäre in der AG, vgl. *BGH*, Urt. v. 1.02.1988 – II ZR 75/87 = BGHZ 103, 184, 194 („*Linotype*"); *BGH*, Urt. v. 20.03.1995 – II ZR 205/94 = BGHZ 129, 136, 142 („*Girmes*"); vgl. auch *Henze / Not*, in: Ebenroth u.a., HGB, 3. Aufl., 2014, Anh. A § 177a, Rn. 112; *C. Hofmann,* Minderheitsschutz im GesR, 2011, S. 28, 30, 32.

zwischen Gesellschaft und Gesellschaftern sowie unter den Gesellschaftern.[700] Darüber hinaus ist umstritten[701], ob sie sich auf den allgemeinen, im Dauerschuldverhältnis verdichteten Grundsatz von Treu und Glauben gemäß § 242 BGB[702] stützt oder auf der gesellschaftsvertraglichen Zweckförderungspflicht des § 705 BGB[703] beruht. Wiederum andere sehen ihre Grundlage in dem vom gegenseitigen Vertrauen getragenen Gemeinschaftsverhältnis der Gesellschafter[704], das durch das Spannungsverhältnis aus Rechtsmacht und Verantwortung bestimmt wird.[705] Einigkeit besteht dagegen darin, dass die Treuepflicht neben (aktiven) Förderpflichten insbesondere auch Rücksichtnahmepflichten umfasst und sich dementsprechend in Handlungs- und Unterlassungspflichten untergliedern lässt.[706]

aa) Durch die Treuepflicht geprägtes Verhältnis der Gesellschafter der GmbH & Co. KG untereinander

Im Verhältnis der Gesellschafter untereinander verpflichtet die Treuepflicht den einzelnen Gesellschafter sowohl der GmbH & Co. KG als auch der Komplementär-GmbH, auf die gesellschaftsbezogenen Interessen der Mitgesellschafter angemessene Rücksicht zu nehmen und beschränkt ihn zugleich darin, zum Nachteil der Mitgesellschafter seine Eigeninteressen zu verfolgen.[707] Der GmbH obliegt als persönlich haftende Gesellschafterin die Aufgabe, die Geschäfte der GmbH & Co. KG

700 *Hoppe*, in: Saenger u.a. (Hrsg.), Handels- und GesR, 2. Aufl., 2011, § 5, Rn. 95; *Schäfer*, in: Staub, HGB, Bd. 3, 5. Aufl., 2009, § 105, Rn. 229.

701 Zum Streitstand. *Schlitt/Maier-Reinhardt*, in: Reichert (Hrsg.), GmbH & Co. KG, 7. Aufl., 2015, § 26, Rn. 2; *Schäfer*, in: Staub, HGB, Bd. 3, 5. Aufl., 2009, § 105, Rn. 228; *Looschelders/Olzen*, in: Staudinger, BGB, 2015, § 242, Rn. 993; *Frauer*, Grenzen des Eingriffs, 2014, S. 173 ff.; *C. Hofmann*, Minderheitsschutz im GesR, 2011, S. 32 f.; *K. Schmidt*, GesR, 4. Aufl., 2002, § 20 IV 1 b) (S. 588 f.); *Wiedemann*, GesR, Bd. II, 2004, § 3 II 3 c) (S. 198 f.).

702 *Roth/Schubert*, in: Säcker/Rixecker (Hrsg.), MüKo-BGB, Bd. 2, 7. Aufl., 2015, § 242, Rn. 192 ff.; *Keßler*, in: Staudinger, BGB, 2003, VBem § 705, Rn. 42; *Burgard*, ZIP 2002, 827, 834; *Hennrichs*, AcP 195 (1995), 221, 228 ff.; *Larenz*, Schuldrecht, 12. Aufl., 1981, § 60 II a) (S. 382); *Meyer*, ZInsO 2013, 2361, 2363.

703 *Weipert*, in: Gummert/Weipert (Hrsg.), Münchener Hdb. GesR, Bd. 2, 4. Aufl., 2014, § 13, Rn. 7; *Hadding/Kießling*, in: Soergel, BGB, 13. Aufl., 2011, § 705, Rn. 58; *Lutter*, AcP 180 (1980), 84, 102 ff.

704 *Rob. Fischer*, in: Staub, HGB, Bd. 2/1, 3. Aufl., 1973, § 105, Rn. 31a; *A. Hueck*, OHG, 4. Aufl., 1971, § 13 I 1 (S. 192 f.).

705 Zu dieser Diskussion *K. Schmidt*, GesR, 4. Aufl., 2002, § 20 IV 1 (S. 587 ff.).

706 *Hoppe*, in: Saenger u.a. (Hrsg.), Handels- und GesR, 2. Aufl., 2011, § 5, Rn. 96; *Schlitt/Maier-Reinhardt*, in: Reichert (Hrsg.), GmbH & Co. KG, 7. Aufl., 2015, § 26, Rn. 4 ff.; *Ulmer*, ZHR 161 (1997), 102, 125 f.; *Wiedemann*, GesR, Bd. II, 2004, § 3 II 3 d) (S. 199 ff.).

707 *Looschelders/Olzen*, in: Staudinger, BGB, 2015, § 242, Rn. 992 ff., 997; *Henze*, ZHR 162 (1998), 186 ff.; *C. Hofmann*, Minderheitsschutz im GesR, 2011, S. 28; *K. Schmidt*, GesR, 4. Aufl., 2002, § 20 IV 1 (S. 587 ff.); *Wiedemann*, GesR, Bd. I, 1980, § 8 II 3

zu führen, dabei die Interessen der KG und ihrer Kommanditisten zu wahren und schädigende Handlungen zu unterlassen. In der zugrunde liegenden Ausgestaltung der personenidentischen GmbH & Co. KG erstreckt sich die Treuepflicht des Mehrheitsgesellschafters der Komplementär-GmbH daher insbesondere auch auf die Rechts- und Vermögenspositionen der Minderheitsgesellschafter der KG. Die Ausnutzung der Position als Mehrheitsgesellschafter und die Beeinflussung der Geschäftsführung der Komplementär-GmbH zur Erreichung eigener Vorteile zulasten der KG und ihrer als Kommanditisten beteiligten Minderheitsgesellschafter ist daher treuwidrig.[708] In ihrer Wirkungsweise als Instrument des Minderheitenschutzes begrenzt die Treuepflicht die Ausübung von Gesellschafterrechten durch die Mehrheit, indem sie zur Rücksichtnahme auf die Belange der Minderheit verpflichtet.[709]

Die gesellschaftsrechtliche Treuepflicht trifft jedoch auch den Kommanditisten gegenüber seinen Mitgesellschaftern. Inhaltlich weicht diese allerdings insofern von derjenigen des Komplementärs ab, als der Kommanditist regelmäßig nicht so stark in die Gesellschaftssphäre einbezogen ist.[710] In den Bereichen, in denen seine Rechte abgeschwächt sind, hat auch die für ihn bestehende Treuepflicht ein geringeres Ausmaß. Eine Anpassung des Umfangs der für den Kommanditisten gegenüber seinen Mitgesellschaftern geltenden Treuepflicht kann sich in Abhängigkeit zur Situation der Gesellschaft dennoch ergeben: Ausnahmsweise kann es dem Kommanditisten verwehrt sein, Ansprüche auf Gewinnauszahlung und Entnahmerechte geltend zu machen, sofern die KG ansonsten liquidiert werden müsste.[711] Die aus der Treuepflicht abzuleitende Finanzierungsverantwortung kann den Kommanditisten zudem verpflichten, eine durch seine Mitgesellschafter beschlossene und ihm ebenfalls eingeräumte Möglichkeit der Einlagenerhöhung zu akzeptieren.[712] Auch wenn die Treuepflicht es insbesondere fordert, dass der Mehrheitsgesellschafter die Interessen der Mit- und Minderheitsgesellschafter angemessen berücksichtigt[713], handelt es sich dennoch nicht um ein reines Instrument des Minderheitenschutzes, sondern eine allgemeine Abwägung und Begrenzung mitgliedschaftlicher Interessen

---

(S. 431); *Wiedemann*, GesR, Bd. II, 2004, § 3 II 3 a) cc) (S. 194); *Zöllner*, Schranken mitgliedschaftlicher Stimmrechtsmacht, 1963, S. 335 ff.

708 *Henze / Notz*, in: Ebenroth u.a., HGB, 3. Aufl., 2014, Anh. A § 177a, Rn. 121.

709 *Stengel*, in: Prinz / W.-D. Hoffmann (Hrsg.), Beck'sches Hdb. PersG, 4. Aufl., 2014, § 3, Rn. 13.

710 *Aderhold*, in: Westermann / Wertenbruch (Hrsg.), Hdb. PersG, Lb, 53. Lfg. (06/2012), Rn. 2321.

711 *BGH*, Urt. v. 19.11.1984 – II ZR 102/84 = NJW 1985, 972, 973 f.; *BGH*, Urt. v. 13.03.1989 – II ZR 193/88 = NJW-RR 1989, 993, 994; *OLG Koblenz*, Urt. v. 5.04.1984 – 6 U 218/83 = WM 1984, 1051.

712 *Grunewald*, in: FS Großfeld, 1999, S. 319, 333.

713 *Stengel*, in: Prinz / W.-D. Hoffmann (Hrsg.), Beck'sches Hdb. PersG, 4. Aufl., 2014, § 3, Rn. 454.

und Befugnisse.[714] Innerhalb der – nach gesetzlicher Grundlage auf Einstimmigkeit angewiesenen – Personengesellschaft ist daher gerade auch der Minderheitsgesellschafter treuepflichtgebunden.[715]

bb) Durch die Treuepflicht geprägtes Verhältnis der Gesellschafter gegenüber der GmbH & Co. KG

Im Verhältnis zur Gesellschaft begründet die Treuepflicht für den Gesellschafter die Pflicht, den Gesellschaftszweck zu fördern und die mit der Mitgliedschaft verbundenen Rechte und Einflussmöglichkeiten verantwortungsvoll auszuüben.[716] Zugleich verpflichtet sie den Gesellschafter, in allen gesellschaftsrechtlichen Angelegenheiten auf die Interessen der Gesellschaft angemessene Rücksicht zu nehmen und drohenden Schaden von der Gesellschaft abzuwenden. Handelt der Gesellschafter zur Verfolgung eigener Interessen rücksichtslos oder nutzt er seine beherrschende Stellung zum Nachteil der Gesellschaft aus und schädigt dadurch die Gesellschaft, handelt er treuwidrig.[717] Ebenso führt die Geltendmachung von Gewinnansprüchen oder die Kündigung von Gesellschafterdarlehen zur Verletzung der Treuepflicht, soweit dies zur Liquiditätskrise oder zu Schäden für die KG führen würde. Die wechselseitig bestehende Treuepflicht zwischen Gesellschaft und Kommanditist ist wiederum dem Umfang der dem Kommanditisten eingeräumten Rechte anzupassen.

b) Gesellschaftsrechtlicher Gleichbehandlungsgrundsatz

Neben der Treuepflicht gehört auch der Gleichbehandlungsgrundsatz zu den fundamentalen[718] und trotz Fehlens einer ausdrücklichen positiv rechtlichen Grundlage zu den anerkannten Prinzipien des Gesellschaftsrechts.[719] Der gesellschaftsrechtliche Gleichbehandlungsgrundsatz ist als weitere wesentliche Grundlage des

---

714 *C. Hofmann,* Minderheitsschutz im GesR, 2011, S. 26; *K. Schmidt*, GesR, 4. Aufl., 2002, § 20 IV 3 (S. 593).

715 *BGH*, Urt. v. 19.10.2009 – II ZR 240/08 = NJW 2010, 65 (*„Sanieren oder Ausscheiden“*).

716 *Born*, in: Ebenroth u.a., HGB, 3. Aufl., 2014, § 109, Rn. 20 ff.; *Schlitt / Maier-Reinhardt*, in: Reichert (Hrsg.), GmbH & Co. KG, 7. Aufl., 2015, § 26, Rn. 17; *Schäfer*, in: Staub, HGB, Bd. 3, 5. Aufl., 2009, § 105, Rn. 234 f.

717 *Oetker*, in: Oetker (Hrsg.), HGB, 4. Aufl., 2015, § 161, Rn. 36 f.; *W. Müller*, in: Prinz / W.-D. Hoffmann (Hrsg.), Beck'sches Hdb. PersG, 4. Aufl., 2014, § 4, Rn. 170; *Schlitt / Maier-Reinhardt*, in: Reichert (Hrsg.), GmbH & Co. KG, 7. Aufl., 2015, § 26, Rn. 28; *Hadding / Kießling*, in: Soergel (Hrsg.), BGB, 13. Aufl., 2011, § 705, Rn. 60; *Wiedemann*, GesR, Bd. II, 2004, § 3 II 3 d) (S. 199 ff.).

718 *BGH*, Urt. v. 14.05.1956 – II ZR 229/54 = NJW 1956, 1198, 1200; *BGH*, Urt. v. 30.09.1974 – II ZR 148/72 = WM 1974, 1151, 1153; *Schäfer*, in: Staub, HGB, Bd. 3, 5. Aufl., 2009, § 105, Rn. 247; *Wiedemann*, GesR, Bd. I, 1980, § 8 II 2 (S. 427 ff.).

719 *Enzinger*, in: K. Schmidt (Hrsg.), MüKo-HGB, Bd. 2, 3. Aufl., 2011, § 109, Rn. 20; *K. Schmidt*, GesR, 4. Aufl., 2002, § 16 II 4 b) (S. 462 ff.).

Minderheitenschutzes anerkannt.[720] Er wird über den Zusammenschluss der Gesellschafter zu einer Interessensgemeinschaft auf der Grundlage des Gesellschaftsvertrags begründet. Der Gleichbehandlungsgrundsatz erfasst die mitgliedschaftliche Stellung der einzelnen Gesellschafter und deren daraus resultierende Rechte und Pflichten umfassend.[721] Er besagt, dass im Verhältnis zwischen der Gesellschaft und ihren Mitgliedern gleiche Sachverhalte gleich und ungleiche Sachverhalte ihrer jeweiligen Eigenart nach zu behandeln sind.[722] Er gibt dem einzelnen Gesellschafter einen Anspruch auf Gleichbehandlung (*status positivus*) und Abwehrrechte gegen die Bevorzugung anderer und die ungleiche Beschneidung von Rechtspositionen (*status negativus*). Als Folge resultiert keine schematische oder formale Gleichheit im Gesellschaftsrecht.[723] Vielmehr besteht die Möglichkeit, sofern das positive Gesellschaftsrecht nicht entgegensteht, einzelnen Gesellschaftern im Gesellschaftsvertrag weitergehende (Vorzugs-)Rechte einzuräumen und anderen Gesellschaftern bestimmte Rechte zu nehmen. Verboten ist allein die willkürliche Ungleichbehandlung.[724] Der Gleichheitsgrundsatz wirkt sich vor allem bei den Einlagen, den Geschäftsführungs- und Stimmrechten sowie der Gewinn- und Verlustverteilung einschließlich des Entnahmerechts aus.[725] Übergreifend entfaltet er dadurch besondere Bedeutung im Hinblick auf den Minderheitenschutz vor Mehrheitsbeschlüssen.[726] Er begründet das Verbot unsachlicher Differenzierung zwischen den Gesellschaftern und verpflichtet den Inhaber von Mehrheitsmacht, bei der Ausübung seiner Kompetenzen nicht einseitig Einfluss- und Erwerbsmöglichkeiten wahrzunehmen, zuzuteilen oder zu entziehen, sondern die unterlegenen

720 *Weipert*, in: Ebenroth u.a., HGB, 3. Aufl., 2014, § 163, Rn. 38; *C. Hofmann*, Minderheitsschutz im GesR, 2011, S. 150 f.; *K. Schmidt*, GesR, 4. Aufl., 2002, § 16 II 4 b) (S. 462 ff.); *Wiedemann*, GesR, Bd. I, 1980, § 8 II 2 (S. 427); vgl. auch *Madaus*, ZIP 2014, 500, 506.

721 *Schäfer*, in: Staub, HGB, Bd. 3, 5. Aufl., 2009, § 105, Rn. 247.

722 *K. Schmidt*, GesR, 4. Aufl., 2002, § 16 II 4 b) (S. 462 ff.).

723 *Wiedemann*, GesR, Bd. I, 1980, § 8 II 2 (S. 427 ff.); *Ulmer / Schäfer*, in: Säcker / Rixecker (Hrsg.), MüKo-BGB, Bd. 5, 6. Aufl., 2013, § 705, Rn. 245; *Schöne*, in: Bamberger / Roth (Hrsg.), BeckOK BGB, Ed. 36 (08/2015), § 705, Rn. 108.

724 *Schöne*, in: Bamberger / Roth (Hrsg.), BeckOK BGB, Ed. 36 (08/2015), § 705, Rn. 108; *Ulmer / Schäfer*, Säcker / Rixecker (Hrsg.), MüKo-BGB, Bd. 5, 6. Aufl., 2013, § 705, Rn. 245; *Wiedemann*, GesR, Bd. I, 1980, § 8 II 2 (S. 427).

725 *Schäfer*, in: Staub, HGB, Bd. 3, 5. Aufl., 2009, § 105, Rn. 252.

726 *Schöne*, in: Bamberger / Roth (Hrsg.), BeckOK BGB, Ed. 36 (08/2015), § 705, Rn. 108, 110; *Stengel*, in: Prinz / W.-D. Hoffmann (Hrsg.), Beck'sches Hdb. PersG, 4. Aufl., 2014, Rn. 456; *Ulmer / Schäfer*, in: Säcker / Rixecker (Hrsg.), MüKo-BGB, Bd. 5, 6. Aufl., 2013, § 705, Rn. 251; *Schäfer*, in: Staub, HGB, Bd. 3, 5. Aufl., 2009, § 105, Rn. 254; kritisch gegenüber der Effektivität des Gleichbehandlungsgrundsatzes zum Schutz der Minderheit *Roitzsch*, Minderheitenschutz, 1981, S. 33 ff. und *Wiedemann*, GesR, Bd. I, 1980, § 8 II 2 b) (S. 429 ff.).

Gesellschafter gleichmäßig zu behandeln.[727] Er bildet die Schranke der Mehrheitsherrschaft, indem er eine sachlich nicht gerechtfertigte Schlechterstellung der Minderheit durch Mehrheitsbeschlüsse verbietet.[728] Aufbauend auf die Feststellung *Wiedemanns*, dass die Gleichbehandlungspflicht nur die Fälle betrifft, in denen eine Person „in der Lage ist, ihren Willen ohne Rücksicht auf den Konsens der Betroffenen durchzusetzen"[729], charakterisiert *K. Schmidt* den Gleichbehandlungsgrundsatz insofern zutreffend als „immanente Grenze legitimer Mehrheitsmacht"[730].

II. (Fehlende) Übertragbarkeit des gesellschaftsrechtlich gewährten Minderheitenschutzes auf das Insolvenzplanverfahren?

§ 225a Abs. 3 InsO beinhaltet keinen Verweis auf das Gesellschaftsrecht im Sinne einer Rechtsgrundverweisung[731], wonach umfassend gesellschaftsrechtliche Maßstäbe maßgeblich wären, sondern einen Verweis auf das zwingende Gesellschaftsrecht, das auch im Insolvenzrecht nicht unterlaufen werden darf. Im Übrigen unterliegt § 225a InsO – und damit der Eingriff in Anteils- und Mitgliedschaftsrechte der Gesellschafter – den umfassenden Regelungen durch den Insolvenzplan unter vorrangig geltendem Insolvenzrecht. Für eine (teilweise) Übertragbarkeit des gesellschaftsrechtlich gewährten Minderheitenschutzes auf das Insolvenzplanverfahren bleibt demnach von vornherein nur insoweit Raum, als das Gesellschaftsrecht nicht durch spezielle insolvenzrechtliche Regelungen überlagert wird.

Die Treuepflicht und der Gleichbehandlungsgrundsatz sind als wesentliche Grundlagen des gesellschaftsrechtlichen Minderheitenschutzes zu benennen.[732] Eine Übertragbarkeit des gewährten gesellschaftsrechtlichen Minderheitenschutzes bzw. einzelner Schutzmechanismen zugunsten der Minderheitsgesellschafter auf das Insolvenzplanverfahren würde demnach jedenfalls die Anwendbarkeit der Grundlagen des gesellschaftsrechtlichen Minderheitenschutzes auf das Insolvenzplanverfahren voraussetzen. Anders als der gesellschaftsrechtliche Gleichbehandlungsgrundsatz, der in § 226 InsO seine insolvenzrechtliche – wenngleich nicht auf die Gesellschafter-Gläubigergruppe beschränkte – Entsprechung findet und somit insoweit überlagert wird,[733] findet die auf der Mitgliedschaft beruhende Treuepflicht der Gesellschafter in der InsO keine Entsprechung.

---

727 *Stengel*, in: Prinz / W.-D. Hoffmann (Hrsg.), Beck'sches Hdb. PersG, 4. Aufl., 2014, § 3, Rn. 14; *C. Hofmann*, Minderheitsschutz im GesR, 2011, S. 151; *K. Schmidt*, GesR, 4. Aufl., 2002, § 16 II 4 b) aa) (S. 463) (der „Gleichbehandlungsgrundsatz markiert eine immanente Grenze legitimer Mehrheitsherrschaft").

728 Siehe hierzu § 2.B.III.1.d).

729 *Wiedemann*, GesR, Bd. I, 1980, § 8 II 2 a) (S. 428 f.).

730 *K. Schmidt*, GesR, 4. Aufl., 2002, § 16 II 4 b) (S. 463).

731 Siehe hierzu § 2.B.III.1.a)bb).

732 Siehe hierzu § 3.B.I.3.

733 Siehe hierzu § 2.B.III.1.d).

Ob die gesellschaftsrechtliche Treuepflicht im Insolvenzverfahren beachtlich und daher von den Beteiligten zu berücksichtigen ist[734], ist über die bereits entschiedene Frage der Anwendbarkeit im Rahmen der Gesellschafter-Gläubigergruppe bei der Abstimmung über den Insolvenzplan hinaus[735] auch für den (sonstigen) treuepflichtbasierten Minderheitenschutz im Insolvenzplanverfahren entscheidend[736]: Wäre die gesellschaftsrechtliche Treuepflicht im Insolvenzverfahren beachtlich, könnte dies beispielsweise dazu führen, dass es dem Mehrheitsgesellschafter verwehrt werden könnte, auf einen Insolvenzplan hinzuwirken, welcher den Minderheitsgesellschafter entmachtet oder „kaltstellt".[737] Der (Mehrheits-)Gesellschafter könnte über die Treuepflicht hinsichtlich seiner Gewinnforderungen zum Rangrücktritt verpflichtet werden.[738] Und auch eine Fälligstellung seiner Gewinnforderungen könnte als treuwidrig bewertet werden, sofern diese den Zweck verfolgt, die Fortführung eines Schutzschirmverfahrens nach § 270b InsO zu ermöglichen, obwohl der (Minderheits-)Gesellschafter eine Nachrangerklärung für seine Gewinnforderung, die Anlass für die Eröffnung des Schutzschirmverfahrens war, abgegeben hat.[739] Neben einer treuwidrigen Verfahrenseröffnung, die jedenfalls (noch) nicht an der Überlagerung des Gesellschafts- durch den Insolvenzzweck scheitert[740], könnte auch im eröffneten Insolvenzverfahren eine im Plan vorgesehene bzw. über den Plan umgesetzte Maßnahme gemäß § 225a Abs. 2, 3 InsO, insbesondere bei bestehender (erheblicher) Werthaltigkeit des Anteils des betroffenen Gesellschafters, treuwidrig sein.[741] So wird jedenfalls im Rahmen personalistisch strukturierter Gesellschaften unter Annahme der Treuepflicht und angelehnt an das „*Sanieren oder Ausscheiden*"-Urteil[742], teilweise das Recht der Gesellschafter anerkannt, in der Gesellschaft zu verbleiben, sofern sie zur Erbringung gleicher Beiträge wie die künftigen (Neu-)Gesellschafter bereit sind.[743] Darüber hinaus würde die Anwendbarkeit der Treuepflicht im Insolvenzplanverfahren insgesamt zur Pflicht zur Rücksichtnahme auf die mitgliedschaftlichen Belange der (Minderheits-)Gesellschafter führen und könnte darüber u.a.

734 So jedenfalls *Spliedt*, ZInsO 2013, 2155, 2157 ff.

735 Siehe hierzu § 2.B.III.1.a)bb)(1).

736 So jedenfalls *Spliedt*, ZInsO 2013, 2155, 2157 ff.; vgl. *Stöber*, ZInsO 2013, 2457, 2463.

737 Vgl. *Brinkmann*, in: FS Schilken, 2015, S. 631, 634, 638; *Thole*, GesR Maßn. in der Insolvenz, 2. Aufl., 2015, Rn. 280.

738 *LG Frankfurt/M.*, Urt. v. 13.08.2013 – 3-09 O 78/13 = NZI 2013, 981; vgl. dazu *Pape*, ZInsO 2013, 2129, 2136.

739 *LG Frankfurt/M.*, Urt. v. 13.08.2013 – 3-09 O 78/13 = NZI 2013, 981.

740 Vgl. nur *Thole*, GesR Maßn. in der Insolvenz, 2. Aufl., 2015, Rn. 282.

741 *Stöber*, ZInsO 2013, 2457, 2463.

742 *BGH*, Urt. v. 19.10.2009 – II ZR 240/08 = NJW 2010, 65 („*Sanieren oder Ausscheiden*"); vgl. auch *Stöber*, ZInsO 2013, 2155, 2158.

743 *Spliedt*, ZInsO 2013, 2155, 2157; *Wertenbruch*, ZIP 2013, 1693, 1696 ff.; kritisch, jedoch ohne direkte Bezugnahme auf die gesellschaftsrechtliche Treuepflicht *K. Schmidt*, ZIP 2012, 2085, 2086 f.

auch zur Wahrung des Verhältnismäßigkeitsgrundsatzes verpflichten.[744] Es ist daher zu fragen, ob die InsO ein in sich geschlossenes und abschließendes Schutzkonzept zur Verfügung stellt, welches keinen Raum für jegliche Einflussnahme durch die gesellschaftsrechtliche Treuepflicht belässt.

(Weitgehende) Einigkeit besteht dahingehend, dass die gesellschaftsrechtliche Treuepflicht vor Stellung des Insolvenzantrags uneingeschränkt bzw. sogar gesteigert fortbesteht.[745] Zu diesem Zeitpunkt ist die Treuepflicht weder vom Insolvenzzweck überlagert noch besteht vor Antragstellung überhaupt ein vom Insolvenzrecht überlagerter Verdrängungsbereich. Spätestens mit Zulassung des Antrags auf Verfahrenseröffnung fallen zwar sämtliche durch das Insolvenzgericht im Rahmen des Eröffnungsverfahrens zu prüfenden (Vor-)Fragen ausschließlich in dessen Prüfungskompetenz, dadurch wird jedoch keine vollständige Verdrängung gesellschaftsrechtlicher Grundsätze bewirkt. Die Frage einer möglichen Verdrängung der gesellschaftsrechtlichen Treuepflicht erstreckt sich daher auf den Zeitraum von der Zulassung des Insolvenzantrags bis zur Beendigung des Insolvenzverfahrens. Zugleich ist ein möglicher Anwendungsbereich der gesellschaftsrechtlichen Treuepflicht im Insolvenzverfahren von vornherein jedenfalls um die Fälle zu kürzen, in denen die Annahme der Treuepflicht eine Beeinflussung des Ablaufs des Insolvenzverfahrens durch am Insolvenzverfahren nicht beteiligte dritte Gerichte bewirken würde.[746]

Überzeugt durch die Entscheidungen des *LG*[747] und *OLG Frankfurt/M.*[748] nimmt ein Teil der Stimmen, die die Treuepflicht im Rahmen der Ausübung des Stimmrechts bzw. der Abstimmung über den Insolvenzplan mit guten Gründen und überzeugend ablehnen, keine – jedenfalls keine hinreichend deutliche – Unterscheidung zwischen den Bereichen vor, in denen die Anwendbarkeit der Treuepflicht zugunsten des Minderheitsgesellschafters eine Belastung der (sonstigen) Gläubiger und des Verfahrensgangs bewirkt und solcher, die sich auf das Verhältnis der Gesellschafter zueinander beschränken.[749] Dieser Teil hält die Treuepflicht im eröffneten Insolvenzplanverfahren pauschal für unbeachtlich.[750] Diejenigen, welche die Anwendbarkeit

744 *Wertenbruch*, in: Ebenroth u.a., HGB, 3. Aufl., 2014, § 105, Rn. 114; *ders.*, ZIP 2013, 1693, 1698 f.

745 Siehe hierzu § 2.A.II; vgl. auch *Thole*, GesR Maßn. in der Insolvenz, 2. Aufl., 2015, Rn. 282.

746 Siehe hierzu § 2.B.III.1.a)bb)(1).

747 *LG Frankfurt/M.*, Urt. v. 13.08.2013 – 3-09 O 78/13 = NZI 2013, 981.

748 *OLG Frankfurt/M.*, Beschl. v. 1.10.2013 – 5 U 145/13 = NZI 2013, 978.

749 Primär die Auswirkungen der Treuepflicht für das Stimmverhalten in den Blick nehmend *Hölzle*, in: Kübler (Hrsg.), HRI, 2. Aufl., 2015, § 31, Rn. 52; *ders.*, ZIP 2013, 1846, 1847; *Eidenmüller*, NJW 2014, 17, 18; *Madaus*, ZIP 2014, 500, 504; wohl auch *Thole*, ZIP 2013, 1937 ff.

750 *Hölzle*, ZIP 2013, 1846, 1847; *ders.*, EWiR 2013, 589, 590; *Madaus*, ZIP 2014, 500, 504; wohl auch *Thole*, ZIP 2013, 1937, 1942 ff.; im Ergebnis ebenso *OLG Frankfurt/M.*, Beschl. v. 1.10.2013 – 5 U 145/13 = NZI 2013, 978.

der gesellschaftsrechtlichen Treuepflicht nicht mit einem schlichten Verweis auf die der InsO bzw. der Einbeziehung der Gesellschafter in den Insolvenzplan zugrunde liegenden Wertungen und deren Auswirkungen bei der Anwendung auf das Stimmrecht ablehnen, argumentieren dagegen mit den abschließenden Maßgaben des Insolvenzplanverfahrens, die Vorrang gegenüber dem Gesellschaftsrecht genießen und die Treubindung verdrängen. Damit das vorhandene Normengeflecht weder ignoriert noch unterwandert werden kann, kommen diese dadurch zu dem gleichen Ergebnis.[751]

Es ist richtig, dass der im Planverfahren zugunsten der Minderheitsgesellschafter zur Verfügung gestellte Schutz vorrangig gegenüber den gesellschaftsrechtlichen Regelungen ist und diese nahezu vollständig verdrängt. Überzeugend ist es jedoch, das Fortbestehen der gesellschaftsrechtlichen Treuepflicht in einer den im Insolvenzverfahren veränderten Umständen angepassten bzw. inhaltlich eingeschränkten Form anzunehmen[752] und den von ihr ausgehenden Schutz im Umfang darauf zu beschränken, was das Insolvenzgericht bei seiner Bestätigungsentscheidung ohnehin zu beachten hat.[753] Nur für den Fall, dass die insolvenzrechtlichen Regelungen Raum für die Geltung der Treuepflicht belassen bzw. diese die Belange der Minderheitsgesellschafter nicht hinreichend wahren, soll die Treuepflicht Anwendung finden und zur Gewährleistung eines effektiven (Rechts-)Schutzes jedenfalls die Möglichkeit wahren, ggf. Minderheitenschutz effektiver als „echten Rechtsschutz“ in das Insolvenzplanverfahren zu integrieren.[754] Denn wie auch im Gesellschaftsrecht darf über die Treuepflicht nur eine moderate und punktuelle Lückenschließung erfolgen, um nicht das austarierte System der InsO aus den Angeln zu heben und das gewählte Schutzkonzept zu entkräften. Bieten die insolvenzrechtlichen Regelungen ausreichenden Schutz, wird die gesellschaftsrechtliche Treuepflicht vollständig verdrängt. Anderenfalls bestünde auch in diesem Fall die Gefahr sich widersprechender Entscheidungen.

Sofern die Anwendung der gesellschaftsrechtlichen Treuepflicht weder das Insolvenzverfahren noch die Gläubiger belastet und das Insolvenzplanverfahren zugleich ausreichend Raum für deren Anwendung und zur Gewährleistung eines effektiven Minderheitenschutzes belässt, ist eine vollständige Verdrängung der gesellschaftsrechtlichen Treuepflicht im eröffneten Insolvenzplanverfahren gerade nicht erforderlich. In der Folge könnte die den Umständen angepasste, fortgeltende gesellschaftsrechtliche Treuepflicht für den Fall der schuldhaften

---

751 Ohne Benennung eines bestimmten (möglichen) Anwendungsbereichs der Treuepflicht *Eidenmüller*, NJW 2014, 17, 18; *Haas*, NZG 2012, 961, 965; *Möhlenkamp*, BB 2013, 2828, 2829; wohl auch *Brinkmann*, ZIP 2014, 197, 201; *D. Lang/Muschalle*, NZI 2013, 953, 956.

752 *H.-F. Müller*, DB 2014, 41, 45; *Schäfer*, ZIP 2013, 2237, 2241; *Spliedt*, ZInsO 2013, 2155, 2157; *Stöber*, ZInsO 2013, 2457, 2463 f.; wohl auch *Meyer*, ZInsO 2013, 2361, 2366; *Wertenbruch*, ZIP 2013, 1693, 1700.

753 So nur *H.-F. Müller*, DB 2014, 41, 45.

754 *Böcker*, DZWiR 2014, 331, 337; noch weiter gehend *Schäfer*, ZIP 2013, 2237, 2241.

Treuepflichtverletzung nach Beendigung des Insolvenzverfahrens daher u.a. Ansprüche auf Schadensersatz begründen.[755]

Der im Gesellschaftsrecht gewährte Minderheitenschutz kann demnach grundsätzlich nicht in das Insolvenzplanverfahren übertragen werden. Konkret bedeutet dies, dass weder das für die Personengesellschaft charakteristische Einstimmigkeitsprinzip, noch ein (jedenfalls) hohes Gesellschafterquorum zur Beschlussfassung über einzelne Maßnahmen erforderlich ist. Rechtfertigungserfordernisse, Stimmrechtsbindungen sowie Sonder- oder Mehrstimmrechte bleiben daher unberücksichtigt. Daneben ist dem (Minderheits-)Gesellschafter insbesondere auch die Inanspruchnahme zivilgerichtlichen Rechtsschutzes neben dem Planverfahren durch nicht beteiligte dritte Gerichte verwehrt, sodass das Recht zur unmittelbaren gerichtlichen Klärung der Nichtigkeit fehlerhafter Beschlüsse im Wege der Feststellungsklage gemäß § 256 ZPO im Insolvenzplanverfahren ausgeschlossen ist.

III. „Anpassung" des Minderheiten- und Rechtsschutzes an den erweiterten Handlungs- und Gestaltungsspielraum

Als Ausgangspunkt ist festzuhalten, dass sich Uneinigkeiten zwischen den Gesellschaftern im Gesellschaftsrecht wie in der Situation der drohenden Zahlungsunfähigkeit und einem in der Folge eröffneten Insolvenzplanverfahren gleichermaßen stellen. Die Uneinigkeiten betreffen vor allem den Umgang mit der in die Krise geratenen Gesellschaft und denkbaren zu treffenden Sanierungsmaßnahmen, begründet durch unterschiedliche wirtschaftliche Interessenlagen und Vorstellungen.

Der aufgezeigte, denkbar weitreichende Handlungs- und Gestaltungsspielraum im Insolvenzplanverfahren bedarf eines angepassten, ausreichenden Schutzkonzepts, welches insbesondere den Zugang zum Insolvenzplanverfahren beschränkt und innerhalb des eröffneten Planverfahrens angemessenen Schutz der Minderheitsgesellschafter gewährleistet. Infolge der Vorrangigkeit des in das Planverfahren integrierten insolvenzrechtlichen Rechtsschutzes, welcher insbesondere zur Stärkung der Funktionsfähigkeit und Praktikabilität des Insolvenzplanverfahrens beitragen soll,[756] können gesellschaftsrechtliche Schutzmechanismen nicht in das Insolvenzplanverfahren integriert werden. Eine davon abweichende, ergänzende Anwendung gesellschaftsrechtlicher Schutzmechanismen in das Insolvenzplanverfahren könnte nur dann zu überdenken sein, wenn die insolvenzrechtlichen Regelungen die Belange der Minderheitsgesellschafter nicht hinreichend wahren.

Nachfolgend gilt es zu erfassen, welches Konzept zum Schutz der (Minderheits-) Gesellschafter der ESUG-Gesetzgeber dem Insolvenzplanverfahren zugrunde gelegt hat und welche Anpassung die gesellschaftsrechtlichen Schutzmechanismen zugunsten des Minderheitsgesellschafters im Insolvenzplanverfahren erfahren. Im

---

755 *Wertenbruch*, ZIP 2013, 1693, 1703; vgl. auch *Schäfer*, ZIP 2013, 2237, 2241; *Stöber*, ZInsO 2013, 2457, 2464.

756 *Göb*, NZG 2012, 371, 375 f.

Hinblick auf eine die wesentlichen Schutzinstrumente umfassende Darstellung werden neben formellen auch faktische Minderheitenrechte dargestellt, die als Individualrechte unabhängig von einer Minderheitenstellung in der Gesellschaft allen Gesellschaftern zustehen,[757] zugleich jedoch minderheitsschützend wirken. Eine Differenzierung erfolgt zwischen den Stadien (1) vor Eröffnung des Insolvenzverfahrens, (2) mit Eröffnung des Insolvenzplanverfahrens und (3) außerhalb des Insolvenzplanverfahrens.

1. *Schutz des (Minderheits-)Gesellschafters vor der Eröffnung des Insolvenzverfahrens*

Aus der gesellschaftsrechtlichen Treuepflicht, die jedenfalls bis zur Entscheidung über die Eröffnung des Insolvenzverfahrens fortbesteht, kann sich zur Abwendung eines Insolvenzgrunds, und damit der Möglichkeit zur Einleitung des Insolvenzverfahrens, für den (Minderheits-)Gesellschafter der Anspruch auf Stundung von Gewinnforderungen und Abgabe einer Rangrücktrittserklärung ergeben.[758] Dieser Anspruch kann bis zur Eröffnung des Insolvenzverfahrens vor den Zivilgerichten ggf. auch mithilfe einer einstweiligen Verfügung durchgesetzt werden.[759] Hierbei handelt es sich gerade nicht um eine durch das Insolvenzgericht zu prüfende Vorfrage. Dieses darf nur das Vorliegen einer entsprechenden Erklärung zum Rangrücktritt berücksichtigen, nicht aber eine (nur) etwaige Verpflichtung.[760] Insofern ist das Insolvenzgericht gerade auch nicht verpflichtet, die Entscheidung des Zivilgerichts und ggf. veränderte Tatsachen abzuwarten. Maßgebend ist allein die Sach- und Rechtslage im Zeitpunkt der Entscheidung über den Eröffnungsantrag[761], weshalb es durch eine treuepflichtbezogene Gesellschafterklage auf Abgabe einer Rangrücktrittserklärung auch nicht zu einer Verzögerung des Insolvenz(eröffnungs-)verfahrens kommen kann.

Abgesehen von dem Antragsrecht der unbeschränkt persönlich haftenden Gesellschafter gemäß § 15 Abs. 1, 3 InsO und dem Sonderfall der Führungslosigkeit gemäß § 15 Abs. 1 S. 2, Abs. 2 S. 2, Abs. 3 InsO sieht die InsO für die Gesellschafter der in die Krise geratenen Gesellschaft im Insolvenzeröffnungsverfahren keine eigenen Beteiligungsrechte vor.[762] Bereits die Kenntnis der Gläubiger und Geschäftspartner

---

757 *Schlitt/Maier-Reinhardt*, in: Reichert (Hrsg.), GmbH & Co. KG, 7. Aufl., 2015, § 25, Rn. 2; *C. Hofmann*, Minderheitsschutz im GesR, 2011, S. 7; *K. Schmidt*, GesR, 4. Aufl., 2002, § 16 III 2 (S. 468 ff.); *Wiedemann*, GesR, Bd. I, 1980, § 8 I 4 a) (S. 419 f.).

758 *LG Frankfurt/M.*, Urt. v. 13.08.2013 – 3-09 O 78/13 = NZI 2013, 981, Rz. 32, 39; vgl. auch *OLG Bamberg*, Urt. v. 17.06.2005 – 6 U 56/04 = NZG 2005, 808; vgl. auch *H.-F. Müller*, DB 2014, 41, 43.

759 *H.-F. Müller*, DB 2014, 41, 43.

760 *BVerfG*, Beschl. v. 30.09.2001 – 2 BvR 1338/01 = NZI 2002, 30; *H.-F. Müller*, DB 2014, 41, 43.

761 *BGH*, Urt. v. 27.07.2006 – IX ZB 204/04 = BGHZ 169, 17, 20.

762 *H.-F. Müller*, DB 2014, 41, 43.

von der Einleitung des Insolvenzverfahrens durch die Geschäftsführung kann den Abbruch der Geschäftsbeziehungen zum Schuldner, die Kündigung der Kreditlinien durch die Banken und in der Folge die Entstehung der tatsächlichen Zahlungsunfähigkeit (§ 17 InsO) oder Überschuldung (§ 19 InsO) bewirken.[763] Der dann bestehenden Insolvenzantragspflicht (§ 15a InsO) kann der Gesellschafter nicht entgegentreten. Umso bedeutender wird für den (Minderheits-)Gesellschafter ein wirksamer Schutz vor der Wahrnehmung des Rechts zur Insolvenzantragstellung durch den geschäftsführenden Mehrheitsgesellschafter im Fall der drohenden Zahlungsunfähigkeit (§ 18 InsO) im Insolvenzeröffnungsverfahren und der sich anschließenden Eröffnungsentscheidung des Insolvenzgerichts. Zu prüfen ist demnach, inwieweit die insolvenzrechtlich gewährte „Eingangskontrolle" den Minderheitsgesellschafter vor einem gegen seinen Willen gestellten Antrag auf Verfahrenseröffnung und der Einleitung des Insolvenzeröffnungsverfahrens zu schützen vermag.

a) Pflicht zur Einholung eines Gesellschafterbeschlusses

Der Geschäftsführer der Komplementär-GmbH verfügt gemäß § 15 Abs. 1 S. 1, Abs. 3 S. 1 InsO über die formelle Antragsberechtigung im Fall der drohenden Zahlungsunfähigkeit.[764] Während der Geschäftsführer bei einer materiellen Insolvenz, infolge von Überschuldung oder tatsächlicher Zahlungsunfähigkeit gemäß § 15a Abs. 1 S. 2 InsO, verpflichtet ist, einen Insolvenzantrag zu stellen und demnach keiner Zustimmung oder Weisung der Gesellschafterversammlung zur Antragstellung unterliegt,[765] ist das Einflusspotenzial der Gesellschafter für den Zeitraum, in dem der Geschäftsführer einen Insolvenzantrag wegen drohender Zahlungsunfähigkeit zwar stellen könnte (§ 18 Abs. 1 InsO), aber im Sinne von § 15 Abs. 1 InsO nicht müsste, klärungsbedürftig. § 18 Abs. 3 InsO legt insoweit fest, dass bei der GmbH & Co. KG der Antrag auf Eröffnung des Insolvenzverfahrens im Fall der Gesamtvertretung wirksam nur von allen Mitgliedern des Vertretungsorgans bzw. im Fall der Einzelvertretung von einem alleinvertretungsberechtigten Mitglied gestellt

---

763 *v. Unger*, in: Gummert (Hrsg.), MAH PersGesR, 2. Aufl., 2015, § 12, Rn. 137 f. (Insolvenzantrag, als „eine sich selbst erfüllende Prophezeiung"); *Brinkmann*, ZIP 2014, 197, 199, 202; *ders.*, in: FS Schilken, 2015, S. 631, 638 f.; *Ganter*, NZI 2012, 985 f.; vgl. auch *Leinekugel / Skauradszun*, GmbHR 2011, 1121, 1125.

764 *Leinekugel / Skauradszun*, GmbHR 2011, 1121, 1123.

765 *BGH*, Urt. v. 12.02.2007 – II ZR 308/05 = ZInsO 2007, 374; *Gummert*, in: Gummert / Weipert (Hrsg.), Münchener Hdb. GesR, Bd. 2, 4. Aufl., 2014, § 55, Rn. 15; *Eberhard*, in: Prinz / W.-D. Hoffmann (Hrsg.), Beck'sches Hdb. PersG, 4. Aufl., 2014, § 11, Rn. 122; *K. Schmidt*, in: K. Schmidt (Hrsg.), InsO, 18. Aufl., 2013, § 18, Rn. 31; *Böcker*, DZWiR 2014, 331, 336; *Fölsing*, ZInsO 2013, 1325, 1328 f.; *Leinekugel / Skauradszun*, GmbHR 2011, 1121, 1123; *Meyer-Löwy / Pickerill*, GmbHR 2013, 1065, 1068; *Schäfer*, ZIP 2013, 2237, 2238; *Thole*, GesR Maßn. in der Insolvenz, 2. Aufl., 2015, Rn. 69; *Wertenbruch*, ZIP 2013, 1693, 1703.

werden kann.[766] Fraglich ist, ob der Geschäftsführer der Komplementär-GmbH für den Antrag auf Eröffnung des Insolvenzverfahrens der GmbH & Co. KG zum Schutz der Gesellschafter eines zustimmenden Beschlusses der KG- und der GmbH-Gesellschafter bedarf.[767] Dies hätte zur Folge, dass diesen ggf. die Möglichkeit eingeräumt würde, den Gang in das Insolvenzverfahren zu blockieren, beispielsweise weil sie befürchten könnten, im Insolvenzverfahren entmachtet zu werden. Sofern eine Erforderlichkeit angenommen wird, stellen sich darauf aufbauend die Fragen, mit welchem Quorum die Beschlüsse erfolgen müssen und welche Rechtsfolgen mit der Verletzung einer Zustimmungspflicht verbunden sind.

aa) Zustimmungserfordernis der KG-Gesellschafter

Die Antragstellung setzt das Insolvenzverfahren in Gang und legt die Entscheidung über die Zukunft der Gesellschaft in die Hände des Insolvenzgerichts. Entspricht das Insolvenzgericht dem Antrag des Antragstellers und eröffnet das Insolvenzverfahren, wird die Gesellschaft aufgelöst und die mit der Auflösung verbundenen weitreichenden Folgen treten ein. Außerhalb des Insolvenzverfahrens wäre schon die Auflösung der Gesellschaft – unter Geltung gesellschaftsrechtlicher Regelungen – als Grundlagengeschäft einzuordnen und unterläge gemäß §§ 161 Abs. 2, 119 Abs. 1 HGB einem grundsätzlich einstimmig zu fassenden Gesellschafterbeschluss.[768] Die formelle Antragsberechtigung nach § 15 Abs. 1 InsO allein kann daher noch keinen verlässlichen Hinweis darauf geben, wer im Innenverhältnis der Gesellschaft entscheidet, ob das Antragsrecht ausgeübt wird.[769]

Die aus der Verdrängung gesellschaftsrechtlicher Regelungen und dem zugleich gewährten weitreichenden Handlungs- und Gestaltungsspielraum mit Insolvenzeröffnung resultierenden Auswirkungen bedürfen in Anbetracht dessen, dass die Folgen der Insolvenzeröffnung später im Allgemeinen nicht mehr rückgängig gemacht werden können,[770] einer vorgelagerten Mitentscheidungsbefugnis der Gesellschafter. Die Treuepflicht könnte den Geschäftsführern demnach gebieten, vor der Antragstellung auf Eröffnung des Insolvenzverfahrens einen Gesellschafterbeschluss einzuholen. Der Annahme eines durch Mitentscheidungsbefugnis gewährten Schutzes der Gesellschafter steht nicht bereits die Verdrängung der gesellschaftsrechtlichen

---

766 *Watermeyer*, in: Prinz / W.-D. Hoffmann (Hrsg.), Beck'sches Hdb. PersG, 4. Aufl., 2014, § 13, Rn. 153; *Mock*, in: Uhlenbruck u.a. (Hrsg.), InsO, 14. Aufl., 2015, § 18, Rn. 64 ff.

767 Vgl. die zusammenfassende Darstellung zum Streit über die Pflicht zur Einholung eines zustimmenden Gesellschafterbeschlusses *Thole*, GesR Maßn. in der Insolvenz, 2. Aufl., 2015, Rn. 67 ff.; *ders.*, ZIP 2013, 1937, 1944; vgl. auch *Fölsing*, ZInsO 2013, 1325, 1328; *Saenger / Al-Wraikat*, NZG 2013, 1201, 1204.

768 *Eberhard*, in: Prinz / W.-D. Hoffmann (Hrsg.), Beck'sches Hdb. PersG, 4. Aufl., 2014, § 12, Rn. 23; *Salger*, in: Reichert (Hrsg.), GmbH & Co. KG, 7. Aufl., 2015, § 46, Rn. 19.

769 *Leinekugel / Skauradszun*, GmbHR 2011, 1121, 1123; *Saenger / Al-Wraikat*, NZG 2013, 1201, 1203.

770 *H.-F. Müller*, DB 2014, 41, 44; a.A. *Wertenbruch*, ZIP 2013, 1693, 1703.

Treuepflicht entgegen. Diese wird – bezogen auf die Stimmabgabe – erst mit Eröffnung des Insolvenzverfahrens (weitgehend) verdrängt.[771] In der vorinsolvenzrechtlichen Sanierungssituation besteht die Treuepflicht dagegen sogar intensiviert fort.[772] Mangels Ingangsetzung des Insolvenzverfahrens kann die Treuepflicht das Insolvenzverfahren nicht torpedieren, weshalb ihre Wirkung unproblematisch ist.[773] Fraglich ist jedoch, ob die gesellschafterliche Bindung, begründet über die gesellschaftsrechtliche Treuepflicht, den Geschäftsführer der Komplementär-GmbH verpflichten kann, einen Gesellschafterbeschluss der KG-Gesellschafter einzuholen.

Ob ein infrage stehender Gesellschafterbeschluss nur durch die Kommanditisten, unter Ausschluss des Stimmrechts der GmbH, getroffen wird, ist von der Ausgestaltung und Harmonisierung der Gesellschaftsverträge der GmbH & Co. KG und ihrer Komplementär-GmbH abhängig. Sind die Kommanditisten und die GmbH-Gesellschafter mit den gleichen Beteiligungsrelationen personenidentisch an den Gesellschaften beteiligt, soll ihnen regelmäßig in beiden Gesellschaften der gleiche Einfluss zukommen, weshalb die Voraussetzungen für die interne Willensbildung in beiden Gesellschaften übereinstimmend ausgestaltet werden müssen.[774] In der Regel wird dann auch das Stimmrecht der Komplementär-GmbH für Gesellschafterbeschlüsse in der Gesellschafterversammlung der KG ausgeschlossen werden.[775] Weichen die Beteiligungsrelationen dagegen – trotz Identität der Personen – (erheblich) voneinander ab, besteht regelmäßig die Notwendigkeit, GmbH- und KG-Beschlüsse voneinander zu unterscheiden.[776] Auch für diesen Fall sind die internen Willensbildungsprozesse innerhalb der KG und der GmbH jedoch optimal aufeinander abzustimmen.

Teilweise wird die Pflicht zur Einholung eines zustimmenden Gesellschafterbeschlusses der KG-Gesellschafter (bzw. je nach Ausgestaltung der Gesellschaftsverträge allein der Kommanditisten) abgelehnt.[777] Die Ansicht wird über den zur Voraussetzung eines zustimmenden Gesellschafterbeschlusses schweigenden Wortlaut des § 18 InsO und die Systematik der InsO begründet, der eine den Gesellschaftern zuzusprechenden Macht, über die Einleitung des Insolvenzverfahrens zu entscheiden, widerspreche.[778] Die normierten Pflichten des Geschäftsführers, in der GmbH bei einem Verlust der Hälfte des Stammkapitals (§ 49 Abs. 3 GmbHG) bzw. in der UG (haftungsbeschränkt) im Fall der drohenden Zahlungsunfähigkeit

---

771 Siehe hierzu § 2.B.III.1.a)bb)(1).

772 Siehe hierzu § 2.A.II.

773 *Thole*, ZIP 2013, 1937, 1944.

774 *Liebscher*, in: Reichert (Hrsg.), GmbH & Co. KG, 7. Aufl., 2015, § 17, Rn. 18; *K. Schmidt*, GesR, 4. Aufl., 2002, § 56 IV 2 a) (S. 1647 f.).

775 *Liebscher*, in: Reichert (Hrsg.), GmbH & Co. KG, 7. Aufl., 2015, § 17, Rn. 18; *K. Schmidt*, GesR, 4. Aufl., 2002, § 56 IV 2 a) (S. 1647 f.).

776 *Liebscher*, in: Reichert (Hrsg.), GmbH & Co. KG, 7. Aufl., 2015, § 17, Rn. 21 f.; *K. Schmidt*, GesR, 4. Aufl., 2002, § 56 IV 2 a) (S. 1647 f.).

777 *Hölzle*, ZIP 2013, 1846, 1850 f.; *Meyer-Löwy/Pickerill*, GmbHR 2013, 1065, 1068 ff.

778 *Meyer-Löwy/Pickerill*, GmbHR 2013, 1065, 1068 ff.

(§ 5a Abs. 4 GmbHG), die Gesellschafterversammlung einzuberufen, sollen bereits gegen eine – trotz fehlender gesetzlicher Regelung – Konsultationspflicht in der GmbH & Co. KG sprechen.[779] Die Einordnung der Gesellschafter als (letztrangig) Beteiligte des Insolvenzverfahrens bewirke zudem eine fließende Grenze zwischen Eigen- und Fremdkapital und stehe im Widerspruch zu einer Besserstellung der (Alt-)Gesellschafter. Die im Übrigen ausdrücklich geregelten Teilnahmerechte im Rahmen der Abstimmung sowie die Regelung des § 225a Abs. 3 InsO, wonach u.a. die Fortführung des Schuldners ebenfalls keines Beschlusses der Gesellschafter(-versammlung) bedarf, sollen gegen die Annahme eines Zustimmungserfordernisses der Gesellschafter zur Antragstellung sprechen.[780] Es wird argumentiert, dass den Gesellschaftern mit dem Erfordernis eines Gesellschafterbeschlusses ein Blockadepotenzial an die Hand gegeben würde, das der ausdrücklichen Zielsetzung des Gesetzgebers und den wirtschaftlichen Interessen der Beteiligten widersprechen würde und zugleich eine „wesentliche Gefahr für die Funktionalität des neuen ESUG-Regelwerks"[781] darstellen würde.[782] Die weitreichenden Möglichkeiten, im Insolvenzplanverfahren die Rechte der Anteilseigener einzuschränken und über den Debt Equity Swap einen vollständigen Verlust der Mitgliedschaft zu bewirken, ließen anderenfalls erwarten, dass kein Gesellschafter einem für ihn nachteiligen Insolvenzantrag zustimmen würde, ohne seine Blockadeposition auszunutzen und eine (Lästigkeits-)Prämie zu fordern.[783] Eines über die gesetzlich vorgesehenen Schutzmechanismen hinaus zu gewährenden Schutzes der Gesellschafter bedürfe es zudem bereits deshalb nicht, weil es sich nicht um ein Grundlagengeschäft, sondern um eine auf Sanierung gerichtete Geschäftsführungsmaßnahme handele.[784] Dies gelte umso mehr, als im Fall der Antragstellung durch ein alleinvertretungsberechtigtes Organ allein der jeweilige Antragsteller selbst bzw. sämtliche organschaftlichen Vertreter zur Rücknahme des Insolvenzantrags gemäß § 13 Abs. 2 InsO berechtigt sind.[785] Wäre die Möglichkeit zur Rücknahme des Insolvenzantrags jedem einzelnen Gesellschafter eingeräumt, wäre ein Gesellschafterbeschluss erforderlich, da anderenfalls jeder Gesellschafter unproblematisch dem gestellten Insolvenzantrag durch Rücknahme seine Wirkung entziehen könnte.[786]

---

779 *Thole*, GesR Maßn. in der Insolvenz, 2. Aufl., 2015, Rn. 74; zur Zustimmungspflicht in der GmbH *Leinekugel/Skauradszun*, GmbHR 2011, 1121, 1124.

780 *Meyer-Löwy/Pickerill*, GmbHR 2013, 1065, 1068 ff.

781 *Meyer-Löwy/Pickerill*, GmbHR 2013, 1065, 1068.

782 *Meyer-Löwy/Pickerill*, GmbHR 2013, 1065, 1068 ff.

783 *Thole*, GesR Maßn. in der Insolvenz, 2. Aufl., 2015, Rn. 67.

784 *Meyer-Löwy/Pickerill*, GmbHR 2013, 1065, 1072.

785 *Schmahl/Vuia*, in: Kirchhof u.a. (Hrsg.), MüKo-InsO, Bd. 1, 3. Aufl., 2013, § 13, Rn. 116; *Kirchhof*, in: Kreft (Hrsg.), HK-InsO, 7. Aufl., 2014, § 13, Rn. 16; *Mock*, in: Uhlenbruck u.a. (Hrsg.), InsO, 14. Aufl., 2015, § 18 Rn. 64; *Schmerbach*, in: Wimmer (Hrsg.), FK-InsO, 8. Aufl., 2015, § 13, Rn. 50 f.; *Wortberg*, ZInsO 2004, 707, 711.

786 Auf diese Folge hinweisend *Wortberg*, ZInsO 2004, 707, 711.

Die herrschende Meinung sieht für die GmbH & Co. KG, mit keiner natürlichen Person als unbeschränkt haftendem Gesellschafter, im Fall der drohenden Zahlungsunfähigkeit eine Pflicht zur Einholung der Zustimmung der KG-Gesellschafter (bzw. Kommanditisten) zum Insolvenzantrag demgegenüber als gegeben an.[787] Infolge der mit Eröffnung des Insolvenzverfahrens bewirkten Auflösung der GmbH & Co. KG, die zu einer Überlagerung des Gesellschaftszwecks durch den Insolvenzzweck der vorrangigen Gläubigerbefriedigung führt, soll es sich bei dem Insolvenzantrag nicht um eine gewöhnliche Geschäftsführungsmaßnahme, sondern um ein Grundlagengeschäft handeln.[788] Angesichts der beinahe vollständigen Verdrängung gesellschaftsrechtlicher Regelungen und Grundsätze (erst) mit Eröffnung des Insolvenzverfahrens, bestehen die gesellschaftsrechtlichen Vorgaben jedenfalls vor der Stellung des Antrags auf Insolvenzeröffnung nahezu uneingeschränkt fort.[789] Nach den gesellschaftsrechtlichen Vorgaben bedarf es demnach einer einstimmigen Zustimmung der Gesellschafter. Diese Sichtweise steht auch im Einklang mit einem etwaig bestehenden Interesse der Kommanditisten „an einer geregelten, unter alleiniger Hoheit der Gesellschaft [...] stattfindenden Liquidation“[790] gemäß §§ 161 Abs. 2, 145 ff. HGB bzw. sonstigen Sanierungsmaßnahmen außerhalb des

787 *OLG München*, Urt. v. 21.03.2013 – 23 U 3344/12 = ZIP 2013, 1121; *LG München*, Urt. v. 22.05.2015 – 14 HK O 867/14 = BB 2015, 1938; *Wertenbruch*, in: Ebenroth u.a., HGB, 3. Aufl., 2014, § 105, Rn. 106, 110; *ders.*, DB 2013, 1592, 1595 f.; *Gummert*, in: Gummert / Weipert (Hrsg.), Münchener Hdb. GesR, Bd. 2, 4. Aufl., 2014, § 55, Rn. 15; *Neußner*, in: Kübler (Hrsg.), HRI, 2. Aufl., 2015, § 6, Rn. 62; *Schröder*, in: A. Schmidt (Hrsg.), HHK-InsO, 5. Aufl., 2015, § 18, Rn. 14; *Schmerbach*, in: Wimmer (Hrsg.), FK-InsO, 8. Aufl., 2015, § 18, Rn. 33; *Böcker*, DZWiR 2014, 331, 336; *ders.*, ZInsO 2015, 773, 781; *Brockdorff / Heintze / Rolle*, BB 2014, 1859, 1862, 1865; *Fölsing*, ZInsO 2013, 1325, 1328; *D. Lang / Muschalle*, NZI 2013, 953, 955; *Madaus*, ZIP 2014, 500, 502; *Meyer*, ZInsO 2013, 2361, 2364; *Möhlenkamp*, BB 2013, 2828, 2830; *H.-F. Müller*, DB 2014, 41, 44; *Pape*, ZInsO 2013, 2129, 2136; *Saenger / Al-Wraikat*, NZG 2013, 1201, 1204; *Thole*, GesR Maßn. in der Insolvenz, 2. Aufl., 2015, Rn. 75; *ders.*, ZIP 2013, 1937, 1944 f.; ohne Differenzierung zwischen Personengesellschaften mit bzw. ohne natürliche Personen als unbeschränkt haftende Gesellschafter *K. Schmidt*, in: K. Schmidt (Hrsg.), InsO, 18. Aufl., 2013, § 18, Rn. 31; vgl. bereits *Tetzlaff*, ZInsO 2008, 226, 228.

788 *OLG München*, Urt. v. 21.03.2013 – 23 U 3344/12 = ZIP 2013, 1121, 1124 („ein den Gesellschaftszweck änderndes [...] Grundlagengeschäft“); *LG Frankfurt / M.*, Urt. v. 13.08.2013 – 3-09 O 78/13 = NZI 2013, 981, Rz. 46 (mit Verweis auf die zuvor benannte Entscheidung des *OLG München* („Die Beantragung der Eröffnung eines Insolvenzverfahrens wegen drohender Zahlungsunfähigkeit ist ein [...] gesellschaftsrechtliches Grundlagengeschäft, das im Verantwortungsbereich der Gesellschafter liegt.“)).

789 *Thole*, GesR Maßn. in der Insolvenz, 2. Aufl., 2015, Rn. 70.

790 *OLG München*, Urt. v. 21.03.2013 – 23 U 3344/12 = ZIP 2013, 1121, 1124.

Insolvenzverfahrens.[791] Im Übrigen gilt es zu beachten, dass das Antragsrecht gemäß § 18 InsO in der GmbH & Co. KG gerade nicht als eigennütziges Recht des Geschäftsführers ausgestaltet ist, damit sich dieser in einer haftungsträchtigen Situation seiner Sanierungsaufgabe entledigen kann.[792] Das im Fall der drohenden Zahlungsunfähigkeit bestehende Antragsrecht berechtigt lediglich zur Antragstellung, weshalb dem GmbH-Geschäftsführer ohnehin keine Haftung wegen Insolvenzverschleppung gemäß § 26 Abs. 3 InsO droht.[793] Zudem droht dem antragsberechtigten Geschäftsführer – anders als bei der klassischen Personengesellschaft mit mindestens einer natürlichen Person als unbeschränkt haftendem Gesellschafter – nicht die Gefahr einer unbeschränkt persönlichen Haftung gemäß § 128 HGB.[794] Das bei einer natürlichen Person als unbeschränkt haftendem Gesellschafter bestehende überwiegende Interesse an der Vermeidung des persönlichen Haftungsrisikos durch Einleitung des Insolvenzverfahrens[795] entfällt für den antragstellenden GmbH-Geschäftsführer aufgrund der fehlenden Gefahr einer haftungsrechtlichen Inanspruchnahme. Der grundsätzlich bestehende Vorrang der Interessen des Komplementärs gegenüber denen der Kommanditisten entfällt folglich in der GmbH & Co. KG.[796] Schließlich überzeugt auch das Argument einer erforderlichen kurzfristigen Entscheidung, die keinen Raum für eine Beschlussfassung der Gesellschafter belässt, nicht.[797] Da der Insolvenzantrag bei drohender Zahlungsunfähigkeit lediglich eine Option ist, ist gerade kein besonderer Zeitdruck für den GmbH-Geschäftsführer erkennbar. In diesem Zeitraum besteht gerade (noch) keine Pflicht zur Antragstellung, die ein schnelles Handeln erfordern würde.

Nach überzeugender Ansicht ist die Pflicht des GmbH-Geschäftsführers zur Einholung der Zustimmung der KG-Gesellschafter (bzw. Kommanditisten) zum Insolvenzantrag zu bejahen, sofern keine (zwingende) Insolvenzantragspflicht besteht und keine natürliche Person unbeschränkt haftet. Vor der Antragstellung bestehen die gesellschaftsrechtlichen Regelungen und Grundsätze mitsamt der binnengesellschaftlichen Bindungen und Pflichten grundsätzlich fort und das Handeln der

---

791 *OLG München*, Urt. v. 21.03.2013 – 23 U 3344/12 = ZIP 2013, 1121, 1124; *Leinekugel/Skauradszun*, GmbHR 2011, 1121, 1124; *Thole*, GesR Maßn. in der Insolvenz, 2. Aufl., 2015, Rn. 70; *Wertenbruch*, DB 2013, 1592, 1595.

792 *Leinekugel/Skauradszun*, GmbHR 2011, 1121, 1124.

793 *OLG München*, Urt. v. 21.03.2013 – 23 U 3344/12 = ZIP 2013, 1121, 1124; *Bußhardt*, in: Braun (Hrsg.), InsO, 6. Aufl., 2014, § 18, Rn. 1; *H.-F. Müller*, in: Jaeger, InsO, 2004, § 18, Rn. 3.

794 *Thole*, GesR Maßn. in der Insolvenz, 2. Aufl., 2015, Rn. 70; *Wertenbruch*, DB 2013, 1592, 1595 f.

795 *Thole*, GesR Maßn. in der Insolvenz, 2. Aufl., 2015, Rn. 70; *Wertenbruch*, DB 2013, 1592, 1595.

796 *Leinekugel/Skauradszun*, GmbHR 2011, 1121, 1124; *Saenger/Al-Wraikat*, NZG 2013, 1201, 1204; *Thole*, GesR Maßn. in der Insolvenz, 2. Aufl., 2015, Rn. 70; *Wertenbruch*, DB 2013, 1592, 1595.

797 *Leinekugel/Skauradszun*, GmbHR 2011, 1121, 1123 f.

Organe und Gesellschafter orientiert sich nach wie vor am Gesellschaftszweck. Die Stellung des Insolvenzantrags stellt den notwendigen Handlungsakt vor Eröffnung des Insolvenzverfahrens durch das Insolvenzgericht dar, welche wiederum die Auflösung der Gesellschaft und eine umfängliche Verpflichtung des Handelns der Organe und Gesellschafter auf das Gläubigerinteresse bewirkt. Die mit der Eröffnung des Insolvenzverfahrens verbundenen Auswirkungen haben die Einordnung des Eröffnungsantrags als Grundlagengeschäft zur Folge. Zwar ist es richtig, dass der Gesetzgeber die Blockademöglichkeiten der Gesellschafter im Rahmen der Eigenverwaltung und des Insolvenzplanverfahrens beschneiden wollte. Dies trifft jedoch erst insofern zu, als das Insolvenzverfahren einmal beantragt und eröffnet ist.[798] Solange aber lediglich die Möglichkeit eines Insolvenzantrags des Schuldners wegen drohender Zahlungsunfähigkeit nach § 18 Abs. 2 InsO besteht, bedarf es eines Beschlusses der Gesellschafter der GmbH & Co. KG. Diese Auffassung erscheint zudem auch sachgerecht: Die von dem Insolvenzantrag im Fall der Eröffnung des Insolvenzverfahrens ausgehenden Auswirkungen auf die GmbH & Co. KG und deren Gesellschafter erfordern zum Schutz der Gesellschafter eine „Zugangskontrolle“ zum Insolvenzverfahren. Dieses Schutzbedürfnis ist mangels der Gefahr einer persönlichen Haftung der GmbH-Geschäftsführer als vorrangig zu bewerten, sodass sich ein Antragsrecht losgelöst von der Zustimmung der KG-Gesellschafter (bzw. Kommanditisten) nicht rechtfertigen ließe.

bb) Zustimmungserfordernis der GmbH-Gesellschafter

Weiterhin stellt sich die Frage, ob der GmbH-Geschäftsführer für den Antrag auf Eröffnung des Insolvenzverfahrens bei drohender Zahlungsunfähigkeit der GmbH & Co. KG zusätzlich eines zustimmenden Beschlusses der Gesellschafter der Komplementär-GmbH bedarf. Vorweggenommen sei, dass dieser Frage allein insoweit Bedeutung zukommt, als es sich nicht um eine beteiligungsidentische GmbH & Co. KG handelt, in der die Gesellschaftsverträge beider Gesellschaften die Schaffung einer Einheitsversammlung vorsehen und auch sonst die Regeln über die Einberufung, den Ablauf, das Teilnahmerecht und das Stimmrecht miteinander koordiniert worden sind.[799]

Zwar bewirkt die Eröffnung des Insolvenzverfahrens über das Vermögen der KG für den Fall, dass dem Antrag auf Eigenverwaltung stattgegeben wurde, keinen Übergang der Verwaltungs- und Verfügungsbefugnis gemäß § 80 Abs. 1 InsO auf den Insolvenzverwalter.[800] Die Komplementär-GmbH kann dennoch – jedenfalls zeitweilig – ihren vertraglichen Zweck, die Führung der Geschäfte der KG, insoweit nicht (weiter-)verfolgen, als der Gesellschaftszweck der KG durch den

798 *Saenger/Al-Wraikat*, NZG 2013, 1201, 1205.

799 *Gummert*, in: Gummert/Weipert (Hrsg.), Münchener Hdb. GesR, Bd. 2, 4. Aufl., 2014, § 50, Rn. 100.

800 Vgl. nur *Salger*, in: Reichert (Hrsg.), GmbH & Co. KG, 7. Aufl., 2015, § 49, Rn. 64.

Insolvenzzweck überlagert wird.[801] Vereinzelt wird zudem problematisiert, dass für den Fall einer angestrebten Eigenverwaltung der Verlauf des Verfahrens als nicht vorhersehbar einzuordnen und die Gesellschafter daher – auch ohne den Übergang der Verwaltungs- und Verfügungsbefugnis – als schutzbedürftig anzusehen seien.[802] Zwar führt die Insolvenzeröffnung nicht zwangsläufig zur Insolvenz der Komplementär-GmbH. In der Praxis dient die Komplementär-GmbH jedoch überwiegend dazu, die persönliche Haftung für die Verbindlichkeiten der KG zu übernehmen.[803] Angesichts dessen, dass die Komplementär-GmbH in dieser Funktion regelmäßig nur mit dem gesetzlichen Mindestkapital ausgestattet ist, führt die Insolvenz der KG und die Inanspruchnahme durch deren Gläubiger regelmäßig zur Überschuldung der Komplementär-GmbH.[804]

Die weitreichenden Auswirkungen erfordern für die GmbH-Gesellschafter, denen auch grundsätzlich wesentliche Entscheidungen durch den Geschäftsführer vorzulegen sind[805], die Möglichkeit, ihre Zustimmung zum Insolvenzantrag in der Gesellschafterversammlung zu verweigern. Für dieses Ergebnis spricht auch die ausdrückliche Anordnung einer Einberufung der Gesellschafterversammlung bei drohender Zahlungsunfähigkeit der UG (haftungsbeschränkt) in § 5a Abs. 4 GmbHG, die auch eine Pflicht für die GmbH gemäß § 49 Abs. 2 GmbHG bestätigt.[806] Nach überzeugender Ansicht bedarf es für den Insolvenzantrag des GmbH-Geschäftsführers daher auch der Zustimmung der GmbH-Gesellschafter.[807]

---

801 *Wertenbruch*, DB 2013, 1592, 1595; vgl. auch *Leinekugel/Skauradszun*, GmbHR 2011, 1121, 1125; *Saenger/Al-Wraikat*, NZG 2013, 1201, 1204.

802 *Geißler*, ZInsO 2013, 919, 922.

803 *Gummert*, in: Gummert/Weipert (Hrsg.), Münchener Hdb. GesR, Bd. 2, 4. Aufl., 2014, § 55, Rn. 16.

804 *Gummert*, in: Gummert/Weipert (Hrsg.), Münchener Hdb. GesR, Bd. 2, 4. Aufl., 2014, § 55, Rn. 16; *Binz/Sorg*, GmbH & Co. KG, 11. Aufl., 2010, § 12, Rn. 33.

805 Vgl. nur *Zöllner/Noack*, in: Baumbach/A. Hueck, 20. Aufl., 2013, § 35, Rn. 31; *Breitfeld*, in: Reichert (Hrsg.), GmbH & Co. KG, 7. Aufl., 2015, § 16, Rn. 60 ff.

806 So auch *Neußner*, in: Kübler (Hrsg.), HRI, 2. Aufl., 2015, § 6, Rn. 62; *Geißler*, ZInsO 2013, 919, 921 f.; mit dem gleichen Ergebnis *Saenger/Al-Wraikat*, NZG 2013, 1201, 1204; *Wertenbruch*, DB 2013, 1592, 1595.

807 *Gummert*, in: Gummert/Weipert (Hrsg.), Münchener Hdb. GesR, Bd. 2, 4. Aufl., 2014, § 55, Rn. 15; *Neußner*, in: Kübler (Hrsg.), HRI, 2. Aufl., 2015, § 6, Rn. 62; *Geißler*, ZInsO 2013, 919, 922 f.; *Saenger/Al-Wraikat*, NZG 2013, 1201, 1204; *Tetzlaff*, ZInsO 2008, 226, 228; *Wertenbruch*, DB 2013, 1592, 1595; wohl auch *H.-F. Müller*, in: Jaeger, InsO, 2004, § 18, Rn. 19; nicht zwischen GmbH-Gesellschaftern und Kommanditisten differenzierend, sondern allein generell einen zustimmenden Gesellschafterbeschluss fordernd *Schröder*, in: A. Schmidt (Hrsg.), HHK-InsO, 5. Aufl., 2015, § 18, Rn. 14; *K. Schmidt*, in: K. Schmidt (Hrsg.), InsO, 18. Aufl., 2013, § 18, Rn. 31; vgl. auch *Kirchhof*, in: Kreft (Hrsg.), HK-InsO, 7. Aufl., 2014, § 18, Rn. 18; *Böcker*, DZWiR 2014, 331, 336; *Leinekugel/Skauradszun*, GmbHR 2011, 1121, 1125; *Thole*, GesR Maßn. in der Insolvenz, 2. Aufl., 2015, Rn. 75.

cc) Erforderliche Quoren

Mangels ausdrücklicher Regelung eines vor Stellung des Insolvenzantrags erforderlichen Gesellschafterbeschlusses bleibt zugleich die Frage zu klären, welche Quoren für einen stattgebenden Beschluss jeweils erforderlich sind. Der Stellung des Insolvenzantrags über das Vermögen der GmbH & Co. KG ist der Charakter eines Grundlagengeschäfts beizumessen, welches grundsätzlich eines einstimmigen Gesellschafterbeschlusses bedarf, sodass sämtliche KG-Gesellschafter bzw. Kommanditisten dem Antrag auf Eröffnung des Insolvenzverfahrens zustimmen müssten.[808] Das Einstimmigkeitserfordernis lässt sich – aufgrund der mit Insolvenzeröffnung bewirkten Auflösung der Gesellschaft – zudem aus §§ 161 Abs. 2, 131 Abs. 1 Nr. 2 HGB ableiten, wonach auch der Auflösungsbeschluss der KG nur einstimmig gefasst werden kann.[809]

Eine Abweichung vom Einstimmigkeitsprinzip zugunsten eines Mehrheitsbeschlusses ist allein dann zulässig, wenn die Gesellschafter zuvor von ihrer gesellschaftsvertraglichen Gestaltungsfreiheit Gebrauch gemacht haben und eine Regelung getroffen haben, die abweichend von § 119 Abs. 1 HGB Mehrheitsbeschlüsse zulässt (§ 119 Abs. 2 HGB).[810] Die Insolvenzantragstellung erfordert insofern eine Mehrheitsklausel, die ausdrücklich den Insolvenzantrag infolge drohender Zahlungsunfähigkeit umfasst.[811] Sieht der Gesellschaftsvertrag für die Insolvenzantragstellung keine ausdrückliche, den Insolvenzantrag infolge drohender Zahlungsunfähigkeit umfassende Abweichung vom gesetzlichen Einstimmigkeitsprinzip vor, ist weiterhin zu fragen, ob der zustimmende Beschluss der KG-Gesellschafter (bzw. Kommanditisten) auch dann der Einstimmigkeit bedarf, wenn der Gesellschaftsvertrag der GmbH & Co. KG für den Fall eines Auflösungsbeschlusses gemäß §§ 161 Abs. 2, 131 Abs. 1 Nr. 2 InsO eine qualifizierte Mehrheit ausreichen lässt.[812] Einerseits lässt sich vertreten, dass der Beschluss der KG-Gesellschafter (bzw. Kommanditisten) über den Eröffnungsantrag im Ergebnis nichts anderes bewirkt als ein Beschluss über die Auflösung der Gesellschaft gemäß §§ 161 Abs. 2, 131 Abs. 1 Nr. 2 HGB. Die Mehrheitsklausel in Bezug auf den Gesellschafterbeschluss zur Auflösung der Gesellschaft könnte daher grundsätzlich auch auf den Gesellschafterbeschluss zur Insolvenzantragstellung übertragbar sein. Andererseits widerspricht einer derart weiten Sichtweise sowohl der Gesichtspunkt der Rechtssicherheit als auch der

---

808 *BGH*, Urt. v. 15.01.2007 – II ZR 245/05 = NZG 2007, 259 („*Otto*"); *Watermeyer*, in: Prinz / W.-D. Hoffmann (Hrsg.), Beck'sches Hdb. PersG, 4. Aufl., 2014, § 13, Rn. 142; *Brünkmans / Uebele*, ZInsO 2014, 265, 267; *Fölsing*, ZInsO 2013, 1325, 1329; *Madaus*, ZIP 2014, 500, 502; *Thole*, GesR Maßn. in der Insolvenz, 2. Aufl., 2015, Rn. 76 f.

809 *Watermeyer*, in: Prinz / W.-D. Hoffmann (Hrsg.), Beck'sches Hdb. PersG, 4. Aufl., 2014, § 13, Rn. 142.

810 *Finck*, in: Henssler / Strohn (Hrsg.), GesR, 2. Aufl., 2014, § 119, Rn. 37.

811 *Fölsing*, ZInsO 2013, 1325, 1329; *Thole*, GesR Maßn. in der Insolvenz, 2. Aufl., 2015, Rn. 77.

812 Diese Frage im Rahmen der GmbH für ein gegenüber den gesetzlichen Vorschriften erhöhtes Quorum stellend *Leinekugel / Skauradszun*, GmbHR 2011, 1121, 1126.

Schutz der Gesellschafter, die gerade nur die Auflösung der Gesellschaft einem geringeren Mehrheitserfordernis unterworfen haben. Speziell die „weitreichenden negativen Änderungen“[813] und Auswirkungen des Insolvenzplanverfahrens auf die Gesellschafter erfordern eine ausdrückliche Benennung der Insolvenzantragstellung wegen drohender Zahlungsunfähigkeit im Gesellschaftsvertrag der GmbH & Co. KG. Im Ergebnis ist es demnach zwar zulässig, den Beschluss der KG-Gesellschafter (bzw. Kommanditisten) über den Eröffnungsantrag einem qualifizierten Mehrheitserfordernis zu unterwerfen. Hierzu ist es jedoch erforderlich, dass die Mehrheitsklausel die Insolvenzantragstellung wegen drohender Zahlungsunfähigkeit ausdrücklich benennt.[814]

Ferner ist die zu stellende Frage einer notwendigen Mehrheit auf die GmbH-Gesellschafter, deren Zustimmung es – wie gezeigt – für den Insolvenzantrag der GmbH & Co. KG ebenfalls bedarf, auszuweiten. Richtigerweise ist weder die Insolvenz noch die Auflösung der GmbH direkte Folge der Eröffnung des Insolvenzverfahrens über das Vermögen der KG. Die Entscheidung, den Insolvenzantrag über das Vermögen der GmbH & Co. KG zu stellen, ist damit jedoch insoweit vergleichbar, als die Eröffnung des Insolvenzverfahrens auch dazu führt, dass die Komplementär-GmbH ihren vertraglichen Zweck zeitweilig nicht mehr verfolgen kann.[815] Zugleich haben die Gesellschafter der GmbH nach Stellung des Eröffnungsantrags keinen Einfluss mehr auf die Entscheidung einer Auflösung der KG.[816] Die Eröffnung des Insolvenzverfahrens nach § 60 Abs. 1 Nr. 4 GmbHG führt zur Auflösung der Gesellschaft, weswegen der das Insolvenz(eröffnungs-)verfahren einleitende Eröffnungsantrag mittelbar auch ein Beschluss über die Auflösung der Gesellschaft gemäß § 60 Abs. 1 Nr. 2 GmbHG ist.[817] Wird über das Vermögen der GmbH das Insolvenzverfahren eröffnet, bedarf es daher für den Beschluss der GmbH-Gesellschafter analog § 60 Abs. 1 Nr. 2 GmbHG einer qualifizierten Dreiviertelmehrheit der abgegebenen Stimmen. Die Annahme des qualifizierten Mehrheitserfordernisses für diesen Beschluss zur Stellung eines Insolvenzantrags ist auch insofern überzeugend, als eine geringere Mehrheit dem Charakter eines Grundlagengeschäfts nicht gerecht werden würde.[818] Aufgrund der vergleichbar weitreichenden Auswirkungen auf die Komplementär-GmbH ist es daher überzeugend, auch in der Situation, in welcher

---

813 *Fölsing*, ZInsO 2013, 1325, 1329.

814 *Fölsing*, ZInsO 2013, 1325, 1329; vgl. auch *Thole*, GesR Maßn. in der Insolvenz, 2. Aufl., 2015, Rn. 77.

815 *Wertenbruch*, DB 2013, 1592, 1595.

816 *Geißler*, ZInsO 2013, 919, 923; *Leinekugel / Skauradszun*, GmbHR 2011, 1121, 1125; *Saenger / Al-Wraikat*, NZG 2013, 1201, 1204; *Wertenbruch*, DB 2013, 1592, 1593.

817 *Neußner*, in: Kübler (Hrsg.), HRI, 2. Aufl., 2015, § 6, Rn. 62; *Geißler*, ZInsO 2013, 919, 923; *Leinekugel / Skauradszun*, GmbHR 2011, 1121, 1126; *Meyer*, ZInsO 2013, 2361, 2365; *Saenger / Al-Wraikat*, NZG 2013, 1201, 1204; *Thole*, GesR Maßn. in der Insolvenz, 2. Aufl., 2015, Rn. 76; *Wertenbruch*, DB 2013, 1592, 1593; *Wortberg*, ZInsO 2004, 707, 709.

818 *Leinekugel / Skauradszun*, GmbHR 2011, 1121, 1126.

das Insolvenzverfahren über das Vermögen der GmbH & Co. KG eröffnet wird, für die Antragstellung wegen drohender Zahlungsunfähigkeit einen qualifizierten Mehrheitsbeschluss der GmbH-Gesellschafter zu fordern.

Zusätzlich kann eine Entscheidung auch auf der Ebene der Geschäftsführung erforderlich werden, da nach § 18 Abs. 3 InsO einzelne Mitglieder des Vertretungsorgans, die nicht alleinvertretungsberechtigt sind, den Antrag nicht stellen können. Bei einer Gesamtvertretung müssen folglich sämtliche Vertreter mit dem Insolvenzantrag einverstanden sein.[819]

Zu beachten bleibt, dass der Entscheidung der Komplementär-GmbH – jedenfalls für den Fall, dass die KG nicht vom gesetzlichen Einstimmigkeitsprinzip abweicht – infolge der angenommenen Personenidentität keine entscheidende Bedeutung beizumessen ist. Erfährt die Antragstellung durch den geschäftsführenden Mehrheitsgesellschafter nicht die erforderliche Unterstützung aus den Reihen der KG-Gesellschafter, ist der Gesellschafterbeschluss gescheitert, ohne dass die Entscheidung der Komplementär-GmbH etwas daran ändern könnte.

dd) Rechtsfolgen bei Verletzung der Pflicht zur vorherigen Einholung eines Gesellschafterbeschlusses

Der den Gesellschaftern über das Erfordernis eines zustimmenden Beschlusses der KG-Gesellschafter (bzw. Kommanditisten) und GmbH-Gesellschafter gewährte Schutz wird (zusätzlich) dadurch vermindert,[820] dass eine Verletzung der Pflicht zur Konsultation der Gesellschafter lediglich das Innenverhältnis betrifft, die Wirksamkeit im Außenverhältnis jedoch nicht tangiert.[821] Verletzt der Geschäftsführer seine Pflicht zur Einholung der Beschlüsse der KG-Gesellschafter (bzw. Kommanditisten) und GmbH-Gesellschafter, löst dieser gesellschaftsrechtliche Mangel zwar Schadensersatzansprüche gegen den Antragsteller aus.[822] Zugleich setzt der im Außenverhältnis

---

819 *Saenger/Al-Wraikat*, NZG 2013, 1201, 1204; vgl. auch *Mock*, in: Uhlenbruck u.a. (Hrsg.), InsO, 14. Aufl., 2015, § 18, Rn. 64; *Thole*, GesR Maßn. in der Insolvenz, 2. Aufl., 2015, Rn. 78.

820 Ähnlich kritisch *Möhlenkamp*, BB 2013, 2828, 2830; *H.-F. Müller*, DB 2014, 41, 44.

821 *OLG München*, Urt. v. 21.03.2013 – 23 U 3344/12 = ZIP 2013, 1121, 1124; *H.-F. Müller*, in: Jaeger, InsO, 2004, § 18. Rn. 19; *ders.*, DB 2014, 41, 44; *Neußner*, in: Kübler (Hrsg.), HRI, 2. Aufl., 2015, § 6, Rn. 63; *Böcker*, DZWiR 2014, 331, 336 („innere Legitimation"); *D. Lang/Muschalle*, NZI 2013, 953, 955; *Leinekugel/Skauradszun*, GmbHR 2011, 1121, 1126; *Thole*, GesR Maßn. in der Insolvenz, 2. Aufl., 2015, Rn. 79; *ders.*, ZIP 2013, 1937, 1944 f.; *Wertenbruch*, DB 2013, 1592, 1593; kritischer *Brünkmans/Uebele*, ZInsO 2014, 265, 268; a.A. *Meyer*, ZInsO 2013, 2361, 2365; *Westermann*, NZG 2015, 134, 136 f., der im Fall der Nichteinholung eines Gesellschafterbeschlusses von einem Missbrauch des Verfahrens und/oder der entsprechenden Anwendung des § 162 Abs. 2 BGB (treuwidrige Herbeiführung der Bedingung) ausgeht.

822 *OLG München*, Urt. v. 21.03.2013 – 23 U 3344/12 = ZIP 2013, 1121; *Gummert*, in: Gummert/Weipert (Hrsg.), Münchener Hdb. GesR, Bd. 2, 4. Aufl., 2014, § 55, Rn. 15; *Schröder*, in: A. Schmidt (Hrsg.), HHK-InsO, 5. Aufl., 2015, § 18, Rn. 14;

wirksame Insolvenzantrag jedoch das Eröffnungsverfahren in Gang. Die Zulässigkeit des Antrags hängt nicht von der Einbeziehung der Gesellschafter in die Entscheidung über die Stellung eines Insolvenzantrags bei drohenden Zahlungsunfähigkeit ab.[823] Die haftungsrechtlichen Konsequenzen für den Antragsteller im Innenverhältnis vermögen demnach nur, „ein[en] schwache[n] Trost"[824] darzustellen.

Die entstehenden Schadensersatzansprüche gegen den Antragsteller sind – unabhängig von den Fragen einer genauen Berechnung des Schadens, der Unterbrechung des Zurechnungszusammenhangs und der Kausalität – schon insoweit als unbefriedigend einzuordnen, als die Folgen der Insolvenzeröffnung später im Allgemeinen nicht mehr rückgängig gemacht werden können.[825] Problematisch sind insbesondere die misslichen Auswirkungen einer Antragstellung infolge drohender Zahlungsunfähigkeit, die nicht selten eine dann eintretende Zahlungsunfähigkeit bzw. Überschuldung auslösen, die ihrerseits jeweils eine Antragspflicht begründen und in der Folge eine vollumfängliche Haftung ausschließen.[826] Ebendiese Wirkung führt zugleich dazu, dass einem (möglicherweise bestehenden[827]) Anspruch auf Rücknahme des Insolvenzantrags im laufenden Eröffnungsverfahren nahezu kein Anwendungsbereich zukommt.[828] Die mit Antragstellung verbundenen weiteren negativen Auswirkungen, wie die „enormen Kosten, die ein Insolvenzverfahren mit sich bringt"[829] oder ein in der Öffentlichkeit eintretender „Ansehensverlust [...] der den Unternehmenswert und damit auch den Wert der Anteile der Gesellschafter maßgeblich negativ beeinflusst"[830], lassen sich über die eingeräumten Schadensersatzansprüche ebenfalls kaum kompensieren.

Böcker, ZInsO 2015, 773, 781; *Brinkmann*, ZIP 2014, 197, 204; *Fölsing*, ZInsO 2013, 1325, 1331 ff.; *Geißler*, ZInsO 2013, 919, 923 f.; *D. Lang / Muschalle*, NZI 2013, 953, 955; *Leinekugel / Skauradszun*, GmbHR 2011, 1121, 1126 f.; *Madaus*, ZIP 2014, 500, 502; *Pape*, ZInsO 2013, 2129, 2136 f.; *Saenger / Al-Wraikat*, NZG 2013, 1201; *Thole*, GesR Maßn. in der Insolvenz, 2. Aufl., 2015, Rn. 79 f.; *Westermann*, NZG 2015, 134, 136 f.; *Wortberg*, ZInsO 2004, 707, 711; strenger dagegen *H.-F. Müller*, DB 2014, 41, 44, der vorsieht, dass ein Antrag dann als missbräuchlich abzuweisen ist, wenn die organschaftlichen Vertreter keinen Beschluss vorlegen können und gleichwohl an dem Antrag festhalten.

823 *D. Lang / Muschalle*, NZI 2013, 953, 955; *Mönning*, in: FS Kübler, 2015, S. 431, 443; *Thole*, GesR Maßn. in der Insolvenz, 2. Aufl., 2015, Rn. 79.

824 *Böcker*, ZInsO 2015, 773, 781; *Westermann*, NZG 2015, 134, 136 f.

825 *H.-F. Müller*, DB 2014, 41, 44; *Spliedt*, ZInsO 2013, 2155, 2158; *Thole*, GesR Maßn. in der Insolvenz, 2. Aufl., 2015, Rn. 80; a.A. *Wertenbruch*, ZIP 2013, 1693, 1703.

826 *Brinkmann*, ZIP 2014, 197, 205 („Kettenreaktion ‚Insolvenzverfahren'"); *Thole*, GesR Maßn. in der Insolvenz, 2. Aufl., 2015, Rn. 80 f. („Domino-Effekt").

827 Diese Frage ist ungeklärt und bisher – soweit ersichtlich – lediglich vereinzelt aufgegriffen worden, vgl. nur *Thole*, GesR Maßn. in der Insolvenz, 2. Aufl., 2015, Rn. 81.

828 *Thole*, GesR Maßn. in der Insolvenz, 2. Aufl., 2015, Rn. 80 f.

829 *Brinkmann*, ZIP 2014, 197, 200.

830 *LG Frankfurt / M.*, Urt. v. 13.08.2013 – 3-09 O 78/13 = NZI 2013, 981, Rz. 39.

Unter Berücksichtigung dessen, dass die für die bürgerlich-rechtliche Vollmacht entwickelten Grundsätze über den Missbrauch der Vertretungsmacht auch auf Erklärungen gegenüber Gerichten Anwendung finden,[831] kann der ohne einen zuvor eingeholten Gesellschafterbeschluss gestellte Insolvenzantrag jedoch ausnahmsweise auch Auswirkungen auf das Außenverhältnis haben. Grundsätzlich trägt zwar der Schuldner das Risiko eines Missbrauchs der Antragstellung durch das im Fall des Insolvenzantrags bei drohender Zahlungsunfähigkeit gemäß § 18 Abs. 3 InsO allein vertretungsberechtigte Organ.[832] Wird diese Vertretungsmacht jedoch in der Weise missbraucht, dass der Antragsteller von seiner Vertretungsmacht in „ersichtlich verdächtiger Weise"[833] Gebrauch macht, sodass beim Insolvenzgericht begründete Zweifel entstehen mussten, ob nicht ein Treueverstoß des Antragstellers gegenüber dem Schuldner anzunehmen sei, kann eine Kenntnis von der Schädigungsabsicht begründet werden. Diese Kenntnis führt dazu, dass nicht länger der Schuldner das Risiko eines Missbrauchs der Vertretungsmacht zu tragen hat und der Missbrauch bei der Prüfung der Zulässigkeit des Antrags von Amts wegen zu berücksichtigen ist (§ 5 InsO). Erforderlich sind insofern beispielsweise Anhaltspunkte dafür, dass der Antragsteller „bewusst und zum Nachteil von Minderheitsgesellschaftern den Antrag nach § 18 InsO stellt"[834].

b) Anhörung der (Minderheits-)Gesellschafter durch das Insolvenzgericht

In der GmbH & Co. KG ist jeder Geschäftsführer der Komplementär-GmbH berechtigt, den Insolvenzantrag über das Vermögen der GmbH & Co. KG zu stellen (§ 15 Abs. 1, 3 InsO).[835] Wird ein Eigenantrag nicht von allen Antragsberechtigten gemeinschaftlich gestellt, ergibt sich aus dem Anspruch auf rechtliches Gehör (Art. 103 Abs. 1 GG)[836] ein Anhörungsrecht der übrigen Antragsberechtigten (§ 15

831 *BGH*, Urt. v. 14.05.1986 – IVa ZR 146/85 = NJW-RR 1987, 307; vgl. *Meyer*, ZInsO 2013, 2361, 2365; *H.-F. Müller*, DB 2014, 41, 44.

832 *BGH*, Urt. v. 14.05.1986 – IVa ZR 146/85 = NJW-RR 1987, 307; *BGH*, Urt. v. 25.10.1994 – IX ZR 239/93 = NJW 1995, 250, 251.

833 *BGH*, Urt. v. 25.10.1994 – IX ZR 239/93 = NJW 1995, 250, 251; vgl. *Meyer*, ZInsO 2013, 2361, 2365.

834 *Meyer*, ZInsO 2013, 2361, 2365.

835 *Leithaus*, in: Andres u.a., InsO, 3. Aufl., 2014, § 15, Rn. 3; *Kirchhof*, in: Kreft (Hrsg.), HK-InsO, 7. Aufl., 2014, § 15, Rn. 13; *Pape*, in: Kübler u.a. (Hrsg.), InsO, Lb, 10. Lfg. (08/2001), § 15, Rn. 18; *Linker*, in: A. Schmidt (Hrsg.), HHK-InsO, 5. Aufl., 2015, § 15, Rn. 8; *Stephan*, in: K. Schmidt (Hrsg.), InsO, 18. Aufl., 2013, § 14, Rn. 28; § 15 Rn. 19 f.; *Schmerbach*, in: Wimmer (Hrsg.), FK-InsO, 8. Aufl., 2015, § 10, Rn. 3.

836 *AG Charlottenburg*, Beschl. v. 20.06.2013 – 36s IN 2196/13, ZInsO 2013, 2501 ff.; *Pape*, in: Kübler u.a. (Hrsg.), InsO, Lb, 1. Lfg. (08/1998), § 10, Rn. 2; *Stephan*, in: K. Schmidt (Hrsg.), InsO, 18. Aufl., 2013, § 10, Rn. 3; *Hess*, InsR, 2. Aufl., 2013, § 10, Rn. 3; vgl. auch *H.-F. Müller*, DB 2014, 41, 43.

Abs. 2 S. 3, Abs. 3 InsO).[837] Grund dieses Anhörungsrechts ist die Gefahr, dass der Eigenantrag aus sachfremden Motiven heraus gestellt wurde. Gerade in Situationen, in denen die Gesellschafter zerstritten sind, kann der im Insolvenzverfahren zur Verfügung stehende Handlungs- und Gestaltungsspielraum den Anreiz zur Einleitung des Insolvenzverfahrens bieten und den Versuch zur Überwindung bestehender Differenzen beinhalten, wodurch zugleich die Gefahr nicht sachgerechter Insolvenzanträge, welche die Interessen der Gläubigerschaft lediglich als Vorwand benutzen, gesteigert wird.[838] Aufgrund der erheblichen Schäden, die durch eine ungerechtfertigte Antragstellung verursacht werden können, sind die weiteren Antragsberechtigten möglichst frühzeitig zu hören, damit deren Stellungnahme zur Antragstellung in der Insolvenzeröffnungsentscheidung Berücksichtigung finden kann.[839] Nur ausnahmsweise kann die Eilbedürftigkeit der Insolvenzeröffnungsentscheidung dieses Anhörungsrecht aufgrund des Interesses an einer größtmöglichen Haftungsrealisierung einschränken.[840] Das Insolvenzgericht muss insofern abwägen, ob die Anhörung der Anteilsinhaber zu einer unverhältnismäßigen Verzögerung des Eröffnungsverfahrens führen würde.[841] Die unterlassene Anhörung stellt einen Verstoß gegen den Anspruch auf rechtliches Gehör und damit einen wesentlichen Verfahrensmangel dar, der die Aufhebung der anschließend ergangenen Entscheidung rechtfertigt.[842] Unterbleibt die vorherige Anhörung, kann diese in der Beschwerdeinstanz nachgeholt werden, sofern wegen Eilbedürftigkeit bzw. einer Gefährdung des Verfahrenszwecks von ihr abgesehen wurde.[843] Nach überzeugender Ansicht kann eine versäumte Anhörung jedoch auch durch das Insolvenzgericht nachgeholt

---

837 *Schmahl/Vuia*, in: Kirchhof u.a. (Hrsg.), MüKo-InsO, Bd. 1, 3. Aufl., 2013, § 14, Rn. 123 f.; *Kirchhof*, in: Kreft (Hrsg.), HK-InsO, 7. Aufl., 2014, § 15, Rn. 16; *Gundlach*, in: K. Schmidt (Hrsg.), InsO, 18. Aufl., 2013, § 14, Rn. 28; *Schmerbach*, in: Wimmer (Hrsg.), FK-InsO, 8. Aufl., 2015, § 10, Rn. 14; vgl. auch *Marotzke*, ZInsO 2015, 325, 328 ff.

838 *Gundlach*, in: K. Schmidt (Hrsg.), InsO, 18. Aufl., 2013, § 14, Rn. 28.

839 *Gundlach*, in: K. Schmidt (Hrsg.), InsO, 18. Aufl., 2013, § 14, Rn. 28; *Marotzke*, ZInsO 2015, 325, 328 ff.

840 *Hess*, InsR, 2. Aufl., 2013, § 14, Rn. 158; *H.-F. Müller*, DB 2014, 41, 43.

841 *Hess*, InsR, 2. Aufl., 2013, § 10, Rn. 10; *H.-F. Müller*, DB 2014, 41, 43.

842 *OLG Düsseldorf*, Urt. v. 16.10.1957 – W 234/57 und 245–249/57= KTS 1959, 175; *Schmahl/Busch*, in: Kirchhof u.a. (Hrsg.), MüKo-InsO, Bd. 1, 3. Aufl., 2013, § 10, Rn. 24 und § 34, Rn. 76; *Mönning*, in: Nerlich / Römermann (Hrsg.), InsO, Lb, 23. Lfg. (03/2012), § 14, Rn. 112; *Stephan*, in: K. Schmidt (Hrsg.), InsO, 18. Aufl., 2013, § 10, Rn. 19; *Mock*, in: Uhlenbruck u.a. (Hrsg.), InsO, 14. Aufl., 2015, § 6, Rn. 18; *Schmerbach*, in: Wimmer (Hrsg.), FK-InsO, 8. Aufl., 2015, § 10, Rn. 20.

843 *BVerfG*, Beschl. v. 9.03.1965, 2 BvR 176/63 = BVerfGE 18, 399, 404; *Ahrens*, in: Ahrens u.a. (Hrsg.), FAK InsR, 2. Aufl., 2014, § 10, Rn. 24; *Böhner*, in: Braun (Hrsg.), InsO, 6. Aufl., 2014, § 10, Rn. 7, 9; *Becker*, in: Nerlich / Römermann (Hrsg.), InsO, Lb, 18. Lfg. (12/2009), § 10, Rn. 20; *Stephan*, in: K. Schmidt (Hrsg.), InsO, 18. Aufl., 2013, § 10, Rn. 19; *Pape*, in: Uhlenbruck u.a. (Hrsg.), InsO, 14. Aufl., 2015, § 10, Rn. 10.

werden, um diesem die Möglichkeit zu geben, von seiner Abhilfebefugnis nach § 6 Abs. 2 InsO Gebrauch zu machen.[844]

Den Kommanditisten der GmbH & Co. KG, die nicht zugleich als Geschäftsführer der Komplementär-GmbH eingesetzt sind und demnach nicht antragsberechtigt sind, steht nach derzeitiger Gesetzeslage vor Erlass der Entscheidung auf Eröffnung des Insolvenzverfahrens kein Anhörungsrecht zu.[845] Ein Anhörungsrecht der sonstigen, grundsätzlich nicht antragsberechtigten GmbH-Gesellschafter kann sich allein für den Fall der führungslosen Komplementärin ergeben, wenn die Gesellschafter der Komplementär-GmbH befugt sind, Insolvenzantrag über das Vermögen der KG zu stellen (vgl. § 15 Abs. 3 S. 1, Abs. 1 S. 2 InsO).[846]

Als ein Gebot des fairen Verfahrens ist den Gesellschaftern jedoch – auch ohne spezialgesetzliche Regelung in der InsO – infolge der mit Eröffnung des Insolvenzverfahrens über das Vermögen der Gesellschaft kraft Gesetzes und mit Wirkung für und gegen jedermann eintretenden Auflösung der Gesellschaft nach Art. 103 Abs. 1 GG frühzeitig rechtliches Gehör zu gewähren.[847] Vereinzelt wird zwar davon ausgegangen, dass ein Anspruch auf rechtliches Gehör eine materielle Betroffenheit der Gesellschafter von der Entscheidung voraussetze. Diese sei nur dann anzunehmen, wenn der einzelne Gesellschafter befürchten müsse, im Insolvenzverfahren nicht nur vermögensmäßige Nachteile zu erleiden, sondern

---

844 *BVerfG*, Beschl. v. 30.09.2001 – 2 BvR 1338/01 = NZI 2002, 30; *BGH*, Beschl. v. 17.03.2011 – IX ZB 192/10 = NZI 2011, 282; *LG Berlin*, Beschl. v. 1.03.2001 – 86 T 875/99 = ZInsO 2001, 269; in diesem Sinne einschränkend *Ganter/Lohmann*, in: Kirchhof u.a. (Hrsg.), MüKo-InsO, Bd. 1, 3. Aufl., 2013, § 10, Rn. 24; *Schmahl/Busch*, in: Kirchhof u.a. (Hrsg.), MüKo-InsO, Bd. 1, 3. Aufl., 2013, § 34, Rn. 76; *Kirchhof*, in: Kreft (Hrsg.), HK-InsO, 7. Aufl., 2014, § 6, Rn. 33, § 14, Rn. 42; *Becker*, in: Nerlich / Römermann (Hrsg.), InsO, Lb, 18. Lfg. (12/2009), § 10, Rn. 22; *Mock*, in: Uhlenbruck u.a. (Hrsg.), InsO, 14. Aufl., 2015, § 6, Rn. 18; *Pape*, in: Uhlenbruck u.a. (Hrsg.), InsO, 14. Aufl., 2015, § 10, Rn. 10; *Schmerbach*, in: Wimmer (Hrsg.), FK-InsO, 8. Aufl., 2015, § 10, Rn. 20; a.A. *LG Baden-Baden*, Beschl. v. 7.01.1983 – 1 T 97/82 = ZIP 1983, 205; *Hess*, InsR, 2. Aufl., 2013, § 10, Rn. 6.

845 *Gundlach*, in: K. Schmidt (Hrsg.), InsO, 18. Aufl., 2013, § 14, Rn. 28; *Brinkmann*, ZIP 2014, 197, 203; a.A. *Fölsing*, KSI 2014, 123 ff.

846 *Leithaus*, in: Andres u.a., InsO, 3. Aufl., 2014, § 15, Rn. 3; *Klöhn*, in: Kirchhof u.a. (Hrsg.), MüKo-InsO, Bd. 1, 3. Aufl., 2013, § 15, Rn. 62; *Linker*, in: A. Schmidt (Hrsg.), HHK-InsO, 5. Aufl., 2015, § 15, Rn. 8 ff., 12.

847 *AG Charlottenburg*, Beschl. v. 20.06.2013 – 36s IN 2196/13 = ZInsO 2013, 2501, 2504 (Anm. v. *Haarmeyer*); *Marotzke*, ZInsO 2015, 325, 328 f. (mit Verweis auf *BVerfG*, Beschl. v. 9.02.1982 – BvR 191/81 = NJW 1982, 1635), eine weite Auslegung des Art. 103 Abs. 1 GG für den Fall einer von einem GmbH-Gesellschafter hinter dem Rücken eines Mitgesellschafters erhobenen Auflösungsklage vertretend; vgl. auch *Fölsing*, KSI 2014, 123; *H.-F. Müller*, DB 2014, 41, 43; *Brinkmann*, in: FS Schilken, 2015, S. 631, 640; *ders.*, ZIP 2014, 197, 203; a.A. wohl *Haas*, in: Kreft (Hrsg.), HK-InsO, 7. Aufl., 2014, § 225a, Rn. 14.

zugleich die mit der Mitgliedschaft verbundenen Einflussrechte zu verlieren.[848] Es wird daher vertreten, dass nur im Fall einer Beteiligung von 25 % oder mehr von einer materiellen Betroffenheit auszugehen sei. Angesichts der durch die Auflösung bedingten grundlegenden Veränderung für jeden einzelnen Gesellschafter ist es jedoch nur konsequent und daher allein überzeugend, jedem Gesellschafter einen Anspruch auf rechtliches Gehör zuzuerkennen.[849] Dies muss jedenfalls solange und soweit gelten, als der Kreis der Gesellschafter ohne große Schwierigkeiten überschaubar ist.[850] Ist entgegen der festgestellten Konsultationspflicht im Vorfeld der Antragstellung kein Gesellschafterbeschluss eingeholt worden, ist das Gericht aus Art. 103 Abs. 1 GG daher verpflichtet, die Gesellschafter über die Antragstellung zu informieren.[851] Ihnen ist Gelegenheit zur Äußerung zu geben, damit Bedenken und Stellungnahmen zu den maßgebenden gesellschaftsrechtlichen Fragen bei der Entscheidung über die Eröffnung des Insolvenzverfahrens einfließen können. Neben der rein formalen Gewährung rechtlichen Gehörs ist das Gericht verpflichtet, sich mit den getätigten Einwänden in einem angemessenen Maß auseinanderzusetzen.[852] Grenzen einer Anhörungspflicht durch das Insolvenzgericht können sich – neben einer unübersichtlichen Gesellschafterstruktur – auch aus der Eilbedürftigkeit der Insolvenzeröffnungsentscheidung ergeben. Dem Insolvenzgericht obliegt insofern die Entscheidung, ob die Anhörung der Anteilsinhaber zu einer unverhältnismäßigen Verzögerung des Eröffnungsverfahrens führen würde.[853]

c) Eröffnungsbeschluss durch das Insolvenzgericht

Das Insolvenzgericht eröffnet das Insolvenzverfahren durch Beschluss gemäß § 27 InsO, sofern ein zulässiger und begründeter Insolvenzantrag vorliegt.[854] Die Zulässigkeit des Eigenantrags der GmbH & Co. KG setzt voraus, dass die allgemeinen Prozessvoraussetzungen vorliegen. Der Schuldner muss der deutschen Gerichtsbarkeit unterstehen (§§ 18–20 GVG) und insolvenzfähig (§ 11 InsO) sein, weiterhin muss das angegangene Insolvenzgericht sachlich und örtlich zuständig

848 *Brinkmann*, in: FS Schilken, 2015, S. 631, 641.
849 Vgl. *Marotzke*, ZInsO 2015, 325, 329.
850 *BVerfG*, Beschl. v. 9.02.1982 – 1 BvR 191/81 = NJW 1982, 1635; vgl. dazu *Marotzke*, ZInsO 2015, 325, 327, 329.
851 *Brinkmann*, in: FS Schilken, 2015, S. 631, 641.
852 *Fölsing*, KSI 2014, 123, 125; *ders.*, ZInsO 2013, 1325, 1332.
853 *H.-F. Müller*, DB 2014, 41, 43.
854 *Voß*, in: Graf-Schlicker (Hrsg.), InsO, 4. Aufl., 2014, § 27, Rn. 1; *Schilken*, in: Jaeger, InsO, 2004, § 27, Rn. 9 f.; *Pape*, in: Kübler u.a. (Hrsg.), InsO, Lb, 30. Lfg. (10/2007), § 27, Rn. 8; *Mönning / Schweizer*, in: Nerlich / Römermann (Hrsg.), InsO, Lb, 28. Lfg. (01/2015), § 27, Rn. 8 ff.; *Denkhaus*, in: A. Schmidt (Hrsg.), HHK-InsO, 5. Aufl., 2015, § 27, Rn. 3; *Keller*, in: K. Schmidt (Hrsg.), InsO, 18. Aufl., 2013, § 27, Rn. 5 ff.; *Schmerbach*, in: Wimmer (Hrsg.), FK-InsO, 8. Aufl., 2015, § 27, Rn. 5 ff.

(§§ 2, 3 InsO) sein.[855] Zusätzlich bedarf es eines ordnungsgemäßen, nicht wirksam zurückgenommenen (§ 13 Abs. 2 InsO) Insolvenzeröffnungsantrags des Schuldners. Neben dessen Partei- und Prozessfähigkeit (§§ 50, 51 ZPO) sowie der Antragsberechtigung (§ 13 Abs. 1 S. 2 InsO) bedarf es für die für ihn handelnde Person der Antrags- (§§ 15, 18 Abs. 3 InsO) und Vertretungsbefugnis (§ 13 Abs. 1 InsO).[856] Der zulässige Insolvenzantrag ist begründet, sofern das Insolvenzgericht vom Bestehen eines Insolvenzgrunds im Zeitpunkt der Entscheidung über den Insolvenzeröffnungsantrag überzeugt ist (§§ 16–19 InsO) und es eine ausreichende Insolvenzmasse zur Kostendeckung festgestellt (§ 26 Abs. 1 InsO) hat.[857]

Mit Verfahrenseröffnung endet das Insolvenzeröffnungsverfahren.[858] Die gerichtliche Entscheidung auf Eröffnung des Insolvenzverfahrens über das Vermögen der GmbH & Co. KG bewirkt deren Auflösung und führt zur Überlagerung des Gesellschaftszwecks durch den vorrangigen Zweck der Gläubigerbefriedigung. Mit Ablauf der Beschwerdefrist gemäß § 34 Abs. 2 InsO ist der Eröffnungsbeschluss formell-rechtskräftig (§ 4 InsO i.V.m. § 705 ZPO) und wirkt für und gegen alle Gläubiger.[859] Mit Ausnahme des Fehlens der deutschen Gerichtsbarkeit heilt die formelle Rechtskraft des Eröffnungsbeschlusses grundsätzlich alle rechtlichen Mängel der Eröffnung und des vorangegangenen insolvenzgerichtlichen Verfahrens einschließlich des zugrunde liegenden Insolvenzantrags.[860] Fehlte der Eröffnungsbeschluss oder ist dieser oder die Verfahrensdeckung weggefallen, besteht nachträglich die Möglichkeit, das Verfahren gemäß § 212 InsO (analog) bzw. § 207 InsO einzustellen.[861] Die positive

855 *Sander*, in: Ahrens u.a. (Hrsg.), FAK InsR, 2. Aufl., 2014, § 27, Rn. 4; *Kirchhof*, in: Kreft (Hrsg.), HK-InsO, 7. Aufl., 2014, § 27, Rn. 5 ff.; ggf. ist zusätzlich die internationale Zuständigkeit gemäß § 343 Abs. 1 S. 2 Nr. 1 InsO zu prüfen.

856 *Kirchhof*, in: Kreft (Hrsg.), HK-InsO, 7. Aufl., 2014, § 27, Rn. 9.

857 *BGH*, Beschl. v. 27.07.2006 – IX ZB 204/04 = BGHZ 169, 17, 20 ff.; *Kirchhof*, in: Kreft (Hrsg.), HK-InsO, 7. Aufl., 2014, § 27, Rn. 12; *Keller*, in: K. Schmidt (Hrsg.), InsO, 18. Aufl., 2013, § 27, Rn. 7; *Schmerbach*, in: Wimmer (Hrsg.), FK-InsO, 8. Aufl., 2015, § 27, Rn. 6.

858 *Sander*, in: Ahrens u.a. (Hrsg.), FAK InsR, 2. Aufl., 2014, § 27, Rn. 33; *Schilken*, in: Jaeger, InsO, 2004, § 27, Rn. 3.

859 *Schilken*, in: Jaeger, InsO, 2004, § 27, Rn. 47; *Kirchhof*, in: Kreft (Hrsg.), HK-InsO, 7. Aufl., 2014, § 27, Rn. 35.

860 *Schilken*, in: Jaeger, InsO, 2004, § 27, Rn. 47; *Schmahl/Busch*, in: Kirchhof u.a. (Hrsg.), MüKo-InsO, Bd. 1, 3. Aufl., 2013, § 34, Rn. 110, 116; *Kirchhof*, in: Kreft (Hrsg.), HK-InsO, 7. Aufl., 2014, § 27, Rn. 37; *Pape*, in: Kübler u.a. (Hrsg.), InsO, Lb, 30. Lfg. (10/2007), § 27, Rn. 35; *Denkhaus*, in: A. Schmidt (Hrsg.), HHK-InsO, 5. Aufl., 2015, § 27, Rn. 33, 41; *ders.*, in: Uhlenbruck u.a. (Hrsg.), InsO, 14. Aufl., 2015, § 34, Rn. 24; *Schmerbach*, in: Wimmer (Hrsg.), FK-InsO, 8. Aufl., 2015, § 30, Rn. 13; *Hess*, InsR, 2. Aufl., 2013, § 27, Rn. 22.

861 *Kirchhof*, in: Kreft (Hrsg.), HK-InsO, 7. Aufl., 2014, § 27, Rn. 37; *Pape*, in: Kübler u.a. (Hrsg.), InsO, Lb, 30. Lfg. (10/2007), § 27, Rn. 35; *Denkhaus*, in: A. Schmidt (Hrsg.), HHK-InsO, 5. Aufl., 2015, § 27, Rn. 33, 43; *Schmerbach*, in: Wimmer (Hrsg.), FK-InsO, 8. Aufl., 2015, § 30, Rn. 14.

Entscheidung über den Antrag auf Insolvenzeröffnung ist daher als Eingangstor zum Insolvenzverfahren anzusehen und markiert insofern den entscheidenden Punkt, als wesentliche Fehler des Insolvenzantrags und des Eröffnungsverfahrens geheilt werden. Das Insolvenzverfahren wird dadurch wie ein fehlerfrei zustande gekommenes Insolvenzverfahren, insbesondere ohne die Möglichkeit, gegen etwaige vom Insolvenzgericht möglicherweise übersehene Mängel bzw. Fehler vorzugehen, eröffnet.

Die mit dem Eröffnungsbeschluss und der Verfahrenseröffnung verbundenen Wirkungen erfordern die Einordnung der Art und des Umfangs der Prüfungspflicht betreffend das Vorliegen der Eröffnungsvoraussetzungen durch das Insolvenzgericht: Nachdem der Schuldner den ordnungsgemäßen Insolvenzantrag, einschließlich substanziierter und nachvollziehbarer Darlegung bzw. Glaubhaftmachung[862] des Eröffnungsgrunds, gestellt hat,[863] ist das Insolvenzgericht im Eröffnungsverfahren von Amts wegen zu einer Ermittlung der Umstände verpflichtet, die für das Insolvenz(eröffnungs-)verfahren von Bedeutung sind.[864] Hierunter sind insbesondere die Zuständigkeit des angerufenen Gerichts, das Vorliegen eines Eröffnungsgrunds und die Deckung der Verfahrenskosten durch die voraussichtliche Masse zu fassen.[865] Für die Bildung der richterlichen Überzeugung gelten die Regeln des § 286 ZPO, wobei sich Besonderheiten aus dem Grundsatz der Amtsermittlung gemäß § 5 Abs. 1 InsO ableiten.[866] Das Insolvenzgericht hat demnach alle für das Insolvenzverfahren relevanten Umstände zu ermitteln, sofern ein zulässiger Insolvenzantrag vorliegt. Zugleich ist das Insolvenzeröffnungsverfahren jedoch als „Eilverfahren“ ausgestaltet,[867] weshalb der Prüfungspflicht insgesamt eine beschleunigte Tatsachenermittlung im Wege der Amtsermittlung zugrunde liegt, die

---

862 Stellen nicht alle Antragsberechtigten den Eröffnungsantrag, ist gemäß § 15 Abs. 2 S. 1 InsO der Eröffnungsgrund glaubhaft zu machen, vgl. *Kleindiek*, in: Kreft (Hrsg.), HK-InsO, 7. Aufl., 2014, § 15a, Rn. 16.

863 *Rüther*, in: A. Schmidt (Hrsg.), HHK-InsO, 5. Aufl., 2015, § 5, Rn. 4; *Stephan*, in: K. Schmidt (Hrsg.), InsO, 18. Aufl., 2013, § 5, Rn. 2.

864 *Ahrens*, in: Ahrens u.a. (Hrsg.), FAK InsR, 2. Aufl., 2014, § 5, Rn. 13 ff.; *Baumert*, in: Braun (Hrsg.), InsO, 6. Aufl., 2014, § 5, Rn. 8; *Gerhardt*, in: Jaeger, InsO, 2004, § 5, Rn. 2 f., 12; *Kirchhof*, in: Kreft (Hrsg.), HK-InsO, 7. Aufl., 2014, § 5, Rn. 5; *Rüther*, in: A. Schmidt (Hrsg.), HHK-InsO, 5. Aufl., 2015, § 5, Rn. 2 ff., 6; *Stephan*, in: K. Schmidt (Hrsg.), InsO, 18. Aufl., 2013, § 5, Rn. 2 f.; *Schmerbach*, in: Wimmer (Hrsg.), FK-InsO, 8. Aufl., 2015, § 5, Rn. 2.

865 *Rüther*, in: A. Schmidt (Hrsg.), HHK-InsO, 5. Aufl., 2015, § 5, Rn. 6; *Stephan*, in: K. Schmidt (Hrsg.), InsO, 18. Aufl., 2013, § 5, Rn. 3.

866 *Schmahl/Vuia*, in: Kirchhof u.a. (Hrsg.), MüKo-InsO, Bd. 1, 3. Aufl., 2013, § 16, Rn. 36; *Pape*, in: Uhlenbruck u.a. (Hrsg.), InsO, 14. Aufl., 2015, § 5, Rn. 1, 3.

867 *BGH*, Beschl. v. 7.02.2013 – IX ZB 43/12 = NZI 2013, 342, Rz. 6; *BGH*, Beschl. v. 28.06.2012 – IX ZB 313/11 = NZI 2012, 811, Rz. 10; *Ley*, in: Beck / Depré (Hrsg.), Praxis der Insolvenz, 2. Aufl., 2010, § 4, Rn. 10; *Vuia*, in: Gottwald (Hrsg.), InsR-Hdb., 5. Aufl., 2015, § 13, Rn. 5; *Busch*, in: Haarmeyer / Wutzke / Förster (Hrsg.), InsO, 2. Aufl., 2012, § 4, Rn. 8; *Pape*, in: Uhlenbruck u.a. (Hrsg.), InsO, 14. Aufl., 2015, § 4, Rn. 41.

eine beschleunigte Eröffnung und anschließende Abwicklung ermöglichen soll.[868] Förmliche Beweisaufnahmen werden daher grundsätzlich nicht durchgeführt und alle Entscheidungen des Insolvenzgerichts können ohne mündliche Verhandlung ergehen (§ 5 Abs. 3 S. 1 InsO) bzw. das rechtliche Gehör der Beteiligten jedenfalls erheblich eingeschränkt werden.[869]

Fraglich bleibt demnach, ob und inwieweit die Prüfungspflicht des Insolvenzgerichts aufgrund des ihr zukommenden Umfangs und ihrer Sorgfalt bereits für (faktischen) Minderheitenschutz sorgt, oder diese infolge des Charakters des Eröffnungsverfahrens als Eilverfahren vielmehr derart begrenzt ist, dass die Amtsermittlung dem Charakter einer beschleunigten und daher möglicherweise nicht umfassenden Prüfung entspricht. Die vielfältigen Auswirkungen der Eröffnung des Insolvenzverfahrens auf die Rechtsstellung der Beteiligten wie auch der Folgen der formellen Rechtskraft werden dem Charakter einer unvollständigen Prüfung nicht gerecht. Eher erfordern sie eine umfassende Prüfung der Insolvenzeröffnungsvoraussetzungen durch das Insolvenzgericht.[870] Allein eine sorgfältige Prüfungspflicht steht mit dem Charakter als Amtspflicht im Sinne des § 839 BGB[871] und den an einen Verstoß gegen die Amtsermittlungspflicht geknüpften Folgen im Einklang und spiegelt die „Verantwortung und Macht"[872] wider, die dem Insolvenzrichter bei der Entscheidung über die Existenz des Schuldners zukommt.[873] Dementsprechend kann das Insolvenzgericht zu jedem Zeitpunkt Maßnahmen jeder Art anordnen, Auskünfte von Behörden einholen, alle relevanten Akten anfordern und einsehen, Zeugen und Sachverständige vernehmen (§ 5 Abs. 1 S. 2 InsO) sowie Urkunden und Augenschein

868 *Gerhardt*, in: Jaeger, InsO, 2004, § 5, Rn. 2; *Ganter*, in: Kirchhof u.a. (Hrsg.), MüKo-InsO, Bd. 1, 3. Aufl., 2013, § 5, Rn. 14; *Rüther*, in: A. Schmidt (Hrsg.), HHK-InsO, 5. Aufl., 2015, § 5, Rn. 1; *Stephan*, in: K. Schmidt (Hrsg.), InsO, 18. Aufl., 2013, § 5, Rn. 1; *Hölzle*, Praxisleitfaden ESUG, 2. Aufl., 2014, § 22a, Rn. 53.

869 *Ley*, in: Beck / Depré (Hrsg.), Praxis der Insolvenz, 2. Aufl., 2010, § 4, Rn. 9; *Kirchhof*, in: Kreft (Hrsg.), HK-InsO, 7. Aufl., 2014, § 5, Rn. 23 ff.; *Becker*, in: Nerlich / Römermann (Hrsg.), InsO, Lb, 15. Lfg. (04/2008), § 5, Rn. 34; *Schmerbach*, in: Wimmer (Hrsg.), FK-InsO, 8. Aufl., 2015, § 5, Rn. 48 ff.

870 *LG Berlin*, Beschl. v. 20.10.2014 – 51 T 696/14 = DZWiR 2015, 35, 40; wohl auch *Smid*, ZInsO 2013, 209, der die Prüfungspflichten des Insolvenzgerichts im Eröffnungsverfahren als verdichtet beschreibt; *Ahrens*, in: Ahrens u.a. (Hrsg.), FAK InsR, 2. Aufl., 2014, § 5, Rn. 14, 16 („umfassende Amtsermittlungspflicht"); *Rüther*, in: A. Schmidt (Hrsg.), HHK-InsO, 5. Aufl., 2015, § 5, Rn. 1.

871 *Ahrens*, in: Ahrens u.a. (Hrsg.), FAK InsR, 2. Aufl., 2014, § 5, Rn. 4 ff.; *Kirchhof*, in: Kreft (Hrsg.), HK-InsO, 7. Aufl., 2014, § 5, Rn. 4; *Mohrbutter*, in: Mohrbutter / Ringstmeier (Hrsg.), Hdb. InsVerw, 9. Aufl., 2015, Kap. 6, Rn. 6; *Schmerbach*, in: Wimmer (Hrsg.), FK-InsO, 8. Aufl., 2015, § 5, Rn. 3.

872 *Schmerbach*, in: Wimmer (Hrsg.), FK-InsO, 8. Aufl., 2015, § 5, Rn. 3.

873 *Ganter/Lohmann*, in: Kirchhof u.a. (Hrsg.), MüKo-InsO, Bd. 1, 3. Aufl., 2013, § 5, Rn. 21, wonach die Ermittlungen für den Fall, dass der Schuldner den Insolvenzgrund bestreitet, besonders sorgfältig durchzuführen sind; *Mohrbutter*, in: Mohrbutter / Ringstmeier (Hrsg.), Hdb. InsVerw, 9. Aufl., 2015, Kap. 6, Rn. 6.

von Amts wegen zur Ermittlung aller Umstände heranziehen (§ 5 Abs. 1 S. 2 i.V.m. § 4 InsO).[874] Reichen die zur Verfügung stehenden Unterlagen zur Überzeugungsbildung des Insolvenzgerichts, ob ein Insolvenzgrund vorliegt oder nicht, nicht aus, können die gesetzlichen Pflichten des Schuldners aus §§ 20 Abs. 1 S. 2, 97 InsO mit den Zwangsmitteln des § 98 InsO durchgesetzt werden.[875]

Das LG Berlin hatte in seinem Beschluss vom 20. Oktober 2014[876] über die Zurückweisung einer sofortigen Beschwerde gemäß § 253 Abs. 4 S. 1 InsO zu entscheiden, bei der es das alsbaldige Wirksamwerden des Insolvenzplans als vorrangig einordnete, weil die Nachteile einer Verzögerung des Planvollzugs die Nachteile der Beschwerdeführerin überwogen.[877] Die Beschwerdeführerin hatte vorgetragen, dass „in der Person der [...] Schuldnerin tatsächlich kein Sanierungsbedarf bestand und bestehe“[878], weshalb ihre Entmachtung infolge der Umwandlung der Schuldnerin in eine Aktiengesellschaft der Zurückweisungsentscheidung der sofortigen Beschwerde entgegenstehen würde. Das Beschwerdegericht lehnte das Vorliegen eines besonders schweren Rechtsverstoßes im Sinne des § 253 Abs. 4 InsO jedoch mit der Begründung ab, dass „[d]ie Rechtmäßigkeitsprüfung des Insolvenzplanes [...] nicht an die Stelle der Prüfung der Eröffnungsentscheidung treten [dürfe], womit es auch im Hinblick auf die Prüfung der Voraussetzungen des § 253 Abs. 4 InsO auf die zur Eröffnung geführten Umstände nicht ankommen [dürfe].“[879] Die Beschwerdeführerin kann mit ihrem Einwand nicht gehört werden, „[d]a das Insolvenzgericht die zur Eröffnung führenden Gründe sorgfältig geprüft haben wird“[880]. Das LG Berlin greift die Pflicht des Insolvenzgerichts zur sorgfältigen Prüfung der Eröffnungsvoraussetzungen auf und deutet in seinem Beschluss an, dass es den gesellschaftsrechtlichen Minderheitenschutz, bevor der Bereich des Insolvenzrechts eröffnet wird, bei der Prüfung der Insolvenzeröffnungsentscheidung sieht.[881] Es unterstellt damit zugleich, dass das Insolvenzgericht die zur Eröffnung führenden Gründe sorgfältig geprüft hat und räumt dieser Prüfung – gerade aufgrund ihrer angenommenen Vollständigkeit und Sorgfalt – (faktischen) Minderheitenschutz ein.

Die konkrete Verortung des Minderheitenschutzes bei der Prüfung der Eröffnungsvoraussetzungen stimmt mit dem Verständnis der Entscheidung über die Insolvenzeröffnung, als Eingangstor zum Insolvenzverfahren und damit zum eingeräumten weitreichenden Handlungs- und Gestaltungsspielraum, überein. Eine oberflächliche oder verkürzte Prüfung würde dem Schutzbedürfnis der (Minderheits-)

874 *Rüther*, in: A. Schmidt (Hrsg.), HHK-InsO, 5. Aufl., 2015, § 5, Rn. 10 ff.; *Stephan*, in: K. Schmidt (Hrsg.), InsO, 18. Aufl., 2013, § 5, Rn. 6.
875 *Rüther*, in: A. Schmidt (Hrsg.), HHK-InsO, 5. Aufl., 2015, § 5, Rn. 26.
876 *LG Berlin*, Beschl. v. 20.10.2014 – 51 T 696/14 = DZWiR 2015, 35.
877 *LG Berlin*, Beschl. v. 20.10.2014 – 51 T 696/14 = DZWiR 2015, 35, 37.
878 *LG Berlin*, Beschl. v. 20.10.2014 – 51 T 696/14 = DZWiR 2015, 35, 41.
879 *LG Berlin*, Beschl. v. 20.10.2014 – 51 T 696/14 = DZWiR 2015, 35, 40.
880 *LG Berlin*, Beschl. v. 20.10.2014 – 51 T 696/14 = DZWiR 2015, 35, 40.
881 *LG Berlin*, Beschl. v. 20.10.2014 – 51 T 696/14 = DZWiR 2015, 35, 40; zur Entscheidung *Böcker*, DZWiR 2015, 10, 20.

Gesellschafter, die sich nach Verfahrenseröffnung der Mehrheit der Gläubigerversammlung unterstellen müssen, nicht gerecht werden. Dass die Entscheidung über den Antrag auf Eröffnung des Insolvenzverfahrens als eilbedürftig angesehen wird,[882] steht einem sorgfältigen Prüfungsmaßstab jedenfalls nicht *per se* entgegen. Die Eilbedürftigkeit der Entscheidung bezieht sich gerade erst auf das zu eröffnende Verfahren, sobald die sachlichen Voraussetzungen der Verfahrenseröffnung vorliegen und diese durch das Gericht festgestellt worden sind.[883] Eine Verfahrenseröffnung darf der Insolvenzrichter damit nur dann beschließen, wenn die Sache „ausermittelt" ist, also wenn auf der Grundlage der vorgelegten Unterlagen und etwaig erforderlicher, ergänzender Amtsermittlung zur Überzeugung des Gerichts feststeht, dass die Antragsvoraussetzungen erfüllt sind.[884]

Anknüpfend an die zuvor festgestellte Pflicht des Geschäftsführers zur Einholung zustimmender Gesellschafterbeschlüsse – sowohl der KG-Gesellschafter (bzw. Kommanditisten) als auch der GmbH-Gesellschafter – ist umstritten, ob das Insolvenzgericht ermitteln muss, ob der geschäftsführende Antragsteller seiner Pflicht nachgekommen ist und die Gesellschafter der Antragstellung zugestimmt haben.[885] Eine solche Prüfungspflicht des Insolvenzgerichts lässt sich nach überzeugender Ansicht jedenfalls bejahen, sofern Anhaltspunkte dafür bestehen, dass die Insolvenzinstrumente zur Lösung von Gesellschafterstreitigkeiten verwendet werden sollen.[886]

Der über die umfassende und sorgfältige Prüfung der Eröffnungsvoraussetzungen insgesamt gewährte Minderheitenschutz wird allerdings dadurch wieder verkürzt, dass die die Gesellschafter schützende Pflicht zur Einholung eines zustimmenden Gesellschafterbeschlusses keine Wirksamkeitsvoraussetzung des Insolvenzantrags ist.[887] Zwar begründet ein ohne vorherige Einholung eines zustimmenden Gesellschafterbeschlusses gestellter Insolvenzantrag im Innenverhältnis möglicherweise eine Pflichtverletzung des Antragstellers und kann in der Folge Schadensersatzansprüche auslösen. Mit Eröffnung des Insolvenzverfahrens und

---

882 *Gerhardt*, in: Jaeger, InsO, 2004, § 5, Rn. 2; *Pape*, in: Kübler u.a. (Hrsg.), InsO, Lb, 56. Lfg. (11/2013), § 13, Rn. 6; *Keller*, in: K. Schmidt (Hrsg.), InsO, 18. Aufl., 2013, § 27, Rn. 53; *Hölzle*, Praxisleitfaden ESUG, 2. Aufl., 2014, § 22a, Rn. 53.

883 *Kirchhof*, in: Kreft (Hrsg.), HK-InsO, 7. Aufl., 2014, § 27, Rn. 16; *Keller*, in: K. Schmidt (Hrsg.), InsO, 18. Aufl., 2013, § 27, Rn. 53.

884 *OLG Köln*, Beschl. v. 3.01.2000 – 2 W 268/99 = NZI 2000, 174 („zur vollen Überzeugung des Gerichts"); *Gerhardt*, in: Jaeger, InsO, 2004, § 14, Rn. 27 ff.; *Schmahl / Vuia*, in: Kirchhof u.a. (Hrsg.), MüKo-InsO, Bd. 1, 3. Aufl., 2013, § 16, Rn. 38; *Runkel*, in: Runkel / J. Schmidt (Hrsg.), AnwaltsHdb. InsR, 3. Aufl., 2015, § 6, Rn. 141; *Mock*, in: Uhlenbruck u.a. (Hrsg.), InsO, 14. Aufl., 2015, § 16, Rn. 7 f.; *Schmerbach*, in: Wimmer (Hrsg.), FK-InsO, 8. Aufl., 2015, § 27, Rn. 6.

885 *Kolmann*, Schutzschirmverfahren, 2014, Rn. 602.

886 *Brünkmans / Uebele*, ZInsO 2014, 265, 267 ff.; *Kolmann*, Schutzschirmverfahren, 2014, Rn. 602; vgl. auch *Brinkmann*, ZIP 2014, 197 ff., 200; *Saenger / Al-Wraikat*, NZG 2013, 1201, 1202 f.

887 Siehe hierzu § 3.B.III.1.a)dd).

Eintritt der formellen Rechtskraft wird die fehlende Einholung des Gesellschafterbeschlusses jedoch geheilt.[888] Zudem steht gemäß §§ 6 Abs. 1, 34 Abs. 2 InsO das Rechtsmittel der sofortigen Beschwerde ausschließlich dem Schuldner zu.[889] Der einzelne Gesellschafter hat dagegen nicht die Möglichkeit, mit der sofortigen Beschwerde auf die Aussetzung der Vollziehung des Eröffnungsbeschlusses hinzuwirken (§ 4 InsO i.V.m. § 570 Abs. 3 ZPO).[890] Ebenso ist die Anordnung der (vorläufigen) Eigenverwaltung gemäß §§ 270, 270a InsO nicht beschwerdefähig.[891]

d) Schutz vor dem Schutzschirm

Die Anordnung des sanierungsvorbereitenden Eröffnungsverfahrens erfolgt gemäß § 270b Abs. 1 S. 1 InsO nur auf Antrag des Schuldners, wobei neben den Anträgen auf (vorläufige) Eigenverwaltung und Fristbestimmung zur Vorlage des Insolvenzplans auch ein Insolvenzantrag der schuldnerischen GmbH & Co. KG Voraussetzung des Schutzschirmverfahrens ist (§ 270b Abs. 1 InsO).[892] Infolge der mit Eröffnung des Schutzschirmverfahrens weder eintretenden Auflösung noch eintretenden Einstellung der werbenden Tätigkeit der Gesellschaft und der zugleich zugunsten der Organe weiter bestehenden Entscheidungs- und Geschäftsführungsbefugnis[893] ist der Gedanke naheliegend, dass das Schutzbedürfnis der Gesellschafter gegenüber einer Antragstellung gemäß § 15 InsO bei drohender Zahlungsunfähigkeit (§ 18 InsO)

---

888 Zur (pauschalen) Heilung sämtlicher verfahrensrechtlicher Mängel, vgl. *Kirchhof*, in: Kreft (Hrsg.), HK-InsO, 7. Aufl., 2014, § 27, Rn. 37; *Pape*, in: Kübler u.a. (Hrsg.), InsO, Lb, 30. Lfg. (10/2007), § 27, Rn. 35; *Schmerbach*, in: Wimmer (Hrsg.), FK-InsO, 8. Aufl., 2015, § 30, Rn. 13.

889 Dagegen soll es im Fall des Eigenantrags des Schuldners an der für die Zulässigkeit der sofortigen Beschwerde erforderlichen formellen Beschwer fehlen, vgl. *Voß*, in: Graf-Schlicker (Hrsg.), InsO, 4. Aufl., 2014, § 27, Rn. 28 und § 34, Rn. 27; *Kirchhof*, in: Kreft (Hrsg.), HK-InsO, 7. Aufl., 2014, § 34, Rn. 9; *Denkhaus*, in: A. Schmidt (Hrsg.), HHK-InsO, 5. Aufl., 2015, § 27, Rn. 39, § 34, Rn. 11.

890 *Denkhaus*, in: A. Schmidt (Hrsg.), HHK-InsO, 5. Aufl., 2015, § 27, Rn. 39, § 34, Rn. 11; *Schmerbach*, in: Wimmer (Hrsg.), FK-InsO, 8. Aufl., 2015, § 34, Rn. 8; *Hess*, InsR, 2. Aufl., 2013, § 34, Rn. 73.

891 *Tetzlaff*, in: Kirchhof u.a. (Hrsg.), MüKo-InsO, Bd. 3, 3. Aufl., 2014, § 270, Rn. 118; *Kirchhof*, in: Kreft (Hrsg.), HK-InsO, 7. Aufl., 2014, § 34, Rn. 10, 13; *Pape*, in: Uhlenbruck u.a. (Hrsg.), InsO, 14. Aufl., 2015, § 34, Rn. 17; *Fölsing*, ZInsO 2013, 1325, 1330; *ders.*, KSI 2014, 123.

892 Zum Erfordernis dieser drei Anträge *Riggert*, in: Braun (Hrsg.), InsO, 6. Aufl., 2014, § 270b, Rn. 4; *Graf-Schlicker*, in: Graf-Schlicker (Hrsg.), InsO, 4. Aufl., 2014, § 270b, Rn. 3; *Kern*, in: Kirchhof u.a. (Hrsg.), MüKo-InsO, Bd. 3, 3. Aufl., 2014, § 270b, Rn. 17 ff.; *Landfermann*, in: Kreft (Hrsg.), HK-InsO, 7. Aufl., 2014; § 270b, Rn. 16; *Neußner*, in: Kübler (Hrsg.), HRI, 2. Aufl., 2015, § 6, Rn. 20; *Fiebig*, in: A. Schmidt (Hrsg.), HHK-InsO, 5. Aufl., 2015, § 270b, Rn. 2; *Undritz*, in: K. Schmidt (Hrsg.), InsO, 18. Aufl., 2013, § 270b, Rn. 2; *Foltis*, in: Wimmer (Hrsg.), FK-InsO, 8. Aufl., 2015, § 270b, Rn. 9; *Kolmann*, Schutzschirmverfahren, 2014, Rn. 570, 574 ff.

893 *Meyer*, ZInsO 2013, 2361, 2364; *Kolmann*, Schutzschirmverfahren, 2014, Rn. 269.

gemindert sein könnte, sodass eine vorherige Konsultierung der Gesellschafterversammlung entbehrlich wäre. Jedoch kommt es mit Ablauf der dreimonatigen Schutzfrist und Vorlage des Insolvenzplans auch im Schutzschirmverfahren – ohne erneuten Antrag – in der Regel zur Eröffnung des Insolvenzverfahrens und damit nach §§ 161 Abs. 2, 131 Abs. 1 Nr. 3 InsO zur Auflösung der Gesellschaft.[894] Dem Antrag auf Durchführung des Schutzschirmverfahrens ist daher ebenfalls der Charakter eines Grundlagengeschäfts zuzusprechen, weshalb es – ohne Vorliegen des zwingenden Insolvenzgrunds der Überschuldung (§ 19 InsO) – im Fall der drohenden Zahlungsunfähigkeit (§ 18 InsO) ebenfalls je eines zustimmenden Beschlusses der KG-Gesellschafter (bzw. Kommanditisten) und GmbH-Gesellschafter bedarf.[895]

Darüber hinaus wird der (Minderheits-)Gesellschafter über die nach § 270 Abs. 1 S. 3 InsO mit dem Antrag vorzulegende Bescheinigung geschützt, aus der sich u.a. ergeben muss, dass die angestrebte Sanierung „nicht offensichtlich aussichtslos" ist.[896] Die Sanierung ist beispielsweise dann als „offensichtlich aussichtslos" abzulehnen, wenn bekannt ist, dass wesentliche Gläubiger das Sanierungskonzept des Schuldners ablehnen.[897] Wenngleich die Minderheitsgesellschafter als (letztrangige) Gläubiger einzuordnen sind, vermag ihnen die Negativ-Voraussetzung fehlender offensichtlicher Aussichtslosigkeit praktisch keinen Schutz zu gewähren. Wie nachfolgend noch zu zeigen sein wird, kann die Annahme des Plans – unabhängig von dessen Inhalt – in der Regel nicht an der fehlenden Zustimmung der (Minderheits-)Gesellschafter scheitern, da die im Plan vorgesehenen gesellschaftsrechtlichen Sanierungsmaßnahmen zwar der (mehrheitlichen) Zustimmung jeder gebildeten Gläubigergruppe bedürfen, diese Zustimmung jedoch unter den Voraussetzungen des § 245 InsO über das Obstruktionsverbot ersetzt werden kann.

Zusätzlich vermag auch der dem Insolvenzgericht eingeräumte Prüfungsumfang der Sanierungsbescheinigung nach § 270b Abs. 1 S. 3 InsO dem Minderheitsgesellschafter schon insoweit keinen überzeugenden Schutz zu gewähren, als lediglich eine kursorische Plausibilitätskontrolle vorzunehmen ist, sofern keine Anhaltspunkte vorliegen, die begründete Zweifel an der Richtigkeit des Sanierungsattests

---

894 *Hölzle*, Praxisleitfaden ESUG, 2. Aufl., 2014, § 270b, Rn. 92 ff., 108; *Stürner*, in: Kirchhof u.a. (Hrsg.), MüKo-InsO, Bd. 1, 3. Aufl., 2013, Einl., Rn. 6a; *Fölsing*, ZInsO 2013, 1325, 1329; *Riggert*, in: Nerlich / Römermann (Hrsg.), InsO, Lb, 23. Lfg. (03/2012), § 270b, Rn. 44 ff.

895 *Schmerbach*, in: Wimmer (Hrsg.), FK-InsO, 8. Aufl., 2015, § 18, Rn. 33; *Böcker*, DZWiR 2014, 331, 336; *Fölsing*, ZInsO 2013, 1325, 1328 f.; *Meyer*, ZInsO 2013, 2361, 2364; *Pape*, ZInsO 2013, 2129, 2136 f.; *Wertenbruch*, DB 2013, 1592, 1593; vgl. auch *Kolmann*, Schutzschirmverfahren, 2014, Rn. 263, 602; *Leinekugel / Skauradszun*, GmbHR 2011, 1121, 1123 ff.

896 *Fiebig*, in: A. Schmidt (Hrsg.), HHK-InsO, 5. Aufl., 2015, § 270b, Rn. 11 ff.; *Beth*, ZInsO 2015, 369, 370 f.; *Brand*, KTS 2014, 1, 4.

897 *Landfermann*, in: Kreft (Hrsg.), HK-InsO, 7. Aufl., 2014, § 270b, Rn. 14; *Undritz*, in: K. Schmidt (Hrsg.), InsO, 18. Aufl., 2013, § 270b, Rn. 4; *Frind*, ZInsO 2012, 540; *Kolmann*, Schutzschirmverfahren, 2014, Rn. 560.

verursachen.[898] Zwar wird vereinzelt auch eine umfassende gerichtliche Prüfungskompetenz betreffend das Sanierungsattest angenommen, wonach es dem Gericht gestattet sein soll, die Aussagen der Sanierungsbescheinigungen von einem Gutachter nachprüfen zu lassen.[899] Unter Berücksichtigung des Zwecks des Schutzschirmverfahrens und der notorischen Zeitknappheit bis zum „Aufspannen des Schutzschirms" ist eine solche umfassende gerichtliche Prüfung jedoch nicht haltbar. Hierfür spricht insbesondere auch die nach der Gesetzesbegründung zu § 270b Abs. 2 S. 3 InsO ausgeschlossene Einsetzung eines Sachverständigen zur Überprüfung der Richtigkeit der Bescheinigung[900] und der „Effekt der Entlastung"[901] des Insolvenzgerichts angesichts der ohnehin hohen Belastung in diesem Stadium des Verfahrens.[902]

Für die Bestellung des vorläufigen Sachwalters und insbesondere auch für die Anforderungen an seine Person gilt über die Verweisung der §§ 270 Abs. 2 S. 1, 270a Abs. 1 S. 2, 274 Abs. 1 InsO auf die §§ 50–60 InsO auch die für den Insolvenzverwalter maßgebende Vorschrift des § 56 InsO.[903] Wobei der gemäß § 56 Abs. 1 S. 1 InsO geforderten „Unabhängigkeit" – verstanden als „Neutralität in sämtliche Richtungen"[904] – insofern besondere Bedeutung zukommt, als diese letztlich die einzige in der InsO vorgesehene formale Gewähr dafür bietet, dass das vom Schuldner selbst durchgeführte Schutzschirm- bzw. Insolvenzplanverfahren der Aufsicht einer gerichtlich bestellten Amtsperson unterliegt, die unbefangen

898 *Riggert*, in: Braun (Hrsg.), InsO, 6. Aufl., 2014, § 270b, Rn. 7; *Graf-Schlicker*, in: Graf-Schlicker (Hrsg.), InsO, 4. Aufl., 2014, § 270b, Rn. 15; *ders.*, in: Nerlich / Römermann (Hrsg.), InsO, Lb, 23. Lfg. (03/2012), § 270b, Rn. 11; *Undritz*, in: K. Schmidt (Hrsg.), InsO, 18. Aufl., 2013, § 270b, Rn. 8; *Brand*, KTS 2014, 1, 7 f.; *Brinkmann*, DB 2012, 1369, 1371; *ders. / Zipperer*, ZIP 2011, 1337, 1344; *Desch*, BB 2011, 841; vgl. auch *Pape*, in: Kübler u.a. (Hrsg.), InsO, Lb, 49. Lfg. (07/2012), § 270b, Rn. 51.

899 *Buchalik*, in: Haarmeyer / Wutzke / Förster (Hrsg.), InsO, 2. Aufl., 2012, § 270b, Rn. 11; *ders.*, ZInsO 2012, 349, 352 f.; *BAKInsO e.V.*, ZInsO 2011, 2223, 2224; *Frind*, ZInsO 2011, 2249, 2261.

900 Vgl. RegE ESUG, BR-Drucks. 127/11, S. 59 f.; vgl. auch *Riggert*, in: Braun (Hrsg.), InsO, 6. Aufl., 2014, § 270b, Rn. 7; *Undritz*, in: K. Schmidt (Hrsg.), InsO, 18. Aufl., 2013, § 270b, Rn. 8; *Desch*, BB 2011, 841; *Smid*, ZInsO 2013, 209, 216; a.A *Buchalik*, ZInsO 2012, 349, 353; *Frind*, ZInsO 2011, 2249, 2261.

901 *Bremen*, NZI 2014, 137, 139.

902 *Bremen*, NZI 2014, 137, 139; vgl. auch *Haas*, in: Gottwald (Hrsg.), InsR-Hdb., 5. Aufl., 2015, § 88, Rn. 26; *Fiebig*, in: A. Schmidt (Hrsg.), HHK-InsO, 5. Aufl., 2015, § 270b, Rn. 7 f.; *Undritz*, in: K. Schmidt (Hrsg.), InsO, 18. Aufl., 2013, § 270b, Rn. 8; *Zipperer*, in: Uhlenbruck u.a. (Hrsg.), InsO, 14. Aufl., 2015, § 270b, Rn. 25.

903 *AG München*, Beschl. v. 29.03.2012 – 1507 IN 1125/12 = NZI 2012, 566; *Hölzle*, ZIP 2012, 158, 161 f.; *Frind*, in: FS Haarmeyer, 2013, S. 39, 49 ff., 60 ff.

904 *Ries*, in: K. Schmidt (Hrsg.), InsO, 18. Aufl., 2013, § 56, Rn. 21; *Kolmann*, Schutzschirmverfahren, 2014, Rn. 453.

die Einhaltung des in § 1 InsO normierten Verfahrenszwecks überwacht.[905] Das zugunsten des geschäftsführenden und antragstellenden Mehrheitsgesellschafters bestehende Vorschlagsrecht betreffend die Wahl des vorläufigen Sachwalters darf nicht dazu führen, dass der mitgebrachte, ggf. aus dem Lager des Schuldners stammende, vorläufige Sachwalter die geforderte Neutralität einbüßt.

Gemäß § 270b Abs. 2 S. 2 InsO kann das Gericht von dem Vorschlag des Schuldners zur Person des vorläufigen Sachwalters nur abweichen, wenn (der vorgeschlagene Kandidat zugleich Aussteller der Bescheinigung nach § 270b Abs. 1 S. 3 InsO ist oder) die vorgeschlagene Person offensichtlich für die Übernahme des Amts nicht geeignet ist.[906] Die fehlende Neutralität ist als Kriterium für die offensichtliche Ungeeignetheit zwar ausreichend. Allein die Möglichkeit, dass der aus dem Lager des Antragstellers stammende vorläufige Sachwalter im Zweifel die vom Antragsteller mit dem Eigenantrag verfolgte Strategie unterstützt[907] oder in einem gewissen Umfang bereits eine Vorbefassung untergeordneter Art stattgefunden hat (vgl. § 56 Abs. 1 S. 3 Nr. 2 InsO),[908] wird regelmäßig jedoch nicht für eine solche evidente Ungeeignetheit des vorläufigen Sachwalters im Sinne des § 270b Abs. 2 S. 2 InsO ausreichen.[909] Sie kann jedoch die Besorgnis der Befangenheit des gemäß §§ 270b Abs. 2 S. 1, 22 Abs. 1 S. 2 Nr. 3 InsO als Gutachter eingesetzten vorläufigen Sachwalters begründen.[910] Das sich daraus ergebende, nach dem Wortlaut der §§ 406, 42 ZPO (nur) den Prozessparteien zustehende, Ablehnungsrecht wird bereits insofern ausgeweitet, als das Ablehnungsrecht „jedem, der ähnlich einer Partei im eigenen Namen am Verfahren beteiligt ist"[911] zuzugestehen ist. Im Insolvenzeröffnungsverfahren (§ 4 InsO), das keine „Parteien" kennt, wird das Ablehnungsrecht daher „allen dort auftretenden

905 *Graeber*, in: Kirchhof u.a. (Hrsg.), MüKo-InsO, Bd. 1, 3. Aufl., 2013, § 56, Rn. 25 ff.; *Fiebig*, in: A. Schmidt (Hrsg.), HHK-InsO, 5. Aufl., 2015, § 270b, Rn. 30; *Zipperer*, in: Uhlenbruck u.a. (Hrsg.), InsO, 14. Aufl., 2015, § 270a, Rn. 27; *M. Hofmann*, Eigenverwaltung, 2014, Rn. 44; *Pape*, in: FS Haarmeyer, 2013, S. 219, 230; *Siebert*, ZIP 2014, 2153, 2165.

906 *Riggert*, in: Nerlich / Römermann (Hrsg.), InsO, Lb, 23. Lfg. (03/2012), § 270b, Rn. 23 f.; *Zipperer*, in: Uhlenbruck u.a. (Hrsg.), InsO, 14. Aufl., 2015, § 270b, Rn. 60 f.; *Frege / Keller / Riedel*, InsR, 8. Aufl., 2015, T. 4, Kap. 2, Rn. 2075.

907 *Madaus*, ZIP 2014, 500, 503; vgl. auch *Pape*, in: FS Haarmeyer, 2013, S. 219, 226 f.; *Siebert*, ZIP 2014, 2153, 2165 („Dankbarkeit für die Mandatsverschaffung"); *Vallender*, DB 2015, 231, 237.

908 RegE ESUG, BT-Drucks. 17/5712, S. 26; *Zipperer*, in: Uhlenbruck u.a. (Hrsg.), InsO, 14. Aufl., 2015, § 270b, Rn. 61; strenger dagegen *Haas*, in: Gottwald (Hrsg.), InsR-Hdb., 5. Aufl., 2015, § 88, Rn. 52.

909 *AG Charlottenburg*, Beschl. v. 20.06.2013 – 36s IN 2196/13 = ZInsO 2013, 2501, 2503; vgl. bereits *Desch*, BB 2011, 841, 842; *Frind*, ZInsO 2010, 1524, 1529; vgl. auch *Mönning*, in: Nerlich / Römermann (Hrsg.), InsO, Lb, 23. Lfg. (03/2012), § 21, Rn. 76.

910 *Madaus*, ZIP 2014, 500, 503.

911 *OLG Zweibrücken*, Beschl. v. 22.03.2000 – 3 W 50/00 = NJW-RR 2000, 864; *Gehrlein*, in: Rauscher / Krüger (Hrsg.), MüKo-ZPO, 4. Aufl., 2013, § 42, Rn. 3; *Vossler*, in: Vorwerk / Wolf (Hrsg.), BeckOK ZPO, Ed. 18 (09/2015), § 42, Rn. 32; vgl. auch

Beteiligten zugestanden werden müssen, soweit ihnen infolge der Eröffnungsentscheidung Rechtseinbußen aus dem vorgelegten Insolvenzplan drohen"[912]. In der Folge sind demnach auch die (Minderheits-)Gesellschafter als nach-nachrangige Gläubiger ablehnungsberechtigt, sofern sie unmittelbar von einer Maßnahme des Insolvenzgerichts betroffen sind.[913]

Außerdem darf im Schutzschirmverfahren, als besonderes Eröffnungsverfahren im Rahmen der Eigenverwaltung, auch der Antrag auf Eigenverwaltung nicht offensichtlich aussichtslos sein (§ 270a Abs. 1 S. 1 InsO).[914] Das Schutzschirmverfahren darf demnach nicht zugelassen werden, sofern Umstände bekannt sind, die erwarten lassen, dass die Anordnung der Eigenverwaltung zu Nachteilen für die Gläubiger führen wird (§ 270 Abs. 2 Nr. 2 InsO).[915] Wenngleich die Forderungen nachrangiger Insolvenzgläubiger gemäß § 225 Abs. 1 InsO als erlassen gelten, sofern im Insolvenzplan nichts anderes bestimmt ist, sind nach überzeugender Auffassung auch die Gesellschafter unter die nach § 270 Abs. 2 Nr. 2 InsO schützenswerten Gläubiger zu fassen, sofern sie stehengelassene Gewinne, Entnahmen oder Gesellschafterforderungen noch einfordern können.[916] Anders als bei § 270b Abs. 4 Nr. 3 InsO, der (den absonderungsberechtigten Gläubigern und) den Insolvenzgläubigern das Recht auf Aufhebung des Schutzschirms zuschreibt, differenziert § 270 Abs. 2 Nr. 2 InsO nicht zwischen Insolvenzgläubigern (§ 38 InsO) und nachrangigen Gläubigern (§ 39 InsO), sondern erfasst die „Gläubiger" allgemein.[917] Der Antrag auf Eigenverwaltung kann folglich gemäß § 270 Abs. 2 Nr. 2 InsO daran scheitern, dass eine teilweise Befriedigung der Forderungen der Gesellschafter zumindest möglich erscheint. Die Gesellschafter werden allerdings nur von § 270 Abs. 2 Nr. 2 InsO erfasst, sofern nach der vollständigen Befriedigung der Insolvenzgläubiger voraussichtlich weiteres Kapital zur (teilweisen) Erfüllung der Gesellschafterforderungen verbleibt.

Gerhardt, in: Jaeger, InsO, 2004, § 5, Rn. 14; *Heinrich*, in: Musielak / Voit (Hrsg.), ZPO, 12. Aufl., 2015, § 42, Rn. 18.

912 *Madaus*, ZIP 2014, 500, 503.

913 *Heinrich*, in: Musielak / Voit (Hrsg.), ZPO, 12. Aufl., 2015, § 42, Rn. 18; *Gehrlein*, in: Rauscher / Krüger (Hrsg.), MüKo-ZPO, 4. Aufl., 2013, § 42, Rn. 3; *Vossler*, in: Vorwerk / Wolf (Hrsg.), BeckOK ZPO, Ed. 18 (09/2015), § 42, Rn. 32; vgl. auch *Madaus*, ZIP 2014, 500, 503.

914 *Undritz*, in: K. Schmidt (Hrsg.), InsO, 18. Aufl., 2013, § 270b, Rn. 4; *Kolmann*, Schutzschirmverfahren, 2014, Rn. 607 ff.; *Pape*, in: Kübler u.a. (Hrsg.), InsO, Lb, 49. Lfg. (07/2012), § 270a, Rn. 16 und § 270b, Rn. 37.

915 *Riggert*, in: Braun (Hrsg.), InsO, 6. Aufl., 2014, § 270b, Rn. 8; *Tetzlaff*, in: Kirchhof u.a. (Hrsg.), MüKo-InsO, Bd. 3, 3. Aufl., 2014, § 270, Rn. 44 ff.; *Undritz*, in: K. Schmidt (Hrsg.), InsO, 18. Aufl., 2013, § 270b, Rn. 4; vgl. auch *AG Köln*, Beschl. v. 15.12.2014 – 74 IN 152/12 = NZI 2015, 282 (Verfahrensverzögerungen als Nachteile i.S.d. § 270 Abs. 2 Nr. 2 InsO).

916 *Fölsing*, ZInsO 2013, 1325, 1329, der diese Sichtweise überzeugend für den Fall als vorzugswürdig einordnet, dass eine teilweise Befriedigung dieser Forderungen zumindest möglich erscheint.

917 *Fölsing*, ZInsO 2013, 1325, 1329.

Regelmäßig wird die in Aussicht gestellte Befriedigung der Gesellschafter aber schon deshalb nicht erfolgen, weil die Schlussverteilung keinen Überschuss für die als letztrangige Gläubiger eingestuften Gesellschafter belässt (§ 199 S. 2 InsO), sodass sich der Schutzumfang des § 270a Abs. 2 Nr. 2 InsO nur selten auf die Minderheitsgesellschafter erstrecken wird.

Schließlich steht den Gesellschaftern auch keine Beschwerdemöglichkeit gegen die Anordnung des Schutzschirmverfahrens zu.[918] Die Aufhebung des Schutzschirmverfahrens kann gemäß § 270b Abs. 4 Nr. 2 InsO nur der vorläufige Gläubigerausschuss beantragen. Selbst wenn kein vorläufiger Gläubigerausschuss bestellt ist, sind die nachrangigen Gesellschafter-Gläubiger gemäß § 270b Abs. 4 Nr. 3 InsO nicht antragsberechtigt.[919] Ein Antragsrecht ist auch für den Fall abzulehnen, dass ihnen nachrangige Insolvenzforderungen gemäß § 39 Abs. 1 Nr. 5 InsO zustehen.

Der primäre Schutz des Minderheitsgesellschafters wird bei einem vorgeschalteten Schutzschirmverfahren daher über die Anhörung gewährleistet. Anders als im regulären Eröffnungsverfahren, in welchem der Beschleunigungsgrundsatz einer Anhörung der Anteilsinhaber entgegenstehen kann,[920] bleibt bei vorgeschaltetem Schutzschirmverfahren insbesondere in kleinen Gesellschaften in der Regel genug Zeit, um den Gesellschaftern Gelegenheit zur Stellungnahme zu geben.[921] Angesichts der fehlenden (entsprechenden) Anwendbarkeit des § 276a InsO während des Schutzschirmverfahrens[922] bestehen die Informations-, Weisungs- und Beteiligungsrechte der Gesellschafter im Rahmen ihrer gesetzlichen Befugnisse zudem fort. Den Gesellschaftern ist es demnach grundsätzlich möglich, ohne die Zustimmung des vorläufigen Sachwalters die Geschäftsleitung abzuberufen.[923] Auch dieser Schutzmechanismus wird sich für einen in einer Minderheitenposition befindlichen Gesellschafter jedoch nicht auslösen lassen.

e) Zwischenergebnis

Zwar besteht – zum Schutz der Gesellschafter vor einem eigenmächtigen Handeln der Geschäftsführung – im Fall der Insolvenzantragstellung wegen drohender Zahlungsunfähigkeit für den Geschäftsführer die Pflicht zur Einholung eines zustimmenden Gesellschafterbeschlusses sowohl der KG-Gesellschafter (bzw. Kommanditisten)

---

918 *AG Charlottenburg*, Beschl. v. 20.06.2013 – 36s IN 2196/13 = ZInsO 2013, 2501, 2502; vgl. auch *Fölsing*, ZInsO 2013, 1325, 1330; *ders.*, KSI 2014, 123.

919 *AG Charlottenburg*, Beschl. v. 20.06.2013 – 36s IN 2196/13 = ZInsO 2013, 2501, 2502.

920 Siehe hierzu § 3.B.III.1.b).

921 *AG Charlottenburg*, Urt. v. 20.06.2013 – 36s IN 2196/13 = ZInsO 2013, 2501; *Kolmann*, Schutzschirmverfahren, 2014, Rn. 264 f.; *H.-F. Müller*, DB 2014, 41, 43, der im Rahmen des Schutzschirmverfahrens zumindest für die Gesellschafter kleiner, personalistischer Gesellschaften eine Gelegenheit zur Anhörung anerkennt.

922 Siehe hierzu § 2.A.III.2.

923 *Riggert*, in: Nerlich / Römermann (Hrsg.), InsO, Lb, 23. Lfg. (03/2012), § 276a, Rn. 6; *Kolmann*, Schutzschirmverfahren, 2014, Rn. 269, 733; *Zipperer*, ZInsO 2012, 1492, 1494 f.

als auch der GmbH-Gesellschafter. Der den Gesellschaftern darüber gewährte Schutz wird jedoch entscheidend dadurch vermindert, dass eine Verletzung der Pflicht zur Konsultation der Gesellschafter die Wirksamkeit im Außenverhältnis nicht tangiert, sondern lediglich Schadensersatzansprüche gegen den Antragsteller auslöst. Der Schutz über die Konsultationspflicht ist demnach insofern als entwertet anzusehen, als die wirksame Antragstellung das Eröffnungsverfahren in Gang setzt und bei Zulässigkeit des Antrags und Vorliegen des Insolvenzgrunds der drohenden Zahlungsunfähigkeit zur Insolvenzeinleitung führt.

Daneben gebietet Art. 103 Abs. 1 GG jedoch auch für die Gesellschafter, die nicht zur Stellung eines Insolvenzantrags berechtigt sind, die Möglichkeit, vor Erlass der Eröffnungsentscheidung Stellung zu nehmen und Bedenken zu äußern. Die darüber hinaus bestehende sorgfältige und umfassende Pflicht zur Prüfung der Insolvenzeröffnungsvoraussetzungen schützt (auch) den einzelnen Gesellschafter vor den Auswirkungen der Insolvenzeröffnung und zieht den Minderheitenschutz vor den Bereich des Insolvenzrechts.[924] Die Eröffnung des Insolvenzverfahrens durch das Insolvenzgericht erfolgt erst dann, wenn die Sache ausermittelt ist und zur Überzeugung des Gerichts feststeht, dass die Antragsvoraussetzungen erfüllt sind. Lediglich im Fall der Eilbedürftigkeit der Eröffnungsentscheidung erhalten die Gesellschafter ggf. nicht die Möglichkeit, ihre Bedenken und Stellungnahme in die Entscheidung des Insolvenzgerichts einfließen zu lassen. Verschärft wird die dann fehlende Pflicht zur Anhörung der Gesellschafter und Einbeziehung ihrer Stellungnahmen und Bedenken dadurch, dass dem einzelnen Gesellschafter auch das Rechtsmittel der sofortigen Beschwerde, infolge fehlender Beschwerdeberechtigung, verwehrt bleibt. Der das Insolvenzverfahren bestimmende und den Minderheitenschutz beschränkende Grundsatz der Eilbedürftigkeit kann an dieser Stelle jedoch erst dann überzeugend Anwendung finden, wenn sämtliche Voraussetzungen der Verfahrenseröffnung durch das Gericht festgestellt worden sind.

Der Beantragung des Schutzschirmverfahrens ist ebenfalls die Pflicht zur Einholung eines zustimmenden Beschlusses sowohl der KG-Gesellschafter (bzw. Kommanditisten) als auch der GmbH-Gesellschafter vorgeschaltet. Auch im Rahmen des Schutzschirmverfahrens führt die Außerachtlassung der Pflicht zur Konsultierung und Einholung der Zustimmung der Gesellschafter jedoch nicht zur Unwirksamkeit des Antrags auf Eröffnung des vorbereitenden Sanierungsverfahrens. Daneben bestehen zahlreiche Antragsvoraussetzungen, die regelmäßig jedoch keinen Schutz zugunsten des Minderheitsgesellschafters vermitteln, sodass die Anhörung der Minderheit, die unabhängig von der Höhe der Beteiligung erfolgt und in der Regel auch nicht an der Geltung des Beschleunigungsgrundsatzes scheitert, als wirkungsvollstes Schutzinstrument anzusehen ist. Die Möglichkeit zur Stellungnahme bzw. zur Äußerung bestehender Bedenken wirkt der fehlenden Beschwerdebefugnis

924 *LG Berlin*, Beschl. v. 20.10.2014 – 51 T 696/14 = DZWiR 2015, 35, 40; zur Entscheidung *Böcker*, DZWiR 2015, 10, 20.

einzelner Gesellschafter, mit der Möglichkeit gegen die Anordnung des Schutzschirmverfahrens vorzugehen, entgegen.

Festzuhalten bleibt mithin, dass der (Minderheits-)Gesellschafter einen gegen seinen Willen gestellten Insolvenzantrag auf Verfahrenseröffnung und auch den Antrag auf Eröffnung des Schutzschirmverfahrens nicht allein durch seine Gegenstimme verhindern kann. Die insolvenzrechtliche Eingangskontrolle und der zur Verfügung gestellte (faktische) Minderheitenschutz belassen dem Minderheitsgesellschafter jedoch in der Regel den Raum, Bedenken und Stellungnahmen im Stadium der Insolvenzeröffnung zu äußern.

2. Schutz des (Minderheits-)Gesellschafters im Insolvenzplanverfahren

Mit Eröffnung des Insolvenzverfahrens werden die gesellschaftsrechtlichen Regelungen und Grundlagen weitgehend verdrängt[925] und auch die gesellschaftsrechtlichen Schutzmechanismen finden vorwiegend keine Anwendung im Insolvenzplanverfahren.[926] Dieser absolute Vorrang des Insolvenzrechts kann jedoch nur dann überzeugen, wenn das Anteils- und Mitgliedschaftsrecht der Gesellschafter seinem Wert angemessenen, ausreichenden Schutz im Insolvenzverfahren erfährt. Fraglich ist, welche Umgestaltung bzw. Ergänzung die gesellschaftsrechtlichen Schutzmechanismen zur Anpassung des (Rechts-)Schutzes zugunsten der (Minderheits-)Gesellschafter im eröffneten Insolvenzplanverfahren erfahren.[927] Hierfür gilt es zu klären, in welcher Funktion der einzelne Gesellschafter geschützt wird und inwieweit seine mitgliedschaftliche Stellung und die sich daraus ergebenden subjektiven Rechte von den insolvenzrechtlichen Schutzinstrumenten erfasst sind. Erst dann kann im Rahmen der Bewertung eine Aussage dazu erfolgen, ob die den veränderten Umständen angepasste gesellschafterliche Treuepflicht tatsächlich im Insolvenzverfahren Anwendung finden kann, und – falls ja – inwieweit die Treuepflicht zur Gewährleistung eines effektiven Schutzes des Minderheitsgesellschafters in die insolvenzrechtlichen Regelungen hineingetragen werden muss.

a) Teilnahme an der Abstimmung über den Insolvenzplan

Die Teilnahme an der Abstimmung über den Insolvenzplan schützt die Stellung der in den Insolvenzplan einbezogenen Gesellschafter als Quasi-Gläubiger mit Residualansprüchen und sichert ihnen die Beteiligung am Insolvenzverfahren.[928] Anders als die Anteilseigner einer börsennotierten Gesellschaft (vgl. § 235 Abs. 3 S. 4 InsO

925 Siehe hierzu § 2.B.
926 Siehe hierzu § 3.B.II.
927 *Brinkmann*, ZIP 2014, 197, 204 f.; *Eidenmüller*, NJW 2014, 17, 18 f.; *Haas*, NZG 2012, 961, 965 ff.; *Möhlenkamp*, BB 2013, 2828, 2829; *H.-F. Müller*, KTS 2012, 419, 436; *ders.*, DB 2014, 41, 44 f.; *Schäfer*, ZIP 2013, 2237, 2241 ff.; *Stöber*, ZInsO 2013, 2457, 2463 ff.
928 Siehe hierzu § 2.B.II.1; RegE ESUG, BT-Drucks. 17/5712, S. 31 f.

i.V.m. § 3 Abs. 2 AktG)[929] sind die Gesellschafter der GmbH & Co. KG, sofern deren Anteils- und Mitgliedschaftsrechte in den Plan einbezogen sind, gemäß § 235 Abs. 1, 3 InsO zum Erörterungs- und Abstimmungstermin gesondert zu laden.[930] Der Erörterungstermin bietet den einzelnen Gesellschaftern die Gelegenheit, Erläuterungen, Auskünfte und weitere Informationen einzuholen, Änderungsvorschläge zu diskutieren und andere Beteiligte von ihren Interessen zu überzeugen.[931]

Nachfolgend wird aufgezeigt, inwieweit die Gruppenbildung gemäß § 222 InsO und das Obstruktionsverbot gemäß § 245 InsO, das insoweit Schutzfunktion zugunsten der ablehnenden Gruppe entfaltet, als die Ersetzungsvoraussetzungen vom Insolvenzgericht im Rahmen der Bestätigungsentscheidung geprüft werden müssen, dem Schutzbedürfnis des (Minderheits-)Gesellschafters gerecht werden.

aa) Gruppenbildung, § 222 InsO

Der Planersteller ist neben der Bestimmung des Planinhalts zugleich für die Bildung der Gläubigergruppen zuständig[932] und wird dadurch in die Lage versetzt, beide strategisch aufeinander abzustimmen.[933] Die Gruppenbildung ist zwingend vorgeschrieben, soweit Beteiligte mit unterschiedlicher Rechtsstellung betroffen sind (§ 222 Abs. 1 S. 1 InsO).[934] Daneben kann der Planersteller eine Gruppenbildung unter den Gläubigern mit gleicher Rechtsstellung im Sinne der Gruppen nach § 222 Abs. 1 S. 2 Nr. 1–3 InsO vornehmen (§ 222 Abs. 2 InsO).[935] Zum Schutz der

929 *Pleister*, in: Kübler u.a. (Hrsg.), InsO, Lb, 55. Lfg. (10/2013), § 235, Rn. 27; *Thies*, in: A. Schmidt (Hrsg.), HHK-InsO, 5. Aufl., 2015, § 235, Rn. 8; *Jaffé*, in: Wimmer (Hrsg.), FK-InsO, 8. Aufl., 2015, § 222, Rn. 33.

930 Siehe hierzu § 1.B.III.2.a); *Pleister*, in: Kübler u.a. (Hrsg.), InsO, Lb, 55. Lfg. (10/2013), § 235, Rn. 18, 24; *Jaffé*, in: Wimmer (Hrsg.), FK-InsO, 8. Aufl., 2015, § 222, Rn. 32; *Haas*, in: Kreft (Hrsg.), HK-InsO, 7. Aufl., 2014, § 235, Rn. 7.

931 *Silcher*, in: Ahrens u.a. (Hrsg.), FAK InsR, 2. Aufl., 2014, § 235, Rn. 36; *Jaffé*, in: Wimmer (Hrsg.), FK-InsO, 8. Aufl., 2015, § 235, Rn. 11; *Spliedt*, ZInsO 2013, 2155, 2156.

932 *Haas*, in: Kreft (Hrsg.), HK-InsO, 7. Aufl., 2014, § 222, Rn. 4; *Thies*, in: A. Schmidt (Hrsg.), HHK-InsO, 5. Aufl., 2015, § 222, Rn. 2; *Jaffé*, in: Wimmer (Hrsg.), FK-InsO, 8. Aufl., 2015, § 222, Rn. 2.

933 *Braun / Frank*, in: Braun (Hrsg.), InsO, 6. Aufl., 2014, § 245, Rn. 27 f.; *Kebekus / Wehler*, in: Graf-Schlicker (Hrsg.), InsO, 4. Aufl., 2014, § 222, Rn. 1; *Eidenmüller*, in: Kirchhof u.a. (Hrsg.), MüKo-InsO, Bd. 3, 3. Aufl., 2014, § 222, Rn. 6 f., 111; *Haas*, in: Kreft (Hrsg.), HK-InsO, 7. Aufl., 2014, § 222, Rn. 15; *Spahlinger*, in: Kübler u.a. (Hrsg.), InsO, Lb, 63. Lfg. (04/2015), § 222, Rn. 27 ff.; *Thies*, in: A. Schmidt (Hrsg.), HHK-InsO, 5. Aufl., 2015, § 222, Rn. 3; *Spliedt*, in: K. Schmidt (Hrsg.), InsO, 18. Aufl., 2013, § 222, Rn. 4; *Jaffé*, in: Wimmer (Hrsg.), FK-InsO, 8. Aufl., 2015, § 222, Rn. 2, 17; *Kolmann*, Schutzschirmverfahren, 2014, Rn. 227.

934 *Haas*, in: Kreft (Hrsg.), HK-InsO, 7. Aufl., 2014, § 222, Rn. 5; *Bierbach*, in: Kübler (Hrsg.), HRI, 2. Aufl., 2015, § 28, Rn. 35; *Jaffé*, in: Wimmer (Hrsg.), FK-InsO, 8. Aufl., 2015, § 222, Rn. 9 ff.

935 *Silcher*, in: Ahrens u.a. (Hrsg.), FAK InsR, 2. Aufl., 2014, § 222, Rn. 13; *Eidenmüller*, in: Kirchhof u.a. (Hrsg.), MüKo-InsO, Bd. 3, 3. Aufl., 2014, § 222, Rn. 80 ff.; *Haas*,

Gesellschafter vor einer willkürlichen Gruppenbildung bedarf es zur Bildung fakultativer Gruppen einer sachgerechten Abgrenzung (§ 222 Abs. 2 S. 2 InsO) aufgrund gleichartiger wirtschaftlicher Interessen (§ 222 Abs. 2 S. 1 InsO), die im darstellenden Teil des Plans begründet werden muss (§ 222 Abs. 2 S. 3 InsO).[936]

Die wirtschaftlichen Interessen der Gläubiger sind im Hinblick auf den insolvenzrechtlichen Kontext und das Planziel festzustellen und bestimmen sich insbesondere danach, in welchem wirtschaftlichen Verhältnis der einzelne Gläubiger zu dem Insolvenzschuldner steht und wie der Insolvenzplan dieses Verhältnis beeinflusst.[937] Für die Gruppe der Gesellschafter, die durch die Förderung des Gesellschaftszwecks – anders als die Gläubiger – naturgemäß gleichartige Interessen verfolgen, können sich divergierende wirtschaftliche Interessen insbesondere aus der Art der Beteiligung, durch die Unterscheidung in Mehrheits- und Minderheitsgesellschafter,[938] über die Einstellung zur Sanierung, mit der Trennung in sanierungswillige und -unwillige Gesellschafter[939] oder auch aufgrund der Art und Höhe des zu erbringenden Sanierungsbeitrags[940] ergeben.

---

in: Kreft (Hrsg.), HK-InsO, 7. Aufl., 2014, § 222, Rn. 12; *Spahlinger*, in: Kübler u.a. (Hrsg.), InsO, Lb, 63. Lfg. (04/2015), § 222, Rn. 7; *Thies*, in: A. Schmidt (Hrsg.), HHK-InsO, 5. Aufl., 2015, § 222, Rn. 15; *Spliedt*, in: K. Schmidt (Hrsg.), InsO, 18. Aufl., 2013, § 222, Rn. 15; *Lüer/Streit*, in: Uhlenbruck u.a. (Hrsg.), InsO, 14. Aufl., 2015, § 222, Rn. 26; *Jaffé*, in: Wimmer (Hrsg.), FK-InsO, 8. Aufl., 2015, § 222, Rn. 13 ff.

936 *Eidenmüller*, in: Kirchhof u.a. (Hrsg.), MüKo-InsO, Bd. 3, 3. Aufl., 2014, § 222, Rn. 82; *Haas*, in: Kreft (Hrsg.), HK-InsO, 7. Aufl., 2014, § 222, Rn. 12; *Thies*, in: A. Schmidt (Hrsg.), HHK-InsO, 5. Aufl., 2015, § 222, Rn. 15, 16; *Wertenbruch*, in: Westermann/Wertenbruch (Hrsg.), Hdb. PersG, Lb, 60. Lfg. (09/2014), Rn. 1873g; *Jaffé*, in: Wimmer (Hrsg.), FK-InsO, 8. Aufl., 2015, § 222, Rn. 13; allg. zum darstellenden Teil des Plans *Koch/de Bra*, in: Gottwald (Hrsg.), InsR-Hdb., 5. Aufl., 2015, § 67, Rn. 24 ff.

937 RegE InsO, BT-Drucks. 12/2443, S. 199; *Bierbach*, in: Kübler (Hrsg.), HRI, 2. Aufl., 2015, § 28, Rn. 67; *Thies*, in: A. Schmidt (Hrsg.), HHK-InsO, 5. Aufl., 2015, § 222, Rn. 17; *Lüer/Streit*, in: Uhlenbruck u.a. (Hrsg.), InsO, 14. Aufl., 2015, § 222, Rn. 29.

938 *Braun/Frank*, in: Braun (Hrsg.), InsO, 6. Aufl., 2014, § 222, Rn. 9; *Haas*, in: Kreft (Hrsg.), HK-InsO, 7. Aufl., 2014, § 222, Rn. 13; *Madaus*, ZIP 2014, 500, 507; *H.-F. Müller*, KTS 2012, 419, 422.

939 *Haas*, in: Kreft (Hrsg.), HK-InsO, 7. Aufl., 2014, § 222, Rn. 13; *Spliedt*, in: K. Schmidt (Hrsg.), InsO, 18. Aufl., 2013, § 222, Rn. 16; *K. Schmidt*, ZGR 2012, 566, 579; *ders.*, ZIP 2012, 2085, 2086; zurückhaltend *Thole*, GesR Maßn. in der Insolvenz, 2. Aufl., 2015, Rn. 253, der darauf hinweist, dass sich eine verbindliche Differenzierung zwischen sanierungswilligen und -unwilligen Gesellschaftern oft gerade erst durch die Abstimmung selbst zeigen wird.

940 RegE InsO, BT-Drucks. 12/2443, S. 93, 199; *Haas*, in: Kreft (Hrsg.), HK-InsO, 7. Aufl., 2014, § 222, Rn. 13.

Die kumulativ[941] zu prüfende Voraussetzung der Sachgerechtigkeit markiert die Grenze der freien Gruppenbildung und soll insbesondere einer missbräuchlichen Inanspruchnahme der Möglichkeit einer fakultativen Gruppenbildung entgegenwirken.[942] Die gleichartigen wirtschaftlichen Interessen sollen die Bildung einer eigenen Gruppe nur dann rechtfertigen, wenn diese Interessen nicht bereits durch eine andere Gruppe abgedeckt werden und zugleich eine unterschiedliche Behandlung sinnvoll erscheinen lassen.[943] Eine sachgerechte Differenzierung ist demnach abzulehnen, wenn eine Gruppe, bei der die wichtigsten wirtschaftlichen Interessen ihrer Mitglieder gleich gelagert sind, künstlich aufgespalten wird.[944] Die fakultative Gruppenbildung ermöglicht es dem Planersteller, bei seiner Entscheidung zu berücksichtigen, wer (möglicherweise) gegen den Plan stimmen könnte, welche Folgen diese Gegenstimme mit Blick auf § 244 InsO hätte und ob die Folgen ggf. über § 245 InsO infolge strategischer Gruppenbildung vermieden werden können.[945]

Stehen sich Mehrheits- und Minderheitsgesellschafter als Vertreter unterschiedlicher wirtschaftlicher Interessen (streitend) gegenüber, wie beispielsweise in der „*Sanieren oder Ausscheiden*"-Situation, in der ein Teil der Gesellschafter neue Einlagen übernehmen will und die übrigen Gesellschafter dazu nicht bereit sind, ist der Planersteller gemäß § 222 Abs. 2 S. 1 InsO nicht verpflichtet, zusätzliche Gesellschafter-Gläubigergruppen zu bilden.[946] Bildet er allein eine Gesellschaftergruppe und ergeht eine Mehrheitsentscheidung zulasten der opponierenden Minderheit, ist zur Annahme des Plans keine weitere Prüfung nach § 245 InsO erforderlich.[947] Der Planersteller kann durch eine rein mehrheitsorientierte Konstituierung der Gruppen dafür sorgen, dass das als inhaltliches Gegengewicht zur Gestaltungsmacht des Planerstellers[948] zur Verfügung gestellte Obstruktionsverbot, infolge der

941 *Bierbach*, in: Kübler (Hrsg.), HRI, 2. Aufl., 2015, § 28, Rn. 66; *Thies*, in: A. Schmidt (Hrsg.), HHK-InsO, 5. Aufl., 2015, § 222, Rn. 18; *Jaffé*, in: Wimmer (Hrsg.), FK-InsO, 8. Aufl., 2015, § 222, Rn. 14 ff.

942 RegE InsO, BT-Drucks. 12/2443, S. 199; *Eidenmüller*, in: Kirchhof u.a. (Hrsg.), MüKo-InsO, Bd. 3, 3. Aufl., 2014, § 222, Rn. 8, 112; *Thies*, in: A. Schmidt (Hrsg.), HHK-InsO, 5. Aufl., 2015, § 222, Rn. 3, 18; *Jaffé*, in: Wimmer (Hrsg.), FK-InsO, 8. Aufl., 2015, § 222, Rn. 15 ff.

943 *Thies*, in: A. Schmidt (Hrsg.), HHK-InsO, 5. Aufl., 2015, § 222, Rn. 3, 18.

944 *Silcher*, in: Ahrens u.a. (Hrsg.), FAK InsR, 2. Aufl., 2014, § 222, Rn. 13; *Eidenmüller*, in: Kirchhof u.a. (Hrsg.), MüKo-InsO, Bd. 3, 3. Aufl., 2014, § 222, Rn. 101; *Thies*, in: A. Schmidt (Hrsg.), HHK-InsO, 5. Aufl., 2015, § 222, Rn. 18.

945 *Braun / Frank*, in: Braun (Hrsg.), InsO, 6. Aufl., 2014, § 222, Rn. 13 und § 245, Rn. 27 f.; *Thies*, in: A. Schmidt (Hrsg.), HHK-InsO, 5. Aufl., 2015, § 222, Rn. 3.

946 *Braun / Frank*, in: Braun (Hrsg.), InsO, 6. Aufl., 2014, § 222, Rn. 6; *Wertenbruch*, in: Westermann / Wertenbruch (Hrsg.), Hdb. PersG, Lb, 60. Lfg. (09/2014), Rn. 1866; *Balz / Landfermann*, Die neuen Insolvenzgesetze, 2. Aufl., 1999, S. 473.

947 *Spahlinger*, in: Kübler u.a. (Hrsg.), InsO, Lb, 63. Lfg. (04/2015), § 222, Rn. 26; *Wertenbruch*, ZIP 2013, 1693, 1701.

948 *Haas*, in: Kreft (Hrsg.), HK-InsO, 7. Aufl., 2014, § 222, Rn. 15.

(ansonsten einheitlich) erfolgten Zustimmung zum Insolvenzplan, schon nicht zu prüfen wäre (§ 245 Abs. 1 InsO).[949]

Eine Mindermeinung hält demgegenüber – zum Schutz der opponierenden Minderheit – ausnahmsweise eine Gruppenbildungspflicht des Planerstellers für gegeben, wenn völlig unterschiedliche wirtschaftliche Interessen in einer Gläubigergruppe zusammengefasst werden.[950] In derart gelagerten Ausnahmefällen soll eine verfassungskonforme Auslegung des § 222 Abs. 2 InsO anhand von Art. 3 Abs. 1 GG ergeben, dass durch ein Unterlassen der Bildung fakultativer Untergruppen ungleiche wirtschaftliche Interessen gleich behandelt werden. Das grundsätzlich bestehende Gruppenbildungsermessen des Planerstellers soll dann auf null reduziert sein und zu einer Pflicht zur Bildung fakultativer Gruppen erstarken.[951]

Dieser Ansicht kann angesichts des ausdrücklichen entgegenstehenden Willens des Gesetzgebers[952] jedoch nicht entsprochen werden.[953] Zusätzlich wird darauf verwiesen, dass der unterliegenden Minderheit Rechtsschutz nach §§ 251, 253 InsO gewährt wird, weshalb auch keine Notwendigkeit für eine Verpflichtung zur Bildung fakultativer Gruppen bestehe.[954] Selbst im Fall völlig unterschiedlicher wirtschaftlicher Interessen erstarkt das Ermessen nach § 222 Abs. 2 InsO damit nicht zu einer Gruppenbildungspflicht.

Fasst der Planersteller dagegen die jeweils opponierenden Gesellschafter in einer eigenen Gruppe zusammen, ist mit der Ablehnung des Plans durch diese Gruppe zu rechnen, was zur Notwendigkeit einer Prüfung des Obstruktionsverbots durch das Insolvenzgericht führt. Der Planersteller hat auch in dieser Konstellation die Möglichkeit – unter den Anforderungen des § 222 Abs. 2 InsO –, strategisch so viele Gläubigergruppen zu bilden, dass der Plan wenigstens die Zustimmung der Mehrheit der Gruppen erlangt.[955] Diese Mehrheit ist wiederum Voraussetzung für

949 *Haas*, in: Kreft (Hrsg.), HK-InsO, 7. Aufl., 2014, § 222, Rn. 17; *Wertenbruch*, ZIP 2013, 1693, 1701.

950 *Eidenmüller*, in: Kirchhof u.a. (Hrsg.), MüKo-InsO, Bd. 3, 3. Aufl., 2014, § 222, Rn. 116, 119; vgl. auch *Thies*, in: A. Schmidt (Hrsg.), HHK-InsO, 5. Aufl., 2015, § 222, Rn. 18; ebenfalls kritisch *Wertenbruch*, ZIP 2013, 1693, 1702, der die rein von Mehrheitserwägungen getragene Gruppeneinteilung zum Zwecke der Vermeidung einer gerichtlichen Prüfung der Voraussetzungen des § 245 InsO als ermessensfehlerhaft ansieht; vgl. auch *Madaus*, ZIP 2014, 500, 507.

951 *Eidenmüller*, in: Kirchhof u.a. (Hrsg.), MüKo-InsO, Bd. 3, 3. Aufl., 2014, § 222, Rn. 116 ff.

952 BT-Drucks. 12/7302, S. 182, Nr. 140.

953 *Braun / Frank*, in: Braun (Hrsg.), InsO, 6. Aufl., 2014, § 222, Rn. 6; *ders.*, in: Nerlich / Römermann (Hrsg.), InsO, Lb, 9. Lfg. (03/2005), § 222, Rn. 67 f.; *Bierbach*, in: Kübler (Hrsg.), HRI, 2. Aufl., 2015, § 28, Rn. 78; *Otte*, in: Kübler u.a. (Hrsg.), InsO, Lb, 24. Lfg. (10/2005), § 222, Rn. 3, 6; *Kaltmeyer*, ZInsO 1999, 255, 263 f.

954 *Bierbach*, in: Kübler (Hrsg.), HRI, 2. Aufl., 2015, § 28, Rn. 78; *Spliedt*, in: K. Schmidt (Hrsg.), InsO, 18. Aufl., 2013, § 222, Rn. 4; *Wertenbruch*, ZIP 2013, 1693, 1701 f.

955 *Braun / Frank*, in: Braun (Hrsg.), InsO, 6. Aufl., 2014, § 245, Rn. 27; *Eidenmüller*, in: Kirchhof u.a. (Hrsg.), MüKo-InsO, Bd. 3, 3. Aufl., 2014, § 222, Rn. 100; *Spahlinger*, in:

die Ersetzung der Zustimmung einer ablehnenden Gläubigergruppe im Wege des Obstruktionsverbots (vgl. § 245 Abs. 1 Nr. 3 InsO).[956]

Im Ergebnis ist die Gruppenbildung durch den Planersteller damit ein zentrales und strategisch äußerst wichtiges Element, der eine entscheidende Bedeutung für die Erfolgsaussichten des Insolvenzplans zuzusprechen ist.[957]

bb) Gleichbehandlungsgebot, § 226 InsO

Der (auch) auf die Gruppe der Gesellschafter anzuwendende[958] insolvenzrechtliche Gleichbehandlungsgrundsatz (§ 226 InsO) verdrängt den gesellschaftsrechtlichen Gleichbehandlungsgrundsatz.[959] Er ist grundlegendes Prinzip des Insolvenzverfahrens, Ausfluss des verfassungsrechtlichen Gleichheitsgebots aus Art. 3 Abs. 1 GG und dient der Gewährleistung der Verfahrens- und Verteilungsgerechtigkeit.[960] Gegenüber dem Regelinsolvenzverfahren modifiziert § 226 InsO den Gleichbehandlungsgrundsatz auf ein gruppenbezogenes und daher von der Gruppenbildung abhängiges Gleichbehandlungsgebot.[961] Dieses Gleichbehandlungsgebot ist gewahrt, sofern sämtliche Beteiligte einer Gruppe derselben Regelung unterworfen werden und hierdurch eine Gleichbehandlung erreicht wird (§ 226 Abs. 1 InsO).[962] Demgegenüber ist auch eine unterschiedliche Behandlung innerhalb einer Gruppe möglich,

---

Kübler u.a. (Hrsg.), InsO, Lb, 63. Lfg. (04/2015), § 222, Rn. 27; *Thies*, in: A. Schmidt (Hrsg.), HHK-InsO, 5. Aufl., 2015, § 222, Rn. 15, 18; *Wertenbruch*, ZIP 2013, 1693, 1701; einschränkend *LG Neuruppin*, Beschl. v. 19.04.2013 – 2 T 33/13 = NZI 2013, 646, 647; zur Entscheidung des LG Neuruppin *Silcher*, in: Ahrens u.a. (Hrsg.), FAK InsR, 2. Aufl., 2014, § 222, Rn. 13; vgl. auch *Madaus*, ZIP 2014, 500, 507.

956 *Bierbach*, in: Kübler (Hrsg.), HRI, 2. Aufl., 2015, § 28, Rn. 65, 79 ff.; *Spahlinger*, in: Kübler u.a. (Hrsg.), InsO, Lb, 63. Lfg. (04/2015), § 222, Rn. 63 ff.; *Thies*, in: A. Schmidt (Hrsg.), HHK-InsO, 5. Aufl., 2015, § 222, Rn. 3, 15, 18.

957 So auch vom Gesetzgeber gewollt, vgl. RegE ESUG, BT-Drucks. 17/5712, S. 32 f.

958 *OLG Frankfurt/M.*, Beschl. v. 1.10.2013 – 5 U 145/13 = NZI 2013, 978, Rz. 10 ff.; *Thies*, in: A. Schmidt (Hrsg.), HHK-InsO, 5. Aufl., 2015, § 226, Rn. 1.

959 Siehe hierzu § 2.B.III.1.d).

960 *Spahlinger*, in: Kübler u.a. (Hrsg.), InsO, Lb, 55. Lfg. (10/2013), § 226, Rn. 1; *Thies*, in: A. Schmidt (Hrsg.), HHK-InsO, 5. Aufl., 2015, § 226, Rn. 1; *Jaffé*, in: Wimmer (Hrsg.), FK-InsO, 8. Aufl., 2015, § 226, Rn. 1.

961 *Andres*, in: Andres u.a., InsO, 3. Aufl., 2014, § 226, Rn. 1; *Kebekus/Wehler*, in: Graf-Schlicker (Hrsg.), InsO, 4. Aufl., 2014, § 226, Rn. 1; *Breuer*, in: Kirchhof u.a. (Hrsg.), MüKo-InsO, Bd. 3, 3. Aufl., 2014, § 226, Rn. 1 f.; *Eidenmüller*, in: Kirchhof u.a. (Hrsg.), MüKo-InsO, Bd. 3, 3. Aufl., 2014, § 222, Rn. 11; *Bierbach*, in: Kübler (Hrsg.), HRI, 2. Aufl., 2015, § 28, Rn. 7 ff., 85; *Spliedt*, in: K. Schmidt (Hrsg.), InsO, 18. Aufl., 2013, § 226, Rn. 1; *Wertenbruch*, in: Westermann/Wertenbruch (Hrsg.), Hdb. PersG, Lb, 58. Lfg. (02/2014), Rn. 1867; *ders.*, ZIP 2013, 1693, 1702; *Jaffé*, in: Wimmer (Hrsg.), FK-InsO, 8. Aufl., 2015, § 226, Rn. 3.

962 *Breuer*, in: Kirchhof u.a. (Hrsg.), MüKo-InsO, Bd. 3, 3. Aufl., 2014, § 226, Rn. 7 f.; *Thies*, in: A. Schmidt (Hrsg.), HHK-InsO, 5. Aufl., 2015, § 226, Rn. 1 f.; *Spliedt*, in: K. Schmidt (Hrsg.), InsO, 18. Aufl., 2013, § 226, Rn. 1 f.; *Jaffé*, in: Wimmer (Hrsg.),

sofern eine ausdrückliche Zustimmung der nicht gleichbehandelten Gesellschafter vorliegt (§ 226 Abs. 2 InsO).[963] Anderenfalls kann die Ungleichbehandlung zu einer Zurückweisung gemäß § 231 Abs. 1 Nr. 1 InsO oder einem Versagungsbeschluss gemäß § 250 Nr. 1 InsO führen.[964] Nach Möglichkeit sollte die unterschiedliche Behandlung innerhalb einer Gruppe daher durch entsprechende Gruppenbildung vermieden werden.[965] § 226 Abs. 3 InsO fungiert als Verbotsgesetz im Sinne des § 134 BGB und schützt das nach §§ 217 ff. InsO vorgesehene Verfahren zur Plangestaltung und Konsensbildung vor Abreden über Vorteilszuwendungen, die im Zusammenhang mit dem Insolvenzverfahren stehen.[966]

Uneinigkeit besteht bezüglich der Frage, ob eine wirtschaftliche Gleichheit erforderlich ist oder eine gleichförmige rechtliche Regelung bereits ausreichend ist. Aufgrund der schwer festzustellenden wirtschaftlichen Gleichbehandlung und der treffenderen Zuordnung individueller wirtschaftlicher Nachteile einer allgemeinen Planregelung zur Frage des Minderheitenschutzes (§ 251 InsO) als zur Frage der Gleichheit ist mit der wohl herrschenden Ansicht eine formale Gleichheit im Sinne einer gleichförmigen rechtlichen Regelung für ausreichend zu erachten.[967]

Den Schutz des (Minderheits-)Gesellschafters vor der legitimierenden Mehrheitsentscheidung im Planverfahren sichert der Gleichbehandlungsgrundsatz durch die Gleichbehandlungspflicht aller Beteiligten innerhalb einer Gruppe nach § 226 Abs. 1 InsO und das Verbot der willkürlichen Gruppenbildung gemäß

FK-InsO, 8. Aufl., 2015, § 226, Rn. 3; *Hess*, InsR, 2. Aufl., 2013, § 226, Rn. 10; *Thole*, GesR Maßn. in der Insolvenz, 2. Aufl., 2015, Rn. 273 ff.

963 *Silcher*, in: Ahrens u.a. (Hrsg.), FAK InsR, 2. Aufl., 2014, § 226, Rn. 6 f.; *Breuer*, in: Kirchhof u.a. (Hrsg.), MüKo-InsO, Bd. 3, 3. Aufl., 2014, § 226, Rn. 3, 10 ff.; *Spliedt*, in: K. Schmidt (Hrsg.), InsO, 18. Aufl., 2013, § 226, Rn. 3; *Jaffé*, in: Wimmer (Hrsg.), FK-InsO, 8. Aufl., 2015, § 226, Rn. 3.

964 *Thies*, in: A. Schmidt (Hrsg.), HHK-InsO, 5. Aufl., 2015, § 226, Rn. 3; *Spliedt*, in: K. Schmidt (Hrsg.), InsO, 18. Aufl., 2013, § 226, Rn. 4; *Jaffé*, in: Wimmer (Hrsg.), FK-InsO, 8. Aufl., 2015, § 226, Rn. 8.

965 *Thies*, in: A. Schmidt (Hrsg.), HHK-InsO, 5. Aufl., 2015, § 226, Rn. 4.

966 *Silcher*, in: Ahrens u.a. (Hrsg.), FAK InsR, 2. Aufl., 2014, § 226, Rn. 6 f.; *Breuer*, in: Kirchhof u.a. (Hrsg.), MüKo-InsO, Bd. 3, 3. Aufl., 2014, § 226, Rn. 4, 14 ff.; *Thies*, in: A. Schmidt (Hrsg.), HHK-InsO, 5. Aufl., 2015, § 226, Rn. 6; *Jaffé*, in: Wimmer (Hrsg.), FK-InsO, 8. Aufl., 2015, § 226, Rn. 7.

967 *Andres*, in: Andres u.a., InsO, 3. Aufl., 2014, § 226, Rn. 2; *Spahlinger*, in: Kübler u.a. (Hrsg.), InsO, Lb, 55. Lfg. (10/2013), § 226, Rn. 6; *Thies*, in: A. Schmidt (Hrsg.), HHK-InsO, 5. Aufl., 2015, § 226, Rn. 2; *Spliedt*, in: K. Schmidt (Hrsg.), InsO, 18. Aufl., 2013, § 226, Rn. 2; *Jaffé*, in: Wimmer (Hrsg.), FK-InsO, 8. Aufl., 2015, § 226, Rn. 6; a.A. *Silcher*, in: Ahrens u.a. (Hrsg.), FAK InsR, 2. Aufl., 2014, § 226, Rn. 5; *Breuer*, in: Kirchhof u.a. (Hrsg.), MüKo-InsO, Bd. 3, 3. Aufl., 2014, § 226, Rn. 8; *Braun*, in: Nerlich / Römermann (Hrsg.), InsO, Lb, 9. Lfg. (03/2005), § 226, Rn. 5; *Hess*, InsR, 2. Aufl., 2013, § 226, Rn. 10.

§ 222 Abs. 1 Nr. 4, Abs. 2 InsO.[968] Entsprechend der gesetzlichen Regelung in § 226 Abs. 1 InsO stellt die Zurverfügungstellung unterschiedlicher Wahlmöglichkeiten für alle Gruppenangehörigen einer Gruppe insoweit keine Ungleichbehandlung dar, als die nach Ausübung des Wahlrechts eintretende Ungleichbehandlung der Gesellschafter nicht auf dem Planinhalt, sondern auf unterschiedlichen Entscheidungen der Gesellschafter beruht.[969] Dagegen stellen unterschiedliche Wahlmöglichkeiten lediglich für einen Teil der Gruppenmitglieder eine Ungleichbehandlung im Sinne des § 226 Abs. 1 InsO dar. Die Ungleichbehandlung und damit der Verstoß gegen § 226 Abs. 1 InsO lassen sich nur dadurch vermeiden, dass die Gesellschafter mit bzw. ohne Wahlmöglichkeit gemäß § 222 Abs. 2 InsO verschiedenen Gruppen zugeteilt werden.

cc) Obstruktionsverbot, § 245 InsO

Fasst der Planersteller die opponierende Minderheit in einer Gruppe zusammen und stimmt diese Gesellschafter-Gläubigergruppe gegen den Insolvenzplan, kann die fehlende Zustimmung unter den Voraussetzungen des § 245 Abs. 1, 3 InsO überwunden werden.[970] Zentrales Anliegen des § 245 InsO ist die Verhinderung missbräuchlichen Abstimmungsverhaltens der Gläubigergruppen.[971] § 245 InsO bezweckt die Abschwächung des Einstimmigkeitsprinzips aus § 244 Abs. 1 InsO, indem bei Bestehen einer (einfachen) Mehrheit sämtlicher Gläubigergruppen unter den Voraussetzungen des § 245 Abs. 1, 3 InsO die Zustimmung der ablehnenden Gruppen fingiert werden kann.[972] Die Ersetzung der fehlenden, erforderlichen Zustimmung einer Gruppe durch richterliche Entscheidung[973] dient als verfahrensrechtliche Grenze der Privatautonomie und soll verhindern, dass die Abwicklung über den

---

968 *OLG Frankfurt/M.*, Beschl. v. 1.10.2013 – 5 U 145/13 = NZI 2013, 978; *Breuer*, in: Kirchhof u.a. (Hrsg.), MüKo-InsO, Bd. 3, 3. Aufl., 2014, § 226, Rn. 7; *Böcker*, DZWiR 2014, 331, 335; *Madaus*, ZIP 2014, 500, 506.

969 *Andres*, in: Andres u.a., InsO, 3. Aufl., 2014, § 226, Rn. 2; *Braun*, in: Nerlich/Römermann (Hrsg.), InsO, Lb, 9. Lfg. (03/2005), § 226, Rn. 10; *Wertenbruch*, ZIP 2013, 1693, 1702.

970 *Becker*, in: Kübler (Hrsg.), HRI, 2. Aufl., 2015, § 41, Rn. 1 ff.

971 *Becker*, in: Kübler (Hrsg.), HRI, 2. Aufl., 2015, § 41, Rn. 1; *Pleister*, in: Kübler u.a. (Hrsg.), InsO, Lb, 55. Lfg. (10/2013), § 245, Rn. 4; kritisch in Bezug auf die Bezeichnung einer „missbräuchlichen“ Blockade des Plans *Silcher*, in: Ahrens u.a. (Hrsg.), FAK InsR, 2. Aufl., 2014, § 245, Rn. 1; *Haas*, in: Kreft (Hrsg.), HK-InsO, 7. Aufl., 2014, § 245, Rn. 2.

972 *Silcher*, in: Ahrens u.a. (Hrsg.), FAK InsR, 2. Aufl., 2014, § 245, Rn. 1; *Haas*, in: Kreft (Hrsg.), HK-InsO, 7. Aufl., 2014, § 222, Rn. 3; § 245, Rn. 1; *Becker*, in: Kübler (Hrsg.), HRI, 2. Aufl., 2015, § 41, Rn. 2; *Thies*, in: A. Schmidt (Hrsg.), HHK-InsO, 5. Aufl., 2015, § 245, Rn. 3; *Wiedemann*, in: FS Hoffmann-Becking, 2013, S. 1387, 1394 („drastische[r] Bruch“).

973 *Braun/Frank*, in: Braun (Hrsg.), InsO, 6. Aufl., 2014, § 245, Rn. 2; *Becker*, in: Kübler (Hrsg.), HRI, 2. Aufl., 2015, § 41, Rn. 3.

Plan an Partikularinteressen einzelner Abstimmungsgruppen oder Gruppenangehöriger scheitert.[974] Zugleich soll § 245 InsO durch die Verknüpfung sämtlicher Voraussetzungen des § 245 Abs. 1, 3 InsO mit dem Eingreifen der Zustimmungsfiktion einen „gewissen mittelbaren Individualschutz"[975] für die opponierenden Gläubigergruppen gewähren und als inhaltliches Gegengewicht zur Gestaltungsmacht des Planerstellers fungieren.[976] § 245 InsO dient zwar nicht explizit dem Minderheitenschutz, entfaltet jedoch insofern Schutzfunktion zugunsten der ablehnenden Gruppe(n), als die Anforderungen an die Überwindung der Ablehnung der opponierenden Gläubigergruppe(n) vom Insolvenzgericht im Rahmen der Bestätigungsentscheidung zu prüfen sind.[977]

Die fehlende Zustimmung einer Gruppe zu einem Plan ist als Obstruktion und damit als rechtsmissbräuchliche Verweigerung der Zustimmung zum Plan zu werten[978], wenn diese das Zustandekommen des Plans verhindert, obwohl ihre legitimen Interessen ausreichend berücksichtigt werden[979]: Hat die Mehrheit der abstimmenden Gruppen dem Plan mit den erforderlichen Mehrheiten zugestimmt (§ 245 Abs. 1 Nr. 3 InsO), fingiert § 245 InsO die Zustimmung der ablehnenden Gruppen, wenn die Gesellschafter der widersprechenden Gläubigergruppe durch den Insolvenzplan voraussichtlich nicht schlechtergestellt werden, als sie ohne Plan stünden (§ 245 Abs. 1 Nr. 1 InsO) und angemessen an dem wirtschaftlichen Wert, der den Beteiligten auf der Grundlage des Plans zufließen soll, beteiligt werden (§ 245 Abs. 1 Nr. 2, Abs. 3 InsO).[980] Die Fiktion über § 245 InsO führt zu der nach § 244 InsO erforderlichen Einstimmigkeit. Führt die Gruppenbildung demgegenüber

---

974 *Becker*, in: Kübler (Hrsg.), HRI, 2. Aufl., 2015, § 41, Rn. 3; *Pleister*, in: Kübler u.a. (Hrsg.), InsO, Lb, 55. Lfg. (10/2013), § 245, Rn. 4; *Thies*, in: A. Schmidt (Hrsg.), HHK-InsO, 5. Aufl., 2015, § 245, Rn. 1 f.; *Jaffé*, in: Wimmer (Hrsg.), FK-InsO, 8. Aufl., 2015, § 245, Rn. 6 ff., 10; *Hess*, InsR, 2. Aufl., 2013, § 245, Rn. 4 f.

975 *Becker*, in: Kübler (Hrsg.), HRI, 2. Aufl., 2015, § 41, Rn. 4.

976 *Braun / Frank*, in: Braun (Hrsg.), InsO, 6. Aufl., 2014, § 245, Rn. 1; *Haas*, in: Kreft (Hrsg.), HK-InsO, 7. Aufl., 2014, § 222, Rn. 15; *Becker*, in: Kübler (Hrsg.), HRI, 2. Aufl., 2015, § 41, Rn. 4; *Wertenbruch*, ZIP 2013, 1693, 1701 f.

977 RegE ESUG, BT-Drucks. 17/5712, S. 32; *Jaffé*, in: Wimmer (Hrsg.), FK-InsO, 8. Aufl., 2015, § 245, Rn. 10; *Spliedt*, ZInsO 2013, 2155, 2156; *Wertenbruch*, ZIP 2013, 1693, 1701 f.

978 *Haas*, in: Kreft (Hrsg.), HK-InsO, 7. Aufl., 2014, § 245, Rn. 2; *Pleister*, in: Kübler u.a. (Hrsg.), InsO, Lb, 55. Lfg. (10/2013), § 245, Rn. 4 f.; *Braun*, in: Nerlich / Römermann (Hrsg.), InsO, Lb, 9. Lfg. (03/2005), § 245, Rn. 1; *Lüer / Streit*, in: Uhlenbruck u.a. (Hrsg.), InsO, 14. Aufl., 2015, § 245, Rn. 1; *Hess*, InsR, 2. Aufl., 2013, § 245, Rn. 1.

979 *Becker*, in: Kübler (Hrsg.), HRI, 2. Aufl., 2015, § 41, Rn. 10; *Thies*, in: A. Schmidt (Hrsg.), HHK-InsO, 5. Aufl., 2015, § 245, Rn. 1; *Jaffé*, in: Wimmer (Hrsg.), FK-InsO, 8. Aufl., 2015, § 245, Rn. 9.

980 *Silcher*, in: Ahrens u.a. (Hrsg.), FAK InsR, 2. Aufl., 2014, § 245, Rn. 3 ff.; *Becker*, in: Kübler (Hrsg.), HRI, 2. Aufl., 2015, § 41, Rn. 11 ff., 43 ff., 77 ff.; *Pleister*, in: Kübler u.a. (Hrsg.), InsO, Lb, 55. Lfg. (10/2013), § 245, Rn. 7, 14 ff.; *Thies*, in: A. Schmidt (Hrsg.), HHK-InsO, 5. Aufl., 2015, § 245, Rn. 3 ff.; *Jaffé*, in: Wimmer (Hrsg.), FK-InsO, 8. Aufl.,

dazu, dass die Anteilsinhaber den Plan mehrheitlich – wenn auch nicht einstimmig – annehmen, spielt § 245 InsO gar keine Rolle. Die Schranken des Mehrheitseinflusses werden von § 245 InsO nicht geprüft.[981]

(1) Verbot der Schlechterstellung, § 245 Abs. 1 Nr. 1 InsO

Das Schlechterstellungsverbot aus § 245 Abs. 1 Nr. 1 InsO erfordert eine Vergleichsrechnung zwischen dem Ergebnis des gestaltenden Teils des Plans und der sich daraus für die Angehörigen der widersprechenden Gruppe ergebenden wirtschaftlichen Stellung[982], mit dem Ergebnis nach Liquidationswerten bei hypothetischer Abwicklung nach den gesetzlichen Regelungen.[983] Grundsätzlich nimmt das Gericht die Prognose anhand der Ergebnisse zu Zerschlagungswerten vor.[984] Liegen hingegen konkrete Anhaltspunkte für eine Verwertung im Wege der übertragenden Sanierung vor, sind die Fortführungswerte maßgeblich, die sich aus der Bewertung der fortzuführenden unternehmerischen Einheit ergeben.[985] Maßgebend für die Frage der Schlechterstellung ist eine Betrachtung der betroffenen Gruppe, ohne dass Individualinteressen einzelner Gruppenangehöriger Berücksichtigung finden können.[986] In die Vergleichsrechnung sind lediglich monetär vergleichbare Leistungen einzustellen. Sonstige Interessen der Gesellschafter, wie auch Schlechterstellungen

2015, § 245, Rn. 18 ff.; *Decher / Voland*, ZIP 2013, 103, 104; *Madaus*, ZIP 2014, 500, 507; *Rendels / Zabel*, Insolvenzplan, 2. Aufl., 2015, Rn. 452 ff.

981 *Spliedt*, ZInsO 2013, 2155, 2156.

982 *LG Traunstein*, Beschl. v. 27.08.1999 – 4T 2966/99 = NZI 1999, 461, 463; *Becker*, in: Kübler (Hrsg.), HRI, 2. Aufl., 2015, § 41, Rn. 13; *Pleister*, in: Kübler u.a. (Hrsg.), InsO, Lb, 55. Lfg. (10/2013), § 245, Rn. 11; *Braun*, in: Nerlich / Römermann (Hrsg.), InsO, Lb, 9. Lfg. (03/2005), § 245, Rn. 3; *Thies*, in: A. Schmidt (Hrsg.), HHK-InsO, 5. Aufl., 2015, § 245, Rn. 6; *Lüer / Streit*, in: Uhlenbruck u.a. (Hrsg.), InsO, 14. Aufl., 2015, § 245, Rn. 7; *Jaffé*, in: Wimmer (Hrsg.), FK-InsO, 8. Aufl., 2015, § 245, Rn. 15.

983 *Silcher*, in: Ahrens u.a. (Hrsg.), FAK InsR, 2. Aufl., 2014, § 245, Rn. 3; *Haas*, in: Kreft (Hrsg.), HK-InsO, 7. Aufl., 2014, § 245, Rn. 7 ff.; *Becker*, in: Kübler (Hrsg.), HRI, 2. Aufl., 2015, § 41, Rn. 11 ff.; *Pleister*, in: Kübler u.a. (Hrsg.), InsO, Lb, 55. Lfg. (10/2013), § 245, Rn. 10 ff.; *Thies*, in: A. Schmidt (Hrsg.), HHK-InsO, 5. Aufl., 2015, § 245, Rn. 5; *Spliedt*, in: K. Schmidt (Hrsg.), InsO, 18. Aufl., 2013, § 245, Rn. 6 ff.; *Jaffé*, in: Wimmer (Hrsg.), FK-InsO, 8. Aufl., 2015, § 245, Rn. 19 ff.; *Meyer*, ZInsO 2013, 2361, 2369; *Schäfer*, in: FS Hommelhoff, 2012, S. 939, 946.

984 *Thies*, in: A. Schmidt (Hrsg.), HHK-InsO, 5. Aufl., 2015, § 245, Rn. 7; *Spliedt*, in: K. Schmidt (Hrsg.), InsO, 18. Aufl., 2013, § 245, Rn. 6.

985 *Becker*, in: Kübler (Hrsg.), HRI, 2. Aufl., 2015, § 41, Rn. 21 f.; *Pleister*, in: Kübler u.a. (Hrsg.), InsO, Lb, 55. Lfg. (10/2013), § 245, Rn. 10; *Thies*, in: A. Schmidt (Hrsg.), HHK-InsO, 5. Aufl., 2015, § 245, Rn. 7; *Spliedt*, in: K. Schmidt (Hrsg.), InsO, 18. Aufl., 2013, § 245, Rn. 6; *Lüer / Streit*, in: Uhlenbruck u.a. (Hrsg.), InsO, 14. Aufl., 2015, § 245, Rn. 13.

986 *Thies*, in: A. Schmidt (Hrsg.), HHK-InsO, 5. Aufl., 2015, § 245, Rn. 5; *Spliedt*, in: K. Schmidt (Hrsg.), InsO, 18. Aufl., 2013, § 245, Rn. 2.

gegenüber der Regelabwicklung in einzelnen Teilaspekten, die im Ergebnis ausgeglichen werden, sind unbeachtlich.[987]

Ob mithilfe einer salvatorischen Klausel eine Schlechterstellung im Rahmen des § 245 InsO vermieden werden kann, sodass die Zustimmung der opponierenden Gruppe als erteilt gilt, ist umstritten.[988] Teilweise wird vertreten, dass die beim Minderheitenschutzantrag gemäß § 251 Abs. 3 InsO bzw. beim Rechtsmittel der sofortigen Beschwerde gemäß § 253 Abs. 2 Nr. 3 InsO vorgesehene Mittelbereitstellung zum Ausgleich etwaiger Benachteiligungen im Vergleich zur Regelabwicklung im Rahmen des Obstruktionsverbots mangels ausdrücklicher gesetzlicher Regelung nicht anwendbar sei.[989] Die unterschiedlichen Beweislastregeln[990] in § 251 InsO, der den Nachweis einer Schlechterstellung durch den Antragsteller erfordert, und in § 245 InsO, der von Amts wegen geprüft wird und den Nachweis einer Schlechterstellung nicht zulässt, könnten bei einer Übertragung der Möglichkeit zur Mittelbereitstellung auf das Obstruktionsverbot die Prüfung von dessen Voraussetzungen obsolet werden lassen und dadurch den über § 245 InsO gewährten Minderheitenschutz unterlaufen.[991]

Eine differenziertere Ansicht hält dem entgegen, dass die Anwendbarkeit der salvatorischen Klausel eine gerichtliche Prüfung nach § 245 InsO – zur Wahrung des Minderheitenschutzes – nicht vollständig ersetzen, sondern nur ergänzen soll.[992] Die salvatorische Klausel soll das Gericht nicht von seiner Entscheidung entbinden, sondern nur für die Situation Entlastung schaffen, dass ein wirtschaftlich nicht entsprechend ausgebildeter Insolvenzrichter eine ihm durch das Gesetz aufgebürdete Prognoseentscheidung zu treffen hat.[993] Die Anwendbarkeit der salvatorischen

987 *Becker*, in: Kübler (Hrsg.), HRI, 2. Aufl., 2015, § 41, Rn. 13; *Jaffé*, in: Wimmer (Hrsg.), FK-InsO, 8. Aufl., 2015, § 245, Rn. 10.

988 Vgl. dazu *Becker*, in: Kübler (Hrsg.), HRI, 2. Aufl., 2015, § 41, Rn. 85, 88 ff.; *Pleister*, in: Kübler u.a. (Hrsg.), InsO, Lb, 55. Lfg. (10/2013), § 245, Rn. 41; *Spliedt*, in: K. Schmidt (Hrsg.), InsO, 18. Aufl., 2013, § 245, Rn. 14; *Jaffé*, in: Wimmer (Hrsg.), FK-InsO, 8. Aufl., 2015, § 245, Rn. 41 ff.; *Rendels / Zabel*, Insolvenzplan, 2. Aufl., 2015, Rn. 463.

989 *Spliedt*, in: K. Schmidt (Hrsg.), InsO, 18. Aufl., 2013, § 245, Rn. 14; *Rendels / Zabel*, Insolvenzplan, 2. Aufl., 2015, Rn. 462 f.

990 *Stürner*, in: Kirchhof u.a. (Hrsg.), MüKo-InsO, Bd. 1, 3. Aufl., 2013, Einl., Rn. 4; *Sinz*, in: Kirchhof u.a. (Hrsg.), MüKo-InsO, Bd. 3, 3. Aufl., 2014, § 251, Rn. 2; *Becker*, in: Kübler (Hrsg.), HRI, 2. Aufl., 2015, § 41, Rn. 88; *Burmeister / Schmidt-Hern*, in: Kübler (Hrsg.), HRI, 2. Aufl., 2015, § 43, Rn. 54.

991 *Rendels / Zabel*, Insolvenzplan, 2. Aufl., 2015, Rn. 463; vgl. auch *Becker*, in: Kübler (Hrsg.), HRI, 2. Aufl., 2015, § 41, Rn. 85 ff., 88; *Pleister*, in: Kübler u.a. (Hrsg.), InsO, Lb, 55. Lfg. (10/2013), § 245, Rn. 41.

992 *Braun / Frank*, in: Braun (Hrsg.), InsO, 6. Aufl., 2014, § 245, Rn. 26; *Becker*, in: Kübler (Hrsg.), HRI, 2. Aufl., 2015, § 41, Rn. 88; *Jaffé*, in: Wimmer (Hrsg.), FK-InsO, 8. Aufl., 2015, § 245, Rn. 43 f.

993 *Becker*, in: Kübler (Hrsg.), HRI, 2. Aufl., 2015, § 41, Rn. 88; *Pleister*, in: Kübler u.a. (Hrsg.), InsO, Lb, 55. Lfg. (10/2013), § 245, Rn. 41; vgl. auch *Jaffé*, in: Wimmer (Hrsg.), FK-InsO, 8. Aufl., 2015, § 245, Rn. 41.

Klausel soll daher die vom Gericht anzustellende Vergleichsrechnung nicht obsolet werden lassen, sondern (nur) möglichen Streit aus dem Insolvenzverfahren vor die ordentlichen Gerichte verlagern, ohne dass sich der Insolvenzrichter dadurch etwaigen Amtshaftungsansprüchen aussetzt.[994] Angesichts der – auch unter Anwendung der salvatorischen Klausel – fortbestehenden Prüfungs- und Entscheidungspflicht des Gerichts und dem weiterhin über § 245 InsO gewährleisteten Minderheitenschutz sei es daher im Wege der Rechtsfortbildung möglich, die salvatorische Klausel auch im Rahmen von § 245 InsO anzuwenden.[995]

Zwar regelt § 245 InsO die Anwendbarkeit einer salvatorischen Klausel nicht. Der ausdrücklichen gesetzlichen Anerkennung salvatorischer Klauseln (§§ 251 Abs. 3, 253 Abs. 2 Nr. 3 InsO), verbunden mit der Entscheidung des Gesetzgebers, einen Minderheitenschutz geltend machenden Gesellschafter auf einen Ausgleich aus den für die salvatorische Klausel vorgesehenen Mitteln zu verweisen, wird die zuerst genannte Ansicht einer Ablehnung der Anwendbarkeit jedoch (auch) nicht gerecht.[996] Die in der InsO vorgesehene Geltendmachung der Ausgleichsmittel außerhalb des Insolvenzverfahrens vor den ordentlichen Gerichten soll Verzögerungen der Planbestätigung bzw. die Aufhebung des Insolvenzplanverfahrens vermeiden und dem Zweck der Planerhaltung zur Gewährleistung des vorrangigen Ziels der bestmöglichen Gläubigerbefriedigung gerecht werden.[997] Es ist gerade nicht ersichtlich, wieso eine im Rahmen des Minderheitenschutzantrags bzw. der sofortigen Beschwerde geltend gemachte Schlechterstellung der Gesellschafter über Ausgleichsmittel kompensiert werden kann, während die (wohlmöglich gleiche) Schlechterstellung im Rahmen des Obstruktionsverbots den Plan zum Scheitern bringen soll. Ziel der Anwendung einer salvatorischen Klausel darf es bloß nie sein, die Prüfung nach § 245 InsO vollständig zu ersetzen, da anderenfalls deren eigentlicher Zweck, den Minderheitsgesellschafter und dessen Minderheitenschutz zu stärken, unterlaufen würde. Mit dem Verständnis einer „Auffangposition“[998], die

---

994 *Jaffé*, in: Wimmer (Hrsg.), FK-InsO, 8. Aufl., 2015, § 245, Rn. 41.

995 *Becker*, in: Kübler (Hrsg.), HRI, 2. Aufl., 2015, § 41, Rn. 88; *Pleister*, in: Kübler u.a. (Hrsg.), InsO, Lb, 55. Lfg. (10/2013), § 245, Rn. 41; *Jaffé*, in: Wimmer (Hrsg.), FK-InsO, 8. Aufl., 2015, § 245, Rn. 43 f.; mit dem gleichen Ergebnis *Haas*, in: Kreft (Hrsg.), HK-InsO, 7. Aufl., 2014, § 245, Rn. 16, § 251, Rn. 11 f.; vgl. auch *Braun / Frank*, in: Braun (Hrsg.), InsO, 6. Aufl., 2014, § 245, Rn. 26, die die Aufnahme einer salvatorischen Klausel empfehlen; *Hess*, InsR, 2. Aufl., 2013, § 245, Rn. 17; *Drukarczyk*, in: Kirchhof u.a. (Hrsg.), MüKo-InsO, Bd. 3, 3. Aufl., 2014, § 245, Rn. 45 ff.; bereits vor den Änderungen durch das ESUG und daher nicht speziell auf den Minderheitenschutz der Gesellschafter im Insolvenzplanverfahren zugeschnitten *Braun*, in: Nerlich / Römermann (Hrsg.), InsO, Lb, 9. Lfg. (03/2005), § 245, Rn. 17.

996 *Jaffé*, in: Wimmer (Hrsg.), FK-InsO, 8. Aufl., 2015, § 245, Rn. 41.

997 *Becker*, in: Kübler (Hrsg.), HRI, 2. Aufl., 2015, § 41, Rn. 91; *Jaffé*, in: Wimmer (Hrsg.), FK-InsO, 8. Aufl., 2015, § 245, Rn. 44.

998 *Braun / Frank*, in: Braun (Hrsg.), InsO, 6. Aufl., 2014, § 245, Rn. 26; *Pleister*, in: Kübler u.a. (Hrsg.), InsO, Lb, 55. Lfg. (10/2013), § 245, Rn. 41.

eine gerichtliche Prognoseentscheidung stets erforderlich bleiben lässt, im Einzelfall diese jedoch – für eine schnelle Planbestätigung und den Planerhalt – erleichtert, ist daher einer (zurückhaltenden) Anwendbarkeit der salvatorischen Klausel im Rahmen des Obstruktionsverbots zuzustimmen.

(2) Angemessene Beteiligung, § 245 Abs. 1 Nr. 2, Abs. 3 Nr. 1 InsO

Die Gesellschafter werden durch den Plan nicht angemessen beteiligt (§ 245 Abs. 1 Nr. 2, Abs. 3 Nr. 1 InsO), wenn ein Gläubiger wirtschaftliche Werte erhält, die den vollen Betrag seines Anspruchs übersteigen.[999] Kein Gläubiger darf mithin mehr als 100 % seines Anspruchs erhalten. Fälle, in denen ein Gläubiger mehr als die volle Befriedigung erlangen könnte, sind im Rahmen des Debt Equity Swap denkbar, wenn der Wert der vom Gläubiger erlangten Beteiligung während der Erholungsphase des Rechtsträgers ansteigt und den Nominalwert der getauschten Forderung bei einem nachfolgenden Verkauf sogar übersteigt.[1000] Die bereits zugunsten des Liquidationswerts entschiedene Frage, mit welchem Wert die einzubringenden Gläubigerforderungen zu bewerten sind, darf jedoch nicht dazu führen, dass im Fall der Wertsteigerung und eines späteren Verkaufs von einer nicht angemessenen wirtschaftlichen Beteiligung im Sinne des § 245 Abs. 1 Nr. 2, Abs. 3 Nr. 1 InsO auszugehen wäre.[1001] Zunächst ist eine spätere Wertsteigerung der Beteiligung im Zeitpunkt des Vollzugs des Debt Equity Swaps ein unsicherer Faktor. Zudem würde es sich im Falle eines für den Gläubiger günstigen Verkaufs um einen wirtschaftlichen Erlös außerhalb des Insolvenzplans handeln, dem zugleich das Risiko eines späteren Wertverlusts gegenübersteht.

Zusätzlich verlangt § 245 Abs. 3 Nr. 2 InsO für eine angemessene wirtschaftliche Beteiligung der ablehnenden Gruppe am Planerfolg, dass kein Anteilsinhaber, der ohne den Plan der widersprechenden Gruppe der Anteilseigner gleichgestellt wäre, durch den Plan bessergestellt wird[1002] und soll damit eine Gleichbehandlung und

---

999 RegE ESUG, BT-Drucks. 17/5712, S. 34; *Haas*, in: Kreft (Hrsg.), HK-InsO, 7. Aufl., 2014, § 245, Rn. 26; *Pleister*, in: Kübler u.a. (Hrsg.), InsO, Lb, 55. Lfg. (10/2013), § 245, Rn. 27; *Thies*, in: A. Schmidt (Hrsg.), HHK-InsO, 5. Aufl., 2015, § 245, Rn. 16; *Eidenmüller*, ZIP 2010, 649 ff., 657; *Frauer*, Grenzen des Eingriffs, 2014, S. 86 f.; *Hess*, InsR, 2. Aufl., 2013, § 245, Rn. 29 ff.

1000 *Braun/Frank*, in: Braun (Hrsg.), InsO, 6. Aufl., 2014, § 245, Rn. 19; *Pleister*, in: Kübler u.a. (Hrsg.), InsO, Lb, 55. Lfg. (10/2013), § 245, Rn. 27 („Besserungsphase des Rechtsträgers").

1001 *Braun/Frank*, in: Braun (Hrsg.), InsO, 6. Aufl., 2014, § 245, Rn. 19 f.; *Pleister*, in: Kübler u.a. (Hrsg.), InsO, Lb, 55. Lfg. (10/2013), § 245, Rn. 27; vgl. auch *Wieneke/T. Hoffmann*, ZIP 2013, 697, 701.

1002 RegE ESUG, BT-Drucks. 17/5712, S. 34; *Haas*, in: Kreft (Hrsg.), HK-InsO, 7. Aufl., 2014, § 245, Rn. 26; *Becker*, in: Kübler (Hrsg.), HRI, 2. Aufl., 2015, § 41, Rn. 46; *Pleister*, in: Kübler u.a. (Hrsg.), InsO, Lb, 55. Lfg. (10/2013), § 245, Rn. 28 f.; *Thies*, in: A. Schmidt (Hrsg.), HHK-InsO, 5. Aufl., 2015, § 245, Rn. 17; *Eidenmüller*, ZIP 2010, 649 ff., 657; *Frauer*, Grenzen des Eingriffs, 2014, S. 86 f.

rechtliche Gleichstellung der Gesellschafter untereinander gewährleisten.[1003] Eine angemessene Beteiligung der Gesellschafter scheitert beispielsweise dann, wenn Angehörige der Gruppe von geringfügig beteiligten Anteilsinhabern nach dem Plan mehr erhalten sollen als die übrigen in rechtlicher Hinsicht gleichgestellten Anteilsinhaber[1004] oder das Bezugsrecht bei einer Kapitalerhöhung für einen Teil der Gesellschafter ausgeschlossen wird und für andere nicht[1005]. Zwar werden die (Minderheits-)Gesellschafter vor einer strategischen Gruppenbildung zur Besserstellung der sonstigen Gesellschafter dadurch geschützt, dass im Fall der Ablehnung des Plans durch eine Gruppe die Annahme nach § 244 InsO scheitert und zudem wegen Verstoßes gegen das Besserstellungsverbot des § 245 Abs. 3 Nr. 2 InsO auch die Zustimmungsfiktion nach § 245 InsO nicht eingreifen kann.[1006] Für den Planersteller besteht jedoch die Möglichkeit, durch die Aufnahme salvatorischer Klauseln in den Plan die Problematik einer unterschiedlichen Behandlung zu erleichtern. Sieht der Plan grundsätzlich die Gleichbehandlung der Beteiligten einer Gruppe vor, regelt allerdings für einzelne Gesellschafter den Ausgleich möglicher Schlechterstellungen mittels einer salvatorischen Klausel, vermag dies keine Ungleichbehandlung darzustellen.[1007] Sieht das Gericht die Voraussetzungen der Zustimmungsfiktion für gegeben an, ist eine selbstständige Anfechtung dieser gerichtlichen Feststellung nicht möglich. Mittelbar ergibt sich für den einzelnen Gesellschafter der majorisierten Gläubigergruppe jedoch eine Überprüfungsmöglichkeit im Rahmen der sofortigen Beschwerde gegen den Bestätigungsbeschluss.[1008]

(3) Zwischenergebnis

Letztlich bewirkt das Obstruktionsverbot für den Minderheitsgesellschafter, dass dieser die Abstimmung über den Plan – trotz der mittelbar minderheitsschützenden

---

1003 *Silcher*, in: Ahrens u.a. (Hrsg.), FAK InsR, 2. Aufl., 2014, § 245, Rn. 14; *Haas*, in: Kreft (Hrsg.), HK-InsO, 7. Aufl., 2014, § 245, Rn. 26; *Madaus*, ZIP 2014, 500, 507.

1004 RegE ESUG, BT-Drucks. 17/5712, S. 34; *Haas*, in: Kreft (Hrsg.), HK-InsO, 7. Aufl., 2014, § 245, Rn. 26; *Pleister*, in: Kübler u.a. (Hrsg.), InsO, Lb, 55. Lfg. (10/2013), § 245, Rn. 29; *Jaffé*, in: Wimmer (Hrsg.), FK-InsO, 8. Aufl., 2015, § 245, Rn. 38; *Wertenbruch*, ZIP 2013, 1693, 1703.

1005 *Haas*, in: Kreft (Hrsg.), HK-InsO, 7. Aufl., 2014, § 245, Rn. 26; *Rendels/Zabel*, Insolvenzplan, 2. Aufl., 2015, Rn. 461; *Simon/Merkelbach*, NZG 2012, 121, 127 f.; *Wertenbruch*, ZIP 2013, 1693, 1703.

1006 *Wertenbruch*, ZIP 2013, 1693, 1702.

1007 RegE ESUG, BT-Drucks. 17/5712, S. 35; *Thies*, in: A. Schmidt (Hrsg.), HHK-InsO, 5. Aufl., 2015, § 226, Rn. 5; a.A. *Spliedt*, in: K. Schmidt (Hrsg.), InsO, 18. Aufl., 2013, § 226, Rn. 3.

1008 *Braun/Frank*, in: Braun (Hrsg.), InsO, 6. Aufl., 2014, § 245, Rn. 24; *Becker*, in: Kübler (Hrsg.), HRI, 2. Aufl., 2015, § 41, Rn. 93 ff.; *Pleister*, in: Kübler u.a. (Hrsg.), InsO, Lb, 55. Lfg. (10/2013), § 245, Rn. 43; *Thies*, in: A. Schmidt (Hrsg.), HHK-InsO, 5. Aufl., 2015, § 245, Rn. 22; *Spliedt*, in: K. Schmidt (Hrsg.), InsO, 18. Aufl., 2013, § 245, Rn. 2; *Möhlenkamp*, BB 2013, 2828, 2829.

Gestaltung – faktisch auch dann nicht beeinflussen kann, wenn fakultativ mehrere Gesellschafter-Gläubigergruppen gebildet wurden: Die nach § 245 Abs. 1 Nr. 3 InsO erforderliche Zustimmung der Mehrheit der abstimmenden Gläubigergruppen wird durch Verhandlungen und strategisch geschickte Gruppenbildung des Planerstellers so vorbereitet, dass die erforderlichen Mehrheiten zur Planannahme erreicht werden (§ 235 Abs. 1 Nr. 3 InsO). Die Hürde des § 245 Abs. 1 Nr. 1 InsO ist insofern leicht zu nehmen, als es auf eine Vergleichsprognose zwischen den im Plan vorgesehenen Regelungen für die betreffende Gruppe mit dem Ergebnis im Falle einer Regelabwicklung ankommt, wobei allein das wirtschaftliche Endergebnis entscheidend ist. Die Vergleichsposition eines Gesellschafters im Falle der hypothetischen Masseverwertung ohne Plan ist davon abhängig, welche Verwertungsform in der konkreten Situation gewählt worden wäre. Als Vergleichsmaßstab kommt damit sowohl eine Abwicklung als auch eine übertragende Sanierung in Betracht. Der Veräußerungserlös einer übertragenden Sanierung kann jedoch nur unter der Voraussetzung als Vergleichsmaßstab angenommen werden, dass konkrete Hinweise bzw. Angebote vorliegen.[1009] Regelmäßig ist daher die Zerschlagung des schuldnerischen Unternehmens der Vergleichsmaßstab, bei der den Gesellschaftern üblicherweise ein Totalverlust droht, der wiederum die Vergleichsrechnung zugunsten des Plans entscheidet.[1010] Kommt den Gesellschaftsanteilen, anders als vom Gesetzgeber als Regelfall angenommen, noch ein wirtschaftlicher Wert zu, darf das Insolvenzgericht den Plan nur bestätigen, wenn die Gruppe der Gesellschafter dem Plan nach Maßgabe des § 244 InsO mehrheitlich zugestimmt hat. Für den Fall, dass die Minderheitsgesellschafter eine eigene Gruppe bilden, ist eine Ersetzung dieser Zustimmung durch das Gericht nur möglich, sofern die Gesellschaftsanteile vollständig entwertet sind.[1011] Auch hier kann eine strategische Gruppenbildung jedoch von vornherein die mehrheitliche Zustimmung der Gesellschafter bewirken und eine Ersetzung der Zustimmung entbehrlich werden lassen. Schließlich ist auch die Voraussetzung einer angemessenen Beteiligung gemäß § 245 Abs. 1 Nr. 2, Abs. 3 InsO insofern nur bedingt geeignet, den Minderheitsgesellschafter vor der Gefahr eines Missbrauchs des Planverfahrens durch den Mehrheitsgesellschafter zu schützen, um den Minderheitsgesellschafter aus der Gesellschaft zu drängen, als die Einbeziehung salvatorischer Klauseln die Problematik einer unterschiedlichen Behandlung erleichtern bzw. umgehen kann.

Im Ergebnis ist der Fall, dass § 245 InsO überhaupt eingreift, infolge der Möglichkeit zur strategischen Gruppenbildung des Planerstellers, bereits als selten zu bewerten.[1012] Greift § 245 InsO dennoch ein, beschränkt sich der Schutz des

---

1009 *Braun*, in: Nerlich / Römermann (Hrsg.), InsO, Lb, 9. Lfg. (03/2005), § 245, Rn. 7; *Thies*, in: A. Schmidt (Hrsg.), HHK-InsO, 5. Aufl., 2015, § 245, Rn. 7; *Lüer / Streit*, in: Uhlenbruck u.a. (Hrsg.), InsO, 14. Aufl., 2015, § 245, Rn. 13.

1010 *Altmeppen*, in: FS Hommelhoff, 2012, S. 1, 9; *Möhlenkamp*, BB 2013, 2828, 2829; *Spliedt*, GmbHR 2012, 462, 469.

1011 *H.-F. Müller*, DB 2014, 41, 44 f.; *Schäfer*, ZIP 2013, 2237, 2243.

1012 Siehe hierzu § 3.B.III.2.a)aa).

(Minderheits-)Gesellschafters auf einen wertbezogenen Schutz und läuft dementsprechend weitgehend leer (vgl. § 199 S. 2 InsO).[1013]

dd) Auswirkungen auf die opponierenden Minderheitsgesellschafter

Die Möglichkeit des Planerstellers, Beteiligte mit gleicher Rechtsstellung, aber (möglicherweise sehr) unterschiedlichen wirtschaftlichen Interessen, in verschiedene oder aber nur eine Gruppe einzuteilen, in Verbindung mit dem in den Gruppen geltenden Mehrheitsprinzip nach § 244 InsO und der Ersetzungsbefugnis aus § 245 InsO, stellt die Weichen für ein dynamisches Planverfahren und eine erfolgreiche Abstimmung über den Insolvenzplan. Zwar dient die Teilnahme der Gesellschafter an der Abstimmung im Insolvenzplanverfahren deren Beteiligung und Schutz. Diese gewährten Schutzmechanismen, insbesondere in Form des Obstruktionsverbots und des Gleichbehandlungsgrundsatzes, vermögen jedoch nur bedingt, der (Vor-)Entscheidungsmacht des Planerstellers in Bezug auf das Abstimmungsergebnis entgegenzuwirken. Rein faktisch kann dem (Minderheits-)Gesellschafter demnach in der Regel kein das Abstimmungsergebnis relevant beeinflussendes Stimmgewicht zukommen, sodass die Teilhabe am Abstimmungsprozess praktisch (weitgehend) bedeutungslos ist.

b) Austrittsrecht und Abfindungsanspruch, § 225a Abs. 5 InsO

Begründet eine Maßnahme nach § 225a Abs. 2, 3 InsO ein Austrittsrecht für eine am Schuldner beteiligte Person aus wichtigem Grund, steht dieser im Fall des Austritts gemäß § 225a Abs. 5 S. 1 InsO ein Abfindungsanspruch gegen die Gesellschaft zu.[1014] § 225a Abs. 5 S. 1 InsO trägt damit dem Umstand Rechnung, dass Maßnahmen nach § 225a Abs. 2, 3 InsO einen Wechsel im Kreis der Gesellschafter bewirken können. Insbesondere innerhalb personalistisch strukturierter Gesellschaften kann dies aus Sicht der (Alt-)Gesellschafter einen wichtigen Grund zum Austritt darstellen.[1015] Die

1013 *Drukarczyk*, in: Kirchhof u.a. (Hrsg.), MüKo-InsO, Bd. 3, 3. Aufl., 2014, § 245, Rn. 96, 98; *Becker*, in: Kübler (Hrsg.), HRI, 2. Aufl., 2015, § 41, Rn. 14; *Spliedt*, in: K. Schmidt (Hrsg.), InsO, 18. Aufl., 2013, § 225a, Rn. 7; *Altmeppen*, in: FS Hommelhoff, 2012, S. 1, 9; *Meyer*, ZInsO 2013, 2361, 1369 („eine Ablehnung durch das Obstruktionsverbot [ist] unmöglich"); *H.-F. Müller*, KTS 2012, 419, 424; wohl auch *Simon / Merkelbach*, NZG 2012, 121, 125, 127.

1014 *Haas*, in: Kreft (Hrsg.), HK-InsO, 7. Aufl., 2014, § 225a, Rn. 30 f.; *Hölzle*, in: Kübler (Hrsg.), HRI, 2. Aufl., 2015, § 31, Rn. 7; *Braun / Frank*, in: Braun (Hrsg.), InsO, 6. Aufl., 2014, § 225a, Rn. 26; *Zarzitzky*, Reform des Insolvenzplanverfahrens, 2014, S. 71 ff.

1015 BT-Drucks. 17/7511, S. 36; *Silcher*, in: Ahrens u.a. (Hrsg.), FAK InsR, 2. Aufl., 2014, § 225a, Rn. 12; *Eidenmüller*, in: Kirchhof u.a. (Hrsg.), MüKo-InsO, Bd. 3, 3. Aufl., 2014, § 225a, Rn. 114; *Spahlinger*, in: Kübler u.a. (Hrsg.), InsO, Lb, 55. Lfg. (10/2013), § 225a, Rn. 95; *Jaffé*, in: Wimmer (Hrsg.), FK-InsO, 8. Aufl., 2015, § 225a, Rn. 41; *Hess*, InsR, 2. Aufl., 2013, § 225a, Rn. 82; *Zarzitzky*, Reform des Insolvenzplanverfahrens, 2014, S. 71.

(Alt-)Gesellschafter verdienen einen höheren Schutz als die Gläubiger, da die negative Vereinigungsfreiheit nach Art. 9 Abs. 1 GG Verfassungsrang genießt, während die allgemeine Vertragsfreiheit lediglich zivilrechtlichen Grundsätzen entspringt.[1016]

Gemäß § 225a Abs. 5 S. 1 InsO ist für die Bestimmung der Höhe eines etwaigen Abfindungsanspruchs „die Vermögenslage maßgeblich, die sich bei einer Abwicklung des Schuldners eingestellt hätte".[1017] Anders als im Rahmen des Minderheitenschutzantrags oder der sofortigen Beschwerde gegen den Planbestätigungsbeschluss ist – dem Wortlaut nach – nicht die Stellung „ohne einen Plan", also die Regelabwicklung, entscheidend, die gerade auch die übertragende Sanierung, also den Verkauf des Unternehmens als Ganzes, umfasst.[1018] Trotz des abweichenden Wortlauts ist es überzeugend, auch im Rahmen von § 225a Abs. 5 InsO die bestmögliche Verwertung außerhalb eines Plans als Maßstab für den Abfindungsanspruch gemäß § 225a Abs. 5 S. 1 InsO heranzuziehen.[1019] Es ist gerade nicht ersichtlich, warum für die Berechnung eines möglichen Abfindungsanspruchs nur die Abwicklung des Schuldners im Sinne einer Zerschlagung bzw. Einstellung des Betriebs und anschließender Verwertung der einzelnen Vermögensgegenstände maßgeblich sein soll. Tritt der Gesellschafter nicht freiwillig aus der Gesellschaft aus, sondern nimmt über §§ 251, 253 InsO den ihm zur Verfügung gestellten Minderheiten- bzw. Rechtsschutz in Anspruch, erhält er gerade auch die Möglichkeit, von einer möglichen übertragenden Sanierung zu profitieren. Dementsprechend ist auch im Rahmen des Abfindungsanspruchs gemäß § 225a Abs. 5 S. 1 InsO die Regelabwicklung im Sinne der bestmöglichen Verwertung außerhalb des Plans als Maßstab für die Abfindungshöhe heranzuziehen.[1020] Der Gesellschafter verliert durch seinen Austritt aus der Gesellschaft damit zwar die Möglichkeit, an einer Werterholung infolge künftiger Fortführung zu partizipieren. Die Fortführungsaussichten sind allerdings insoweit zu berücksichtigen, als sie ein Dritter vergüten würde.[1021] Bei der Berechnung der Höhe des Abfindungsanspruchs ist folglich das Liquidationsszenario entscheidend,

1016 *Thies*, in: A. Schmidt (Hrsg.), HHK-InsO, 5. Aufl., 2015, § 225a, Rn. 58; *Thole*, GesR Maßn. in der Insolvenz, 2. Aufl., 2015, Rn. 287.

1017 *Braun/Frank*, in: Braun (Hrsg.), InsO, 6. Aufl., 2014, § 225a, Rn. 30; *Haas*, in: Kreft (Hrsg.), HK-InsO, 7. Aufl., 2014, § 225a, Rn. 30 f.; *Spahlinger*, in: Kübler u.a. (Hrsg.), InsO, Lb, 55. Lfg. (10/2013), § 225a, Rn. 98; *Thies*, in: A. Schmidt (Hrsg.), HHK-InsO, 5. Aufl., 2015, § 225a, Rn. 60; *Spliedt*, in: K. Schmidt (Hrsg.), InsO, 18. Aufl., 2013, § 225a, Rn. 53; *Hess*, InsR, 2. Aufl., 2013, § 225a, Rn. 83; *Thole*, GesR Maßn. in der Insolvenz, 2. Aufl., 2015, Rn. 212, 288.

1018 *Spahlinger*, in: Kübler u.a. (Hrsg.), InsO, Lb, 55. Lfg. (10/2013), § 225a, Rn. 98; *Thies*, in: A. Schmidt (Hrsg.), HHK-InsO, 5. Aufl., 2015, § 225a, Rn. 60.

1019 *Thies*, in: A. Schmidt (Hrsg.), HHK-InsO, 5. Aufl., 2015, § 225a, Rn. 60; *Spliedt*, in: K. Schmidt (Hrsg.), InsO, 18. Aufl., 2013, § 225a, Rn. 53.

1020 *Spahlinger*, in: Kübler u.a. (Hrsg.), InsO, Lb, 55. Lfg. (10/2013), § 225a, Rn. 98; *Spliedt*, in: K. Schmidt (Hrsg.), InsO, 18. Aufl., 2013, § 225a, Rn. 53.

1021 *Spliedt*, in: K. Schmidt (Hrsg.), InsO, 18. Aufl., 2013, § 225a, Rn. 53; vgl. auch *Thies*, in: A. Schmidt (Hrsg.), HHK-InsO, 5. Aufl., 2015, § 225a, Rn. 60.

ohne dass ein prognostischer Sanierungserfolg Berücksichtigung findet (vgl. § 22 5a Abs. 5 S. 2 InsO).[1022]

Im Ergebnis stellt sich die – nur äußerlich dem gesellschaftsrechtlichen Austrittsrecht nachempfundene – Abfindungsregelung des § 225a Abs. 5 InsO für die Minderheitsgesellschafter als weitgehend wertlos dar. Die Begrenzung der Entschädigung auf den Liquidationswert führt dazu, dass die Gesellschafter nur selten einen Anspruch geltend machen können. Inwieweit bei der Abwicklung überhaupt ein nach § 199 S. 2 InsO zu verteilender Restwert und damit ein Abfindungsanspruch vorliegen kann, ist nicht absehbar. Im Regelfall dürfte sich jedoch gar kein Abfindungsanspruch ergeben, da der austretende Gesellschafter lediglich einen residualen Anteil am Liquidationserlös erhält, nachdem die Gläubiger voll befriedigt wurden.[1023] In aller Regel wird daher keine Abfindung geschuldet sein.[1024] Macht ein Gesellschafter von seinem Austrittsrecht aus wichtigem Grund Gebrauch und steht ihm ausnahmsweise ein (werthaltiger) Abfindungsanspruch zu, verbleibt für den Schuldner die Möglichkeit, die Auszahlung des Abfindungsanspruchs verzinslich auf bis zu drei Jahre zu stunden (vgl. § 225a Abs. 5 S. 2, 3 InsO), um unangemessene Belastungen der Finanzlage des Schuldners zu vermeiden bzw. die Sanierungsaussichten des Schuldners nicht zu gefährden.[1025] Infolge des faktisch nahezu ausgeschlossenen Abfindungsanspruchs des austretenden Gesellschafters läuft auch diese Möglichkeit in aller Regel leer.[1026]

1022 *Haas*, in: Kreft (Hrsg.), HK-InsO, 7. Aufl., 2014, § 225a, Rn. 31; *Spahlinger*, in: Kübler u.a. (Hrsg.), InsO, Lb, 55. Lfg. (10/2013), § 225a, Rn. 95; *H.-F. Müller*, KTS 2012, 419, 432; *Simon / Merkelbach*, NZG 2012, 121, 124 f.; *Thole*, GesR Maßn. in der Insolvenz, 2. Aufl., 2015, Rn. 288; *Zarzitzky*, Reform des Insolvenzplanverfahrens, 2014, S. 72 f.

1023 *Silcher*, in: Ahrens u.a. (Hrsg.), FAK InsR, 2. Aufl., 2014, § 225a, Rn. 12; *Eidenmüller*, in: Kirchhof u.a. (Hrsg.), MüKo-InsO, Bd. 3, 3. Aufl., 2014, § 225a, Rn. 117.

1024 So auch *Hölzle*, in: Kübler (Hrsg.), HRI, 2. Aufl., 2015, § 31, Rn. 7; *Becker*, in: Kübler (Hrsg.), HRI, 2. Aufl., 2015, § 41, Rn. 7; *Thies*, in: A. Schmidt (Hrsg.), HHK-InsO, 5. Aufl., 2015, § 225a, Rn. 60; *Möhlenkamp*, BB 2013, 2828, 2829; *Thole*, GesR Maßn. in der Insolvenz, 2. Aufl., 2015, Rn. 288; *Zarzitzky*, Reform des Insolvenzplanverfahrens, 2014, S. 73, 76; einen grundsätzlichen (faktischen) Ausschluss des Abfingungsanspruchs dagegen ablehnend *Andres*, in: Andres u.a., InsO, 3. Aufl., 2014, § 225a, Rn. 9.

1025 BT-Drucks. 17/7511, S. 36; *Braun / Frank*, in: Braun (Hrsg.), InsO, 6. Aufl., 2014, § 225a, Rn. 26; *Eidenmüller*, in: Kirchhof u.a. (Hrsg.), MüKo-InsO, Bd. 3, 3. Aufl., 2014, § 225a, Rn. 117 ff.; *Haas*, in: Kreft (Hrsg.), HK-InsO, 7. Aufl., 2014, § 225a, Rn. 31; *Spahlinger*, in: Kübler u.a. (Hrsg.), InsO, Lb, 55. Lfg. (10/2013), § 225a, Rn. 95; *Spliedt*, in: K. Schmidt (Hrsg.), InsO, 18. Aufl., 2013, § 225a, Rn. 53.

1026 *Haas*, in: Kreft (Hrsg.), HK-InsO, 7. Aufl., 2014, § 225a, Rn. 31; *Simon / Merkelbach*, NZG 2012, 121, 125, 128.

c) *Zurückweisung des Insolvenzplans, § 231 Abs. 1 InsO*

§ 231 Abs. 1 InsO verlangt eine Vorprüfung der Ausgestaltung des eingereichten Insolvenzplans anhand der Kriterien der §§ 217–230 InsO durch das Insolvenzgericht.[1027] Die Vorprüfung soll (nur) verhindern, dass Pläne zugelassen werden, die für die Erörterung und Beschlussfassung durch die Beteiligten ungeeignet sind und dadurch den Beteiligten eine aufwendige Beschäftigung mit einem gesetzeswidrigen bzw. aussichtslosen Insolvenzplan ersparen. Die Einhaltung der Vorschriften über den Inhalt und die verfahrensmäßige Behandlung sind durch das Insolvenzgericht erneut und dann ausdrücklich zu prüfen, wenn der Plan von den Beteiligten angenommen worden ist und nun bestätigt werden soll.[1028] In diesem Sinne führt das Insolvenzgericht eine zügige, auf offensichtliche Mängel beschränkte Prüfung durch, bei der die Beteiligten nicht angehört werden und das Gericht innerhalb von zwei Wochen seit Vorlage zu entscheiden hat (Evidenzkontrolle, § 231 Abs. 1 S. 2 InsO).[1029] Das Insolvenzgericht muss den Plan von Amts wegen zurückweisen, wenn er den Vorschriften nicht entspricht (§ 231 Abs. 1 Nr. 1 InsO), keine Aussicht auf Annahme durch die Beteiligten, auf Bestätigung durch das Gericht (§ 231 Abs. 1 Nr. 2 InsO) oder auf Erfüllbarkeit hat (§ 231 Abs. 1 Nr. 3 InsO).[1030] Eine für § 231 Abs. 1 S. 1 Nr. 1 InsO vertretene, im Prüfungsumfang über die Beanstandung offensichtlicher Rechtsfehler

---

1027 RegE ESUG, BT-Drucks. 17/5712, S. 32 f.; *Haas*, in: Kreft (Hrsg.), HK-InsO, 7. Aufl., 2014, § 225a, Rn. 1; *Spahlinger*, in: Kübler u.a. (Hrsg.), InsO, Lb, 55. Lfg. (10/2013), § 231, Rn. 1; *Spliedt*, in: K. Schmidt (Hrsg.), InsO, 18. Aufl., 2013, § 231, Rn. 1; *Frege/Nicht*, in: Theiselmann, Praxishdb. Restrukturierungsrecht, 2. Aufl., 2013, Kap. 15, Rn. 212 ff.

1028 *Haas*, in: Kreft (Hrsg.), HK-InsO, 7. Aufl., 2014, § 225a, Rn. 3; kritisch *Brünkmans/Uebele*, ZInsO 2014, 265, 273.

1029 RegE ESUG, BT-Drucks. 17/5712, S. 33; *Silcher*, in: Ahrens u.a. (Hrsg.), FAK InsR, 2. Aufl., 2014, § 231, Rn. 13 ff.; *Haas*, in: Kreft (Hrsg.), HK-InsO, 7. Aufl., 2014, § 225a, Rn. 1, 3; *C. Schmidt/Stahlschmidt*, in: Kübler (Hrsg.), HRI, 2. Aufl., 2015, § 35, Rn. 42, 49; *Spahlinger*, in: Kübler u.a. (Hrsg.), InsO, Lb, 55. Lfg. (10/2013), § 231, Rn. 4 f.; *Frank*, in: Runkel/J. Schmidt (Hrsg.), Anwalts-Hdb. InsR, 3. Aufl., 2015, § 13, Rn. 310; *Thies*, in: A. Schmidt (Hrsg.), HHK-InsO, 5. Aufl., 2015, § 231, Rn. 26; *Spliedt*, in: K. Schmidt (Hrsg.), InsO, 18. Aufl., 2013, § 231, Rn. 3; *Rendels/Zabel*, Insolvenzplan, 2. Aufl., 2015, Rn. 400; *Stapper/Jacobi*, ZInsO 2014, 1821, 1825; a.A. *BGH*, Beschl. 7.05.2015 – IX ZB 75/14 = NZI 2015, 697, Rz. 8, wonach der eindeutige Wortlaut des § 231 Abs. 1 Nr. 1 InsO keinen Raum für eine auf offensichtliche Rechtsfehler beschränkte Prüfung belässt; dies in einer Aktualisierung vom 9.09.2015 übernehmend *Braun*, in: Braun (Hrsg.), InsO, 6. Aufl., 2014, § 231, Rn. 3; für eine Detailprüfung vgl. auch *Andres*, in: Andres u.a., InsO, 3. Aufl., 2014, § 231, Rn. 3; *Breuer*, in: Kirchhof u.a. (Hrsg.), MüKo-InsO, Bd. 3, 3. Aufl., 2014, § 231, Rn. 17; *Brünkmans/Uebele*, ZInsO 2014, 265, 273.

1030 *Braun/Frank*, in: Braun (Hrsg.), InsO, 6. Aufl., 2014, § 231, Rn. 3 ff.; *Breuer*, in: Kirchhof u.a. (Hrsg.), MüKo-InsO, Bd. 3, 3. Aufl., 2014, § 231, Rn. 17 ff.; *Haas*, in: Kreft (Hrsg.), HK-InsO, 7. Aufl., 2014, § 225a, Rn. 1; *Spahlinger*, in: Kübler u.a. (Hrsg.), InsO, Lb, 55. Lfg. (10/2013), § 231, Rn. 7 ff.

hinausgehende Detailprüfung, entspricht insofern nicht der Systematik der Regelungen zum Insolvenzplanverfahren, als es sich bei § 231 Abs. 1 S. 1 Nr. 1 InsO lediglich um eine Vorpüfung handelt. Die Vorprüfung soll gerade nur verhindern, dass Pläne zugelassen werden, die für die Erörterung und Beschlussfassung durch die Beteiligten ungeeignet sind, die also einen offensichtlichen Mangel aufweisen.[1031] Hält das Gericht den Hinderungsgrund für gegeben, muss es den Plan sofort zurückweisen, wenn der Vorlegende den Mangel nicht beheben kann. Anderenfalls muss es abwarten, ob der Vorlegende den Mangel innerhalb einer ihm gesetzten angemessenen Frist behebt.[1032] Hierbei bleibt zu beachten, dass die Annahme der lediglich zu prüfenden „offensichtlichen" Undurchführbarkeit des Plans mit Blick auf die Anteilsinhaber praktisch nicht vorkommt.[1033]

Die Vorprüfung nach § 231 InsO wurde vom Gesetzgeber insbesondere ausdrücklich auf die Gruppenbildung erstreckt, weil die Mehrheitsverhältnisse bei den Abstimmungen maßgeblich von einer zuvor erfolgten sachgerechten Gruppenbildung abhängen.[1034] Innerhalb der – ansonsten dem Charakter einer vorläufigen Prüfung gerecht werdenden – Vorprüfung sind strengere Anforderungen an die Sachgerechtigkeit der Gruppenbildung nach § 222 InsO zu stellen.[1035] Die Möglichkeit des Planerstellers, mit der Gruppenbildung die Mehrheitsverhältnisse für das gesamte Abstimmungsverfahren möglicherweise planentscheidend festlegen zu können (§§ 243, 244 InsO)[1036], erfordert in Anbetracht dessen, dass der Plan bis zur Abstimmung keiner weiteren Kontrolle unterliegt, eine über die vorläufige Prüfung hinausgehende Überprüfung der Sachgerechtigkeit der Gruppenbildung.[1037] Das Insolvenzgericht überprüft, ob der Insolvenzplan bei der Festlegung der Rechte die in § 222 Abs. 1 S. 2 InsO genannten obligatorischen Gruppen vorsieht, soweit der

---

1031 Vgl. nur *Haas*, in: Kreft (Hrsg.), HK-InsO, 7. Aufl., 2014, § 231, Rn. 3; *Spliedt*, in: K. Schmidt (Hrsg.), InsO, 18. Aufl., 2013, § 231, Rn. 3.

1032 *Haas*, in: Kreft (Hrsg.), HK-InsO, 7. Aufl., 2014, § 225a, Rn. 5; *Spahlinger*, in: Kübler u.a. (Hrsg.), InsO, Lb, 55. Lfg. (10/2013), § 231, Rn. 5 f.

1033 Siehe hierzu § 3.B.III.2.a).

1034 RegE ESUG, BT-Drucks. 17/5712, S. 32 f.

1035 *Braun/Frank*, in: Braun (Hrsg.), InsO, 6. Aufl., 2014, § 231, Rn. 3; *Haas*, in: Kreft (Hrsg.), HK-InsO, 7. Aufl., 2014, § 225a, Rn. 4, 17; zur Erforderlichkeit der Prüfung im Rahmen der § 231 Abs. 1 Nr. 1 InsO vgl. *Bierbach*, in: Kübler (Hrsg.), HRI, 2. Aufl., 2015, § 28, Rn. 17 ff.; *Thies*, in: A. Schmidt (Hrsg.), HHK-InsO, 5. Aufl., 2015, § 222, Rn. 29; *Jaffé*, in: Wimmer (Hrsg.), FK-InsO, 8. Aufl., 2015, § 231, Rn. 8.

1036 RegE ESUG, BT-Drucks. 17/5712, S. 32; *Braun/Frank*, in: Braun (Hrsg.), InsO, 6. Aufl., 2014, § 231, Rn. 3; *Thies*, in: A. Schmidt (Hrsg.), HHK-InsO, 5. Aufl., 2015, § 222, Rn. 2; *Spliedt*, in: K. Schmidt (Hrsg.), InsO, 18. Aufl., 2013, § 231, Rn. 4; *Rendels/Zabel*, Insolvenzplan, 2. Aufl., 2015, Rn. 401; *Wertenbruch*, ZIP 2013, 1693, 1702.

1037 RegE ESUG, BT-Drucks. 17/5712, S. 32; *Braun/Frank*, in: Braun (Hrsg.), InsO, 6. Aufl., 2014, § 231, Rn. 3; *Haas*, in: Kreft (Hrsg.), HK-InsO, 7. Aufl., 2014, § 225a, Rn. 4; *C. Schmidt/Stahlschmidt*, in: Kübler (Hrsg.), HRI, 2. Aufl., 2015, § 35, Rn. 37 ff.; *Madaus*, ZIP 2014, 500, 506 f.; *Wertenbruch*, ZIP 2013, 1693, 1702.

Insolvenzplan in deren Rechte eingreift. Sind innerhalb einer Gruppe von Beteiligten mit gleicher Rechtsstellung fakultative Gruppen von Beteiligten mit gleichartigen wirtschaftlichen Interessen gebildet worden, muss auch diese Aufspaltung gemäß § 222 Abs. 2 InsO sachgerecht erfolgt sein, wobei die Abgrenzungskriterien im Plan anzugeben sind.[1038]

Ob darüber hinaus vom Insolvenzgericht überprüft werden kann, inwieweit der Planersteller die Gruppenbildung gezielt auf die Herstellung eines bestimmten Abstimmungsergebnisses gerichtet und damit die Gruppenbildung strategisch oder sogar manipulativ ausgestaltet hat[1039], ist umstritten.[1040] Mit der herrschenden Meinung ist jedoch davon auszugehen, dass die Berücksichtigung strategischer Gesichtspunkte bei der Gruppenbildung zulässig und als Grundlage für den Erfolg des Planverfahrens auch gewollt ist.[1041] Dafür sprechen die kaum überwindbaren Abgrenzungsschwierigkeiten[1042] einer kreativen erlaubten bzw. einer manipulativen verbotenen Vorgehensweise im Zusammenhang mit den an anderer Stelle dem (Alt-) Gesellschafter eingeräumten Schutzmöglichkeiten.[1043] Manipulative Beweggründe des Planerstellers zur Gruppenbildung können demgegenüber keineswegs zulässig

---

1038 *C. Schmidt / Stahlschmidt*, in: Kübler (Hrsg.), HRI, 2. Aufl., 2015, § 35, Rn. 38; *Silcher*, in: Ahrens u.a. (Hrsg.), FAK InsR, 2. Aufl., 2014, § 231, Rn. 8.

1039 So etwa *Jaffé*, in: Wimmer (Hrsg.), FK-InsO, 8. Aufl., 2015, § 231, Rn. 8, der in § 231 Abs. 1 S. 1 Nr. 1 InsO die ausdrückliche Ermächtigung zur Überprüfung einer manipulativen Gruppenbildung sieht und zugleich das Planverfahren, welches die Gläubigerrechte stärken soll, anderenfalls als weitgehend entwertet einordnet; vgl. auch *Smid*, InVO 1997, 169, 177; *Wertenbruch*, ZIP 2013, 1693, 1702.

1040 Zum Streitstand *Breuer*, in: Kirchhof u.a. (Hrsg.), MüKo-InsO, Bd. 3, 3. Aufl., 2014, § 231, Rn. 12; *Bierbach*, in: Kübler (Hrsg.), HRI, 2. Aufl., 2015, § 28, Rn. 19 ff., § 35, Rn. 40 ff.; *Hess*, InsR, 2. Aufl., 2013, § 222, Rn. 45 ff.

1041 *Kebekus / Wehler*, in: Graf-Schlicker (Hrsg.), InsO, 4. Aufl., 2014, § 231, Rn. 3; *Breuer*, in: Kirchhof u.a. (Hrsg.), MüKo-InsO, Bd. 3, 3. Aufl., 2014, § 231, Rn. 12; *Eidenmüller*, in: Kirchhof u.a. (Hrsg.), MüKo-InsO, Bd. 3, 3. Aufl., 2014, § 222, Rn. 100; *Thies*, in: A. Schmidt (Hrsg.), HHK-InsO, 5. Aufl., 2015, § 231, Rn. 3; *Spliedt*, in: K. Schmidt (Hrsg.), InsO, 18. Aufl., 2013, § 231, Rn. 4; *Lüer / Streit*, in: Uhlenbruck u.a. (Hrsg.), InsO, 14. Aufl., 2015, § 231, Rn. 19 ff.; *Hess / Weis*, InVO 1998, 64 f.; *Kaltmeyer*, ZInsO 1999, 255, 263; wohl auch *Haas*, in: Kreft (Hrsg.), HK-InsO, 7. Aufl., 2014, § 225a, Rn. 4.

1042 *Bierbach*, in: Kübler (Hrsg.), HRI, 2. Aufl., 2015, § 28, Rn. 19.

1043 Vgl. *Bierbach*, in: Kübler (Hrsg.), HRI, 2. Aufl., 2015, § 28, Rn. 20, der eine umfassende Vorprüfung zur Wahrung der Rechte der (Minderheits-)Gesellschafter mit Blick auf § 251 InsO nicht für erforderlich hält; so auch *Silcher*, in: Ahrens u.a. (Hrsg.), FAK InsR, 2. Aufl., 2014, § 231, Rn. 6; *Spahlinger*, in: Kübler u.a. (Hrsg.), InsO, Lb, 55. Lfg. (10/2013), § 231, Rn. 20; *Thies*, in: A. Schmidt (Hrsg.), HHK-InsO, 5. Aufl., 2015, § 222, Rn. 3; *Hess*, InsR, 2. Aufl., 2013, § 222, Rn. 55; a.A. *Jaffé*, in: Wimmer (Hrsg.), FK-InsO, 8. Aufl., 2015, § 222, Rn. 31; *Wertenbruch*, ZIP 2013, 1693, 1701.

sein.[1044] Die gerichtliche Vorprüfung nach § 231 Abs. 1 Nr. 1 InsO dient gerade dem Zweck, missbräuchliche Gruppenbildungen, die lediglich der Mehrheitsbeschaffung dienen, zu vermeiden.[1045]

§ 231 Abs. 1 InsO bietet demnach – insbesondere unter Berücksichtigung der anderweitigen, dem Minderheitsgesellschafter selbst zur Verfügung gestellten Schutzmöglichkeiten – zwar keinen weitreichenden (direkten) Minderheitenschutz bzw. kein Rechtsmittel der Minderheitsgesellschafter, sorgt jedoch durch die Überprüfung der Sachgerechtigkeit der Gruppenbildung für die Kontrolle der Einhaltung der gesetzlichen Vorgaben zur Gruppenbildung (§§ 243, 244 InsO) durch den Planersteller. Diese Prüfung ist für den Schutz der (Alt-)Gesellschafter insofern wichtig, als die Gruppenbildung maßgeblich für die Mehrheitsverhältnisse bei den Abstimmungen ist[1046] und die Gruppenbildung anschließend bis zur Abstimmung keiner weiteren Kontrolle unterliegt.

d) Antrag auf Versagung der Planbestätigung, § 251 InsO

Der Minderheitenschutzantrag dient dem individuellen Schutz vor Majorisierung durch die eigene Gesellschaftergruppe.[1047] Er soll die Wirkungen des § 244 InsO, der die Annahme des Plans auch gegen die Stimmen einer Minderheit innerhalb einer Gläubigergruppe ermöglicht und die überstimmte Minderheit den im Insolvenzplan vorgesehenen gesellschaftsrechtlichen Maßnahmen unterwirft, kompensieren.[1048] § 251 InsO will den Gesellschafter davor schützen, gegen seinen Willen den Rechtswirkungen des Plans unterworfen und dadurch schlechtergestellt zu werden als bei

1044 *Wertenbruch*, ZIP 2013, 1693, 1702; a.A. *Spliedt*, in: K. Schmidt (Hrsg.), InsO, 18. Aufl., 2013, § 231, Rn. 4 („das Vorliegen strategischer oder ggf. manipulativer Überlegungen [...] zur Gruppenbildung [...] ist grundsätzlich zulässig.").

1045 *Jaffé*, in: Wimmer (Hrsg.), FK-InsO, 8. Aufl., 2015, § 231, Rn. 8; *Wertenbruch*, ZIP 2013, 1693, 1702.

1046 RegE ESUG, BT-Drucks. 17/5712, S. 32.

1047 RegE ESUG, BT-Drucks. 17/5712, S. 34 f.; *Braun / Frank*, in: Braun (Hrsg.), InsO, 6. Aufl., 2014, § 251, Rn. 1 f.; *Sinz*, in: Kirchhof u.a. (Hrsg.), MüKo-InsO, Bd. 3, 3. Aufl., 2014, § 251, Rn. 2; *Burmeister / Schmidt-Hern*, in: Kübler (Hrsg.), HRI, 2. Aufl., 2015, § 43, Rn. 1; *Pleister*, in: Kübler u.a. (Hrsg.), InsO, Lb, 55. Lfg. (10/2013), § 251, Rn. 2; *Thies*, in: A. Schmidt (Hrsg.), HHK-InsO, 5. Aufl., 2015, § 251, Rn. 1; *Spliedt*, in: K. Schmidt (Hrsg.), InsO, 18. Aufl., 2013, § 251, Rn. 1; *Lüer / Streit*, in: Uhlenbruck u.a. (Hrsg.), InsO, 14. Aufl., 2015, § 251, Rn. 1 ff.; *Jaffé*, in: Wimmer (Hrsg.), FK-InsO, 8. Aufl., 2015, § 251, Rn. 15; *Hess*, InsR, 2. Aufl., 2013, § 251, Rn. 21; *Smid / Rattunde / Martini*, Insolvenzplan, 4. Aufl., 2015, Rn. 20.3.

1048 *Silcher*, in: Ahrens u.a. (Hrsg.), FAK InsR, 2. Aufl., 2014, § 251, Rn. 2; *Braun / Frank*, in: Braun (Hrsg.), InsO, 6. Aufl., 2014, § 251, Rn. 1; *Burmeister / Schmidt-Hern*, in: Kübler (Hrsg.), HRI, 2. Aufl., 2015, § 43, Rn. 2; *Lüer / Streit*, in: Uhlenbruck u.a. (Hrsg.), InsO, 14. Aufl., 2015, § 251, Rn. 1; wohl auch *Jaffé*, in: Wimmer (Hrsg.), FK-InsO, 8. Aufl., 2015, § 251, Rn. 2; *Rendels / Zabel*, Insolvenzplan, 2. Aufl., 2015, Rn. 499.

einer Abwicklung des Rechtsträgers.[1049] Jedem Gesellschafter soll der Wert garantiert werden, den sein Anteils- bzw. Mitgliedschaftsrecht im Insolvenzverfahren noch hat und den er daher im gesetzlichen Regelverfahren zugewiesen bekäme.[1050] § 251 InsO fungiert damit als Ergänzung zu § 245 InsO,[1051] der die Anforderungen an die Überwindung der Ablehnung durch eine Gläubigergruppe festlegt und diese zugleich vor der Mehrheit der anderen Gruppen schützt. Im Gegensatz zu § 245 InsO muss im Rahmen des § 251 InsO jedoch keine angemessene Beteiligung an den durch den Plan realisierten Werten erfolgen, weshalb der über § 251 InsO vermittelte Schutz hinter dem bei der Obstruktionsregel aufgestellten Maßstab zurückbleibt.[1052] Mit § 251 InsO bestätigt der Gesetzgeber die grundlegende Erkenntnis des Minderheitenschutzes, wonach die Mehrheitsentscheidung allein keine abschließende Legitimation für die endgültige Bestätigung des Insolvenzplans bietet.[1053] Sowohl das das Insolvenzplanverfahren beherrschende Mehrheitsprinzip als auch die Privatautonomie der Gläubigerversammlung werden zum Schutz des Einzelnen durch die Versagungsbefugnis des Insolvenzgerichts eingeschränkt.

Die Bestätigung des Insolvenzplans ist gemäß § 251 Abs. 1 Nr. 1 und 2 InsO auf Antrag zu versagen, wenn der Antragsteller dem Plan spätestens im Abstimmungstermin widersprochen hat und durch den Plan voraussichtlich schlechtergestellt wird, als er ohne ihn stünde.[1054] Der Minderheitsgesellschafter ist antragsberechtigt, sofern der Schuldner keine natürliche Person ist und er als Beteiligter zwangsweise von den Wirkungen des Insolvenzplans erfasst wird.[1055] Die grundsätzlich

---

1049 RegE ESUG, BT-Drucks. 17/5712, S. 34; *Braun / Frank*, in: Braun (Hrsg.), InsO, 6. Aufl., 2014, § 251, Rn. 1 f.; *Sinz*, in: Kirchhof u.a. (Hrsg.), MüKo-InsO, Bd. 3, 3. Aufl., 2014, § 251, Rn. 1; *Burmeister / Schmidt-Hern*, in: Kübler (Hrsg.), HRI, 2. Aufl., 2015, § 43, Rn. 1; *Thies*, in: A. Schmidt (Hrsg.), HHK-InsO, 5. Aufl., 2015, § 251, Rn. 1; *Spliedt*, in: K. Schmidt (Hrsg.), InsO, 18. Aufl., 2013, § 251, Rn. 1; vgl. auch *Frauer*, Grenzen des Eingriffs, 2014, S. 75 f.

1050 *Braun / Frank*, in: Braun (Hrsg.), InsO, 6. Aufl., 2014, § 251, Rn. 1; *Sinz*, in: Kirchhof u.a. (Hrsg.), MüKo-InsO, Bd. 3, 3. Aufl., 2014, § 251, Rn. 1; *Haas*, in: Kreft (Hrsg.), HK-InsO, 7. Aufl., 2014, § 251, Rn. 1.

1051 *Haas*, in: Kreft (Hrsg.), HK-InsO, 7. Aufl., 2014, § 251, Rn. 3; *Spliedt*, in: K. Schmidt (Hrsg.), InsO, 18. Aufl., 2013, § 251, Rn. 2.

1052 *Spliedt*, in: K. Schmidt (Hrsg.), InsO, 18. Aufl., 2013, § 251, Rn. 2 („abgestufte Schutzregelungen"); *Jaffé*, in: Wimmer (Hrsg.), FK-InsO, 8. Aufl., 2015, § 251, Rn. 18; *Frauer*, Grenzen des Eingriffs, 2014, S. 87; *Hess*, InsR, 2. Aufl., 2013, § 251, Rn. 9, 21.

1053 *Burmeister / Schmidt-Hern*, in: Kübler (Hrsg.), HRI, 2. Aufl., 2015, § 43, Rn. 4 („gewisse Parallele zur Anfechtung von Mehrheitsbeschlüssen im Gesellschaftsrecht").

1054 *Lüer / Streit*, in: Uhlenbruck u.a. (Hrsg.), InsO, 14. Aufl., 2015, § 251, Rn. 1; *Jaffé*, in: Wimmer (Hrsg.), FK-InsO, 8. Aufl., 2015, § 251, Rn. 12, 22; *Böcker*, DZWiR 2014, 440; *Meyer*, ZInsO 2013, 2361, 2368; *K. Schmidt*, BB 2011, 1603, 1608; *Simon / Merkelbach*, NZG 2012, 121, 122.

1055 RegE ESUG, BT-Drucks. 17/5712, S. 4; *Burmeister / Schmidt-Hern*, in: Kübler (Hrsg.), HRI, 2. Aufl., 2015, § 43, Rn. 11, 18 ff.; *Spliedt*, in: K. Schmidt (Hrsg.), InsO, 18. Aufl.,

erforderliche Einlegung eines Widerspruchs gegen den Plan[1056], der von dem Versagungsantrag selbst zu trennen ist, ist ausnahmsweise entbehrlich, wenn der Antrag auf Minderheitenschutz bereits im Abstimmungstermin gestellt wurde.[1057] Aus dem Verbot des widersprüchlichen Verhaltens ergibt sich, dass einem Gesellschafter, der bei der Abstimmung über den Plan für den Plan gestimmt hat, sowohl die Einlegung eines Widerspruchs als auch der Antrag nach § 251 InsO verwehrt ist.[1058] Die Zulässigkeit des Antrags hängt gemäß § 251 Abs. 2 InsO davon ab, dass der Antragsteller seine voraussichtliche Schlechterstellung darlegt und im Sinne einer überwiegenden Wahrscheinlichkeit glaubhaft macht (§ 4 InsO, § 294 ZPO).[1059] Im Gegensatz zur Prüfung nach § 245 Abs. 1 Nr. 1 InsO bezieht sich die Schlechterstellung nicht auf eine Gruppe von Beteiligten, sondern auf die individuelle Schlechterstellung des einzelnen Beteiligten ohne Plan.[1060] Eine Schlechterstellung im Vergleich zu einem etwaigen Alternativplan genügt im Rahmen des § 251 InsO nicht.[1061] Regelmäßig

---

2013, § 251, Rn. 4; *Jaffé*, in: Wimmer (Hrsg.), FK-InsO, 8. Aufl., 2015, § 251, Rn. 6; *Hess*, InsR, 2. Aufl., 2013, § 251, Rn. 2.

1056 *Braun/Frank*, in: Braun (Hrsg.), InsO, 6. Aufl., 2014, § 251, Rn. 4 f.; *Sinz*, in: Kirchhof u.a. (Hrsg.), MüKo-InsO, Bd. 3, 3. Aufl., 2014, § 251, Rn. 13; *Pleister*, in: Kübler u.a. (Hrsg.), InsO, Lb, 55. Lfg. (10/2013), § 251, Rn. 6 f.; *Thies*, in: A. Schmidt (Hrsg.), HHK-InsO, 5. Aufl., 2015, § 251, Rn. 6 ff.; *Lüer/Streit*, in: Uhlenbruck u.a. (Hrsg.), InsO, 14. Aufl., 2015, § 251, Rn. 18.

1057 Zur Entbehrlichkeit des (ausdrücklichen) Widerspruchs bei Stellung des Versagungsantrags im Abstimmungstermin vgl. *BGH*, Beschl. v. 22.03.2007 – IX ZB 10/06 = NZI 2007, 522; *Pleister*, in: Kübler u.a. (Hrsg.), InsO, Lb, 55. Lfg. (10/2013), § 251, Rn. 7.

1058 *Sinz*, in: Kirchhof u.a. (Hrsg.), MüKo-InsO, Bd. 3, 3. Aufl., 2014, § 251, Rn. 6; *Burmeister/Schmidt-Hern*, in: Kübler (Hrsg.), HRI, 2. Aufl., 2015, § 43, Rn. 17, 20, 32; *Spliedt*, in: K. Schmidt (Hrsg.), InsO, 18. Aufl., 2013, § 251, Rn. 4; a.A. *Jaffé*, in: Wimmer (Hrsg.), FK-InsO, 8. Aufl., 2015, § 251, Rn. 9, der – davon ausgehend, dass bereits überhaupt keine Abstimmung des Antragstellenden erforderlich ist – einen (unbegründeten) Sinneswandel für möglich hält und eine zunächst für den Plan erfolgte Stimmabgabe ausreichen lässt, sofern der Antragsberechtigte noch im Abstimmungstermin die Voraussetzungen des § 251 Abs. 1 Nr. 1, Abs. 2 InsO erfüllt; so auch *Lüer/Streit*, in: Uhlenbruck u.a. (Hrsg.), InsO, 14. Aufl., 2015, § 251, Rn. 12; *Silcher*, in: Ahrens u.a. (Hrsg.), FAK InsR, 2. Aufl., 2014, § 251, Rn. 11.

1059 *BGH*, Beschl. v. 17.07.2014 – IX ZB 13/14 = NZI 2014, 751, Rz. 23; *BGH*, Beschl. v. 29.03.2007 – IX ZB 204/05 = DZWiR 2007, 350; *Burmeister/Schmidt-Hern*, in: Kübler (Hrsg.), HRI, 2. Aufl., 2015, § 43, Rn. 44 ff.; *Spliedt*, in: K. Schmidt (Hrsg.), InsO, 18. Aufl., 2013, § 251, Rn. 12 ff.; *Böcker*, DZWiR 2014, 440, 441; *Smid/Rattunde/Martini*, Insolvenzplan, 4. Aufl., 2015, Rn. 20.6 f.

1060 *AG Düsseldorf*, Beschl. v. 7.01.2008 – 503 IN 221/02 = ZInsO 2008, 463; *Burmeister/Schmidt-Hern*, in: Kübler (Hrsg.), HRI, 2. Aufl., 2015, § 43, Rn. 54; *Lüer/Streit*, in: Uhlenbruck u.a. (Hrsg.), InsO, 14. Aufl., 2015, § 251, Rn. 20.

1061 *Sinz*, in: Kirchhof u.a. (Hrsg.), MüKo-InsO, Bd. 3, 3. Aufl., 2014, § 251, Rn. 26; *Spliedt*, in: K. Schmidt (Hrsg.), InsO, 18. Aufl., 2013, § 215, Rn. 6, unter Verweis auf den

wird sie jedoch im Fall der Pflichten- bzw. Risikoübernahme anzunehmen sein.[1062] Dem Gesellschafter dürfen gegen seinen Willen keine neuen Pflichten oder Risiken aufgebürdet werden, die er bislang nicht zu tragen hatte, sofern die §§ 217 ff. InsO dies nicht gestatten. Sieht der Plan beispielsweise Nachschusspflichten im Fall der Fortführung der schuldnerischen Gesellschaft vor, kann der überstimmte Minderheitsgesellschafter die Wirksamkeit des Plans durch einen Minderheitenschutzantrag torpedieren, indem er eine Schlechterstellung gegenüber der Situation ohne Plan geltend macht. Für den Fortsetzungsbeschluss in der GmbH & Co. KG bedarf es daher gemäß § 230 Abs. 1 S. 2 InsO der Zustimmung der persönlich haftenden Gesellschafter und derer, die es werden wollen. Eine voraussichtliche Schlechterstellung ist durch den Antragsteller nur dann glaubhaft gemacht, wenn die Planregelungen sowohl in rechtlicher Hinsicht als auch gemäß des wirtschaftlichen Ergebnisses im Vergleich zur Regelabwicklung (Liquidationswert) mit hoher Wahrscheinlichkeit eine Schlechterstellung für den Antragsteller bewirken.[1063] Die Voraussetzung der Glaubhaftmachung erstreckt sich daher beispielsweise auch auf die Durchsetzbarkeit einer (bestrittenen) Forderung.[1064]

Der zulässige Antrag nach § 251 InsO ist begründet, wenn der Antragsteller bei der Durchführung des Plans voraussichtlich schlechtergestellt würde, als er ohne den Plan bei Liquidation und Verteilung stünde (§ 251 Abs. 1 Nr. 2 InsO) und im gestaltenden Teil des Plans keine Mittel zum finanziellen Ausgleich einer nachgewiesenen Schlechterstellung bereitgestellt sind (§ 251 Abs. 3 S. 1 InsO).[1065] Erforderlich ist eine voraussichtliche Schlechterstellung im Vergleich zur Regelabwicklung[1066], die nach Glaubhaftmachung durch den Antragsteller der Feststellung im Wege der Amtsermittlung durch das Insolvenzgericht bedarf (§ 5 Abs. 1 InsO).[1067] Der Gesetzgeber legt damit den Vergleichsmaßstab der Durchführung des Regelinsolvenzverfahrens zugrunde und knüpft den Schutz des Minderheitsgesellschafters an den Wertvergleich zwischen realen künftigen Planfolgen und hypothetischen Folgen der

---

Wortlaut des § 251 Abs. 1 Nr. 2 InsO („ohne einen Plan"); *ders.*, ZInsO 2013, 2155, 2156; anders wohl *BGH*, Beschl. v. 17.07.2014 – IX ZB 13/14 = NZI 2014, 751, Rz. 41.

1062 *Braun/Frank*, in: Braun (Hrsg.), InsO, 6. Aufl., 2014, § 230, Rn. 2, 6; *Eidenmüller*, in: Kirchhof u.a. (Hrsg.), MüKo-InsO, Bd. 3, 3. Aufl., 2014, § 225a, Rn. 80 und § 230, Rn. 21 ff.; *Sinz*, in: Uhlenbruck u.a. (Hrsg.), InsO, 14. Aufl., 2015, § 230, Rn. 2 f.

1063 *BGH*, Beschl. v. 19.05.2009 – IX ZB 236/07 = ZIP 2009, 1384; *Rendels/Zabel*, Insolvenzplan, 2. Aufl., 2015, Rn. 509.

1064 *Paul*, ZInsO 2011, 610, 611; *Rendels/Zabel*, Insolvenzplan, 2. Aufl., 2015, Rn. 509.

1065 *Pleister*, in: Kübler u.a. (Hrsg.), InsO, Lb, 55. Lfg. (10/2013), § 251, Rn. 17.

1066 *Pleister*, in: Kübler u.a. (Hrsg.), InsO, Lb, 55. Lfg. (10/2013), § 251, Rn. 8, 10; *Thies*, in: A. Schmidt (Hrsg.), HHK-InsO, 5. Aufl., 2015, § 251, Rn. 9; *Spliedt*, in: K. Schmidt (Hrsg.), InsO, 18. Aufl., 2013, § 251, Rn. 6; *Hirte/Knof/Mock*, DB 2011, 632, 641; *Simon/Merkelbach*, NZG 2012, 121, 122.

1067 *BGH*, Beschl. v. 17.07.2014 – IX ZB 13/14 = NZI 2014, 751, Rz. 23; *Sinz*, in: Kirchhof u.a. (Hrsg.), MüKo-InsO, Bd. 3, 3. Aufl., 2014, § 251, Rn. 50; *Spliedt*, in: K. Schmidt (Hrsg.), InsO, 18. Aufl., 2013, § 251, Rn. 28; *Böcker*, DZWiR 2014, 440, 441.

gesetzlichen Haftungsabwicklung.[1068] Maßgeblich für die Frage, ob eine voraussichtliche Schlechterstellung vorliegt, sind allein wirtschaftliche Gesichtspunkte.[1069] Für die Gesellschafter folgt daraus, dass sie sich nicht auf den Verlust von Mitverwaltungsrechten oder sonstigen mitgliedschaftlichen Elementen der Gesellschafterstellung berufen können, da es sich insoweit um nicht-vermögensmäßige immaterielle Werte handelt.[1070] Gelingt dem Antragsteller die Darlegung und Glaubhaftmachung der voraussichtlichen Schlechterstellung, kann im Einzelfall dennoch eine Abweisung des Minderheitenschutzantrags erfolgen, sofern im gestaltenden Teil des Plans Mittel für eine Gleichstellung vorgesehen sind (§ 251 Abs. 3 S. 1 InsO).[1071] Sind Mittel für den Fall bereitgestellt, dass ein Gesellschafter eine Schlechterstellung nachweist, ist dieser darauf verwiesen, den Ausgleichsanspruch außerhalb des Insolvenzverfahrens einzuklagen. Der Mittelfonds soll das Risiko einer Versagung durch das Insolvenzgericht minimieren, Blockademöglichkeiten abbauen und eine Verfahrensbeschleunigung bewirken.[1072] Das Insolvenzgericht trifft die Entscheidung über den Minderheitenschutzantrag regelmäßig im Rahmen der Begründung des Bestätigungs- oder Versagungsbeschlusses nach § 252 InsO oder als gesonderter Beschluss über den Antrag nach § 251 Abs. 1 InsO.[1073] Ergibt die gerichtliche Prüfung, dass die im Plan bereitgestellten Mittel für die Ausgleichszahlungen nicht ausreichen, um eventuelle Schlechterstellungen auszugleichen, muss das Insolvenzgericht im Falle einer auch nur unwesentlichen Schlechterstellung ohne Ermessensspielraum

1068 *Pleister*, in: Kübler u.a. (Hrsg.), InsO, Lb, 55. Lfg. (10/2013), § 251, Rn. 8; *Haas*, in: Kreft (Hrsg.), HK-InsO, 7. Aufl., 2014, § 251, Rn. 17 ff.; *Hirte/Knof/Mock*, DB 2011, 632, 641; *H.-F. Müller*, DB 2014, 41, 44.

1069 *Sinz*, in: Kirchhof u.a. (Hrsg.), MüKo-InsO, Bd. 3, 3. Aufl., 2014, § 251, Rn. 28; *Haas*, in: Kreft (Hrsg.), HK-InsO, 7. Aufl., 2014, § 251, Rn. 8; *Burmeister/Schmidt-Hern*, in: Kübler (Hrsg.), HRI, 2. Aufl., 2015, § 43, Rn. 57; *Pleister*, in: Kübler u.a. (Hrsg.), InsO, Lb, 55. Lfg. (10/2013), § 251, Rn. 9; *Jaffé*, in: Wimmer (Hrsg.), FK-InsO, 8. Aufl., 2015, § 251, Rn. 13.

1070 *Sinz*, in: Kirchhof u.a. (Hrsg.), MüKo-InsO, Bd. 3, 3. Aufl., 2014, § 251, Rn. 28; *Spliedt*, in: K. Schmidt (Hrsg.), InsO, 18. Aufl., 2013, § 251, Rn. 6; *Thole*, GesR Maßn. in der Insolvenz, 2. Aufl., 2015, Rn. 216.

1071 *Burmeister/Schmidt-Hern*, in: Kübler (Hrsg.), HRI, 2. Aufl., 2015, § 43, Rn. 68 ff.; *Pleister*, in: Kübler u.a. (Hrsg.), InsO, Lb, 55. Lfg. (10/2013), § 251, Rn. 17 ff.; *Thies*, in: A. Schmidt (Hrsg.), HHK-InsO, 5. Aufl., 2015, § 251, Rn. 12 ff.; *Hess*, InsR, 2. Aufl., 2013, § 251, Rn. 22 ff.; *H.-F. Müller*, DB 2014, 41, 44; *Rendels/Zabel*, Insolvenzplan, 2. Aufl., 2015, Rn. 510 ff.

1072 RegE ESUG, BT-Drucks. 17/5712, S. 35; *Sinz*, in: Kirchhof u.a. (Hrsg.), MüKo-InsO, Bd. 3, 3. Aufl., 2014, § 251, Rn. 36; *Burmeister/Schmidt-Hern*, in: Kübler (Hrsg.), HRI, 2. Aufl., 2015, § 43, Rn. 68; *Pleister*, in: Kübler u.a. (Hrsg.), InsO, Lb, 55. Lfg. (10/2013), § 251, Rn. 17; *Hess*, InsR, 2. Aufl., 2013, § 251, Rn. 22.

1073 *Sinz*, in: Kirchhof u.a. (Hrsg.), MüKo-InsO, Bd. 3, 3. Aufl., 2014, § 251, Rn. 53; *Jaffé*, in: Wimmer (Hrsg.), FK-InsO, 8. Aufl., 2015, § 251, Rn. 24.

die Bestätigung des Insolvenzplans versagen.[1074] Entscheidet das Gericht hingegen, dass die bereitgestellten Mittel für die Ausgleichszahlungen ausreichen, kann der Gesellschafter entweder Klage auf Zahlung eines Ausgleichs erheben oder gegen die Planbestätigung sofortige Beschwerde einlegen, wenn er glaubhaft macht, dass die im Plan vorgesehenen Ausgleichsmittel nicht ausreichen, um die Schlechterstellung auszugleichen.[1075] Über die Verteilung der Mittel wird in einem gesonderten Verfahren vor den ordentlichen Gerichten entschieden (§ 251 Abs. 3 S. 2 InsO).[1076] Gegen den Beschluss über die Zurückweisung des Minderheitenschutzantrags ist kein Rechtsmittel gegeben.[1077]

Insgesamt bewirken die engen, erschwerten Bedingungen[1078] des Minderheitenschutzantrags einen stark verkürzten[1079] und zugleich allein vermögensbezogenen Rechtsschutz[1080]. Dieser ist zudem nur in Ausnahmefällen denkbar, weil allenfalls in seltenen atypischen Fällen, deren Vorliegen der Gesellschafter selbst glaubhaft zu machen hat, im Vergleichsszenario des Regelinsolvenzverfahrens ein gemäß § 199 S. 2 InsO auszukehrender Überschuss verbleibt.[1081] Die Gesetzesbegründung rechtfertigt das reduzierte Schutzniveau über den, dem Anteilsrecht

---

1074 *Haas*, in: Kreft (Hrsg.), HK-InsO, 7. Aufl., 2014, § 251, Rn. 10; *Thies*, in: A. Schmidt (Hrsg.), HHK-InsO, 5. Aufl., 2015, § 251, Rn. 23 ff.; *Spliedt*, in: K. Schmidt (Hrsg.), InsO, 18. Aufl., 2013, § 251, Rn. 18; *Böcker*, DZWiR 2014, 440, 441; *Hess*, InsR, 2. Aufl., 2013, § 251, Rn. 8; a.A. wohl *Frauer*, Grenzen des Eingriffs, 2014, S. 98.

1075 *Pleister*, in: Kübler u.a. (Hrsg.), InsO, Lb, 55. Lfg. (10/2013), § 251, Rn. 24; *Madaus*, NZI 2012, 597, 598 f.; zustimmend *Rendels/Zabel*, Insolvenzplan, 2. Aufl., 2015, Rn. 516.

1076 RegE ESUG, BT-Drucks. 17/5712, S. 35; *Sinz*, in: Kirchhof u.a. (Hrsg.), MüKo-InsO, Bd. 3, 3. Aufl., 2014, § 251, Rn. 41; *Burmeister/Schmidt-Hern*, in: Kübler (Hrsg.), HRI, 2. Aufl., 2015, § 43, Rn. 84 ff.

1077 *Pleister*, in: Kübler u.a. (Hrsg.), InsO, Lb, 55. Lfg. (10/2013), § 251, Rn. 23; *Thies*, in: A. Schmidt (Hrsg.), HHK-InsO, 5. Aufl., 2015, § 251, Rn. 27.

1078 *Decher/Voland*, ZIP 2013, 103, 111; *Meyer*, ZInsO 2013, 2361, 2368; *Möhlenkamp*, BB 2013, 2828, 2829; *H.-F. Müller*, KTS 2012, 419, 436 f.; *Rendels/Zabel*, Insolvenzplan, 2. Aufl., 2015, Rn. 502 ff.; *K. Schmidt*, BB 2011, 1603, 1608; *Simon/Merkelbach*, NZG 2012, 121, 122; *Thole*, ZIP 2013, 1937, 1945.

1079 *Jaffé*, in: Wimmer (Hrsg.), FK-InsO, 8. Aufl., 2015, § 251, Rn. 29; *Bremen*, NZI 2014, 137; *Thole*, ZIP 2013, 1937, 1945 („auf einen wirtschaftlichen Werterhaltungsschutz runtergefahren"); im Ergebnis ebenso *Fölsing*, KSI 2014, 123.

1080 So auch *H.-F. Müller*, DB 2014, 41, 44; *Thole*, GesR Maßn. in der Insolvenz, 2. Aufl., 2015, Rn. 212 ff.

1081 Vgl. bereits vor Eintritt der Änderungen durch das ESUG *Uhlenbruck*, in: Uhlenbruck u.a. (Hrsg.), InsO, 13. Aufl., 2010, § 251, Rn. 1 („nur in ganz seltenen Ausnahmefällen"); vgl. auch *Burmeister/Schmidt-Hern*, in: Kübler (Hrsg.), HRI, 2. Aufl., 2015, § 43, Rn. 73; *Hölzle*, KTS 2011, 291, 318 f.; *Lehmann/Rühle*, NZI 2015, 151, 154; *Zarzitzky*, Reform des Insolvenzplanverfahrens, 2014, S. 76; zu § 199 S. 2 InsO vgl. *Füchsl/Weishäupl/Kebekus/Schwarzer*, in: Kirchhof u.a. (Hrsg.), MüKo-InsO, Bd. 2, 3. Aufl., 2013, § 199, Rn. 1; *Wegener*, in: Uhlenbruck u.a. (Hrsg.), InsO, 14. Aufl., 2015, § 199, Rn. 1 f.

des Gesellschafters in der Insolvenz allenfalls zukommenden, wirtschaftlichen Substanzwert[1082]: Nach Eröffnung des Insolvenzverfahrens kann der Gesellschafter nicht länger mit dem Erhalt seines Anteils- und Mitgliedschaftsrechts rechnen, da das Verfahren ohne sanierenden Insolvenzplan zu einer Abwicklung und in letzter Konsequenz zur Löschung des insolventen Rechtsträgers führt.[1083] Einschränkungen, bis hin zum Verlust der Mitgliedschaft, sind daher laut Regierungsbegründung zu § 251 InsO unbedenklich.[1084] Im Fall des begründeten Minderheitenschutzantrags vermeide die Auszahlungsgarantie faktisch eine Schlechterstellung des Gesellschafters und rechtfertige dadurch die Unbeachtlichkeit des Minderheitenschutzantrags (§ 251 Abs. 3 S. 1 InsO) und die Auslagerung des Ausgleichsverfahrens (§ 251 Abs. 3 S. 2 InsO) mit dem Ziel der Verfahrensbeschleunigung.[1085]

Anzuerkennen bleibt jedoch, dass die vom Antragsteller geltend gemachten, zu niedrigen bzw. nicht (ausreichend) liquide vorhandenen „Mittel" zum Ausgleich etwaiger Schlechterstellungen, als grundsätzliche Fragen der ordnungsgemäßen Anwendung des § 251 Abs. 3 S. 1 InsO im Rahmen der Planbestätigung und ggf. im Rahmen einer anschließenden sofortigen Beschwerde nach § 253 Abs. 1 InsO durchzuentscheiden sind.[1086]

e) Versagungsbeschluss des Insolvenzgerichts, § 250 InsO

Der über § 251 InsO gewährte, allein vermögensorientierte Rechtsschutz wird durch die von Amts wegen bestehende Prüfungspflicht des Insolvenzgerichts gemäß § 250 InsO ergänzt.[1087] § 250 InsO sieht die Prüfung des bisherigen Verfahrensablaufs vor und benennt die Gründe, bei deren Vorliegen das Insolvenzgericht dem angenommenen Plan die Bestätigung zu versagen hat.[1088] Das Insolvenzgericht hat im Rahmen seiner Bestätigungsentscheidung schon von Amts wegen eine umfassende Rechtskontrolle vorzunehmen.[1089] Es prüft, ob Verstöße gegen die in § 250 Nr. 1 InsO erwähnten Verfahrensvorschriften oder eine unlautere Annahme des Plans gemäß § 250 Nr. 2 InsO vorliegen, und soll durch die Rüge wesentlicher Mängel bei Planvorlage, Planabstimmung und Planerörterung zugleich Minderheitenschutz für die

1082 RegE ESUG, BT-Drucks. 17/5712, S. 34 f.

1083 RegE ESUG, BT-Drucks. 17/5712, S. 34 f.

1084 RegE ESUG, BT-Drucks. 17/5712, S. 34 f.

1085 *Jaffé*, in: Wimmer (Hrsg.), FK-InsO, 8. Aufl., 2015, § 251, Rn. 29.

1086 *Madaus*, NZI 2012, 597, 599 mit der Empfehlung, den Suspensiveffekt der sofortigen Beschwerde aufzuheben, damit der Insolvenzplan in jedem Fall vierzehn Tage nach dem Bestätigungsbeschluss in Kraft treten kann; vgl. auch *Rendels / Zabel*, Insolvenzplan, 2. Aufl., 2015, Rn. 516.

1087 *H.-F. Müller*, DB 2014, 41, 45; *Zarzitzky*, Reform des Insolvenzplanverfahrens, 2014, S. 68.

1088 *Braun / Frank*, in: Braun (Hrsg.), InsO, 6. Aufl., 2014, § 250, Rn. 1; *Pleister*, in: Kübler u.a. (Hrsg.), InsO, Lb, 55. Lfg. (10/2013), § 250, Rn. 2 ff.; *Thies*, in: A. Schmidt (Hrsg.), HHK-InsO, 5. Aufl., 2015, § 250, Rn. 1 ff.

1089 *H.-F. Müller*, DB 2014, 41, 45.

Gesellschafter bieten.[1090] Das Gericht hat beispielsweise zu prüfen, ob Mängel bei der Gruppenbildung nach § 222 InsO – und zwar auch solche, die bereits bei der Vorprüfung nach § 231 Abs. 1 Nr. 1 InsO vorlagen, aber nicht beachtet wurden[1091] – oder Verstöße gegen den Gleichbehandlungsgrundsatz gemäß § 226 InsO vorliegen.[1092] Es prüft auch, ob die Gesellschafter entgegen § 235 Abs. 3 S. 3 InsO nicht zum Abstimmungstermin geladen wurden.[1093] Wesentlicher inhaltlicher Prüfungspunkt ist zudem die Frage, ob die im Insolvenzplan vorgesehenen Maßnahmen im Sinne von § 225a Abs. 3 InsO „gesellschaftsrechtlich zulässig“ sind.[1094]

Der Schutz der Gesellschafter über § 250 InsO wird allerdings dadurch beschnitten, dass Verstöße nur dann zu einer Versagung der Bestätigung des Insolvenzplans führen, wenn sie wesentlich und nicht behebbar sind (§ 250 Nr. 1 InsO).[1095] Von der Wesentlichkeit eines Verfahrensfehlers ist dann auszugehen, wenn dieser „Einfluss auf die Annahme des Insolvenzplans gehabt haben könnte“[1096]. Die Wesentlichkeit knüpft demnach an das Ergebnis der Abstimmung über den Insolvenzplan und an die Frage, ob der Verstoß für die Zustimmung der Beteiligten ursächlich gewesen sein könnte, an. Zu beachten bleibt hier jedoch, dass eine Verfahrensverletzung zulasten der Gesellschafter in der Regel nicht das Abstimmungsverhalten der sonstigen Gläubigergruppen beeinflusst.[1097] In der Folge würde selbst bei Annahme der

---

1090 Zutreffend *Meyer*, ZInsO 2013, 2361, 2368.

1091 *Braun / Frank*, in: Braun (Hrsg.), InsO, 6. Aufl., 2014, § 250, Rn. 2; *Sinz*, in: Kirchhof u.a. (Hrsg.), MüKo-InsO, Bd. 3, 3. Aufl., 2014, § 250, Rn. 5, 10; *Pleister*, in: Kübler u.a. (Hrsg.), InsO, Lb, 55. Lfg. (10/2013), § 250, Rn. 7, 11; *Jaffé*, in: Wimmer (Hrsg.), FK-InsO, 8. Aufl., 2015, § 250, Rn. 5.

1092 *Braun / Frank*, in: Braun (Hrsg.), InsO, 6. Aufl., 2014, § 250, Rn. 2; *Sinz*, in: Kirchhof u.a. (Hrsg.), MüKo-InsO, Bd. 3, 3. Aufl., 2014, § 250, Rn. 10; *Pleister*, in: Kübler u.a. (Hrsg.), InsO, Lb, 55. Lfg. (10/2013), § 250, Rn. 1; *Haas*, in: Kreft (Hrsg.), HK-InsO, 7. Aufl., 2014, § 250, Rn. 2.

1093 *Thies*, in: A. Schmidt (Hrsg.), HHK-InsO, 5. Aufl., 2015, § 250, Rn. 8; *H.-F. Müller*, KTS 2012, 419, 438.

1094 *Haas*, in: Kreft (Hrsg.), HK-InsO, 7. Aufl., 2014, § 250, Rn. 2; *H.-F. Müller*, KTS 2012, 419, 439.

1095 *H.-F. Müller*, KTS 2012, 419, 438.

1096 *BGH*, Beschl. v. 3.12.2009, IX ZB 30/09 = NZI 2010, 101, Rz. 3; *LG Berlin*, Beschl. v. 20.10.2004 – 86 T 578/04 = NZI 2005, 335, 337; *Braun / Frank*, in: Braun (Hrsg.), InsO, 6. Aufl., 2014, § 250, Rn. 6; *Sinz*, in: Kirchhof u.a. (Hrsg.), MüKo-InsO, Bd. 3, 3. Aufl., 2014, § 250, Rn. 10; *Haas*, in: Kreft (Hrsg.), HK-InsO, 7. Aufl., 2014, § 250, Rn. 5; *Pleister*, in: Kübler u.a. (Hrsg.), InsO, Lb, 55. Lfg. (10/2013), § 250, Rn. 10 ff.; *Braun*, in: Nerlich / Römermann (Hrsg.), InsO, Lb, 9. Lfg. (03/2005), § 250, Rn. 5; *Thies*, in: A. Schmidt (Hrsg.), HHK-InsO, 5. Aufl., 2015, § 250, Rn. 7; *Spliedt*, in: K. Schmidt (Hrsg.), InsO, 18. Aufl., 2013, § 250, Rn. 6; *Lüer / Streit*, in: Uhlenbruck u.a. (Hrsg.), InsO, 14. Aufl., 2015, § 250, Rn. 5; *Jaffé*, in: Wimmer (Hrsg.), FK-InsO, 8. Aufl., 2015, § 250, Rn. 5; *H.-F. Müller*, KTS 2012, 419, 438.

1097 *H.-F. Müller*, KTS 2012, 419, 438; *Zarzitzky*, Reform des Insolvenzplanverfahrens, 2014, S. 69.

Wesentlichkeit des Verfahrensfehlers in der Abstimmungsgruppe der Gesellschafter, aufgrund ansonsten mehrheitlich zustimmender Gläubigergruppen und der Anwendung des Obstruktionsverbots, die Annahme des Insolvenzplans regelmäßig nicht scheitern.[1098] Eine Wesentlichkeit des Verfahrensfehlers nach § 250 Nr. 1 InsO scheidet damit praktisch aus. Darüber hinaus stellt es sich bereits als problematisch dar, dass dem Insolvenzrichter gemäß § 18 Abs. 1 Nr. 2 RPflG die Durchführung des gesamten Insolvenzplanverfahrens vorbehalten ist. Mit der Versagung der Bestätigung des Insolvenzplans würde der Insolvenzrichter demnach zugleich einräumen müssen, für wesentliche Verfahrensfehler verantwortlich zu sein.[1099] In der Folge wird der Insolvenzrichter nur in den seltensten Fällen die Feststellungen, die er zu Inhalts- oder Verfahrensvorschriften getroffen hat, rügen.[1100] Auch § 250 InsO ist in seiner Wirkung für den Minderheitenschutz demnach begrenzt.

f) Recht zur sofortigen Beschwerde gegen die Planbestätigung, § 253 Abs. 1 InsO

§ 253 InsO bestimmt die sofortige Beschwerde als das Rechtsmittel, mit dem Beschlüsse des Insolvenzgerichts nach § 252 Abs. 1 S. 1 InsO, welche den Insolvenzplan bestätigen bzw. diesem die Bestätigung versagen, angefochten werden können.[1101] Weiterhin kann die Entscheidung des Insolvenzgerichts, dass die bereitgestellten Mittel aus § 251 Abs. 3 InsO zur Kompensation der Schlechterstellung ausreichend seien, über die sofortige Beschwerde angegriffen werden, sofern der Beschwerdeführer glaubhaft macht, dass die im Plan vorgesehenen Rücklagen zum Nachteilsausgleich nicht ausreichen.[1102] Die sofortige Beschwerde hat aufschiebende Wirkung und hindert durch ihre Einlegung die Bestandskraft und Vollziehung des Insolvenzplans (§ 254 Abs. 1 InsO).[1103] In der Folge räumt sie dem einzelnen Beschwerdeberechtigten

---

1098 Demgegenüber ist ein Verstoß bereits dann nicht behebbar, wenn ein ordnungsgemäßes Verhalten bis zur Verkündigung des Bestätigungsbeschlusses nicht nachgeholt werden kann; wird der Mangel erst nach Durchführung des Erörterungs- und Abstimmungstermins entdeckt, ist eine potenzielle Auswirkung auf die Entscheidungsfindung zu bejahen, vgl. dazu *Braun / Frank*, in: Braun (Hrsg.), InsO, 6. Aufl., 2014, § 250, Rn. 7; *Pleister*, in: Kübler u.a. (Hrsg.), InsO, Lb, 55. Lfg. (10/2013), § 250, Rn. 13 f.; *Thies*, in: A. Schmidt (Hrsg.), HHK-InsO, 5. Aufl., 2015, § 250, Rn. 10.

1099 *H.-F. Müller*, KTS 2012, 419, 438; vgl. auch *Zarzitzky*, Reform des Insolvenzplanverfahrens, 2014, S. 69.

1100 Vgl. *Haas*, in: Kreft (Hrsg.), HK-InsO, 7. Aufl., 2014, § 250, Rn. 4; *Pleister*, in: Kübler u.a. (Hrsg.), InsO, Lb, 55. Lfg. (10/2013), § 250, Rn. 9.

1101 *Haas*, in: Kreft (Hrsg.), HK-InsO, 7. Aufl., 2014, § 253, Rn. 3; *Burmeister / Schmidt-Hern*, in: Kübler (Hrsg.), HRI, 2. Aufl., 2015, § 43, Rn. 119; *Thies*, in: A. Schmidt (Hrsg.), HHK-InsO, 5. Aufl., 2015, § 253, Rn. 1; *Brünkmans / Uebele*, ZInsO 2014, 265, 274; *Hess*, InsR, 2. Aufl., 2013, § 253, Rn. 2.

1102 *Pleister*, in: Kübler u.a. (Hrsg.), InsO, Lb, 55. Lfg. (10/2013), § 251, Rn. 24; *Madaus*, NZI 2012, 597, 599; *Rendels / Zabel*, Insolvenzplan, 2. Aufl., 2015, Rn. 516.

1103 RegE ESUG, BT-Drucks. 17/5712, S. 35; *Haas*, in: Kreft (Hrsg.), HK-InsO, 7. Aufl., 2014, § 253, Rn. 1; *Spliedt*, in: K. Schmidt (Hrsg.), InsO, 18. Aufl., 2013, § 253, Rn. 1;

damit die Möglichkeit ein, den Eintritt der Wirkungen des Insolvenzplans erheblich zu verzögern und dadurch die Chancen einer (erfolgreichen) Sanierung zu verringern.[1104] Zweck des § 253 InsO ist es, den Beteiligten effektiven Rechtsschutz zu gewähren und zugleich unnötige, den Plan möglicherweise gefährdende Verzögerungen zu vermeiden.[1105]

Die mit dem ESUG eingeführten „moderaten“[1106] Anforderungen und Einschränkungen[1107] im Rahmen der Zulässigkeit der sofortigen Beschwerde sollen Blockadehaltungen und missbräuchliches Verhalten erschweren und „räuberische Planbeschwerden“[1108] verhindern.[1109] Der Ausschluss eines Rechtsmittels im Falle der unwesentlichen Beeinträchtigung wird in der Gesetzesbegründung als verfassungsrechtlich unproblematisch eingeordnet[1110] und zugunsten eines zügigen und reibungslosen Ablaufs als erforderlich für den Schutz der Gläubiger herausgehoben. Zusätzlich soll die Einführung der dem aktienrechtlichen Freigabeverfahren nachempfundenen[1111] Möglichkeit zur unverzüglichen Zurückweisung der sofortigen Beschwerde durch den Antrag der Schuldnerin (§ 253 Abs. 4 S. 1 InsO) deren

---

Lüer / Streit, in: Uhlenbruck u.a. (Hrsg.), InsO, 14. Aufl., 2015, § 253, Rn. 1; *Jaffé*, in: Wimmer (Hrsg.), FK-InsO, 8. Aufl., 2015, § 253, Rn. 18.

1104 *Silcher*, in: Ahrens u.a. (Hrsg.), FAK InsR, 2. Aufl., 2014, § 253, Rn. 35; *Pleister*, in: Kübler u.a. (Hrsg.), InsO, Lb, 55. Lfg. (10/2013), § 253, Rn. 2; *Jaffé*, in: Wimmer (Hrsg.), FK-InsO, 8. Aufl., 2015, § 253, Rn. 13 („viele Monate“); *Hess*, InsR, 2. Aufl., 2013, § 253, Rn. 8; vgl. auch *Madaus*, NZI 2012, 597, 599, der empfiehlt, dass der Suspensiveffekt der sofortigen Beschwerde grundsätzlich aufgehoben werden sollte und der Beschwerdeführer vielmehr in die Lage versetzt werden sollte, dass *LG* dazu zu bewegen, den Suspensiveffekt der Beschwerde anzuordnen.

1105 RegE ESUG, BT-Drucks. 17/5712, S. 35 f.; *Braun / Frank*, in: Braun (Hrsg.), InsO, 6. Aufl., 2014, § 253, Rn. 1; *Sinz*, in: Kirchhof u.a. (Hrsg.), MüKo-InsO, Bd. 3, 3. Aufl., 2014, § 253, Rn. 1 f.; *Lüer / Streit*, in: Uhlenbruck u.a. (Hrsg.), InsO, 14. Aufl., 2015, § 253, Rn. 1.

1106 RegE ESUG, BT-Drucks. 17/5712, S. 35; *Pleister*, in: Kübler u.a. (Hrsg.), InsO, Lb, 55. Lfg. (10/2013), § 253, Rn. 2; *Braun / Heinrich*, NZI 2011, 505, 509; *Hölzle*, Praxisleitfaden ESUG, 2. Aufl., 2014, §§ 251, 253, Rn. 1.

1107 *Decher / Voland*, ZIP 2013, 103, 111, bezeichnen die Anforderungen und Einschränkungen demgegenüber als „erheblich“; vgl. *Jaffé*, in: Wimmer (Hrsg.), FK-InsO, 8. Aufl., 2015, § 253, Rn. 13; *Böcker*, DZWiR 2014, 440 ff.

1108 *Rendels / Zabel*, Insolvenzplan, 2. Aufl., 2015, Rn. 521.

1109 *Pleister*, in: Kübler u.a. (Hrsg.), InsO, Lb, 55. Lfg. (10/2013), § 253, Rn. 2; *Thies*, in: A. Schmidt (Hrsg.), HHK-InsO, 5. Aufl., 2015, § 253, Rn. 1, 5; *Spliedt*, in: K. Schmidt (Hrsg.), InsO, 18. Aufl., 2013, § 253, Rn. 1; *Brünkmans*, ZInsO 2014, 993, 994; *G. Fischer*, NZI 2013, 513, 515; *Jaffé / Friedrich*, ZIP 2008, 1849, 1854 ff.; *Rendels / Zabel*, Insolvenzplan, 2. Aufl., 2015, Rn. 521.

1110 RegE ESUG, BT-Drucks. 17/5712, S. 36.

1111 *Burmeister / Schmidt-Hern*, in: Kübler (Hrsg.), HRI, 2. Aufl., 2015, § 43, Rn. 165; *Pleister*, in: Kübler u.a. (Hrsg.), InsO, Lb, 55. Lfg. (10/2013), § 253, Rn. 23; *Frauer*, Grenzen des Eingriffs, 2014, S. 76 f.; *Madaus*, NZI 2012, 597, 599.

Suspensiveffekt verkürzen und auf den schnelleren Eintritt der Wirkungen des Insolvenzplans hinwirken.[1112]

aa) Zulässigkeit der sofortigen Beschwerde

Die Anteilsinhaber sind gemäß § 253 Abs. 1 InsO beschwerdeberechtigt, wenn der Schuldner keine natürliche Person ist, und ihre Rechte tatsächlich in den Insolvenzplan einbezogen sind.[1113] Die Beschwerde ist weiter statthaft, wenn der Beschwerdeführer formell und materiell beschwert ist.[1114]

Vor den Änderungen durch das ESUG war eine formelle Beschwer durch den Bestätigungsbeschluss nicht erforderlich. Heute ist die sofortige Beschwerde gegen den Planbestätigungsbeschluss des Insolvenzgerichts nur zulässig, wenn der Beschwerdeführer dem Plan spätestens im Abstimmungstermin schriftlich oder zu Protokoll widersprochen (§ 253 Abs. 2 Nr. 1 InsO) und gegen den Plan gestimmt hat (§ 253 Abs. 2 Nr. 2 InsO), sofern auf diese Hürden in der öffentlichen Bekanntmachung des Erörterungs- und Abstimmungstermins (§ 235 Abs. 2 InsO) und in den Ladungen zum Termin (§ 235 Abs. 3 InsO) besonders hingewiesen wurde.[1115] Sie ist mit einer Notfrist von zwei Wochen ab Verkündung des Beschlusses, durch den der Insolvenzplan bestätigt oder ihm seine Bestätigung versagt wird (§ 6 Abs. 2 InsO, § 252 Abs. 1 InsO), bei dem Insolvenzgericht einzulegen (§§ 4, 6 Abs. 1 InsO, § 569 Abs. 1 S. 1 ZPO).[1116]

Die Stellung eines Minderheitenschutzantrags (§ 251 InsO) ist demgegenüber nicht grundsätzlich Voraussetzung für die Zulässigkeit der Beschwerde nach § 253 InsO.[1117] Das LG Berlin war im Fall *„Suhrkamp"* zunächst davon ausgegangen, dass die Beschwerde des Minderheitsgesellschafters gegen die Planbestätigung, aufgrund

---

1112 BT-Drucks. 17/7511, S. 36.

1113 RegE ESUG, BT-Drucks. 17/5712, S. 31, 35; *Burmeister/Schmidt-Hern*, in: Kübler (Hrsg.), HRI, 2. Aufl., 2015, § 43, Rn. 121, 125; *Pleister*, in: Kübler u.a. (Hrsg.), InsO, Lb, 55. Lfg. (10/2013), § 253, Rn. 9.

1114 *Braun/Frank*, in: Braun (Hrsg.), InsO, 6. Aufl., 2014, § 253, Rn. 3; *Sinz*, in: Kirchhof u.a. (Hrsg.), MüKo-InsO, Bd. 3, 3. Aufl., 2014, § 253, Rn. 24; *Haas*, in: Kreft (Hrsg.), HK-InsO, 7. Aufl., 2014, § 253, Rn. 4 ff.; *Burmeister/Schmidt-Hern*, in: Kübler (Hrsg.), HRI, 2. Aufl., 2015, § 43, Rn. 127; *Pleister*, in: Kübler u.a. (Hrsg.), InsO, Lb, 55. Lfg. (10/2013), § 253, Rn. 11; *Thies*, in: A. Schmidt (Hrsg.), HHK-InsO, 5. Aufl., 2015, § 253, Rn. 9 ff.; *Spliedt*, in: K. Schmidt (Hrsg.), InsO, 18. Aufl., 2013, § 253, Rn. 6 ff., 9 ff.; *Rendels/Zabel*, Insolvenzplan, 2. Aufl., 2015, Rn. 526.

1115 *Sinz*, in: Kirchhof u.a. (Hrsg.), MüKo-InsO, Bd. 3, 3. Aufl., 2014, § 253, Rn. 25 ff., 37 ff.; *Pleister*, in: Kübler u.a. (Hrsg.), InsO, Lb, 55. Lfg. (10/2013), § 253, Rn. 12 ff., 22; *Burmeister/Schmidt-Hern*, in: Kübler (Hrsg.), HRI, 2. Aufl., 2015, § 43, Rn. 132; *Hess*, InsR, 2. Aufl., 2013, § 253, Rn. 12.

1116 *Burmeister/Schmidt-Hern*, in: Kübler (Hrsg.), HRI, 2. Aufl., 2015, § 43, Rn. 120, 148; *Hess*, InsR, 2. Aufl., 2013, § 6, Rn. 118 ff.

1117 *BGH*, Beschl. v. 17.07.2014 – IX ZB 13/14 = NZI 2014, 751; zur Entscheidung *Wertenbruch*, in: Westermann/Wertenbruch (Hrsg.), Hdb. PersG, Lb, 60. Lfg. (09/2014),

des zuvor nicht gestellten Minderheitenschutzantrags, als unzulässig zurückzuweisen sei.[1118] Der BGH hat nunmehr der bis dahin vorherrschenden Ansicht, die eine Zulässigkeit des Rechtsmittels der sofortigen Beschwerde stets, – und damit auch für den Fall, dass der Beschwerdeführer seine Beschwerde nicht auf seine wirtschaftliche Schlechterstellung, sondern auf eine rechtswidrige Regelung im Insolvenzplan stützt, die in die Rechte des Beschwerdeführers eingreift – von dem Erfordernis eines zuvor vor dem Insolvenzgericht gestellten Minderheitenschutzantrags abhängig macht,[1119] eine Absage erteilt.[1120] Weder der Wortlaut[1121], die Systematik der §§ 251, 253 InsO[1122] noch die Ausführungen in den Gesetzgebungsmaterialien[1123] oder der Telos, einen wirkungsvollen Rechtsschutz zu gewährleisten[1124], rechtfertigen nach der Entscheidung des BGH eine Rechtsfortbildung dergestalt, dass für die Zulässigkeit einer sofortigen Beschwerde der Beschwerdeführer im Verfahren der Planbestätigung einen zulässigen Minderheitenschutzantrag gestellt haben muss.[1125] Vielmehr steht der eindeutige Wortlaut des § 253 InsO[1126] und der Umstand, dass Art. 19 Abs. 4 S. 1 GG es den Richtern verbietet, „den Beteiligten den Zugang zu den [...] eingeräumten Instanzen [...] in unzumutbarer, aus Sachgründen nicht mehr zu rechtfertigender Weise [zu] erschweren"[1127], dem Zulässigkeitserfordernis eines zuvor gestellten Minderheitenschutzantrags entgegen.[1128] Ein Antrag auf Minderheitenschutz ist daher (nur) dann Zulässigkeitsvoraussetzung der sofortigen Beschwerde gegen den Bestätigungsbeschluss des Insolvenzplans, wenn und soweit

---

Rn. 1873c; *Böcker*, DZWiR 2014, 440 ff.; *Brünkmans*, ZInsO 2014, 993, 994 ff.; *Fölsing*, ZInsO 2014, 1591, 1592; *Paul*, ZInsO 2015, 783, 784; *Smid*, ZInsO 2014, 1873, 1876 f.

1118 *LG Berlin*, Beschl. v. 24.02.2014 – 51 T 107/14 = ZIP 2014, 893 (mit Verweis auf *G. Fischer*, NZI 2013, 513, 515).

1119 *Braun / Frank*, in: Braun (Hrsg.), InsO, 6. Aufl., 2014, § 253, Rn. 11; *Haas*, in: Kreft (Hrsg.), HK-InsO, 7. Aufl., 2014, § 253, Rn. 6; *G. Fischer*, NZI 2013, 513, 515; *Skauradszun*, DZWiR 2014, 338 ff.; unentschlossen *Pleister*, in: Kübler u.a. (Hrsg.), InsO, Lb, 55. Lfg. (10/2013), § 253, Rn. 12.

1120 *BGH*, Beschl. v. 17.07.2014 – IX ZB 13/14 = NZI 2014, 751.

1121 *BGH*, Beschl. v. 17.07.2014 – IX ZB 13/14 = NZI 2014, 751, Rz. 15, 19, 22.

1122 *BGH*, Beschl. v. 17.07.2014 – IX ZB 13/14 = NZI 2014, 751, Rz. 16, 21.

1123 *BGH*, Beschl. v. 17.07.2014 – IX ZB 13/14 = NZI 2014, 751, Rz. 18 f.

1124 *BGH*, Beschl. v. 17.07.2014 – IX ZB 13/14 = NZI 2014, 751, Rz. 14.

1125 *BGH*, Beschl. v. 17.07.2014 – IX ZB 13/14 = NZI 2014, 751; zur Entscheidung *Böcker*, DZWiR 2014, 440, 442.

1126 *BGH*, Beschl. v. 17.07.2014 – IX ZB 13/14 = NZI 2014, 751, Rz. 15, 19, 22.

1127 *BGH*, Beschl. v. 17.07.2014 – IX ZB 13/14 = NZI 2014, 751, Rz. 13 (mit Verweis auf *BVerfG*, Beschl. v. 2.12.1987 – 1 BvR 1291/85 = BVerfGE 77, 275, 278).

1128 Vgl. *Burmeister / Schmidt-Hern*, in: Kübler (Hrsg.), HRI, 2. Aufl., 2015, § 43, Rn. 133; *Thies*, in: A. Schmidt (Hrsg.), HHK-InsO, 5. Aufl., 2015, § 253, Rn. 8; *Spliedt*, in: K. Schmidt (Hrsg.), InsO, 18. Aufl., 2013, § 253, Rn. 6.

der Beschwerdeführer rügt, durch den Insolvenzplan wirtschaftlich schlechtergestellt zu werden als im Regelverfahren.[1129]

Versagt das Insolvenzgericht die Bestätigung des Insolvenzplans, ist für die sofortige Beschwerde des Gesellschafters, mangels Recht zur Planvorlage, keine formelle Beschwer erforderlich.[1130] Die Anforderungen des § 253 Abs. 2 InsO gelten nach dessen ausdrücklichem Wortlaut nicht für die sofortige Beschwerde gegen die Versagung der Planbestätigung.[1131]

Als Verschärfung der materiellen Beschwer im Vergleich zur Rechtslage vor den Änderungen durch das ESUG und im Unterschied zu § 251 Abs. 1 Nr. 2 InsO führt § 253 Abs. 2 Nr. 3 InsO eine Erheblichkeitsschwelle für die Zulässigkeit der sofortigen Beschwerde ein.[1132] Der Beschwerdeführer hat demnach glaubhaft zu machen, dass er durch den Plan wesentlich schlechtergestellt wird, als er ohne einen Plan bei Durchführung des Regelinsolvenzverfahrens stünde.[1133] Anders als im Rahmen von § 251 Abs. 1 Nr. 2 InsO bedarf es zusätzlich keiner im Wege der Amtsermittlung zu treffenden Feststellung, ob die Schlechterstellung tatsächlich vorliegt.[1134] Eine wesentliche Schlechterstellung soll jedenfalls dann nicht angenommen werden können, wenn die Abweichung von dem Wert, der dem Gesellschafter voraussichtlich nach dem Regelinsolvenzverfahren zustehen würde, prozentual nur gering ist und unter 10 % liegt.[1135] Zusätzlich kann die Aufnahme von Vorsorgemaßnahmen nach

---

1129 *Burmeister/Schmidt-Hern*, in: Kübler (Hrsg.), HRI, 2. Aufl., 2015, § 43, Rn. 156; *Brünkmans*, ZInsO 2014, 993, 999.

1130 *Burmeister/Schmidt-Hern*, in: Kübler (Hrsg.), HRI, 2. Aufl., 2015, § 43, Rn. 130.

1131 *Sinz*, in: Kirchhof u.a. (Hrsg.), MüKo-InsO, Bd. 3, 3. Aufl., 2014, § 253, Rn. 9, 24; *Burmeister/Schmidt-Hern*, in: Kübler (Hrsg.), HRI, 2. Aufl., 2015, § 43, Rn. 130.

1132 *Sinz*, in: Kirchhof u.a. (Hrsg.), MüKo-InsO, Bd. 3, 3. Aufl., 2014, § 253, Rn. 29; *Burmeister/Schmidt-Hern*, in: Kübler (Hrsg.), HRI, 2. Aufl., 2015, § 43, Rn. 137; *Wertenbruch*, in: Westermann/Wertenbruch (Hrsg.), Hdb. PersG, Lb, 60. Lfg. (09/2014), Rn. 1873b; *Jaffé*, in: Wimmer (Hrsg.), FK-InsO, 8. Aufl., 2015, § 253, Rn. 18; *Hölzle*, Praxisleitfaden ESUG, 2. Aufl., 2014, §§ 217, 225a, Rn. 17.

1133 *BGH*, Beschl. v. 17.07.2014 – IX ZB 13/14 = NZI 2014, 751, Rz. 10, 16; die Anwendbarkeit des § 253 Abs. 2 Nr. 3 InsO für die Gesellschafter in Frage stellend *Pleister*, in: Kübler u.a. (Hrsg.), InsO, Lb, 55. Lfg. (10/2013), § 253, Rn. 18; die fehlende Konkretisierung des Wesentlichkeitsbegriffs durch den Gesetzgeber kritisierend *Frauer*, Grenzen des Eingriffs, 2014, S. 98.

1134 *BGH*, Beschl. v. 17.07.2014 – IX ZB 13/14 = NZI 2014, 751.

1135 RegE ESUG, BT-Drucks. 17/5712, S. 35; vgl. auch *Burmeister/Schmidt-Hern*, in: Kübler (Hrsg.), HRI, 2. Aufl., 2015, § 43, Rn. 137; *Thies*, in: A. Schmidt (Hrsg.), HHK-InsO, 5. Aufl., 2015, § 253, Rn. 19; *Spliedt*, in: K. Schmidt (Hrsg.), InsO, 18. Aufl., 2013, § 253, Rn. 10; *Hess*, InsR, 2. Aufl., 2013, § 253, Rn. 12; *Rendels/Zabel*, Insolvenzplan, 2. Aufl., 2015, Rn. 528; *Westpfahl/Janjuah*, ZIP 2008, Beil./Heft 3, 1, 23; wohl auch *BGH*, Beschl. v. 17.07.2014 – IX ZB 13/14 = NZI 2014, 751, Rz. 42; kritisch gegenüber einer ausnahmslosen Anwendung der 10 %-Schwelle *Pleister*, in: Kübler u.a. (Hrsg.), InsO, Lb, 55. Lfg. (10/2013), § 253, Rn. 17; vgl. auch *Smid/Rattunde/Martini*, Insolvenzplan, 4. Aufl., 2015, Rn. 21.18.

§ 251 Abs. 3 InsO in den gestaltenden Teil des Insolvenzplans das Vorliegen einer materiellen Beschwer ausschließen und die Unzulässigkeit der sofortigen Beschwerde bewirken.[1136] Enthält der Plan eine salvatorische Klausel, die einen finanziellen Ausgleich für den Fall vorsieht, dass ein Gesellschafter durch den Plan schlechtergestellt wird, kann der Nachteil des Beschwerdeführers kompensiert werden.[1137] Der Beschwerdeführer gegen den gerichtlichen Versagungsbeschluss ist materiell beschwert, wenn ihn der Insolvenzplan besserstellen würde, als er im Regelinsolvenzverfahren stünde.[1138]

bb) Begründetheit der sofortigen Beschwerde

Die sofortige Beschwerde ist begründet, wenn die Planbestätigung wegen eines Verstoßes gegen die §§ 248–252 InsO nicht hätte erfolgen dürfen oder – bei Bestätigungsversagung – hätte erfolgen müssen.[1139] Der Prüfungsumfang erfasst die Vorschriften über den Inhalt, das Verfahren, die Annahme des Plans sowie die Zustimmung zum Plan und entspricht damit demjenigen der Rechtmäßigkeitsprüfung des Insolvenzgerichts im Bestätigungsverfahren.[1140] Der Mangel der unterlassenen Einholung eines Gesellschafterbeschlusses vor der Stellung des Antrags auf drohende Zahlungsunfähigkeit ist im Beschwerdeverfahren nicht angreifbar.[1141] Hat der Beschwerdeführer es zuvor versäumt, die behauptete Schlechterstellung durch den Insolvenzplan im Rahmen des § 251 Abs. 2 InsO glaubhaft zu machen, kann er sich gegenüber dem Insolvenzgericht nicht auf eine Verletzung des § 251 InsO

1136 *Hess*, InsR, 2. Aufl., 2013, § 253, Rn. 15.

1137 RegE ESUG, BT-Drucks. 17/5712, S. 36; *Burmeister/Schmidt-Hern*, in: Kübler (Hrsg.), HRI, 2. Aufl., 2015, § 43, Rn. 143; *Pleister*, in: Kübler u.a. (Hrsg.), InsO, Lb, 55. Lfg. (10/2013), § 253, Rn. 20.

1138 *Burmeister/Schmidt-Hern*, in: Kübler (Hrsg.), HRI, 2. Aufl., 2015, § 43, Rn. 131.

1139 *Brünkmans*, ZInsO 2014, 993, 996; *Eidenmüller*, in: Kirchhof u.a. (Hrsg.), MüKo-InsO, Bd. 3, 3. Aufl., 2014, § 225a, Rn. 130; *Burmeister/Schmidt-Hern*, in: Kübler (Hrsg.), HRI, 2. Aufl., 2015, § 43, Rn. 152; *Spahlinger*, in: Kübler u.a. (Hrsg.), InsO, Lb, 55. Lfg. (10/2013), § 250, Rn. 5; *Thies*, in: A. Schmidt (Hrsg.), HHK-InsO, 5. Aufl., 2015, § 253, Rn. 21; *Rendels/Zabel*, Insolvenzplan, 2. Aufl., 2015, Rn. 532 ff.; a.A. *Spliedt*, in: K. Schmidt (Hrsg.), InsO, 18. Aufl., 2013, § 253, Rn. 14, demzufolge es für die Begründetheit keines Verfahrensverstoßes bedarf, sondern eine wirtschaftliche Schlechterstellung im Vergleich zum Regelinsolvenzverfahren ausreichend sei; so auch *Sinz*, in: Kirchhof u.a. (Hrsg.), MüKo-InsO, Bd. 3, 3. Aufl., 2014, § 253, Rn. 55.

1140 *BGH*, Beschl. v. 17.07.2014 – IX ZB 13/14 = NZI 2014, 751, Rz. 35; bereits vor den Änderungen durch das ESUG *BGH*, Beschl. v. 23.10.2008 – IX ZB 235/06 = ZIP 2008, 2428; *Sinz*, in: Kirchhof u.a. (Hrsg.), MüKo-InsO, Bd. 3, 3. Aufl., 2014, § 253, Rn. 54; *Burmeister/Schmidt-Hern*, in: Kübler (Hrsg.), HRI, 2. Aufl., 2015, § 43, Rn. 151; *Wertenbruch*, in: Westermann/Wertenbruch (Hrsg.), Hdb. PersG, Lb, 60. Lfg. (09/2014), Rn. 1873d; *Böcker*, DZWiR 2014, 440, 443.

1141 Siehe hierzu § 3.B.III.1.a)dd); *Westermann*, NZG 2015, 134, 136.

berufen.[1142] Möglich bleibt ein Verstoß gegen § 250 InsO, über dessen Nr. 1 neben den Verfahrensvorschriften auch der Inhalt des Plans und wiederum über § 231 Abs. 1 Nr. 1, 2. Alt. InsO auch die §§ 223–226 InsO zum Prüfungsmaßstab gehören. Das Insolvenzgericht begeht durch die Planbestätigung nur dann einen Rechtsverstoß, wenn tatsächlich einer der Gründe vorliegt, aus denen die Bestätigung nach §§ 249, 250 InsO zwingend zu versagen ist.

cc) Antrag auf Zurückweisung, § 253 Abs. 4 S. 1 InsO

§ 253 Abs. 4 S. 1 InsO bietet die Möglichkeit, in einem dem aktienrechtlichen Freigabeverfahren (§ 246a AktG) nachgebildeten Verfahren[1143] nach erfolgter Interessenabwägung zu einer unverzüglichen Zurückweisung der sofortigen Beschwerde durch einen Freigabebeschluss zu kommen, sofern die Nachteile einer Verzögerung des Planvollzugs die Nachteile für den Beschwerdeführer überwiegen.[1144] Der Gesetzgeber hat damit den Suspensiveffekt der sofortigen Beschwerde nicht beseitigt, jedoch eine Regelung geschaffen, die diesen überwinden und dadurch relativieren kann.[1145]

Antragsberechtigt ist gemäß § 253 Abs. 4 S. 1 InsO der Insolvenzverwalter sowie – im Fall der Eigenverwaltung – der Schuldner.[1146] Liegt ein besonders schwerer Rechtsverstoß vor, der bei korrekter Würdigung zu einer Versagung der Planbestätigung nach § 250 InsO hätte führen müssen, darf die Beschwerde jedoch auch dann nicht zurückgewiesen werden, wenn das Vollzugsinteresse das Aufschubinteresse des Beschwerdeführers überwiegt (§ 253 Abs. 4 S. 2 InsO).[1147] Der besonders schwere

---

1142 *Burmeister/Schmidt-Hern*, in: Kübler (Hrsg.), HRI, 2. Aufl., 2015, § 43, Rn. 156; *Böcker*, DZWiR 2014, 440, 443.

1143 BT-Drucks. 17/7511, S. 36; *Simon/Merkelbach*, NZG 2012, 121, 122; kritisch in Bezug auf die Vergleich- und Übertragbarkeit *Madaus*, NZI 2012, 597, 600.

1144 BT-Drucks. 17/7511, S. 36; *Wienberg/Dellit*, in: Bork/Hölzle (Hrsg.), Hdb. InsR, 2014, Kap. 12, Rn. 255 ff.; *Haas*, in: Kreft (Hrsg.), HK-InsO, 7. Aufl., 2014, § 253, Rn. 15; *Burmeister/Schmidt-Hern*, in: Kübler (Hrsg.), HRI, 2. Aufl., 2015, § 43, Rn. 164; *Pleister*, in: Kübler u.a. (Hrsg.), InsO, Lb, 55. Lfg. (10/2013), § 253, Rn. 31 ff.; *Thies*, in: A. Schmidt (Hrsg.), HHK-InsO, 5. Aufl., 2015, § 253, Rn. 26; *G. Fischer*, NZI 2013, 513, 516 f.; *Pleister/Tholen*, ZIP 2015, 414 ff.; *Smid/Rattunde/Martini*, Insolvenzplan, 4. Aufl., 2015, Rn. 21, 24 f.

1145 RegE ESUG, BT-Drucks. 17/5712, S. 49; vgl. auch *Haas*, in: Kreft (Hrsg.), HK-InsO, 7. Aufl., 2014, § 253, Rn. 1; *Lüer/Streit*, in: Uhlenbruck u.a. (Hrsg.), InsO, 14. Aufl., 2015, § 253, Rn. 1; *Madaus*, NZI 2012, 597 f.

1146 *LG Berlin*, Beschl. v. 20.10.2014 – 51 T 696/14 = DZWiR 2015, 35, 36 f.; *LG Berlin*, Beschl. v. 24.02.2014 – 51 T 107/14 = ZIP 2014, 893 f.; *Sinz*, in: Kirchhof u.a. (Hrsg.), MüKo-InsO, Bd. 3, 3. Aufl., 2014, § 253, Rn. 60; *Haas*, in: Kreft (Hrsg.), HK-InsO, 7. Aufl., 2014, § 253, Rn. 15; *Thies*, in: A. Schmidt (Hrsg.), HHK-InsO, 5. Aufl., 2015, § 253, Rn. 25 f.; *G. Fischer*, NZI 2013, 513, 516 f.; *Lehmann/Rühle*, NZI 2014, 889, 891.

1147 *Pleister*, in: Kübler u.a. (Hrsg.), InsO, Lb, 55. Lfg. (10/2013), § 253, Rn. 34 f.; *Thies*, in: A. Schmidt (Hrsg.), HHK-InsO, 5. Aufl., 2015, § 253, Rn. 27; *G. Fischer*, NZI 2013, 513, 517 f.

Rechtsverstoß erfordert jedoch bereits begrifflich, dass dem Plan die „Unwirksamkeit durch diesen Verstoß quasi auf der Stirn geschrieben steht“[1148]. An das Vorliegen eines besonders schweren Rechtsverstoßes sind hohe Anforderungen zu stellen, weil nicht jeder Fehler, oder Verstoß gegen § 250 Nr. 1 InsO, eine Verzögerung des Planvollzugs rechtfertigt, sondern allein besonders schwere Rechtsverstöße ein positives Ergebnis der Abwägung zugunsten des Beschwerdeführers ergeben sollen.[1149] Es ist erforderlich, dass sowohl die Art der Rechtsverletzung als auch deren Auswirkungen bedeutend sind und im Beschwerdeverfahren nicht geheilt werden können.[1150] Im Rahmen der Interessenabwägung bleibt zugleich zugunsten des Schuldners zu berücksichtigen, dass dem Beschwerdeführer ein Schadensersatzanspruch gemäß § 253 Abs. 4 S. 3 InsO zusteht, falls sich die Durchführung des Insolvenzplans als für ihn wirtschaftlich nachteilig erweist.[1151] Der Schadensersatzanspruch entsteht jedoch nur dann, „wenn die Beschwerde Aussicht auf Erfolg gehabt hätte“[1152], und setzt damit zugleich voraus, dass die sofortige Beschwerde zulässig ist und begründet gewesen wäre.[1153] Der Wortlaut des § 253 Abs. 4 S. 2 InsO als Ausnahmevorschrift führt dazu, dass den Beschwerdeführer die Darlegungs- und Glaubhaftmachungslast für das Vorliegen des „besonders schweren Rechtsverstoßes“ trifft.[1154] Dadurch, dass der Antrag auf Zurückweisung der sofortigen Beschwerde gerichtet ist, kann er frühestens zu dem Zeitpunkt, in dem die sofortige Beschwerde eingelegt wurde[1155], und längstens solange die sofortige Beschwerde noch zurückgewiesen werden kann, gestellt werden. Eine Antragstellung im Rahmen eines Rechtsbeschwerdeverfahrens, nachdem das Insolvenzgericht der sofortigen Beschwerde abgeholfen hat oder das Beschwerdegericht seine Entscheidung getroffen hat, ist unzulässig.[1156]

Der entscheidende Unterschied gegenüber dem aktienrechtlichen Freigabeverfahren gemäß § 246a AktG besteht darin, dass der Aktionär nach erfolgter

---

1148 *LG Berlin*, Beschl. v. 20.10.2014 – 51 T 696/14 = DZWiR 2015, 35, 40; so auch *Haas*, in: Kreft (Hrsg.), HK-InsO, 7. Aufl., 2014, § 253, Rn. 15.

1149 BT-Drucks. 17/7511, S. 36; vgl. auch *G. Fischer*, NZI 2013, 513, 518; *Lehmann / Rühle*, NZI 2014, 889, 892; *Pleister / Tholen*, ZIP 2015, 414, 415.

1150 *G. Fischer*, NZI 2013, 513, 518; *Lehmann / Rühle*, NZI 2014, 889, 892.

1151 *LG Berlin*, Beschl. v. 20.10.2014 – 51 T 696/14 = DZWiR 2015, 35; vgl. dazu *Pleister / Tholen*, ZIP 2015, 414 ff.

1152 BT-Drucks. 17/7511, S. 36.

1153 BT-Drucks. 17/7511, S. 36; *Sinz*, in: Kirchhof u.a. (Hrsg.), MüKo-InsO, Bd. 3, 3. Aufl., 2014, § 253, Rn. 58, 74; *Burmeister / Schmidt-Hern*, in: Kübler (Hrsg.), HRI, 2. Aufl., 2015, § 43, Rn. 189; *Pleister / Tholen*, ZIP 2015, 414, 419; *Skauradszun*, DB 2014, 2694, 2696.

1154 Vgl. § 253 Abs. S. 2 InsO („Dies gilt nicht, wenn [...]“); *Burmeister / Schmidt-Hern*, in: Kübler (Hrsg.), HRI, 2. Aufl., 2015, § 43, Rn. 177; *Böcker*, ZInsO 2015, 773, 779; *Lehmann / Rühle*, NZI 2014, 889, 892; *Pleister / Tholen*, ZIP 2015, 414, 416.

1155 *Burmeister / Schmidt-Hern*, in: Kübler (Hrsg.), HRI, 2. Aufl., 2015, § 43, Rn. 168.

1156 *Burmeister / Schmidt-Hern*, in: Kübler (Hrsg.), HRI, 2. Aufl., 2015, § 43, Rn. 169; *Haß*, in: Mehrbrey (Hrsg.), Hdb. Gesellschaftsrechtliche Streitigkeiten, 2. Aufl., 2015, § 2, Rn. 271.

gesellschaftsrechtlicher Freigabe bzw. Abschluss des Freigabeverfahrens seine Anfechtungsklage weiter verfolgen und darüber eine Klärung herbeiführen kann, ob die Maßnahme rechtmäßig war oder nicht.[1157] Das aktienrechtliche Freigabeverfahren dient der Durchsetzung der Registereintragung der von der Hauptversammlung beschlossenen Maßnahmen, trotz rechtshängiger Anfechtungs- bzw. Beschlussmängelklage. Zwar wird die Gestaltungswirkung des Anfechtungsurteils insoweit eingeschränkt, als der Beschluss ausgeführt werden muss und eine Eintragung nicht mehr rückgängig zu machen ist. Erweist sich der angefochtene Beschluss in der Hauptsache jedoch als rechtswidrig, ist die erfolgreiche Beendigung des Anfechtungsprozesses Grundlage und Voraussetzung für eine zukünftige Klage auf Schadensersatz (vgl. § 246a Abs. 4 S. 1 AktG).[1158] Die rechtskräftige Freigabe führt damit gerade nicht zur Erledigung der Hauptsache.[1159]

Im Fall der insolvenzrechtlichen Freigabe bleibt dem Gesellschafter diese Möglichkeit nicht.[1160] Die Identität des Entscheidungsgegenstands des beschleunigten Zurückweisungsverfahrens und des (normalem) Beschwerdeverfahrens bewirkt, dass das die Beschwerde verwerfende bzw. zurückweisende Gericht bindend über diese entscheidet.[1161] Im Rahmen der insolvenzrechtlichen Freigabe wird gerade kein Beschluss zum Vollzug freigegeben, sondern eine Möglichkeit eröffnet, im Wege eines beschleunigten Verfahrens Rechtskraft herzustellen, um die Wirkungen aus dem gestaltenden Teil des Plans herbeizuführen (§ 254 Abs. 1 InsO). Die Entscheidung im Freigabeverfahren bewirkt eine Zurückweisung der Beschwerde, verhilft dem Insolvenzplan beschleunigt zur Rechtskraft und sorgt zugleich dafür, dass jedes weitere ordentliche Rechtsmittel abgeschnitten wird. Der Minderheitsgesellschafter ist dann auf Schadensersatzansprüche verwiesen (§ 253 Abs. 4 S. 3 InsO). Der dargestellte Unterschied zwischen aktien- und insolvenzrechtlichem Freigabeverfahren wird im Ergebnis dadurch abgemildert, dass auch die erfolgreiche Klage im Aktienrecht nach der erfolgten Freigabe nicht zur Rückgängigmachung des Beschlusses führt, sondern den Aktionären lediglich einen Schadensersatzanspruch gegen die

1157 *Brünkmans*, ZInsO 2014, 993, 997; *Meyer*, DB 2015, 538, 542; *Schäfer*, ZIP 2014, 2417 („eklatante Abweichung vom aktienrechtlichen Vorbild des § 246a AktG"); vgl. auch *Hüffer*, in: Goette u.a. (Hrsg.), MüKo-AktG, Bd. 4, 3. Aufl., 2011, § 246a, Rn. 35; *Koch*, in: Hüffer, AktG, 11. Aufl., 2014, § 246a, Rn. 11 f.; kritischer dagegen *Pleister/Tholen*, ZIP 2015, 414, 418 f.

1158 *Dörr*, in: Spindler / Stilz (Hrsg.), AktG, 3. Aufl., 2015, § 246a, Rn. 40 f.; *Brünkmans*, ZInsO 2014, 993, 997; *Pleister/Tholen*, ZIP 2015, 414, 418 f.

1159 *Dörr*, in: Spindler / Stilz (Hrsg.), AktG, 3. Aufl., 2015, § 246a, Rn. 40 f.

1160 *Göb*, NZI 2015, 13 f.; *Lehmann/Rühle*, NZI 2014, 889, 891; *Meyer*, ZInsO 2015, 538, 542; *Schäfer*, ZIP 2014, 2417.

1161 Vgl. *Brünkmans*, ZInsO 2014, 993, 997 („integraler Bestandteil"); *Lehmann/Rühle*, NZI 2014, 889, 891; weniger eindeutig *G. Fischer*, NZI 2013, 513, 516; a.A. *LG Berlin*, Beschl. v. 24.02.2014 – 51 T 107/14 = ZIP 2014, 893.

Gesellschaft gewährt (§ 246a Abs. 4 S. 1 AktG).[1162] Eine bindende Entscheidung über die Beschwerde ist allerdings für den Fall abzulehnen, dass das Gericht lediglich den Antrag nach § 253 Abs. 4 S. 1 InsO zurückweist.[1163] Insoweit handelt es sich allein um die Entscheidung darüber, dass die sofortige Beschwerde nicht wegen überwiegendem Vollzugsinteresse zurückzuweisen ist. Die Entscheidung darüber, ob die sofortige Beschwerde unbegründet und deswegen zurückzuweisen ist, steht dagegen noch aus.

Wird dem Zurückweisungsantrag vom Beschwerdegericht stattgegeben, wird teilweise davon ausgegangen, dass die Rechtsbeschwerde statthaft ist[1164], sofern das Beschwerdegericht diese nach § 274 Abs. 1 Nr. 2, Abs. 2 ZPO zugelassen hat.[1165] Anders als § 246a Abs. 3 S. 4 AktG schreibt § 253 Abs. 4 InsO gerade nicht die Unanfechtbarkeit des Beschlusses vor, weshalb die allgemeinen Regelungen zur Anwendung kommen.[1166] Diese Sichtweise vermag schon insoweit nicht zu überzeugen[1167], als der BGH noch vor der Einfügung der §§ 246a Abs. 3 S. 4, 319 Abs. 6 S. 9 AktG, § 16 Abs. 3 S. 9 UmwG, die allesamt die Unanfechtbarkeit des Beschlusses vorsehen, entschieden hat, dass in den Freigabeverfahren nach § 246a Abs. 3 AktG, § 16 Abs. 3 UmwG die Rechtsbeschwerde insbesondere wegen ihres Charakters als Eilverfahren nicht zulässig sei.[1168] Daraus lässt sich folgern, dass – unabhängig von

1162 *Hüffer*, in: Goette u.a. (Hrsg.), MüKo-AktG, Bd. 4, 3. Aufl., 2011, § 246a, Rn. 36, 38; *Drescher*, in: Henssler / Strohn (Hrsg.), GesR, 2. Aufl., 2014, § 246a, Rn. 19; *Austmann*, in: Hoffmann-Becking (Hrsg.), Münchener Hdb. GesR, Bd. 4, 4. Aufl., 2015, § 42, Rn. 164; *Pleister / Tholen*, ZIP 2015, 414, 419.

1163 *Lehmann / Rühle*, NZI 2014, 889, 891.

1164 *LG Berlin*, Beschl. v. 14.04.2014 – 51 T 107/14 = DZWiR 2014, 375; *Silcher*, in: Ahrens u.a. (Hrsg.), FAK InsR, 2. Aufl., 2014, § 253, Rn. 33; *Burmeister / Schmidt-Hern*, in: Kübler (Hrsg.), HRI, 2. Aufl., 2015, § 43, Rn. 186; *Pleister*, in: Kübler u.a. (Hrsg.), InsO, Lb, 55. Lfg. (10/2013), § 253, Rn. 42; *Thies*, in: A. Schmidt (Hrsg.), HHK-InsO, 5. Aufl., 2015, § 253, Rn. 29; *Spliedt*, in: K. Schmidt (Hrsg.), InsO, 18. Aufl., 2013, § 253, Rn. 26.

1165 Aufgrund der Streichung des § 7 InsO mit dem Gesetz zur Änderung des § 522 der Zivilprozessordnung v. 21.10.2011 (BGBl I S. 2082) mit Wirkung v. 27.10.2011, entfällt die Möglichkeit der unmittelbaren Rechtsbeschwerde zum BGH; *Thies*, in: A. Schmidt (Hrsg.), HHK-InsO, 5. Aufl., 2015, § 253, Rn. 29; *G. Fischer*, NZI 2013, 513, 520.

1166 *Burmeister / Schmidt-Hern*, in: Kübler (Hrsg.), HRI, 2. Aufl., 2015, § 43, Rn. 186.

1167 *BGH*, Beschl. v. 17.09.2014 – IX ZB 26/14 = NZG 2014, 1351; *Kebekus / Wehler*, in: Graf-Schlicker (Hrsg.), InsO, 4. Aufl., 2014, § 253, Rn. 4; *Sinz*, in: Kirchhof u.a. (Hrsg.), MüKo-InsO, Bd. 3, 3. Aufl., 2014, § 253, Rn. 87; *Jaffé*, in: Wimmer (Hrsg.), FK-InsO, 8. Aufl., 2015, § 253, Rn. 20, 23; *Böcker*, DZWiR 2015, 10, 12; *ders.*, ZInsO 2015, 773, 777 f.; *Brünkmans*, ZInsO 2014, 993, 999; *G. Fischer*, NZI 2013, 513, 520; *Kessler / Rühle*, GWR 2014, 267; *Lehmann / Rühle*, NZI 2014, 889, 894; *Skauradszun*, DZWiR 2014, 338, 342 f.

1168 *BGH*, Beschl. v. 29.05.2006 – II ZB 5/06 = NJW 2006, 2924, Rz. 15; *G. Fischer*, NZI 2013, 513, 520.

einer fehlenden ausdrücklichen gesetzlichen Regelung – in bestimmten Verfahrensarten „schon der Natur der Sache nach kein Rechtsbeschwerdeverfahren“ stattfinden kann.[1169] Der Gesetzgeber wollte mit der Einführung des § 253 Abs. 4 InsO den Konflikt lösen, der durch die Zulassung des Rechtsmittels gegen den Planbestätigungsbeschluss und die darüber infrage gestellte Durchführbarkeit des Insolvenzplans entsteht. Durch die Zulassung der Rechtsbeschwerde würden die Wirkungen des gestaltenden Teils des Insolvenzplans erst mit Rechtskraft des Bestätigungsbeschlusses eintreten (§ 254 Abs. 1 S. 1 InsO) und dadurch den Planvollzug, der in vielen Fällen nur gelingen wird, wenn der Planbestätigungsbeschluss innerhalb verhältnismäßig kurzer Zeit rechtskräftig wird, erheblich gefährden.[1170] Dadurch stünde die Rechtsbeschwerde insbesondere im Widerspruch zu dem durch die Eingliederung des Verfahrens nach § 253 Abs. 4 InsO in das Beschwerdeverfahren verfolgten Ziel, schädliche Verzögerungen durch die Einlegung von Rechtsmitteln gegen den Bestätigungsbeschluss zu verhindern.[1171] Im Ergebnis ist die Entscheidung des Beschwerdegerichts über den Antrag nach § 253 Abs. 4 InsO daher nicht rechtsmittelfähig.

dd) Beschwerdeentscheidung

Sofern das Insolvenzgericht der sofortigen Beschwerde abhilft, bestätigt es den Insolvenzplan oder setzt es das Verfahren für eine neue Entscheidung des Gerichts auf den Stand vor gerichtlicher Bestätigung (§ 248 InsO) bzw. für den Fall, dass die Abstimmung über den Plan von dem Gesetzesverstoß betroffen ist, auf den Stand vor Erörterung und Abstimmung zurück.[1172] Hilft das Insolvenzgericht der sofortigen Beschwerde hingegen nicht ab, ist sie unverzüglich dem Beschwerdegericht vorzulegen (§§ 4, 6 Abs. 1 S. 2 InsO, § 572 Abs. 1 S. 1 Hs. 2 ZPO).[1173] Ist die sofortige Beschwerde zulässig und begründet, kann das Beschwerdegericht die Entscheidung des Insolvenzgerichts aufheben und selbstständig die Entscheidung treffen oder dem Insolvenzgericht die erforderliche Anordnung entscheidungs- und weisungsgebunden übertragen (§ 572 Abs. 3 ZPO).[1174]

1169 *BGH*, Beschl. v. 17.09.2014 – IX ZB 26/14 = NZG 2014, 1351; vgl. auch *G. Fischer*, NZI 2013, 513, 520; *Brünkmans*, ZInsO 2014, 993, 999; *Böcker*, DZWiR 2014, 577; *ders.*, ZInsO 2015, 773, 777.

1170 *G. Fischer*, NZI 2013, 513, 520.

1171 BT-Drucks. 17/7511, S. 36.

1172 *Burmeister/Schmidt-Hern*, in: Kübler (Hrsg.), HRI, 2. Aufl., 2015, § 43, Rn. 158; *Thies*, in: A. Schmidt (Hrsg.), HHK-InsO, 5. Aufl., 2015, § 253, Rn. 23.

1173 *Pleister*, in: Kübler u.a. (Hrsg.), InsO, Lb, 55. Lfg. (10/2013), § 253, Rn. 27 ff.; *Thies*, in: A. Schmidt (Hrsg.), HHK-InsO, 5. Aufl., 2015, § 253, Rn. 23 f.

1174 *Burmeister/Schmidt-Hern*, in: Kübler (Hrsg.), HRI, 2. Aufl., 2015, § 43, Rn. 162; *Hölzle*, in: Kübler (Hrsg.), HRI, 2. Aufl., 2015, § 31, Rn. 113; *Thies*, in: A. Schmidt (Hrsg.), HHK-InsO, 5. Aufl., 2015, § 253, Rn. 93.

ee) Folgen für die beschwerdeberechtigten Gesellschafter

Wie im Rahmen des Minderheitenschutzantrags bewirken die verschärften Voraussetzungen eine Eingrenzung der Zugangsmöglichkeiten zum Rechtsmittel der sofortigen Beschwerde.[1175] Insbesondere eine wesentliche Schlechterstellung im Rahmen der Zulässigkeit der sofortigen Beschwerde wird sich für die Gesellschafter in der Regel nicht feststellen lassen, da ihre Beteiligungen im Regelinsolvenzverfahren typischerweise wertlos sind und sie in der Regel keine Ausschüttung nach § 199 S. 2 InsO erhalten.[1176] Der strenge Vergleichsmaßstab zur Lage in der Regelinsolvenz verhindert den Einwand des Gesellschafters, dass er durch den angegriffenen Insolvenzplan zwar grundsätzlich besser steht als im Regelinsolvenzverfahren, er jedoch bei Beseitigung des geltend gemachten Fehlers noch besser stünde,[1177] wodurch die Schlechterstellung des Gesellschafters, wenn auch nicht im Vergleich zur Regelinsolvenzabwicklung, unberücksichtigt bleibt. Die relative 10 %-Schwelle zur Überprüfung der Wesentlichkeit einer Schlechterstellung bewirkt, dass die absolute Höhe der Forderung irrelevant ist, womit auch ein „sehr substantieller Betrag“[1178], der die 10 %-Grenze nicht erreicht, keine wesentliche Schlechterstellung bedeutet. Gelingt dem Gesellschafter die Darlegung und der Nachweis einer wesentlichen Schlechterstellung, kann diese durch einen bereitgestellten Mittelfonds ausgeglichen werden. Hierbei kommt es jedoch nicht darauf an, dass der Nachteil tatsächlich ausgeglichen wird, sondern nur darauf, ob ein Ausgleich der wesentlichen Schlechterstellung von vornherein unmöglich ist.[1179] Die Gesetzesbegründung lehnt eine materielle Beschwer daher bereits ab, wenn der Insolvenzplan irgendeine Regelung im Sinne des § 251 Abs. 3 InsO enthält.[1180]

1175 *Bauer/Dimmling*, NZI 2011, 517, 519; *Decher/Voland*, ZIP 2013, 103, 111; *Frauer*, Grenzen des Eingriffs, 2014, S. 97; *Göb*, NZG 2012, 371, 376; *H.-F. Müller*, KTS 2012, 419, 436 f.; *Hölzle*, Praxisleitfaden ESUG, 2. Aufl., 2014, §§ 217, 225a, Rn. 17; *Spliedt*, ZInsO 2013, 2155, 2156; *Wimmer*, Das neue InsR, 2012, S. 10 f.

1176 *Burmeister/Schmidt-Hern*, in: Kübler (Hrsg.), HRI, 2. Aufl., 2015, § 43, Rn. 140; *Pleister*, in: Kübler u.a. (Hrsg.), InsO, Lb, 55. Lfg. (10/2013), § 253, Rn. 18, der deswegen gegen eine Anwendbarkeit des § 253 Abs. 2 Nr. 3 InsO plädiert; *Jaffé*, in: Wimmer (Hrsg.), FK-InsO, 8. Aufl., 2015, § 253, Rn. 14; *Hölzle*, Praxisleitfaden ESUG, 2. Aufl., 2014, §§ 217, 225a, Rn. 17; *Meyer*, DB 2015, 538, 542; *Spliedt*, GmbHR 2012, 462, 469.

1177 *Sinz*, in: Kirchhof u.a. (Hrsg.), MüKo-InsO, Bd. 3, 3. Aufl., 2014, § 253, Rn. 54, 56; *Burmeister/Schmidt-Hern*, in: Kübler (Hrsg.), HRI, 2. Aufl., 2015, § 43, Rn. 138; *Fölsing*, KSI 2014, 123.

1178 *Burmeister/Schmidt-Hern*, in: Kübler (Hrsg.), HRI, 2. Aufl., 2015, § 43, Rn. 137.

1179 *Burmeister/Schmidt-Hern*, in: Kübler (Hrsg.), HRI, 2. Aufl., 2015, § 43, Rn. 143.

1180 RegE ESUG, BT-Drucks. 17/5712, S. 36; *Rendels/Zabel*, Insolvenzplan, 2. Aufl., 2015, Rn. 531 („ausreichender Mittelfonds“; vgl. auch *Burmeister/Schmidt-Hern*, in: Kübler (Hrsg.), HRI, 2. Aufl., 2015, § 43, Rn. 143, die die Gesetzesbegründung für zu weitgehend halten; der Beschwerdeführer soll lediglich darlegen müssen, dass die zur Verfügung gestellten Ausgleichsmittel seinen Nachteil nicht ausgleichen können, weil der Betrag seines Nachteils allein oder in Verbindung mit den Nachteilen weiterer Beteiligter den Betrag der vorgesehenen Ausgleichsmittel übersteigt.

Letztlich relativiert (auch) § 253 Abs. 4 InsO den Suspensiveffekt des ursprünglich starken Rechtsmittels der sofortigen Beschwerde des (Minderheits-)Gesellschafters und gibt dem eigenverwaltenden Schuldner ein Antragsrecht auf Zurückweisung der sofortigen Beschwerde an die Hand.[1181] Gegenüber den Beschwerden der (Minderheits-)Gesellschafter wird der Antrag auf Zurückweisung der Beschwerde so gut wie immer begründet sein, da deren Anteil praktisch immer mit einem Wert von null anzusetzen ist.[1182] Die Zurückweisung der Beschwerde bewirkt die Beendigung der Rechtsschutzmöglichkeiten, ohne dass der Gesellschafter noch eine gerichtliche Überprüfung der Planinhalte erreichen kann.[1183] Zwar hat der Gesellschafter, dessen sofortige Beschwerde nach § 253 Abs. 4 S. 1 InsO zurückgewiesen wird, einen Anspruch darauf, aus der Masse den Ersatz des Schadens zu erhalten, der ihm durch den Planvollzug droht. Der im Rahmen der Interessenabwägung möglicherweise zugunsten des Schuldners zu berücksichtigende dem beschwerdeführenden Gesellschafter zustehende Schadensersatzanspruch gemäß § 253 Abs. 4 S. 3 InsO ist jedoch schon insofern nicht ausreichend, als dieser nicht auf Rückgängigmachung der Wirkungen des Insolvenzplans, sondern lediglich auf „wirtschaftlich geldlichen Minderheitenschutz“[1184] gerichtet ist. In Anbetracht dessen, dass der Anspruch voraussetzt, dass die Beschwerde Aussicht auf Erfolg gehabt hätte, und unter Berücksichtigung der Problematik der Beweisbarkeit und Glaubhaftmachung, bietet § 253 Abs. 4 S. 3 InsO daher nur einen sehr eingeschränkten Schutz zugunsten der (Minderheits-)Gesellschafter.[1185]

g) Zwischenergebnis

Insgesamt ist der im eröffneten Insolvenzverfahren zur Verfügung gestellte Minderheiten- und Rechtsschutz gegenüber den vom Insolvenzrecht verdrängten, umfassenden und wirkungsvollen gesellschaftsrechtlichen Regelungen als deutlich reduziert einzustufen. Zwar sind formal zahlreiche Schutzinstrumente und -mechanismen gegen Eingriffe in die Gesellschafterrechte vorhanden. Diese geben dem Minderheitsgesellschafter jedoch keine wirkungsvolle Möglichkeit an die Hand, den Eingriff in seine Gesellschafterrechte zu verhindern.

Die Teilnahme an der Abstimmung über den Insolvenzplan soll die Stellung des in den Plan einbezogenen Gesellschafters als Quasi-Gläubiger schützen und diesem die Beteiligung am Insolvenzfahren sichern. Die durch den Planersteller bestimmte strategische Gruppenbildung, in Verbindung mit dem Mehrheitsprinzip und dem

---

1181 BT-Drucks. 17/7511, S. 36.

1182 *Thies*, in: A. Schmidt (Hrsg.), HHK-InsO, 5. Aufl., 2015, § 253, Rn. 20; *Jaffé*, in: Wimmer (Hrsg.), FK-InsO, 8. Aufl., 2015, § 253, Rn. 20; *Rendels / Zabel*, Insolvenzplan, 2. Aufl., 2015, Rn. 533; *Simon / Merkelbach*, NZG 2012, 121, 122.

1183 *Meyer*, DB 2015, 538, 543.

1184 *Böcker*, DZWiR 2015, 125, 131.

1185 *Böcker*, DZWiR 2015, 125, 131 f.; *ders.*, ZInsO 2015, 773, 779; *G. Fischer*, NZI 2013, 513, 520.

Obstruktionsverbot, das die leicht zu überwindende Voraussetzung einer Vergleichsprognose zwischen Planergebnis und Zerschlagungswerten aufstellt, bewirkt jedoch praktisch die weitgehende Bedeutungslosigkeit des Stimmrechts der Gesellschafter. Das Insolvenzgericht prüft gemäß § 231 Abs. 1 InsO zwar vorab die Ausgestaltung des eingereichten Insolvenzplans. Diese ist jedoch auf offensichtliche Mängel beschränkt und umfasst zudem keine Anhörung der Beteiligten. Im Unterschied zu der ansonsten vergleichsweise oberflächlichen – da eilbedürftigen – Prüfung und Entscheidung des Insolvenzgerichts ist zwar auch die Sachgerechtigkeit der Gruppenbildung zu prüfen und die Einhaltung der gesetzlichen Vorgaben durch den Planersteller zu kontrollieren. Eine strategische Gruppenbildung kann dadurch jedoch nicht verhindert werden und auch die „offensichtliche Undurchführbarkeit" des Plans kommt mit Blick auf die mangelnde Entscheidungserheblichkeit der Gesellschafter im Rahmen der Abstimmung praktisch nicht vor. Die Prüfung des (bisherigen) Verfahrensablaufs und wesentlicher Mängel bei der Planvorlage, -abstimmung und -erörterung gemäß § 250 InsO, läuft – infolge der zur Annahme der „Wesentlichkeit" eines Verstoßes nach § 250 Nr. 1 InsO regelmäßig fehlenden Auswirkung auf das Ergebnis über die Annahme des Insolvenzplans – weitgehend leer. Die gewährte Partizipationsmöglichkeit der Minderheitsgesellschafter im Rahmen der Planabstimmung ist daher überwiegend als bloße „Fiktion"[1186] zu werten.

Der darüber hinaus eingeräumte Schutz orientiert sich vorwiegend an dem Vergleichsszenario des Regelinsolvenzverfahrens und geht – bedingt durch die der Einbeziehung der Gesellschafter zugrunde liegende Einordnung der Gesellschafter als letztrangige Gläubiger, und die regelmäßig bestehende Wertlosigkeit des Gesellschaftsanteils im eröffneten Insolvenzverfahren – insoweit in den meisten Fällen ebenfalls ins Leere: So bemisst sich der Abfindungsanspruch, als Folge des Austrittsrechts zum Schutz der negativen Vereinigungsfreiheit, an der Vermögenslage, die sich bei einer Abwicklung des Schuldners eingestellt hätte, und ist, aufgrund einer nur in Ausnahmefällen denkbaren Ausschüttung gemäß § 199 S. 2 InsO, meist wertlos. Im Rahmen des Minderheitenschutzantrags gemäß § 251 Abs. 1 InsO prüft das Insolvenzgericht ebenfalls nur, ob das Planergebnis den Gesellschafter schlechterstellt als im Regelinsolvenzverfahren. Zusätzlich wird der Schutz des Minderheitsgesellschafters dadurch verkürzt, dass im gestaltenden Teil des Plans Mittel zum finanziellen Ausgleich einer nachgewiesenen Schlechterstellung bereitgestellt werden können (§ 251 Abs. 3 S. 1 InsO). Schließlich sind auch die gegenüber § 251 InsO noch gesteigerten Voraussetzungen einer „wesentlichen Schlechterstellung" im Vergleich zum Szenario ohne Plan, und einer weiterhin denkbaren Kompensation über den bereitgestellten „Topf" an Ausgleichsmitteln, im Rahmen der sofortigen Beschwerde nicht einfacher zu erfüllen. Der sofortigen Beschwerde kommt – nach wie vor – zwar aufschiebende Wirkung zu. Nunmehr kann der Suspensiveffekt jedoch dadurch verkürzt werden, dass dem geschäftsführenden Mehrheitsgesellschafter mit

1186 *K. Schmidt*, ZIP 2012, 2085, 2086; im Ergebnis ebenso *Meyer*, ZInsO 2013, 2361, 2369.

§ 253 Abs. 4 S. 1 InsO die Möglichkeit der unverzüglichen Zurückweisung der sofortigen Beschwerde eingeräumt wird. Diese wird wiederum aufgrund der regelmäßig bestehenden Wertlosigkeit der Gesellschaftsanteile so gut wie immer begründet sein. In der Zusammenschau steht dem Minderheitsgesellschafter daher ein rein vermögensbezogener Rechtsschutz zur Verfügung, der nur in den seltensten Fällen den Vollzug der im Plan vorgesehenen gesellschaftsrechtlichen Regelungen zu verhindern vermag, weil seine Situation nur noch mit der Lage verglichen wird, in der er sich befände, wenn ein Regelinsolvenzverfahren durchgeführt würde.

3. *Rechtsschutz außerhalb des Insolvenzverfahrens*

Wie bereits im Rahmen der Verdrängung des gesellschaftsrechtlichen Rechtsschutzes besprochen,[1187] fehlt einem gerichtlichen Vorgehen, neben dem laufenden Planverfahren, regelmäßig das Rechtsschutzbedürfnis, da auf den Ablauf eines rechtsstaatlich geregelten Verfahrens nicht durch Inanspruchnahme mit dem eigentlichen Verfahren nicht befasster Gerichte Einfluss genommen werden darf.[1188] Der (Minderheits-)Gesellschafter hat folglich nicht die Möglichkeit, außerhalb des Insolvenzverfahrens Rechtsschutz zu Fragen, die das Insolvenzverfahren betreffen, zu suchen. Anderenfalls bestünde die Gefahr, das Verfahren faktisch zum Stillstand zu bringen, und dem Ziel einer schnellen unangreifbaren Regelung durch laufende zivilgerichtliche Parallelverfahren entgegenzuwirken.[1189] Die Möglichkeit, „Nebenkriegsschauplätze" zu schaffen, welche nicht unter der Aufsicht des Insolvenzgerichts stehen, würde das Planverfahren in zeitlicher und rein tatsächlicher Hinsicht belasten.[1190]

Zwar sieht die InsO keine vollständige Konzentration aller mit der Insolvenz zusammenhängenden Prozesse bei dem Insolvenzgericht vor, wie mit § 251 Abs. 3 S. 2 InsO deutlich wird.[1191] Die Auslagerung des Streits über den finanziellen Ausgleich aus dem Insolvenzverfahren dient der Entlastung des Insolvenzverfahrens[1192] sowie der Vermeidung einer verfahrensverzögernden Wirkung[1193] und hat insbesondere

1187 Siehe hierzu § 2.B.III.1.e).

1188 *BGH*, Urt. v. 15.11.2012 – I ZR 128/11 = NZM 2013, 589, 590; *OLG Frankfurt/M.*, Beschl. v. 1.10.2013 – 5 U 145/13 = NZI 2013, 978; *D. Lang/Muschalle*, NZI 2013, 953, 956 f.; *Madaus*, ZIP 2014, 500, 504; *Möhlenkamp*, BB 2013, 2828; *H.-F. Müller*, DB 2014, 41, 45; *Spliedt*, ZInsO 2013, 2155 ff.; *Thole*, ZIP 2013, 1937, 1941.

1189 *Madaus*, Insolvenzplan, 2011, S. 424 f.; *H.-F. Müller*, DB 2014, 41, 45; wohl auch *D. Lang/Muschalle*, NZI 2013, 953, 957; *Spliedt*, ZInsO 2013, 2155 ff.

1190 So auch *Thole*, ZIP 2013, 1937, 1941.

1191 *Thies*, in: A. Schmidt (Hrsg.), HHK-InsO, 5. Aufl., 2015, § 251, Rn. 20; *Spliedt*, in: K. Schmidt (Hrsg.), InsO, 18. Aufl., 2013, § 251, Rn. 24.

1192 *H.-F. Müller*, DB 2014, 41, 45.

1193 *Braun/Frank*, in: Braun (Hrsg.), InsO, 6. Aufl., 2014, § 251, Rn. 8; *Pleister*, in: Kübler u.a. (Hrsg.), InsO, Lb, 55. Lfg. (10/2013), § 251, Rn. 24; *Jaffé*, in: Wimmer (Hrsg.), FK-InsO, 8. Aufl., 2015, § 251, Rn. 29 f.

keine direkten Auswirkungen auf das Insolvenzverfahren, weshalb sie im Einklang mit den Gründen steht, die einer Einflussnahme durch am Insolvenzverfahren nicht beteiligte dritte Gerichte entgegenstehen. Gleiches muss für sämtliche im Rahmen des Eröffnungsverfahrens zu prüfende (Vor-)Fragen und sonstige Einflussnahmen auf den Ablauf des Insolvenz(eröffnungs-)verfahren gelten, die mit Zulässigkeit des Insolvenzantrags ebenfalls ausschließlich in die (Prüfungs-)Kompetenz des Insolvenzgerichts fallen.[1194] Ansonsten würde die dargestellte Problematik nur zeitlich in das Insolvenzeröffnungsverfahren vorverlagert werden. Davon unberührt bleiben die Rechtsbeschwerde zum BGH gegen Beschlüsse des Beschwerdegerichts sowie der einstweilige Rechtsschutz durch das BVerfG.

a) Rechtsbeschwerde, § 4 InsO i.V.m. § 574 ZPO

Die Rechtsbeschwerde ist gemäß § 4 InsO i.V.m. § 574 Abs. 1 Nr. 2 ZPO statthaft gegen Beschlüsse des Beschwerdegerichts, soweit die Entscheidung anfechtbar ist und das Beschwerdegericht die Rechtsbeschwerde zum BGH (§ 133 GVG) zugelassen hat.[1195] Für den Fall, dass das Beschwerdegericht die Rechtsbeschwerde nicht zugelassen hat, kann der Gesellschafter die Entscheidung allenfalls noch im Wege einer Anhörungsrüge nach § 321a ZPO angreifen.[1196] Gemäß § 574 Abs. 2, 3 S. 1 InsO ist die Rechtsbeschwerde nur zuzulassen, wenn die Rechtssache grundsätzliche Bedeutung hat (§ 574 Abs. 2 Nr. 1 InsO) oder die Fortbildung des Rechts (§ 574 Abs. 2 Nr. 2, 1. Alt. InsO) oder die Sicherung einer einheitlichen Rechtsprechung (§ 574 Abs. 2 Nr. 2, 2. Alt. InsO) eine Entscheidung des Rechtsbeschwerdegerichts erfordert.[1197] Zusätzlich muss der Beschwerdeführer durch die gerichtliche Entscheidung über die sofortige Beschwerde beschwert sein[1198] und die Rechtsbeschwerde binnen einer Notfrist von einem Monat nach Zustellung des Beschlusses über die sofortige Beschwerde einreichen.[1199] Ist die Rechtsbeschwerde zulässig, kommt dieser

1194 *D. Lang/Muschalle*, NZI 2013, 953, 957.

1195 *BGH*, Beschl. v. 10.01.2013 – IX ZB 293/11 = BeckRS 2013, 02430, Rn. 4; *D. Fischer*, in: Ahrens u.a. (Hrsg.), FAK InsR, 2. Aufl., 2014, § 289, Rn. 12; *Andres*, in: Andres u.a., InsO, 3. Aufl., 2014, § 4, Rn. 35; *Wienberg/Dellit*, in: Bork / Hölzle (Hrsg.), Hdb. InsR, 2014, Kap. 12, Rn. 261; *Burmeister/Schmidt-Hern*, in: Kübler (Hrsg.), HRI, 2. Aufl., 2015, § 43, Rn. 208 ff.; *Prütting*, in: Kübler u.a. (Hrsg.), InsO, Lb, 48. Lfg. (04/2012), § 7, Rn. 7 ff.; *Rüther*, in: A. Schmidt (Hrsg.), HHK-InsO, 5. Aufl., 2015, § 7, Rn. 2; *Thies*, in: A. Schmidt (Hrsg.), HHK-InsO, 5. Aufl., 2015, § 253, Rn. 29; *Zimmer*, ZInsO 2011, 1689, 1692.

1196 *Burmeister/Schmidt-Hern*, in: Kübler (Hrsg.), HRI, 2. Aufl., 2015, § 43, Rn. 209; *Zimmer*, ZInsO 2011, 1689, 1692.

1197 *Burmeister/Schmidt-Hern*, in: Kübler (Hrsg.), HRI, 2. Aufl., 2015, § 43, Rn. 211; *Prütting*, in: Kübler u.a. (Hrsg.), InsO, Lb, 48. Lfg. (04/2012), § 7, Rn. 9 ff.; *Rüther*, in: A. Schmidt (Hrsg.), HHK-InsO, 5. Aufl., 2015, § 7, Rn. 4, 6 ff.

1198 *Burmeister/Schmidt-Hern*, in: Kübler (Hrsg.), HRI, 2. Aufl., 2015, § 43, Rn. 215.

1199 *Burmeister/Schmidt-Hern*, in: Kübler (Hrsg.), HRI, 2. Aufl., 2015, § 43, Rn. 216; *Prütting*, in: Kübler u.a. (Hrsg.), InsO, Lb, 48. Lfg. (04/2012), § 7, Rn. 16 f.

zwar keine aufschiebende Wirkung zu (§§ 575 Abs. 5, 570 Abs. 1 ZPO), der BGH kann jedoch einstweilige Anordnungen erlassen (§§ 575 Abs. 5, 570 Abs. 3 ZPO)[1200] und dadurch die Aussetzung der Vollziehung der erstinstanzlichen Entscheidung des Insolvenzgerichts, mitsamt der Aussetzung der Vollziehung des Eröffnungsbeschlusses, erreichen.[1201] In seinem Beschluss vom 17. September 2014[1202] hat der BGH entschieden, dass gegen den Zurückweisungsbeschluss des Beschwerdegerichts gemäß § 253 Abs. 4 InsO selbst dann keine Rechtsbeschwerde zulässig ist, wenn das Beschwerdegericht in seinem Beschluss die Rechtsbeschwerde zulässt und diese demnach gemäß § 574 Abs. 1 S. 1 Nr. 2 ZPO grundsätzlich statthaft wäre. Der Ausschluss der Rechtsbeschwerde „ergibt sich kraft Natur der Sache auf Grund der Auslegung des § 253 Abs. 4 InsO“[1203]. Die durch den ESUG-Gesetzgeber verschärften Voraussetzungen des § 253 InsO, zusammen mit der Gesetzbegründung und -systematik, sprechen gegen die Statthaftigkeit eines auf dieser Grundlage erlassenen Beschlusses.[1204] Die Tatsache, dass mit dem summarischen Prüfungsumfang des § 253 Abs. 4 InsO, wie er in Verfahren des einstweiligen Rechtsschutzes typisch ist, schon von Gesetzes wegen Rechtsbeschwerden unvereinbar sind, stärkt dieses Ergebnis.[1205]

Die Prüfung der Begründetheit umfasst gemäß § 576 Abs. 1 ZPO Bundesrecht oder auch Vorschriften, deren Geltungsbereich sich über den Bezirk eines OLG hinaus erstreckt.[1206] Bei der Prüfung der Begründetheit darf der BGH Verfahrensmängel nach Maßgabe des § 577 Abs. 2 S. 3 ZPO nur auf ordnungsgemäße Rüge hin berücksichtigen und ist gemäß §§ 577 Abs. 2 S. 4, 559 ZPO an die tatsächlichen Feststellungen des Beschwerdegerichts gebunden.[1207] Angelehnt an das Erfordernis der Wesentlichkeit im Rahmen des Versagungsbeschlusses nach § 250 Nr. 1 InsO muss die Entscheidung auf der Rechtsverletzung beruhen.[1208] Bei Verfahrensverstößen besteht dieser Zusammenhang beispielsweise dann, wenn ohne den Verstoß möglicherweise eine andere

---

1200 *Kirchhof*, in: Kreft (Hrsg.), HK-InsO, 7. Aufl., 2014, § 6, Rn. 48; *Rüther*, in: A. Schmidt (Hrsg.), HHK-InsO, 5. Aufl., 2015, § 7, Rn. 18.

1201 *BGH*, Beschl. v. 16.10.2003 – IX ZB 133/03 = ZInsO 2003, 1099 (Pfändbarkeit von Gebührenforderungen); *BGH*, Beschl. v. 5.02.2009 – IX ZB 245/08 = ZInsO 2009, 432 (Möglichkeit der Aussetzung der Vollziehung eines Eröffnungsbeschlusses); *Rüther*, in: A. Schmidt (Hrsg.), HHK-InsO, 5. Aufl., 2015, § 7, Rn. 18.

1202 *BGH*, Beschl. v. 17.09.2014 – IX ZB 26/14 = NZG 2014, 1351; siehe hierzu bereits § 3.B.III.2.f)cc).

1203 *BGH*, Beschl. v. 17.09.2014 – IX ZB 26/14 = NZG 2014, 1351, Rz. 5.

1204 *BGH*, Beschl. v. 17.09.2014 – IX ZB 26/14 = NZG 2014, 1351, Rz. 8 ff.

1205 *BGH*, Beschl. v. 17.09.2014 – IX ZB 26/14 = NZG 2014, 1351, Rz. 11, 14; vgl. auch *Böcker*, ZInsO 2015, 773, 777; *Göb*, NZI 2015, 13.

1206 *Burmeister/Schmidt-Hern*, in: Kübler (Hrsg.), HRI, 2. Aufl., 2015, § 43, Rn. 220; *Schmerbach*, in: Wimmer (Hrsg.), FK-InsO, 8. Aufl., 2015, § 7, Rn. 46 ff.

1207 *Rüther*, in: A. Schmidt (Hrsg.), HHK-InsO, 5. Aufl., 2015, § 7, Rn. 22.

1208 *Ganter*, in: Kirchhof u.a. (Hrsg.), MüKo-InsO, Bd. 1, 2. Aufl., 2007, § 7, Rn. 94; *Rüther*, in: A. Schmidt (Hrsg.), HHK-InsO, 5. Aufl., 2015, § 7, Rn. 22.

Entscheidung getroffen worden wäre.[1209] Wie im Rahmen des Versagungsbeschlusses des Insolvenzgerichts gemäß § 250 InsO dargestellt[1210], wird der Verfahrensfehler in der Regel die Entscheidung in den sonstigen Gläubigergruppen jedoch nicht beeinflussen. Für den (Minderheits-)Gesellschafter vermag die Rechtsbeschwerde demnach (praktisch) kaum einen weitergehenden Schutz zu gewährleisten.

Ist die Rechtsbeschwerde (ausnahmsweise) zulässig und kann sie auf die in § 576 ZPO abschließend geregelten Rechtsbeschwerdegründe gestützt werden, ist der Beschluss aufzuheben und die Sache zur erneuten Entscheidung an das Beschwerdegericht zurückzuweisen (§ 577 Abs. 4 ZPO) bzw. im Fall der Entscheidungsreife (§ 577 Abs. 5 ZPO) durch das Rechtsbeschwerdegericht selbst zu entscheiden.[1211]

b) Einstweiliger Rechtsschutz durch das BVerfG

Neben dem fachgerichtlichen (vorläufigen) Rechtsschutz kann dem einzelnen (Minderheits-)Gesellschafter zudem außerordentlicher Rechtsschutz nach § 32 Abs. 1 BVerfGG zugesprochen werden. In seiner Entscheidung vom 18. Dezember 2014 hatte das BVerfG u.a. über den Erlass einer auf vorläufige Verhinderung des Eintritts der Wirkungen des Insolvenzplans gerichteten Anordnung zu entscheiden[1212]: Die Beschwerdeführerin hatte zunächst wirksam sofortige Beschwerde gegen den im Abstimmungstermin angenommenen und durch das Insolvenzgericht bestätigten Insolvenzplan erhoben. Diese wurde durch das Beschwerdegericht als unzulässig verworfen[1213] und sodann durch Beschluss gemäß § 253 Abs. 4 InsO zurückgewiesen.[1214] Der BGH hob beide Beschlüsse auf und verwies die Sache zurück an das Beschwerdegericht.[1215] Daraufhin wies das LG Berlin die Beschwerde erneut gemäß § 253 Abs. 4 InsO zurück.[1216] Die Beschwerdeführerin richtete ihren mit einer Verfassungsbeschwerde verbundenen Antrag auf Erlass einer einstweiligen Anordnung auf die vorläufige Verhinderung des Eintritts der Wirkungen des Insolvenzplans und der Eintragung der durch den Insolvenzplan zu ändernden neuen Rechtsform

---

1209 *Ganter*, in: Kirchhof u.a. (Hrsg.), MüKo-InsO, Bd. 1, 2. Aufl., 2007, § 7, Rn. 94; *Rüther*, in: A. Schmidt (Hrsg.), HHK-InsO, 5. Aufl., 2015, § 7, Rn. 22; *Schmerbach*, in: Wimmer (Hrsg.), FK-InsO, 8. Aufl., 2015, § 7, Rn. 51.

1210 Siehe hierzu § 3.B.III.2.e).

1211 *Kirchhof*, in: Kreft (Hrsg.), HK-InsO, 7. Aufl., 2014, § 6, Rn. 48; *Burmeister / Schmidt-Hern*, in: Kübler (Hrsg.), HRI, 2. Aufl., 2015, § 43, Rn. 223; *Rüther*, in: A. Schmidt (Hrsg.), HHK-InsO, 5. Aufl., 2015, § 7, Rn. 6; *Schmerbach*, in: Wimmer (Hrsg.), FK-InsO, 8. Aufl., 2015, § 7, Rn. 70 f.

1212 *BVerfG*, Beschl. v. 18.12.2014 – 2 BvR 1978/13 = ZInsO 2015, 84.

1213 *LG Berlin*, Beschl. v. 24.02.2014 – 51 T 107/14 = ZIP 2014, 893.

1214 *LG Berlin*, Beschl. v. 14.04.2014 – 51 T 107/14 = DZWiR 2014, 375; *Böcker*, DZWiR 2015, 10 ff.; *Skauradszun*, DZWiR 2014, 338 ff.

1215 *BGH*, Beschl. v. 17.07.2014 – IX ZB 13/14 = NZI 2014, 751.

1216 *LG Berlin*, Beschl. v. 20.10.2014 – 51 T 696/14 = DZWiR 2015, 35.

der Schuldnerin in das Handelsregister.[1217] Zur Begründung trug die Beschwerdeführerin vor, dass die Rechtskraft des Bestätigungsbeschlusses zur Vollziehung des unumkehrbaren Formwechsels führen würde, durch den sie im Gesellschaftsvertrag und durch Gesellschaftsvereinbarung eingeräumte weitgehende Mitwirkungsrechte verlieren würde und von wesentlichen unternehmerischen Entscheidungen ausgeschlossen wäre. Diese Verluste würden laut Vortrag der Beschwerdeführerin insbesondere auch nicht durch die dann entstehenden gesetzlichen Minderheitenrechte kompensiert.[1218] Zusätzlich sei auch kein effektiver Rechtsschutz gegen die durch die geplante Kapitalerhöhung entstehende Verwässerung zu erlangen.[1219] In der anschließend nach § 32 Abs. 1 BVerfGG vorgenommenen Nachteilsabwägung hat das BVerfG die für die Schuldnerin und ihre Gläubiger bei Erlass der einstweiligen Anordnung drohenden Nachteile, von denen im Ergebnis auch die Beschwerdeführerin selbst betroffen gewesen wäre, als erheblich und überwiegend eingeordnet.[1220] Die Schuldnerin konnte durch eine plausibilisierte Liquiditätsplanung darlegen und durch eidesstattliche Versicherung ihres Geschäftsführers glaubhaft machen, dass die in Aussicht genommene Sanierung durch eine (weitere) Verzögerung der Umsetzung der im Insolvenzplan vorgesehenen Maßnahmen scheitern und die Gesellschaft erheblich beeinträchtigen würde.[1221] Zugleich sehe der Insolvenzplan auch nach der geplanten Kapitalerhöhung mit Bezugsrechtsausschluss noch eine verbleibende Sperrminorität des Beschwerdeführers mit 26 % der Aktien vor.[1222] Im Ergebnis blieb der Antrag der Beschwerdeführerin auf Erlass der einstweiligen Anordnung daher – ungeachtet der offenen Fragen zur Verfassungsbeschwerde – aufgrund der gebotenen Folgenabwägung ohne Erfolg.

Gemäß § 32 Abs. 1 BVerfGG kann das BVerfG im Streitfall einen Zustand durch einstweilige Anordnung vorläufig regeln, wenn dies zur Abwehr schwerer Nachteile, zur Verhinderung drohender Gewalt oder aus einem anderen wichtigen Grund zum gemeinen Wohl dringend geboten ist. Das BVerfG wägt ab, wessen Nachteile überwiegen und ob eine einstweilige Anordnung geboten ist, wobei die Gründe, die der Beschwerdeführer für die Verfassungswidrigkeit des angegriffenen Hoheitsakts geltend macht, außer Betracht bleiben: Überwiegen die Nachteile der Schuldnerin, wenn zugunsten des (Minderheits-)Gesellschafters die einstweilige Anordnung erginge und die im Insolvenzplan vorgesehenen Maßnahmen blockiert würden, wenn sich im Nachhinein herausstellt, dass die Verfassungsbeschwerde unbegründet gewesen ist, oder überwiegen die Nachteile des (Minderheits-)Gesellschafters, wenn der Insolvenzplan umgesetzt würde, dessen Einwände sich jedoch

1217 *BVerfG*, Beschl. v. 18.12.2014 – 2 BvR 1978/13 = ZInsO 2015, 84 f.
1218 *BVerfG*, Beschl. v. 18.12.2014 – 2 BvR 1978/13 = ZInsO 2015, 84, 85.
1219 *BVerfG*, Beschl. v. 18.12.2014 – 2 BvR 1978/13 = ZInsO 2015, 84, 85.
1220 *BVerfG*, Beschl. v. 18.12.2014 – 2 BvR 1978/13 = ZInsO 2015, 84, 87.
1221 *BVerfG*, Beschl. v. 18.12.2014 – 2 BvR 1978/13 = ZInsO 2015, 84, 85 ff., 88 (Anm. v. *Fölsing*).
1222 *BVerfG*, Beschl. v. 18.12.2014 – 2 BvR 1978/13 = ZInsO 2015, 84, 88, 90 (Anm. v. *Fölsing*).

nachträglich als zutreffend erweisen würden? Bei der Prüfung der Voraussetzungen des § 32 Abs. 1 BVerfGG ist ein strenger Maßstab[1223] anzulegen, der den Erlass einer einstweiligen Anordnung im Vergleich zu den Fachgerichten „nur unter wesentlich engeren Voraussetzungen"[1224] und in „besonders gelagerten Ausnahmefällen"[1225] zulässt.[1226] Neben den Interessen des Antragstellers sind in die Folgenabwägung insbesondere „‚alle in Frage kommenden Belange' und ‚widerstreitenden Interessen'"[1227] einzubeziehen. Die Folgenabwägung kann daher „dazu führen, dass die Nachteile einer einstweiligen Anordnung für die Schuldnerin, ihre Arbeitnehmer, ihre Gläubiger und [sonstigen] Anteilseigner schwerer wiegen, als die Nachteile für die Antragstellerin bei Ablehnung des Antrags."[1228] Aufgrund der gegenüber der sofortigen Beschwerde gemäß § 253 Abs. 1 InsO noch wesentlich erhöhten Anforderungen zum Erlass einer einstweiligen Anordnung vermag auch der einstweilige Rechtsschutz durch das BVerfG daher (praktisch) keinen weitergehenden Schutz der Minderheitsgesellschafter zu gewährleisten.

4. *Zwischenergebnis*

Es ergibt sich ein Schutzkonzept, welches formal zwar zahlreiche Schutzinstrumente zugunsten der Gesellschafter vorsieht, insgesamt jedoch (nur) einen rein wert- bzw. vermögensbezogenen Schutz gewährleistet, der weder die Antragstellung, noch die Eröffnung des Insolvenzverfahrens oder einen Eingriff in das eigene Mitgliedschaftsrecht, bis hin zum vollständigen Entzug der Mitgliedschaft, verhindern kann. Die dem Minderheitsgesellschafter im Vorfeld des Insolvenzantrags bzw. des Antrags auf Durchführung des Schutzschirmverfahrens sowie im eröffneten Verfahren zugebilligten Partizipationsmöglichkeiten lassen sich insofern als bloße Fiktion bewerten, als weder die – nach überzeugender Ansicht anzuerkennende – Pflicht zur Einholung eines Gesellschafterbeschlusses im Vorfeld der Antragstellung bei drohender Zahlungsunfähigkeit noch die Mitwirkungsmöglichkeiten des Minderheitsgesellschafters in seiner Funktion als letztrangiger Beteiligter das Vorgehen des Mehrheitsgesellschafters beeinflussen können, sofern dieser nur mit den Gläubigern zusammenarbeitet. Der über die §§ 251, 253 InsO vorwiegend gewährte *ex-post*-Schutz sichert dem Gesellschafter nur den Wert seines Anteils, der sich im Vergleich zum Regelinsolvenzverfahren ergeben würde.

1223 *BVerfG*, Beschl. v. 24.08.1992 – 2 BvE 1/92, 2 BvE 2/92 = BVerfGE 87, 107, 111; *BVerfG*, Beschl. v. 5.07.1995 – 1 BvR 2226/94 = BVerfGE 93, 181, Rz. 31; *BVerfG*, Beschl. v. 22.07.2005 – 1 BvR 2872/04 = BeckRS 2005, 31105; *BVerfG*, Beschl. v. 18.12.2014 – 2 BvR 1978/13 = ZInsO 2015, 84, 85.

1224 *BVerfG*, Beschl. v. 18.12.2014 – 2 BvR 1978/13 = ZInsO 2015, 84, 88 (Anm. v. *Fölsing*).

1225 *BVerfG*, Beschl. v. 18.12.2014 – 2 BvR 1978/13 = ZInsO 2015, 84, 88 (Anm. v. *Fölsing*).

1226 *BVerfG*, Beschl. v. 23.08.2010 – 2 BvQ 56/10 = BeckRS 2010, 52518; *BVerfG*, Beschl. v. 18.12.2014 – 2 BvR 1978/13 = ZInsO 2015, 84, 85.

1227 *BVerfG*, Beschl. v. 18.12.2014 – 2 BvR 1978/13 = ZInsO 2015, 84, 85.

1228 *BVerfG*, Beschl. v. 18.12.2014 – 2 BvR 1978/13 = ZInsO 2015, 84.

De lege lata liegt der ausgemachte Schutzumfang zugunsten der Minderheitsgesellschafter daher mit der vorangestellten These jedenfalls insoweit auf einer Linie, als der Minderheitsgesellschafter, sofern die Voraussetzungen zur Insolvenzeröffnung bzw. Durchführung des Schutzschirmverfahrens tatsächlich vorliegen, weder dem Antrag des geschäftsführenden Mehrheitsgesellschafter etwas entgegenhalten noch einen Eingriff in seine Mitgliedschaftsrechte verhindern kann. Der Schutz zugunsten der Minderheitsgesellschafter ist so ausgestaltet, dass dieser die erleichterte Umsetzung gesellschaftsrechtlicher Sanierungsmaßnahmen über den eingeräumten Handlungs- und Gestaltungsspielraums im Insolvenzplanverfahren jedenfalls durch den ihm zukommenden Schutzumfang nicht blockieren kann, sofern er für den Verlust entsprechend entschädigt wird.

C. Bewertung der Regelungen über die Einbeziehung in den Insolvenzplan

Die Einbeziehung der Gesellschafter beseitigt die unter der InsO von 1999 bestehenden Sanierungshindernisse und Standortnachteile. Sie schafft durch die weitgehenden Eingriffsmöglichkeiten neue Handlungs- und Gestaltungsmöglichkeiten im Insolvenzplan und wirkt durch den stark verkürzten Minderheiten- und Rechtsschutz denkbaren Blockaden gegenüber notwendigen Sanierungsmaßnahmen und Verzögerungen des Insolvenz(plan-)verfahrens entgegen. Sie verbessert die Sanierungschancen fortführungsfähiger Unternehmen, bietet neue Anreize zur (frühzeitigen) Sanierung mittels Insolvenzplan und ist daher als wichtige und notwendige Reform zur bestmöglichen Erreichung der Gläubigerbefriedigung zu bewerten.

Zugleich darf nicht in Vergessenheit geraten, dass bereits die Reformkommission zur InsO die Einbeziehung der Gesellschafter in den Insolvenzplan vorsah. Deren Vorschläge wurden jedoch unter heftiger Kritik und Betonung eines marktkonformen Verhaltens, welches darauf verzichten müsse, den Gesellschaftern zwangsweise Vermögensopfer abzunötigen und in die private Güterzuordnung einzugreifen, bereits aus dem Diskussionsentwurf verbannt.[1229] Auch heute legt der Gesetzgeber der Einbeziehung nicht die Zugehörigkeit der gesellschafterlichen Mitgliedschaft zur Insolvenzmasse (§ 35 Abs. 1 InsO) zugrunde.[1230] Die Sicht auf die Einbeziehung der Gesellschafter in das Insolvenzplanverfahren hat sich jedoch insofern geändert, als deren Einordnung als alternativlos zur Erreichung (des vorrangigen Ziels) der Gläubigerbefriedigung die Einbeziehung essenziell und unumgänglich werden ließ. Die Einordnung der Gesellschafter als letztrangige Beteiligte und die damit regelmäßig einhergehende Wertlosigkeit der Gesellschaftsanteile ermöglichen unter Mitwirkung der Gläubiger bei vorrangiger Geltung des Insolvenzrechts und weitgehend vollständiger Verdrängung gesellschaftsrechtlicher und -vertraglicher Regelungen die Durchsetzung solcher gesellschaftsrechtlicher Regelungen, die noch außerhalb

1229 Siehe hierzu § 1.A.I.2.b).
1230 Siehe hierzu § 2.B.II.3.

des Insolvenzverfahrens an dem Blockade- und Erpressungspotenzial der (Minderheits-)Gesellschafter gescheitert wären. Dass die Einbeziehung der Gesellschafter den richtigen Weg zur erfolgreichen Gläubigerbefriedigung und Sanierung mittels Insolvenzplan vorzeichnete, deutete sich auch durch jüngere Reformanstöße infolge der Finanzmarktkrise an.[1231] Dort waren bereits weitgehende Eingriffe unterschiedlichster Art in die Rechte der Anteilseigner möglich, sofern diese dem Ziel der Stabilisierung des Finanzmarkts dienten und dadurch im öffentlichen Interesse lagen.

Die Funktionsfähigkeit dieser Neuerung nicht infrage stellend, muss – angesichts der weitreichenden Eingriffsmöglichkeiten und des demgegenüber stark beschränkten, rein vermögens- bzw. wertbezogenen Schutzkonzepts – zugleich bedacht werden, um welchen Preis für die (Minderheits-)Gesellschafter der schuldnerischen Gesellschaft die Einbeziehung ihrer Rechte in den Insolvenzplan erfolgt. Die Tatsache, dass die Erreichung der verfolgten Ziele mitsamt der aufgezeigten Folgen gerade dem Willendes Gesetzgebers entspricht, kann nicht von deren Bewertung entbinden. Es schließt sich eine kritische Bewertung der Regelungen über die Einbeziehung der Rechte der (Minderheits-)Gesellschafter in den Insolvenzplan und des zur Verfügung gestellten wertbezogenen Schutzkonzepts an. Besondere Aufmerksamkeit soll hierbei den möglichen Unterschieden in der Bewertung für (I.) den gesetzlichen Regelfall der Wertlosigkeit des Gesellschafteranteils und (II.) den Ausnahmefall der Werthaltigkeit des Gesellschaftsanteils mit einer demnach nur teilweisen Erfüllung der der Einbeziehung zugrunde liegenden Wertungen zukommen.

I. Gesetzlicher Regelfall: Wertungsgrundlagen liegen vor

Der Gesetzgeber legt der Einbeziehung der Gesellschafter die im Insolvenzverfahren regelmäßig vorliegende Wertlosigkeit ihrer Gesellschaftsanteile zugrunde.[1232] Infolge der durch die Eröffnung des Insolvenzverfahrens bedingten Auflösung der schuldnerischen Gesellschaft droht den Gesellschaftern der totale Verlust ihrer Mitgliedschaft. Die Gesellschafter erhalten im Regelverfahren gemäß § 199 S. 2 InsO erst dann einen wirtschaftlichen Wert, wenn im Rahmen der Schlussverteilung alle Insolvenzgläubiger aus der Insolvenzmasse befriedigt werden können. Da eine vollständige Befriedigung der Gläubiger nur äußerst selten der Fall sein wird, geht die Gesetzesbegründung vor dem Hintergrund des § 199 S. 2 InsO regelmäßig von der wirtschaftlichen Wertlosigkeit der Anteile in der Insolvenz aus.[1233] Hierfür spricht insbesondere auch der Blick auf die möglichen Alternativen einer sanierenden Übertragung oder Zerschlagung, die ebenfalls einen Verlust der Gesellschaftsanteile zur

---

1231 Vgl. hierzu die ausführliche Darstellung bei *Prusko*, Gesellschafterstellung in der Insolvenz, 2013, S. 51 ff.

1232 RegE ESUG, BT-Drucks. 17/5712, S. 32.

1233 Siehe hierzu § 2.B.II.2; vgl. auch *Hölzle*, in: Kübler (Hrsg.), HRI, 2. Aufl., 2015, § 31, Rn. 7; *Wellensiek / Schluck-Amend*, in: Römermann (Hrsg.), MAH GmbHR, 3. Aufl., 2014, § 23, Rn. 345; *Bitter*, ZGR 2010, 147, 192; *Schäfer*, in: FS Hommelhoff, 2012, S. 939, 946.

Folge haben. Mit Eröffnung des Insolvenzplanverfahrens liegt die Entscheidung über die Fortsetzung der Gesellschaft nicht länger in den Händen der Gesellschafter, sondern ist abhängig von der Entscheidung der Gläubigerversammlung und der Aufnahme des Fortsetzungsbeschlusses in den Insolvenzplan. Ohne die Mitwirkung der Gläubigergruppen kann demnach keine Fortsetzung der Gesellschaft erfolgen, weshalb den Gesellschaftern der totale Verlust der Mitgliedschaft droht. „[W]eil der Anteilsinhaber nach Eröffnung eines Insolvenzverfahrens, das ohne den Plan zu einer Abwicklung und damit Löschung des insolventen Rechtsträgers im Register führt, [demnach] ohnehin nicht mehr mit dem Erhalt seines Anteils- oder Mitgliedschaftsrechts rechnen kann“[1234], sieht der Gesetzgeber Einschränkungen bzw. den Verlust der Mitgliedschaft als unbedenklich an. Die regelmäßig bestehende Wertlosigkeit der Gesellschaftsanteile ist damit Motiv für die vom Gesetzgeber eingeräumten, weitgehenden Eingriffsmöglichkeiten in die Gesellschafterrechte und Begründung für den verkürzten Rechts- und Minderheitenschutz zugleich.

Ebendieser gesetzliche Regelfall einer bestehenden Wertlosigkeit des Gesellschaftsanteils (des Minderheitsgesellschafters), (auch) unter Annahme der sonstigen vom Gesetzgeber zugrunde gelegten Wertungen, soll für die nachfolgend durchzuführende Bewertung der insolvenzrechtlichen Regelungen über die Einbeziehung der Gesellschafter in den Insolvenzplan unterstellt werden.

1. *Generelle Kritik an der Einbeziehung der Gesellschafter in den Insolvenzplan*

Als Sanierungsmaßnahmen können im Insolvenzplan alle „gesellschaftsrechtlich zulässigen“ Maßnahmen vorgesehen werden, denen auf Seiten der betroffenen Minderheitsgesellschafter ein stark reduziertes Mitwirkungs- und Schutzkonzept entgegensteht. Führen Streitigkeiten der Gesellschafter dazu, dass die Sanierungsaussichten geschmälert sind und dadurch das Ziel einer bestmöglichen Gläubigerbefriedigung konterkariert wird, kann das Insolvenzverfahren als „Vehikel“[1235] zur Unschädlichmachung des Minderheitsgesellschafters genutzt werden: (1) Im Rahmen eines Kapitalschnitts auf null und anschließender Kapitalerhöhung mit Bezugsrechtsausschluss unter Abfindung nach Liquidationswerten kann der Minderheitsgesellschafter gegen seinen Willen und unabhängig von der Bereitschaft, sich an der Sanierung zu beteiligen, aus der Gesellschaft ausgeschlossen werden, während die Gläubiger das neue Kapital mit dem Restwert ihrer Insolvenzforderungen stellen können.[1236] (2) Die Beschneidung der Einflussmöglichkeiten des Minderheitsgesellschafters kann durch die Änderung von Corporate-Governance-Strukturen und die Verkürzung vertraglich gewährter Rechte im Rahmen eines Formwechsels

---

1234 RegE ESUG, BT-Drucks. 17/5712, S. 34 f.
1235 *K. Schmidt*, ZIP 2012, 2085, 2086.
1236 Dieses Szenario als Beispiel anführend *Altmeppen*, in: FS Hommelhoff, 2012, S. 1, 20.

als Sanierungsmaßnahme erfolgen.[1237] (3) Die Übertragung von Vermögensgegenständen einzelner Geschäftsbereiche oder von Beteiligungen des Schuldners an Drittgesellschaften[1238] auf Gesellschaften, an denen der bisherige Minderheitsgesellschafter nicht beteiligt ist, ermöglicht dessen faktischen Ausschluss aus der schuldnerischen Gesellschaft.

Die vorangestellten Sanierungsmaßnahmen veranschaulichen nur beispielhaft die einschneidenden, weitgehenden und zwingenden Folgen der zur Verfügung stehenden Handlungs- und Gestaltungsmöglichkeiten zur Einbeziehung der Minderheitsgesellschafter. Es ist daher nicht überraschend, dass spätestens seit Inkrafttreten und Bekanntwerden erster praktisch relevanter Fälle[1239] Kritik an der Reichweite der Einbeziehung der Gesellschafter laut geworden ist. Klärungsbedürftig bleibt, ob – trotz Vorliegen der zugrunde gelegten Wertungen – die Einbeziehung der Gesellschafter in den Insolvenzplan, als Eingriff in schuldnerfremde Vermögenspositionen, berechtigter Kritik gegenübersteht. Hierzu ist insbesondere zu prüfen, ob die Einbeziehung verfassungsrechtlichen Bedenken begegnet und die entsprechenden insolvenzrechtlichen Regelungen den personengesellschaftsrechtlichen Besonderheiten, der Gesellschafterstruktur und Mitgliedschaft in der GmbH & Co. KG gerecht werden.

a) Eingriff in schuldnerfremde Vermögenspositionen

Zu Beginn der mit den Änderungen durch das ESUG ermöglichten Einbeziehung der Gesellschafter in das Insolvenzplanverfahren wurde vereinzelt kritisiert, dass die InsO den Zugriff auf solche Gegenstände erlaube, die nicht dem Schuldnervermögen und demnach nicht der Insolvenzmasse unterfallen.[1240] Das vollstreckungsrechtlich geprägte Verfahren der InsO könne gerade keinen Zugriff auf schuldnerfremde Vermögenspositionen erlauben, die nicht Massebestandteil sind,[1241] weshalb Eingriffe in die nicht zum Schuldnervermögen gehörende gesellschafterliche Mitgliedschaft nicht zulässig seien.

Zwar ist es richtig, dass nur das Vermögen der Schuldnergesellschaft, nicht hingegen ihre gesellschaftsrechtliche Organisation bzw. der nicht vermögensrechtliche

---

1237 Zu diesem Szenario *Fölsing*, ZInsO 2013, 1325; *Meyer*, ZInsO 2013, 2361, 2368.

1238 *Thies*, in: A. Schmidt (Hrsg.), HHK-InsO, 5. Aufl., 2015, § 225a, Rn. 48; *Spliedt*, in: K. Schmidt (Hrsg.), InsO, 18. Aufl., 2013, § 225a, Rn. 43; *Hölzle*, Praxisleitfaden ESUG, 2. Aufl., 2014, §§ 217, 225a, Rn. 42; *Kahlert / Gehrke*, DStR 2013, 975, 977; *Simon / Merkelbach*, NZG 2012, 121, 128.

1239 Hingewiesen sei neben dem *„Suhrkamp"*-Verfahren insbesondere auf die Entscheidungen *„Pfleiderer AG"*, *„Centrotherm Photovoltaics AG"* und *„IVG Immobilien AG"*; vgl. *Brockdorff / Heintze / Rolle*, BB 2014, 1859, 1864 ff.; *Pfleiderer*, GWR 2013, 220, 221 ff.; *Schluck-Amend*, in: Jahrestagung der VGR, 2015, S. 151, 156 ff.

1240 *Madaus*, ZGR 2011, 749, 756 ff.; *H.-F. Müller*, KTS 2011, 1, 20; *ders.*, KTS 2012, 419, 425 f.; *Stöber*, ZInsO 2012, 1811, 1819; *Thole*, GesR Maßn. in der Insolvenz, 2. Aufl., 2015, Rn. 219.

1241 Siehe hierzu § 2.B.II.3.

Teil der Mitgliedschaft, der unpfändbar ist, Gegenstand der insolvenzrechtlichen Haftung und damit den Gläubigern zugewiesen ist.[1242] Für das Insolvenzplanverfahren kann dies jedoch nicht bedeuten, dass dadurch die Möglichkeit, Einfluss auf Dritte zu nehmen, gänzlich ausgeschlossen bzw. als systemfremd einzustufen ist.[1243] Wird das Insolvenzplanverfahren nicht in Eigenverwaltung eröffnet und dadurch dem Schuldner die Verwaltungs- und Verfügungsbefugnis genommen (§ 80 Abs. 1 InsO)[1244], geht das Recht des Schuldners, die Insolvenzmasse zu verwalten und über diese zu verfügen, auf den Insolvenzverwalter über. Wird die Gesellschaft – trotz fehlender Massezugehörigkeit der Mitgliedschaft – durch den Insolvenzverwalter fremd gesteuert, kann aber keine sinnvolle Abgrenzung zu den auf Führung der Gesellschaft ausgerichteten Teilhabe- und Mitwirkungsrechten der Gesellschafter erfolgen.[1245] Zudem ist kein überzeugender Grund ersichtlich, weshalb zwar die Rechte der schuldnerischen Gesellschaft, nicht aber die Statusrechte der Gesellschafter beschnitten werden sollten. Trotz fehlender Zugehörigkeit der Mitgliedschaft selbst ist es daher erforderlich, die auf Führung der Gesellschaft ausgerichteten Gesellschafterrechte zu beschneiden und den Einfluss der Gesellschafter zu verkürzen.[1246] Insbesondere genießen die Gesellschafter im Vergleich zu den Gläubigern, deren Forderungen (ebenfalls) über Art. 14 GG verfassungsrechtlich geschützt sind,[1247] auch keinen besseren verfassungsrechtlichen Rang, der einer Einbeziehung entgegenstehen könnte.[1248] Schließlich ist es der Akzessorietät des Anteilsrechts geschuldet, welches bei einer Beendigung des Rechtsträgers im Insolvenzverfahren wegfällt, dass der Eingriff in die Gesellschafterrechte gerade auch nicht als systemfremd zu bewerten ist.[1249] Die fehlende Einbeziehung der Mitgliedschaft in die Insolvenzmasse der schuldnerischen Gesellschaft steht Eingriffen in die Gesellschaftsanteile im Rahmen des Insolvenz(plan-)verfahrens nicht entgegen, diese sind vielmehr für die Erreichung des Ziels der Gläubigerbefriedigung unausweichlich.

b) Außerachtlassung der verwaltungsrechtlichen Komponente der Mitgliedschaft

Häufiger wird dagegen kritisiert, dass die durch den Gesetzgeber als Regelfall zugrunde gelegte Wertlosigkeit der Gesellschaftsanteile allein die vermögensrechtliche

---

1242 *Haas*, NZG 2012, 961, 963 f.; *Madaus*, ZGR 2011, 749, 757; *Schluck-Amend*, in: FS Hoffmann-Becking, 2013, S. 1039, 1044; *K. Schmidt*, ZIP 2012, 2085, 2086; *Stöber*, ZInsO 2013, 2457, 2460.

1243 *Thole*, GesR Maßn. in der Insolvenz, 2. Aufl., 2015, Rn. 220.

1244 Vgl. nur *Ganter/Lohmann*, in: Kirchhof u.a. (Hrsg.), MüKo-InsO, Bd. 1, 3. Aufl., 2013, § 1, Rn. 119.

1245 *Thole*, GesR Maßn. in der Insolvenz, 2. Aufl., 2015, Rn. 225.

1246 Überzeugend *Thole*, GesR Maßn. in der Insolvenz, 2. Aufl., 2015, Rn. 225.

1247 *BVerfG*, Beschl. v. 14.01.2004 – 1 BvL 8/03 = NJW 2004, 1233; vgl. auch *Spliedt*, in: K. Schmidt (Hrsg.), InsO, 18. Aufl., 2013, § 225a, Rn. 13.

1248 *Spliedt*, in: K. Schmidt (Hrsg.), InsO, 18. Aufl., 2013, § 225a, Rn. 13.

1249 *Thole*, GesR Maßn. in der Insolvenz, 2. Aufl., 2015, Rn. 220; mit dem gleichen Ergebnis *Haas*, NZG 2012, 961, 963.

Komponente der Mitgliedschaft in die Betrachtung einbezieht, die verwaltungsrechtliche Komponente dagegen ausgeklammert wird und im Rahmen der Bewertung der Gesellschaftsanteile unberücksichtigt bleibt. Wird dem Gesellschafter durch den Insolvenzplan sein Anteilseigentum vollständig oder auch nur teilweise entzogen, hat dieser unter Wahrnehmung seines Austrittsrechts aus wichtigem Grund gemäß § 225a Abs. 5 S. 1 InsO zwar einen Anspruch auf Ersatz des vollen Werts des entzogenen Anteils. Der Gesetzgeber legt als Bemessungsgrundlage für die Höhe des etwaig bestehenden Abfindungsanspruchs gemäß § 225a Abs. 5 S. 1 InsO jedoch (nur) die Vermögenslage zugrunde, „die sich bei einer Abwicklung des Schuldners eingestellt hätte".[1250]

Kritiker der gesetzlichen Ausgestaltung sehen den Vergleich zu einem hypothetischen Liquidationsszenario insofern als unzureichend an, als die verwaltungsrechtliche Komponente, die einen großen und relevanten Teil der Mitgliedschaft zur Führung der Gesellschaft ausmacht und den Wert der Gesellschaftsanteile damit (jedenfalls außerhalb des Insolvenzverfahrens) maßgeblich beeinflusst, für die Bewertung der Anteilsrechte ausgeklammert wird.[1251] Vielmehr sei es geboten, die (verbleibende) verwaltungsrechtliche Komponente, die – anders als bei der Liquidation – nach Beendigung des auf Reorganisation und Fortführung der Gesellschaft gerichteten Insolvenzplanverfahrens wieder auflebt, bei der Bewertung des Gesellschaftsanteils zu berücksichtigen.[1252] Die gesellschaftsrechtliche Organisation mitsamt der verwaltungsrechtlichen Mitgliedschaftsrechte der Gesellschafter ist gerade nicht Teil des Vermögens der Schuldnergesellschaft und demnach auch nicht Gegenstand der insolvenzrechtlichen Haftung. Das in der Insolvenz beherrschende Ziel der Gläubigerbefriedigung sei daher nur in der Lage, Eingriffe in die Vermögensrechte der Anteilseigner, nicht dagegen eine vollständige Beseitigung der Berücksichtigung der Mitverwaltungsrechte zu rechtfertigen. Im Übrigen sei die Bewertung anhand eines hypothetischen Liquidationsszenarios schon insofern nicht überzeugend, als Eingriffe in die Gesellschafterrechte im Insolvenzplan in der Regel nur dann Sinn machen, wenn die Gesellschaft reorganisiert und fortgesetzt werden soll.[1253] In der GmbH & Co. KG, für die der Aspekt der gesellschaftsvertraglichen Verbundenheit und der mit der Gesellschafterstellung verbundenen weitreichenden Status- und Mitgliedschaftsrechte im Vergleich zur Kapitalgesellschaft – jedenfalls im Gesellschaftsrecht – regelmäßig herauszuheben ist, soll eine Bewertung des Gesellschaftsanteils unter Außerachtlassung der verwaltungsrechtlichen Komponente

---

1250 Siehe hierzu § 3.B.III.2.b).

1251 *Brinkmann*, WM 2011, 97, 100; *Eidenmüller/Engert*, ZIP 2009, 541, 543 f.; *Madaus*, ZGR 2011, 749, 760 f.; *H.-F. Müller*, DB 2014, 41, 42; *ders.*, KTS 2011, 1, 20; *Schäfer/Wüstemann*, ZIP 2014, 1757, 1762; *Stöber*, ZInsO 2012, 1811, 1820; *ders.*, ZInsO 2013, 2457, 2459 f.; *Verse*, ZGR 2010, 299, 311; *Westermann*, NZG 2015, 134, 138.

1252 *Madaus*, ZGR 2011, 749, 755 ff.; *Stöber*, ZInsO 2012, 1811, 1819; *ders.*, ZInsO 2013, 2457, 2460; *Thole*, GesR Maßn. in der Insolvenz, 2. Aufl., 2015, Rn. 224.

1253 *H.-F. Müller*, DB 2014, 41, 42; *ders.*, KTS 2012, 419, 427; *Stöber*, ZInsO 2012, 1811, 1819.

der Mitgliedschaft der typischerweise bestehenden stärkeren Bindung daher nicht gerecht werden können. Jedenfalls solange eine Fortführung nicht aussichtslos ist, sei den Gesellschaftern daher ein legitimes Interesse an der Berücksichtigung der verwaltungsrechtlichen Komponente ihrer Mitgliedschaft zuzusprechen.

Unberücksichtigt bleibt nach dieser (Gegen-)Ansicht jedoch, dass das auf Fortführung gerichtete Insolvenzplanverfahren stets auch zum Verlust der gesamten Mitgliedschaft führen kann. Der Umstand, dass eine Sanierung im Insolvenzplan angestrebt wird, vermag gerade noch nichts über deren Gelingen auszusagen und gibt damit keine verlässliche Grundlage für die Annahme des Wiederauflebens der verwaltungsrechtlichen Komponente der Mitgliedschaft. Mit Eröffnung des Insolvenzverfahrens wandelt sich die Rechtsstellung der Gesellschafter dahingehend um, dass ihnen praktisch nur die Teilhabe am Liquidationsüberschuss verbleibt.[1254] Wie dargestellt, werden die aus der verwaltungsrechtlichen Komponente der Mitgliedschaft fließenden Rechte infolge der Verfahrenseröffnung durch die Überlagerung des Gesellschaftszwecks durch den Insolvenzzweck in vielfältiger Weise und nahezu vollständig verdrängt. Bereits die für die Gesellschaftergruppe lediglich erforderliche Summenmehrheit, gegenüber der in allen anderen Gläubigergruppen erforderlichen Summen- und Kopfmehrheit (§ 244 Abs. 1 InsO), ist Beleg dafür, dass die Mitverwaltungsrechte der Gesellschafter kaum mehr eine Rolle spielen.[1255] Scheitert die angestrebte Fortführung der Gesellschaft, erhalten die Gesellschafter als Liquidationsüberschuss allenfalls den etwaig bestehenden Restwert ihrer Beteiligung gemäß § 199 S. 2 InsO ausgezahlt, sodass sie auch nur einen rein vermögensrechtlichen Rechtsschutz beanspruchen können. Ein Wiederaufleben der verdrängten verwaltungsrechtlichen Gesellschafterrechte kann in der Argumentation erst dann überzeugen, wenn das Insolvenzverfahren beendet ist und die Reorganisation bzw. Fortführung der Gesellschaft erfolgreich war. Beachtung muss insofern finden, dass die Fortführung der Gesellschaft gerade nicht von den Gesellschaftern aus eigener Kraft bewerkstelligt werden kann, sondern der Zustimmung der Gläubigerversammlung bzw. der Aufnahme des Fortsetzungsbeschlusses in den Insolvenzplan bedarf.[1256] Richtigerweise kann eine Berücksichtigung der verwaltungsrechtlichen Komponente der Mitgliedschaft daher nicht schon zu dem Zeitpunkt überzeugen, in dem durch verschiedene Maßnahmen die Sanierung der Gesellschaft erst noch realisiert werden soll, sondern erst (wieder) nach erfolgreicher Durchführung der Sanierung.[1257] An diesem Ergebnis vermag sich auch dadurch nichts zu ändern,

---

1254 Siehe hierzu § 2.B.II.1; § 3.B.III.2; vgl. auch *Altmeppen*, in: FS Hommelhoff, 2012, S. 1, 19; *Leinekugel/Skauradszun*, GmbHR 2011, 1121, 1125.

1255 *Spliedt*, GmbHR 2012, 462, 469.

1256 Für die AG *Decher/Voland*, ZIP 2013, 103, 110.

1257 *Altmeppen*, in: FS Hommelhoff, 2012, S. 1, 19; *Hölzle*, in: Praxisleitfaden ESUG, 2. Aufl., 2014, §§ 217, 225a, Rn. 14; *Landfermann*, WM 2012, 821, 829; *Thole*, GesR Maßn. in der Insolvenz, 2. Aufl., 2015, Rn. 225 f.; *ders.*, ZIP 2013, 1937, 1940; wohl auch *Möhlenkamp*, BB 2013, 2828, 2830; *K. Schmidt*, ZIP 2012, 2085, 2087; *Wertenbruch*, ZIP 2013, 1693, 1699; die Vertreter der „Anlassthese" sehen die Sanierung

dass die Gesellschaftsanteile nicht in die Insolvenzmasse fallen. Innerhalb des Insolvenzplanverfahrens wird die Gesellschaft durch den Insolvenzverwalter bzw. im Rahmen der Eigenverwaltung durch den Schuldner gesteuert, weshalb im Ergebnis auch für die auf Führung der Gesellschaft ausgerichteten Gesellschafterrechte nichts Abweichendes gelten kann. Die Berücksichtigung der verwaltungsrechtlichen Komponente und die Ausrichtung des Insolvenzverfahrens auf die Reorganisation und Fortführung der Gesellschaft können im Rahmen der Bewertung des Gesellschaftsanteils innerhalb des laufenden Insolvenzplanverfahrens nicht überzeugen. Im Ergebnis ist der durch den Gesetzgeber in § 225a Abs. 5 S. 1 InsO festgelegten Bemessungsgrundlage daher zuzustimmen.

c) *Verfassungsmäßigkeit der Einbeziehung*

Die Anwendung des Obstruktionsverbots ermöglicht die Vornahme weitreichender gesellschaftsrechtlicher Regelungen bis hin zum Ausschluss des (Minderheits-)Gesellschafters gegen dessen Willen und ohne dass ihm die gesellschaftsrechtlichen Schutzinstrumente zur Seite stehen. Für den Fall der Wertlosigkeit der Gesellschaftsanteile vermag weder das Schlechterstellungsverbot gemäß § 245 Abs. 1 Nr. 1 InsO noch das Angemessenheitskriterium aus § 245 Abs. 1 Nr. 2, Abs. 3 InsO den kompensationslosen Anteilsverlust als „rechtstatsächliche Konsequenz“[1258] zu verhindern. Angesichts der weitreichenden Eingriffsmöglichkeiten, welche dem geschäftsführenden Mehrheitsgesellschafter bereits zum frühen Zeitpunkt der drohenden Zahlungsunfähigkeit die Möglichkeit einräumen, den Unternehmenswert von den Gesellschaftern auf die Gläubiger zu verlagern,[1259] stellt sich die Frage, ob diese Rechtslage verfassungsrechtlich haltbar ist oder aber das Verfassungsrecht eine Berücksichtigung der – trotz Wertlosigkeit des Gesellschaftsanteils bestehenden – gesellschaftsrechtlichen Bindungen verlangt.[1260]

aa) Art. 14 GG

Weitgehende Einigkeit besteht darüber, dass das Anteilseigentum der Gesellschafter am Schutzgehalt der verfassungsrechtlichen Eigentumsgarantie teilhat.[1261] Dieser Schutz erstreckt sich regelmäßig nicht allein auf die durch die Beteiligung

lediglich als Anlass für die Bewertung und kommen darüber zu dem gleichen Ergebnis, für die AG vgl. *Decher/Voland*, ZIP 2013, 103, 107; wohl auch *Spliedt*, in: K. Schmidt (Hrsg.), InsO, 18. Aufl., 2013, § 225a, Rn. 8.

1258 *Spliedt*, in: K. Schmidt (Hrsg.), InsO, 18. Aufl., 2013, § 225a, Rn. 7.

1259 *Hirte*, in: Uhlenbruck u.a. (Hrsg.), InsO, 14. Aufl., 2015, § 225a, Rn. 4.

1260 *Spliedt*, in: K. Schmidt (Hrsg.), InsO, 18. Aufl., 2013, § 225a, Rn. 7 ff.; *Madaus*, ZIP 2014, 500, 504 ff.

1261 Vgl. nur *BVerfG*, Urt. v. 7.08.1962 – 1 BvL 16/60 = BVerfGE 14, 263, 276; *BVerfG*, Beschl. v. 19.07.2000 – 1 BvR 539/96 = BVerfGE 102, 197, 222; *Hölzle*, in: Kübler (Hrsg.), HRI, 2. Aufl., 2015, § 31, Rn. 7; *ders.*, NZI 2011, 124, 127; *Thies*, in: A. Schmidt (Hrsg.), HHK-InsO, 5. Aufl., 2015, § 225a, Rn. 9; *Engels*, BKR 2009, 365, 366.

vermittelte Vermögensposition, sondern zugleich auf die mitgliedschaftliche Stellung und damit verbundene Mitwirkungs- und Teilhaberechte.[1262] Vom Schutzbereich des Art. 14 GG sind damit gerade auch die Sonderrechte des Minderheitsgesellschafters erfasst.[1263] Von dem Schutz des Mitverwaltungsrechts kann im Konflikt zwischen Mehrheit und Minderheit insbesondere auch nicht aufgrund einer geringen Beteiligungshöhe an der Gesellschaft eine Ausnahme gemacht werden. Anders als in der Kapitalgesellschaft[1264] kann – jedenfalls unter Geltung des Einstimmigkeitsprinzips – bereits ein Minderheitsgesellschafter die Durchsetzung unternehmerischer Entscheidungen gegen die Stimmenmehrheit der Gesellschafterversammlung verhindern.

Vermitteln die Anteilsrechte der Gesellschafter nach Eröffnung des Insolvenzverfahrens in Anbetracht deren Einordnung als letztrangige Gläubiger und der Regelung aus § 199 S. 2 InsO – wie im vom Gesetzgeber zugrunde gelegten Regelfall vorgesehen – keinen Vermögenswert mehr, ist jedoch davon auszugehen, dass im Wesentlichen kein Eingriffssubstrat verbleibt, sodass schon gar kein Eingriff in Art. 14 GG vorliegen kann.[1265] Die schützenswerte Rechtsposition der Gesellschafter beschränkt sich im Insolvenzverfahren auf den restlichen Vermögenswert des Mitgliedschaftsrechts, weshalb Art. 14 Abs. 1 GG nur eine volle wirtschaftliche Entschädigung der Anteilseigner gebietet.[1266] Gleiches muss für das Mitgliedschaftsrecht der Gesellschafter gelten, dessen Schutzgehalt mit Eröffnung des Insolvenzverfahrens und dadurch bedingter Auflösung der Gesellschaft an signifikanter Bedeutung verliert.[1267] Die Anteilsrechte, hinsichtlich derer verfassungsrechtlicher Schutz zu gewährleisten wäre, sind in ihrem Bestand weitestgehend verdrängt bzw. durch die

---

1262 *BVerfG*, Beschl. v. 27.04.1999 – 1 BvR 1613/94 = BVerfGE 100, 289, 301; *BVerfG*, Beschl. v. 23.08.2000 – 1 BvR 68/95 und 147/97 = NZG 2000, 1117; *BVerfG*, Urt. v. 1.03.1979 – 1 BvR 532, 533/77, 419/78, 1 BvL 21/78 = BVerfGE, 50, 290; *Hölzle*, in: Kübler (Hrsg.), HRI, 2. Aufl., 2015, § 31, Rn. 7; *ders.*, NZI 2011, 124, 127; *Thies*, in: A. Schmidt (Hrsg.), HHK-InsO, 5. Aufl., 2015, § 225a, Rn. 9; *Frauer*, Grenzen des Eingriffs, 2014, S. 79; *H.-F. Müller*, DB 2014, 41, 42.

1263 Zu den Minderheitsaktionären in der AG, vgl. *Madaus*, ZIP 2014, 500, 505 (mit Verweis auf *BVerfG*, Beschl. v. 29.11.2006 – 1 BvR 704/03 = NJW 2007, 828).

1264 *BVerfG*, Beschl. v. 23.08.2000 – 1 BvR 68/95 und 147/97 = NZG 2000, 1117; vgl. auch *Spliedt*, GmbHR 2012, 462, 465.

1265 RegE ESUG, BT-Drucks. 17/5712, S. 18; *Hölzle*, in: Kübler (Hrsg.), HRI, 2. Aufl., 2015, § 31, Rn. 7; *ders.*, NZI 2011, 124, 127; *Spahlinger*, in: Kübler u.a. (Hrsg.), InsO, Lb, 55. Lfg. (10/2013), § 225a, Rn. 99; *Jaffé*, in: Wimmer (Hrsg.), FK-InsO, 8. Aufl., 2015, § 225a, Rn. 30; *Frauer*, Grenzen des Eingriffs, 2014, S. 78; vgl. bereits *Ulmer*, ZHR 149 (1985), 541, 556 ff.; kritischer dagegen *Urlaub*, ZIP 2011, 1040, 1044.

1266 *Bay/Seeburg/Böhmer*, ZInsO 2011, 1927, 1936 ff.; *Eidenmüller/Engert*, ZIP 2009, 541, 546 f.; *Sassenrath*, ZIP 2003, 1517, 1524; *Schluck-Amend*, in: FS Hoffmann-Becking, 2013, S. 1039, 1048; *dies.*, in: Jahrestagung der VGR, 2015, S. 151, 183; *Stöber*, ZInsO 2013, 2457, 2459.

1267 *Hölzle*, in: Kübler (Hrsg.), HRI, 2. Aufl., 2015, § 31, Rn. 8; *Spahlinger*, in: Kübler u.a. (Hrsg.), InsO, Lb, 55. Lfg. (10/2013), § 225a, Rn. 99.

Mitwirkungsbefugnis an der Abstimmung der Gläubigerversammlung überlagert. Läuft die verwaltungsrechtliche Komponente der Mitgliedschaft *de facto* leer, kann diese keinen Schutz über Art. 14 GG erfahren.[1268]

Ein Verstoß gegen Art. 14 GG ist angesichts der Wertlosigkeit der Anteilsrechte auch nicht für den Fall des kompensationslosen Ausschlusses aus der Gesellschaft gegeben.[1269] Die Ersetzung der fehlenden Zustimmung der Gesellschafter im Rahmen des Obstruktionsverbots ist lediglich möglich, sofern die Voraussetzungen des § 245 InsO vorliegen.Ebenfalls sind durch den Minderheitenschutz des § 251 InsO und die Möglichkeit, Rechtsmittel gegen den Plan einzulegen (§ 253 InsO), die Rechte der Gesellschafter gewahrt.

Zugleich bleibt zu beachten, dass Art. 14 Abs. 1 GG auch das Interesse der Gesellschaftsgläubiger an einer bestmöglichen Befriedigung ihrer Forderungen schützt (§ 1 S. 1 InsO), welches gewisse Einschränkungen der Entscheidungskompetenz der Anteilseigner rechtfertigt.[1270] Selbst wenn man von einem Eingriff in Art. 14 Abs. 1 GG ausgehen sollte, wäre dieser aus Gemeinwohlüberlegungen und zum Schutz der durch die Eigentumsgarantie geschützten Befriedigungsinteressen der Gläubiger daher im Insolvenzverfahren jedenfalls gerechtfertigt, sofern die daraus entstehenden Einbußen der Gesellschafter voll ausgeglichen werden und ihnen wirksame Rechtsbehelfe zur Überprüfung der Zwangsbindung zur Verfügung stehen.[1271] Sind die Anteilsrechte wertlos, so ist ein kompensationsloser Ausschluss der Gesellschafter möglich. Ein Verstoß gegen Art. 14 Abs. 1 GG liegt dann schon deshalb nicht vor, weil die Rechte der Gesellschafter durch den Minderheitenschutzantrag (§ 251 InsO) und die Möglichkeit, Rechtsmittel gegen den Plan einzulegen (§ 253 InsO) gewahrt sind. Auch wird die fehlende Zustimmung der Gesellschafter über das Obstruktionsverbot nur dann ersetzt werden können, wenn die Voraussetzungen des § 245 InsO vorliegen.

Mit der ganz überwiegenden Auffassung in der Literatur ist folglich davon auszugehen, dass die Einbeziehung der Rechte der Gesellschafter gemäß §§ 217,

---

1268 Vgl. nur *Spliedt*, in: K. Schmidt (Hrsg.), InsO, 18. Aufl., 2013, § 225a, Rn. 11.

1269 *Spahlinger*, in: Kübler u.a. (Hrsg.), InsO, Lb, 55. Lfg. (10/2013), § 225a, Rn. 102.

1270 *BVerfG*, Beschl. v. 26.04.1995 – 1 BvL 19/94, 1 BvR 1454/94 = BVerfGE 92, 262, 271; *BVerfG*, Beschl. v. 26.11.2009 – 1 BvR 339/09 = NJW-RR 2010, 1063, 1064; vgl. auch *Bitter*, ZGR 2010, 147, 194; *H.-F. Müller*, DB 2014, 41, 42; *ders.*, KTS 2012, 419, 425; *Kresser*, ZInsO 2010, 1409, 1416; *Madaus*, ZGR 2011, 749, 764 f.; *Stöber*, ZInsO 2013, 2457, 2459; *Verse*, ZGR 2010, 299, 312.

1271 *Thies*, in: A. Schmidt (Hrsg.), HHK-InsO, 5. Aufl., 2015, § 225a, Rn. 9; *Spliedt*, in: K. Schmidt (Hrsg.), InsO, 18. Aufl., 2013, § 225a, Rn. 8 ff.; *Jaffé*, in: Wimmer (Hrsg.), FK-InsO, 8. Aufl., 2015, § 225a, Rn. 30; *Bay / Seeburg / Böhmer*, ZInsO 2011, 1927, 1936 ff.; *Decher / Voland*, ZIP 2013, 103, 108; *Hess*, InsR, 2. Aufl., 2013, § 225a, Rn. 56; *Kresser*, ZInsO 2010, 1409, 1416; *Madaus*, ZGR 2011, 749, 760; *ders.*, ZIP 2014, 500, 505; *Sassenrath*, ZIP 2003, 1517, 1524; *Verse*, ZGR 2010, 299, 310.

225a InsO, für den Fall der Wertlosigkeit der Gesellschaftsanteile, mit Art. 14 GG im Einklang steht.[1272]

bb) Art. 9 GG

Art. 9 Abs. 1 GG gewährleistet die Freiheit, sich zu einer Vereinigung des privaten Rechts zusammenzuschließen, und garantiert damit sowohl den einzelnen Mitgliedern als auch der Gesellschaft die Selbstbestimmung über die eigene Organisation, das Verfahren ihrer Willensbildung und die Führung ihrer Geschäfte.[1273] Geschützt sind sowohl die positive als auch die negative Vereinigungsfreiheit, wodurch die Mitgliedschaft des Gesellschafters in der Gesellschaft als auch der konkrete mitgliedschaftliche Bestand verfassungsrechtlichen Schutz genießen. Neben dem Schutz vor Entscheidungen über die Rechtsform der Gesellschaft, den Mitgliederbestand und damit auch vor der Aufnahme neuer Gesellschafter im Rahmen einer sanierenden Kapitalerhöhung bietet Art. 9 Abs. 1 GG damit beispielsweise auch Schutz vor einem ungewollten Ausschluss aus der Gesellschaft.

Vereinzelt wird angenommen, dass die gegen den Willen des (Minderheits-)Gesellschafters erfolgende Aufnahme neuer Mitgesellschafter[1274] oder der gegen den Willen des (Minderheits-)Gesellschafters vorgenommene Ausschluss aus der Gesellschaft[1275] gegen Art. 9 Abs. 1 GG verstößt. Anders als bei (großen) Kapitalgesellschaften stehe bei Personengesellschaften mit kleiner Mitgliederzahl „die Mitgliedschaft mit ihren personalen, gerade von der Vereinigungsfreiheit geschützten Elementen im Vordergrund“[1276] und bedürfe daher einer besonderen Eingriffsrechtfertigung.[1277]

1272 *Spahlinger*, in: Kübler u.a. (Hrsg.), InsO, Lb, 55. Lfg. (10/2013), § 225a, Rn. 99; *Bay/Seeburg/Böhmer*, ZInsO 2011, 1927, 1936 ff.; *Decher/Voland*, ZIP 2013, 103, 112 f.; *Gehrlein*, NZI 2012, 257, 261; *Haas*, NZG 2012, 961, 963; *Kresser*, ZInsO 2010, 1409, 1416; *Madaus*, ZIP 2014, 500, 505 f.; *Stöber*, ZInsO 2013, 2457, 2459; *Verse*, ZGR 2010, 299, 310 ff.; kritischer *H.-F. Müller*, DB 2014, 41, 42, der jedoch nicht explizit auf eine bestehende Wertlosigkeit abstellt.

1273 *BVerfG*, Urt. v. 1.03.1979 – 1 BvR 532, 533/77, 419/78, 1 BvL 21/78 = BVerfGE 50, 290, 354; *BVerfG*, Beschl. v. 15.06.1989 – 2 BvL 4/87 = NJW 1990, 37, 38; *Haas*, in: Kreft (Hrsg.), HK-InsO, 7. Aufl., 2014, § 225a, Rn. 15; *Hölzle*, in: Kübler (Hrsg.), HRI, 2. Aufl., 2015, § 31, Rn. 9; *Decher/Voland*, ZIP 2013, 103, 112; *Madaus*, Insolvenzplan, 2011, S. 597; *ders.*, ZGR 2011, 749, 762 f.; *ders.*, ZIP 2014, 500, 504 f.; *H.-F. Müller*, KTS 2012, 419, 426; *Stöber*, ZInsO 2013, 2457, 2459.

1274 *Wellensiek/Schluck-Amend*, in: Römermann (Hrsg.), MAH GmbHR, 3. Aufl., 2014, § 23, Rn. 343; *Brinkmann*, WM 2011, 97, 100 (mit Verweis auf *H.-F. Müller*, Verband in der Insolvenz, 2002, S. 364 ff.); *Madaus*, ZGR 2011, 749, 762 ff.; *H.-F. Müller*, KTS 2011, 1, 20; wohl auch *Simon/Merkelbach*, NZG 2012, 121, 129.

1275 *Madaus*, ZGR 2011, 749, 762 ff.; *Stöber*, ZInsO 2012, 1811, 1819; *ders.*, ZInsO 2013, 2457, 2460.

1276 *Madaus*, ZGR 2011, 749, 763.

1277 *Madaus*, ZGR 2011, 749, 763.

Die Vertreter dieser Ansicht übersehen jedoch zum einen, dass die Möglichkeit, in Gesellschafterrechte einzugreifen, schon keine Verletzung des Art. 9 Abs. 1 GG darzustellen vermag: Die „Organisationsautonomie“[1278] der Gesellschafter gilt gerade nur im Rahmen des vertraglichen Gesellschaftszwecks.[1279] Der Gesellschaftszweck aber wird mit Insolvenzeröffnung und Auflösung der Gesellschaft überlagert und ist dadurch auf den vorrangigen Insolvenzzweck der Gläubigerbefriedigung beschränkt.[1280] Darüber hinaus muss für die vorliegend relevante Situation der Majorisierung der Minderheit durch die Mehrheit bedacht werden, dass der Mehrheitsgesellschafter, der in der Regel gemeinsam mit der Geschäftsführung den Insolvenzplan mitsamt seinen vorgesehenen Sanierungsmaßnahmen ausarbeitet, für diesen Insolvenzplan stimmt, sodass die Letztentscheidungsmacht gerade auch bei den Gesellschaftern liegt.[1281] Eine (ausschließliche) Fremdbestimmung[1282] durch Gesellschaftsexterne liegt in dieser Situation gerade nicht vor. Zum anderen kann auch die Annahme eines Verstoßes gegen die negative Vereinigungsfreiheit nicht überzeugen: Ein Eingriff in Art. 9 Abs. 1 GG durch die im Insolvenzplan denkbaren, gesellschaftsrechtlichen Sanierungsmaßnahmen ist bereits dann ausgeschlossen, wenn die (Alt-)Gesellschafter kraft Gesetzes oder aufgrund einer Regelung im Insolvenzplan das Recht erhalten, gegen angemessene Entschädigung aus der Gesellschaft auszuscheiden, oder ihnen ein Angebot gemacht wird, ihre Anteile gegen eine angemessene Entschädigung auf den Schuldner oder einen Dritten zu übertragen.[1283] § 225a Abs. 5 InsO regelt ein solches Austritts- und Entschädigungsrecht der Gesellschafter, welches an jede gesellschaftsrechtliche Maßnahme nach § 225a Abs. 2, 3 InsO anknüpfen kann und für die Gesellschafter nicht ausgeschlossen werden darf.[1284] Die Möglichkeit, über den Insolvenzplan in Mitgliedschaftsrechte

---

1278 *Scholz*, in: Maunz / Düring, GG, Lb, 35. Lfg. (02/1999), Art. 9, Rn. 84.

1279 *Spliedt*, in: K. Schmidt (Hrsg.), InsO, 18. Aufl., 2013, § 225a, Rn. 12.

1280 *Thies*, in: A. Schmidt (Hrsg.), HHK-InsO, 5. Aufl., 2015, § 225a, Rn. 9a; *Spliedt*, in: K. Schmidt (Hrsg.), InsO, 18. Aufl., 2013, § 225a, Rn. 12; *Frauer*, Grenzen des Eingriffs, 2014, S. 90 f.; a.A. *H.-F. Müller*, KTS 2012, 419, 427 f.; wohl auch *Hölzle*, in: Kübler (Hrsg.), HRI, 2. Aufl., 2015, § 31, Rn. 10.

1281 *Madaus*, ZIP 2014, 500, 505; dies unberücksichtigt lassend *Stöber*, ZInsO 2013, 2457, 2460.

1282 Zum zulässigen Maß der Fremdbestimmung in (großen) Kapitalgesellschaften *BVerfG*, Urt. v. 1.03.1979 – 1 BvR 532, 533/77, 419/78, 1 BvL 21/78 = BVerfGE, 50, 290, 359.

1283 *Spahlinger*, in: Kübler u.a. (Hrsg.), InsO, Lb, 55. Lfg. (10/2013), § 225a, Rn. 105; *Jaffé*, in: Wimmer (Hrsg.), FK-InsO, 8. Aufl., 2015, § 225a, Rn. 31; *Madaus*, ZGR 2011, 749, 764.

1284 *Hölzle*, in: Kübler (Hrsg.), HRI, 2. Aufl., 2015, § 31, Rn. 11; *ders.*, KTS 2011, 291, 322; *Thies*, in: A. Schmidt (Hrsg.), HHK-InsO, 5. Aufl., 2015, § 225a, Rn. 9a, 58; *Jaffé*, in: Wimmer (Hrsg.), FK-InsO, 8. Aufl., 2015, § 225a, Rn. 31, 41.

einzugreifen, stellt nach ganz herrschender Meinung daher schon *per se* keine Verletzung der Vereinigungsfreiheit nach Art. 9 Abs. 1 GG dar.[1285]

d) *Ausreichende Berücksichtigung der personengesellschaftsrechtlichen Besonderheiten im Hinblick auf die Gesellschafterstruktur und Mitgliedschaft in der GmbH & Co. KG*

Anhaltspunkte für Kritik bietet zudem die Pauschalität der Einbeziehung der Gesellschafter ohne weitergehende Differenzierung zwischen Gesellschaftsformen, der Ausgestaltung bzw. des Umfangs der gesetzlich und vertraglich gewährten Mitgliedschaftsrechte einzelner Gesellschafter. Für die Einbeziehung der (Minderheits-)Gesellschafter einer GmbH & Co. KG in den Insolvenzplan findet (wie auch bei den sonstigen Personengesellschaften) weder der Aspekt der stärkeren gesellschaftsvertraglichen Verbundenheit im Vergleich zu den Kapitalgesellschaften noch die umfassenden, mit der Gesellschafterstellung verbundenen mitgliedschaftlichen Verwaltungsrechte Berücksichtigung. Durch die Rechtsprechung entwickelte, auf die (Publikums-)Personengesellschaft zugeschnittene Grundsätze, beispielsweise zum Ausschluss eines sanierungsbereiten und zahlungsfähigen Gesellschafters[1286], bleiben ebenfalls unberücksichtigt. Die pauschal mögliche Einbeziehung der Gesellschafter lässt von der im Personengesellschaftsrecht besonders stark ausgeprägten mitgliedschaftlichen Stellung kaum etwas übrig.[1287]

Die Möglichkeit, zwingende Eingriffe in Gesellschafterrechte im Insolvenzplanverfahren vorzunehmen, weist beispielsweise deutliche Parallelen zum Herausdrängen der Minderheitsaktionäre gemäß §§ 327a ff. AktG über eine vom Hauptaktionär auf der Hauptversammlung beschlossene Übertragung der Gesellschaftsanteile auf.[1288] Bekanntermaßen ist das aktienrechtliche Squeeze-out-Verfahren jedoch auf die Gesellschaftsformen der AG, KGaA und SE beschränkt. Es fragt sich daher, ob auch der „insolvenzrechtliche Squeeze-out“[1289] – bzw. genereller die Einbeziehung der Gesellschafter in den Insolvenzplan – der Rücksichtnahme auf die personengesellschaftsrechtlichen Besonderheiten bedarf.

1285 RegE ESUG, BT-Drucks. 17/5712, S. 18; *Spahlinger*, in: Kübler u.a. (Hrsg.), InsO, Lb, 55. Lfg. (10/2013), § 225a, Rn. 105; *Wellensiek/Schluck-Amend*, in: Römermann (Hrsg.), MAH GmbHR, 3. Aufl., 2014, § 23, Rn. 343; *Thies*, in: A. Schmidt (Hrsg.), HHK-InsO, 5. Aufl., 2015, § 225a, Rn. 9a, 58; *Spliedt*, in: K. Schmidt (Hrsg.), InsO, 18. Aufl., 2013, § 225a, Rn. 12; *ders.*, GmbHR 2012, 462, 466; *Jaffé*, in: Wimmer (Hrsg.), FK-InsO, 8. Aufl., 2015, § 225a, Rn. 31; *K. Schmidt*, BB 2011, 1603, 1609; a.A. *Madaus*, ZGR 2011, 749, 761 ff.; *H.-F. Müller*, KTS 2011, 1, 20; *ders.*, KTS 2012, 419, 425; *Stöber*, ZInsO 2013, 2457, 2459 f.

1286 *BGH*, Urt. v. 19.10.2009 – II ZR 240/08 = NJW 2010, 65 („*Sanieren oder Ausscheiden*“).

1287 *H.-F. Müller*, DB 2014, 41, 42.

1288 *Madaus*, ZIP 2014, 500, 507 f.; vgl. auch *Frauer*, Grenzen des Eingriffs, 2014, S. 125 ff.

1289 *Madaus*, ZIP 2014, 500, 507 f.; *Römermann/Praß*, NWB 2012, 2168, 2172; *Simon/Merkelbach*, NZG 2012, 121, 127; vgl. auch *Westermann*, NZG 2015, 134, 135.

Eine Berücksichtigung der – auch für den Minderheitsgesellschafter stark ausgeprägten – verwaltungsrechtlichen Komponente, die den Erhalt eines Werts der Mitgliedschaft bedeuten könnte, kann, wie dargestellt[1290], nicht überzeugen. Die daneben infrage zu stellende Erforderlichkeit einer Differenzierung zwischen Kapital- und Personengesellschaften bzw. Aktionären ohne reale Einflussmöglichkeiten und typischerweise geringen Beteiligungen sowie Gesellschaftern kleiner, personalistischer Gesellschaften geht noch darüber hinaus und würde durch die Berücksichtigung des personalen Elements der Mitgliedschaft ebenfalls einen Werterhalt der Gesellschaftsanteile bedeuten.

Insbesondere für den Fall des in Eigenverwaltung und infolge drohender Zahlungsunfähigkeit eröffneten Insolvenzverfahrens, in dem noch keine Pflicht zur Stellung des Insolvenzantrags bestand, und allein die Initiative der Geschäftsführung dazu führt, dass die ausgeprägten gesellschafterlichen Bindungen und realen Einflussmöglichkeiten überlagert werden, fällt es schwer, die noch vor Insolvenzeröffnung bestehenden weitreichenden Unterschiede zwischen den Gesellschaftsformen und Ausprägungen der Mitgliedschaften einzuebnen. Doch auch eine solche Differenzierung zugunsten der (Minderheits-)Gesellschafter personalistischer Gesellschaften würde das vorrangige Ziel der Gläubigerbefriedigung, neben dem die Sanierung stets allein als Instrument der Haftungsverwirklichung gesehen werden kann, gefährden. Die Eröffnung des Insolvenzverfahrens bewirkt die Überlagerung des Gesellschaftszwecks durch den Insolvenzzweck und eine weitgehend vollständige Verdrängung mitgliedschaftlicher Rechte, unter Geltung eines stark verkürzten Minderheiten- und Rechtsschutzkonzepts. Einheitlich wird allen in den Insolvenzplan einbezogenen Gesellschaftern, unabhängig von einem bestehenden Differenzierungspotenzial, das Recht zur Mitwirkung bei der Abstimmung über den Insolvenzplan gewährt, ohne dass bestehende gesellschaftsrechtliche oder -vertragliche Besonderheiten Berücksichtigung finden.

Stimmen in der Literatur, die eine stärkere Berücksichtigung des personalen Elements der Mitgliedschaft und der Unterschiede zwischen Kapital- und Personengesellschaften fordern, werden diesem einheitlichen Ansatz des ESUG, zur Einbeziehung der Gesellschafter in den Insolvenzplan, nicht gerecht. Mitgliedschaftliche Interessen, gesetzlich bzw. vertraglich eingeräumte Mitsprache- und Mitwirkungsrechte sowie für die Mitgliedschaft in der Kapital- bzw. Personengesellschaft entwickelte Grundsätze können weder zugunsten unternehmerisch beteiligter Aktionäre noch zugunsten von Gesellschaftern kleiner, personalistisch strukturierter Gesellschaften berücksichtigt werden.[1291] Die durch das ESUG eingeführten Regelungen zur Einbeziehung der Gesellschafter gehen weit über die gesellschaftsrechtlich entwickelten Grundlagen hinaus, indem sowohl die mitgliedschaftlichen Interessen unternehmerisch beteiligter Aktionäre als auch die der Gesellschafter kleiner, personalistisch strukturierter Gesellschaften ignoriert

1290 Siehe hierzu § 2.B.III.1.

1291 *H.-F. Müller*, KTS 2012, 419, 426.

werden.[1292] Um dem vorrangigen Ziel des Insolvenzverfahrens nach einer bestmöglichen Befriedigung der Gläubiger zu entsprechen, kann eine Berücksichtigung personengesellschaftsrechtlicher Besonderheiten daher nicht überzeugen.

e) Bewertung der Reichweite möglicher Sanierungsmaßnahmen

Das Insolvenzplanverfahren stellt als gesellschaftsrechtliche Sanierungsmaßnahmen alle „gesellschaftsrechtlich zulässigen" Maßnahmen zur Verfügung und nimmt damit keine relevanten Einschränkungen, sondern nur eine Beschränkung auf das zwingende Gesellschaftsrecht vor. Mit der Eigenart eines umfassenden gesellschaftsrechtlichen Regelungsinstruments ermöglicht es der Insolvenzplan, in erheblichem Maße in die Anteils- und Mitgliedschaftsrechte der Gesellschafter einzugreifen. Sanierungsmaßnahmen, die neben dem vorrangigen Ziel der Gläubigerbefriedigung auch zur Lösung von Gesellschafterblockaden und Streitigkeiten dienen sollen, sind möglich und insbesondere auch gewollt.[1293] Divergierende Auslegungen im Sinne einer Übertragung der gesellschaftsrechtlichen Maßstäbe[1294] bzw. sonstige Einschränkungen des Umfangs der zur Verfügung stehenden Sanierungsmaßnahmen sind weder mit dem Willen des Gesetzgebers zu vereinbaren, das Insolvenzplanverfahren auszubauen und die Sanierungschancen zu verbessern, noch stehen sie im Einklang mit dem Ziel des Insolvenzplanverfahrens, eine bestmögliche Befriedigung der Gläubiger zu erreichen.

Als besonders weitgehend stellt sich der Eingriff in das Anteilsrecht der (Minderheits-)Gesellschafter durch Ausschluss des Bezugsrechts im Rahmen der Barkapitalerhöhung gemäß § 225a Abs. 2 S. 3, Abs. 3 InsO für den Fall dar, dass die (Alt-)Gesellschafter auch weiterhin beteiligungswillig sind.[1295] Insofern wird vereinzelt – allerdings (soweit ersichtlich) ausschließlich von Vertretern des bereits zuvor abgelehnten Erfordernisses einer sachlichen Rechtfertigung für den Bezugsrechtsausschluss im Insolvenzplan[1296] – vertreten, dass der Bezugsrechtsausschluss im Insolvenzplanverfahren gegen Art. 14 Abs. 1 GG verstoße. Argumentiert wird mit dem gerade auch aus einem wertlosen Mitgliedschaftsrecht an der insolventen Gesellschaft resultierenden Recht der (Alt-)Gesellschafter, sich mit eigenen Beiträgen an der Sanierung der Gesellschaft zu beteiligen und dementsprechend auch mit einem angemessenen Anteil am Sanierungserfolg zu partizipieren.[1297]

1292 *H.-F. Müller*, KTS 2012, 419, 426.

1293 *Eidenmüller*, ZIP 2014, 1197, 1198 ff.; *D. Lang / Muschalle*, NZI 2013, 953, 956; *Thole*, GesR Maßn. in der Insolvenz, 2. Aufl., 2015, Rn. 283; *ders.*, ZIP 2013, 1937, 1943 f.

1294 Siehe hierzu § 3.B.II; vgl. auch *Simon / Merkelbach*, NZG 2012, 121, 125.

1295 *Hölzle*, in: Kübler (Hrsg.), HRI, 2. Aufl., 2015, § 31, Rn. 12; *ders.*, Praxisleitfaden ESUG, 2. Aufl., 2014, §§ 217, 225a, Rn. 43; *ders.*, KTS 2011, 291, 321 f.; *H.-F. Müller*, KTS 2012, 419, 441 f.; *K. Schmidt*, ZIP 2012, 2085, 2088; *Simon / Merkelbach*, NZG 2012, 121, 125 f.; *Urlaub*, ZIP 2011, 1040, 1044.

1296 Siehe hierzu § 2.B.IV.2.b).

1297 *Simon / Merkelbach*, NZG 2012, 121, 125 f.

Angesichts der dargestellten Verdrängung gesellschaftsrechtlicher Regelungen und der Überlagerung des Gesellschaftszwecks durch den Insolvenzzweck ist diese Ansicht jedoch zu stark auf den Schutz der Gesellschafter gerichtet. Wie gezeigt, bedarf der Ausschluss des Bezugsrechts der (Alt-)Gesellschafter keiner sachlichen Rechtfertigung. Zusätzlich ist im Falle der Wertlosigkeit des Gesellschaftsanteils bereits das Vorliegen eines Eingriffssubstrats abzulehnen, weshalb schon gar kein Eingriff in Art. 14 GG vorliegen kann.[1298] Aber auch unter Heranziehung der Gegenansicht wird an dieser Stelle in der Regel die geforderte sachliche Rechtfertigung vorliegen, wenn die sanierungswillige Mehrheit von Gläubigern den Bezugsrechtsausschluss im Interesse einer bestmöglichen Gläubigerbefriedigung verlangt und diese anderenfalls gefährdet wäre.[1299] Unabhängig von einer Sanierungsbereitschaft und der Frage nach der Zahlungsfähigkeit des (Minderheits-)Gesellschafters ist der Bezugsrechtsausschluss daher als Sanierungsmaßnahme im Insolvenzplan – jedenfalls für den an dieser Stelle relevanten Regelfall bestehender Wertlosigkeit des Gesellschaftsanteils – zulässig.

f) Kollision mit den (sonstigen) Zielvorgaben der Gesetzesänderung

Unter Beibehaltung des vorrangigen Ziels einer bestmöglichen Gläubigerbefriedigung ist es zugleich Ziel der Änderungen durch das ESUG, das schuldnerische Unternehmen zu einer möglichst frühzeitigen Verfahrenseinleitung zu motivieren.[1300] Anreize dafür sollen sich aus den Änderungen der Vorschriften über die Eigenverwaltung und insbesondere auch über das eingeführte Schutzschirmverfahren ergeben. Problematisch ist jedoch, dass die (Alt-)Gesellschafter angesichts der Verdrängung der gesellschaftsrechtlichen Regelungen bzw. Grundlagen und des zur Verfügung gestellten Handlungs- und Gestaltungsspielraums im Insolvenzplanverfahren damit rechnen müssen, unter Mitwirkung der Gläubiger fundamental in ihren Status- und Mitgliedschaftsrechten beeinträchtigt[1301] und über die im Insolvenzplan vorgesehenen Sanierungsmaßnahmen aus der eigenen Gesellschaft ausgeschlossen zu werden, sobald das Insolvenzverfahren eröffnet ist. Angesichts eines nach Insolvenzeröffnung und infolge bestehender Wertlosigkeit des Gesellschaftsanteils wenig wirkungsvollen Minderheiten- und Rechtsschutzes ist daher nicht einzusehen, wieso die (zukünftig betroffenen) Gesellschafter auf eine – noch dazu frühzeitige – Einleitung des Insolvenzverfahrens hinwirken sollten. Die erhoffte Anreizfunktion durch die Einbeziehung der Gesellschafter in das Insolvenzplanverfahren wird insofern vereitelt.[1302] Diese Inkonsequenz der gesetzlichen

1298 Siehe hierzu § 3.C.I.1.c)aa).

1299 *Altmeppen*, in: FS Hommelhoff, 2012, S. 1, 18.

1300 Siehe hierzu § 1.B.I.

1301 *Brinkmann*, ZIP 2014, 197, 203.

1302 *Brinkmann*, ZIP 2014, 197, 202 f.; *Brünkmans/Uebele*, ZInsO 2014, 265, 272; *Drukarczyk*, NZI 2015, 110, 116; *Spliedt*, GmbHR 2012, 462, 471; vgl. auch *Schäfer/Wüstemann*, ZIP 2014, 1757, 1763; vgl. auch *K. Schmidt*, ZIP 2012, 2085, 2087 f.

Zielvorgaben lässt Raum für Zweifel an der Reichweite des Gestaltungsspielraums im Insolvenzplanverfahren.

Selbstverständlich wird der (Minderheits-)Gesellschafter im Szenario andauernden Gesellschafterstreits und dem Versuch, eine Lösung dieses Streits mithilfe gesellschaftsrechtlicher Sanierungsmaßnahmen im Insolvenzplanverfahren zu erreichen, nicht im Einklang mit der geschäftsführenden Mehrheit auf die frühzeitige Eröffnung des Insolvenzverfahrens hinwirken. Dieser Umstand stellt jedoch keinen zu bereinigenden Widerspruch der Zielvorgaben dar. Vielmehr bildet das Szenario nur einen denkbaren Fall, dem im Interesse der bestmöglichen Gläubigerbefriedigung wiederum dadurch Rechnung getragen wird, dass der durch die Geschäftsführung im Fall drohender Zahlungsunfähigkeit einzuholende Gesellschafterbeschluss in seiner Wirksamkeit im Außenverhältnis nicht durch die Ablehnung des Minderheitsgesellschafters beeinträchtigt wird.

g) Zwischenergebnis

Die Einbeziehung der Gesellschafter in den Insolvenzplan ist – jedenfalls für den gesetzlichen Regelfall, unter Annahme der gesetzgeberischen Wertungsgrundlagen – keiner überzeugenden Kritik ausgesetzt. Denkbare Ansatzpunkte für allgemeine Kritik an der Einbeziehung der Gesellschafter in den Insolvenzplan zerschlagen sich an dem primären Ziel der Durchführung des Insolvenzverfahrens, der Gläubigerbefriedigung. Im Grundsatz ist die Einbeziehung der Gesellschafter in den Insolvenzplan, verbunden mit der Möglichkeit eines zwingenden, weitgehenden Eingriffs in den Bestand der Gesellschafterrechte, daher keiner stichhaltigen Kritik ausgesetzt.

2. Generelle Kritik an dem wertbezogenen Schutzkonzept

Alle Regelungen und Instrumente des Insolvenzplanverfahrens, die auf den Schutz der Minderheit gerichtet sind, dienen ausschließlich dem Schutz der vermögensmäßigen Interessen der Betroffenen, denn der Vergleichspunkt ist stets das Regelinsolvenzverfahren, zu dem es ohne den Insolvenzplan käme. Der durch den Insolvenzplan betroffene Gesellschafter wird in seiner Funktion als „Quasi-Gläubiger" geschützt, indem er als verfahrensrechtlicher Beteiligter am Planverfahren teilnimmt. Der Schutz seiner mitgliedschaftlichen Stellung und den sich daraus ergebenden subjektiven Rechten entspricht nicht annähernd dem außerhalb des Insolvenzverfahrens gewährleisteten gesellschaftsrechtlichen Rechtsschutz und vermag insbesondere nicht den nach § 225a Abs. 2 S. 3, Abs. 3 InsO ermöglichten (vollständigen) Entzug der Mitgliedschaft und Gesellschafterrechte zu verhindern: Für den (Minderheits-)Gesellschafter besteht keine Möglichkeit, die wirksame Stellung des Insolvenzantrags zu vermeiden oder die Eröffnung des Insolvenzverfahrens zu boykottieren. Der betroffene (Minderheits-)Gesellschafter ist zwar Teil der Gläubigerversammlung und zur Teilnahme an der Abstimmung über den Plan berechtigt, seine Mitwirkung ist jedoch schon insofern als reine Fiktion zu bewerten, als eine strategische Gruppenbildung und die Ersetzung der Zustimmung gemäß § 245 Abs. 1, 3 InsO die Gegenstimme des (Minderheits-)Gesellschafters für die mehrheitliche Abstimmung über den Insolvenzplan unbedeutend werden lassen. Angesichts der Wertlosigkeit des Gesellschaftsanteils, wie sie der Einbeziehung der Gesellschafter in den Insolvenzplan als Regelfall zugrunde liegt, und dem Vergleichsszenario des Regelinsolvenzverfahrens, gerichtet auf Liquidation, ist sowohl der Abfindungsanspruch als auch eine Ausgleichszahlung für eine etwaige Schlechterstellung faktisch ausgeschlossen, weshalb der Bewertungsansatz mit seinen Konsequenzen zum Teil als „gravierend" bezeichnet wird.[1303]

Bezugnehmend auf die drei zuvor angeführten Beispiele[1304] zur Verdeutlichung der Reichweite denkbarer Sanierungsmaßnahmen im Insolvenzplan zur Lösung andauernder Gesellschafterstreitigkeiten besteht in keinem der Fälle zugunsten des Minderheitsgesellschafters die Möglichkeit, den Verlust des Mitgliedschaftsrechts oder einen – infolge bestehender Wertlosigkeit des Gesellschaftsanteils im eröffneten Insolvenzverfahren – kompensationslosen Eingriff zu verhindern: Die Gegenstimme des vom Insolvenzplan potenziell betroffenen (Minderheits-)Gesellschafters im Rahmen des von der Geschäftsführung einzuholenden Gesellschafterbeschlusses vermag den wirksamen Antrag auf Eröffnung des Insolvenzverfahrens nicht zu verhindern, sondern löst lediglich Schadensersatzansprüche gegen den Antragsteller aus. Die zugesprochene Mitwirkungsmöglichkeit des (Minderheits-)Gesellschafters an der Abstimmung über den Insolvenzplan, sofern dieser in den Insolvenzplan einbezogen ist, läuft bereits insoweit leer, als es dem Planersteller ein Leichtes ist, die Gruppen strategisch so zu bilden, dass die Gegenstimme des (Minderheits-)Gesellschafters keinerlei Auswirkungen zeigt. Findet das Obstruktionsverbot ausnahmsweise doch Anwendung, weil der Planersteller fakultativ eine eigene Gruppe für den (Minderheits-)Gesellschafter gebildet hat, ist eine nach § 245 Abs. 1 Nr. 1 InsO erforderliche, voraussichtliche Schlechterstellung der Gesellschafter-Gläubigergruppe zur Vermeidung der Ersetzung der Zustimmung angesichts des Vergleichsszenarios der Regelabwicklung für den Fall der Wertlosigkeit des Gesellschaftsanteils im eröffneten Insolvenzverfahren ausgeschlossen. Aus dem gleichen Grund entfällt auch der Schutz des (Minderheits-)Gesellschafters über den Minderheitenschutzantrag (§ 251 InsO) bzw. die Möglichkeit zur sofortigen Beschwerde (§ 253 InsO).

Wesentlicher Ausgangspunkt der in der Literatur aufgetretenen und anhaltenden Kritik[1305] ist demnach, dass der (Minderheits-)Gesellschafter im Insolvenzplanverfahren weitgehend schutzlos gestellt sei, ihm insbesondere keine wirkungsvolle Möglichkeit eingeräumt werde, gegen die im Insolvenzplan vorgesehenen, in seine Rechte und Stellung eingreifenden Maßnahmen vorzugehen.

1303 *Simon / Merkelbach*, NZG 2012, 121, 124 f.

1304 Siehe hierzu § 3.C.I.1.

1305 *Brinkmann*, WM 2011, 97, 100 ff.; *ders.*, ZIP 2014, 197 ff.; *Madaus*, ZGR 2011, 749, 755; *Möhlenkamp*, BB 2013, 2828, 2829 ff.; *K. Schmidt*, ZIP 2012, 2085, 2086; *ders.*, ZGR 2012, 566, 577 ff.; *Stöber*, ZInsO 2012, 1811, 1820; vgl. auch *Thole*, GesR Maßn. in der Insolvenz, 2. Aufl., 2015, Rn. 224.

Gerade für Personengesellschaften wird kritisiert, dass die Mitgliedschaft an der Gesellschaft nicht auf ihren Wert heruntergebrochen werden dürfe, da anderenfalls der personale Bezug und die mit der Gesellschafterstellung verbundenen – und im Fortführungsszenario wieder auflebenden – Status- und Mitgliedschaftsrechte keine angemessene Berücksichtigung finden würden. Zwar besteht für den Minderheitsgesellschafter im Rahmen der Geschäftsführer-Pflicht zur Einholung eines zustimmenden Gesellschafterbeschlusses die Möglichkeit, durch seine Gegenstimme den – für die KG-Gesellschafter (bzw. Kommanditisten) einstimmigen – Beschluss noch vor der Eröffnung des Insolvenzverfahrens und damit noch vor der Überlagerung des Gesellschaftszwecks durch den Insolvenzzweck zu kippen. Abgesehen von Schadensersatzansprüchen gegen den antragstellenden Geschäftsführer beeinträchtigt die Stellung des Insolvenzantrags ohne (wirksamen) Gesellschafterbeschluss jedoch nicht dessen Wirksamkeit im Außenverhältnis. Im sich anschließenden Insolvenzverfahren besteht für den Minderheitsgesellschafter keine Möglichkeit, die im Insolvenzplan vorgesehenen und in seine Rechte eingreifenden Sanierungsmaßnahmen zu verhindern.

Letztlich lässt sich an der Grundentscheidung des Gesetzgebers über die Wahl eines rein wert- bzw. vermögensbezogenen Schutzkonzepts jedoch wenig ändern.[1306] Permanent muss der Fokus im Insolvenzplanverfahren – auch im Rahmen einer kritischen Bewertung – auf das vorrangige Ziel der Gläubigerbefriedigung gerichtet werden. Eine Bewertung des Schutzkonzepts darf nicht unberücksichtigt lassen, dass der im eröffneten Insolvenzplanverfahren gewährte Rechts- bzw. Minderheitenschutz letztlich an dem vorrangigen Ziel der Gläubigerbefriedigung zu messen ist und durch dieses beschränkt wird. Zur Erreichung der gesetzten Ziele und notwendigen Änderungen mit der Einbeziehung der Gesellschafter ist deren Anpassung und insbesondere Subordination unter den vorrangigen Insolvenzzweck erforderlich. Der nach Gesellschaftsrecht bestehende, über die mitgliedschaftlichen Rechte vermittelte Einfluss der (Minderheits-)Gesellschafter muss daher zwingend beschränkt werden.[1307] Im Übrigen wäre eine Besserstellung der Gesellschafter gegenüber den sonstigen Gläubigern mit deren Einordnung als letztrangige Gläubiger auch nicht vereinbar. Die Tatsache, dass diese Beschränkung des Einflusses der (Minderheits-)Gesellschafter für den Fall der Wertlosigkeit des Gesellschaftsanteils die Gesellschafterrechte gegen null laufen lässt, ist dem Umstand geschuldet, dass mit Eröffnung des Insolvenzverfahrens der Gesellschaftszweck durch den Insolvenzzweck überlagert wird und die Gesellschafter nur mit ihren Residualansprüchen am Insolvenzverfahren beteiligte „Quasi-Gläubiger“ sind. Dass die Gesellschafter ohne wirkungsvollen Rechtsschutz oder einen Anspruch auf Abfindung bzw. Ausgleichsmittel aus der Gesellschaft ausgeschlossen werden können, wird der Situation gerecht, dass mit der Eröffnung des Insolvenzverfahrens die gesellschaftsrechtlichen Regelungen nahezu vollständig verdrängt werden, die Fortführung der

1306 So auch *Thole*, GesR Maßn. in der Insolvenz, 2. Aufl., 2015, Rn. 225.
1307 *Thole*, GesR Maßn. in der Insolvenz, 2. Aufl., 2015, Rn. 225.

Gesellschaft in den Händen der Gläubigerversammlung liegt, und mit der Aussicht auf einen vollständigen Verlust der gesellschafterlichen Mitgliedschaft im Alternativszenario des Regelinsolvenzverfahrens die Stellung der Gesellschafter als Mitglieder der schuldnerischen Gesellschaft entwertet ist. Würde die Gegenstimme des Minderheitsgesellschafters über die *de lege lata* bestehenden Rechtsfolgen hinaus der Wirksamkeit des Insolvenzantrags entgegenstehen, wäre diesem durch die Hintertür doch wieder eine Blockademöglichkeit an die Hand gegeben. Zusätzlich ist anzuerkennen, dass die Zustimmung zu notwendigen Sanierungsmaßnahmen dem Gesellschafter umso eher zuzumuten ist, als seine Gesellschaftsanteile ohnehin entwertet sind.[1308] Die dagegen notwendige Gewährleistung der – wenn auch nicht verfahrensentscheidenden – Mitwirkungsrechte der in den Plan einbezogenen Gesellschafter ist über § 250 Nr. 1 InsO sichergestellt. Insgesamt ist das wertbezogene Schutzkonzept daher – jedenfalls im hier relevanten Fall des Vorliegens der der Einbeziehung zugrunde gelegten gesetzgeberischen Wertungen – als ausreichend und im Hinblick auf die bestehende Haftungsbegrenzung der Gesellschafter auch als angemessen zu bewerten. Die andauernde, generelle Kritik an der Entscheidung für ein rein wert- bzw. vermögensbezogenes Schutzkonzept ist daher als primär rechtspolitisch und inhaltlich nicht überzeugend zurückzuweisen.[1309]

Die zuvor aufgeworfene Frage nach der Erforderlichkeit einer Einbeziehung der den veränderten Umständen angepassten gesellschaftsrechtlichen Treuepflicht[1310] für einen effektiven bzw. angemessenen Schutz des Minderheitsgesellschafters, kann daher für den gesetzlichen Regelfall des Vorliegens der zugrunde liegenden Wertungen an dieser Stelle verneint werden. Infolge des über die InsO gewährleisteten, angemessenen Schutzes des Minderheitsgesellschafters wird die gesellschaftsrechtliche Treuepflicht insofern vollständig verdrängt.

3. *Zwischenergebnis*

Aus der Bewertung der Einbeziehung der Gesellschafter in das Insolvenzplanverfahren, einschließlich des wertbezogenen Schutzkonzepts, lässt sich für den Fall des Vorliegens der zugrunde gelegten gesetzgeberischen Wertungen keine überzeugende Kritik ausmachen. Bei der Einbeziehung der Gesellschafter handelt es sich um ein „durchdachte[s] und vielfach propagierte[s] Sanierungskonzept“[1311], das Planung und Fortführung unter Einbeziehung und Ausschluss blockierender sowie lästiger oder im Streit befindlicher (Minderheits-)Gesellschafter möglich macht. Zwar ist der (Minderheits-)Gesellschafter im Insolvenzverfahren auf einen vermögensbezogenen Schutz beschränkt und daher weitgehend schutzlos gestellt. Die

1308 *H.-F. Müller*, Verband in der Insolvenz, 2002, S. 334; *Noack*, in: FS Zöllner, 1998, S. 411, 423.

1309 *Thole*, GesR Maßn. in der Insolvenz, 2. Aufl., 2015, Rn. 226.

1310 Siehe hierzu § 3.B.III.

1311 *K. Schmidt*, ZIP 2012, 2085, 2087 (mit Verweis auf *Bitter*, ZGR 2010, 147, 199 f.); vgl. auch *Verse*, ZGR 2010, 299, 301 ff.

mit dem Ziel der Erreichung einer bestmöglichen Gläubigerbefriedigung erfolgte Einbeziehung der Gesellschafter vermag die weitreichenden und zwingenden Eingriffe in die Mitgliedschaft der Gesellschafter jedoch zu rechtfertigen.[1312] Der dem (Minderheits-)Gesellschafter im Insolvenzplanverfahren gewährte Schutz begegnet keinen durchgreifenden Bedenken und belässt insoweit keinen Raum für ergänzend eingreifenden gesellschaftsrechtlichen Schutz.

II. Ausnahmefall: Fortbestehender Vermögenswert der Gesellschaftsanteile

In seiner Gesamtheit ist das Insolvenzplanverfahren an der Wertlosigkeit der Gesellschaftsanteile ausgerichtet, die zugleich als Motiv für die vom Gesetzgeber eingeräumten weitgehenden Eingriffsmöglichkeiten in die Gesellschafterrechte und als Begründung für den verkürzten Rechts- und Minderheitenschutz dient.[1313] Abweichend von diesem gesetzlichen Regelfall bleiben relevante Fälle denkbar, in denen (unterstellt) zwar die sonstigen der Einbeziehung der Gesellschafter in den Insolvenzplan zugrunde gelegten gesetzgeberischen Wertungen vorliegen, den Gesellschaftsanteilen jedoch auch nach Antragstellung, im Zeitpunkt der Insolvenzeröffnung, noch ein fortbestehender Vermögenswert zukommt.[1314] Ein fortbestehender Vermögenswert liegt vor, sofern alle Insolvenzgläubiger in der Schlussverteilung aus der Insolvenzmasse befriedigt werden können und die verbleibende Auszahlungserwartung – orientiert am Rang des § 199 S. 2 InsO – nicht null beträgt. Lediglich beispielhaft sei zum einen an das Schutzschirmverfahren gemäß § 270b InsO gedacht, in dem die Beteiligung des Gesellschafters infolge der frühzeitigen Verfahrenseinleitung in Eigenverwaltung – noch vor Bestehen der Insolvenzantragspflicht – im Fall der drohenden Zahlungsunfähigkeit (noch) nicht vollständig entwertet ist, sondern dieser Sanierungsrestwerte zukommen.[1315] Die als Voraussetzung für die Einleitung des Schutzschirmverfahrens erforderliche Sanierungsfähigkeit bedeutet zudem, dass der Gesellschafter seine Beteiligung jedenfalls nicht ohnehin vollständig verlieren würde. *Braun* und *Frank* sehen demgemäß bereits in dem Bemühen um eine Rechtsträgererhaltung einen Hinweis auf einen Restvermögenswert.[1316] Zum anderen ist eine verbliebene Werthaltigkeit der Gesellschaftsanteile im Zeitpunkt der Insolvenzeröffnung immer auch dann

---

1312 Kritisch *H.-F. Müller*, KTS 2012, 419, 452.

1313 Siehe hierzu § 2.B.II.2.

1314 *BGH*, Beschl. v. 17.07.2014 – IX ZB 13/14 = NZI 2014, 751, Rz. 41; *Schäfer*, ZIP 2013, 2237, 2239; *ders./Wüstemann*, ZIP 2014, 1757, 1758 f. („keine gesetzlich angeordnete Wertlosigkeit").

1315 *Meyer*, ZInsO 2013, 2361, 2363, 2369; *Möhlenkamp*, BB 2013, 2828, 2829; *Schäfer*, ZIP 2015, 1208, 1210; zur Einleitung des Insolvenzverfahrens ohne Beantragung des Schutzschirmverfahrens *Burmeister/Schmidt-Hern*, in: Kübler (Hrsg.), HRI, 2. Aufl., 2015, § 43, Rn. 73.

1316 *Braun/Frank*, in: Braun (Hrsg.), InsO, 6. Aufl., 2014, § 225a, Rn. 29.

wahrscheinlich, wenn das Insolvenzplanverfahren durch einen oder mehrere Beteiligte aus verfahrensfremden Gründen (aus-)genutzt werden soll.[1317] Insbesondere bei Insolvenzen, die weniger operativ als vielmehr durch Gesellschafterstreitigkeiten bedingt sind, sind Situationen denkbar, in denen den Anteilsinhabern (noch) erhebliche Werte zufließen.[1318] So kann die generelle Unterstellung, der Gesellschafter habe in der Insolvenz nur eine formelle, wirtschaftlich (regelmäßig) wertlose Stellung, schon deshalb nicht überzeugen, weil – insbesondere angesichts des relevanten Szenarios fortwährender Streitigkeiten unter den Gesellschaftern – nicht jede eine Sanierung anstrebende Gesellschaft ihr Kapital vollständig verloren hat oder unter ihren Gläubigern zu leiden hatte, wenn das Insolvenzverfahren eröffnet wird.[1319] Kommt trotz einer Versagung der Planbestätigung eine Fortführung des Schuldners im dann durchzuführenden Regelinsolvenzverfahren (noch) in Betracht, kann eine zusätzlich auf einen „ohnehin eintretenden Verlust des Anteilsrechts" gestützte Argumentation nicht zur Rechtfertigung des Verlusts des Anteilsrechts am Schuldner im Planverfahren herangezogen werden.[1320]

Die Relevanz dieser Fallausgestaltungen nicht infrage stellend, gilt es zunächst, die grundsätzliche Anwendbarkeit der insolvenzrechtlichen Regelungen zur Einbeziehung der Gesellschafter in den Insolvenzplan zu klären, die sich jedenfalls an einer Wertlosigkeit der Gesellschaftsanteile orientieren. Für den Fall der Anwendbarkeit der InsO auf den Ausnahmefall der bestehenden Werthaltigkeit stellen sich weitergehend die Fragen nach der Verfassungsmäßigkeit der Einbeziehung und zugleich der Realisierung der vollen wirtschaftlichen Entschädigung des fortbestehenden Vermögenswerts über die Regelungen des Insolvenzplanverfahrens.

1. Anwendbarkeit der insolvenzrechtlichen Regelungen über die Einbeziehung in den Insolvenzplan bei bestehender Werthaltigkeit der Gesellschaftsanteile

Die Annahme einer (unterstellt) bestehenden Werthaltigkeit des Gesellschaftsanteils[1321], auch nach Eröffnung des Insolvenzverfahrens, wirft die Frage danach auf, ob die gesetzlichen Regelungen zur Einbeziehung der Gesellschafter in den Insolvenzplan infolge der vom Gesetzgeber als Regelfall der InsO zugrunde gelegten Wertlosigkeit der Gesellschaftsanteile überhaupt Anwendung finden können.[1322] Der gesetzliche Regelfall, wonach „im Insolvenzverfahren regelmäßig von einer Wertlosigkeit der Anteile auszugehen" ist, könnte als gesetzliche Festlegung eines

1317 *Möhlenkamp*, BB 2013, 2828, 2830.
1318 *Becker*, in: Kübler (Hrsg.), HRI, 2. Aufl., 2015, § 41, Rn. 14; *Möhlenkamp*, BB 2013, 2828, 2830.
1319 *Schäfer/Wüstemann*, ZIP 2014, 1757, 1758 ff.; *Westermann*, NZG 2015, 134, 138.
1320 *Jaffé*, in: Wimmer (Hrsg.), FK-InsO, 8. Aufl., 2015, § 251, Rn. 7.
1321 RegE ESUG, BT-Drucks. 17/5712, S. 32.
1322 Vgl. *Schäfer*, ZIP 2013, 2237, 2243, der die Suspendierung der §§ 245, 251 InsO anspricht, jedoch nicht näher vertieft.

Nullwerts verstanden werden[1323], sodass eine Einbeziehung der Anteilseigner in den Insolvenzplan stets denkbar wäre. In aller Regel kommt den Gesellschaftsanteilen nach Eröffnung des Insolvenzplanverfahrens zwar ohnehin ein (nur) nach dem anteiligen Zerschlagungswert des Unternehmens zu bemessender und daher praktisch gleich null zu setzender Wert zu. Besteht hingegen (ausnahmsweise) nach Verfahrenseröffnung keine Wertlosigkeit, wäre die Systematik der InsO über die Grundlagen bzw. Voraussetzungen eines Eingriffs in die Gesellschafterrechte verworfen, weshalb die gesetzlichen Regelungen zur Einbeziehung der Gesellschafter in den Insolvenzplan keine Anwendung finden könnten.

Nach überzeugender Auffassung ist ein derartiges Verständnis jedoch bereits durch Betrachtung der Gesetzesbegründung zu §§ 225a, 251 InsO[1324] und nach dem Gesamtkontext der InsO nicht haltbar[1325]: Die gesetzliche Festlegung eines Nullwerts scheidet schon deshalb aus, weil anderenfalls weder die Ausgleichspflicht in § 251 Abs. 3 InsO noch überhaupt die Einbeziehung der Anteilseigner in das Verfahren nachvollziehbar wären. Der Gesetzesbegründung zum ESUG lässt sich insbesondere auch kein dahingehender Wille entnehmen, dass ein im Insolvenzplanverfahren zu bewertendes Unternehmen grundsätzlich mit null zu bewerten sei, auch dann, wenn allgemeine Grundsätze zu einem (deutlich) höheren Wert gelangen würden.[1326] Zusätzlich wäre eine derart pauschalierte Grundannahme bereits im Hinblick auf Art. 14 GG unwirksam.[1327] Selbst der Hinweis auf § 225a Abs. 5 InsO vermag diesem Verständnis nicht zu widersprechen, als der dort für die Mitgliedschaftsposition angesetzte Liquidationswert nur eine Aussage zur Berechnung eines Abfindungsanspruchs für den Fall vorsieht, dass die Gesellschafter aus wichtigem Grund freiwillig aus der Gesellschaft austreten. Dies ist insofern bereits als Sonderfall zu bewerten, als ein solcher Gesellschafter weder „‚aktive‘ Beiträge zur Sanierung leistet“[1328] noch seinen (noch) vorhandenen Beteiligungswert dem Sanierungsrisiko aussetzt. Aus

---

1323 Insbesondere nach Inkrafttreten des ESUG wurde in der Literatur vermehrt die Ansicht vertreten, dass der Gesetzgeber den Gesellschaftsanteilen im Planverfahren stets eine Bewertung zum Zerschlagungswert zugeordnet habe, weshalb diese faktisch immer wertlos seien, vgl. *Simon/Merkelbach*, NZG 2012, 121, 124; *Landfermann*, WM 2012, 821, 829; *Altmeppen*, in: FS Hommelhoff, 2012, S. 1, 17; *Schäfer*, ZIP 2014, 2417, 2420; *Thole*, ZIP 2013, 1937, 1940.

1324 RegE ESUG, BT-Drucks. 17/5712, S. 32.

1325 *BGH*, Beschl. v. 17.07.2014 – IX ZB 13/14 = NZI 2014, 751, Rz. 41; *Fölsing*, ZInsO 2014, 1591, 1592; *Schäfer*, ZIP 2013, 2237, 2239 f.; *ders./Wüstemann*, ZIP 2014, 1757, 1758 ff.; vgl. auch *Möhlenkamp*, BB 2013, 2828, 2829.

1326 *Schäfer*, ZIP 2013, 2237, 2240; *ders./Wüstemann*, ZIP 2014, 1757, 1758 f.

1327 *Eidenmüller*, in: Kirchhof u.a. (Hrsg.), MüKo-InsO, Bd. 3, 3. Aufl., 2014, § 225a, Rn. 44 f.; *Schäfer*, ZIP 2013, 2237, 2239 f.; *ders./Wüstemann*, ZIP 2014, 1757, 1759; *Stöber*, ZInsO 2013, 2457, 2459 ff.; vgl. auch *Thole*, ZIP 2013, 1937, 1940, der die Wertlosigkeit der Gesellschaftsanteile zwar als Grundannahme des Gesetzgebers anerkennt, diese jedoch kritisch hinterfragt.

1328 *Schäfer/Wüstemann*, ZIP 2014, 1757, 1759.

diesem Grund erscheint ein „partieller Wertentzug“[1329] durch Ansetzung des Gesellschaftsanteils zum Liquidationswert für die Berechnung des Abfindungsanspruchs angemessen.[1330]

In seinem Beschluss vom 17. Juli 2014[1331] hatte der BGH im *Suhrkamp*-Fall über die sofortige Beschwerde der *Medienholding AG* gemäß § 253 Abs. 1 InsO zu entscheiden, welche diese ohne die vorherige Stellung eines Minderheitenschutzantrags gemäß § 251 Abs. 1 InsO erhoben hatte. Der BGH kritisierte in seinem Beschluss insbesondere, dass der ausgearbeitete und vorgelegte Insolvenzplan keinerlei Sanierungsmaßnahmen vorsehe und die Insolvenzgläubiger zudem auch vollständig befriedigt werden sollten. Die Situation erlaube es, die schuldnerische Gesellschaft ohne eine Umwandlung fortzusetzen, weshalb auch der Wert der Gesellschaftsanteile keinesfalls mit null anzusetzen sei. „Angesichts des Fortbestands des insolventen Unternehmens [sei] gerade nicht der von § 253 Abs. 2 Nr. 3 InsO gemeinte Regelfall gegeben, dass der Wert der Beteiligung an der insolventen Gesellschaft wirtschaftlich mit null anzusetzen [sei].“[1332] Die Fortführung der schuldnerischen Gesellschaft in ihrer unveränderten Rechtsform hätte für die Gesellschafter die Möglichkeit erhalten, ihre Beteiligung „jederzeit [...] nach eigenem Ermessen an einen beliebigen Erwerber zu ihrem vollen Wert frei zu veräußern.“[1333]

Der Beschluss des BGH entspricht dem Verständnis der zuletzt benannten Ansicht, die (ebenfalls) von einem automatischen Absinken des Werts der Beteiligungen der Gesellschafter auf null absieht. Ohne dem gesetzlichen Regelfall seine Regelmäßigkeit abzusprechen, muss gerade ausreichend Spielraum für effektive Möglichkeiten verbleiben, den davon abweichenden Ausnahmefall geltend zu machen. Dass das Insolvenzplanverfahren für diesen Ausnahmefall Raum belässt und die InsO Anwendung findet, hat der BGH insofern klargestellt.[1334] Die von *Schäfer* angedachte und auf den Gesamtkontext der gesetzgeberischen Grundannahme eines regelmäßig verbleibenden Residualwerts gestützte Suspendierung der §§ 245, 251 InsO für den Fall, dass die Gesellschaftsanteile noch „erheblich werthaltig“ sind, kann daher ebenfalls nicht überzeugen.[1335]

Im Ergebnis ist die regelmäßig bestehende Wertlosigkeit demnach nicht als definitive Festschreibung der Wertlosigkeit der Gesellschaftsanteile zu verstehen. Sie ist vielmehr gesetzgeberisches Motiv für die Art der Einbeziehung der Anteilseigner

---

1329 *Schäfer/Wüstemann*, ZIP 2014, 1757, 1759.

1330 *Schäfer/Wüstemann*, ZIP 2014, 1757, 1759, 1761 ff.

1331 *BGH*, Beschl. v. 17.07.2014 – IX ZB 13/14 = NZI 2014, 751, Rz. 41; vgl. dazu *Fölsing*, ZInsO 2014, 1591 ff.

1332 *BGH*, Beschl. v. 17.07.2014 – IX ZB 13/14 = NZI 2014, 751, Rz. 41.

1333 *BGH*, Beschl. v. 17.07.2014 – IX ZB 13/14 = NZI 2014, 751, Rz. 41.

1334 Zustimmend *Fölsing*, ZInsO 2014, 1591 ff.; vgl. auch *Schäfer/Wüstemann*, ZIP 2014, 1757, 1758 (Fn. 11).

1335 *Schäfer*, ZIP 2013, 2237, 2243; vgl. auch *H.-F. Müller*, DB 2014, 41, 44, der dem Vorschlag einer Suspendierung des § 245 InsO zustimmt.

in das Insolvenzplanverfahren und eine „häufig anzutreffende Typisierung“[1336], die eine gewisse Pauschalierung verständlich und billigenswert macht. Unabhängig von der Frage, wie eine Wertlosigkeit im Einzelfall festzustellen ist, handelt es sich bei der Bestimmung der Werthaltigkeit der Gesellschaftsanteile daher stets um eine Einzelfallentscheidung.[1337]

2. *Verfassungsmäßigkeit der Einbeziehung*

Für den Fall der Werthaltigkeit der Gesellschaftsanteile stellt sich die Frage der Verfassungsmäßigkeit der Einbeziehung als schwieriger dar. Die anzunehmende Werthaltigkeit der Gesellschaftsanteile führt dazu, dass ein zuordnungsfähiger Vermögenswert verbleibt, der u.a. auch zu einem möglicherweise gesteigerten Interesse der (Minderheits-)Gesellschafter am Verbleib in der Gesellschaft beitragen kann. Fraglich ist, ob die Einbeziehung der Gesellschaftsanteile auch für den Fall ihrer Werthaltigkeit verfassungskonform ist.

a) Art. 14 GG

Anders als im Fall bestehender Wertlosigkeit der Gesellschaftsanteile kommt den Gesellschaftsanteilen bei (unterstellt) bestehender Werthaltigkeit ein zuordnungsfähiger Vermögenswert zu, durch den – trotz Insolvenzeröffnung – ein mögliches Eingriffssubstrat verbleibt.[1338] Der durch die Einbeziehung in den Insolvenzplan vollzogene Eingriff in das Anteilsrecht der Gesellschafter erfolgt mangels hoheitlichen Charakters nicht als konkrete Entziehung zur Erfüllung öffentlicher Aufgaben im Sinne einer Enteignung nach Art. 14 Abs. 3 GG.[1339] Vielmehr ist der Eingriff in das Anteilsrecht der Gesellschafter – durch die Beschlussfassung der Gläubigergruppen, mit der diese lediglich ihre durch die InsO eingeräumten Mitverwaltungsrechte wahrnehmen[1340] – als entschädigungspflichtige Inhalts- und Schrankenbestimmung des Eigentums im Sinne von Art. 14 Abs. 1 S. 2, Abs. 2 GG zu verstehen.[1341] Fraglich ist insbesondere, ob diese Einschränkung des Eigentums auch dann verfassungskonform ist, wenn die Entscheidungskompetenz der Gesellschafter in Bezug auf Strukturmaßnahmen im Insolvenzverfahren – trotz Werthaltigkeit ihrer Gesellschaftsanteile – zugunsten einer Zuständigkeit der Gläubigerversammlung insoweit

---

1336 *Möhlenkamp*, BB 2013, 2828, 2829.

1337 *Schäfer / Wüstemann*, ZIP 2014, 1757, 1759.

1338 *Frauer*, Grenzen des Eingriffs, 2014, S. 79.

1339 *BVerfG*, Urt. v. 7.08.1962 – 1 BvL 16/60 = BVerfGE 14, 263, 272; *Bay / Seeburg / Böhmer*, ZInsO 2011, 1927, 1937; *Decher / Voland*, ZIP 2013, 103, 108 f.; *Eidenmüller / Engert*, ZIP 2009, 541, 546; *Hess*, InsR, 2. Aufl., 2013, § 225a, Rn. 56 f.; *Sassenrath*, ZIP 2003, 1517, 1524.

1340 *Hess*, InsR, 2. Aufl., 2013, § 225a, Rn. 57; *Sassenrath*, ZIP 2003, 1517, 1523.

1341 *Thies*, in: A. Schmidt (Hrsg.), HHK-InsO, 5. Aufl., 2015, § 225a, Rn. 9; *Bay / Seeburg / Böhmer*, ZInsO 2011, 1927, 1936 ff.; *Decher / Voland*, ZIP 2013, 103, 108 f.; *Frauer*, Grenzen des Eingriffs, 2014, S. 80; *Hess*, InsR, 2. Aufl., 2013, § 225a, Rn. 58.

aufgehoben wird, als diese Maßnahmen unter Anwendung des Obstruktionsverbots sogar gegen den Willen der Gesellschafter durchgeführt werden können.

Mit einer Beschränkung der Eingriffsweite steht die Zielsetzung des Insolvenzplanverfahrens, eine bestmögliche Befriedigung der Gläubiger zu gewährleisten, im Konflikt[1342]: Art. 14 Abs. 1 GG schützt zugleich das Eigentumsrecht und damit das Befriedigungsinteresse der Gesellschaftsgläubiger, welches im Rahmen des Insolvenzverfahrens mit dem Eigentumsrecht der Gesellschafter in Ausgleich zu bringen ist.[1343] Angesichts des vorrangigen Ziels der Gläubigerbefriedigung im Insolvenzverfahren müssen im Rahmen der Abwägung die Gesellschafterinteressen grundsätzlich zurücktreten.[1344] Der Schutz der Gesellschaft und die Befriedigungsinteressen der Gläubiger erhalten den Vorrang vor dem Selbstbestimmungsrecht und den Interessen der Gesellschafter, die ihrer Finanzierungsverantwortung nicht mehr gerecht geworden sind und damit die Eröffnung des Insolvenzverfahrens erst herbeigeführt haben.[1345] Der Eingriff in Art. 14 Abs. 1 GG ist daher aus Gemeinwohlüberlegungen und zur Durchsetzung der durch die Eigentumsgarantie geschützten Befriedigungsinteressen der Gläubiger jedenfalls erforderlich.[1346]

Entsprechend der zum gesetzlichen Regelfall geführten Diskussion einer Außerachtlassung der verwaltungsrechtlichen Komponente der Mitgliedschaft innerhalb des auf Fortführung gerichteten Insolvenzplanverfahrens[1347], wird teilweise angenommen, dass Eingriffe in die interne Organisation der Gesellschaft wegen des durch Art. 14 Abs. 1 GG garantierten Anteilseigentums der Zustimmung der Gesellschafter bedürfen.[1348] Einer Zustimmungspflicht der betroffenen Gesellschafter liegt die

---

1342 *BVerfG*, Beschl. v. 18.07.1979 – 1 BvR 655/79 = NJW 1979, 2510; *Decher/Voland*, ZIP 2013, 103, 109.

1343 Siehe hierzu § 3.C.I.1.c)aa); *BVerfG*, Beschl. v. 14.01.2004 – 1 BvL 8/03 = NJW 2004, 1233, 1234; vgl. auch *Haas*, in: Kreft (Hrsg.), HK-InsO, 7. Aufl., 2014, § 225a, Rn. 15; *Decher/Voland*, ZIP 2013, 103, 109 f.

1344 *BVerfG*, Beschl. v. 23.05.2006 – 1 BvR 2530/04 = BVerfGE 116, 1, 13; *BVerfG*, Beschl. v. 26.11.2009 – 1 BvR 339/09 = NJW-RR 2010, 1063, 1064; *Haas*, in: Kreft (Hrsg.), HK-InsO, 7. Aufl., 2014, § 225a, Rn. 12; *Decher/Voland*, ZIP 2013, 103, 109; *Eidenmüller/Engert*, ZIP 2009, 541, 546 f.; *Thole*, ZIP 2013, 1937, 1940; *Verse*, ZGR 2010, 299, 10 ff.

1345 *Decher/Voland*, ZIP 2013, 103, 109; *Hess*, InsR, 2. Aufl., 2013, § 225a, Rn. 56; *Sassenrath*, ZIP 2003, 1517, 1524; a.A für die auf Fortsetzung gerichtete Gesellschaft *Stöber*, ZInsO 2013, 2457, 2459.

1346 *Eidenmüller*, in: Kirchhof u.a. (Hrsg.), MüKo-InsO, Bd. 3, 3. Aufl., 2014, § 225a, Rn. 44; *Thies*, in: A. Schmidt (Hrsg.), HHK-InsO, 5. Aufl., 2015, § 225a, Rn. 9; *Spliedt*, in: K. Schmidt (Hrsg.), InsO, 18. Aufl., 2013, § 225a, Rn. 8 ff.; *Jaffé*, in: Wimmer (Hrsg.), FK-InsO, 8. Aufl., 2015, § 225a, Rn. 30; *Bay/Seeburg/Böhmer*, ZInsO 2011, 1927, 1938; *Decher/Voland*, ZIP 2013, 103, 108; *Kresser*, ZInsO 2010, 1409, 1416; *Verse*, ZGR 2010, 299, 310.

1347 Siehe hierzu § 3.C.I.1.b).

1348 *Madaus*, ZGR 2011, 749, 761; *H.-F. Müller*, KTS 2012, 419, 425; *Stöber*, ZInsO 2012, 1811, 1819; *ders.*, ZInsO 2013, 2457, 2460.

Annahme zugrunde, dass im auf Reorganisation bzw. Fortführung der Gesellschaft gerichteten Insolvenzplanverfahren die verwaltungsrechtliche Komponente der Mitgliedschaft wieder auflebe. Das Befriedigungsinteresse der Gläubiger sei zwar in der Lage, einen Eingriff in die Vermögensrechte der Gesellschafter zu rechtfertigen, nicht jedoch eine vollständige Beseitigung der (Mit-)Verwaltungsrechte der Gesellschafter zu bewirken.[1349] In der Folge sollen Eingriffe in die interne Organisation der Gesellschaft zum Schutz des durch Art. 14 Abs. 1 GG garantierten Anteilseigentums daher nicht ohne die Zustimmung der Gesellschaft denkbar sein.

Wie zuvor darlegt, kann die Argumentation für eine Berücksichtigung der verwaltungsrechtlichen Komponente der Mitgliedschaft der Gesellschafter jedoch erst dann überzeugen, wenn das auf Reorganisation bzw. Fortführung gerichtete Insolvenzverfahren erfolgreich abgeschlossen worden ist. Insbesondere ist es auch verfassungsrechtlich unbedenklich, dass die Gesellschafter den über ihre Verwaltungsrechte vermittelten Einfluss auf das Gesellschaftsvermögen weitgehend einbüßen, wenn im Interesse der Gläubiger – deren Forderungen ebenfalls von der Eigentumsgarantie geschützt sind – ein Insolvenzverfahren durchgeführt wird. Angesichts dessen, dass das Anteilseigentum der Gesellschafter mit Abschluss des Regelinsolvenzverfahrens bzw. des an der Einigung der Gläubigergruppen gescheiterten Insolvenzplanverfahrens wegen Beendigung der Gesellschaft untergeht und sich das Anteilseigentum somit gemäß § 199 S. 2 InsO in der Insolvenz auf die wertmäßige Beteiligung am Restvermögen beschränkt, gebietet Art. 14 Abs. 1 GG gerade nur eine volle wirtschaftliche Entschädigung der Anteilseigner.[1350] Für das Mitgliedschaftsrecht der Gesellschafter kann sich insofern keine andere Bewertung ergeben, als dass die Gesellschaft mit Eröffnung des Insolvenzverfahrens als aufgelöst gilt und das Mitgliedschaftsrecht ebenfalls von einem Fortsetzungsbeschluss abhängt.[1351] Wie aufgezeigt, werden die Mitverwaltungsrechte der Gesellschafter nahezu vollständig verdrängt, woran sich insbesondere auch durch einen (fort-)bestehenden Vermögenswert des Gesellschaftsanteils nichts ändert.[1352] Eingriffe in das Mitgliedschaftsrecht der Gesellschafter sind daher unabhängig von deren Zustimmung im Hinblick auf Art. 14 GG verfassungskonform.[1353]

Insbesondere darf auch nicht unbeachtet bleiben, dass die Gesellschafter es bis zum Zeitpunkt der Insolvenzeröffnung in der Hand hatten, den Insolvenzgrund nachhaltig zu beseitigen und das schuldnerische Unternehmen außerhalb der

---

1349 *Brinkmann*, WM 2011, 97, 100; *Stöber*, ZInsO 2012, 1811, 1819; *ders.*, ZInsO 2013, 2457, 2460; wohl auch *Madaus*, ZGR 2011, 749, 760 f.

1350 RegE ESUG, BT-Drucks. 17/5712, S. 18; vgl. auch *Eidenmüller*, in: Kirchhof u.a. (Hrsg.), MüKo-InsO, Bd. 3, 3. Aufl., 2014, § 225a, Rn. 123; *Decher/Voland*, ZIP 2013, 103, 110; *Frauer*, Grenzen des Eingriffs, 2014, S. 81; *Stöber*, ZInsO 2013, 2457, 2459.

1351 *Spahlinger*, in: Kübler u.a. (Hrsg.), InsO, Lb, 55. Lfg. (10/2013), § 225a, Rn. 99.

1352 *Haas*, in: Kreft (Hrsg.), HK-InsO, 7. Aufl., 2014, § 225a, Rn. 12; a.A. *H.-F. Müller*, KTS 2012, 419, 426 f.; wohl auch *Schäfer*, ZIP 2013, 2237, 2239 ff.

1353 *Haas*, in: Kreft (Hrsg.), HK-InsO, 7. Aufl., 2014, § 225a, Rn. 12; *Hölzle*, in: Kübler (Hrsg.), HRI, 2. Aufl., 2015, § 31, Rn. 7 ff.

Insolvenz fortzuführen.[1354] Nehmen sie diese Möglichkeit nicht wahr und kommt es daher zur Insolvenzeröffnung sowie in der Folge zur Sanierung des Schuldners nach Maßgabe des von den Gläubigern befürworteten Insolvenzplans mitsamt der darin vorgesehenen Sanierungsmaßnahmen, beschränkt sich das zu berücksichtigende Interesse der Gesellschafter auf den wirtschaftlichen Wert ihrer Anteile.[1355] Auch die Gesetzesbegründung zum ESUG sieht „eine [solche] finanzielle Kompensation [vor], sofern die Anteile noch werthaltig sind."[1356] Demnach bestehen grundsätzlich keine Bedenken, den Gesellschaftern ihre Anteile zu entziehen, solange sie nur für den verbliebenen Vermögenswert des Anteils- oder Mitgliedschaftsrechts ausreichend entschädigt werden.[1357]

Ist das Anteilsrecht der Gesellschafter trotz Insolvenzeröffnung ausnahmsweise noch werthaltig, wird der durch §§ 217, 225a InsO ermöglichte Eingriff in Art. 14 GG „durch das überwiegende Interesse an einer bestmöglichen Befriedigung der Gläubiger [...] sowie die angemessene Kompensation gerechtfertigt."[1358] Die Anteilsrechte der Gesellschafter werden im Innenverhältnis daher nur in ihrem Vermögenswert, nicht aber in ihrem Bestand geschützt.[1359]

b) Art. 9 GG

Kommt den Gesellschaftsanteilen innerhalb des eröffneten Insolvenzverfahrens (noch) ein Wert zu, wird das Interesse der Gesellschafter, in der Gesellschaft zu verbleiben, regelmäßig gesteigert sein. Der Frage, inwieweit ein Ausschluss der

---

1354 *Eidenmüller*, in: Kirchhof u.a. (Hrsg.), MüKo-InsO, Bd. 3, 3. Aufl., 2014, § 225a, Rn. 50; *Hölzle*, in: Kübler (Hrsg.), HRI, 2. Aufl., 2015, § 31, Rn. 7; *Spahlinger*, in: Kübler u.a. (Hrsg.), InsO, Lb, 55 Lfg. (10/2013), § 225a, Rn. 103; *Spliedt*, in: K. Schmidt (Hrsg.), InsO, 18. Aufl., 2013, § 225a, Rn. 8; *Altmeppen*, in: FS Hommelhoff, 2012, S. 1, 19; vgl. dazu *Decher / Voland*, ZIP 2013, 103, 109.

1355 *BVerfG*, Urt. v. 7.08.1962 – 1 BvL 16/60 = BVerfGE 14, 263, 283; *Spahlinger*, in: Kübler u.a. (Hrsg.), InsO, Lb, 55. Lfg. (10/2013), § 225a, Rn. 103; *Frauer*, Grenzen des Eingriffs, 2014, S. 81.

1356 RegE ESUG, BT-Drucks. 17/5712, S. 32.

1357 *BVerfG*, Urt. v. 7.08.1962 – 1 BvL 16/60 = BVerfGE 14, 263, 283; *BVerfG*, Beschl. v. 27.04.1999 – 1 BvR 1613/94 = BVerfGE 100, 289, 304 f.; *BVerfG*, Beschl. v. 29.11.2006 – 1 BvR 704/03 = NJW 2007, 828, 829; *BVerfG*, Beschl. v. 30.05.2007 – 1 BvR 390/04 = NJW 2007, 3268, 3269; *BVerfG*, Beschl. v. 26.04.2011 – 1 BvR 2658/10 = NJW 2011, 2497, 2498; *Eidenmüller*, in: Kirchhof u.a. (Hrsg.), MüKo-InsO, Bd. 3, 3. Aufl., 2014, § 225a, Rn. 44 ff.; *Spahlinger*, in: Kübler u.a. (Hrsg.), InsO, Lb, 55. Lfg. (10/2013), § 225a, Rn. 101; *Frauer*, Grenzen des Eingriffs, 2014, S. 83; *H.-F. Müller*, KTS 2012, 419, 432; *Sassenrath*, ZIP 2003, 1517, 1524.

1358 *Spahlinger*, in: Kübler u.a. (Hrsg.), InsO, Lb, 55. Lfg. (10/2013), § 225a, Rn. 99; 101 ff.; im Ergebnis ebenso, jedoch ohne auf eine bestehende Wertlosigkeit abzustellen *Thies*, in: A. Schmidt (Hrsg.), HHK-InsO, 5. Aufl., 2015, § 225a, Rn. 9; *Jaffé*, in: Wimmer (Hrsg.), FK-InsO, 8. Aufl., 2015, § 225a, Rn. 30.

1359 *Madaus*, ZIP 2014, 500, 505 f.

Gesellschafter aus der Gesellschaft gegen ihren Willen möglich ist, kommt für diese Fallvariante daher eine besondere Bedeutung zu.[1360] Zwar gelten die zuvor getätigten Aussagen, dass die Möglichkeit, in Gesellschafterrechte einzugreifen, schon keine Verletzung des Art. 9 GG darzustellen vermag und eine angemessene Kompensation die Gesellschafter ausreichend entschädigt, unabhängig von einer bestehenden Wertlosigkeit bzw. Werthaltigkeit der Gesellschaftsanteile. Die Literatur reibt sich jedoch an der Frage auf, ob für den Sonderfall des Bezugsrechtsausschlusses bei vorhergehendem Kapitalschnitt auf null dem Handlungsspielraum des eigenverwaltenden Schuldners Grenzen zu setzen sind.

So nimmt ein Teil der Literatur einen Verstoß gegen die Vereinigungsfreiheit aus Art. 9 GG für den Fall an, dass der Gesellschafter durch Bezugsrechtsausschluss gegen seinen Willen zwangsweise aus der Gesellschaft ausgeschlossen wird.[1361] Zwar sehen die Gesetzesmaterialien zum ESUG den Bezugsrechtsausschluss vor, behandeln ausdrücklich jedoch allein den Fall des vollständigen Bezugsrechtsausschlusses zulasten der Gesellschafter bei einem Debt Equity Swap, also für den Fall der Sachkapitalerhöhung.[1362] In Anlehnung an die „*Sanieren oder Ausscheiden*"-Rechtsprechung des BGH[1363] soll die Vereinigungsfreiheit daher einen gegen ihren Willen erfolgenden Ausschluss einzelner Gesellschafter aus der schuldnerischen Gesellschaft jedenfalls für den Fall verbieten, dass diese zahlungswillig sind. Gerade bei Barkapitalerhöhungen sei der Bezugsrechtsausschluss schwer zu rechtfertigen, wenn dieser nicht *conditio sine qua non* für den Investor ist. Sind die Gesellschafter zahlungswillig und zugleich leistungsfähig, sind diese zwar nicht im Rahmen eines Debt Equity Swaps mit etwaigen Gesellschafterforderungen an der Gesellschaft zu beteiligen, wohl aber zu einer (ggf. parallel laufenden) Barerhöhung zuzulassen, damit ihnen die Möglichkeit verbleibt, einem vollständigen Ausschluss aus der Gesellschaft entgegenzuwirken.[1364]

Der überwiegende Teil in der Literatur sieht den Ausschluss des Bezugsrechts demgegenüber auch im Rahmen eines Bezugsrechtsausschlusses bei Barkapitalerhöhung für zulässig an.[1365] Die anderenfalls entstehenden rechtlichen Zweifelsfragen

---

1360 Anderenfalls hätte das folgende Problem auch bereits unter Art. 9 GG der ersten Fallvariante erläutert werden können.

1361 *Brinkmann*, WM 2011, 97, 100 f.; *Madaus*, ZGR 2011, 749, 761 ff.; *H.-F. Müller*, KTS 2011, 1, 20; *ders.*, KTS 2012, 419, 425 f.; wohl auch *K. Schmidt*, ZIP 2012, 2085, 2088; *Stöber*, ZInsO 2012, 1811, 1819.

1362 RegE ESUG, BR-Drucks. 127/11, S. 45; RegE ESUG, BT-Drucks. 17/5712, S. 31.

1363 *BGH*, Urt. v. 19.10.2009 – II ZR 240/08 = NJW 2010, 65 („*Sanieren oder Ausscheiden*").

1364 *Hölzle*, in: Kübler (Hrsg.), HRI, 2. Aufl., 2015, § 31, Rn. 12; *ders.*, Praxisleitfaden ESUG, 2. Aufl., 2014, §§ 217, 225a, Rn. 43; vgl. auch *Madaus*, ZGR 2011, 749, 761 f.; *H.-F. Müller*, KTS 2012, 419, 441 f.; *K. Schmidt*, ZIP 2012, 2085, 2088; *Simon/Merkelbach*, NZG 2012, 121, 125 f.

1365 *Braun/Frank*, in: Braun (Hrsg.), InsO, 6. Aufl., 2014, § 251, Rn. 2; *Spliedt*, in: K. Schmidt (Hrsg.), InsO, 18. Aufl., 2013, § 225a, Rn. 14; *Altmeppen*, in: FS Hommelhoff, 2012, S. 1, 18; *Bay/Seeburg/Böhmer*, ZInsO 2011, 1927, 1940; *Bitter*, ZGR 2010,

im Hinblick auf den Umfang einer angemessenen Beteiligung und die zahlreichen praktischen Schwierigkeiten beispielsweise mit dem Obstruktionsverbot und einer denkbaren Ungleichbehandlung gegenüber den vorrangigen Gläubigergruppen oder einer Absage des Neuinvestors[1366] stünden einem erfolgreichen Insolvenzverfahren entgegen. Zugleich wird es in der Sanierungssituation kein Ausnahmefall bleiben, dass der „Retter" der schuldnerischen Gesellschaft seine Investition von dem Ausschluss des Bezugsrechts der (Alt-)Gesellschafter abhängig macht.[1367] Mit Eröffnung des Insolvenzverfahrens, welche ohne die erfolgreiche Durchführung des Plans zur Abwicklung und Beendigung der Gesellschaft führt, kann der Gesellschafter gerade ohnehin nicht mehr mit dem Erhalt seines Anteils rechnen, weshalb ihm – auch in angemessenem Umfang – ein Bezugsrecht nicht eingeräumt werden könne. Insbesondere lasse auch die Gesetzesbegründung keinen Rückschluss auf die Unzulässigkeit eines vollständigen Bezugsrechtsausschlusses bei Barkapitalerhöhungen zu, da diese nur einen besonders relevanten Anlass für einen Bezugsrechtsausschluss darstelle.[1368]

Wie zuvor erarbeitet, führt die Eröffnung des Insolvenzverfahrens zur weitgehenden Verdrängung der gesellschaftsrechtlichen und -vertraglichen Regelungen. Das dem Insolvenzplanverfahren zugrunde liegende Ziel der Gläubigerbefriedigung steht einer (Fort-)Geltung der außerhalb des Insolvenzverfahrens geltenden mitgliedschaftlichen Rechte und Schutzinstrumente entgegen. Die durch die erstgenannte Ansicht geforderte Einräumung eines Bezugsrechts ist mit diesem Ergebnis nicht vereinbar und würde durch ihre Annahme zugleich den Erfolg des Insolvenzverfahrens gefährden.[1369] Zwar ist zuzugeben, dass der personale Bezug der Gesellschafter im Vergleich zu kapitalistischen Gesellschaften deutlich ausgeprägter ist. Insbesondere der verwaltungsrechtlichen Dimension der Mitgliedschaft, die vor allem das Verhältnis der Gesellschafter untereinander betrifft, kommt eine herausgehobene Bedeutung zu, wodurch (größere) Zweifel an der Verfassungsmäßigkeit der Regelungen zur Einbeziehung der Gesellschafter in den Insolvenzplan im Hinblick auf die durch Art. 9 GG geschützte Vereinigungsfreiheit der (Alt-)Gesellschafter entstehen. Nicht unberücksichtigt bleiben darf jedoch das Eigentums- bzw. Befriedigungsinteresse der Gläubiger, welches durch die Änderungen des ESUG effektiver ausgestaltet werden sollte. Zur Erreichung des vorrangigen Zwecks der Gläubigerbefriedigung kann es gerade eines Ausschlusses der (Alt-)Gesellschafter bedürfen, um deren möglicherweise bestehendes Blockadepotenzial zu begrenzen oder den Investor zu seiner Entscheidung zu bewegen. Insofern bleibt zu beachten, dass der Schutz der Gläubigerrechte und das Ziel ihrer Befriedigung

---

147, 191; *Decher/Voland*, ZIP 2013, 103, 106 f.; *Gehrlein*, NZI 2012, 257, 260; *Haas*, NZG 2012, 961, 963; *Landfermann*, WM 2012, 821, 828.

1366 *Spliedt*, in: K. Schmidt (Hrsg.), InsO, 18. Aufl., 2013, § 225a, Rn. 14; *Decher/Voland*, ZIP 2013, 103, 106 f.

1367 *Decher/Voland*, ZIP 2013, 103, 105; *Rendels/Zabel*, Insolvenzplan, 2. Aufl., 2015, Rn. 258.

1368 *Decher/Voland*, ZIP 2013, 103, 105 f.; *Hirte/Knof/Mock*, Das neue InsR, 2012, S. 28.

1369 Unter Anführung einiger Beispiele *Decher/Voland*, ZIP 2013, 103, 106 f.

im Insolvenzplanverfahren grundsätzlich – und stets unabhängig von der Werthaltigkeit der Gesellschaftsanteile – vorrangig gegenüber der Vereinigungsfreiheit der (Alt-)Gesellschafter aus Art. 9 GG sind. Die Interessen der (Alt-)Gesellschafter der schuldnerischen Gesellschaft müssen daher im Insolvenzplanverfahren hinter den Befriedigungs- und Reorganisationsinteressen der Gläubiger insoweit zurücktreten, als die Regelungen zur Einbeziehung verfassungskonform sind, solange den (Alt-)Gesellschaftern der verbleibende (Rest-)Wert ihrer Beteiligung vergütet wird.

3. *Realisierung der vollen wirtschaftlichen Entschädigung über die Regelungen des Insolvenzplanverfahrens*

Die Kritik an der Ausgestaltung der Einbeziehung der Gesellschafter in den Insolvenzplan beruht nicht selten auf der These, dass der in den Insolvenzplan einbezogene Gesellschafter fast rechts- bzw. schutzlos stehe.[1370] Die Grundlagen bzw. -annahmen des zu mechanischen, wertbezogenen Schutzkonzepts seien nicht immer zutreffend und demzufolge auch nicht immer ausreichend.[1371] Der Vergleich seiner Situation mit der Lage, in der er sich befände, würde ein Regelinsolvenzverfahren durchgeführt, sorge dafür, dass dem (Minderheits-)Gesellschafter im laufenden Insolvenzverfahren praktisch keine Möglichkeit mehr zustehe, den Verlust seiner Mitgliedschaft zu verhindern.[1372] Die durch dieses Vergleichsszenario ebenfalls begrenzte Reichweite der Rechtsbehelfe nach §§ 251, 253 InsO samt der darüber hinaus bestehenden Einschränkungen des Minderheiten- und Rechtsschutzes bewirken – insbesondere unter Betrachtung des außerhalb des Insolvenzverfahrens gewährten Schutzes – einen zulasten des (Minderheits-)Gesellschafters stark verkürzten Schutz: Für den Fall, dass der Insolvenzplan (1) einen Kapitalschnitt auf null mit Bezugsrechtsausschluss vorsieht, steht dem (Minderheits-)Gesellschafter, sofern das Ausscheiden von Gesellschaftern ohne Kapitalanteil ausdrücklich im Insolvenzplan vorgesehen wurde[1373], keine Möglichkeit zur Verfügung, seinen Ausschluss aus der schuldnerischen Gesellschaft zu verhindern. Sieht der Insolvenzplan (2) eine Änderung der Corporate-Governance-Struktur der schuldnerischen Gesellschaft vor, ermöglicht diese eine Reduzierung bzw. Minimierung des Einflusses der (Minderheits-)Gesellschafter innerhalb der Gesellschaft. Und auch für den Fall, dass der Insolvenzplan (3) die Übertragung von Vermögensgegenständen einzelner Geschäftsbereiche bzw. von Beteiligungen des Schuldners an Drittgesellschaften vorsieht, an denen der (Minderheits-)Gesellschafter nicht beteiligt ist, ist dessen Entmachtung möglich. Der betroffene (Minderheits-)Gesellschafter ist, sofern der Insolvenzplan mit den erforderlichen Mehrheiten angenommen wird,

---

1370 *Brinkmann*, ZIP 2014, 197, 202; *Meyer*, ZInsO 2013, 2361, 2369; *H.-F. Müller*, DB 2014, 41, 44 f.

1371 *Fölsing*, ZInsO 2014, 1591, 1593; *Möhlenkamp*, BB 2013, 2828, 2829 f.; *K. Schmidt*, ZIP 2012, 2085, 2087 f.; vgl. auch *Frauer*, Grenzen des Eingriffs, 2014, S. 120.

1372 Vgl. nur *Brinkmann*, ZIP 2014, 197, 202.

1373 Siehe hierzu § 1.B.III.1.

im Falle seines Austritts aus wichtigem Grund auf den Abfindungsanspruch gemäß § 225a Abs. 5 InsO verwiesen. Auch im Fall eines fortbestehenden Vermögenswerts kann sich ein (werthaltiger) Abfindungsanspruch – angesichts des dem austretenden Gesellschafter lediglich zu gewährenden residualen Anteils am Liquidationserlös – jedoch nur dann ergeben, wenn zuvor die Gläubiger voll befriedigt wurden. Rügt der betroffene (Minderheits-)Gesellschafter im Rahmen eines Minderheitenschutzantrags gemäß § 251 Abs. 1 InsO die voraussichtliche Schlechterstellung durch den Plan, führt der fortbestehende Vermögenswert auch an dieser Stelle nur dann zu einem werthaltigen Ausgleichsanspruch, wenn der (Minderheits-)Gesellschafter selbst glaubhaft machen kann, dass im Vergleichsszenario des Regelinsolvenzverfahrens ein gemäß § 199 S. 2 InsO auszukehrender Überschuss verbleibt.

Dennoch sind durchgreifende Bedenken gegen den Eingriff in den Gesellschaftsanteil, bis hin zu dessen Entzug, so lange abzulehnen, wie der (Minderheits-)Gesellschafter für den verbliebenen Wert seines Anteils ausreichend entschädigt wird.[1374] Im Ausnahmefall der Werthaltigkeit des Gesellschaftsanteils ist der Gesellschafter daher wirtschaftlich voll zu entschädigen. Wie gezeigt, beschränkt sich diese volle wirtschaftliche Entschädigung auf den restlichen Vermögenswert, der dem Anteilsrecht im eröffneten Insolvenzverfahren noch zukommt.[1375] Dass der Gesellschafter diesen Wert nicht gegen seinen Willen verliert, sieht der Gesetzgeber durch dessen „Mitwirkung im Verfahren und den [...] Minderheitenschutz garantiert“[1376]. Nach der Entkräftung bestehender Kritik an der Einbeziehung der Gesellschafter in den Insolvenzplan und dem grundsätzlich gewährleisteten, angemessenen Schutz der Gesellschafter durch das wertbezogene Schutzkonzept, verbleibt im Folgenden insbesondere die Frage, inwieweit die insolvenzrechtlichen Regelungen dieses gesetzgeberische „Versprechen“ tatsächlich sicherstellen können, ohne dabei das Ziel der Erreichung einer bestmöglichen Gläubigerbefriedigung zu konterkarieren.

a) Zweckmäßigkeit der Regelungen über die Mitwirkung im Verfahren für einen gegen seinen Willen eintretenden Verlust des fortbestehenden Vermögenswerts

Zwar erfolgt die Stimmabgabe im Rahmen des Gesellschafterbeschlusses zur Insolvenzantragstellung bei lediglich bestehendem Antragsrecht (§§ 15, 18 InsO) im Vorfeld der Insolvenzeröffnung und kann damit nicht als „Mitwirkung im Verfahren“ eingeordnet werden. Zugleich sichert die Stimmabgabe jedoch ganz entscheidend die Mitwirkungsrechte des (Minderheits-)Gesellschafters und gewährt dem einzelnen Gesellschafter die Möglichkeit, sich gegen den – zumeist mit einem erheblichen Wertverlust der Gesellschaftsanteile verbundenen – Antrag auf Eröffnung des Insolvenzverfahrens zu stellen. Gerade im Fall des Vorliegens eines

1374 Siehe hierzu § 3.C.II.2.a); RegE ESUG, BT-Drucks. 17/5712, S. 35.
1375 Siehe hierzu § 3.B.III.
1376 RegE ESUG, BT-Drucks. 17/5712, S. 18.

Gesellschafterkonflikts dürfte dieser Beschluss im Vorfeld nicht herbeiführbar sein.[1377] Die Rechtsfolgen des verpflichtenden Gesellschafterbeschlusses, der mit der Gegenstimme des (Minderheits-)Gesellschafters nicht die notwendige Mehrheit in der GmbH & Co. KG erreicht, sind jedoch so gewählt, dass der Eröffnungsantrag wirksam gestellt ist und im Falle der unterlassenen Einholung bzw. einem Handeln gegen den ablehnenden Gesellschafterbeschluss lediglich im Nachhinein Schadensersatzansprüche gegen den Antragsteller begründet. Die Pflicht zur Einholung eines Gesellschafterbeschlusses im Vorfeld der Insolvenzantragstellung und die dadurch begründete Mitwirkungsmöglichkeit des Minderheitsgesellschafters vermögen folglich keinen – gegen den Willen des Minderheitsgesellschafters erfolgenden – Verlust des (restlichen) Vermögenswerts zu verhindern. Vielmehr ist davon auszugehen, dass sich der *bis dato* bestehende Vermögenswert durch den Eröffnungsantrag (weiter) reduziert.

Die im eröffneten Insolvenzplanverfahren gewährte Mitwirkung im Wege der Teilnahme an der Gläubiger-Gruppenabstimmung über den Plan stellt sich für den Regelfall der Wertlosigkeit des Gesellschaftsanteils praktisch als bedeutungslos dar. Eine Schlechterstellung im Vergleich zur Regelabwicklung ist mangels verbleibender Auszahlungserwartung im Rang des § 199 S. 2 InsO ausgeschlossen[1378] und ermöglicht demnach – sofern die sonstigen Voraussetzungen erfüllt sind – die Ersetzung der Zustimmung des (Minderheits-)Gesellschafters über das Obstruktionsverbot.

Im Ausnahmefall eines verbleibenden Auszahlungswerts und damit eines fortbestehenden Vermögenswerts für den (Alt-)Gesellschafter bedarf die Vergleichsrechnung für die Frage einer Schlechterstellung durch den Insolvenzplan einer eingehenden Prüfung.[1379] Aus Sicht der betreffenden Abstimmungsgruppe ist im Rahmen der Vergleichsrechnung jeweils auf das wirtschaftliche Ergebnis abzustellen, wobei allein die monetär vergleichbaren Leistungen eine Rolle spielen.[1380] Die nach Liquidationswerten bemessene Quote stellt damit die Untergrenze dessen dar, was den Gesellschaftern im Rahmen des Plans angeboten werden kann.[1381] Räumt der Insolvenzplan den (Minderheits-)Gesellschaftern eine geringere Kompensation ein, als diesen zusteht, werden sie den Plan als Gruppe ablehnen. Ergibt die gerichtliche Bewertung des Vergleichs zwischen der Situation der den Insolvenzplan ablehnenden Gesellschafter-Gläubigergruppe mit dem Plan und ohne den Plan eine Schlechterstellung dieser Gesellschafter, könnte die Zustimmung möglicherweise nicht über das Obstruktionsverbot ersetzt werden. Denn neben der mehrheitlichen Zustimmung der Mehrheit der abstimmenden Gruppen müsste dafür jedenfalls auch

---

1377 *Böcker*, DZWiR 2014, 331, 336; *ders.*, ZInsO 2015, 773, 781.

1378 *Wellensiek/Schluck-Amend*, in: Römermann (Hrsg.), MAH GmbHR, 3. Aufl., 2014, § 23, Rn. 345; *Hölzle*, NZI 2011, 124, 128; *Simon/Merkelbach*, NZG 2012, 121, 125.

1379 Vgl. *Becker*, in: Kübler (Hrsg.), HRI, 2. Aufl., 2015, § 41, Rn. 14; *Burmeister/Schmidt-Hern*, in: Kübler (Hrsg.), HRI, 2. Aufl., 2015, § 43, 73.

1380 *Becker*, in: Kübler (Hrsg.), HRI, 2. Aufl., 2015, § 41, Rn. 14.

1381 *Becker*, in: Kübler (Hrsg.), HRI, 2. Aufl., 2015, § 41, Rn. 11; *Grub*, in: FS Uhlenbruck, 2000, S. 501, 505.

eine Schlechterstellung des Minderheitsgesellschafters gegenüber einem Liquidationsszenario ohne Plan sowie eine Besserstellung des Mehrheitsgesellschafters durch den Plan im Vergleich zum *Status quo* zu verneinen sein.

Denkbare Konsequenz einer für die Gruppe der (Minderheits-)Gesellschafter möglicherweise anzunehmenden Schlechterstellung ist für den Planersteller bzw. Mehrheitsgesellschafter im Szenario sich streitender Gesellschafter die Bildung (lediglich) einer Gesellschafter-Gläubigergruppe (vgl. § 222 Abs. 1 S. 2 Nr. 4 InsO), deren – durch den Mehrheitsgesellschafter bestimmte – mehrheitliche Zustimmung die Prüfung des Obstruktionsverbots verhindert.[1382] Regelmäßig wird das Interesse im Insolvenzplanverfahren jedoch für diesen Fall dahingehen, den Minderheitsgesellschafter „unschädlich" zu machen. Angesichts des in § 226 Abs. 1 InsO angelegten Gleichheitsgrundsatzes und des Verbots, die Gesellschafter in dieser Gruppe durch den Insolvenzplan ungleich zu behandeln, sind allerdings solche Planregelungen unzulässig, die den Minderheitsgesellschafter mehr belasten als den Mehrheitsgesellschafter. Planregelungen, die durch einen Formwechsel eine Neuverteilung der Machtverhältnisse anvisieren und dem Minderheitsgesellschafter in der Umsetzung – beispielsweise durch den Verlust gesellschaftsvertraglicher Sonderrechte[1383] – erhöhte Sonderopfer im Vergleich zum Mehrheitsgesellschafter abverlangen, sind ohne die Zustimmung des betroffenen Minderheitsgesellschafters (§ 226 Abs. 2 InsO) unzulässig und von Amts wegen zurückzuweisen (§ 231 Abs. 1 Nr. 1 InsO) bzw. nicht zu bestätigen (§ 250 Nr. 1 InsO).[1384] In der Regel wird zur Erreichung des „Nebenziels" der Entmachtung des Minderheitsgesellschafters daher ein Interesse daran bestehen, für den Minderheitsgesellschafter eine eigene Gläubigergruppe zu bilden (§ 222 Abs. 2 InsO).[1385] In dieser Gruppe kann der Minderheitsgesellschafter zwar (zunächst) nicht überstimmt werden.[1386] Die ausbleibende Zustimmung der Gruppe des Minderheitsgesellschafters zum Plan kann die Planbestätigung jedoch nur verhindern, wenn diese Gruppe nicht dem Obstruktionsverbot des § 245 InsO unterliegt.

Die Zustimmung der ablehnenden Gruppe des Minderheitsgesellschafters kann nur dann ersetzt werden, wenn dessen Gruppe durch den Plan nicht schlechtergestellt wird als ohne einen Plan (§ 245 Abs. 1 Nr. 1 InsO). Zu vergleichen ist das Planergebnis mit der zügigen Verwertung und Verteilung der Insolvenzmasse nach §§ 156–173, 187–216 InsO ab dem schnellstmöglichen Zeitpunkt.[1387] Dieses Schlechterstellungsverbot soll den Gesellschaftern der ablehnenden Gruppe als

1382 *Madaus*, ZIP 2014, 500, 506.

1383 Zu diesem Beispiel *Madaus*, ZIP 2014, 500, 506.

1384 Siehe hierzu § 3.B.III.2.a)bb).

1385 Zur Bildung einer eigenen Gruppe der Minderheitsgesellschafter *Braun / Frank*, in: Braun (Hrsg.), InsO, 6. Aufl., 2014, § 222, Rn. 10; *Haas*, in: Kreft (Hrsg.), HK-InsO, 7. Aufl., 2014, § 222, Rn. 13 f.; *Thies*, in: A. Schmidt (Hrsg.), HHK-InsO, 5. Aufl., 2015, § 222, Rn. 17; *Wertenbruch*, ZIP 2013, 1693, 1701.

1386 *Westermann*, NZG 2015, 134, 140 f.

1387 *Haas*, in: Kreft (Hrsg.), HK-InsO, 7. Aufl., 2014, § 245, Rn. 7.

Untergrenze die Befriedigung ihrer Ansprüche jedenfalls mit dem Wert sichern, der bei einer Liquidation der Insolvenzmasse auf ihre Ansprüche entfallen würde.[1388] Räumt der Insolvenzplan den (Minderheits-)Gesellschaftern dagegen eine geringere Kompensation ein, als diesen bei der Liquidation der Gesellschaft zusteht, liegt eine Schlechterstellung vor. Sieht der Insolvenzplan für die ablehnende Gruppe des Minderheitsgesellschafters, wie es nach überzeugender Ansicht möglich ist[1389], jedoch eine salvatorische Klausel zum Ausgleich denkbarer Schlechterstellungen vor, kann die konkrete Schlechterstellung außerhalb des Insolvenzverfahrens über die bereitgestellten Ausgleichsmittel kompensiert werden und sichert den Gesellschaftern wiederum den fortbestehenden Vermögenswert.

Für die konkrete Konstellation sich streitender Gesellschafter stellt sich die weitere Voraussetzung einer „angemessenen Beteiligung" der ablehnenden Gruppe am Planerfolg als problematischer dar.[1390] Eine angemessene Beteiligung der Gesellschafter ist nur dann zu bejahen, wenn die Befriedigungsgrenze der Gläubiger gewahrt (§ 245 Abs. 1 Nr. 2, Abs. 3 Nr. 1 InsO) und kein ohne Plan gleichgestellter Anteilsinhaber bessergestellt wird (§ 245 Abs. 1 Nr. 2, Abs. 3 Nr. 2 InsO).[1391] Die angemessene Beteiligung soll gewährleisten, dass der residuale Unternehmenswert bei einer Unternehmensfortführung den Anteilsinhabern zufließt.[1392] Sieht der Insolvenzplan die Umwandlung der schuldnerischen GmbH & Co. KG in eine AG vor, kann diese eine Umverteilung der Machtverhältnisse in der Gesellschaft bewirken, insbesondere gesellschaftsvertragliche Sonderrechte des Minderheitsgesellschafters beseitigen.[1393] Angesichts der zur Zustimmungsersetzung (nur) erforderlichen „angemessenen Beteiligung an dem wirtschaftlichen Wert" (§ 245 Abs. 1 Nr. 2 InsO) bleibt es jedoch möglich, eine durch den Plan gewährte rechtliche Besserstellung noch im Plan wirtschaftlich auszugleichen, sodass insgesamt keine Besserstellung nach § 245 Abs. 1 Nr. 2, Abs. 3 Nr. 2 InsO vorliegt.[1394] Die Bewertung dieser „entzogenen Minderheitsmacht"[1395] und künftige Besserstellung des Mehrheitsgesellschafters durch den Plan darf nicht zum Liquidationswert, sondern muss im Hinblick auf

1388 *Haas*, in: Kreft (Hrsg.), HK-InsO, 7. Aufl., 2014, § 245, Rn. 8; *Becker*, in: Kübler (Hrsg.), HRI, 2. Aufl., 2015, § 41, Rn. 11.
1389 Siehe hierzu § 3.B.III.2.a)cc)(2).
1390 *Madaus*, ZIP 2014, 500, 507; *Wertenbruch*, ZIP 2013, 1693, 1703.
1391 *Haas*, in: Kreft (Hrsg.), HK-InsO, 7. Aufl., 2014, § 245, Rn. 26; *Becker*, in: Kübler (Hrsg.), HRI, 2. Aufl., 2015, § 41, Rn. 14, 76; *Pleister*, in: Kübler u.a. (Hrsg.), InsO, Lb, 55. Lfg. (10/2013), § 245, Rn. 26 ff.; *Thies*, in: A. Schmidt (Hrsg.), HHK-InsO, 5. Aufl., 2015, § 245, Rn. 16 f.; *Jaffé*, in: Wimmer (Hrsg.), FK-InsO, 8. Aufl., 2015, § 245, Rn. 34 ff.
1392 *Eidenmüller*, in: Kirchhof u.a. (Hrsg.), MüKo-InsO, Bd. 3, 3. Aufl., 2014, § 225a, Rn. 48.
1393 *Madaus*, ZIP 2014, 500, 506.
1394 *Madaus*, ZIP 2014, 500, 507.
1395 *Madaus*, ZIP 2014, 500, 507.

die Plandurchführung im Sinne einer freiwilligen Desinvestitionsentscheidung des Minderheitsgesellschafters nach Fortführungswerten bewertet werden.[1396]

Sofern zusätzlich die Mehrheit aller Gläubigergruppen dem Plan mehrheitlich zugestimmt hat (§ 245 Abs. 1 Nr. 3 InsO), kann die Zustimmung der obstruierenden Gesellschafter-Gläubigergruppe fingiert werden. Der Insolvenzplan kann auf diesem Wege gegen den Willen des gegen den Insolvenzplan stimmenden (Minderheits-) Gesellschafters durchgesetzt werden.

Wie gezeigt, verliert der Gesellschafter durch die Ersetzung seiner Zustimmung jedoch gerade nicht seinen fortbestehenden Vermögenswert. Ziel des Obstruktionsverbots ist es (nur), die fehlende Zustimmung einer Gruppe für den Fall zu fingieren, dass ihre legitimen Interessen ausreichend berücksichtigt werden.[1397] Eine Blockade des Insolvenzplans soll gerade nur dann berechtigt sein, wenn dieser die legitimen Interessen der den Insolvenzplan ablehnenden Gesellschafter nicht ausreichend berücksichtigt. Angesichts des über den Quotenvergleich im Rahmen der zu prüfenden Schlechterstellung durch den Insolvenzplan gewährleisteten Liquidationswerts als Untergrenze sichert das Obstruktionsverbot im Rahmen der Abstimmung über den Insolvenzplan dem (Minderheits-)Gesellschafter seine verbliebene Auszahlungserwartung im Rang des § 199 S. 2 InsO. Dadurch vermag das Obstruktionsverbot als Regelung zugunsten der Gesellschaft diese ihrem Vermögenswert entsprechend zu schützen, ohne dabei das Ziel der Gläubigerbefriedigung zu gefährden.

Unter Berücksichtigung des erst nachfolgend zu überprüfenden Minderheiten- und Rechtsschutzes bleibt herauszuheben, dass die Mitwirkung im Verfahren in Form der Abstimmung gegen den Plan (jedenfalls) im Rahmen der sofortigen Beschwerde gemäß § 253 Abs. 2 Nr. 2 InsO Voraussetzung der formellen Beschwer des (Minderheits-)Gesellschafters ist, die dem Schutz des fortbestehenden Vermögenswerts dienen (soll).[1398]

b) Zweckmäßigkeit des Minderheiten- und Rechtsschutzes zur Realisierung des fortbestehenden Vermögenswerts

Die vielfach geäußerte Kritik, dass der (Minderheits-)Gesellschafter im Planverfahren fast rechtlos stehe bzw. der Minderheiten- bzw. Rechtsschutz faktisch leer laufe, weil seine Situation nur noch mit der Lage verglichen werde, in der er sich

---

1396 *Madaus*, ZIP 2014, 500, 507 f.

1397 *Haas*, in: Kreft (Hrsg.), HK-InsO, 7. Aufl., 2014, § 245, Rn. 1 ff.; *Pleister*, in: Kübler u.a. (Hrsg.), InsO, Lb, 55. Lfg. (10/2013), § 245, Rn. 9; *Thies*, in: A. Schmidt (Hrsg.), HHK-InsO, 5. Aufl., 2015, § 245, Rn. 1; *Jaffé*, in: Wimmer (Hrsg.), FK-InsO, 8. Aufl., 2015, § 245, Rn. 10.

1398 *Koch / de Bra*, in: Gottwald (Hrsg.), InsR-Hdb., 5. Aufl., 2015, § 68, Rn. 118; *Burmeister / Schmidt-Hern*, in: Kübler (Hrsg.), HRI, 2. Aufl., 2015, § 43, Rn. 132; *Thies*, in: A. Schmidt (Hrsg.), HHK-InsO, 5. Aufl., 2015, § 253, Rn. 15; *Jaffé*, in: Wimmer (Hrsg.), FK-InsO, 8. Aufl., 2015, § 253, Rn. 6.

befände, würde ein Regelinsolvenzverfahren durchgeführt[1399], ist zwar bezogen auf die Vergleichssituation des Regelverfahrens zutreffend. Der Vergleich zur Lage im Regelinsolvenzverfahren vermag den Gesellschafter jedoch nicht „fast rechtlos" zu stellen, sofern ihm über den gewährten Minderheiten- und Rechtsschutz eine seinem verbliebenen Vermögenswert entsprechende Entschädigung gewährt wird.

aa) Begrenzung und Stundung des Abfindungsanspruchs, § 225a Abs. 5 InsO

§ 225a Abs. 5 S. 1 InsO legt der Berechnung der Höhe des Abfindungsanspruchs die Vermögenslage zugrunde, die sich bei einer Abwicklung des Schuldners ohne Berücksichtigung eines prognostischen Sanierungserfolgs eingestellt hätte, und normiert damit zugleich eine Begrenzung der Höhe eines etwaigen Abfindungsanspruchs.[1400] Der austretende Gesellschafter erhält lediglich einen residualen Anteil am Liquidationserlös, nachdem die Gläubigeransprüche (voll) befriedigt wurden.[1401] Der Sanierungsgewinn soll dem freiwillig austretenden Gesellschafter dagegen nicht zukommen. Für eine solche Begrenzung der Höhe des Abfindungsanspruchs spricht bereits, dass der austretende Gesellschafter sich bewusst und freiwillig gegen den Verbleib in der Gesellschaft und damit zugleich gegen eine Beteiligung am Sanierungserfolg entschieden hat.[1402] Zudem wird die Berücksichtigung des Sanierungserfolgs weder durch den Wortlaut des § 225a Abs. 5 S. 2 InsO ermöglicht, der für die Bestimmung der Höhe eines Abfindungsanspruchs die Vermögenslage als maßgeblich benennt, „die sich bei einer Abwicklung des Schuldners eingestellt hätte", noch durch den Vergleich zu § 251 InsO, der den durch den Insolvenzplan betroffenen Gesellschaftern ebenfalls keinen Anspruch auf Sanierungsbeiträge Dritter gewährt, von denen diese anderenfalls jedoch mittelbar über den Abfindungsanspruch profitieren würden.[1403] Schließlich bleibt zu bedenken, dass die Begrenzung des Abfindungsanspruchs durch die Orientierung am Liquidationswert gerade auch der erforderlichen Entschädigung des fortbestehenden Vermögenswerts gerecht wird.

Steht dem aus der schuldnerischen Gesellschaft austretenden (Minderheits-)Gesellschafter unter Zugrundelegung des prognostizierten Liquidationsergebnisses ausnahmsweise ein Abfindungsanspruch gemäß § 225a Abs. 5 S. 1 InsO zu, ist es möglich, die Auszahlung des Abfindungsanspruchs verzinslich auf bis zu drei

---

1399 *Böcker*, DZWiR 2015, 125, 131; *Meyer*, ZInsO 2013, 2361, 2368 f.; *Möhlenkamp*, BB 2013, 2828, 2829; *H.-F. Müller*, KTS 2012, 419, 437 f.; *Stöber*, ZInsO 2013, 2457 ff., 2466.

1400 *Eidenmüller*, in: Kirchhof u.a. (Hrsg.), MüKo-InsO, Bd. 3, 3. Aufl., 2014, § 225, Rn. 115; *Spahlinger*, in: Kübler u.a. (Hrsg.), InsO, Lb, 55. Lfg. (10/2013), § 225a, Rn. 95; *Spliedt*, in: K. Schmidt (Hrsg.), InsO, 18. Aufl., 2013, § 225a, Rn. 53.

1401 *Eidenmüller*, in: Kirchhof u.a. (Hrsg.), MüKo-InsO, Bd. 3, 3. Aufl., 2014, § 225, Rn. 117.

1402 BT-Drucks. 17/7511, S. 36; *Eidenmüller*, in: Kirchhof u.a. (Hrsg.), MüKo-InsO, Bd. 3, 3. Aufl., 2014, § 225, Rn. 119.

1403 *Braun/Frank*, in: Braun (Hrsg.), InsO, 6. Aufl., 2014, § 225a, Rn. 29 f.; *Haas*, in: Kreft (Hrsg.), HK-InsO, 7. Aufl., 2014, § 225a, Rn. 31; *H.-F. Müller*, KTS 2012, 419, 432.

Jahre zu stunden (§ 225a Abs. 5 S. 2, 3 InsO). Problematisch ist, dass die Stundung der Abfindungsforderung dem austrittswilligen Gesellschafter das Risiko einer Folgeinsolvenz aufbürdet.[1404] Im Vergleich zur Regelabwicklung, bei der das Risiko einer verzögerlichen Zahlung des nach § 199 S. 2 InsO an die Gesellschafter auszuschüttenden Überschusses durch die persönliche Haftung des Verwalters bzw. des Geschäftsführers der Komplementär-GmbH der eigenverwaltenden Schuldnerin gemindert wird, wird der (Minderheits-)Gesellschafter durch § 225a Abs. 5 InsO daher schlechtergestellt.[1405] Zwar bedarf es für eine angemessene Entschädigung des (Minderheits-)Gesellschafters bereits nur einer vollen wirtschaftlichen Entschädigung. Die mit der Stundung des Abfindungsanspruchs verfolgten Ziele zur Vermeidung einer die Sanierungsaussichten gefährdenden Belastung und der Sicherung der (verbliebenen) Liquidität des Schuldners[1406] erfordern jedoch eine (weitere) maßvolle Beschränkung des Abfindungsanspruchs des nach-nachrangigen (Minderheits-) Gesellschafters. Der ausnahmsweise bestehende Abfindungsanspruch soll einer erfolgreichen Planumsetzung gerade nicht entgegenstehen.[1407] Das durch die auf bis zu drei Jahre ermöglichte Stundung des Abfindungsanspruchs geschaffene Risiko einer Folgeinsolvenz liegt demnach im Interesse des Insolvenzplanverfahrens und seines vorrangigen Zwecks der Gläubigerbefriedigung. Es ist daher vom austrittswilligen Gesellschafter hinzunehmen, dass dessen Interesse an der Kompensation des fortbestehenden Vermögenswerts seines Gesellschaftsanteils durch den Abfindungsanspruch und die zugesprochene Zinszahlung gewahrt bleibt. Adäquat scheint es dennoch, mit *Eidenmüller*, das durch die Stundung des Auszahlungsanspruchs geschaffene Risiko für den austrittswilligen Gesellschafter zu berücksichtigen, indem ein angemessener Risikozuschlag zusätzlich zu dem Zinssatz veranschlagt wird.[1408]

bb) Einschränkungen des Minderheitenschutzantrags, § 251 Abs. 1 InsO

Der Minderheitenschutzantrag gemäß § 251 Abs. 1 InsO legt dem Vergleichsmaßstab zur Feststellung der „voraussichtlichen Schlechterstellung" durch den Insolvenzplan gemäß § 251 Abs. 1 Nr. 2 InsO als auch der „wesentlichen Schlechterstellung" gemäß § 253 Abs. 2 Nr. 3 InsO das Regelinsolvenzverfahren zugrunde. Insofern beschränkt

1404 *Eidenmüller*, in: Kirchhof u.a. (Hrsg.), MüKo-InsO, Bd. 3, 3. Aufl., 2014, § 225a, Rn. 121; *Spliedt*, in: K. Schmidt (Hrsg.), InsO, 18. Aufl., 2013, § 225a, Rn. 57.

1405 *Eidenmüller*, in: Kirchhof u.a. (Hrsg.), MüKo-InsO, Bd. 3, 3. Aufl., 2014, § 225a, Rn. 121; *Spliedt*, in: K. Schmidt (Hrsg.), InsO, 18. Aufl., 2013, § 225a, Rn. 57.

1406 BT-Drucks. 17/7511, S. 36; *Braun/Frank*, in: Braun (Hrsg.), InsO, 6. Aufl., 2014, § 225a, Rn. 31; *Eidenmüller*, in: Kirchhof u.a. (Hrsg.), MüKo-InsO, Bd. 3, 3. Aufl., 2014, § 225a, Rn. 121; *Haas*, in: Kreft (Hrsg.), HK-InsO, 7. Aufl., 2014, § 225a, Rn. 31; *Spahlinger*, in: Kübler u.a. (Hrsg.), InsO, Lb, 55. Lfg. (10/2013), § 225a, Rn. 95; *Jaffé*, in: Wimmer (Hrsg.), FK-InsO, 8. Aufl., 2015, § 225a, Rn. 41; *Hess*, InsR, 2. Aufl., 2013, § 225a, Rn. 83.

1407 *Jaffé*, in: Wimmer (Hrsg.), FK-InsO, 8. Aufl., 2015, § 225a, Rn. 41.

1408 *Eidenmüller*, in: Kirchhof u.a. (Hrsg.), MüKo-InsO, Bd. 3, 3. Aufl., 2014, § 225a, Rn. 121; a.A. *Spliedt*, in: K. Schmidt (Hrsg.), InsO, 18. Aufl., 2013, § 225a, Rn. 57.

der angelegte Vergleichsmaßstab mögliche Schlechterstellungen des (Minderheits-)Gesellschafters bereits von vornherein auf die Liquidation im Regelinsolvenzverfahren, ohne dass Abwicklungsalternativen alternativer Insolvenzplanszenarien Berücksichtigung finden könnten. Zudem behält § 251 Abs. 3 InsO es dem Planersteller vor, im Plan (ausreichende) Mittel bereitzustellen, die der finanziellen Kompensation der geltend gemachten Schlechterstellung dienen und zur Abweisung des Minderheitenschutzantrags führen können. Zu klären bleibt, inwiefern die Einschränkungen der erforderlichen Realisierung der vollen wirtschaftlichen Entschädigung des (Minderheits-)Gesellschafters entgegenstehen.

(1) Vergleichsmaßstab der Schlechterstellung in atypischen Fallkonstellationen

Der Vergleichsmaßstab einer Schlechterstellung gemäß § 251 Abs. 1 Nr. 2, Abs. 2 InsO (bzw. § 253 Abs. 2 Nr. 3 InsO) ergibt sich – jedenfalls grundsätzlich – aus der Frage, wie der Minderheitsgesellschafter bei Durchführung des Regelinsolvenzverfahrens im Vergleich zum Insolvenzplanverfahren stünde.[1409] In seiner Entscheidung zum *Suhrkamp*-Fall vom 17. Juli 2014[1410] hat der BGH jedoch durchblicken lassen, dass der Vergleichsmaßstab für die Schlechterstellung bei atypischen Fallkonstellationen auch ein anderer als die Durchführung eines Regelinsolvenzverfahrens sein kann.[1411] In der Konstellation, dass die Sanierung der Schuldnerin durch die Lösung der Streitigkeiten unter den Gesellschaftern und nicht durch Befriedigung und Forderungsverzicht seitens der Gläubiger erfolgt, soll die Lage des Gesellschafters ausnahmsweise mit derjenigen zu vergleichen sein, in der die Schuldnerin in der ursprünglichen Rechtsform weitergeführt oder ihr Geschäftsbetrieb im Wege einer übertragenden Sanierung veräußert worden wäre. Richtiges Vergleichspaar für atypische Fallkonstellationen wäre daher das konkrete Regelungsmodell des entscheidungsgegenständlichen Insolvenzplans und ein alternatives Insolvenzplanszenario, in welchem sowohl eine übertragende Sanierung als auch eine Veräußerung des Unternehmens an einen meistbietenden Erwerber Berücksichtigung finden könnten.[1412] In der konkreten Fallgestaltung geht der BGH davon aus, dass beide Alternativszenarien dem Beschwerdeführer die Möglichkeit der Realisierung des Vermögenswerts der Kommanditbeteiligung eröffnen. Deshalb schränke eine Umwandlung der mit erheblichen Mitwirkungsrechten ausgestatteten Kommanditbeteiligung in eine Aktienkapitalbeteiligung, die durch die bereits im Insolvenzplan genehmigte Kapitalerhöhung zusätzlich verwässert werden

1409 Siehe hierzu § 3.B.III.2.f)aa).

1410 *BGH*, Beschl. v. 17.07.2014 – IX ZB 13/14 = NZI 2014, 751.

1411 *BGH*, Beschl. v. 17.07.2014 – IX ZB 13/14 = NZI 2014, 751, Rz. 41, 756 f. (Anm. v. *H.-F. Müller)*; zur Entscheidung vgl. auch *Hölzle*, ZIP 2014, 1819, 1822; *Meyer*, DB 2015, 538, 542.

1412 *BGH*, Beschl. v. 17.07.2014 – IX ZB 13/14 = NZI 2014, 751, 756 (Anm. v. *H.-F. Müller)*; *Hölzle*, ZIP 2014, 1819, 1821.

könnte, diese Möglichkeit empfindlich ein und überschreite zugleich die Wesentlichkeitsschwelle einer Schlechterstellung.[1413]

Die Entscheidung des BGH ist insofern zu begrüßen, als dieser einen vom Regelfall des § 253 Abs. 2 Nr. 3 InsO, bei dem „der Wert der Beteiligung an der insolventen Gesellschaft wirtschaftlich mit null anzusetzen ist"[1414], abweichenden (Ausnahme-) Fall ausdrücklich anerkennt. Unabhängig davon stellt sich die Frage, inwieweit der BGH ein zulässiges Vergleichspaar zur Festlegung der Schlechterstellung gebildet hat.[1415] Grundsätzlich hat die bisherige Untersuchung gezeigt, dass den Vergleichsmaßstab für die Schlechterstellung sowohl im Rahmen des Minderheitenschutzantrags als auch der sofortigen Beschwerde das Regelinsolvenzverfahren bildet. Dessen Ziel ist die Verwertung des schuldnerischen Vermögens, die regelmäßig durch Einzel- oder Gesamtverwertung zur Zerschlagung oder Auflösung der Gesellschaft führt.[1416] Dass der BGH von diesem Vergleichsmaßstab – jedenfalls im Grundsatz – nicht abweichen wollte, macht der innerhalb der Entscheidung getätigte Verweis auf die zuvor in der Senatsrechtsprechung entwickelten Vorarbeiten deutlich[1417], auf denen die Regelung des § 253 Abs. 2 Nr. 1 bis 3 InsO – nach Aussage des BGH – im Wesentlichen aufbaut.[1418] In dieser in Bezug genommenen Rechtsprechung hat der Senat die Notwendigkeit der Glaubhaftmachung einer Schlechterstellung im Rahmen der Beschwerde zwar noch abgelehnt. Zugleich legte er jedoch den Vergleich der Schlechterstellung durch den Plan gegenüber „der Durchführung des (Regel-)Insolvenzverfahrens"[1419] als Vergleichsmaßstab einer Schlechterstellung fest. Die Entscheidung für das Vergleichsszenario des Regelinsolvenzverfahrens wiederum führt dazu, dass allein eine Verwertung des schuldnerischen Vermögens, sei es durch Einzel- oder Gesamtverwertung im Rahmen einer übertragenden Sanierung, Beachtung finden kann. Ausgeschlossen sind damit sämtliche die vorgesehenen Sanierungsmaßnahmen betreffenden Zweckmäßigkeitserwägungen. Ebensolche scheint der BGH jedoch vorzunehmen, wenn er ausführt, dass für die Beschwerdeführerin „[b]ei einer Fortsetzung der Schuldnerin in ihrer unveränderten Rechtsform [...] die Möglichkeit bestanden [hätte], jederzeit ihre Kommanditbeteiligung nach eigenem Ermessen an einen beliebigen Erwerber zu ihrem vollen Wert frei zu veräußern"[1420] und insoweit eine Abwicklungsalternative bespricht, die allein für ein alternatives Insolvenzplanszenario ohne Umwandlung denkbar

1413 *BGH*, Beschl. v. 17.07.2014 – IX ZB 13/14 = NZI 2014, 751, Rz. 41.

1414 *BGH*, Beschl. v. 17.07.2014 – IX ZB 13/14 = NZI 2014, 751, Rz. 41.

1415 Vgl. die kritische Auseinandersetzung mit der Entscheidung des BGH von *Hölzle*, ZIP 2014, 1819, 1821 f.

1416 *LG Berlin*, Beschl. v. 20.10.2014 – 51 T 696/14 = DZWiR 2015, 35, 36; *Hölzle*, ZIP 2014, 1819, 1821.

1417 *BGH*, Beschl. v. 17.07.2014 – IX ZB 13/14 = NZI 2014, 751, Rz. 12.

1418 *Hölzle*, ZIP 2014, 1819, 1821.

1419 *BGH*, Beschl. v. 15.07.2010 – IX ZB 65/10 = NZI 2010, 734, Rz. 26.

1420 *BGH*, Beschl. v. 17.07.2014 – IX ZB 13/14 = NZI 2014, 751, Rz. 41; zur Entscheidung *Hölzle*, ZIP 2014, 1819, 1822.

wäre.[1421] Berücksichtigung muss insoweit finden, dass die Entscheidung darüber, ob eine Sanierungsmaßnahme für zweckmäßig erachtet und infolgedessen in den Insolvenzplan aufgenommen wird, der Gläubigerversammlung obliegt. Wäre das Insolvenzgericht in der Lage, im Rahmen der Feststellung einer Schlechterstellung die Lage des Minderheitsgesellschafters mit allen denkbaren, alternativ vorzusehenden Sanierungsmaßnahmen zu vergleichen und demnach über die gegebene Zweckmäßigkeit der gewählten Sanierungsmaßnahmen zu entscheiden, würde neben der Eigenverwaltung insbesondere die Gläubigerautonomie stark beeinträchtigt und eingeschränkt. Die Stärkung der Eigenverwaltung und insbesondere der Gläubigerautonomie sind jedoch gewichtige Ziele der Änderungen durch das ESUG, weshalb ein diesen Zielsetzungen entgegenstehender Prüfungsumfang keine Richtigkeit beanspruchen kann. Die Überprüfung des Insolvenzplans im Hinblick auf die Zweckmäßigkeit einzelner Sanierungsmaßnahmen entzieht sich folglich dem gerichtlichen Prüfungsumfang und kann insofern nicht in die Vergleichsbetrachtung der Prüfung einer Schlechterstellung einbezogen werden.

Die Einschränkung in Bezug auf die fehlende Möglichkeit zur Einbeziehung alternativer Insolvenzpläne vermag schon insofern nicht einer Realisierung der vollen wirtschaftlichen Entschädigung des (Minderheits-)Gesellschafters entgegenzustehen, als der den (Minderheits-)Gesellschaftern zuteil werdende Schutz bereits auf einen vermögens- bzw. wertbezogenen Schutz reduziert worden ist. Richtiges Vergleichspaar zur Bestimmung der Schlechterstellung – auch für atypische Fallkonstellationen – kann daher allein der Insolvenzplan zum Liquidationserlös nach § 199 S. 2 InsO sein.

(2) Ausgleich voraussichtlicher Schlechterstellungen durch bereitgestellte Mittel im Insolvenzplan, § 251 Abs. 3 InsO

§ 251 Abs. 3 InsO, auf den in § 253 Abs. 2 Nr. 3 InsO verwiesen wird, regelt, dass „[d]em im Einzelfall […] fortbestehenden restlichen Vermögenswert des Anteils- und Mitgliedschaftsrechts […] durch einen Ausgleich im Insolvenzplan Rechnung zu tragen [ist]“[1422] und gewährleistet dadurch Schutz vor vermögensmäßigen Schlechterstellungen durch den Insolvenzplan. Zur finanziellen Kompensation dieser Schlechterstellung und zur Abweisung des Minderheitenschutzantrags können im Plan Mittel bereitgestellt werden, die sicherstellen, dass der (Minderheits-)Gesellschafter den Liquidationswert seiner Rechtsstellung nicht verliert und durch den Plan nicht schlechtergestellt wird, als er bei der Abwicklung des Rechtsträgers stünde.[1423] Dass der klagende (Minderheits-)Gesellschafter im Rahmen eines Regelinsolvenzverfahrens voraussichtlich eine höhere Quote zu erwarten gehabt

1421 *Hölzle*, ZIP 2014, 1819, 1822.

1422 RegE ESUG, BT-Drucks. 17/5712, S. 35; vgl. auch *Sinz*, in: Kirchhof u.a. (Hrsg.), MüKo-InsO, Bd. 3, 3. Aufl., 2014, § 225a, Rn. 34.

1423 RegE ESUG, BT-Drucks. 17/5712, S. 34 f.; vgl. auch *Pleister*, in: Kübler u.a. (Hrsg.), InsO, Lb, 55. Lfg. (10/2013), § 251, Rn. 17 ff.

hätte als die für ihn im Plan vorgesehene Quote, muss er darlegen und beweisen.[1424] Sind die bereitgestellten Mittel ausreichend[1425], um eine Schlechterstellung zu kompensieren, besteht für das Insolvenzgericht kein Grund (mehr), die Bestätigung des Plans zu versagen. Der Minderheitenschutzantrag ist zurückzuweisen und der (Minderheits-)Gesellschafter ist zur Geltendmachung seiner Entschädigung nach § 253 Abs. 3 S. 1 InsO auf die Klage vor den ordentlichen Gerichten verwiesen. Der Gesetzgeber rechtfertigt die durch die Unbeachtlichkeit des Minderheitenschutzantrags und die Auslagerung des Ausgleichsverfahrens in Kauf genommene Verkürzung des Minderheitenschutzes damit, dass der Antragsteller infolge der Auszahlungsgarantie im Fall der tatsächlichen Schlechterstellung faktisch nicht mehr schlechtergestellt sei.[1426] Dass Streitigkeiten über Vermögensinteressen der antragstellenden (Minderheits-)Gesellschafter außerhalb des Insolvenzplanverfahrens verhandelt werden, macht das Insolvenzplanverfahren zudem deutlich kalkulierbarer und eröffnet dadurch die Möglichkeit, den Geschäftsbetrieb des schuldnerischen Unternehmens effizient fortzuführen und zeitnah umzustrukturieren.[1427]

Der Planersteller verfügt über die Möglichkeit, eine Schlechterstellung des Antragstellers durch den Insolvenzplan durch bereitgestellte und in eine salvatorische Klausel aufgenommene Mittel auszugleichen, die den (Minderheits-)Gesellschafter zur Geltendmachung seiner Kompensation auf die Klage vor den ordentlichen Gerichten verweist. Zwar muss das Gericht vor der Bestätigung des Plans prüfen, ob die bereitgestellten Mittel ausreichend sind, um eine Schlechterstellung der widersprechenden Beteiligten durch den Plan auszugleichen.[1428] Der klagende (Minderheits-)Gesellschafter trägt jedoch das Prozessrisiko für den Erhalt eines Ausgleichs aus den bereitgestellten Mitteln.[1429] Angesichts der dem Insolvenzgericht obliegenden Pflicht zur Prüfung, ob diejenigen Gesellschafter, die einen Minderheitenschutzantrag gestellt haben, durch die Festsetzung im Insolvenzplan mindestens den Wert erhalten, den sie im (hypothetischen) Regelinsolvenzverfahren erhalten hätten[1430], steht die Verkürzung des Minderheitenschutzes jedoch keinen durchgreifenden

---

1424 *Sinz*, in: Kirchhof u.a. (Hrsg.), MüKo-InsO, Bd. 3, 3. Aufl., 2014, § 251, Rn. 47; *Lehmann / Rühle*, NZI 2015, 151, 155.

1425 RegE ESUG, BT-Drucks. 17/5712, S. 35; *Madaus*, NZI 2012, 597, 598.

1426 RegE ESUG, BT-Drucks. 17/5712, S. 35.

1427 Anders noch vor den Änderungen durch das ESUG, vgl. RegE ESUG, BT-Drucks. 17/5712, S. 17; *Butzer / Knof*, in: Gummert / Weipert (Hrsg.), Münchener Hdb. GesR, Bd. 1, 4. Aufl., 2014, § 85, Rn. 86; *Ahrendt*, ZRP 2010, 66, 67.

1428 RegE ESUG, BT-Drucks. 17/5712, S. 35; ausführlich dazu *Lehmann / Rühle*, NZI 2015, 151, 152 ff.

1429 *Thies*, in: A. Schmidt (Hrsg.), HHK-InsO, 5. Aufl., 2015, § 251, Rn. 20.

1430 *Sinz*, in: Kirchhof u.a. (Hrsg.), MüKo-InsO, Bd. 3, 3. Aufl., 2014, § 251, Rn. 39; *Burmeister / Schmidt-Hern*, in: Kübler (Hrsg.), HRI, 2. Aufl., 2015, § 43, Rn. 77; *Pleister*, in: Kübler u.a. (Hrsg.), InsO, Lb, 55. Lfg. (10/2013), § 251, Rn. 22; *Jaffé*, in: Wimmer (Hrsg.), FK-InsO, 8. Aufl., 2015, § 251, Rn. 31; *Hölzle*, Praxisleitfaden ESUG, 2. Aufl., 2014, §§ 251, 253, Rn. 22; *Lehmann / Rühle*, NZI 2015, 151, 153 ff.

Bedenken entgegen. Der Prüfungsumfang des Insolvenzgerichts beschränkt sich dementsprechend auf das Vorliegen ausreichender Ausgleichsmittel zur Kompensation der Schlechterstellung des antragstellenden (Minderheits-)Gesellschafters. Zur Erreichung des vorrangigen Ziels der Gläubigerbefriedigung ist es gerade möglich und im Einzelfall auch erforderlich, die Durchsetzung des Ausgleichsanspruchs maßvoll einzuschränken, sofern diese Einschränkung (auch weiterhin) die Kompensation des verbliebenen Vermögenswerts sichert. Die Unbeachtlichkeit des Minderheitenschutzantrags und die Auslagerung des Ausgleichsanspruchs der (Minderheits-)Gesellschafter dienen dem Abbau von Blockademöglichkeiten und dadurch der Beschleunigung des Verfahrens und tragen sichtlich dazu bei, das Planverfahren attraktiver zu gestalten.[1431]

Gibt das Gericht den Plan frei, obwohl eine Schlechterstellung des antragstellenden (Minderheits-)Gesellschafters vorliegt, verbleibt für diesen aus § 251 Abs. 3 S. 2 InsO und, sofern die anschließende Beschwerde im Freigabeverfahren zurückgewiesen wird, auch aus § 253 Abs. 4 S. 3 InsO die Möglichkeit, seinen in der Insolvenz fortbestehenden Vermögenswert einzuklagen.[1432]

cc) Einschränkungen der sofortigen Beschwerde, § 253 Abs. 1 InsO

Die sofortige Beschwerde gegen die Planbestätigung gemäß § 253 Abs. 1 InsO nimmt Bezug auf die Regelung in § 251 Abs. 3 InsO und lehnt eine wesentliche Schlechterstellung des Beschwerdeführers ab, sofern diese durch eine im Plan vorgesehene Ausgleichszahlung kompensiert werden kann. Zugleich sorgen die Voraussetzung einer wesentlichen Schlechterstellung (vgl. § 253 Abs. 2 Nr. 3 InsO), der Verweis auf eine Geltendmachung außerhalb des Insolvenzverfahrens und die dem Insolvenzgericht zustehende Möglichkeit zur Zurückweisung der sofortigen Beschwerde (vgl. § 253 Abs. 4 S. 1 InsO) für weitreichende Einschränkungen des Rechtsmittels. Zu klären bleibt, inwiefern die Einschränkungen der Realisierung der vollen wirtschaftlichen Entschädigung des (Minderheits-)Gesellschafters entgegenstehen.

(1) Erfordernis einer „wesentlichen Schlechterstellung", § 253 Abs. 2 Nr. 3 InsO

Das Erfordernis einer „wesentlichen Schlechterstellung" (§ 253 Abs. 2 Nr. 3 InsO) führt eine Erheblichkeitsschwelle zur Geltendmachung im Rahmen der sofortigen Beschwerde ein, die eine deutliche und leicht feststellbare Diskrepanz zwischen

---

1431 *Andres*, in: Andres u.a., InsO, 3. Aufl., 2014, § 251, Rn. 6; *Sinz*, in: Kirchhof u.a. (Hrsg.), MüKo-InsO, Bd. 3, 3. Aufl., 2014, § 251, Rn. 38; *Burmeister/Schmidt-Hern*, in: Kübler (Hrsg.), HRI, 2. Aufl., 2015, § 43, Rn. 68; *Jaffé*, in: Wimmer (Hrsg.), FK-InsO, 8. Aufl., 2015, § 251, Rn. 29.

1432 *Haas*, in: Kreft (Hrsg.), HK-InsO, 7. Aufl., 2014, § 254, Rn. 16; *Thies*, in: A. Schmidt (Hrsg.), HHK-InsO, 5. Aufl., 2015, § 253, Rn. 28; *Jaffé*, in: Wimmer (Hrsg.), FK-InsO, 8. Aufl., 2015, § 251, Rn. 31.

dem Wert bei Regelabwicklung und dem Planergebnis verlangt.[1433] Die Regierungsbegründung zum ESUG führt in diesem Zusammenhang eine Schwelle von 10 % an, wodurch eine Schlechterstellung erst dann wesentlich ist, wenn die Planleistung mehr als 10 % unter der Quote liegt, die dem Beteiligten voraussichtlich nach dem Regelinsolvenzverfahren zustehen würde.[1434] Unabhängig davon, dass es sich hierbei um eine Einzelfallentscheidung handelt und die 10 %-Schwelle eher als Ausgangspunkt dient, an dessen Ende trotz deren Unterschreitung die Grenze der Wesentlichkeit einer Schlechterstellung bejaht werden kann[1435], führt die Erheblichkeitsschwelle für den beschwerdeführenden (Minderheits-)Gesellschafter insbesondere zu einer quantitativen Einschränkung[1436]. Im Vergleich zu § 251 Abs. 1 InsO bleiben solche Schlechterstellungen außer Betracht, welche die Erheblichkeitsschwelle nicht erreichen.

Vereinzelt wird zwar vertreten, dass es sich bei der Formulierung einer (lediglich) „voraussichtlichen Schlechterstellung" im Rahmen des § 251 Abs. 3 InsO um ein „gesetzgeberisches Redaktionsversehen"[1437] handele und auch für § 251 Abs. 3 InsO die Glaubhaftmachung einer „wesentlichen Schlechterstellung" möglich und sinnvoll sei. Diese Auslegung sei zum einen erforderlich, um im Sinne der Zielsetzungen des ESUG unterschiedliche Zulässigkeitsvoraussetzungen der Anträge zu vermeiden. Zum anderen um von vornherein zu verhindern, dass sich das Insolvenzgericht vom (Fehl-)Anreiz leiten lässt, den Minderheitenschutzantrag in dem Bewusstsein zurückzuweisen, dass eine gegen diese Zurückweisung gerichtete Beschwerde wiederum unzulässig sei.[1438] Teilweise wird eine Anwendbarkeit der von § 253 Abs. 2 Nr. 3 InsO geforderten „wesentlichen Schlechterstellung" für den beschwerdeführenden Gesellschafter dagegen vollständig ausgeschlossen. Zur Begründung wird angeführt, dass sich eine wesentliche Schlechterstellung in der Regel ohnehin nicht feststellen ließe, da die gesellschafterliche Beteiligung an dem Schuldner typischerweise wertlos sei, weshalb er im Regelinsolvenzverfahren auch keine Ausschüttung gemäß § 199 S. 2 InsO erhalte.[1439]

Richtigerweise kann die Voraussetzung der Wesentlichkeit der erforderlichen Schlechterstellung jedoch nur im Rahmen der sofortigen Beschwerde nach § 253 InsO Anwendung finden und muss sich zudem auch auf den beschwerdeführenden

---

1433 *Braun/Frank*, in: Braun (Hrsg.), InsO, 6. Aufl., 2014, § 253, Rn. 11 („[setzt ein] höheres Maß an offensichtlicher Diskrepanz zwischen Regelabwicklung und Planzuteilung [voraus]"); *Sinz*, in: Kirchhof u.a. (Hrsg.), MüKo-InsO, Bd. 3, 3. Aufl., 2014, § 253, Rn. 32 f.; *Eidenmüller*, Unternehmenssanierung, 1999, S. 91 f.

1434 RegE ESUG, BT-Drucks. 17/5712, S. 35.

1435 *Haas*, in: Kreft (Hrsg.), HK-InsO, 7. Aufl., 2014, § 253, Rn. 7; *Burmeister/Schmidt-Hern*, in: Kübler (Hrsg.), HRI, 2. Aufl., 2015, § 43, Rn. 137; *Pleister*, in: Kübler u.a. (Hrsg.), InsO, Lb, 55. Lfg. (10/2013), § 253, Rn. 17.

1436 *Burmeister/Schmidt-Hern*, in: Kübler (Hrsg.), HRI, 2. Aufl., 2015, § 43, Rn. 138.

1437 *Hölzle*, Praxisleitfaden ESUG, 2. Aufl., 2014, §§ 251, 253, Rn. 9.

1438 *Hölzle*, Praxisleitfaden ESUG, 2. Aufl., 2014, §§ 251, 253, Rn. 6 ff.

1439 *Pleister*, in: Kübler u.a. (Hrsg.), InsO, Lb, 55. Lfg. (10/2013), § 253, Rn. 18.

(Minderheits-)Gesellschafter erstrecken: Zum einen handelt es sich bei der sofortigen Beschwerde um ein „stufenweises Instrumentarium zur Verhinderung von Rechtsmitteln"[1440]. Ist eine rechtzeitige Stellung des Minderheitenschutzantrags nach § 251 Abs. 1 InsO unterblieben oder war der Antrag unzulässig, ist die sofortige Beschwerde demnach zwar nicht ausgeschlossen,[1441] jedoch greifen deren verschärfte Anforderungen ein.[1442] Es geht bei der sofortigen Beschwerde zudem gerade nicht um den Rechtseingriff als solchen, sondern um die Kontrolle der von einem Richter getroffenen Entscheidung über die Planbestätigung, deren erhöhte Anforderungen keinen Bedenken begegnen.[1443] Zum anderen greift, wie der hier relevante Ausnahmefall eines fortbestehenden Vermögenswerts in der Insolvenz zeigt, eine Sichtweise, welche die Gesellschafter insgesamt aus dem Anwendungsbereich des § 253 Abs. 2 Nr. 3 InsO ausschließt, deutlich zu kurz und wird zusätzlich auch nicht der Zielsetzung der Änderungen durch das ESUG gerecht. Ein Ausschluss der Gesellschafter aus dem Anwendungsbereich des § 253 Abs. 2 Nr. 3 InsO würde schließlich auch dem Willen des Gesetzgebers widersprechen, dessen Interesse bei der Einführung der Erheblichkeitsschwelle vorrangig darauf zielte, die Beschwerde solcher Personen auszuschließen, „die eine kleine Forderung nur zu dem Zweck erworben haben, gegen den Plan zu opponieren"[1444]. Der Gesetzgeber will erreichen, dass allein den durch den Insolvenzplan spürbar betroffenen Beteiligten das Rechtsmittel der sofortigen Beschwerde offensteht und dadurch insbesondere dem Blockadepotenzial querulatorischer Kleingläubiger durch missbräuchliche Forderungskäufe und der Gefährdung des Sanierungserfolgs durch Störmanöver entgegenwirken.[1445] Die Gesetzesbegründung geht insofern ausdrücklich davon aus, dass der Schutz der Rechte der Gläubiger – und damit insbesondere deren Befriedigung im Insolvenz(plan-)verfahren – „einen zügigen und reibungslosen Ablauf des Insolvenzverfahrens verlangt"[1446], weshalb der Ausschluss der sofortigen Beschwerde unterhalb der geschaffenen Wesentlichkeitsschwelle verfassungsrechtlich unbedenklich sei.[1447] Sowohl der allgemeine Justizgewährungsanspruch als auch Art. 19 Abs. 4 GG garantieren jeweils nur das Offenstehen des Rechtswegs und

1440 *Braun / Frank*, in: Braun (Hrsg.), InsO, 6. Aufl., 2014, § 253, Rn. 10.
1441 Siehe hierzu § 3.B.III.2.f)aa).
1442 *Braun / Frank*, in: Braun (Hrsg.), InsO, 6. Aufl., 2014, § 253, Rn. 10 f.; *Sinz*, in: Kirchhof u.a. (Hrsg.), MüKo-InsO, Bd. 3, 3. Aufl., 2014, § 253, Rn. 57; *G. Fischer*, NZI 2013, 513 f.; *Lehmann / Rühle*, NZI 2014, 889, 892.
1443 *Spliedt*, in: K. Schmidt (Hrsg.), InsO, 18. Aufl., 2013, § 253, Rn. 10.
1444 RegE ESUG, BT-Drucks. 17/5712, S. 35 f.
1445 RegE ESUG, BT-Drucks. 17/5712, S. 35 f.; *Sinz*, in: Kirchhof u.a. (Hrsg.), MüKo-InsO, Bd. 3, 3. Aufl., 2014, § 253, Rn. 31; *Hess*, InsR, 2. Aufl., 2013, § 253, Rn. 12.
1446 RegE ESUG, BT-Drucks. 17/5712, S. 36; vgl. auch *BVerfG*, Beschl. v. 26.11.2009 – 1 BvR 339/09 = NJW-RR 2010, 1063, 1064.
1447 RegE ESUG, BT-Drucks. 17/5712, S. 36.

lassen die einmalige Möglichkeit zur Einholung einer richterlichen Entscheidung ausreichen.[1448]

Dem ist insoweit zuzustimmen, als die sofortige Beschwerde die Kontrolle der schon vom Insolvenzgericht getroffenen Entscheidung über die Planbestätigung erfasst. Der (Minderheits-)Gesellschafter hatte bereits auf der vorherigen Stufe Gelegenheit zur Stellung des Minderheitenschutzantrags, der anders als die sofortige Beschwerde keine Erheblichkeitsschwelle kennt. Mit dem vorrangigen Ziel der Gewährleistung einer bestmöglichen Gläubigerbefriedigung kommt es überein, den Rechtsschutz des (Minderheits-)Gesellschafters maßvoll zu beschränken. Zusätzlich sichert das Vergleichsszenario der Regelabwicklung die erforderliche Kompensation des in der Insolvenz fortbestehenden Vermögenswerts, weshalb die Einschränkung des Rechtsschutzes der (Minderheits-)Gesellschafter unbedenklich ist.

(2) Geltendmachung des Ausgleichsanspruchs außerhalb des Insolvenzverfahrens, § 253 Abs. 2 Nr. 3 InsO

Gelingt dem beschwerdeführenden (Minderheits-)Gesellschafter die Glaubhaftmachung der wesentlichen Schlechterstellung, entfällt die materielle Beschwer, sofern die Mittel, die zur Abwendung des Minderheitenschutzantrags gemäß § 251 Abs. 3 InsO bereitgestellt worden sind, „diese[n] Nachteil“ ausgleichen können.[1449] *Spliedt* geht insofern richtig davon aus, dass das Mittelvolumen (nur noch) die wesentliche Schlechterstellung ausgleichen muss.[1450] Nicht eindeutig ist hingegen seine Formulierung, dass das Mittelvolumen daher nur bis an die 10 %-Grenze „heranreichen“[1451] müsse. Zunächst muss das bereitgestellte Mittelvolumen ausreichend sein, die 10 %-Schwelle wenigstens gerade zu unterschreiten, um die wesentliche Schlechterstellung zu beseitigen. Zugleich kann ein „Heranreichen“ des Mittelvolumens an die 10 %-Grenze nicht bedeuten, dass die „wesentlichen Schlechterstellung“ aus § 253 Abs. 2 Nr. 3 InsO stets ausgeglichen wird. Insoweit ist an den Fall zu denken, dass die Voraussetzung der „wesentlichen Schlechterstellung“ deutlich erreicht und nicht nur gerade eben überschritten wird. Das Mittelvolumen

---

1448 *BVerfG*, Beschl. v. 26.11.2009 – 1 BvR 339/09 = NJW-RR 2010, 1063, 1064; *Sinz*, in: Kirchhof u.a. (Hrsg.), MüKo-InsO, Bd. 3, 3. Aufl., 2014, § 253, Rn. 35; *G. Fischer*, NZI 2013, 513, 514.

1449 *Braun / Frank*, in: Braun (Hrsg.), InsO, 6. Aufl., 2014, § 253, Rn. 3; *Sinz*, in: Kirchhof u.a. (Hrsg.), MüKo-InsO, Bd. 3, 3. Aufl., 2014, § 253, Rn. 35; *Pleister*, in: Kübler u.a. (Hrsg.), InsO, Lb, 55. Lfg. (10/2013), § 253, Rn. 20; *Spliedt*, in: K. Schmidt (Hrsg.), InsO, 18. Aufl., 2013, § 253, Rn. 12; *Lehmann / Rühle*, NZI 2015, 151, 153.

1450 *Spliedt*, in: K. Schmidt (Hrsg.), InsO, 18. Aufl., 2013, § 253, Rn. 12; vgl. auch RegE ESUG, BT-Drucks. 17/5712, S. 36; *Pleister*, in: Kübler u.a. (Hrsg.), InsO, Lb, 55. Lfg. (10/2013), § 253, Rn. 20; *Sinz*, in: Kirchhof u.a. (Hrsg.), MüKo-InsO, Bd. 3, 3. Aufl., 2014, § 253, Rn. 35; weniger eindeutig *Lüer / Streit*, in: Uhlenbruck u.a. (Hrsg.), InsO, 14. Aufl., 2015, § 253, Rn. 9 („[...] dass die vorgesehenen Mittel seinen Nachteil nicht ausgleichen können“).

1451 *Spliedt*, in: K. Schmidt (Hrsg.), InsO, 18. Aufl., 2013, § 253, Rn. 12.

muss daher groß genug sein, dass die Ausgleichszahlung die glaubhaft gemachte Schlechterstellung insoweit reduziert, als jedenfalls eine wesentliche Schlechterstellung beseitigt und demnach die Schwelle von 10 % unterschritten wird, damit es als ausreichend angesehen werden kann (§ 253 Abs. 2 Nr. 3 InsO).

(3) Antrag auf Zurückweisung, § 253 Abs. 4 S. 1 InsO

Weist das Gericht auf Antrag des (Insolvenzverwalters bzw.) eigenverwaltenden Schuldners die sofortige Beschwerde zurück, weil die Nachteile einer Verzögerung des Planvollzugs nach freier Überzeugung des Gerichts die Nachteile für den Beschwerdeführer überwiegen und kein besonders schwerer Rechtsverstoß vorliegt (§ 253 Abs. 4 S. 2 InsO), so ist in einem Hauptsacheverfahren außerhalb des Insolvenzplans zu klären, ob und inwieweit dem Beschwerdeführer der aus dem Vollzug des Insolvenzplans entstehende Schaden zu ersetzen ist (§ 253 Abs. 4 S. 3 InsO).[1452] Streitgegenstand der Klage nach § 253 Abs. 4 S. 3 InsO ist der Schadensersatzanspruch. Angesichts der infolge vorgezogener Rechtskraft der Planbestätigung nicht länger möglichen Aufhebung des Insolvenzplans ist zur Ermittlung des Schadens die Planeinbuße mit einer hypothetischen Regelinsolvenz zu vergleichen.[1453] Eine Rückabwicklung des Plans im Rahmen der Naturalrestitution kann der Kläger nicht geltend machen.[1454] Der Minderheitsgesellschafter ist damit auf Sekundäransprüche verwiesen[1455], wodurch seine Lage insoweit derjenigen im Aktienrecht entspricht, als der Minderheitsgesellschafter dort zunehmend mit der Möglichkeit des „dulde und liquidiere" Vorlieb nehmen muss.[1456] Für den Minderheitsgesellschafter stellt sich insbesondere das Problem, seinen durch eine gesellschaftsrechtliche Maßnahme

1452 *LG Berlin*, Beschl. v. 20.10.2014 – 51 T 696/14 = DZWiR 2015, 35; *Jaffé*, in: Wimmer (Hrsg.), FK-InsO, 8. Aufl., 2015, § 251, Rn. 24; *Böcker*, DZWiR 2015, 10, 18 ff.; *G. Fischer*, NZI 2013, 513, 520; *Hölzle*, Praxisleitfaden ESUG, 2. Aufl., 2014, §§ 251, 253, Rn. 33 ff.; *Madaus*, NZI 2012, 597, 598 ff.

1453 *Madaus*, NZI 2012, 597, 599.

1454 *Böcker*, ZInsO 2015, 773, 779 f.; *G. Fischer*, NZI 2013, 513, 520; *Römermann / Praß*, Das neue Sanierungsrecht, 2012, Rn. 523; *Smid / Rattunde / Martini*, Insolvenzplan, 4. Aufl., 2015, Rn. 21, 26 f.

1455 Vgl. nur *Meyer*, ZInsO 2013, 2361, 2369; zur Aufhebung von Insolvenzplanmaßnahmen durch schadensersatzrechtliche Naturalrestitution *Wertenbruch*, ZIP 2013, 1693, 1703; *Zipperer*, ZIP 2015, 2002, 2009.

1456 *Böcker*, DZWiR 2015, 10, 21; *ders.*, ZInsO 2015, 773, 779 f.; *G. Fischer*, NZI 2013, 513, 520; *Meyer*, ZInsO 2013, 2361, 2369; *Römermann / Praß*, Das neue Sanierungsrecht, 2012, Rn. 523.

entstandenen (Individual-)Schaden darzulegen und zu beziffern.[1457] Er trägt insoweit die Darlegungs- und Beweislast für Grund und Höhe seines Schadens.[1458]

Zwar bewirkt die Möglichkeit zur Zurückweisung der sofortigen Beschwerde auf Initiative des (Insolvenzverwalters bzw.) eigenverwaltenden Schuldners mit der einhergehenden Relativierung des Suspensiveffekts eine wesentliche Einschränkung des Rechtsschutzes für den beschwerdeführenden (Minderheits-)Gesellschafter.[1459] Zugleich ist jedoch herauszuheben, dass die Regelung die begründeten Vermögensinteressen des (früheren) Beschwerdeführers auch weiterhin wahrt.[1460] Während der missbräuchlichen Ausnutzung von Obstruktionspotenzial unter Beibehaltung grundsätzlich gegebener Beschwerderechte Grenzen zu setzen sind[1461], kann zugleich kein Grund bestehen, die Bestätigung des Insolvenzplans zu versagen, sofern die wirtschaftliche Schlechterstellung mittels Ausgleichszahlungen kompensiert werden kann.[1462] Als erforderliches Mittel zur weiteren Beschleunigung des Insolvenzplanverfahrens ist die Zurückweisung der sofortigen Beschwerde in ihrer Wirkung für den (früheren) Beschwerdeführer zudem jedenfalls milder als ein vollständiger Ausschluss des Suspensiveffekts, der jegliches Störpotenzial vermeiden würde.[1463]

Dass der Beschwerdeführer zur Kompensation seines in der Insolvenz fortbestehenden Vermögenswerts weitgehend auf Sekundäransprüche und insoweit auf ein – der Lage im Aktienrecht entsprechendes – „dulde und liquidiere“ verwiesen ist, gebietet auch für den (Minderheits-)Gesellschafter der GmbH & Co. KG keine abweichende Beurteilung.[1464] Die Frage nach einer gebotenen Differenzierung zwischen Personen- und Kapitalgesellschaften kann infolge der Ausrichtung des Insolvenzplanverfahrens an dessen vorrangigem Ziel, der Gläubigerbefriedigung, gerade nicht überzeugen.[1465]

Dass der (frühere) Beschwerdeführer nicht mit der Rechtsbeschwerde gemäß § 574 Abs. 1 Nr. 2 InsO gegen die Zurückweisung der sofortigen Beschwerde vorgehen

---

1457 *Sinz*, in: Kirchhof u.a. (Hrsg.), MüKo-InsO, Bd. 3, 3. Aufl., 2014, § 253, Rn. 76; *Böcker*, DZWiR 2015, 10, 21; *ders.*, ZInsO 2015, 773, 779; *Römermann / Praß*, Das neue Sanierungsrecht, 2012, Rn. 523 f.; *Schäfer*, ZIP 2014, 2417, 2419 f.

1458 *Sinz*, in: Kirchhof u.a. (Hrsg.), Müko-InsO, Bd. 3, 3. Aufl., 2014, § 253, Rn. 76; *Böcker*, DZWiR 2015, 10, 21; *G. Fischer*, NZI 2013, 513, 519.

1459 *Jaffé*, in: Wimmer (Hrsg.), FK-InsO, 8. Aufl., 2015, § 253, Rn. 34; *Frauer*, Grenzen des Eingriffs, 2014, S. 76 f.; *Madaus*, NZI 2012, 597, 598; *Rendels / Zabel*, Insolvenzplan, 2. Aufl., 2015, Rn. 533.

1460 *Jaffé*, in: Wimmer (Hrsg.), FK-InsO, 8. Aufl., 2015, § 253, Rn. 25.

1461 RegE ESUG, BT-Drucks. 17/5712, S. 18 f.; *Hölzle*, Praxisleitfaden ESUG, 2. Aufl., 2014, §§ 251, 253, Rn. 37.

1462 *Sinz*, in: Kirchhof u.a. (Hrsg.), MüKo-InsO, Bd. 3, 3. Aufl., 2014, § 253, Rn. 75; *Thies*, in: A. Schmidt (Hrsg.), HHK-InsO, 5. Aufl., 2015, § 253, Rn. 28.

1463 RegE ESUG, BT-Drucks. 17/5712, S. 69 f.; *Thies*, in: A. Schmidt (Hrsg.), HHK-InsO, 5. Aufl., 2015, § 253, Rn. 1.

1464 Siehe hierzu § 3.C.II.3.b)aa).

1465 Siehe hierzu § 3.C.I.1.d).

kann, erklärt sich über den Zweck des Verfahrens nach § 253 Abs. 4 InsO und dessen Eilbedürftigkeit.[1466] Bereits die Möglichkeit der Zulassung der Rechtsbeschwerde steht im Widerspruch zu dem Ziel der Aufnahme des Abs. 4, eine weitere Befreiung des Planverfahrens von Blockaden durch eingelegte Rechtsmittel zu erreichen. Die Voraussetzungen der Zurückweisung der sofortigen Beschwerde zusammen mit dem Schadensersatzanspruch gemäß § 253 Abs. 4 S. 3 InsO vermeiden besonders schwere Rechtsverstöße und gewähren zugleich solchen Beschwerden, die Aussicht auf Erfolg gehabt hätten, (Geld-)Ersatz für aus dem Planvollzug entstandene Schäden. In der Folge vermag der Ausschluss des Abhilfeverfahrens daher keine Gefahr für einen gegen den Willen des beschwerdeführenden (Minderheits-)Gesellschafters eintretenden Verlust des restlichen Vermögenswerts zu begründen.

c) Zwischenergebnis

Zwar können die dem (Minderheits-)Gesellschafter gewährten Mitwirkungsmöglichkeiten im Insolvenzeröffnungs- und Planverfahren durch eine strategisch geschickte Gruppenbildung im Zusammenspiel mit der Zustimmungsersetzung über das Obstruktionsverbot weder die Verfahrenseinleitung noch die Annahme des Insolvenzplans verhindern. Das wertbezogene Schutzkonzept des Insolvenzplanverfahrens sichert dem (Minderheits-)Gesellschafter jedoch (spätestens durch dessen Eigeninitiative) über den eingeräumten Minderheiten- und Rechtsschutz den fortbestehenden Vermögenswert, der seinem Anteilsrecht auch im Insolvenzverfahren noch zukommt. Zwar unterliegt der Entschädigungs- bzw. Ausgleichsanspruch Einschränkungen hinsichtlich seiner Geltendmachung. Diese liegen jedoch im Sinne des vorrangigen Ziels der Gläubigerbefriedigung und gewährleisten zugleich den im Vergleichsszenario der Regelinsolvenz fortbestehenden Wert. Im Rahmen einer Bewertung der Einbeziehung der Gesellschafter in den Insolvenzplan muss stets Berücksichtigung finden, dass dem Ziel der Gläubigerbefriedigung grundsätzlich Vorrang vor den Interessen der Gesellschafter einzuräumen ist. Das Insolvenzverfahren kann (ebenfalls) zum Verlust der gesamten Mitgliedschaft führen. Zusätzlich besteht auch noch im Insolvenzverfahren für die Gesellschafter (jedenfalls theoretisch) die Möglichkeit, durch geeignete Nachschüsse die Insolvenz zu beenden[1467], weshalb die Einbeziehung der Gesellschafter keinen durchgreifenden Bedenken begegnet. Insgesamt ist die Kombination aus Mitwirkung im Verfahren und Minderheiten- bzw. Rechtsschutz daher – entsprechend der Gesetzesbegründung[1468] – geeignet, den (Minderheits-)Gesellschafter vor einem gegen seinen Willen eintretenden Verlust seines in der Insolvenz fortbestehenden Vermögenswerts zu schützen.

Die Frage nach der Erforderlichkeit einer Einbeziehung der den veränderten Umständen angepassten gesellschaftsrechtlichen Treuepflicht für einen effektiven bzw. angemessenen Schutz des Minderheitsgesellschafters kann daher auch für den

---

1466 Siehe hierzu § 3.B.III.2.f)cc).
1467 Vgl. nur *Altmeppen*, in: FS Hommelhoff, 2012, S. 1, 19.
1468 RegE ESUG, BT-Drucks. 17/5712, S. 18.

Ausnahmefall der Werthaltigkeit des Gesellschaftsanteils – und bei Vorliegen der sonstigen gesetzgeberischen Wertungsgrundlagen – verneint werden. Die insolvenzrechtlichen Regelungen tragen dem im eröffneten Insolvenzverfahren fortbestehenden Vermögenswert des Gesellschaftsanteils angemessen Rechnung, weshalb die gesellschaftsrechtliche Treuepflicht vollständig verdrängt wird.

4. *Zwischenergebnis*

Die Ausführungen haben gezeigt, dass die InsO – auch für den Ausnahmefall eines fortbestehenden Vermögenswerts des Gesellschaftsanteils nach Eröffnung des Insolvenzplanverfahrens – ausreichenden Schutz des im Vergleichsszenario der Regelinsolvenz zu realisierenden Vermögenswerts sichert. Insbesondere eine Suspendierung der §§ 245, 251, 253 InsO – wie sie von *Schäfer* und *H.-F. Müller* propagiert wird – ist schon deshalb nicht gerechtfertigt, weil die in den Insolvenzplan einbezogenen und gegen diesen stimmenden (Minderheits-)Gesellschafter ihrem in der Insolvenz fortbestehenden Vermögenswert entsprechend geschützt werden. Ebenso wenig bedarf es daher der Einführung des Vorbehalts fehlender Wertlosigkeit für Eingriffe in die Gesellschafterrechte. Zwar dient die regelmäßig bestehende Wertlosigkeit der Gesellschaftsanteile als gesetzgeberisches Motiv für die weitgehenden Eingriffsmöglichkeiten in die Gesellschafterrechte und Begründung für den verkürzten Rechts- und Minderheitenschutz. Sie ist jedoch weder Voraussetzung für die Anwendbarkeit der insolvenzrechtlichen Regelungen zur Einbeziehung der Gesellschafter in den Insolvenzplan, noch ergeben sich überzeugende Argumente gegen eine Einbeziehung der Gesellschafter, denen auch mit bzw. nach Eröffnung des Insolvenzplanverfahrens (noch) ein zuordnungsfähiger Vermögenswert zukommt, oder gegen das für diesen Fall gewährte Schutzkonzept.

Wenngleich das der Einbeziehung der Gesellschafter in den Insolvenzplan zugrunde gelegte, wertbezogene Schutzkonzept vermehrt auf starke Kritik gestoßen ist, ist diese weder begründet noch vermag sie etwas an der Entscheidung des Gesetzgebers über die Einordnung der (Alt-)Gesellschafter zu ändern. Dem Gesetzgeber gelingt es, die Gesellschaftsanteile ihrem (fortbestehenden) Wert entsprechend zu schützen und diesen Schutz lediglich insofern zu beschränken, als es das im Insolvenz(plan-)verfahren vorrangige Ziel der Gläubigerbefriedigung und die mit dem ESUG verfolgten sonstigen Ziele es erfordern. Ist das Anteilsrecht der Gesellschafter trotz Insolvenzeröffnung ausnahmsweise noch werthaltig, wird der Eingriff durch das überwiegende Interesse an einer bestmöglichen Befriedigung der Gläubiger und Sanierung des Schuldners sowie einer angemessenen Kompensation der Gesellschafter gerechtfertigt.

III. Zwischenergebnis

Die Einbeziehung der Gesellschafter in das Insolvenzplanverfahren samt zur Verfügung gestelltem Schutz begegnet sowohl für den gesetzlichen Regelfall als auch für den Ausnahmefall eines fortbestehenden Vermögenswerts der Gesellschaftsanteile im eröffneten Insolvenzverfahren keinen durchgreifenden Bedenken. Unabhängig von einem im eröffneten Insolvenzplanverfahren fortbestehenden Vermögenswert der Gesellschaftsanteile ist das primäre Ziel der Gläubigerbefriedigung geeignet, bei Vorliegen eines Insolvenzgrunds die Eröffnung des Insolvenzverfahrens und – mit Zustimmung der Gläubigerversammlung – die Einbeziehung der (Alt-)Gesellschafter in den Insolvenzplan zu rechtfertigen. Die Wertlosigkeit der Gesellschaftsanteile ist damit weder Voraussetzung für die Anwendbarkeit der insolvenzrechtlichen Regelungen zur Einbeziehung der Gesellschafter in den Insolvenzplan noch steht ein fortbestehender Vermögenswert der Einbeziehung der (Alt-)Gesellschafter in den Insolvenzplan oder der Anwendbarkeit des wertbezogenen Schutzkonzepts entgegen.

§ 4. „Missbräuchliche (Aus-)Nutzung" des erweiterten Handlungs- und Gestaltungsspielraums

Vor den Änderungen durch das ESUG gab es für den Mehrheitsgesellschafter keinen „richtigen" Anreiz, auf ein Insolvenzverfahren hinzuwirken. Die Eröffnung des Insolvenzverfahrens hatte weitreichende Auswirkungen auf den Wert der Beteiligung und führte auch bei einer angestrebten Sanierung zu einem Kontrollverlust an den Insolvenzverwalter. Der Antrag auf Insolvenzeröffnung war daher regelmäßig nur letzter Ausweg zur Erfüllung der strafbewehrten Antragspflicht nach § 15a InsO a.F.[1469] Die Motivation des Gesetzgebers, mit den Änderungen durch das ESUG das Insolvenzplanverfahren attraktiver zu gestalten, die Anreize für eine frühzeitige Antragstellung zu erhöhen und insbesondere Sanierungshindernissen entgegenzuwirken, bewirkte mit der Einbeziehung der Anteilseigner in den Insolvenzplan und unter deutlichen Einschränkungen des Schutzes der beteiligten Gesellschafter den Paradigmenwechsel: Heute ermöglicht die Kombination aus Schutzschirmverfahren und Insolvenzplanverfahren dem Mehrheitsgesellschafter, seinen Einfluss auf die Geschäftsführung weiter ausüben zu können und die Kontrolle über das Verfahren zu behalten, wozu insbesondere das Vorschlagsrecht des vorläufigen Sachwalters und der Einfluss auf die Besetzung des vorläufigen Gläubigerausschusses wesentlich beitragen. Die vielfältigen Möglichkeiten, über den Insolvenzplan in gesellschaftsrechtliche Strukturen sowie Anteils- und Mitgliedschaftsrechte der Gesellschafter einzugreifen, verbunden mit der radikalen Beseitigung der (sonstigen) Sanierungshindernisse, insbesondere durch die Verkürzung des Minderheiten- und Rechtsschutzes, weisen ein erhebliches Anreizpotenzial für geschäftsführende Mehrheitsgesellschafter auf, unliebsame Minderheitsgesellschafter mit insolvenzrechtlichen Mitteln zu entmachten und einen Gesellschafterkonflikt zu beenden.[1470] Die Aussicht, bestehende Sperrminoritäten der Minderheitsgesellschafter zu beseitigen, Vorzugsrechte, wie Sonder- und Mehrstimmrechte, zu umgehen und dauerhaft im Gesellschaftsvertrag zu beschneiden oder durch Umwandlung

1469 Die Insolvenzantragspflicht wurde mit § 15a InsO a.F. einheitlich, rechtsformübergreifend m.W.v. 1.11.2008 durch das Gesetz zur Modernisierung des GmbH-Rechts und zur Bekämpfung von Missbräuchen (MoMiG) in die InsO eingeführt (BGBl I S. 2026); zur Entstehungsgeschichte *Klöhn*, in: Kirchhof u.a. (Hrsg.), MüKo-InsO, Bd. 1, 3. Aufl., 2013, § 15a, Rn. 2 ff.

1470 *Böcker*, ZInsO 2015, 773, 781; *Brünkmans/Uebele*, ZInsO 2014, 265, 272; *Fölsing*, ZInsO 2013, 1325; *Gundlach/Müller/Rautmann*, ZInsO 2015, 889, 890, die den Insolvenzplan als Instrument beschreiben, um die „Rechtsdurchsetzung im Verhältnis zu einer anderen Person voranzutreiben"; vgl. auch *Meyer*, ZInsO 2013, 2361, 2368; *Schäfer*, ZIP 2014, 2417, 2418.

zu entwerten und zugleich von den im Insolvenzverfahren notwendigerweise begrenzten Rechtsbehelfsmöglichkeiten zu profitieren[1471], hat die Interessenlage der Mehrheitsgesellschafter verändert.[1472] Nunmehr vermag der Mehrheitsgesellschafter originär gesellschaftsrechtliche Streitigkeiten mit den (Minderheits-)Gesellschaftern und bestehendes Blockadepotenzial durch die gegenüber den gesellschaftsrechtlichen Voraussetzungen erleichterten insolvenzrechtlichen Regelungen zu lösen.

Fernab der fokussierten, angesehenen Ziele, die der Gesetzgeber mit den Neuerungen verfolgt, öffnet das Insolvenzverfahren damit zugleich missbräuchlichem Handeln Tor und Tür.[1473] Der Mehrheitsgesellschafter kann – je nach Situation in der Gesellschaft – ein Interesse an einem Insolvenzverfahren haben und (mutwillig) auf die Voraussetzungen hinwirken[1474] bzw. jedenfalls keine aktiven Versuche vornehmen, den Eintritt der Insolvenzgründe zu verhindern. Im Fall des Vorliegens drohender Zahlungsunfähigkeit trifft den Geschäftsführer gerade keine strafbewehrte Pflicht zur Stellung eines Insolvenzantrags. Die InsO behält diesem jedoch das Antragsrecht vor. Der Umstand, dass ein Insolvenzantrag infolge des Prognoserisikos sowohl auf § 18 InsO gestützt werden kann, wenn die Liquidität noch zwei Wochen reicht, als auch wenn eine (endgültige) Zahlungsunfähigkeit erst ein Jahr später eintritt[1475], steigert das Missbrauchsrisiko beachtlich. Besondere Relevanz im Rahmen einer strategischen bzw. missbräuchlichen (Aus-)Nutzung insolvenzrechtlicher Regelungen kommt daher dem Schutzschirmverfahren gemäß § 270b InsO zu, welches frühzeitig eingeleitet werden kann, um mit der Unterstützung der Gläubiger einen Gesellschafterkonflikt im Insolvenzplanverfahren zu lösen.[1476] Das daraufhin eröffnete Insolvenzverfahren räumt dem Antragsteller bzw. Planersteller die Möglichkeit ein, die Sanierungsinstrumente der InsO zur Lösung von schwerwiegenden Konflikten zwischen den Gesellschaftern zu seinen Gunsten, unter Steuerung der

1471 Siehe hierzu § 3.C.I.1.

1472 *Brinkmann*, ZIP 2014, 197, 199 f.; *Brünkmans/Uebele*, ZInsO 2014, 265, 266.

1473 Das Missbrauchspotenzial bereits frühzeitig erkennend und darauf hinweisend *Brinkmann*, WM 2011, 97, 100; *Madaus*, ZGR 2011, 749, 753 ff.; *H.-F. Müller*, KTS 2012, 419, 424 ff.; *K. Schmidt*, ZIP 2012, 2085, 2087; *Stöber*, ZInsO 2012, 1811, 1818.

1474 Zur Fälligstellung der eigenen Gewinnforderung zur Herbeiführung eines Insolvenzgrunds *LG Frankfurt/M.*, Urt. v. 13.08.2013 – 3-09 O 78/13 = NZI 2013, 981; nicht unerwähnt bleiben darf an dieser Stelle, dass eine Insolvenzantragstellung für die unter Berücksichtigung aller Umstände kein Anlass bestand, eine Verletzung der gesellschafterlichen Treuepflicht begründet, die eine zum Schadensersatz gegenüber der Gesellschaft verpflichtende Handlung darstellt *OLG München*, Urt. v. 4.02.2015 – 7 U 2177/14 = ZIP 2015, 826; vgl. auch *Siemon*, ZInsO 2014, 172, 175 („In-die-Insolvenz-Hineindrücken“).

1475 *Tetzlaff*, ZInsO 2008, 226, 231.

1476 *Böcker*, ZInsO 2015, 773, 781.

Geschäftsführung[1477] und mithilfe der Mehrheit der Gläubiger, positiv gewendet, kreativ und strategisch einzusetzen[1478], bzw. negativ gewendet, zu missbrauchen.

Nachfolgend wird untersucht, inwiefern die (Aus-)Nutzung des Insolvenzplanverfahrens zur Durchsetzung gesellschaftsrechtlicher Strukturmaßnahmen gegen den Widerstand aus dem Gesellschafterkreis und mit dem Ziel, lästige (Mit-)Gesellschafter auszuschließen[1479] bzw. deren Einflussmöglichkeiten zu beschneiden[1480] oder schlicht zur Verfolgung egoistischer Partikularinteressen[1481] zu nutzen, einen Missbrauch des Insolvenzverfahrens und seiner Sanierungsinstrumente darstellt und welche Rechtsfolgen sich daran anschließen. Hierzu ist zwischen einer missbräuchlichen Einleitung des Insolvenzverfahrens durch Stellung des Antrags auf Insolvenzeröffnung und der missbräuchlichen Verwendung einzelner gesellschaftsrechtlicher Maßnahmen innerhalb des Insolvenzverfahrens zu differenzieren. Darauf aufbauend wird der gewährte Schutz des (Minderheits-)Gesellschafters vor einer missbräuchlichen (Aus-)Nutzung des erweiterten Handlungs- und Gestaltungsspielraums zur Klärung der Frage besprochen, inwieweit das Insolvenzplanverfahren *de lege lata* tatsächlich dazu einlädt, die insolvenzrechtlichen Instrumente unter Umgehung des gesellschaftsrechtlichen Schutzes missbräuchlich zum Nachteil der (Minderheits-)Gesellschafter einzusetzen.

A. Missbrauch des Insolvenzplanverfahrens

Üblicherweise wird der Gedanke des Rechtsmissbrauchs bzw. die unzulässige Rechtsausübung als Unterfallgruppe des § 242 BGB verortet.[1482] Was im Grundsätzlichen als auch im Einzelnen unter die Kategorie des Rechtsmissbrauchs zu fassen ist, ist umstritten und aufgrund der Einordnung des § 242 BGB als Generalklausel und allgemeiner Rechtsgedanke mit umfassendem Anwendungsbereich nur (schwer) eingrenzbar.[1483] *Mansel* definiert die unzulässige Rechtsausübung als „jede Geltendmachung eines ‚an sich' gegebenen Rechts und jede Ausnutzung einer ‚an

1477 *Böcker*, DZWiR 2014, 331, 336; *Schäfer*, ZIP 2014, 2417, 2418.

1478 *Brinkmann*, ZIP 2014, 197; *Mönning*, in: FS Kübler, 2015, S. 431, 432 f.

1479 *Fölsing*, ZInsO 2013, 1325 („Zähmung des Widerspenstigen"); *Meyer*, ZInsO 2013, 2361, 2368; *K. Schmidt*, ZIP 2012, 2085, 2087; vgl. auch *Westermann*, NZG 2015, 134, 135.

1480 *Fölsing*, ZInsO 2013, 1325; *Meyer*, ZInsO 2013, 2361, 2368.

1481 *Fölsing*, ZInsO 2013, 1325; *Meyer*, ZInsO 2013, 2361, 2368; *H.-F. Müller*, DB 2014, 41, 44.

1482 *Looschelders / Olzen*, in: Staudinger, BGB, 2015, § 242, Rn. 213 ff.; a.A. noch *Teichmann*, in: Soergel, BGB, 12. Aufl., 1990, § 242, Rn. 11 ff., der den Rechtsmissbrauch insbesondere aufgrund der §§ 226, 826 BGB als eigene Rechtsfigur eingeordnet hatte; vgl. auch *Prütting*, in: FS Kübler, 2015, S. 567, 570.

1483 *Sutschet*, in: Bamberger / Roth (Hrsg.), BeckOK BGB, Ed. 36 (08/2015), § 242, Rn. 2; *Mansel*, in: Jauernig (Hrsg.), BGB, 16. Aufl., 2015, § 242, Rn. 10; *Roth / Schubert*, in: Säcker / Rixecker (Hrsg.), MüKo-BGB, Bd. 2, 7. Aufl., 2015, § 242, Rn. 2; *Schulze*,

sich' bestehenden günstigen Rechtsposition oder Rechtslage im Widerspruch zu den Anforderungen von § 242 BGB"[1484]. Er liegt damit auf einer Linie mit den sonstigen Definitionsversuchen, denen eine möglichst offene Formulierung und eine ausbleibende nähere Eingrenzung der „verfolgten, ungerechtfertigten Vorteile"[1485] gemein ist. Die meisten Kommentierungen zu § 242 BGB sehen daher davon ab, abstrakte Tatbestandsmerkmale des Rechtsmissbrauchs aufzustellen und nehmen stattdessen Eingrenzungsversuche anhand von Fallgruppen, Funktionsbereichen und sachlich einschlägigen, speziellen Rechtssätzen vor. Unabhängig von einer – an dieser Stelle nicht erforderlichen – dezidierten Eingrenzung gilt § 242 BGB grundsätzlich jedenfalls auch im Insolvenzverfahren.[1486]

Zur Untersuchung des Missbrauchs des Insolvenzplanverfahrens ist im Folgenden zwischen dem missbräuchlich gestellten Eigenantrag und der missbräuchlichen Ausnutzung der in den Insolvenzplan aufgenommenen (gesellschaftsrechtlichen) Sanierungsmaßnahmen zu unterscheiden.[1487]

I. Missbräuchlicher Eigenantrag des Schuldners

Der Schuldner ist gemäß § 13 Abs. 1 S. 2, 2. Alt. InsO zur Stellung eines Insolvenzantrags berechtigt. Gemäß § 15 Abs. 3 S. 1 InsO sind bei einer Gesellschaft ohne Rechtspersönlichkeit, bei der kein persönlich haftender Gesellschafter eine natürliche Person ist, der organschaftliche Vertreter und die Abwickler zuständig. Die vom Mehrheitsgesellschafter gesteuerte Geschäftsführung erhält damit die Möglichkeit, den Anstoß zur Eröffnung des insolvenzrechtlichen Handlungs- und Gestaltungsspielraums zu geben und in der Folge nach gesellschaftsrechtlichen Regeln unerreichbare Maßnahmen durchzuführen. Die der Einleitung des Insolvenz- bzw. Schutzschirmverfahrens zugrunde liegende Motivation des Antragstellers bildet die Grundlage für die Beurteilung einer (möglicherweise) missbräuchlichen Antragstellung.[1488]

---

in: Schulze u.a. (Hrsg.), BGB, 8. Aufl., 2014, § 242, Rn. 1, 6, 12; *Looschelders / Olzen*, in: Staudinger, BGB, 2015, § 242, Rn. 1 ff.

1484 *Mansel*, in: Jauernig, BGB, 16. Aufl., 2015, § 242, Rn. 32.

1485 *BGH*, Urt. v. 26.02.1987 – VII ZR 58/86 = NJW 1987, 1946, 1947 („Rechtsmissbrauch ist der Gebrauch eines Rechts zu Zwecken, die zu schützen unter keinem denkbaren Gesichtspunkt gerechtfertigt ist."); *Fleischer*, JZ 2003, 865, 870 („Rechts- oder Normenmissbrauch liegt vor, wenn sich ein Marktteilnehmer durch rechtliche Gestaltungen einen ungerechtfertigten Vorteil verschaffen will").

1486 *Böttcher / Hohloch*, in: Erman, BGB, 14. Aufl., 2014, § 242, Rn. 181; *Gerhardt*, in: Jaeger, InsO, 2004, § 14, Rn. 4 ff.; *Kirchhof*, in: Kreft (Hrsg.), HK-InsO, 7. Aufl., 2014, § 14, Rn. 31 ff.; *Schubert*, in: Säcker / Rixecker (Hrsg.), MüKo-BGB, Bd. 2, 7. Aufl., 2015, § 242, Rn. 473; *Looschelders / Olzen*, in: Staudinger, BGB, 2015, § 242, Rn. 1132.

1487 *Brinkmann*, ZIP 2014, 197 ff.; *Eidenmüller*, ZIP 2014, 1197 ff., 1203.

1488 *Wegener*, in: Uhlenbruck u.a. (Hrsg.), InsO, 14. Aufl., 2015, § 13, Rn. 19 f.; 81; *Brockdorff / Heintze / Rolle*, BB 2014, 1859, 1865; vgl. auch *FG Hamburg*, Beschl. v. 13.06.2014 – 6 V 76/14 = ZInsO 2015, 101 (Ermessensfehlgebrauch bei Antrag auf Insolvenzeröffnung).

Nachstehend wird untersucht, welche Anforderungen an einen missbräuchlichen Insolvenzantrag zu stellen sind und wie dieser von den sonstigen strategischen Insolvenzen abzugrenzen ist, um anschließend die Frage zu klären, ob per Definition (bzw. unterstellt) missbräuchliche Insolvenzanträge als unzulässig zu bewerten und daher zurückzuweisen sind.

1. *Anforderungen an missbräuchliche Insolvenzanträge*

Die bereits angedeutete Schwierigkeit einer abstrakten Definition des Rechtsmissbrauchs bedeutet für die Antragstellung zur Eröffnung des Insolvenzverfahrens, dass eine Eingrenzung, wann ein Verhalten der Beteiligten rechtsmissbräuchlich, wann kreativ und strategisch nicht zu beanstanden ist, außerordentlich schwierig ist.[1489] Nachfolgend werden daher zunächst Tatbestandskonstellationen angeführt, die einen missbräuchlichen Insolvenzantrag *per se* ausschließen, um anschließend den Versuch zu unternehmen, die für den Fall des Gläubigerantrags von der Rechtsprechung ausgearbeitete Definition einer rechtsmissbräuchlichen Antragstellung auf die Konstellation des rechtsmissbräuchlichen Schuldnerantrags zu übertragen.

a) Abwesenheit einer Insolvenzantragspflicht

Für den Fall des hier gegenständlichen Eigenantrags des Schuldners scheidet eine missbräuchliche Antragstellung jedenfalls dann aus, wenn der antragstellende Geschäftsführer im Fall der Zahlungsunfähigkeit oder Überschuldung gemäß § 15a Abs. 1 S. 2, Abs. 2 InsO zur Stellung des Insolvenzantrags gesetzlich verpflichtet ist.[1490] Die Erfüllung einer gesetzlichen, strafbewehrten Pflicht kann nicht rechtsmissbräuchlich sein.[1491] Für das Vorliegen der Insolvenzgründe ist entscheidend auf den Zeitpunkt vor Stellung des Insolvenzantrags abzustellen. Ist der Schuldner zu diesem Zeitpunkt noch nicht insolvent, so bewirkt regelmäßig die Kenntnis der

---

1489 *Meyer*, ZInsO 2013, 2361, 2365; vgl. auch *Brinkmann*, ZIP 2014, 197 ff.; *Eidenmüller*, ZIP 2014, 1197 ff.; *Thole*, ZIP 2013, 1937, 1944.

1490 Zur Antragspflicht der Geschäftsführer einer GmbH & Co. KG *Klöhn*, in: Kirchhof u.a. (Hrsg.), MüKo-InsO, Bd. 1, 3. Aufl., 2013, § 15a, Rn. 95 ff.; *K. Schmidt/Herchen*, in: K. Schmidt (Hrsg.), InsO, 18. Aufl., 2013, § 15a, Rn. 12, 14.

1491 *Böcker*, DZWiR 2014, 331, 336; *ders.*, ZInsO 2015, 773, 781; *Brinkmann*, ZIP 2014, 197, 199; *Brünkmans/Uebele*, ZInsO 2014, 265, 268; *D. Lang/Muschalle*, NZI 2013, 953, 955; *Meyer*, DB 2015, 538, 539; *Prütting*, in: FS Kübler, 2015, S. 567, 574; unzutreffend ist insofern die Überschrift einer „[m]issbräuchliche[n] Antragstellung" für einen Antrag nach § 18 InsO, obwohl sich das Unternehmen bereits im Stadium der Zahlungsunfähigkeit oder Überschuldung befindet, vgl. dazu *Geißler*, ZInsO 2013, 919, 924; nicht eindeutig *Gundlach/Müller/Rautmann*, ZInsO 2015, 889, 890 f., die ein fehlendes Rechtsschutzinteresse zwar für den Fall ablehnen, dass der Antragsteller seiner Insolvenzantragspflicht nachkommt, dieses jedoch annehmen, wenn der Antrag Ziele verfolgt, die den Zielen des Insolvenzverfahrens bzw. Wertungen des Insolvenzrechts zuwiderlaufen.

Gläubiger und Geschäftspartner von der Einleitung des Insolvenzverfahrens den Abbruch der Geschäftsbeziehung zum Schuldner, die Kündigung der Kreditlinien durch die Banken und in der Folge den Eintritt der antragsverpflichtenden Insolvenzgründe.[1492] Wäre für die Frage eines Rechtsmissbrauchs und damit die Frage nach einer bestehenden Antragspflicht auf die möglicherweise Wochen oder Monate später stattfindende Entscheidung über das Vorliegen eines Insolvenzgrunds abzustellen, wäre der Schuldner regelmäßig – spätestens dann – zahlungsunfähig und überschuldet. Ein Rechtsmissbrauch wäre ausgeschlossen. Für einen missbräuchlichen Eigenantrag des Schuldners verbleiben damit die Fälle, in denen ein Insolvenzantrag gestellt wird, obwohl zum Zeitpunkt der Antragstellung (noch) keine Insolvenzantragspflicht besteht, weil der Schuldner nur drohend zahlungsunfähig ist oder überhaupt kein Insolvenzgrund vorliegt.

b) Abgrenzung des Rechtsmissbrauchs vom Prozessbetrug

Eine weitere Abgrenzung zur Feststellung missbräuchlicher Insolvenzanträge gelingt über die vom *EuGH* vorgenommene Zweiteilung von Rechtsmissbrauch und Prozessbetrug.[1493] Stellt der Schuldner unberechtigterweise und wider besseren Wissen bereits vor Eintritt der drohenden Zahlungsunfähigkeit, ohne Vorliegen eines zum Insolvenzantrag verpflichtenden Insolvenzgrunds, den Eröffnungsantrag und tritt auch im Verlauf des Eröffnungsverfahrens bis zur Entscheidung des Insolvenzgerichts kein Insolvenzgrund ein, täuscht dieser Tatsachen vor, die zur Zulässigkeit und Begründetheit des Insolvenzantrags führen würden.[1494] Wird seine Täuschung vom Insolvenzrichter nicht erkannt, sodass dieser das Insolvenzverfahren eröffnet, beruht die richterliche Entscheidung auf der Täuschung des Antragstellers, weshalb kein Rechtsmissbrauch, sondern ein Prozessbetrug vorliegt. Der Prozessbetrug führt neben strafrechtlichen Konsequenzen zu Schadensersatzansprüchen gemäß § 826 BGB, § 823 Abs. 2 BGB i.V.m. § 263 StGB.[1495] Trägt der Antragsteller dagegen

---

1492 Siehe hierzu § 3.B.III.1, Fn. 763.

1493 *EuGH*, Urt. v. 12.05.1998, RS. C-367/96, Slg. 1998, I-2842 = BeckEuRS 1998, 230311, Rz. 20 („Nach der Rechtsprechung des Gerichtshofes ist die missbräuchliche oder betrügerische Berufung auf Gemeinschaftsrecht nicht gestattet [...]."); vgl. auch *EuGH*, Urt. v. 9.03.1999, Rs. C-212/97, Slg. 1999, I-1484 = NJW 1999, 2027, Rz. 24; dazu auch *Brinkmann*, ZIP 2014, 197, 198.

1494 *Brinkmann*, ZIP 2014, 197, 198; zustimmend *Prütting*, in: FS Kübler, 2015, S. 567, 572; a.A. dagegen *Wegener*, in: Uhlenbruck u.a. (Hrsg.), InsO, 14. Aufl., 2015, § 13, Rn. 52; wohl auch *Thole*, GesR Maßn. in der Insolvenz, 2. Aufl., 2015, Rn. 283, der davon ausgeht, dass Missbrauch auch dann vorliegen kann, wenn der Insolvenzgrund „nur zum Schein erfüllt" ist.

1495 *Brinkmann*, ZIP 2014, 197, 198; vgl. auch *ders.*, in: FS Schilken, 2015, S. 631, 642 f., mit dem Vorschlag einer *de lege ferenda* einzuführenden zweistufigen Ausgestaltung des Eröffnungsverfahrens, wonach der Insolvenzrichter in Reaktion auf die Stellung des Insolvenzantrags einen „Einleitungsbeschluss" als vorläufige, selbstständig anfechtbare Entscheidung über die Einleitung des Insolvenzeröffnungsverfahrens

aus mangelnder Sorgfalt heraus unrichtig vor, handelt er lediglich fahrlässig, woraus ihm keine negativen Konsequenzen entstehen dürfen.[1496] Will sich der Schuldner dagegen mit seinem Insolvenzantrag durch ein ihm tatsächlich zustehendes Recht einen ungerechtfertigten Vorteil verschaffen, handelt er missbräuchlich.[1497] Unter die Kategorie des Rechtsmissbrauchs ist folglich allein die ungerechtfertigte Ausnutzung eines Rechts zu fassen, dessen tatsächliche Voraussetzungen vorliegen. Für die missbräuchliche Antragstellung verbleibt damit allein der Fall, dass der Schuldner drohend zahlungsunfähig ist.

c) *Anwendung der Rechtsprechung zu den Gläubigeranträgen auf den Eigenantrag des Schuldners*

Wann die Stellung eines Insolvenzantrags im Einzelfall als missbräuchlich zu bewerten ist, wurde von der Rechtsprechung vorwiegend für den Fall des Gläubigerantrags entschieden. Demnach ist die Rechtsmissbräuchlichkeit von Gläubigeranträgen zu bejahen, wenn es dem antragstellenden Gläubiger um die Erreichung anderer Ziele als desjenigen der gemeinschaftlichen Befriedigung aller Gläubiger geht.[1498] Der Gläubiger muss die Durchführung des Insolvenzverfahrens primär mit dem Ziel auch der eigenen, anteiligen Befriedigung daraus anstreben (§ 1 S. 1 InsO).[1499] Ausdrücklich wurde das Vorliegen „verfahrensfremder Zwecke“[1500] für die Beendigung lästiger Vertragsverhältnisse[1501] sowie bei einem sog. Druckantrag[1502] angenommen,

---

treffen würde; Voraussetzung dieses Einleitungsbeschlusses wäre neben einem zulässigen Antrag die Einschätzung des Gerichts, dass ein Insolvenzgrund wahrscheinlich vorliegt.

1496 *BGH*, Urt. v. 3.10.1961 – VI ZR 242/60 = BGHZ 36, 18, 20; zur Entscheidung *Prütting*, in: FS Kübler, 2015, S. 567, 572.

1497 *Eidenmüller*, ZIP 2014, 1197, 1202 (Fn. 46); *Fleischer*, JZ 2003, 865, 870.

1498 *BGH*, Beschl. v. 29.06.2006 – IX ZB 245/05 = NZI 2006, 588, Rz. 12; *Kirchhof*, in: Kreft (Hrsg.), HK-InsO, 7. Aufl., 2014, § 1, Rn. 3 f., § 14, Rn. 31.

1499 *Kirchhof*, in: Kreft (Hrsg.), HK-InsO, 7. Aufl., 2014, § 14, Rn. 31; *Linker*, in: A. Schmidt (Hrsg.), HHK-InsO, 5. Aufl., 2015, § 14, Rn. 44, 52; *Gundlach*, in: K. Schmidt (Hrsg.), InsO, 18. Aufl., 2013, § 14, Rn. 24 f.

1500 Vgl. bereits *BGH*, Urt. v. 22.05.1962 – VI ZR 256/61 = WM 1962, 929, 930 („konkursfremde Zwecke“).

1501 *BGH*, Urt. v. 22.05.1962 – VI ZR 256/61 = WM 1962, 929, 930; *BGH*, Beschl. v. 29.06.2006, IX ZB 245/05 = NZI 2006, 588; *OLG Oldenburg*, Urt. v. 25.10.1954 – 3 W 76/54 = MDR 1955, 175; *Gerhardt*, in: Jaeger, InsO, 2004, § 14, Rn. 4; *Kirchhof*, in: Kreft (Hrsg.), HK-InsO, 7. Aufl., 2014, § 14 Rn. 31; *Mönning*, in: Nerlich / Römermann (Hrsg.), InsO, Lb, 23. Lfg. (03/2012), § 14, Rn. 13; *Hess*, InsR, 2. Aufl., 2013, § 14, Rn. 38 ff.; *Spliedt*, ZInsO 2013, 2155, 2157.

1502 RegE InsO, BT-Drucks. 12/2443, S. 113; *AG Hamburg*, Beschl. v. 27.09.2011 – 67c IN 74/11 = ZInsO 2011, 2092; *Gundlach*, in: K. Schmidt (Hrsg.), InsO, 18. Aufl., 2013, § 14, Rn. 25; *Wegener*, in: Uhlenbruck u.a. (Hrsg.), InsO, 14. Aufl., 2015, § 14, Rn. 71 ff.; *Schmerbach*, in: Wimmer (Hrsg.), FK-InsO, 8. Aufl., 2015, § 14, Rn. 48.

der gestellt wird, um (Raten-)Zahlungen eines solventen, aber zahlungsunwilligen Schuldners zu erzwingen. In einer neueren Entscheidung hat der BGH die Anforderungen an eine missbräuchliche Antragstellung angehoben, indem er die Ausschaltung eines zahlungsunfähigen Wettbewerbers als verfahrensfremd einstufte, im konkreten Fall die Rechtsmissbräuchlichkeit jedoch verneinte, weil die Antragstellerin mit dem zugleich verfolgten Ziel der eigenen quotalen Befriedigung nicht „ausschließlich insolvenzwidrige Zwecke" verfolgte.[1503]

Die Rechtsprechung bewirkt für Fremdanträge der Gläubiger, dass weitgehend insolvenzfremde Zwecke verfolgt werden können, bevor ein Insolvenzantrag als missbräuchlich zu bewerten ist. Sofern nicht ausnahmslos insolvenzwidrige Zwecke verfolgt werden, liegt keine missbräuchliche Antragstellung vor. Angesichts der Schwierigkeit des Nachweises einer ausschließlich insolvenzzweckwidrigen Motivation bzw. Zielsetzung des Schuldners sind hohe Anforderungen an den missbräuchlichen Fremdantrag gestellt.[1504] Fraglich ist, ob die durch die Rechtsprechung entwickelten Anforderungen an missbräuchliche Gläubigeranträge auf die Bestimmung missbräuchlicher Eigenanträge übertragbar sind. Dann müsste für Schuldneranträge wie für Gläubigeranträge eine Missbräuchlichkeit anzunehmen sein, sofern mit der Antragstellung ausschließlich insolvenzwidrige Zwecke verfolgt werden.

aa) „Ausschließlich insolvenzwidrige Zwecke"

Die hohen Anforderungen einer „ausschließlich insolvenzwidrige Zwecke" verfolgenden Antragstellung werfen die Frage danach auf, inwieweit diese Anforderungen sinnvoll zu lockern sind, um bereits eine geringfügigere Verfolgung insolvenzwidriger Zwecke unter die Voraussetzungen missbräuchlicher Insolvenzanträge subsumieren zu können. Zugleich könnte dadurch dem Anreiz, den neu gewonnenen Handlungs- und Gestaltungsspielraum für verfahrensfremde Zwecke auszunutzen, entgegengewirkt werden. Die Übertragung der Anforderungen auf den Eigenantrag des Schuldners könnten schon deshalb abzulehnen sein, weil für den Schuldnerantrag – aufgrund der im Fall der Zahlungsunfähigkeit oder Überschuldung bestehenden Antragspflicht (§ 15a InsO) – allein der Insolvenzgrund der drohenden Zahlungsunfähigkeit relevant ist, der den Gläubigern kein Antragsrecht zuschreibt. Im Fall des Eintritts der drohenden Zahlungsunfähigkeit ist allein der Schuldner antragsberechtigt. Die sich daraus ergebenden unterschiedlichen Situationen, in denen für die Gläubiger bzw. den Schuldner die Stellung eines missbräuchlichen Insolvenzantrags jeweils infrage kommt, sprechen für ein – gegenüber Gläubigeranträgen – erhöhtes Missbrauchspotenzial des Schuldnerantrags. Zusätzlich räumt die

1503 *BGH*, Beschl. v. 19.05.2011 – IX ZB 214/10 = NZI 2011, 540, Rz. 5; *Bork*, Einführung in das InsR, 7. Aufl., 2014, Rn. 96; *Kirchhof*, in: Kreft (Hrsg.), HK-InsO, 7. Aufl., 2014, § 14, Rn. 34; *Looschelders/Olzen*, in: Staudinger, BGB, 2015, § 242, Rn. 1132; *A. Lang*, Rechtsschutzinteresse beim Insolvenzantrag, 2003, S. 129 f.; *D. Lang/Muschalle*, NZI 2013, 953, 955 f.; *K. Schmidt*, JuS 2012, 464 f.

1504 *v. Unger*, in: Gummert (Hrsg.), MAH PersGesR, 2. Aufl., 2015, § 12, Rn. 137.

InsO dem Schuldner im Insolvenzplanverfahren in Eigenverwaltung – ggf. in Kombination mit einem vorbereitenden Schutzschirmverfahren – neue, erweiterte und weitgehende Möglichkeiten ein, durch eine vom Mehrheitsgesellschafter gesteuerte Geschäftsführung und das Zusammenwirken mit dem (vorläufigen) Sachwalter und dem (vorläufigen) Gläubigerausschuss eigene Interessen durchzusetzen. Das gegenüber den Gläubigern vorgelagerte Recht zur Antragstellung und der zur Verfügung gestellte „Spielraum" zur Verfolgung insolvenzwidriger Zwecke könnten daher für eine Lockerung der Anforderungen an eine missbräuchliche Antragstellung des Schuldners im Vergleich zu den missbräuchlichen Gläubigeranträgen sprechen.

Die von der jüngeren Rechtsprechung[1505] aufgestellte Voraussetzung der „ausschließlichen" Verfolgung insolvenzwidriger Zwecke mit dem Insolvenzantrag könnte insoweit sinnvoll zu beschränken sein, als bereits eine (jedenfalls) teilweise Verfolgung insolvenzwidriger Zwecke zur Begründung der Rechtsmissbräuchlichkeit ausreichend wäre.[1506] Dies hätte zur Folge, dass bereits eine frühe und vereinfachte Annahme der Insolvenzzweckwidrigkeit zugelassen würde und insbesondere für die (Minderheits-)Gesellschafter (und Gläubiger) ein höherer Schutz vor insolvenzzweckwidriger (Aus-)Nutzung des Insolvenzplanverfahrens gewährleistet wäre. Anderenfalls ist das Szenario naheliegend, dass der Schuldner, der mit seinem Insolvenzantrag allein die Beschneidung der Einflussmöglichkeiten des Minderheitsgesellschafters oder die Verfolgung eigener, egoistischer Partikularinteressen anstrebt, vorgibt, mit diesen „Sanierungsmaßnahmen" den Zweck der Gläubigerbefriedigung verfolgt zu haben, die Maßnahmen jedoch nur nicht den erhofften Zweck erreicht haben.

Wenngleich eine Lockerung der Voraussetzungen einer missbräuchlichen Antragstellung durch den Schuldner eine Intensivierung des Rechtsschutzes der (Minderheits-)Gesellschafter (und Gläubiger) zur Folge hätte, steht dieser Lockerung der Schutz des Insolvenzverfahrens und des (jedenfalls auch) verfolgten Zwecks der Gläubigerbefriedigung im Fall einer nicht „ausschließlichen" Verfolgung insolvenzwidriger Zwecke entscheidend entgegen. Die anderenfalls nötige Abstufung einer ausschließlichen Insolvenzzweckwidrigkeit auf eine (weit) überwiegende, hälftige oder auch nur teilweise Verfolgung insolvenzwidriger Zwecke wäre kaum praxistauglich. Vielmehr würde sie neben erheblicher Rechtsunsicherheit bestehende Abgrenzungsschwierigkeiten nur erweitern und zugleich die jedenfalls auch verfolgte Gläubigerbefriedigung gefährden. Gestützt wird diese Sichtweise durch die

1505 *BGH*, Beschl. v. 19.05.2011 – IX ZB 214/10 = NZI 2011, 540; zur Entscheidung *K. Schmidt*, JuS 2012, 464 f.

1506 Teilweise wird auch in der Literatur die Erforderlichkeit einer „ausschließlich" insolvenzwidrigen Zweckverfolgung nicht explizit hervorgehoben, sondern die Verfolgung dem Insolvenzrecht widersprechender Zwecke für ausreichend erachtet, vgl. *Kadenbach*, in: Ahrens u.a. (Hrsg.), FAK InsR, 2. Aufl., 2014, § 13, Rn. 29; *Kirchhof*, in: Kreft (Hrsg.), HK-InsO, 7. Aufl., 2014, § 14, Rn. 31; *Gundlach*, in: K. Schmidt (Hrsg.), InsO, 18. Aufl., 2013, § 14, Rn. 25 demzufolge ein Missbrauch bereits bei der Verfolgung eines anderen (Haupt-)Ziels vorliegt.

Literatur, die bisweilen – wenn auch stillschweigend – auf die Rechtsprechung zu den Gläubigeranträgen verweist, wenn es um die Frage eines, in der Rechtsprechung bislang nicht problematisierten, missbräuchlichen Eigenantrags geht.[1507] Auf dieser Linie liegt auch die vor den Änderungen durch das ESUG herrschende Ansicht, dass für den Eigenantrag des Schuldners schon keine – bzw. jedenfalls keine erhöhte – Missbrauchsgefahr bestehe, da sich niemand selbst ohne Grund in die Rolle des Gemeinschuldners begeben und den Insolvenzkosten aussetzen würde.[1508] Angesichts des erweiterten Handlungs- und Gestaltungsspielraums, der eine neue Motivation zur Stellung des Eigenantrags durch den Schuldner zu bewirken vermag, ist dieses Argument zwar nunmehr fragwürdig. Selbst eine erhöhte Missbrauchsgefahr und ein gesteigerter Anreiz zur Antragsstellung rechtfertigen jedoch nicht die mit einer Lockerung der Voraussetzungen verbundenen Folgen.

Im Ergebnis ist eine Lockerung der Voraussetzungen an eine missbräuchliche Antragstellung des Schuldners daher abzulehnen. Die von der Rechtsprechung für missbräuchliche Gläubigeranträge aufgestellten Anforderungen einer Verfolgung „ausschließlich insolvenzwidriger Zwecke“ sind mithin auf Schuldneranträge übertragbar.

bb) (Verfahrensfremde) Zwecke des Insolvenzverfahrens

Den Änderungen durch das ESUG, insbesondere dem Ausbau und der Stärkung des Insolvenzplanverfahrens zugunsten einer erleichterten Sanierung, sind keine Auswirkungen auf die Zielsetzung des Insolvenzverfahrens zuzusprechen.[1509] Nach wie vor ist die Erreichung der bestmöglichen Gläubigerbefriedigung das vorrangige Ziel des Insolvenzverfahrens. Der Kreis insolvenzfremder Zwecke ist nicht enger zu ziehen, weshalb auch ein insoweit gesteigertes Missbrauchspotenzial abzulehnen ist. Der Eröffnungsantrag des Schuldners ist folglich insolvenzzweckwidrig, sofern mit der Antragstellung ausschließlich Zwecke verfolgt werden, die nicht der gemeinschaftlichen Befriedigung der Gläubiger dienen.

cc) Zwischenergebnis

Zur Bestimmung eines missbräuchlichen Eigenantrags des Schuldners sind folglich die von der Rechtsprechung aufgestellten (hohen) Anforderungen eines

---

1507 *Brinkmann*, ZIP 2014, 197, 199; wohl auch *Brünkmans/Uebele*, ZInsO 2014, 265, 268 (Fn. 38).

1508 *Baur/Stürner*, InsR, 12. Aufl., 1999, Rn. 7.15; vgl. dazu *Wegener*, in: Uhlenbruck u.a. (Hrsg.), InsO, 14. Aufl., 2015, § 13, Rn. 81; *Gerhardt*, Grundbegriffe des Vollstreckungs- und Insolvenzrechts, 1985, Rn. 247; a.A. etwa 20 Jahre später *Gerhardt*, in: Jaeger, InsO, 2004, § 13, Rn. 25; wohl auch *Eidenmüller*, ZIP 2014, 1197, 1201 f., der davon ausgeht, dass die Insolvenzkosten und der durch die Antragstellung eintretende Wertverlust von bis zu 20 % etwaig bestehenden (Fehl-)Anreizen eines zu schuldnerfreundlichen Restrukturierungsrechts entgegenstehen.

1509 Siehe hierzu § 2.B.I.

missbräuchlichen Gläubigerantrags heranzuziehen.[1510] Einer Anpassung der Anforderungen aufgrund des deutlich erweiterten Handlungs- und Gestaltungsspielraums, der den Schuldner erst zur missbräuchlichen Antragstellung motiviert, bedarf es nicht.

d) Strategischer Einsatz des Insolvenzverfahrens

Die durch die Rechtsprechung erarbeiteten und aufgestellten Anforderungen an eine missbräuchliche Antragstellung der Gläubiger sind zugleich auf missbräuchliche Schuldneranträge übertragbar. Eine unproblematische Einteilung der Insolvenzanträge kann mit der Anforderung einer Verfolgung ausschließlich verfahrensfremder Zwecke jedoch kaum erfolgen. Es bleibt zu beachten, dass – beispielsweise auf dem Weg der Sanierung als Durchgangsstadium zum Ziel der Haftungsverwirklichung bzw. Gläubigerbefriedigung – jede beliebige gesellschaftsrechtliche Maßnahme eingesetzt werden kann, sofern sie letztlich der Gläubigerbefriedigung zugutekommt. Bedarf es im Rahmen einer Sanierung beispielsweise einer Änderung der Gesellschafterstruktur, um das Unternehmen nachhaltig zu stabilisieren (wodurch wiederum im Interesse der Gläubiger gehandelt wird), wäre dies von den Minderheitsgesellschaftern zu akzeptieren. Soll hingegen gezielt allein die Entmachtung einzelner Minderheitsgesellschafter betrieben werden, könnten das vorbereitende Schutzschirmverfahren und das Insolvenzplanverfahren in Eigenverwaltung ggf. missbräuchlich sein.[1511] Wurde die Krise jedoch gerade durch Streit innerhalb der Gesellschaft und die wechselseitige Blockade der Gesellschafter verursacht, dürfte die Bereinigung der Situation unter Beschneidung der Rechte eines Gesellschafters und damit einhergehender Entmachtung keine insolvenzzweckwidrige Motivation darstellen, da die Maßnahme insofern der Zielsetzung des Insolvenzplanverfahrens entspricht.[1512] In die Prüfung der Rechtsmissbräuchlichkeit muss demgemäß aufgenommen werden, dass ein strategischer Einsatz des Insolvenzplanverfahrens – in der Regel verbunden mit einer frühen Verfahrenseinleitung und einer professionellen Steuerung – nicht nur häufig legitim, sondern dann sogar gewollt und als

---

1510 *v. Unger*, in: Gummert (Hrsg.), MAH PersGesR, 2. Aufl., 2015, § 12, Rn. 137; a.A. *Prütting*, in: FS Kübler, 2015, S. 567, 574, der die Existenz eines infolge Rechtsmissbrauchs unzulässigen Eigenantrags ablehnt.

1511 *LG Frankfurt/M.*, Urt. v. 13.08.2013 – 3-09 O 78/13 = NZI 2013, 981, Rz. 67; *Fölsing*, ZInsO 2013, 1325; vgl. auch *OLG Frankfurt/M.*, Beschl. v. 7.10.2013 – 5 U 135/13 = ZInsO 2013, 2162, das in seiner Berufungsentscheidung das Urteil der Vorinstanz mangels bestehenden Rechtsschutzbedürfnisses aufgehoben hat und in der Folge nicht mehr über die Frage der Missbräuchlichkeit der Antragstellung zu entscheiden hatte.

1512 *D. Lang/Muschalle*, NZI 2013, 953, 956; *Thole*, ZIP 2013, 1937, 1943; vgl. auch *Madaus*, ZIP 2014, 500, 508.

positiv zu bewerten ist.[1513] Es gilt folglich, die missbräuchliche Antragstellung von einem sonstigen strategischen Einsatz des Insolvenzplanverfahrens abzugrenzen.

Die Insolvenz als strategische Maßnahme wird verstanden als die freiwillige Stellung des Insolvenzantrags, der planvoll zur Erreichung eines wirtschaftlichen Ziels gestellt wird.[1514] Die Definition ist denkbar weit und umfasst die infolge selbstbestimmter Vorausplanung durch den Schuldner geschaffene Möglichkeit zur Bewältigung der Krise. Der strategische Insolvenzantrag erfasst jedes beliebige wirtschaftliche Ziel und kann damit, je nach Zielsetzung, auch als missbräuchlich zu charakterisieren sein.[1515] Wichtig ist insofern eine konkrete Abgrenzung von ausschließlich insolvenzfremden Zielen gegenüber überwiegend oder auch nur teilweise verfolgten beliebigen wirtschaftlichen Zielen eines strategischen Insolvenzantrags, die den Minderheitsgesellschafter vor nahezu unüberwindliche Beweisschwierigkeiten stellt.[1516] Unter die wesentlichen wirtschaftlichen Ziele sind das Liquiditäts- und Vertragsmanagement, die Schuldenregulierung und insbesondere auch Corporate-Governance-Themen zu fassen, unter deren Mantel auch die Lösung von Gesellschafterstreitigkeiten und die Auflösung bestehender Blockaden angepackt werden kann.[1517] Problematisch ist, dass eine angestrebte Sanierung als Durchgangsstadium zur Erreichung der Gläubigerbefriedigung dienen kann und die Grenzen zwischen einem legitimen und einem missbräuchlichen Einsatz des Insolvenzplanverfahrens dadurch fließend sein können.[1518]

In dem Beschluss des BGH vom 19. Mai 2011[1519] war der antragstellende Gläubiger gleichzeitig Gesellschafter der späteren Insolvenzschuldnerin. Dieser hat durch Fälligstellung einer als Gesellschafterdarlehen im Rahmen des § 135 InsO einzustufenden Verbindlichkeit die Zahlungsunfähigkeit der Insolvenzschuldnerin ausgelöst und damit jedenfalls auch den Zweck verfolgt, die als Wettbewerberin anzusehende Insolvenzschuldnerin vollständig auszuschalten. Der BGH sah trotz der insoweit klaren Motivlage keine Rechtsmissbräuchlichkeit als gegeben an. Denn mit dem Insolvenzantrag sei jedenfalls auch ein Rückfluss des eingesetzten Kapitals und eine teilweise Befriedigung der Darlehensforderungen angestrebt worden, weshalb

---

1513 *Eidenmüller*, ZIP 2014, 1197, 1198 ff.; *D. Lang / Muschalle*, NZI 2013, 953, 956; *Thole*, GesR Maßn. in der Insolvenz, 2. Aufl., 2015, Rn. 283; *ders.*, ZIP 2013, 1937, 1943 f.

1514 Vgl. *Eidenmüller*, ZIP 2014, 1197 ff., mit einer Unterteilung der verschiedenen Formen der strategischen Insolvenz; vgl. auch *Mönning*, in: FS Kübler, 2015, S. 432 f.

1515 So wohl auch *Eidenmüller*, ZIP 2014, 1197 ff. („[Die] Begriffsbestimmung strategischer Insolvenzen [...] ist damit auch offen für eine positive oder negative Bewertung dieses Phänomens [...].").

1516 *Zipperer*, ZIP 2015, 2002, 2009 („schmale[r] Grat zwischen Sanierung und Missbrauch").

1517 Zu den Zielen strategischer Insolvenzen *Eidenmüller*, ZIP 2014, 1197, 1198; *Mönning*, in: FS Kübler, 2015, S. 432 f.

1518 *Thole*, ZIP 2013, 1937, 1944.

1519 *BGH*, Beschl. v. 19.05.2011 – IX ZB 214/10 = NZI 2011, 540; vgl. auch *D. Lang / Muschalle*, NZI 2013, 953, 955; *K. Schmidt*, JuS 2012, 464 f.

keine ausschließlich insolvenzzweckfremde Motivlage gegeben sei. Die Entscheidung zeigt exemplarisch, dass das Insolvenzgericht vor schier unlösbaren Abgrenzungsschwierigkeiten und der Herausforderung steht, subjektive Elemente, wie die Motivation und Zielsetzung des antragstellenden Schuldners, nachzuweisen.[1520]

Um den bestehenden Abgrenzungsschwierigkeiten entgegenzuwirken, hat das LG Frankfurt / M. (fallbezogene) Kriterien zur Bestimmung der Insolvenzzweckwidrigkeit aufgestellt[1521], die je nach Sachlage auf vermeintlich missbräuchliche Insolvenzanträge übertragbar sind. Erweitert wurden diese Kriterien – in Reaktion auf die Entscheidungen des LG Frankfurt / M. vom 13. August 2013[1522] und 10. September 2013[1523] – durch die Literatur[1524]: Demnach kann beispielsweise die (manipulative) Herbeiführung des Insolvenzgrunds durch Maßnahmen der (Mit-)Gesellschafter als starkes Indiz dafür herangezogen werden, dass das Hauptziel der Insolvenzeinleitung nicht die finanzielle Restrukturierung des notleidenden Unternehmens ist, sondern dass primär ein anderes wirtschaftliches Ziel verfolgt wird.[1525] Wird ein Insolvenzantrag ohne die Einbeziehung und Zustimmung der Gesellschafter gestellt oder ein Insolvenzplan ohne deren Mitwirkung erarbeitet, spricht auch diese Vorgehensweise für eine Insolvenzzweckwidrigkeit.[1526] Eine Missbräuchlichkeit erscheint jedenfalls naheliegend, wenn zeitgleich mit Stellung des Insolvenzantrags bereits der Insolvenzplan eingereicht wird, der gesellschaftsrechtliche Maßnahmen im Sinne des § 225a InsO vorsieht und dadurch in die Rechte der Gesellschafter oder eines bestimmten Gesellschafterkreises eingreift, dabei jedoch weder ein leistungswirtschaftliches System[1527] noch strukturelle Vorschläge für eine operative Sanierung im Insolvenzplan enthält[1528], ggf. jedoch eine hundertprozentige Befriedung der

1520 Zur Entscheidung des *BGH*, Beschl. v. 19.05.2011 – IX ZB 214/10 = NZI 2011, 540; *D. Lang / Muschalle*, NZI 2013, 953, 955, 957; vgl. auch *Böcker*, DZWiR 2014, 331, 336 f.; *Brockdorff / Heintze / Rolle*, BB 2014, 1859, 1865; *Brinkmann*, ZIP 2014, 197, 200 (Fn. 24); *Eidenmüller*, ZIP 2014, 1197, 1202, der den Nachweis der Missbräuchlichkeit als schwierig, jedoch nicht als ausgeschlossen ansieht; *Madaus*, ZIP 2014, 500, 501; *Thole*, GesR Maßn. in der Insolvenz, 2. Aufl., 2015, Rn. 283; *ders.*, ZIP 2013, 1937, 1943 f.

1521 *LG Frankfurt / M.*, Urt. v. 10.09.2013 – 3-09 O 96/13 = NZI 2013, 986; *LG Frankfurt / M.*, Urt. v. 13.08.2013 – 3-09 O 78/13 = NZI 2013, 981; vgl. auch *Schäfer*, ZIP 2013, 2237 f.

1522 *LG Frankfurt / M.*, Urt. v. 13.08.2013 – 3-09 O 78/13 = NZI 2013, 981.

1523 *LG Frankfurt / M.*, Urt. v. 10.09.2013 – 3-09 O 96/13 = NZI 2013, 986.

1524 *Brünkmans / Uebele*, ZInsO 2014, 265, 268; *Fölsing*, ZInsO 2013, 1325, 1330, mit sach- bzw. sanierungsfremden Motiven bei Einleitung des Schutzschirmverfahrens.

1525 *Brünkmans / Uebele*, ZInsO 2014, 265, 268, 273; *Eidenmüller*, ZIP 2014, 1197, 1202; *Fölsing*, ZInsO 2013, 1325, 1330; vgl. auch *Zipperer*, ZIP 2015, 2002, 2009; a.A. *Thole*, GesR Maßn. in der Insolvenz, 2. Aufl., 2015, Rn. 283.

1526 *LG Frankfurt / M.*, Urt. v. 10.09.2013 – 3-09 O 96/13 = NZI 2013, 986, Rz. 56.

1527 *Brünkmans / Uebele*, ZInsO 2014, 265, 268.

1528 *LG Frankfurt / M.*, Urt. v. 13.08.2013 – 3-09 O 78/13 = NZI 2013, 981, Rz. 58; *Brünkmans / Uebele*, ZInsO 2014, 265, 273.

Gläubiger vorsieht[1529]. Darüber hinaus kann auch die Stellung des Schutzschirmantrags gemäß § 270b InsO trotz positiver Fortführungsprognose[1530], ein langjähriger Streit zwischen den Gesellschaftern[1531] oder die gezielte Entmachtung einzelner (Minderheits-)Gesellschafter[1532] auf die Missbräuchlichkeit des Insolvenzantrags bzw. des Antrags auf Durchführung des Schutzschirmverfahrens hinweisen.

Die Entscheidung des BGH[1533] bewirkt aufgrund der angenommenen hohen Anforderungen jedoch insofern eine erleichterte Einordnung der Antragstellung, als neben den insolvenzzweckwidrigen Zielen keine Maßnahmen mit dem Ziel der Gläubigerbefriedigung verfolgt werden dürfen. Im Ergebnis können daher nur solche Insolvenzanträge über das Instrument des Rechtsmissbrauchs herausgesiebt werden, die (evident) allein dem Ziel rein gesellschaftsinterner Konfliktlösung, der Entmachtung des Minderheitsgesellschafters oder sonstigen (egoistischen) Eigeninteressen, losgelöst vom vorrangigen Ziel der Gläubigerbefriedigung, dienen sollen.

Eine Besonderheit stellt insofern der existenzbedrohende Gesellschafterstreit dar, dessen Lösung (über das Insolvenzplanverfahren) immer auch die Wahrscheinlichkeit einer Rettung des Unternehmens vor dieser Existenzbedrohung und dadurch eine im Interesse der Gläubiger liegende Sanierung erhöht.[1534] Beispielsweise für den Fall eines andauernden, im fortgeschrittenen Stadium befindlichen Gesellschafterstreits, welcher die Handlungsfähigkeit der Gesellschaft und damit den wirtschaftlichen Erfolg des Unternehmens konkret gefährdet und eine Situation schafft, die keine erreichbaren, außerinsolvenzrechtlichen Handlungsoptionen offenlässt, kann eine Verwendung des Insolvenzplanverfahrens zur Lösung des Gesellschafterstreits daher (ausnahmsweise doch) gerechtfertigt sein.[1535]

e) *Zwischenergebnis*

Der schuldnerische Eigenantrag ist demnach missbräuchlich gestellt, wenn im Zeitpunkt der Stellung des Insolvenzantrags der Insolvenzgrund der drohenden Zahlungsunfähigkeit gemäß § 18 InsO vorliegt, keine Antragspflicht gemäß § 15a InsO besteht und mit dem Insolvenzverfahren ausschließlich solche Zwecke verfolgt werden sollen, die nicht dem primären Insolvenzziel der Gläubigerbefriedigung dienen.

1529 Zu der Situation im *Suhrkamp*-Fall *BGH*, Beschl. v. 17.07.2014 – IX ZB 13/14 = NZI 2014, 751, Rz. 42; *Wertenbruch*, in: Westermann / Wertenbruch (Hrsg.), Hdb. PersG, Lb, 60. Lfg. (09/2014), Rn. 1873h; *Brünkmans / Uebele*, ZInsO 2014, 265, 273; *Stöber*, ZInsO 2013, 2457, 2460; vgl. auch *H.-F. Müller*, NZI 2014, 756.

1530 *Fölsing*, ZInsO 2013, 1325, 1328, 1330.

1531 *Brünkmans / Uebele*, ZInsO 2014, 265, 273.

1532 *Brünkmans / Uebele*, ZInsO 2014, 265, 273.

1533 *BGH*, Beschl. v. 19.05.2011 – IX ZB 214/10 = NZI 2011, 540.

1534 *v. Unger*, in: Gummert (Hrsg.), MAH PersGesR, 2. Aufl., 2015, § 12, Rn. 137; vgl. auch *Böcker*, ZInsO 2015, 773, 781, der jedoch die Sanierung als zulässiges Verfahrensziel des Insolvenzrechts neben der Gläubigerbefriedigung und nicht als „sekundäres Verfahrensziel“ anerkennt.

1535 *Madaus*, ZIP 2014, 500, 501; vgl. auch *Böcker*, ZInsO 2015, 773, 781 f.

2. *Rechtsfolgen eines (unterstellt) missbräuchlichen Eigenantrags*

Gelangt man – trotz der hohen, an einen ausschließlich insolvenzwidrigen Zwecken dienenden Eigenantrag gestellten Anforderungen und der Schwierigkeit ihres Nachweises – zu dem Ergebnis, dass der Schuldner einen missbräuchlichen Eigenantrag gestellt hat, impliziert die Missbräuchlichkeit nicht automatisch die Unzulässigkeit des Insolvenzantrags.

Nachfolgend wird zunächst geprüft, inwieweit die gesellschaftsrechtliche Treuepflicht ein Blockadeverbot begründet, das auch im Fall eines missbräuchlichen Insolvenzantrags zugunsten eines erfolgreichen Insolvenzplanverfahrens bestehen könnte. Anschließend stellt sich die Frage, ob dem Insolvenzgericht die Kompetenz zur Prüfung der zum Insolvenzantrag bewegenden Motive des Antragstellers zusteht.[1536] Zu klären bleibt abschließend, in welchen Fällen ein (ursprünglich) missbräuchlicher Insolvenzantrag überhaupt als unzulässig vom Insolvenzgericht zurückgewiesen werden kann.[1537]

a) Bestehen eines Blockadeverbots der Minderheit

Zunächst steht infrage, ob der Minderheitsgesellschafter, infolge des aus der gesellschaftsrechtlichen Treuepflicht abgeleiteten Blockadeverbots, missbräuchliche Insolvenzanträge tolerieren muss. Dafür könnte sprechen, dass der Abbau bestehenden Blockadepotenzials durch die Gesellschafter bzw. dessen möglichst vollständige Vermeidung dringendes Ziel des ESUG-Gesetzgebers war.[1538] Ein jeder Gesellschafter der schuldnerischen Gesellschaft soll im Interesse der Gemeinschaft aller Sanierungsbeteiligten seine Einzelinteressen zurückstellen müssen, da eine Blockade der Sanierung deren Erfolgsaussichten infrage stellen und die Vermögenssphäre der Mitgesellschafter erheblich beeinträchtigen würde.[1539] Entsprechendes ergibt sich bei Betrachtung des gewährten Minderheitenschutzes, der dem einzelnen Gesellschafter lediglich den Anspruch auf Ausgleich seiner in der Insolvenz fortbestehenden Vermögensposition gewährt. Die Anwendbarkeit des Blockadeverbots würde voraussetzen, dass die gesellschaftsrechtliche Treuepflicht in besagtem Zeitpunkt der Antragstellung überhaupt Bestand hätte und zugleich Anträge auf Eröffnung des Insolvenzverfahrens auch dann geduldet werden, wenn die Mehrheit ihre Treuebindung gegenüber der Minderheit verletzt: Wie gezeigt, wird die gesellschaftsrechtliche Treuepflicht vor der Eröffnung des Insolvenzverfahrens nicht durch das Insolvenzrecht verdrängt. Im Gegenteil sind die gesellschaftsrechtlichen Sonderverbindungen zwischen den Gesellschaftern in der Krisensituation verstärkt von gegenseitigen Treuepflichten geprägt. Mit Bestand der gesellschaftsrechtlichen

1536 *Brinkmann*, ZIP 2014, 197, 200.
1537 *Brinkmann*, ZIP 2014, 197, 200 f.
1538 RegE ESUG, BT-Drucks. 17/5712, S. 17 ff., 30.
1539 Dazu bereits vor den Änderungen durch das ESUG *Bitter*, ZGR 2010, 147, 151; dessen Argumentation aufgreifend *Schäfer*, ZIP 2013, 2237, 2240.

Treuepflicht besteht für die Minderheitsgesellschafter zugleich die Pflicht, sinnvolle und mehrheitlich angestrebte Sanierungen nicht (aus eigennützigen Motiven) zu blockieren.[1540] Das aus der gesellschaftsrechtlichen Treuepflicht abgeleitete Blockadeverbot geht jedoch im Fall der missbräuchlichen Antragstellung fehl. Die Pflicht, eine evident missbräuchliche Eröffnung des Insolvenzverfahrens – allein um der Sanierung willen – zu tolerieren, kann nicht überzeugen. Anderenfalls würde sich die Rechtsordnung in Widerspruch zu sich selbst stellen.[1541] Eine missbräuchliche Antragstellung kann zwar mehrheitlich bzw. vom Mehrheitsgesellschafter gewollt sein, sie kann zugleich jedoch nicht als „sinnvolle" Maßnahme zu bewerten sein, die als mildeste zumutbare Variante zur Vermeidung der Zerschlagung unverzichtbar ist.[1542] Im Fall der missbräuchlichen Antragstellung kann es nicht darum gehen, eine mögliche Blockade der Minderheit zu verbieten. Die missbräuchlich eingesetzte Macht der Mehrheit muss vielmehr eingegrenzt bzw. verhindert und ein angemessener Schutz der Minderheit gewährleistet werden.[1543] Das Verbot, Insolvenzanträge zu blockieren, steht folglich unter dem Vorbehalt, dass die Mehrheit nicht ihre Treubindung gegenüber der Minderheit verletzt. Eine Pflicht, missbräuchliche Anträge zu tolerieren, besteht nicht.

b) Prüfungskompetenz des Insolvenzgerichts

An einer Kompetenz des Insolvenzgerichts, im Rahmen seiner Amtsermittlung nach § 5 InsO auch die (Sanierungs-)Ziele des Antragstellers überprüfen zu können, bestehen Zweifel, weil allein für den Gläubigerantrag das Erfordernis eines rechtlichen Interesses an der Eröffnung des Insolvenzverfahrens als allgemeine Zulässigkeitsvoraussetzung des Eröffnungsantrags ausdrücklich normiert ist (§ 14 Abs. 1 S. 1 InsO). Richtigerweise bedarf jedoch jeder Antrag auf gerichtliche Entscheidung eines Rechtsschutzinteresses, auch wenn dies im Normtext nicht ausdrücklich vorausgesetzt wird.[1544] *Brinkmann* zieht den Vergleich zur zivilprozessualen Feststellungs- und Leistungsklage, für die ein Rechtsschutzbedürfnis ausdrücklich als Sachurteilsvoraussetzung normiert ist.[1545] Zugleich weist er auf die bestehende Einigkeit hin, dass dessen Fehlen auch bei den anderen Klagearten

---

1540 Siehe hierzu § 1.B.I.1.b).

1541 *Schäfer*, ZIP 2013, 2237, 2241.

1542 Siehe hierzu § 3.C.I.2.

1543 *Schäfer*, ZIP 2013, 2237, 2241; wohl auch *Thole*, ZIP 2013, 1937, 1943 f.; allg. zu den Grenzen der Mehrheitsherrschaft *Schäfer*, in: Säcker / Rixecker (Hrsg.), MüKo-BGB, Bd. 5, 6. Aufl., 2013, § 709, Rn. 100 f.; vgl. auch *Frauer*, Grenzen des Eingriffs, 2014, S. 186 ff.

1544 *AG Duisburg*, Beschl. v. 28.12.2001 – 62 IK 99/01 = NZI 2002, 211; *AG Dresden*, Beschl. v. 13.02.2002 – 530 IN 2190/01 = ZIP 2002, 862; *Schmahl / Vuia*, in: Kirchhof u.a. (Hrsg.), MüKo-InsO, Bd. 1, 3. Aufl., 2013, Rn. 86.

1545 *Brinkmann*, ZIP 2014, 197, 200.

der ZPO zur Unzulässigkeit der Klage führt.[1546] Wenngleich ursprünglich teilweise vertreten wurde, dass es schon deshalb keiner besonderen Zulässigkeitsvoraussetzungen bedürfe, weil sich niemand ohne Grund in die Rolle des Gemeinschuldners begeben werde[1547], führt die Thematik der missbräuchlichen Antragstellung die Bedeutung des Rechtsschutzinteresses auch im Rahmen des Eigenantrags vor Augen. Entsprechend dem Gläubigerantrag muss daher auch für den Eigenantrag des Schuldners ein Rechtsschutzinteresse gegeben sein.[1548] Das Gericht hat folglich von Amts wegen zu prüfen, ob im Hinblick auf die Insolvenzziele des § 1 InsO das notwendige Rechtsschutzinteresse für einen Insolvenzantrag vorliegt.[1549]

Im Rahmen seiner Amtsermittlungspflicht nach § 5 InsO prüft das Insolvenzgericht die Zulässigkeit des Antrags und damit (auch) die Vertretungsbefugnis des Antragstellers.[1550] Anders als im Fall der Zahlungsunfähigkeit oder Überschuldung kann der auf drohende Zahlungsunfähigkeit gestützte Antrag gemäß § 18 Abs. 3 InsO nur von den vertretungsberechtigten Organen gestellt werden.[1551] Etwaig bestehende Beschränkungen der Vertretungsmacht im Innenverhältnis werden durch das Insolvenzgericht nicht überprüft. Dem Vertretenen selbst obliegt insoweit das Risiko eines Missbrauchs der Insolvenzantragstellung durch das Organmitglied. Eine Ausnahme kann jedoch – über die auf den Insolvenzantrag anzuwendenden

---

1546 So auch *Madaus*, ZIP 2014, 500, der hervorhebt, dass jede auf die Einleitung eines gerichtlichen Verfahrens gerichtete Prozesshandlung ein Rechtsschutzbedürfnis erfordere.

1547 *Baur/Stürner*, InsR, 12. Aufl., 1999, Rn. 7.15; *Gerhardt*, Grundbegriffe des Vollstreckungs- und Insolvenzrechts, 1985, Rn. 247; mit dem gleichen Ergebnis *Vallender*, MDR 1999, 280, 281.

1548 *OLG Hamm*, Beschl. v. 13.10.1975 – 15 W 331/75 = NJW 1976, 758; *LG Dresden*, Beschl. v. 11.10.2005 – 5 T 518/05 = BeckRS 2011, 09919; *AG Duisburg*, Beschl. v. 2.01.2007, 64 IN 107/06 = NZI 2007, 354; *Kadenbach*, in: Ahrens u.a. (Hrsg.), FAK InsR, InsO, 2. Aufl., 2014, § 13, Rn. 29; *Mitter*, in: Haarmeyer/Wutzke/Förster (Hrsg.), InsO, 2. Aufl., 2012, § 13, Rn. 25; *Gerhardt*, in: Jaeger, InsO, 2004, § 13, Rn. 27; *Schmahl/Vuia*, in: Kirchhof u.a. (Hrsg.), MüKo-InsO, Bd. 1, 3. Aufl., 2013, § 13, Rn. 86; *Wegener*, in: Uhlenbruck u.a. (Hrsg.), InsO, 14. Aufl., 2015, § 13, Rn. 81; *Brinkmann*, ZIP 2014, 197, 200; *Brünkmans/Uebele*, ZInsO 2014, 265, 268; *D. Lang/Muschalle*, NZI 2013, 953, 955; *Keller*, InsR, 2006, Rn. 502; kritisch *Prütting*, in: FS Kübler, 2015, S. 567, 573 f.

1549 *BGH*, Beschl. v. 12.12.2002, IX ZB 426/02 = NZI 2003, 147; *Kirchhof*, in: Kreft (Hrsg.), HK-InsO, 7. Aufl., 2014, § 13, Rn. 25; *Wegener*, in: Uhlenbruck u.a. (Hrsg.), InsO, 14. Aufl., 2015, § 13, Rn. 81; das Ziel der eigenen Schuldbefreiung als legitimes Ziel benennend *Gerhardt*, in: Jaeger, InsO, 2004, § 13, Rn. 27; vgl. auch *Brinkmann*, ZIP 2014, 197, 200; *Hess*, InsR, 2. Aufl., 2013, § 13, Rn. 56.

1550 *Kirchhof*, in: Kreft (Hrsg.), HK-InsO, 7. Aufl., 2014, § 5, Rn. 5; *Pape*, in: Uhlenbruck u.a. (Hrsg.), InsO, 14. Aufl., 2015, § 5, Rn. 1; *Frege/Keller/Riedel*, InsR, 8. Aufl., 2015, T. 2, Kap. 5, Rn. 489 f., 498; *Meyer*, ZInsO 2013, 2361, 2365.

1551 *Meyer*, ZInsO 2013, 2361, 2365; *Tetzlaff*, ZInsO 2008, 226, 230.

Grundsätze vom Missbrauch der Vertretungsmacht[1552] – gelten, wenn der Antrag nach § 18 Abs. 3 InsO „bewusst und zum Nachteil von Minderheitsgesellschaftern"[1553] gestellt wird. Der Amtsermittlungsgrundsatz greift diesbezüglich jedoch erst ein, wenn das Gericht von einem entsprechenden Sachverhalt erfährt und es hinreichend nachgewiesene Anhaltspunkte für einen Missbrauch hat.[1554] Ist dies der Fall und greift der Amtsermittlungsgrundsatz ein, ist vom Gericht auch der erforderliche – aber in der Situation eines bestehenden Gesellschafterstreits regelmäßig nicht erfolgte oder nicht erfolgreiche – Gesellschafterbeschluss zu berücksichtigen.[1555]

c) Unzulässigkeit missbräuchlicher Schuldneranträge

Das rechtliche Interesse des Schuldners an der Insolvenzeröffnung liegt in der Regel vor, wenn die übrigen Zulässigkeitsvoraussetzungen erfüllt sind.[1556] Wird der Antrag des Schuldners auf Insolvenzeröffnung bzw. Durchführung des Schutzschirmverfahrens jedoch missbräuchlich gestellt, fehlt das Rechtsschutzinteresse ausnahmsweise und der Antrag ist als unzulässig zurückzuweisen.[1557] Wiederum bleibt zu berücksichtigen, dass der missbräuchliche Eigenantrag in den meisten Fällen dazu führen wird, dass im Verlauf des Eröffnungsverfahrens ein zwingender Insolvenzgrund eintritt, weil die Gesellschaft durch die Kündigung der Kredite oder den Abbruch von Geschäftsbeziehungen durch wichtige Geschäftspartner zahlungsunfähig und in der Folge überschuldet wird.[1558] Infolge dieser meist (nachträglich) eintretenden Begründetheit sind Zurückweisungsentscheidungen des Insolvenzgerichts als Ausnahme einzuordnen. Dass der Gesetzgeber den Zusammenhang zwischen Antragstellung und Eintritt der Zahlungsunfähigkeit im Blick hatte, zeigt der Regierungsentwurf zum ESUG, der in § 270b Abs. 3 Nr. 1 InsO noch vorsah, dass das Schutzschirmverfahren bei

---

1552 Siehe hierzu § 3.B.III.1.a)dd).

1553 *Meyer*, ZInsO 2013, 2361, 2365.

1554 *Andres*, in: Andres u.a., InsO, 3. Aufl., 2014, § 5, Rn. 11; *Baumert*, in: Braun (Hrsg.), InsO, 6. Aufl., 2014, § 5, Rn. 8; *Kirchhof*, in: Kreft (Hrsg.), HK-InsO, 7. Aufl., 2014, § 5, Rn. 4; *Schmerbach*, in: Wimmer (Hrsg.), FK-InsO, 8. Aufl., 2015, § 5, Rn. 2; *Meyer*, ZInsO 2013, 2361, 2365; *Zipperer*, NZI 2010, 281, 284.

1555 *Meyer*, ZInsO 2013, 2361, 2365; *Zipperer*, NZI 2010, 281, 284.

1556 *Schmahl/Vuia*, in: Kirchhof u.a. (Hrsg.), MüKo-InsO, Bd. 1, 3. Aufl., 2013, § 3, Rn. 86.

1557 *Kirchhof*, in: Kreft (Hrsg.), HK-InsO, 7. Aufl., 2014, § 14, Rn. 31 und § 13, Rn. 25; *Haas*, in: Kreft (Hrsg.), HK-InsO, 7. Aufl., 2014, § 225a, Rn. 13; *Vuia*, in: Gottwald (Hrsg.), InsR-Hdb., 5. Aufl., 2015, § 10, Rn. 24; *Mitter*, in: Haarmeyer / Wutzke / Förster (Hrsg.), InsO, 2. Aufl., 2012, § 13, Rn. 25; *Eidenmüller*, in: Kirchhof u.a. (Hrsg.), MüKo-InsO, Bd. 3, 3. Aufl., 2014, § 225a, Rn. 79; *ders.*, NJW 2014, 17, 18; *Gundlach / Müller / Rautmann*, ZInsO 2015, 889, 890; *Hess*, InsR, 2. Aufl., 2013, § 13, Rn. 56; *Keller*, InsR, 2006, Rn. 502; *Madaus*, ZIP 2014, 500 f.; vgl. auch *Looschelders / Olzen*, in: Staudinger, BGB, 2015, § 242, Rn. 225; *Schäfer*, ZIP 2013, 2237, 2241; *Thole*, ZIP 2013, 1937, 1944; a.A. *Prütting*, in: FS Kübler, 2015, S. 567, 574.

1558 Siehe hierzu § 3.B.III.1, Fn. 763.

Eintritt der Zahlungsunfähigkeit aufzuheben sei.[1559] Wäre der Eintritt der Zahlungsunfähigkeit als Aufhebungsgrund für das Schutzschirmverfahren in den endgültigen Gesetzestext aufgenommen worden, wäre das Schutzschirmverfahren angesichts der fast automatisch eintretenden Zahlungsunfähigkeit nahezu praxisuntauglich gewesen.[1560] Im Hinblick auf die Zulässigkeit des Antrags muss die Missbräuchlichkeit des Eröffnungsantrags des Schuldners unschädlich sein, wenn der Schuldner – jedenfalls nach Stellung des Insolvenzantrags – im Moment der Entscheidung über den Antrag überschuldet oder zahlungsunfähig und daher zur Stellung eines Insolvenzantrags verpflichtet ist.[1561] Der Insolvenzantrag ist dann nicht missbräuchlich, sondern mit dem nötigen Rechtsschutzinteresse gestellt und demnach auch zulässig.

Die Stellung der Gläubiger als – in Anbetracht der Abstimmungsregelungen im Insolvenzplanverfahren – notwendig „Verbundene" eines gewollt missbräuchlich handelnden Geschäftsführers führt in diesem Zusammenhang zu keinem anderen Ergebnis. Der Geschäftsführer wird die Gläubiger mit seiner Antragstellung nicht überraschen, sondern versuchen, diese im Vorfeld auf seine Seite zu ziehen, damit die angestrebten Maßnahmen zur Umsetzung im Insolvenzplan die nötigen Mehrheiten in den Gläubigergruppen erhalten. Dass die Gläubiger infolge des (missbräuchlichen) Zusammenwirkens mit der Geschäftsführung von der Kündigung ihrer Kredite absehen könnten, ist nicht zu erwarten. Die dann ausbleibende Antragspflicht würde die Missbräuchlichkeit der Antragstellung aufrechterhalten und eine Zurückweisung des Insolvenzantrags durch das Insolvenzgericht ermöglichen.

Für den als unzulässig zurückzuweisenden missbräuchlichen Insolvenzantrag des Schuldners bleiben damit die wenigen Fälle übrig, in denen der Schuldner auch im Zeitpunkt der Entscheidung über den Insolvenzantrag „nur" drohend zahlungsunfähig ist.

d) Folgen der Verfahrenseröffnung trotz (unterstellt) fehlenden Rechtsschutzinteresses

Infolge der Schwierigkeit einer Eingrenzung bzw. genauen Bestimmung der Missbräuchlichkeit eines Insolvenzantrags ist es in der Praxis denkbar, dass die Eröffnungsentscheidung des Insolvenzgerichts auf einem (unerkannt) missbräuchlichen Insolvenzantrag beruht. Die Eröffnung des Insolvenzverfahrens, trotz fehlenden Rechtsschutzinteresses des Antragstellers, übergeht auf diese Weise die Unzulässigkeit des Insolvenzantrags.[1562]

Zu klären bleibt, welche Folgen die Eröffnung des Insolvenzverfahrens trotz (unerkannt) missbräuchlichem Insolvenzantrag für das Insolvenzplanverfahren

---

1559 RegE ESUG, BT-Drucks. 17/5712, S. 12, 41.

1560 *Brinkmann*, ZIP 2014, 197, 200.

1561 *Brinkmann*, ZIP 2014, 197, 200 f.; *ders./Zipperer*, ZIP 2011, 1337; mit dem gleichen Ergebnis *D. Lang/Muschalle*, NZI 2013, 953, 955 f.

1562 Siehe hierzu die vierte Fallkonstellation bei *Prütting*, in: FS Kübler, 2015, S. 567, 572.

nach sich zieht. *Schäfer*, der eine Aufopferungspflicht der (Minderheits-)Gesellschafter im Insolvenzverfahren unter der Prämisse der (faktischen) Wertlosigkeit der Gesellschaftsanteile anerkennt, hält die Einzelausprägungen dieser insolvenzrechtlichen Aufopferungspflicht im Fall der treuwidrigen Verfahrenseröffnung für unanwendbar.[1563] Namentlich seien einzelne Verfahrensregeln, die insbesondere eine Verschlechterung der Rechtsposition des (Minderheits-)Gesellschafters bewirken, suspendiert. Dazu gehören der Verweis auf das Vermögensinteresse in § 251 InsO, das Obstruktionsverbot in § 245 InsO und die fehlende Berücksichtigung gesellschaftsvertraglich vereinbarter Stimmrechtsbeschränkungen, Sonder- oder Mehrstimmrechte gemäß § 238a Abs. 1 S. 2 InsO.[1564] Einem solchen Verständnis kann (abermals[1565]) schon deshalb nicht entsprochen werden, weil *Schäfer* mit seiner Annahme die Wirkungen des Eröffnungsbeschlusses verkennt: Nach Erschöpfung des Rechtsmittelwegs[1566] bzw. Ablauf der Beschwerdefrist (§§ 569 Abs. 1 S. 1, 577 Abs. 2 ZPO, §§ 4, 6 Abs. 2 InsO)[1567] erlangt der Eröffnungsbeschluss formelle Rechtskraft (§ 705 ZPO, § 4 InsO).[1568] Die formelle Rechtskraft des Eröffnungsbeschlusses bewirkt grundsätzlich die Heilung aller rechtlichen Mängel der Eröffnung und des vorangegangenen insolvenzgerichtlichen Verfahrens, einschließlich des zugrunde liegenden Antrags.[1569] Davon ausgenommen sind lediglich das Fehlen der deutschen Gerichtsbarkeit[1570] und solche Mängel, die aufgrund ihrer Schwere zur

---

1563 *Schäfer*, ZIP 2013, 2237, 2243.

1564 Vgl. *Schäfer*, ZIP 2013, 2237, 2243, der selbst unentschlossen in Bezug auf eine etwaige Suspendierung der gesellschaftsrechtlichen Einstimmigkeits- bzw. Mehrheitserfordernisse durch § 244 InsO ist.

1565 Siehe hierzu § 3.C.II.1.

1566 *Schilken*, in: Jaeger, InsO, 2004, § 27, Rn. 46, der Eröffnungsbeschluss unterliegt gemäß § 34 Abs. 2 InsO der sofortigen Beschwerde (nur) des Schuldners; vgl. auch *Leithaus*, in: Andres u.a., InsO, 3. Aufl., 2014, § 34, Rn. 5; *Schmahl/Busch*, in: Kirchhof u.a. (Hrsg.), MüKo-InsO, Bd. 1, 3. Aufl., 2013, § 34, Rn. 55; *Pape*, in: Uhlenbruck u.a. (Hrsg.), InsO, 14. Aufl., 2015, § 34, Rn. 11.

1567 *Mönning*, in: Nerlich / Römermann (Hrsg.), InsO, Lb, 27. Lfg. (08/2014), § 34, Rn. 24 ff.; *Schmerbach*, in: Wimmer (Hrsg.), FK-InsO, 8. Aufl., 2015, § 6, Rn. 36, 41 ff.; *Hess*, InsR, 2. Aufl., 2013, § 34, Rn. 26 ff.

1568 *Schilken*, in: Jaeger, InsO, 2004, § 27, Rn. 47; *Rüther*, in: A. Schmidt (Hrsg.), HHK-InsO, 5. Aufl., 2015, § 6, Rn. 32.

1569 *Schilken*, in: Jaeger, InsO, 2004, § 27, Rn. 47 und § 34, Rn. 39; *Schmahl/Busch*, in: Kirchhof u.a. (Hrsg.), MüKo-InsO, Bd. 1, 3. Aufl., 2013, § 34, Rn. 110; *Kirchhof*, in: Kreft (Hrsg.), HK-InsO, 7. Aufl., 2014, § 27, Rn. 37; *Pape*, in: Kübler u.a. (Hrsg.), InsO, Lb, 30. Lfg. (10/2007), § 27, Rn. 34 f.; *Schmerbach*, in: Wimmer (Hrsg.), FK-InsO, 8. Aufl., 2015, § 7, Rn. 82; *Hefermehl*, in: Wimmer u.a. (Hrsg.), Hdb. des Fachanwalts InsR, 7. Aufl., 2015, Kap. 1, Rn. 35; *Hess*, InsR, 2. Aufl., 2013, § 34, Rn. 76; auf die formelle Rechtskraft verweisend *Thole*, ZIP 2013, 1937, 1944 f.

1570 *Schilken*, in: Jaeger, InsO, 2004, § 27, Rn. 47; *Schmahl/Busch*, in: Kirchhof u.a. (Hrsg.), MüKo-InsO, Bd. 1, 3. Aufl., 2013, § 34, Rn. 117; *Kirchhof*, in: Kreft (Hrsg.),

Nichtigkeit des Eröffnungsbeschlusses[1571] führen. Ein missbräuchlicher Eröffnungsantrag wird vom Schuldner, als Antragsteller, nach überzeugender Auffassung ohne das erforderliche Rechtsschutzinteresse gestellt.[1572] Verkennt das Insolvenzgericht die Unzulässigkeit des Antrags und eröffnet das Insolvenzverfahren, bewirkt die Rechtskraft des Eröffnungsbeschlusses die Heilung des fehlenden Rechtsschutzinteresses und verhindert, dass das Insolvenzverfahren infolge des ursprünglich missbräuchlichen Eröffnungsantrags aufgehoben werden kann.

Fölsing geht davon aus, dass ein missbräuchlicher Einsatz des Schutzschirmverfahrens durch den Antragsteller das Insolvenzgericht von Amts wegen zur Aufhebung des Verfahrens verpflichtet.[1573] Aus dem Grundsatz von Treu und Glauben gemäß § 242 BGB ergebe sich insofern, dass die Geschäftsführung das Schutzschirmverfahren keinesfalls treuwidrig zur Verfolgung sanierungsfremder Zwecke einsetzen dürfe. Die Aufhebung des Schutzschirmverfahrens sei für den Rechtsmissbrauch betreibenden Antragsteller schon insoweit nicht bedenklich, als dieser in seinem Vertrauen auf die ursprüngliche Bewilligung des Verfahrens nicht geschützt sei.[1574] Auch *Fölsing* übersieht im konkreten Fall jedoch die Bedeutung der Rechtskraft: In dem den Ausführungen *Fölsings* zugrunde liegenden *Suhrkamp*-Verfahren hat das Insolvenzgericht das Bestehen des zwingenden Insolvenzgrunds der Zahlungsunfähigkeit rechtskräftig festgestellt, weshalb kein Raum für die Geltendmachung einer missbräuchlichen Antragstellung verbleibt.[1575] Beruht die Eröffnungsentscheidung des Insolvenzgerichts auf einem (unerkannt) missbräuchlichen Insolvenzantrag, bewirkt die formelle Rechtskraft der Eröffnungsentscheidung die Heilung des infolge fehlenden Rechtsschutzinteresses unzulässigen Insolvenzantrags. Die Heilung des missbräuchlichen Insolvenzantrags hat zur Folge, dass die Entscheidung des Insolvenzgerichts nachträglich, unter Berufung auf diesen bei Antragstellung bestehenden rechtlichen Mangel, im laufenden Insolvenzverfahren nicht aufgehoben werden kann.

HK-InsO, 7. Aufl., 2014, § 27, Rn. 37; *Zipperer*, in: Uhlenbruck u.a. (Hrsg.), InsO, 14. Aufl., 2015, § 27, Rn. 22.

1571 *Schmahl/Busch*, in: Kirchhof u.a. (Hrsg.), MüKo-InsO, Bd. 1, 3. Aufl., 2013, § 34, Rn. 11; *Keller*, in: K. Schmidt (Hrsg.), InsO, 18. Aufl., 2013, § 27, Rn. 67; *Zipperer*, in: Uhlenbruck u.a. (Hrsg.), InsO, 14. Aufl., 2015, § 27, Rn. 20; *Hess*, InsR, 2. Aufl., 2013, § 34, Rn. 76 ff.

1572 Siehe hierzu § 4.A.I.2.d).

1573 *Fölsing*, ZInsO 2013, 1325, 1330 f.

1574 *Fölsing*, ZInsO 2013, 1325, 1331.

1575 Die Bedeutung der Rechtskraft erkennend, *Spliedt*, ZInsO 2013, 2155, 2157; vgl. auch *Brinkmann*, ZIP 2014, 197 (Fn. 1).

3. *Missbräuchliche Einleitung des Schutzschirmverfahrens*

Unter den benannten Voraussetzungen ist auch die Missbräuchlichkeit der Einleitung eines Schutzschirmverfahrens – jedenfalls theoretisch – denkbar.[1576] Es besteht die Gefahr, dass sanierungsungeeignete Schuldner mithilfe des Schutzschirmverfahrens zusätzliche Zeit herauszuschlagen versuchen, um ihre Sanierungsideen zu verwirklichen und zugleich ihr restliches vorhandenes Vermögen aufzubrauchen.[1577] Daneben besteht in der Situation zerstrittener Gesellschafter die Gefahr, dass grundsätzlich sanierungsgeeignete Schuldner das Schutzschirmverfahren ausnutzen, um mithilfe der Gläubiger frühzeitig solche gesellschaftsrechtlichen (Sanierungs-)Maßnahmen vorzusehen, die ausschließlich zulasten der Minderheitsgesellschafter erfolgen. Angesichts der hohen Anforderungen an eine ausschließlich insolvenzwidrige Motivlage ist die missbräuchliche Einleitung des Schutzschirmverfahrens jedoch (ebenfalls) kaum nachweisbar.[1578] Für den Fall, dass beispielsweise das Vorliegen eines Insolvenzgrunds unter den Gesellschaftern streitig ist und der vom Schuldner vorgeschlagene und aus dessen Lager stammende vorläufige Sachwalter mit der Begutachtung des Insolvenzgrunds betraut ist (§§ 270b Abs. 2, 22 Abs. 1 S. 2 Nr. 3 InsO), ist dem (Minderheits-)Gesellschafter ein Ablehnungsrecht infolge der Besorgnis der Befangenheit zuzuerkennen.[1579] Dadurch wird im Einzelfall auch eine zugunsten des Antragstellers erfolgende Begutachtung verhindert. Ein wirkungsvoller Schutz vor einer missbräuchlichen Einleitung des Schutzschirmverfahrens kann jedoch insoweit nicht geleistet werden, als das Ablehnungsrecht nur auf die Befangenheit des vorläufigen Sachwalters abstellt. Wird das Ablehnungsgesuch des Minderheitsgesellschafters übergangen, stellt dies zwar einen Verfahrensmangel dar[1580], gegen den mangelhaften Eröffnungsbeschluss steht dem Minderheitsgesellschafter jedoch kein Rechtsmittel zu. Zu bedenken bleibt, dass auch eine missbräuchliche Einleitung des Schutzschirmverfahrens, bis zur Entscheidung über die Anträge, regelmäßig den Eintritt zwingender Insolvenzgründe bewirken wird.

4. *Zwischenergebnis*

Ist die Gesellschaft auch im Zeitpunkt der Entscheidung über den Antrag (noch) nicht überschuldet oder zahlungsunfähig, kann das Insolvenzgericht den missbräuchlich gestellten Eigenantrag wegen fehlenden Rechtsschutzinteresses des Antragstellers als unzulässig zurückweisen. Infolge der nach Antragstellung mit

---

1576 RegE ESUG, BT-Drucks. 17/5712, S. 59, die Möglichkeit und Gefahren eines Missbrauchs des Schutzschirmverfahrens anerkennend.

1577 *Pape*, in: Kübler u.a. (Hrsg.), InsO, Lb, 49. Lfg. (07/2012), § 270b, Rn. 23; *Brand*, KTS 2014, 1, 7.

1578 *v. Unger*, in: Gummert (Hrsg.), MAH PersGesR, 2. Aufl., 2015, § 12, Rn. 137 f.; *Fölsing*, ZInsO 2013, 1325, 1329 ff.; *D. Lang/Muschalle*, NZI 2013, 953, 955 ff.

1579 Siehe hierzu § 3.B.III.1.d).

1580 *Madaus*, ZIP 2014, 500, 503.

Kenntnis der Gläubiger und Kündigung der Kredite regelmäßig eintretenden Zahlungsunfähigkeit der Gesellschaft ist eine Zurückweisungsentscheidung des Insolvenzgerichts jedoch vornehmlich als Ausnahme anzusehen.

II. Missbrauch im Insolvenzplanverfahren

Angesichts des Ergebnisses, dass bereits eine (ursprünglich) missbräuchliche Antragstellung des Schuldners nur selten zu dessen Unzulässigkeit führt, kann dem Institut des Rechtsmissbrauchs im eröffneten Insolvenzplanverfahren von vornherein keine bedeutende Stellung eingeräumt werden.[1581] Zu klären bleibt, ob missbräuchliche gesellschaftsrechtliche Maßnahmen und (insgesamt) missbräuchliche Insolvenzpläne im eröffneten Insolvenzplanverfahren überhaupt denkbar bzw. wann diese anzunehmen sind. Einer Annahme missbräuchlicher gesellschaftsrechtlicher Maßnahmen und Insolvenzpläne muss sich die Frage nach einer dem Insolvenzgericht über die insolvenzrechtlichen Regelungen eingeräumten Kompetenz zur Prüfung dieser Rechtsmissbräuchlichkeit anschließen.

1. Existenz missbräuchlicher gesellschaftsrechtlicher (Sanierungs-)Maßnahmen?

In der Literatur wird zwar vereinzelt die missbräuchliche Antragstellung durch den Schuldner besprochen, nur ganz selten wird dagegen im Anschluss daran auf einen Missbrauch im eröffneten Insolvenzverfahren eingegangen. Die Mehrheit derjenigen Autoren, die sich dem Problem einer missbräuchlichen Antragstellung durch den Schuldner widmen, differenzieren nicht zu einem – wenigstens zu problematisierenden – Missbrauch im Insolvenzplanverfahren.[1582] Hierbei wäre insbesondere an die missbräuchliche (Aus-)Nutzung gesellschaftsrechtlicher (Sanierungs-) Maßnahmen im Insolvenzplan und allgemein an missbräuchliche Insolvenzpläne zu denken. Andere erkennen zwar die Existenz missbräuchlicher Insolvenzpläne an, stellen diese jedoch lediglich als weiteres denkbares Szenario einer missbräuchlichen Verwendung der Insolvenzinstrumente fest. Dabei bedenken sie nicht das eigentliche Problem um die Frage, ob ein solcher Rechtsmissbrauch im eröffneten Insolvenzplanverfahren überhaupt möglich ist.[1583] Neben den an missbräuchliche

1581 *Brinkmann*, ZIP 2014, 197, 201 ff.; *Eidenmüller*, ZIP 2014, 1197, 1198, 1203.

1582 *Böcker*, ZInsO 2015, 773, 781; *ders.*, DZWiR 2014, 331, 336; *Geißler*, ZInsO 2013, 919, 924; *Madaus*, ZIP 2014, 500 ff., 508; *Thole*, ZIP 2013, 1937, 1944 f.; *Westermann*, NZG 2015, 134 ff.

1583 Vgl. *Eidenmüller*, ZIP 2014, 1197, 1203; *D. Lang/Muschalle*, NZI 2013, 953 ff.; *H.-F. Müller*, DB 2014, 41, 44 f.; *Schäfer*, ZIP 2013, 2237, 2242; *Simon/Merkelbach*, NZG 2012, 121, 127; *Stöber*, ZInsO 2013, 2457, 2463 ff.; ausführlicher *Brünkmans/Uebele*, ZInsO 2014, 265, 271 ff.; a.A. *Burmeister/Schmidt-Hern*, in: Kübler (Hrsg.), HRI, 2. Aufl., 2015, § 43, Rn. 228, die das Problem einer fortbestehenden Treuepflicht erkennen, diese jedoch ablehnen; vgl. auch *Brinkmann*, ZIP 2014, 197,

gesellschaftsrechtliche Maßnahmen bzw. missbräuchliche Insolvenzpläne zu stellenden (möglichen) Anforderungen bleibt daher insbesondere zu prüfen, inwieweit die Eröffnung des Insolvenzplanverfahrens einen Missbrauch zulasten der (Minderheits-)Gesellschafter bereits *per se* ausschließt.

a) (Mögliche) Anforderungen an missbräuchliche gesellschaftsrechtliche (Sanierungs-)Maßnahmen

Eine einheitliche Definition, wann eine in den Plan aufgenommene gesellschaftsrechtliche (Sanierungs-)Maßnahme missbräuchlich zulasten des Minderheitsgesellschafters ergeht, besteht – soweit ersichtlich – nicht. Wird die missbräuchliche Ausnutzung gesellschaftsrechtlicher Maßnahmen in der Literatur aufgegriffen, werden überwiegend Beispiele schwerer und offensichtlicher Treuepflichtverletzungen angeführt, ohne den Versuch einer Definition bzw. genaueren Eingrenzung der Voraussetzungen missbräuchlicher gesellschaftsrechtlicher Maßnahmen voranzustellen. So werden zu dem Thema eines Ausbaus der Machtposition der Gesellschaftermehrheit gegenüber der Minderheit u.a. die (Aus-)Nutzung des Insolvenzplans allein zur Umgehung der materiellen Hürden des Gesellschaftsrechts, zur Durchsetzung originär gesellschaftsrechtlicher Streitigkeiten,[1584] oder die Aufnahme gesellschaftsrechtlicher Maßnahmen, die „offensichtlich für die Sanierung und bestmögliche Befriedigung der Gläubiger nicht erforderlich“[1585] sind, als missbräuchliches Verhalten angeführt. Darüber hinaus wird die Verwendung „eigens zu dem Zweck [...], einen Mitgesellschafter durch die Vornahme von Strukturmaßnahmen [...] auszubooten“[1586], oder die Gesellschaft „unter Umgehung der gesellschaftsrechtlichen Mehrheitserfordernisse und unter dem Deckmantel des [...] Insolvenzplanverfahrens [...] so umzukrempeln, dass die missliebigen Mitgesellschafter [...] geschwächt oder gänzlich ausgeschaltet werden“[1587], als missbräuchliches Verhalten bezeichnet.[1588] Lediglich vereinzelt finden sich darüber hinaus allgemeinere Eingrenzungsvorschläge, wonach die Verfolgung „offensichtlich verfahrensfremder Zwecke“[1589] als Missbrauch einzuordnen sei. Auch insofern wird jedoch darauf verwiesen, dass es sich bei der Frage, ob ein Missbrauch vorliegt, im Wesentlichen um eine Tatsachenfrage handelt, die auf der Grundlage des jeweiligen Sachverhalts für den konkreten Einzelfall zu beurteilen ist.[1590]

---

201 f., der zusätzlich die Kompetenz des Insolvenzgerichts, einen missbräuchlichen Insolvenzplan zurückzuweisen, problematisiert.

1584 *Brünkmans/Uebele*, ZInsO 2014, 265, 272 f.

1585 *Brünkmans/Uebele*, ZInsO 2014, 265, 274.

1586 *Stöber*, ZInsO 2013, 2457, 2463.

1587 *Stöber*, ZInsO 2013, 2457, 2463.

1588 Unter Anführung weiterer Beispiele *Eidenmüller*, in: Kirchhof u.a. (Hrsg.), MüKo-InsO, Bd. 3, 3. Aufl., 2014, § 218, Rn. 173; *ders.*, ZIP 2014, 1197, 1203.

1589 *H.-F. Müller*, DB 2014, 41, 44; vgl. auch *Priester*, in: FS Kübler, 2015, S. 557, 564 f.

1590 *H.-F. Müller*, DB 2014, 41, 45.

aa) Übertragung der Anforderungen missbräuchlicher Insolvenzanträge?

Entscheidend wird in den einzelnen Literaturfundstellen jeweils darauf abgestellt, dass die infragestehende Sanierungsmaßnahme nicht das primäre Insolvenzziel der Gläubigerbefriedigung verfolgt. Naheliegend erscheint es daher, zunächst an eine Übertragung der Anforderungen missbräuchlicher Insolvenz- bzw. Eigenanträge zu denken: Eine im Verhältnis zum Minderheitsgesellschafter (grob) treuwidrige, gesellschaftsrechtliche Maßnahme müsste demnach ausschließlich insolvenzwidrige Zwecke verfolgen, damit sie als missbräuchlich bewertet werden könnte.

(1) Bedeutungslosigkeit des vorliegenden Insolvenzgrunds

Der der Eröffnungsentscheidung zugrunde liegende Insolvenzgrund kann für die Frage der Missbräuchlichkeit einzelner gesellschaftsrechtlicher Maßnahmen im eröffneten Insolvenzplanverfahren keine Rolle (mehr) spielen. Anders als im Falle einer missbräuchlichen Antragstellung durch den Schuldner ist mit Rechtskraft der Eröffnungsentscheidung des Insolvenzgerichts eine Differenzierung zwischen den Insolvenzgründen nicht gerechtfertigt, da insbesondere auch keine Abstufungen, welche Maßnahmen – je nach Insolvenzgrund – zu ergreifen sind, bestehen.

(2) Unerheblichkeit (ursprünglich) missbräuchlich gestellter Insolvenzanträge

Eine (nicht) rechtmäßige Einleitung des Insolvenzplanverfahrens kann schon insoweit keinen Einfluss auf die Missbräuchlichkeit des Insolvenzplans bzw. einzelner gesellschaftsrechtlicher Maßnahmen haben, als die Mängel des Insolvenzantrags mit dem Eintritt der Rechtskraft des Eröffnungsbeschlusses geheilt werden.[1591] Wird der Insolvenzantrag durch den Schuldner, ohne Vorliegen eines zwingenden Insolvenzgrunds und ausschließlich zur Verfolgung insolvenzwidriger Zwecke, missbräuchlich gestellt, die Missbräuchlichkeit jedoch nicht von dem Insolvenzgericht als solche erkannt, sodass der Insolvenzantrag in der Folge nicht als unzulässig zurückgewiesen wird, sind dem (ursprünglich) missbräuchlich gestellten Insolvenzantrag keinerlei Auswirkungen auf das eröffnete Verfahren zuzusprechen. Insbesondere trägt sich der dem Eröffnungsantrag anhaftende Mangel der Rechtsmissbräuchlichkeit nicht in das eröffnete Verfahren fort.[1592]

1591 Siehe hierzu § 4.A.I.2.d).

1592 Die Auswirkungen der formellen Rechtskraft außer Acht lassend *OLG Frankfurt/M.*, Beschl. v. 1.10.2013 – 5 U 145/13 = NZI 2013, 978, Rz. 62; *Fölsing*, ZInsO 2013, 1325, 1330 f.

(3) Unerheblichkeit der bei drohender Zahlungsunfähigkeit bestehenden Pflicht zur Einholung eines zustimmenden Gesellschafterbeschlusses

Auch die Pflicht des antragstellenden Schuldners zur Einholung eines legitimierenden Gesellschafterbeschlusses im Vorfeld der Stellung des Insolvenzantrags bei drohender Zahlungsunfähigkeit steht der missbräuchlichen Verwendung gesellschaftsrechtlicher Sanierungsmaßnahmen im Insolvenzplan nicht von vornherein entgegen. Selbst wenn die Insolvenzeröffnung im Konsens aller Gesellschafter erreicht worden ist, besteht im anschließend eröffneten Insolvenzverfahren die Gefahr, dass der Mehrheitsgesellschafter mit der Planumsetzung (ausschließlich) Eigeninteressen verfolgt. Dieser kann möglicherweise gegen vorherige Absprachen verstoßen und ausschließlich insolvenzwidrige Zwecke verfolgen. Zudem verpflichtet allein die Antragstellung unter Anführung des Insolvenzgrunds der drohenden Zahlungsunfähigkeit zur Einholung eines Gesellschafterbeschlusses. Die Fälle der Antragstellung bei Zahlungsunfähigkeit bzw. Überschuldung bedürfen aufgrund der ohnehin bestehenden Antragspflicht keiner Legitimierung durch die Gesellschafter, sodass diese eine missbräuchliche Verwendung gesellschaftsrechtlicher Maßnahmen nicht auszuschließen vermag. Hinzu kommt, dass ein Handeln des Antragstellers gegen bzw. ohne zuvor eingeholten Gesellschafterbeschluss keine Wirkung im Außenverhältnis entfaltet. Deshalb bietet allein die Pflicht zur Einholung eines zustimmenden Gesellschafterbeschlusses zur Antragstellung keinen ausreichenden Schutz für die (Minderheits-)Gesellschafter. Einen missbräuchlichen Insolvenzplan bzw. einzelne gesellschaftsrechtliche Maßnahmen allein aufgrund der Erklärung der Pflicht des Geschäftsführers zur Einholung eines zustimmenden Gesellschafterbeschlusses im Vorfeld der Antragstellung pauschal auszuschließen, wäre folglich nicht sachgerecht.

(4) Verfolgung ausschließlich insolvenzwidriger Zwecke

Festzuhalten bleibt, dass die Existenz missbräuchlicher Sanierungsmaßnahmen weder an dem Vorliegen eines zwingenden Insolvenzgrunds scheitert noch durch das Vorliegen eines ursprünglich, aber unerkannt missbräuchlichen Insolvenzantrags beeinflusst wird, und selbst der Pflicht zur Einholung eines zustimmenden Gesellschafterbeschlusses vor Antragstellung bei drohender Zahlungsunfähigkeit keine Erheblichkeit für die Bestimmung missbräuchlicher Sanierungsmaßnahmen zukommt. Es verbleibt daher die Frage, ob allein die Voraussetzung der Verfolgung „ausschließlich insolvenzwidriger Zwecke“ mit der infragestehenden Sanierungsmaßnahme geeignet ist, deren Missbräuchlichkeit zu begründen. Zwar wurde der Umfang bzw. die Reichweite dessen, was unter „gesellschaftsrechtlich zulässige“ Regelungen im Sinne des § 225a Abs. 3 InsO zu fassen ist, bereits dahingehend beantwortet, dass grundsätzlich jede die Gesellschafter betreffende Regelung im Insolvenzplan getroffen werden kann. Eine Begrenzung soll allein durch das zwingende Gesellschaftsrecht, im Wesentlichen beschränkt auf das gesellschaftsrechtlich zur

Verfügung stehende Instrumentarium, erfolgen.[1593] Dieser denkbar weitreichende Handlungs- und Gestaltungsspielraum sorgt jedoch gerade dann für ein Ungerechtigkeitsempfinden, wenn auch solche gesellschaftsrechtlichen Maßnahmen erfasst sind, die offensichtlich nicht dem Ziel der bestmöglichen Gläubigerbefriedigung dienen und zugleich einseitig den Minderheitsgesellschafter belasten, und rückt dadurch § 1 InsO in den Fokus.[1594] Die Überlegung, dass ein, infolge der hohen Voraussetzungen und der Schwierigkeit des Nachweises subjektiver Elemente wohl nicht selten unerkannt bleibender, missbräuchlicher Insolvenzantrag des Schuldners im einmal eröffneten Insolvenzplanverfahren Tor und Tür für ebendiesen nahezu unbeschränkten Handlungs- und Gestaltungsspielraum öffnet, verstärkt dieses Gefühl und räumt kritischen Gegenstimmen Raum für die Diskussion der Notwendigkeit einer weiteren Eingrenzung „gesellschaftsrechtlich zulässiger" Sanierungsmaßnahmen ein. Unter Hinweis darauf, „dass die Insolvenzzweckwidrigkeit von Rechtsgeschäften zu deren Unwirksamkeit führen kann"[1595], wird daher teilweise angenommen, dass die einzelnen gesellschaftsrechtlichen Regelungen im Insolvenzplan dem Ziel der bestmöglichen Befriedigung der Gläubiger dienen müssen, um dem Vorrang des Insolvenzrechts vor dem Gesellschaftsrecht nicht seine Rechtfertigung zu entziehen.[1596] Dient die in den Insolvenzplan aufgenommene gesellschaftsrechtliche Maßnahme ausschließlich insolvenzwidrigen Zwecken und wirkt im Verhältnis zum (Minderheits-)Gesellschafter (grob) treuwidrig, sei sie demnach als missbräuchlich einzuordnen.[1597]

Vor dem Hintergrund des bereits zur Beschränkung „gesellschaftsrechtlich zulässiger" Regelungen im Insolvenzplan getroffenen Ergebnisses kann eine Einschränkung – über das zwingende Gesellschaftsrecht hinaus – auf solche gesellschaftsrechtlichen Sanierungsmaßnahmen, die dem Ziel der Gläubigerbefriedigung dienen, jedoch nicht überzeugen. Die Regelung des § 225a Abs. 3 InsO enthält keinen Verweis auf § 1 InsO bzw. keine Einschränkung auf solche Maßnahmen, die dem Insolvenzziel (jedenfalls mittelbar) zugutekommen. Auch wäre eine solche Erweiterung der Anforderungen an gesellschaftsrechtliche Sanierungsmaßnahmen kaum mit der Zielsetzung des Gesetzgebers vereinbar, einen denkbar weitreichenden Handlungs- und Gestaltungsspielraum im neuen Insolvenzplanverfahren zur Verfügung zu stellen. Die Eingrenzung auf solche Sanierungsmaßnahmen, die zugleich dem Ziel der Gläubigerbefriedigung dienen, würde den eingeräumten Handlungs- und Gestaltungsspielraum deutlich entwerten. Die Funktionsfähigkeit und der Charakter des Planverfahrens würden beeinträchtigt und dessen Effizienz erheblich eingeschränkt.[1598]

1593 Siehe hierzu § 2.B.III.1.a)bb).

1594 *Brünkmans / Uebele*, ZInsO 2014, 265, 272.

1595 *Brünkmans / Uebele*, ZInsO 2014, 265, 272 (Fn. 81).

1596 *Brünkmans / Uebele*, ZInsO 2014, 265, 272 f.; vgl. auch *Frauer*, Grenzen des Eingriffs, 2014, S. 204 ff., 222; *Priester*, in: FS Kübler, 2015, S. 557, 564.

1597 *Brünkmans / Uebele*, ZInsO 2014, 265, 272.

1598 A.A. *Frauer*, Grenzen des Eingriffs, 2014, S. 218.

Mit Blick auf die Systematik der insolvenzrechtlichen Eingriffsregelungen ist die Unterscheidung zwischen Regelungen mit Zwangswirkung und gegen den Willen Widersprechender sowie solchen Regelungen auf freiwilliger Basis hervorzuheben[1599]: Gesellschaftsrechtliche Regelungen zulasten nicht zwangsweise Planunterworfener sind grundsätzlich nur mit deren Zustimmung möglich und zusätzlich daran gekoppelt, dass die einzelne Maßnahme einen Bezug zu dem Ziel der bestmöglichen Haftungsverwirklichung aufweist. Dagegen erfolgt keine über die Eingrenzung „gesellschaftsrechtlich zulässiger“ Regelungen hinausgehende Eingrenzung möglicher Eingriffe gegen (jetzt) zwangsweise planunterworfene Gesellschafter. Herauszustellen bleibt insofern erneut, dass die InsO vor den Änderungen durch das ESUG gesellschaftsrechtliche Regelungen gerade nur über eine freiwillige Beteiligung zuließ, die den Kriterien über fakultative Planregelungen zu entsprechen hatte.[1600] Zustimmen mussten diejenigen, zu deren Lasten sich die jeweilige Maßnahme auswirkte. Zusätzlich musste ein Bezug zu dem Ziel des Insolvenzplanverfahrens, eine möglichst optimale Haftungsverwirklichung zu erreichen, bestehen.[1601] Die nunmehr mögliche zwangsweise Einbeziehung der Gesellschafter gegen deren ausdrücklichen Willen betrifft einerseits zwar insbesondere die für einen Debt Equity Swap erforderlichen gesellschaftsrechtlichen Maßnahmen, andererseits aber gerade auch darüber hinausgehend „jede Regelung [...], die gesellschaftsrechtlich zulässig ist“. Dass das Insolvenzverfahren insgesamt dem Ziel der Gläubigerbefriedigung verschrieben ist, steht zu diesem Ergebnis nicht im Widerspruch: Zum einen erfolgt über die Prüfung der Eröffnungsvoraussetzungen, insbesondere des Rechtsschutzinteresses, bereits bei der Eröffnungsentscheidung des Insolvenzgerichts eine Vorprüfung dahingehend, ob der auf drohende Zahlungsunfähigkeit gestützte Eigenantrag des Schuldners „ausschließlich insolvenzfremden Zwecken“ dient. Diese Anträge sind schon als unzulässig zurückzuweisen. Zum anderen kann sich die Dienlichkeit einzelner gesellschaftsrechtlicher Maßnahmen auch erst in der Zusammenschau mit den übrigen im Insolvenzplan vorgesehenen Regelungen ergeben. Im Ergebnis ist an der Entscheidung, eine weitere Eingrenzung „gesellschaftsrechtlich zulässiger“ Regelungen nicht vorzunehmen, festzuhalten. Einzelne in den Insolvenzplan aufgenommene gesellschaftsrechtliche Sanierungsmaßnahmen müssen nicht zwingend dem Ziel der Gläubigerbefriedigung dienen.

1599 *Eidenmüller*, in: Kirchhof u.a. (Hrsg.), MüKo-InsO, Bd. 3, 3. Aufl., 2014, § 225a, Rn. 75, 81 ff.

1600 Siehe hierzu § 1.B.I.1.

1601 *Eidenmüller*, in: Kirchhof u.a. (Hrsg.), MüKo-InsO, Bd. 3, 3. Aufl., 2014, § 221, Rn. 104; *ders.*, in: Kirchhof u.a. (Hrsg.), MüKo-InsO, Bd. 3, 2. Aufl., 2008, § 221, Rn. 85 ff.

(5) Zwischenergebnis

Die Übertragung der Anforderungen missbräuchlicher Insolvenzanträge zur Bestimmung einzelner missbräuchlicher Maßnahmen kann schon insoweit nicht überzeugen, als eine einzelne, in den Insolvenzplan aufgenommene gesellschaftsrechtliche Sanierungsmaßnahme nicht dem Ziel der Gläubigerbefriedigung dienen muss. Die Bedeutungslosigkeit des vorliegenden Insolvenzgrunds, die Unerheblichkeit eines (ursprünglich) missbräuchlich gestellten Insolvenzantrags und der Missachtung der Pflicht zur vorherigen Einholung eines Gesellschafterbeschlusses im Fall der drohenden Zahlungsunfähigkeit belassen nach den Voraussetzungen zur Bestimmung missbräuchlicher Insolvenzanträge jedoch allein die Verfolgung ausschließlich insolvenzwidriger Zwecke.

bb) Erweiterung der Anforderungen zur Eingrenzung und Erfassung missbräuchlicher gesellschaftsrechtlicher Maßnahmen

Eine Eingrenzung missbräuchlicher gesellschaftsrechtlicher Maßnahmen kann möglicherweise durch eine Änderung des Betrachtungspunkts – weg von der einzelnen, isoliert betrachteten gesellschaftsrechtlichen Sanierungsmaßnahme, hin zur Betrachtung der gesellschaftsrechtlichen Sanierungsmaßnahme im Gesamtkontext des Insolvenzplanverfahren als Ganzes – erreicht werden. Als Ausgangspunkt dient insofern, dass das Insolvenzplanverfahren (nur) insgesamt dem primären Ziel der Gläubigerbefriedigung dienen muss und dieses Ziel zugleich als Rechtfertigung des weitreichenden Handlungs- und Gestaltungsspielraums sowie des verkürzten vermögens- bzw. wertbezogenen Schutzkonzepts herangezogen wird.

Den nachfolgenden Ausführungen liegt insofern die These zugrunde, dass eine ausschließlich insolvenzwidrige Zwecke verfolgende gesellschaftsrechtliche Sanierungsmaßnahme ausnahmsweise doch ein (grob) treuwidriges und daher missbräuchliches Verhalten im Verhältnis zum Minderheitsgesellschafter darzustellen vermag. Zugleich wird anhand des austarierten, in sich geschlossenen Konzepts der InsO und einer grundsätzlich anzunehmenden Verdrängung der Treuepflicht zu zeigen sein, dass eine Einordnung gesellschaftsrechtlicher Sanierungsmaßnahmen als missbräuchlich, nicht isoliert und unabhängig von der Berücksichtigung der sonstigen in den Insolvenzplan aufgenommenen Sanierungsmaßnahmen erfolgen kann.

(1) Vollständige Verdrängung der gesellschaftsrechtlichen Treuepflicht?

Damit eine ausschließlich insolvenzwidrige Zwecke verfolgende gesellschaftsrechtliche Sanierungsmaßnahme ausnahmsweise doch als missbräuchlich im Verhältnis zum Minderheitsgesellschafter eingeordnet werden kann, müsste die durch die vorrangigen insolvenzrechtlichen Regelungen grundsätzlich verdrängte gesellschaftsrechtliche Treuepflicht ausnahmsweise fortgelten und Anwendung finden.

(a) Grundsatz: Verdrängung der Treuepflicht

Fraglich erscheint diese Fortgeltung insbesondere im Kontext der bereits abgehandelten Verdrängungsbereiche im Rahmen der Stimmabgabe der Gesellschafter-Gläubigergruppe und in Ergänzung des insolvenzrechtlich – sowohl für den (vom Gesetzgeber zugrunde gelegten) Regelfall des Vorliegens der Wertungsgrundlagen als auch für den Ausnahmefall eines fortbestehenden Vermögenswerts bei gleichzeitiger Erfüllung der sonstigen Wertungsgrundlagen – gewährten (sonstigen) Minderheiten- und Rechtsschutzes: Zwar sind die Gesellschafter, sofern sie in den Insolvenzplan einbezogen sind, Beteiligte des Insolvenzplanverfahrens und zur Abstimmung über den Plan (mit-)berechtigt. Innerhalb der als Zwangsgemeinschaft verstandenen Gläubigerversammlung hat die gesellschaftsrechtliche Treuepflicht als Ausdruck der Verbandsautonomie jedoch keinen Raum. Sie würde die Gläubiger in ihrer Entscheidung beeinträchtigen, was gerade nicht mit der Stellung als letztrangige Gläubiger im Insolvenzplanverfahren vereinbar ist, weshalb die gesellschaftsrechtliche Treuepflicht im Rahmen der Stimmabgabe der Gesellschafter-Gläubigergruppe keine Relevanz haben darf.[1602] Zwar ist die gesellschaftsrechtliche Treuepflicht zur Gewährleistung ausreichenden Minderheiten- und Rechtsschutzes für die Gesellschafter nicht vollständig verdrängt, sondern kann in einer den im Insolvenzverfahren veränderten Umständen angepassten bzw. inhaltlich eingeschränkten Form stellenweise auch im eröffneten Insolvenzverfahren Anwendung finden. Der von ihr ausgehende Minderheitenschutz ist im Umfang jedoch auf dasjenige zu beschränken, was das Insolvenzgericht in seiner Bestätigungsentscheidung ohnehin zu beachten hat. Der dem Minderheitsgesellschafter über das wertbezogene Schutzkonzept zuteil werdende Schutz im eröffneten Planverfahren ist als angemessen und ausreichend zu bewerten.[1603] Dieser Minderheiten- und Rechtsschutz darf (wie auch das Insolvenzverfahren insgesamt) durch die (Fort-) Geltung der gesellschaftsrechtlichen Treuepflicht im eröffneten Insolvenzplanverfahren nicht beeinträchtigt werden. Anderenfalls würde wiederum zugunsten der (Minderheits-)Gesellschafter ein Obstruktionspotenzial geschaffen, wodurch sich die zwischen den Gesellschaftern bestehende Treuepflicht im Ergebnis zulasten Dritter auswirken könnte.

Zugleich muss für den Fall, dass die insolvenzrechtlichen Regelungen Raum für die Geltung der Treuepflicht belassen bzw. diese die Belange der Minderheitsgesellschafter nicht hinreichend wahren, die gesellschaftsrechtliche Treuepflicht Anwendung finden können und zur Gewährleistung eines effektiven Rechts- und Minderheitenschutzes beitragen. Dieses Ergebnis wird an dieser Stelle abermals dadurch gestärkt, dass eine pauschale und grundsätzliche Verdrängung der gesellschaftsrechtlichen Treuepflicht aus dem eröffneten Insolvenzplanverfahren als Einladung an alle mit ihren Mit- bzw. Minderheitsgesellschaftern im Streit liegenden Mehrheitsgesellschafter verstanden würde, strategisch bzw. (unerkannt)

1602 Siehe hierzu § 2.B.III.1.a)bb)(1).

1603 Siehe hierzu § 3.C.I.2; § 3.C.II.3; § 3.C.III.

missbräuchlich die Insolvenz der Gesellschaft herbeizuführen, um anschließend die leicht(er) erfüllbaren insolvenzrechtlichen Erfordernisse zur Entmachtung bzw. zum Ausschluss der Minderheitsgesellschafter im Verhältnis zu diesen treuwidrig auszunutzen.[1604]

(b) Ausnahme: Kein masserelevantes Handeln im Insolvenzplanverfahren

Die Argumentation gegen eine im Insolvenzplanverfahren zu berücksichtigende Treuepflicht kann jedoch nur bei masserelevantem Handeln im Insolvenzverfahren greifen. Der Vorrang des Insolvenzrechts vor dem Gesellschaftsrecht lässt sich nur über den Zweck des Insolvenzverfahrens, eine bestmögliche Gläubigerbefriedigung zu erreichen, rechtfertigen. Die gesellschaftsrechtliche Treuepflicht ist daher nur insoweit suspendiert, als der Zweck des Insolvenzrechts vorrangig ist. Dient das Insolvenzplanverfahren nicht dem Ziel der Gläubigerbefriedigung, ist diese Vorrangigkeit nicht begründbar.

Problematisch ist insofern die Abgrenzung, wann keine der im Plan vorgesehenen Sanierungsmaßnahmen dem Ziel der Gläubigerbefriedigung dient, sodass eine fortgeltende Treuepflicht das Insolvenzverfahren gerade nicht beeinträchtigen kann. Theoretisch kann eine Abgrenzung danach erfolgen, dass ein masserelevantes Handeln im Insolvenzverfahren die Berücksichtigung der Treuepflicht verhindert. Schwierig bleibt allerdings die Frage, wann überhaupt ein bzw. kein masserelevantes Verhalten vorliegt. Ein dahingehender Nachweis ist schon insofern schwer zu erbringen, als der rechtskräftige Eröffnungsbeschluss, verbunden mit der Feststellung des Insolvenzgrunds, kaum Raum für die Annahme ausschließlich insolvenzwidriger Zwecke belässt. Zugleich sorgt die Schwierigkeit einer Abgrenzung strategischer und missbräuchlicher Sanierungsmaßnahmen[1605] dafür, dass in den seltensten Fällen eine eindeutige Entscheidung über das Vorliegen einer missbräuchlichen Sanierungsmaßnahme getroffen werden kann.

Die gesellschaftsrechtliche Treuepflicht kann folglich auch im eröffneten Insolvenzplanverfahren bestehen, sofern durch ihre (Fort-)Geltung das Insolvenzverfahren nicht beeinträchtigt wird, insbesondere keine Gefahr für die Gläubigerbefriedigung besteht. Diese Gefahr kann jedoch nur dann vollkommen ausgeschlossen sein, wenn der Insolvenzplan keinerlei masserelevantes Handeln vorsieht.

(2) Abgrenzung strategischer und missbräuchlicher gesellschaftsrechtlicher Sanierungsmaßnahmen

Das Ergebnis, dass die gesellschaftsrechtliche Treuepflicht grundsätzlich verdrängt wird, sie ausnahmsweise jedoch auch im eröffneten Insolvenzplanverfahren fortbestehen kann, sofern eine Gefährdung des Ziels der Gläubigerbefriedigung

---

1604 *H.-F. Müller*, DB 2014, 41, 44 f.; *Stöber*, ZInsO 2013, 2457, 2463; im Ergebnis ebenso *Westermann*, NZG 2015, 134, 138.

1605 Siehe hierzu § 4.A.I.1.d).

ausgeschlossen werden kann, ermöglicht zwar erst einen Missbrauch im eröffneten Insolvenzplanverfahren. Weiterhin bleibt jedoch zu klären, welche zusätzliche(n) Voraussetzung(en) zur Bestimmung missbräuchlicher gesellschaftsrechtlicher Sanierungsmaßnahmen erforderlich ist (sind). Die Ergebnisse aus der zuvor gestellten Frage einer (Fort-)Geltung der gesellschaftsrechtlichen Treuepflicht lassen eine Differenzierung solcher Sachverhalte mit (möglicherweise) missbräuchlichen gesellschaftsrechtlichen Sanierungsmaßnahmen in zwei unterschiedliche Fallkonstellationen zu:

(a) Fallkonstellation 1

Die erste Fallkonstellation sieht einen Insolvenzplan mit mindestens einer gesellschaftsrechtlichen Sanierungsmaßnahme vor, die ausschließlich insolvenzwidrige Zwecke verfolgt und im Verhältnis zum Minderheitsgesellschafter als grob treuwidrig einzuordnen ist. Zusätzlich sieht der Insolvenzplan mindestens eine weitere Sanierungsmaßnahme vor, die ein masserelevantes Handeln begründet.

Sieht der Plan wenigstens eine weitere, jedoch dem Insolvenzzweck dienende Sanierungsmaßnahme vor, kann ein masserelevantes Handeln nicht in Abrede gestellt werden. Das Insolvenzplanverfahren dient dann jedenfalls auch der Gläubigerbefriedigung. Das Insolvenzrecht erhält Vorrang gegenüber dem Gesellschaftsrecht. Die gesellschaftsrechtliche Treuepflicht wird verdrängt, um das Insolvenzverfahren nicht zu beeinträchtigen, wodurch die einzelne gesellschaftsrechtliche Sanierungsmaßnahme nicht als missbräuchlich bewertet werden kann. Die in den Insolvenzplan aufgenommene, ausschließlich insolvenzwidrigen Zwecken dienende gesellschaftsrechtliche Sanierungsmaßnahme ist dann als strategische, zulässige Planmaßnahme einzuordnen.

(b) Fallkonstellation 2

Die zweite Fallkonstellation sieht einen Insolvenzplan mit mindestens einer gesellschaftsrechtlichen Sanierungsmaßnahme vor, die ausschließlich insolvenzwidrige Zwecke verfolgt und im Verhältnis zum Minderheitsgesellschafter als grob treuwidrig einzuordnen ist. Darüber hinaus sieht der Insolvenzplan keine weitere Sanierungsmaßnahme vor, die ein masserelevantes Handeln begründet.

Sieht der Plan neben der bzw. den ausschließlich insolvenzwidrigen Zwecken dienenden gesellschaftsrechtlichen Sanierungsmaßnahme(n) keine weiteren Sanierungsmaßnahmen vor, die dem Insolvenzzweck der Gläubigerbefriedigung dienen, kann kein masserelevantes Handeln begründet werden. Das Insolvenzverfahren dient dann nicht dem Ziel der Gläubigerbefriedigung. Ein Vorrang des Insolvenzrechts ist insofern abzulehnen, als sich der Vorrang gerade nur aus dem Zweck des Insolvenzverfahrens, eine bestmögliche Befriedigung der Gläubiger zu erreichen, rechtfertigen lässt. Da die gesellschaftsrechtliche Treuepflicht nur insoweit suspendiert wird, als der Zweck des Insolvenzrechts vorrangig ist, kann eine (Fort-)Geltung der gesellschaftsrechtlichen Treuepflicht nicht in Abrede gestellt werden. Die in den Insolvenzplan aufgenommene, ausschließlich insolvenzwidrigen Zwecken dienende gesellschaftsrechtliche Sanierungsmaßnahme ist daher, nach der vorangestellten Definition missbräuchlicher Insolvenzanträge, unter Erweiterung der Anforderungen dahingehend, dass der Insolvenzplan insgesamt ausschließlich insolvenzwidrigen Zwecken dienen darf, als missbräuchliche Planmaßnahme einzuordnen.

b) Zwischenergebnis

Festzuhalten bleibt, dass die Existenz missbräuchlicher gesellschaftsrechtlicher Sanierungsmaßnahmen (jedenfalls theoretisch) nicht in Abrede zu stellen ist. Damit eine einzelne gesellschaftsrechtliche Sanierungsmaßnahme als im Verhältnis zum Minderheitsgesellschafter grob treuwidrig und daher missbräuchlich eingeordnet werden kann, muss zunächst die infrage stehende Sanierungsmaßnahme ausschließlich insolvenzwidrigen Zwecken zulasten des Minderheitsgesellschafters dienen. Sodann muss auch der Insolvenzplan insgesamt ausschließlich insolvenzwidrigen Zwecken dienen. Insofern bleibt zu beachten, dass Insolvenzpläne in den seltensten Fällen insgesamt nur eine missbräuchliche, oder aber ausschließlich missbräuchliche gesellschaftsrechtliche Maßnahmen vorsehen. Es ist der Wertungsentscheidung des Gesetzgebers über die Absolutheit des im eröffneten Verfahren vorrangigen Insolvenzziels der Gläubigerbefriedigung geschuldet, dass bereits das Vorliegen einer der Gläubigerbefriedigung dienenden Sanierungsmaßnahme genügt, um den Vorrang des Insolvenzrechts und die Verdrängung der Treuepflicht zu begründen. Stets besteht zudem die Schwierigkeit des Nachweises subjektiver Elemente, der infolge der rechtskräftigen Eröffnungsentscheidung und der Abgrenzungsprobleme missbräuchlicher und bloß strategischer Maßnahmen nur selten gelingen wird. Praktisch ist der Existenz missbräuchlicher gesellschaftsrechtlicher Sanierungsmaßnahmen daher nur eine zu vernachlässigende Bedeutung zuzusprechen.

2. Folgen für die Annahme missbräuchlicher Insolvenzpläne

Zu klären bleiben die Konsequenzen aus der Existenz und den Anforderungen einer nur ausnahmsweise anzuerkennenden missbräuchlichen gesellschaftsrechtlichen Maßnahme für die Existenz (insgesamt) missbräuchlicher Insolvenzpläne.

a) Fallkonstellation 1

Für die zuvor angeführte Fallkonstellation 1, bei welcher der Insolvenzplan neben der bzw. den ausschließlich insolvenzwidrige Zwecke verfolgenden gesellschaftsrechtlichen Sanierungsmaßnahme(n) jedenfalls eine Sanierungsmaßnahme vorsieht, die der Gläubigerbefriedigung dient und masserelevantes Handeln begründet, lässt sich die Sanierungsmaßnahme als strategische und damit zulässige Sanierungsmaßnahme einordnen. Der Plan kann folglich nicht insgesamt missbräuchlich sein.

b) Fallkonstellation 2

Für die zuvor angeführte Fallkonstellation 2, bei der der Insolvenzplan neben der (bzw. den) ausschließlich insolvenzwidrige Zwecke verfolgenden gesellschaftsrechtlichen

Sanierungsmaßnahme(n) keine weiteren Sanierungsmaßnahmen vorsieht, kann von (einer) missbräuchlichen Sanierungsmaßnahme(n) gesprochen werden. Infolge der Ausgestaltung des Insolvenzplanverfahrens und dessen vermögens- bzw. wertbezogenen Schutzkonzepts, deren Regelungen weitreichende Einschränkungen gegenüber den gesellschaftsrechtlichen Regelungen zugunsten des Insolvenzziels der Gläubigerbefriedigung vorsehen, sind missbräuchliche Sanierungsmaßnahmen bereits nur dann denkbar, wenn das Insolvenzziel der Gläubigerbefriedigung überhaupt nicht verfolgt wird. Kann von einer missbräuchlichen Sanierungsmaßnahme gesprochen werden, impliziert dies zugleich, dass, sofern überhaupt weitere Sanierungsmaßnahmen vorliegen, alle weiteren Sanierungsmaßnahmen ebenfalls missbräuchlich sind. Der Plan ist daher insgesamt missbräuchlich, sofern eine Sanierungsmaßnahme den Voraussetzungen missbräuchlicher Sanierungsmaßnahmen entspricht.

Zur Verdeutlichung der nur selten bestehenden praktischen Relevanz missbräuchlicher Sanierungsmaßnahmen bzw. Insolvenzpläne sei an dieser Stelle – lediglich beispielhaft – erneut der *Suhrkamp*-Insolvenzplan, wie er im Urteil des LG Frankfurt / M. wiedergegeben wurde, aufgegriffen: Der Insolvenzplan weckt angesichts der vollen Befriedigung der Gläubiger, zusammen mit dem vorgesehenen Formwechsel der Schuldnerin von einer GmbH & Co. KG in eine AG, verbunden mit weitreichenden Folgen für den Minderheitsgesellschafter, der seine im Gesellschaftsvertrag der KG vorgesehenen Zustimmungsrechte verliert, zwar erhebliche Zweifel daran, dass dieser überhaupt dem Zweck der Gläubigerbefriedigung dient. Dennoch besteht in der Literatur Uneinigkeit – jedenfalls fehlender Mut zur (öffentlichen) Stellungnahme – bezogen auf dessen Rechtsmissbräuchlichkeit.[1606] Angesichts der anzunehmenden Unwahrscheinlichkeit bzw. Seltenheit (noch) eindeutigerer Fallkonstellationen in der Praxis könnte einem missbräuchlichen Insolvenzplan zusätzlich der Anwendungsbereich abzusprechen sein, weshalb sich eine Gefährdung des austarierten Eingriffs- und Schutzkonzepts der InsO, infolge auftretender Abgrenzungsprobleme, als nicht gerechtfertigt erweisen könnte.

1606 Vgl. *Brinkmann*, ZIP 2014, 197 („*die Frage, ob im Suhrkamp-Verfahren ein Fall des Rechtsmissbrauchs vorgelegen hat,* [bleibt] *ausgeklammert*" (Hervorhebung durch den Verfasser)); *Brünkmans / Uebele*, ZInsO 2014, 265, 272 („weckt erhebliche Zweifel, ob dieser [gemeint ist der Insolvenzplan im *Suhrkamp*-Fall] dem Zweck der bestmöglichen Befriedigung der Gläubiger dient"); *H.-F. Müller*, DB 2014, 41, 45 („Ein reiner ‚§ 225a-Plan' [...] muss jedenfalls Anlass für eine genaue Prüfung der Motive [...] sein"); *Thole*, GesR Maßn. in der Insolvenz, 2. Aufl., 2015, Rn. 280 (Fn. 311); *Zipperer*, ZIP 2015, 2002, 2010 („bleibt offen, wer von den vormaligen Antagonisten [des *Suhrkamp*-Verfahrens] unsere Sympathien verdient"); wohl auch *D. Lang / Muschalle*, ZInsO 2013, 953 ff.; a.A. *Westermann*, wiedergegeben in *Roesener*, in: Jahrestagung der VGR, 2015, S. 187.

c) Zwischenergebnis

Sieht der Insolvenzplan mindestens eine der Gläubigerbefriedigung dienende Sanierungsmaßnahme vor und begründet daher masserelevantes Handeln, handelt es sich um einen strategischen Insolvenzplan. Liegen dagegen die Voraussetzungen einer missbräuchlichen Sanierungsmaßnahme vor, ist zugleich stets der gesamte Insolvenzplan als missbräuchlich zu bewerten.

3. Fehlende Prüfungskompetenz des Insolvenzgerichts

Die grundsätzliche Anerkennung missbräuchlicher Insolvenzpläne enthält noch keine Aussage dazu, inwieweit diese Missbräuchlichkeit der Kontrolle durch das Insolvenzgericht zugänglich ist. Losgelöst von den schwierigen Fragen, ob überhaupt und wenn ja, wann einzelne gesellschaftsrechtliche Sanierungsmaßnahmen (bzw. der Plan insgesamt) missbräuchlich sind, ist daher fraglich, ob dem Insolvenzgericht überhaupt die Kompetenz zur Prüfung der Missbräuchlichkeit des Insolvenzplans und in der Konsequenz das Recht, den Insolvenzplan wegen (des Verdachts des) Rechtsmissbrauchs zurückzuweisen bzw. diesem die Bestätigung zu versagen, zusteht.[1607]

a) Zurückweisungsrecht des Insolvenzgerichts, § 231 InsO

Eine Rechtsmissbrauchskontrolle bezüglich einzelner im Insolvenzplan vorgesehener gesellschaftsrechtlicher Sanierungsinstrumente könnte sich aus dem Zurückweisungsrecht des Insolvenzgerichts gemäß § 231 InsO ergeben. Das Prüfungsrecht des § 231 InsO soll sicherstellen, dass der Insolvenzplan vollständig und inhaltlich bestimmt ist. Zusätzlich zur Prüfung der Vorlageberechtigung und der Einhaltung der Vorschriften über den Inhalt des Plans (§ 231 Abs. 1 Nr. 1 InsO) sind bei einem Schuldnerantrag – über den Prüfungsumfang der Gläubigeranträge hinaus – die Erfolgsaussichten und die Erfüllbarkeit des Insolvenzplans (231 Abs. 1 Nr. 2, 3 InsO) zu prüfen.[1608] Angesichts des durch Eilbedürftigkeit geprägten Verfahrens beschränkt sich diese Prüfung jedoch auf eine Evidenzkontrolle.[1609] Unter Berücksichtigung der

---

1607 Eine Prüfungskompetenz des Insolvenzgerichts infolge missbräuchlicher Verwendung der Insolvenzinstrumente ablehnend *Brinkmann*, ZIP 2014, 197, 201 f.; a.A. *H.-F. Müller*, DB 2014, 41, 45; speziell zur Prüfungskompetenz des Insolvenzgerichts bei missbräuchlicher Festlegung der Höhe der Insolvenzverwaltervergütung *Harbeck*, jurisPR-InsR 2/2014, Anm. 4, lit. C.

1608 *Braun / Frank*, in: Braun (Hrsg.), InsO, 6. Aufl., 2014, § 231, Rn. 3 ff.; *Wenzel*, in: Haarmeyer / Wutzke / Förster (Hrsg.), InsO, 2. Aufl., 2012, § 231, Rn. 11 ff.; *Breuer*, in: Kirchhof u.a. (Hrsg.), MüKo-InsO, Bd. 3, 3. Aufl., 2014, § 231, Rn. 3 f.; *Spliedt*, in: K. Schmidt (Hrsg.), InsO, 18. Aufl., 2013, § 231, Rn. 3 ff.; *Jaffè*, in: Wimmer (Hrsg.), FK-InsO, 8. Aufl., 2015, § 231, Rn. 15 f.

1609 Siehe hierzu § 3.B.III.2.c); RegE ESUG, BT-Drucks. 17/5712, S. 32 („offensichtliche Mängel"); *Jaffè*, in: Wimmer (Hrsg.), FK-InsO, 8. Aufl., 2015, § 231, Rn. 4; a.A. *Breuer*, in: Kirchhof u.a. (Hrsg.), MüKo-InsO, Bd. 3, 3. Aufl., 2014, § 231, Rn. 17, der aufgrund des Wortlauts eine Detailprüfung für § 231 Abs. 1 Nr. 1 InsO annimmt;

Gläubigerautonomie und der Eigenverwaltung, deren Stärkung jeweils maßgebliches Ziel des ESUG ist, ist es weder erforderlich, dass die Regelungen im Sinne des Insolvenzgerichts sind, noch ist es Aufgabe des Insolvenzgerichts, deren Annahmefähigkeit sicherzustellen oder den eingereichten Plan wirtschaftlich zu optimieren bzw. der Entscheidungsfindung vorzugreifen.[1610] Eine darüber hinausgehende Überprüfung der von den Beteiligten nach den zugrunde gelegten Abstimmungsregeln getroffenen Sanierungsentscheidungen würde „das durch das ESUG geschaffene Kompetenzgefüge"[1611] im Insolvenzplanverfahren einseitig zugunsten des Insolvenzgerichts verschieben. Mit den Änderungen durch das ESUG hat der Gesetzgeber ein geschlossenes und austariertes Konzept zur Vorbereitung, Erstellung und Durchsetzung eines Insolvenzplans eingeführt. Mit Eröffnung des Insolvenzplanverfahrens werden die gesellschaftsrechtlichen Regelungen weitgehend verdrängt und Eingriffe in die Anteils- und Mitgliedschaftsrechte der Gesellschafter unter insolvenzrechtlichen Voraussetzungen ermöglicht. Nach der Konzeption des Insolvenzplanverfahrens können daher weder missbräuchliche Insolvenzpläne noch einzelne im Insolvenzplan vorgesehene und nach den insolvenzrechtlichen Abstimmungsregeln zustande gekommene Sanierungsmaßnahmen durch das Insolvenzgericht gemäß § 231 InsO als missbräuchlich bewertet werden.

Auf einer Linie mit diesem Ergebnis steht die Situation bei Einreichung mehrerer angenommener Insolvenzpläne[1612]: Die InsO regelt den Fall nicht, dass sowohl ein Plan des Schuldners als auch ein Plan der Gläubiger von der Gläubigerversammlung angenommen wurde und jeweils zur Bestätigung des Gerichts vorliegt. Demgemäß herrscht Uneinigkeit, ob die Wahl des Plans über die Mehrheiten getroffen wird, die jeder der Pläne in der Abstimmung gefunden hat, oder das Insolvenzgericht selbst – ggf. nach der Schnelligkeit, mit der es über den einen oder den anderen Plan entscheiden kann – die Wahl treffen darf.[1613] Mit der Funktion des Insolvenzgerichts im Insolvenzplanverfahren und zugleich den anvisierten Zielen des ESUG-Gesetzgebers, die Gläubigerautonomie und die Eigenverwaltung in der InsO zu

---

vgl. auch *Frauer*, Grenzen des Eingriffs, 2014, S. 216; *Meyer*, DB 2015, 538, 540 erkennt ein von Amts wegen bestehendes Zurückweisungsrecht an, sofern der Insolvenzplan Maßnahmen enthält, die nicht vom Sanierungszweck gedeckt sind; kritischer *Horstkotte*, ZInsO 2014, 12971298 ff.

1610 *Lüer/Streit*, in: Uhlenbruck u.a. (Hrsg.), InsO, 14. Aufl., 2014, § 231, Rn. 1; *Horstkotte*, ZInsO 2014, 1297, 1299; vgl. auch *Jaffé*, in: Wimmer (Hrsg.), FK-InsO, 8. Aufl., 2015, § 231, Rn. 2 („das Gericht [hat] in inhaltlichen Fragen nur in Ausnahmefällen einzuschreiten").

1611 *OLG Frankfurt/M.*, Beschl. v. 1.10.2013 – 5 U 145/13 = NZI 2013, 978, Rz. 18.

1612 *Eidenmüller*, in: Kirchhof u.a. (Hrsg.), MüKo-InsO, Bd. 3, 3. Aufl., 2014, § 218, Rn. 193; *Haas*, in: Kreft (Hrsg.), HK-InsO, 7. Aufl., 2014, § 235, Rn. 15; *Pape*, in: Kübler u.a. (Hrsg.), InsO, Lb, 56. Lfg. (11/2013), § 13, Rn. 150 ff.

1613 *Braun/Frank*, in: Braun (Hrsg.), InsO, 6. Aufl., 2014, § 218, Rn. 12 und § 248, Rn. 7; *Eidenmüller*, in: Kirchhof u.a. (Hrsg.), MüKo-InsO, Bd. 3, 3. Aufl., 2014, § 218, Rn. 194 ff.

stärken, ist es am ehesten vereinbar, das Insolvenzgericht aus den wirtschaftlichen Entscheidungen herauszuhalten und diese den Beteiligten und deren Gruppenabstimmung vorzubehalten. Eine Entscheidung durch das Insolvenzgericht – gemessen an eigenen Kriterien – beispielsweise in Abhängigkeit von der derzeitigen Geschäftsbelastung des Gerichts und dessen Möglichkeiten, schnell über die vorgelegten Pläne zu entscheiden, würde die neutrale Stellung des Insolvenzgerichts, dessen Überwachungsfunktion und eine sachkundige Begleitung des Schuldners gefährden.[1614] Liegen zwei Pläne zur Bestätigung vor, muss das Insolvenzgericht daher feststellen, dass kein Plan im Sinne von § 248 InsO angenommen worden ist und jedem der Pläne die Bestätigung versagen. Zusätzlich hat es nur die Möglichkeit, die Erörterung der Pläne wieder zu eröffnen (§ 156 ZPO i.V.m. § 4 InsO), damit die Beteiligten neu über Rücknahme und Änderungen der Pläne verhandeln können.

b) Prüfungsumfang im Rahmen des Minderheitenschutzantrags, § 251 Abs. 1 InsO

Stellt der (Minderheits-)Gesellschafter einen Minderheitenschutzantrag (§ 251 Abs. 1 InsO), ist das Insolvenzgericht bei seiner Prüfung darauf beschränkt, zu ermitteln, ob der Antragsteller durch den Plan voraussichtlich schlechtergestellt wird, als er ohne Plan stünde. Auch insofern erstreckt sich das Prüfungsrecht des Insolvenzgerichts nicht auf die Frage, ob einzelne Planregelungen das vorrangige Ziel der Gläubigerbefriedigung im Visier haben bzw. ausschließlich insolvenzwidrige Ziele verfolgen und im Verhältnis zum Minderheitsgesellschafter (grob) treuwidrig wirken.[1615]

c) Unlautere Herbeiführung der Plannannahme, § 250 Nr. 2 InsO

Gemäß § 250 Nr. 2 InsO hat das Insolvenzgericht die Bestätigung des Insolvenzplans von Amts wegen zu versagen, „wenn die Annahme des Plans unlauter, insbesondere durch Begünstigung eines Beteiligten, herbeigeführt worden ist". „Unlauter" im Sinne der Vorschrift umfasst ein gegen Treu und Glauben verstoßendes Verhalten.[1616] Von § 250 Nr. 2 InsO wird jedoch allein die Herbeiführung der Annahme im engeren Sinne, in Form der Überprüfung der Art und Weise des Zustandekommens

1614 *Haas*, in: Kreft (Hrsg.), HK-InsO, 7. Aufl., 2014, § 248, Rn. 5; *Pleister*, in: Kübler u.a. (Hrsg.), InsO, Lb, 55. Lfg. (10/2013), § 248, Rn. 9, 12.; vgl. auch *Frauer*, Grenzen des Eingriffs, 2014, S. 121.

1615 *Frauer*, Grenzen des Eingriffs, 2014, S. 122.

1616 *Haas*, in: Kreft (Hrsg.), HK-InsO, 7. Aufl., 2014, § 250, Rn. 6; *Thies*, in: A. Schmidt (Hrsg.), HHK-InsO, 5. Aufl., 2015, § 250, Rn. 11; *Spliedt*, in: K. Schmidt (Hrsg.), InsO, 18. Aufl., 2013, § 250, Rn. 10.

des Insolvenzplans, erfasst[1617], weshalb in den Insolvenzplan aufgenommene Sanierungsmaßnahmen nicht auf ihre Missbräuchlichkeit hin überprüft werden können.[1618]

d) Verstoß gegen die Vorschriften über den Planinhalt, § 250 Nr. 1 InsO

Demgegenüber ist die Bestätigung des Insolvenzplans durch das Insolvenzgericht im Rahmen des § 250 Nr. 1 InsO zu versagen, „wenn die Vorschriften über den Inhalt und die verfahrensmäßige Behandlung des Insolvenzplans sowie über die Annahme durch die Beteiligten und die Zustimmung des Schuldners in einem wesentlichen Punkt nicht beachtet worden sind und der Mangel nicht behoben werden kann". § 250 Nr. 1 InsO dient damit der Gewährleistung eines rechtsstaatlichen Verfahrens, bei dem sich die Beteiligten darauf verlassen können, dass sie ihre Zustimmung zum Insolvenzplan in einem unter Beachtung der Vorschriften der InsO durchgeführten Verfahren abgegeben bzw. verweigert haben.[1619] Vereinzelt wird aus dem Prüfungsgegenstand des § 250 Nr. 1 InsO, welcher die Vorschriften über den Inhalt des Plans (§§ 219–230 InsO) und damit gerade auch § 225a InsO erfasst, der Anknüpfungspunkt für eine allgemeine Missbrauchskontrolle des Insolvenzgerichts gesehen.[1620]

Wenngleich § 250 Nr. 1 InsO durch die Unvereinbarkeit mit den rechtsstaatlichen Prinzipien hohe Grenzen für missbräuchliche Eingriffe in Gesellschafterrechte anerkennt, vermag diese Sichtweise schon insoweit nicht zu überzeugen, als der Gesetzgeber Eingriffe in Gesellschafterrechte nach der Eröffnung des Insolvenzplanverfahrens – mit Ausnahme der Einschränkung auf „gesellschaftsrechtlich zulässige" Regelungen in § 225a Abs. 3 InsO – an keine weiteren Voraussetzungen geknüpft bzw. denkbaren Einschränkungen unterworfen hat. Die Annahme einer Rechtsmissbrauchskontrolle durch das Insolvenzgericht würde insbesondere auch im Widerspruch zur Zielsetzung des Gesetzgebers stehen, mit dem ESUG die Plan- und Kalkulierbarkeit des Insolvenzplanverfahrens u.a. dadurch zu verbessern, dass bestehende Hemmnisse und Verzögerungen abgebaut bzw. vermieden werden.[1621] Maßnahmen, die unter Einhaltung der insolvenzrechtlichen Abstimmungsregelungen die notwendigen Mehrheiten erhalten, sind als wirtschaftlich sinnvolle und von der Mehrheit der Beteiligten gewünschte Sanierungsmaßnahmen anzuerkennen[1622],

---

1617 *Braun/Frank*, in: Braun (Hrsg.), InsO, 6. Aufl., 2014, § 250, Rn. 1; *Lüer/Streit*, in: Uhlenbruck u.a. (Hrsg.), InsO, 14. Aufl., 2015, § 250, Rn. 30; *Jaffé*, in: Wimmer (Hrsg.), FK-InsO, 8. Aufl., 2015, § 250, Rn. 11 ff.; *Frauer*, Grenzen des Eingriffs, 2014, S. 123.

1618 So auch *Spliedt*, ZInsO 2013, 2155, 2156 f.; a.A. *Fölsing*, KSI 2014, 123, 125.

1619 *Braun/Frank*, in: Braun (Hrsg.), InsO, 6. Aufl., 2014, § 250, Rn. 1; *Westpfahl*, in: Kübler (Hrsg.), HRI, 2. Aufl., 2015, § 42, Rn. 21.

1620 *Frauer*, Grenzen des Eingriffs, 2014, S. 124; *Simon/Merkelbach*, NZG 2012, 121, 127; ohne speziellen Verweis auf § 250 Nr. 1 InsO *Schäfer*, ZIP 2013, 2237, 2242, der das Recht zur Versagung einzelner im Plan vorgesehener gesellschaftsrechtlicher (Sanierungs-)Maßnahmen anerkennt, sofern diese als treuwidrig zu beurteilen sind; vgl. auch *Zarzitzky*, Reform des Insolvenzplanverfahrens, 2014, S. 68.

1621 RegE ESUG, BT-Drucks. 17/5712, S. 18 f., 35, 57.

1622 RegE ESUG, BT-Drucks. 17/5712, S. 18 f.

die gerade auch nicht an einer Rechtsmissbrauchskontrolle des Gerichts scheitern sollen. Mit dem Bestreben, die Gläubigerautonomie und Eigenverwaltung gleichermaßen zu stärken,[1623] hat der Gesetzgeber die Kompetenzen des Insolvenzverwalters und des Insolvenzgerichts weitgehend auf die Geschäftsführung und die Gläubigergruppen verlagert.[1624] Das Insolvenzgericht nimmt eine vorwiegend neutrale Stellung ein und wird aus den wirtschaftlichen Entscheidungen der Beteiligten möglichst herausgehalten.[1625] Mit dieser liberalen Neuordnung[1626] ist es nicht vereinbar, dem Insolvenzgericht die Kompetenz zur Rechtsmissbrauchskontrolle zuzusprechen und zugleich in Kauf zu nehmen, dass diese auch infolge fehlender feststehender Kriterien starke Verzögerungen und weitgehende Folgen nach sich zieht.[1627] Im Ergebnis kann die Annahme einer Kompetenz des Insolvenzgerichts zur Prüfung der Missbräuchlichkeit einzelner gesellschaftsrechtlicher Sanierungsmaßnahmen bzw. Insolvenzpläne daher auch im Rahmen des § 250 Nr. 1 InsO nicht überzeugen.[1628]

4. Zwischenergebnis

Zwar ist ein missbräuchlicher Insolvenzplan zulasten des Minderheitsgesellschafters jedenfalls theoretisch denkbar, in der Praxis wird es dem betroffenen (Minderheits-) Gesellschafter jedoch nur in den seltensten Fällen gelingen, nach der rechtskräftigen Eröffnungsentscheidung des Insolvenzgerichts die Verfolgung ausschließlich insolvenzwidriger Zwecke zu belegen. Zudem lässt sich – nach überzeugender Ansicht – schon keine Prüfungskompetenz des Insolvenzgerichts zur Feststellung der Missbräuchlichkeit des Insolvenzplans bzw. einzelner gesellschaftsrechtlicher Sanierungsmaßnahmen herleiten. Die Annahme einer Rechtsmissbrauchskontrolle des Insolvenzgerichts stünde insbesondere im Widerspruch zu den Zielen des Gesetzgebers, die Gläubigerautonomie und die Eigenverwaltung zu stärken, und würde das austarierte System des Insolvenzplanverfahrens mit seinem umgestalteten Kompetenzgefüge gefährden.

1623 RegE ESUG, BT-Drucks. 17/5712, S. 17, 42.

1624 Zu den Aufgaben des Insolvenzgerichts vgl. nur *Zimmer*, in: Bork / Hölzle (Hrsg.), Hdb. InsR, 2014, Kap. 5, Rn. 42 ff.

1625 *Madaus*, Insolvenzplan, 2011, S. 311 ff.; vgl. auch *Haas*, in: Kreft (Hrsg.), HK-InsO, 7. Aufl., 2014, § 248, Rn. 5; *ders.*, NZG 2012, 961, 964.

1626 *Brinkmann*, ZIP 2014, 197, 201, der den liberalen Ansatz der InsO für das Insolvenzplanverfahren betont.

1627 A.A. *Frauer*, Grenzen des Eingriffs, 2014, S. 214 ff., 222, der unter Rückgriff auf die Kasuistik der Treuepflicht einen Eingriff in Gesellschafterrechte in der Insolvenz nur dann für zulässig hält, „soweit er zum Zwecke der optimalen Gläubigerbefriedigung notwendig und erfolgversprechend [ist], dieser Eingriff dem Gesellschafter keinen unzumutbaren Nachteil und die Nichtannahme einer Aufopferungspflicht keinen schützenswerten Vorteil bringt".

1628 A.A. *Meyer*, ZInsO 2013, 2361, 2368; *Schäfer*, ZIP 2013, 2237, 2242; *Thole*, ZIP 2013, 1937, 1945.

III. Zwischenergebnis

Festzuhalten bleibt, dass die Voraussetzung einer „ausschließlich insolvenzwidrigen Zweckverfolgung“ mit dem Insolvenzantrag bzw. insgesamt im eröffneten Insolvenzverfahren hohe Anforderungen an missbräuchliche Insolvenzanträge bzw. Insolvenzpläne stellt, wodurch der Relevanzbereich denkbarer Missbrauchsszenarien bereits deutlich eingeschränkt wird. Die vorgenommene Trennung zwischen dem Eröffnungsverfahren, beginnend mit der Antragstellung durch den Schuldner, und der Entscheidung zur Eröffnung des Insolvenzverfahrens, die mit weitreichenden Rechtsfolgen und insbesondere einer nahezu vollständigen Verdrängung gesellschaftsrechtlicher Regelungen durch das geschlossene Eingriffs- und Schutzkonzept des Insolvenzplanverfahrens verbunden ist, verdeutlicht, dass allein der missbräuchlichen Antragstellung (nennenswerte) praktische Relevanz zukommen kann. Die Eröffnung des Insolvenzverfahrens markiert abermals[1629] den entscheidenden Punkt, mit dessen Eintritt alle Anliegen, die dem Ziel der Gläubigerbefriedigung zuwiderlaufen oder auch nur nicht dienen, zurückstehen müssen. Die Anforderungen an eine missbräuchliche Antragstellung sind zwar als hoch einzuordnen, gelingt dem Gesellschafter jedoch der Nachweis dieser Anforderungen, ist der Insolvenzantrag infolge fehlenden Rechtsschutzinteresses durch das Insolvenzgericht als unzulässig zurückzuweisen. Ist das Verfahren dagegen erst einmal eröffnet und die Entscheidung des Insolvenzgerichts rechtskräftig, erfordert ein missbräuchlicher Insolvenzplan den Nachweis, dass gar kein masserelevantes Handeln im Insolvenzverfahren begründet wird. Dieser Nachweis wird im Anschluss an die zuvor ergangene rechtskräftige Eröffnungsentscheidung kaum je gelingen. Zusätzlich bleibt zu beachten, dass es die Kompetenzen des Insolvenzgerichts überschreitet, einen Insolvenzplan, der nach den insolvenzrechtlichen Abstimmungsregelungen beschlossen wurde, wegen Missbrauchs zurückzuweisen.[1630]

B. Schutz des (Minderheits-)Gesellschafters vor einer missbräuchlichen (Aus-)Nutzung des erweiterten Handlungs- und Gestaltungsspielraums *de lege lata*

Der erweiterte Handlungs- und Gestaltungsspielraum vergrößert das Missbrauchspotenzial des Insolvenzverfahrens deutlich. Das Insolvenzrecht bietet grundsätzlich dadurch Schutz, dass sowohl der Insolvenzantrag als auch der Insolvenzplan nicht ausschließlich insolvenzwidrige Zwecke verfolgen dürfen, ohne dass diese als rechtsmissbräuchlich zu bewerten sind. Darüber hinaus verbleibt – angesichts der hohen Anforderungen einer missbräuchlichen Antragstellung, der Schwierigkeit für das Insolvenzgericht diese auszumachen und der fehlenden Kompetenz des Insolvenzgerichts, missbräuchliche Insolvenzpläne zurückzuweisen – jedoch

---

1629 Siehe hierzu § 3.B.III.1.c).

1630 *Brinkmann*, ZIP 2014, 197, 201.

die Frage der Anpassung des Minderheiten- und Rechtsschutzes an die nunmehr gesteigerte Gefahr einer missbräuchlichen Ausnutzung der Insolvenzinstrumente zugunsten des Minderheitsgesellschafters. Mit Blick auf die weitreichenden Folgen der Insolvenzeröffnung und der Einbeziehung der Gesellschafter in den Insolvenzplan ist zu prüfen, welche Schutzmöglichkeiten dem Minderheitsgesellschafter selbst zur Verfügung stehen. Weitgehend ausgeklammert wird an dieser Stelle der bereits für den Regel- und Ausnahmefall eines fortbestehenden Vermögenswerts betrachtete und in seinem Umfang und seiner Wirkung als ausreichend anerkannte wertbezogene Rechtsschutz. Vielmehr soll der Schwerpunkt auf den Schutzinstrumenten liegen, die den Minderheitsgesellschafter insbesondere auch vor einem rechtsmissbräuchlichen Verhalten schützen (sollen). Zu differenzieren ist abermals zwischen einem Schutz vor missbräuchlichen Insolvenzanträgen und Insolvenzplänen. Die gesonderte Betrachtung einzelner missbräuchlicher Sanierungsmaßnahmen ist nicht erforderlich, da diese von der Missbräuchlichkeit des Insolvenzplans eingeschlossen sind.

I. Schutz vor missbräuchlichen Insolvenzanträgen bzw. auf diesen beruhenden Verfahrenseröffnungen

Der als missbräuchlich erkannte Insolvenzantrag ist mangels bestehenden Rechtsschutzinteresses als unzulässig durch das Insolvenzgericht zurückzuweisen. Grundsätzlich ist der Minderheitsgesellschafter damit vor missbräuchlichen Insolvenzanträgen geschützt. Als problematisch sind insofern jedoch die hohen Anforderungen an das Vorliegen eines missbräuchlichen Eigenantrags zu bewerten, über die nur „offensichtliche Härtefälle“[1631] herausgesiebt werden können. Diese machen es dem Insolvenzgericht schwer, einen missbräuchlichen Insolvenzantrag des Schuldners überhaupt als solchen zu erkennen und die notwendigen Konsequenzen zu treffen. Dadurch wird das Szenario, in dem das Insolvenzgericht den Missbrauch in Bezug auf das Betreiben des Insolvenzverfahrens verkennt und das Insolvenzverfahren eröffnet, lebendig. Hinzu kommt, dass der einmal gestellte missbräuchliche Insolvenzantrag regelmäßig dazu führt, dass bis zur Verfahrenseröffnung tatsächlich ein Eröffnungsgrund vorliegt.[1632] Tritt ein zwingender Insolvenzgrund ein, ist der Bereich des § 15a InsO eröffnet und das Insolvenzgericht kann keinen Missbrauchsschutz gewährleisten. Infrage stehen der dem Minderheitsgesellschafter selbst an die Hand gegebene Minderheiten- und Rechtsschutz und die Überprüfung, inwieweit dieser geeignet ist, Schutz vor einem missbräuchlichen Insolvenzantrag bzw. vor einer auf der Grundlage des missbräuchlichen Insolvenzantrags ergangenen Entscheidung zur Eröffnung des Insolvenzplanverfahrens zu gewährleisten.

1631 *Brünkmans/Uebele*, ZInsO 2014, 265, 268.

1632 *Brünkmans/Uebele*, ZInsO 2014, 265, 268; *Thole*, GesR Maßn. in der Insolvenz, 2. Aufl., 2015, Rn. 81.

1. Kein Recht zur Rücknahme des Eigenantrags, § 13 Abs. 2 InsO

Das Recht zur Rücknahme des Insolvenzantrags steht, solange das Insolvenzverfahren noch nicht eröffnet bzw. der Insolvenzantrag noch nicht rechtskräftig abgewiesen wurde (§ 13 Abs. 2 InsO), grundsätzlich nur demjenigen zu, der den Antrag gestellt hat.[1633] In der GmbH & Co. KG steht das Antragsrecht der Komplementärin, vertreten durch den Geschäftsführer, zu (§ 15 Abs. 1 S. 1 InsO). Angesichts der fehlenden Befugnis des Minderheitsgesellschafters zur Stellung des Eigenantrags entfällt auch das Recht zur Rücknahme des missbräuchlichen Eigenantrags.

Vereinzelt wird eine Kompetenz der Gesellschafterversammlung besprochen, im Antragsverfahren die Rücknahme des Antrags zu beschließen, soweit der Minderheitsgesellschafter über das Recht verfügt, die Gesellschafterversammlung einzuberufen.[1634] Schweigt der Gesellschaftsvertrag der GmbH & Co. KG über die Frage der Einberufungsberechtigung, ist in der Regel jedoch allein die Komplementär-GmbH, vertreten durch ihre(n) Geschäftsführer, einberufungsberechtigt. Dem Minderheitsgesellschafter steht grundsätzlich kein ordentliches Einberufungsrecht zu, sodass durch ihn eine Gesellschafterversammlung nur aus wichtigem Grund einberufen werden kann.[1635] Unabhängig von der sich anschließenden Frage des Fortbestehens dieser Kompetenz im Antragsverfahren (§ 276a InsO) scheitert die Möglichkeit, eine Rücknahme des Antrags durch die Gesellschafterversammlung zu beschließen, an der fehlenden Kompetenz des Minderheitsgesellschafters zur Einberufung der Gesellschafterversammlung.

2. Keine Möglichkeit zur Verpflichtung des Vertretungsorgans zur Rücknahme des Eigenantrags

Die Rücknahme des Eigenantrags ist demnach zwar grundsätzlich nur durch den antragstellenden Geschäftsführer möglich und zulässig. Eine andere Frage ist dagegen, ob ein materiell-rechtlicher Anspruch auf Rücknahme des Eröffnungsantrags im Wege einstweiligen Rechtsschutzes außerhalb des Insolvenzverfahrens

1633 *Kadenbach*, in: Ahrens u.a. (Hrsg.), FAK InsR, 2. Aufl., 2014, § 13, Rn. 49; *H.-F. Müller*, in: Jaeger, InsO, 2004, § 15, Rn. 57; *Klöhn*, in: Kirchhof u.a. (Hrsg.), MüKo-InsO, Bd. 1, 3. Aufl., 2013, § 15, Rn. 83; *Schmahl/Vuia*, in: Kirchhof u.a. (Hrsg.), MüKo-InsO, Bd. 1, 3. Aufl., 2013, § 13, Rn. 116; *Gundlach*, in: K. Schmidt (Hrsg.), InsO, 18. Aufl., 2013, § 13, Rn. 38; *Schmerbach*, in: Wimmer (Hrsg.), FK-InsO, 8. Aufl., 2015, § 13, Rn. 50; *Brockdorff/Heintze/Rolle*, BB 2014, 1859, 1865; *Wortberg*, ZInsO 2004, 707, 711.

1634 Zur Stellung eines ungerechtfertigten Insolvenzantrags (ggf. um dem Unternehmen zu schaden), vgl. bereits *Delhaes*, in: AKInsO Köln (Hrsg.), Kölner Schrift zur InsO, 3. Aufl., 2009, S. 105 ff., Rn. 29 ff., 36 ff.

1635 *Liebscher*, in: Reichert (Hrsg.), GmbH & Co. KG, 7. Aufl., 2015, § 17, Rn. 100.

durchgesetzt werden kann.[1636] Die Problematik kreist um die Prüfungskompetenz des Insolvenzgerichts und dessen Befugnis zur Feststellung der Insolvenzgründe.

Teilweise wird davon ausgegangen, dass es im Wesentlichen um die Durchsetzung eines materiell-rechtlichen Anspruchs gehe, über dessen Bestehen die Fachgerichte befinden. Soweit es hierbei darauf ankomme, ob ein gestellter Eigenantrag zulässig und begründet sei, stelle dies die Prüfungskompetenz der Fachgerichte nicht infrage, weshalb Anträge auf einstweiligen Rechtsschutz, die auf die Rücknahme eines Eröffnungsantrags gerichtet sind, zulässig seien.[1637] Richtigerweise steht die Prüfungskompetenz der Zulassungskriterien eines Insolvenzantrags jedoch allein dem Insolvenzgericht zu.[1638] Die angeführte Ansicht steht bereits im Widerspruch zu den erarbeiteten hohen Anforderungen an eine missbräuchliche Antragstellung und der Schwierigkeit, diese als solche zu belegen. Zudem ist einem Antrag auf Erwirkung einer Prozesshandlung in einem anderen Verfahren bereits das Rechtsschutzbedürfnis abzusprechen.[1639] Der Schuldner verfügt über die Möglichkeit, sich im Rahmen des Insolvenzverfahrens gegen einen unzulässigen oder unbegründeten Antrag zur Wehr zu setzen. Im Außenverhältnis besteht demnach keine Möglichkeit, materiell-rechtliche Ansprüche prozessual im Wege des einstweiligen Rechtsschutzes durchzusetzen.[1640] Die Erweiterung des im Insolvenzplanverfahren zur Verfügung gestellten Minderheiten- und Rechtsschutzes vor missbräuchlichen Anträgen kann auch deshalb nicht überzeugen, weil der Schuldner anderenfalls nach außen ein widersprüchliches Verhalten zeigen würde, wenn der antragstellende Vertreter den Antrag aufrechterhalten, der Minderheitsgesellschafter ihn dagegen zurücknehmen will. Zusätzlich bleibt zu bedenken, dass die dem Insolvenzverfahren eigene Dynamik – ausgelöst durch den Insolvenzantrag – zur Folge hat, dass sich ein entsprechender Antrag des Gesellschafters regelmäßig bereits erledigt hat, bevor zwischen der schuldnerischen Gesellschaft und dem Gesellschafter eine Klärung darüber erfolgt ist, ob die Gesellschaft den Antrag zurücknehmen muss.[1641]

1636 *Schmahl/Vuia*, in: Kirchhof u.a. (Hrsg.), MüKo-InsO, Bd. 1, 3. Aufl., 2013, § 13, Rn. 115; *Brinkmann*, in: FS Schilken, 2015, S. 631, 639 f.; *Thole*, GesR Maßn. in der Insolvenz, 2. Aufl., 2015, Rn. 81.

1637 *Schmahl/Vuia*, in: Kirchhof u.a. (Hrsg.), MüKo-InsO, Bd. 1, 3. Aufl., 2013, § 13, Rn. 115.

1638 *Gerhardt*, in: Jaeger, InsO, 2004, § 13, Rn. 47; *Pape*, in: Kübler u.a. (Hrsg.), InsO, Lb, 56. Lfg. (11/2013), § 13, Rn. 69 ff.; *H.-F. Müller*, DB 2014, 41, 44.

1639 *Brockdorff/Heintze/Rolle*, BB 2014, 1859, 1865.

1640 *OLG Frankfurt/M.*, Beschl. v. 1.10.2013 – 5 U 145/13 = NZI 2013, 978, Rz. 18; *Thole*, ZIP 2013, 1937, 1941; a.A. *LG Frankfurt/M.*, Urt. v. 13.08.2013 – 3-09 O 78/13 = NZI 2013, 981; *Brockdorff/Heintze/Rolle*, BB 2014, 1859, 1865; *Stöber*, ZInsO 2013, 2457, 2465; vgl. auch *Schäfer*, ZIP 2013, 2237, 2243.

1641 Zutreffend *Brinkmann*, in: FS Schilken, 2015, S. 631, 640.

3. Keine Rechtsschutzmöglichkeit gegen die Anordnung des Schutzschirmverfahrens, § 270b Abs. 1 S. 1, Abs. 4 S. 1 Nr. 3 InsO

Hat das Insolvenzgericht, auf die Anträge des Antragstellers hin, das Schutzschirmverfahren angeordnet, sind gemäß § 270b Abs. 1 S. 1, Abs. 4 S. 1 Nr. 3 InsO die Insolvenzgläubiger (§ 38 InsO), einschließlich der nachrangigen Insolvenzgläubiger (§ 39 InsO), und die absonderungsberechtigten Gläubiger zur Stellung des Aufhebungsantrags berechtigt.[1642] Die Zulässigkeit des Aufhebungsantrags der Gläubiger setzt voraus, dass kein vorläufiger Gläubigerausschuss bestellt ist und die Umstände, welche die Anordnung als nachteilhaft erscheinen lassen, vom Antragsteller glaubhaft gemacht werden. Es müssen konkrete Tatsachen vorgetragen werden, die tatsächliche wirtschaftliche Nachteile erwarten lassen. Unabhängig davon, dass der Nachweis wirtschaftlicher Nachteile dem Minderheitsgesellschafter nur im Ausnahmefall gelingen wird, ist dieser – aufgrund seiner Einordnung als letztrangiger Gläubiger – selbst dann nicht antragsberechtigt, wenn er über nachrangige Insolvenzforderungen gemäß § 39 Abs. 1 Nr. 5 InsO verfügt.[1643] Dieses Ergebnis fügt sich in die Entscheidung ein, dem Minderheitsgesellschafter kein Recht zur Rücknahme des Insolvenzantrags einzuräumen und beugt der anderenfalls bestehenden Gefahr widersprüchlichen Verhaltens vor. Dem Minderheitsgesellschafter ist gemäß §§ 406, 42 Abs. 1 ZPO i.V.m. § 4 InsO ein Ablehnungsrecht wegen der Besorgnis der Befangenheit gegen die Gutachtertätigkeit des (mitgebrachten) vorläufigen Sachwalters zuzugestehen, sofern dieser unmittelbar von einer Maßnahme des Insolvenzgerichts betroffen ist.[1644] Übergeht das Insolvenzgericht das Ablehnungsgesuch des Minderheitsgesellschafters, stellt dies einen Verfahrensmangel dar, gegen den dem Minderheitsgesellschafter jedoch kein Beschwerderecht zusteht. Wird das Ablehnungsgesuch dagegen abgelehnt, ist die sofortige Beschwerde gemäß § 406 Abs. 5 ZPO i.V.m. § 4 InsO statthaft.

4. Keine Möglichkeit zur Abberufung der Geschäftsführung

Die Möglichkeit einer Abberufung des antragstellenden Geschäftsführers und einer anschließenden Neubestellung eines anderen Geschäftsführers, mit dem Ziel, dass dieser sodann den gestellten Insolvenzantrag zurücknimmt, soll das Korrektiv zur unterlassenen vorherigen Einholung eines zustimmenden Gesellschafterbeschlusses zur Insolvenzantragstellung im Rahmen des vorläufigen Eigenverwaltungsverfahrens

---

1642 *Haas*, in: Gottwald (Hrsg.), InsR-Hdb., 5. Aufl., 2015, § 88, Rn. 61; *Koch/Jung*, in: Kübler (Hrsg.), HRI, 2. Aufl., 2015, § 8, Rn. 208; *Riggert*, in: Nerlich / Römermann (Hrsg.), InsO, Lb, 23. Lfg. (03/2012), § 270b, Rn. 41; *Fiebig*, in: A. Schmidt (Hrsg.), HHK-InsO, 5. Aufl., 2015, § 270b, Rn. 38; *Kolmann*, Schutzschirmverfahren, 2014, Rn. 774.

1643 *Fölsing*, ZInsO 2013, 1325, 1330; *Kolmann*, Schutzschirmverfahren, 2014, Rn. 774.

1644 Siehe hierzu § 3.B.III.1.d).

(§ 270a InsO) sowie im Schutzschirmverfahren (§ 270b InsO) bilden.[1645] Im Rahmen der Eigenverwaltung ist eine solche Abberufung und Neubestellung von Mitgliedern der Geschäftsleitung nur wirksam, wenn der Sachwalter dem zustimmt (§ 276a S. 2 InsO). In der konkreten Situation wird es dem mit dem Mehrheitsgesellschafter im Konflikt stehenden Minderheitsgesellschafter jedoch bereits nicht möglich sein, den entsprechenden Gesellschafterbeschluss, für den die allgemeinen gesellschaftsrechtlichen Bestimmungen gelten, zu erwirken.[1646]

5. *Keine Möglichkeit zur Stellung des Antrags auf Einstellung des Verfahrens, § 212 InsO*

§ 212 InsO soll es dem Schuldner ermöglichen, das Verfahren vorzeitig zu beenden, wenn feststeht, dass ein Insolvenzgrund nicht (bzw. nicht mehr) gegeben ist und soll dadurch dem Umstand gerecht werden, dass die weitreichenden Einschränkungen, die das Verfahren für den Schuldner und dessen Gesellschafter mit sich bringt, ohne das Vorliegen eines Insolvenzgrunds nicht zu rechtfertigen sind.[1647] Für die Anwendung des § 212 InsO ist es dabei unerheblich, ob im Zeitpunkt der Verfahrenseröffnung der Insolvenzgrund tatsächlich vorgelegen hat oder nur irrtümlich vom Insolvenzgericht angenommen worden ist[1648], weshalb jedenfalls auch die missbräuchliche Antragstellung umfasst ist. Antragsberechtigt sind wiederum ausschließlich der Schuldner bzw. sämtliche organschaftlichen Vertreter.[1649] Die Minderheitsgesellschafter des Schuldners sind nicht antragsberechtigt.

Teilweise wird jedoch vertreten, dass dem Minderheitsgesellschafter über den Weg einer Weisung an die Geschäftsführung ein aus der gesellschaftsrechtlichen Treuepflicht abgeleiteter Anspruch gegen die Geschäftsführung auf Stellung des Antrags nach § 212 InsO zustehen muss.[1650] Problematisch ist dann allerdings, dass die Einstellung des Insolvenzantrags dazu führt, dass die Kosten des Insolvenzverfahrens, einschließlich der in voller Höhe anfallenden Vergütung des Insolvenzverwalters, zu begleichen sind, weshalb durch den Antrag in der Regel eher die Zahlungsunfähigkeit als die Einstellung herbeigeführt wird.[1651]

1645 RegE ESUG, BT-Drucks. 17/5712, S. 42; *Haas*, in: Gottwald (Hrsg.), InsR-Hdb., 5. Aufl., 2015, § 90, Rn. 24 ff.; *Brockdorff/Heintze/Rolle*, BB 2014, 1859, 1865.

1646 *Haas*, in: Gottwald (Hrsg.), InsR-Hdb., 5. Aufl., 2015, § 90, Rn. 36.

1647 *Landfermann*, in: Kreft (Hrsg.), HK-InsO, 7. Aufl., 2014, § 212, Rn. 1.

1648 *Hefermehl*, in: Kirchhof u.a. (Hrsg.), MüKo-InsO, Bd. 2, 3. Aufl., 2013, § 212, Rn. 4.

1649 *Andres*, in: Andres u.a., InsO, 3. Aufl., 2014, § 212, Rn. 2; *Kießner*, in: Braun (Hrsg.), InsO, 6. Aufl., 2014, § 212, Rn. 2; *Hefermehl*, in: Kirchhof u.a. (Hrsg.), MüKo-InsO, Bd. 2, 3. Aufl., 2013, § 212, Rn. 7; vgl. auch *AG Charlottenburg*, Beschl. v. 20.06.2013 – 36s IN 2196/13 = ZInsO 2013, 2501, 2502.

1650 *Meyer*, ZInsO 2013, 2361, 2367; *Stöber*, ZInsO 2013, 2457, 2465; vgl. auch *Fölsing*, KSI 2014, 123, 125; *Hölzle*, EWiR 2013, 589, 590.

1651 *Meyer*, ZInsO 2013, 2361, 2367; vgl. auch *Brinkmann*, in: FS Schilken, 2015, S. 631, 640.

6. *Verfassungsrechtlich gebotene Beschwerdemöglichkeit im Fall der Verletzung des Rechts auf rechtliches Gehör*

Anzusprechen bleibt die Möglichkeit eines verfassungsrechtlich gebotenen, fachgerichtlichen Rechtsbehelfs gegen die Entscheidung zur Eröffnung des Insolvenzverfahrens im Fall der Verletzung des Rechts auf rechtliches Gehör (Art. 103 Abs. 1 GG)[1652]: Angesichts der nach derzeitiger Gesetzeslage fehlenden Verpflichtung zur Anhörung der Gesellschafter und der im weiteren Verlauf für den (Minderheits-)Gesellschafter ebenfalls nicht zur Verfügung stehenden Möglichkeit, die Missbräuchlichkeit des Insolvenzantrags zu rügen, kann es im Einzelfall verfassungsrechtlich geboten sein, dem (Minderheits-)Gesellschafter einen fachgerichtlichen Rechtsbehelf gegen die Eröffnungsentscheidung des Insolvenzgerichts zur Verfügung zu stellen, sofern dieser vor der Entscheidung tatsächlich nicht angehört wurde. Die Möglichkeit einer Verletzung wird dadurch erweitert, dass das BVerfG auch solchen Gesellschaftern das Recht zuspricht, sich auf Art. 103 Abs. 1 GG zu berufen, die nicht formell an einem Gerichtsverfahren beteiligt, sondern durch die gerichtliche Entscheidung unmittelbar betroffen sind.[1653] Für (Minderheits-)Gesellschafter der schuldnerischen Gesellschaft ist diese unmittelbare Betroffenheit mit Eröffnung des Insolvenzverfahrens stets zu bejahen, weil mit Insolvenzeröffnung und den dadurch eintretenden Folgen gemäß §§ 217 S. 2, 225a InsO auch gegen ihren Willen in ihre Rechte eingegriffen werden kann.[1654] Im Fall der Verletzung des Rechts auf rechtliches Gehör erkennt das BVerfG – anders als grundsätzlich über Art. 19 Abs. 4 GG gewährleistet – nicht nur einen Schutz durch den Richter, sondern auch einen Schutz vor dem Richter als verfassungsrechtlich geboten an[1655], wodurch ein Anspruch auf einen fachgerichtlichen Rechtsbehelf begründet wird. Zu berücksichtigen bleibt jedoch, dass die Gesellschafter normalerweise während

---

1652 *Brinkmann*, ZIP 2014, 197, 203; vgl. auch *Marotzke*, ZInsO 2015, 325, 331 f.; zustimmend *Schäfer*, ZIP 2015, 1208, 1212.

1653 *BVerfG*, Beschl. v. 22.04.1964 – 2 BvR 190/62 = NJW 1964, 1412; *BVerfG*, Beschl. v. 2.05.1967 – 1 BvR 578/63 = BVerfGE 21, 362; *BVerfG*, Beschl. v. 9.02.1982 – 1 BvR 191/81 = NJW 1982, 1635; *BVerfG*, Beschl. v. 3.11.1983 – 2 BvR 348/83 = NJW 1984, 719; vgl. dazu *Brinkmann*, ZIP 2014, 197, 203.

1654 *Brinkmann*, ZIP 2014, 197, 203; vgl. auch *Marotzke*, ZInsO 2015, 325, 331, der auf die mit der Eröffnung des Insolvenzverfahrens einhergehende Auflösung der Gesellschaft als Grund für den Anspruch auf rechtliches Gehör abstellt.

1655 *BVerfG*, Beschl. v. 30.04.2003 – 1 PBvU 1/02 = NJW 2003, 1924, 1926 („Wird Art. 19 IV GG einengend dahin ausgelegt, dass er den Rechtsschutz gegen richterliche Akte nicht umfasst, verbleibt dort ein Rechtsschutzdefizit, das aber durch den allgemeinen Justizgewährungsanspruch behoben wird. Er ermöglicht Rechtsschutz hinsichtlich der gerichtlichen Verfahrensdurchführung, soweit durch sie die Verfahrensgrundrechte verletzt sein können. Anderenfalls bliebe eine Verletzung dieser Grundrechte ohne verfassungsrechtlich gesicherte Möglichkeit fachgerichtlicher Abhilfe."); dazu *Brinkmann*, ZIP 2014, 197, 203; *Marotzke*, ZInsO 2015, 325, 332; vgl. auch *Göb / Nebel*, NZI 2015, 408.

des Eröffnungsverfahrens die Gelegenheit erhalten sich zu äußern, sodass in den allermeisten Fällen eine Beschwerdemöglichkeit des Gesellschafters gerade nicht schon verfassungsrechtlich geboten sein wird.[1656]

7. Keine Rechtsschutzmöglichkeit gegen den Eröffnungsbeschluss, § 34 Abs. 2 InsO (analog)

Macht der Minderheitsgesellschafter nach der Eröffnung des Insolvenzverfahrens geltend, dass der Eröffnungsentscheidung des Insolvenzgerichts ein missbräuchlicher Insolvenzantrag zugrunde liegt, steht ihm von Gesetzes wegen kein eigenes Beschwerderecht gegen den Eröffnungsbeschluss des Insolvenzgerichts zu.[1657] Gemäß § 34 Abs. 2 InsO kann allein der Schuldner bzw. ein organschaftlicher Vertreter mit ausreichender Vertretungsmacht das Beschwerderecht gegen den Eröffnungsbeschluss, mit dem Ziel der Aufhebung des Eröffnungsbeschlusses (vgl. § 34 Abs. 2, 3 S. 1 InsO), ausüben.[1658] Allerdings ist auch insoweit das Beschwerderecht auf Fremdanträge beschränkt, da es dem Schuldner im Falle eines Eigenantrags an der nötigen Beschwer fehlt.[1659] Der rechtliche Grundsatz „*volenti non fit iniuria*"[1660] verdeutlicht, dass eine Person, die freiwillig und bewusst in die Handlungen eines anderen einwilligt, grundsätzlich keine Ansprüche aus einem durch das Handeln des anderen erlittenen Schaden geltend machen kann.[1661] Im Fall der drohenden Zahlungsunfähigkeit, die nur der Schuldnerin selbst ein Antragsrecht gewährt, können die Gesellschafter später nicht geltend machen, durch ein von der Gesellschaft selbst eingeleitetes Verfahren in ihren Rechten unverhältnismäßig beeinträchtigt zu werden.[1662] Den daraus eintretenden Rechtsverlust haben die Gesellschafter gerade selbst, wenn auch vertreten durch die Geschäftsführung, herbeigeführt.

1656 *Brinkmann*, ZIP 2014, 197, 203; so auch im *Suhrkamp*-Verfahren, daher zutreffend *BVerfG*, Beschl. v. 17.10.2013 – 2 BvR 1978/13 = ZIP 2013, 2163.

1657 *Wertenbruch*, in: Westermann / Wertenbruch (Hrsg.), Hdb. PersG, Lb, 60. Lfg. (09/2014), Rn. 1872; *Brinkmann*, ZIP 2014, 197, 202; *Fölsing*, ZInsO 2013, 1325, 1330; *H.-F. Müller*, DB 2014, 41, 43; *Schäfer*, ZIP 2013, 2237, 2241 f.; *Thole*, ZIP 2013, 1937, 1945; vgl. auch *AG Charlottenburg*, Beschl. v. 20.06.2013 – 36s IN 2196/13 = ZInsO 2013, 2501, 2502.

1658 *Herzig*, in: Braun (Hrsg.), InsO, 6. Aufl., 2014, § 34, Rn. 5; *Schmahl / Busch*, in: Kirchhof u.a. (Hrsg.), MüKo-InsO, Bd. 1, 3. Aufl., 2013, § 34, Rn. 55 ff.; *Wertenbruch*, in: Westermann / Wertenbruch (Hrsg.), Hdb. PersG, Lb, 60. Lfg. (09/2014), Rn. 1872; *Thole*, ZIP 2013, 1937, 1945.

1659 *BGH*, Beschl. v. 18.01.2007 – IX ZB 170/06 = NJW-RR 2007, 765; *BGH*, Beschl. v. 26.01.2012 – IX ZB 213/11 = NZI 2012, 274; *Brinkmann*, ZIP 2014, 197, 202.

1660 Lat. für „dem Einwilligenden geschieht kein Unrecht"; allg. zum Grundsatz „*volenti non fit iniuria*" vgl. nur *Ohly*, Einwilligung im PrivatR, 2002, S. 63 ff.

1661 Vgl. dazu *Brinkmann*, ZIP 2014, 197, 202 („Hinsichtlich der drohenden Zahlungsunfähigkeit kann nur auf den Grundsatz volenti non fit inuria [sic!] verwiesen werden").

1662 *Brinkmann*, ZIP 2014, 197, 202.

Unter Berücksichtigung der Gefahr missbräuchlicher Eigenanträge und der fehlenden Möglichkeit, die Mangelhaftigkeit des Eröffnungsbeschlusses im laufenden Insolvenzverfahren zu rügen bzw. ihre mitgliedschaftlichen Interessen zur Geltung zu bringen, wird dieses Rechtsschutzdefizit bzw. diese Lücke im Hinblick auf den Eröffnungsbeschluss als „besonders unerträglich“[1663] eingestuft.[1664] Zugleich wird die Instrumentalisierung des Insolvenzrechts durch missbräuchliche Eigenanträge – infolge der grundsätzlich bestehenden Einordnung des Insolvenzrechts als *ultima ratio* – als „nicht billig und gesellschaftspolitisch anstößig“[1665] kritisiert.[1666] Um dem Minderheitsgesellschafter das benötigte taugliche „Instrument zur Verhinderung der durch den Eröffnungsbeschluss bewirkten dramatischen Veränderung der für Eingriffe in die Rechte der Anteilseigner maßgeblichen ‚Spielregeln‘“[1667] gegen missbräuchliche Insolvenzanträge zur Verfügung zu stellen, wird in der Literatur daher teilweise der Ansatz einer bereits *de lege lata* anzuerkennenden analogen Anwendung der Beschwerdemöglichkeit aus § 34 Abs. 2 InsO vertreten.[1668]

Das Vorliegen einer planwidrigen Regelungslücke wird über den Charakter des § 34 InsO als Nachfolgevorschrift zu § 109 KO begründet, der die sofortige Beschwerde ausdrücklich „nur dem Gemeinschuldner“ zugestand. Zurückzuführen ist § 109 KO – wie in der Begründung zum Ausdruck kommt – wiederum auf die Preußische Konkursordnung, die als Begründung für den Ausschluss von Rechtsbehelfen der Gläubiger zugrunde legte, dass die auf Antrag des Gemeinschuldners oder eines Gläubigers angesprochene Konkurseröffnung „im Interesse und in Anerkennung des Konkursanspruchs der gesammten Gläubiger“[1669] erfolgt.[1670] Zwar herrscht Uneinigkeit über die Frage, inwieweit die sich aus der Preußischen Konkursordnung ergebende, von der KO und der InsO übernommene, fehlende Problematisierung der Erforderlichkeit einer Beschwerdeberechtigung der einzelnen Gesellschafter im Hinblick auf die mit der Eröffnung des Verfahrens über das Vermögen der Gesellschaft seit jeher verbundenen Auflösung der Gesellschaft bereits früher hätte berücksichtigt und ergänzend eingeführt werden müssen.[1671] Einig sind

1663 *Brinkmann*, ZIP 2014, 197, 203.

1664 *Brinkmann*, ZIP 2014, 197, 202 f.; im Ergebnis ebenso *Böcker*, ZInsO 2015, 773, 782; *ders.*, DZWiR 2015, 10, 20; *Madaus*, ZIP 2014, 500, 503 ff.; *Marotzke*, ZInsO 2015, 325, 334; *Meyer*, DB 2015, 538, 540; *Schäfer*, ZIP 2013, 2237, 2241 f.; *ders.*, ZIP 2015, 1208, 1211 f.; *Thole*, ZIP 2013, 1937, 1945; *Westermann*, NZG 2015, 134, 141.

1665 *Böcker*, ZInsO 2015, 773, 782.

1666 *Böcker*, ZInsO 2015, 773, 782; *ders.*, DZWiR 2014, 331, 336.

1667 *Marotzke*, ZInsO 2015, 325, 334.

1668 *Brinkmann*, ZIP 2014, 197, 203 f.; *Marotzke*, ZInsO 2015, 325, 331 ff.

1669 Begründung des Entwurfs einer Kokursordnung, 1874, S. 334 f., zitiert nach *Hahn / Mugdan (Hrsg.)*, Materialien zu den Reichs-Justizgesetzen, 1881 (Neudruck 1983), S. 303.

1670 *Brinkmann*, ZIP 2014, 197, 203; *ders.*, in: FS Schilken, 2015, S. 631, 639; *Marotzke*, ZInsO 2015, 325, 332; *Zipperer*, ZIP 2015, 2002 f.

1671 *Brinkmann*, ZIP 2014, 197, 204; a.A. *Marotzke*, ZInsO 2015, 325, 332 f.

sich die Befürworter einer analogen Anwendung jedoch darin, dass spätestens mit Inkrafttreten des ESUG ein solches Beschwerderecht der Gesellschafter nicht mehr in Abrede gestellt werden kann.

Der in §§ 6 Abs. 1 S. 1, 34 Abs. 2 InsO zum Ausdruck gebrachten andauernden Beschränkung der Beschwerdebefugnis auf den Schuldner liegt die (irrtümliche) gesetzgeberische Vorstellung zugrunde, dass die Insolvenzeröffnung infolge eines Eigenantrags niemandem – gerade auch nicht den Gesellschaftern – zum Nachteil gereichen könne. Die über § 225a InsO drohenden Gefahren einer zwangsweisen Einbeziehung in den Insolvenzplan und die mit rechtskräftiger Eröffnung stark reduzierten Möglichkeiten, solche Eingriffe abzuwenden, führen in der Folge dazu, dass eine planwidrige Lücke entstanden ist. Diese in Fortführung des historischen Rechtsschutzkonzepts entstandene Regelungslücke soll durch die Gewährung eines Beschwerderechts des (Minderheits-)Gesellschafters gemäß § 34 Abs. 2 InsO analog zu schließen sein, wobei einer analogen Anwendung insbesondere nicht entgegenstehen soll, dass es sich um einen missbräuchlichen Eigenantrag handelt.[1672]

Richtigerweise ist das Vorliegen der Analogievoraussetzungen jedoch abzulehnen. Zunächst ist bereits zweifelhaft, ob die Annahme einer Analogie im konkreten Fall überhaupt möglich ist. Die in § 6 Abs. 1 S. 1 InsO normierte Notwendigkeit der gesetzlichen Einräumung etwaiger Beschwerdeberechtigungen spricht für ein Analogieverbot, das einer Erweiterung der Beschwerdeberechtigung auf die Gesellschafter im Wege der Rechtsfortbildung entgegenstehen würde.[1673] Zwar wird vorgebracht, dass der Einwand eines bestehenden Analogieverbots – als Einwand einfachrechtlicher Natur – aus Gründen der Normenhierarchie hinter einer verfassungsrechtlich begründeten Argumentation für einen fachgerichtlichen Rechtsbehelf zurückstehen müsse.[1674] Insoweit wurde jedoch bereits herausgestellt, dass ein solcher verfassungsrechtlich gebotener fachgerichtlicher Rechtsbehelf an die (seltene) Voraussetzung geknüpft ist, dass dem (Minderheits-)Gesellschafter tatsächlich keine Gelegenheit zur Stellungnahme gegeben worden ist. Der Einwand eines bestehenden Analogieverbots muss deshalb in den allermeisten Fällen nicht zurückstehen.

Sodann ist auch die Planwidrigkeit der durch §§ 6 Abs. 1 S. 1, 34 Abs. 2 InsO konstatierten Regelungslücke in Abrede zu stellen, da der ESUG-Gesetzgeber mit § 253 Abs. 1 InsO durchaus ein Beschwerderecht der planbetroffenen (Minderheits-)Gesellschafter normiert hat.[1675] Zwar ist der Einwand *Marotzkes* berechtigt, dass die sofortige Beschwerde nicht geeignet sei, die „durch den Eröffnungsbeschluss bewirkte[n] dramatische[n] Veränderung der für Eingriffe in die Rechte der Anteilseigner maßgeblichen ‚Spielregeln'"[1676] zu verhindern, die eingeschränkte Wirkungsweise der sofortigen Beschwerde und die Feststellung einer Lücke im

1672 *Brinkmann*, ZIP 2014, 197, 204; *Marotzke*, ZInsO 2015, 325, 333.
1673 *Madaus*, ZIP 2014, 500, 503.
1674 *Marotzke*, ZInsO 2015, 325, 333.
1675 *Madaus*, ZIP 2014, 500, 503; *Meyer*, DB 2015, 538, 540.
1676 *Marotzke*, ZInsO 2015, 325, 334.

Schutzkonzept der InsO dürfen jedoch nicht zur Folge haben, dass die unterbliebene Schaffung wirksamer Rechtsschutzmöglichkeiten für den (Minderheits-)Gesellschafter als planwidriges Unterlassen gedeutet wird: Zum einen ist das von der Gegenansicht zur Begründung der Planwidrigkeit angeführte Argument, dass der Beschränkung der Beschwerdebefugnis die gesetzgeberische Vorstellung zugrunde liegt, dass die Insolvenzeröffnung den Gesellschaftern nicht zum Nachteil gereichen könne, weder über die Gesetzesbegründung zum ESUG belegbar noch zutreffend. Insofern macht gerade § 253 InsO deutlich, dass der im Insolvenzverfahren eröffnete Handlungs- und Gestaltungsspielraum sowie die Möglichkeit, zwangsweise Eingriffe in die Rechte der Gesellschafter vorzunehmen, zur Erreichung des Insolvenzziels gerade auch zu deren Nachteil gereichen können. Zum anderen lassen auch die in der Gesetzesbegründung zum Ausdruck kommenden Zielvorstellungen des Gesetzgebers – wonach insbesondere das auf Seiten der (Alt-)Gesellschafter bestehende Blockadepotenzial abgebaut, jede ungerechtfertigte Verfahrensverzögerung vermieden und deren Schutz über ein rein vermögens- bzw. wertbezogenes Schutzkonzept auf ein angemessenes Mindestmaß reduziert werden sollte[1677] – keine andere Bewertung zu, als die Ausgestaltung zugunsten einer zügigen Abwicklung des Eröffnungsverfahrens als bewusste Entscheidung des Gesetzgebers zu deuten.[1678] Schließlich bleibt zu bedenken, dass der Gesetzgeber die Gefahr um die Möglichkeit eines missbräuchlichen Handelns im Zusammenhang mit dem Insolvenzantrag bzw. dem Antrag auf Durchführung des Schutzschirmverfahrens jedenfalls erfasst (wenngleich nicht in der hier besprochenen Ausformung erkannt) hat, was bereits in der Gesetzesbegründung zur InsO[1679] und insbesondere in der Begründung zu § 270b InsO[1680] deutlich wird. Es ist demnach kaum vertretbar, davon auszugehen, dass der Gesetzgeber die Beschwerdeberechtigung im Rahmen des § 34 Abs. 2 InsO auf die Gesellschafter erweitert hätte, wenn er nur daran gedacht hätte.

Lediglich ergänzend bleibt daher anzumerken, dass auch die Annahme einer vergleichbaren Interessenlage – insbesondere im Fall einer Berufung des (Minderheits-)Gesellschafters auf einen missbräuchlichen Eigenantrag – schon insofern starken Zweifeln begegnet, als § 34 Abs. 2 InsO ohnehin nicht jedem Beteiligten, der von einer Verfahrenseröffnung betroffen ist, ein Beschwerderecht einräumt.[1681] Insbesondere bleibt insofern zu beachten, dass im Fall des Eigenantrags gerade kein Beschwerderecht für den Schuldner bzw. die organschaftlichen Vertreter besteht

1677 Vgl. RegE ESUG, BT-Drucks. 17/5712, S. 19; vgl. auch *Brinkmann*, ZIP 2014, 197, 204, der eine Analogie bejaht, zugleich jedoch zu bedenken gibt, dass darüber nachzudenken sein wird, wie die Einlegung missbräuchlicher Beschwerden als Geschäftsmodell analog zu den missbräuchlichen Anfechtungsklagen unterbunden werden kann.

1678 *Zipperer*, ZIP 2015, 2002; a.A. wohl *Frauer*, Grenzen des Eingriffs, 2014, S. 215.

1679 RegE InsO, BT-Drucks. 12/2443, S. 113.

1680 RegE ESUG, BT-Drucks. 17/5712, S. 59.

1681 *Haas*, in: Kreft (Hrsg.), HK-InsO, 7. Aufl., 2014, § 225a, Rn. 14; *Madaus*, ZIP 2014, 500, 503; *Thole*, ZIP 2013, 1937, 1945.

und auch keine überzeugende Begründung erkennbar ist, die eine Besserstellung der (Minderheits-)Gesellschafter im Fall des missbräuchlichen Eigenantrags gegenüber jeder weiteren Gläubigergruppe rechtfertigt. Jedenfalls eine Argumentation mit der Rolle der Gesellschafter, die als „Inhaber der an der Schuldnerin bestehenden Beteiligungen nicht einfach nur ‚Gläubiger' [...], sondern [...] Inhaber von – manchmal sogar höchstpersönlichen – Mitgliedschaftsrechten"[1682] seien, steht im Widerspruch mit dem in der InsO verankerten verfahrensrechtlichen Vorrang der Gläubiger bzw. der Einordnung der Gesellschafter als nach-nachrangige Gläubiger.[1683]

Auch wenn das Vorliegen der Rechtsschutzlücke die Forderung nach ausreichendem Rechtsschutz vor missbräuchlichen Eigenanträgen verständlich werden lässt, ist das Schließen dieser Lücke im Wege der Analogie nicht angezeigt. Im Ergebnis ist es daher – jedenfalls *de lege lata* – überzeugend, eine analoge Anwendung des Beschwerderechts aus § 34 Abs. 2 InsO zugunsten der planbetroffenen (Minderheits-) Gesellschafter abzulehnen.[1684] Zugleich bleibt festzuhalten, dass die Entscheidung gegen ein analog zu begründendes Beschwerderecht keine Entscheidung gegen ein *de lege ferenda* einzuführendes, angepasstes und sich daher in das Insolvenzplanverfahren einfügendes Beschwerderecht darstellt.

8. Schadensersatzansprüche als Folge missbräuchlicher Insolvenzanträge

Die aufgezeigte Sperrwirkung zum Schutz des Insolvenzverfahrens und zur Erreichung der bestmöglichen Gläubigerbefriedigung besteht (nur) bis zur Beendigung des Insolvenzverfahrens.[1685] Im Anschluss an die Aufhebung des Insolvenzverfahrens kann der Minderheitsgesellschafter insbesondere die ihm gegen den Geschäftsführer, der den missbräuchlichen Insolvenzantrag gestellt hat, zustehenden Schadensersatzansprüche geltend machen.[1686]

a) Schadensersatz gegen die antragstellende Komplementär-GmbH infolge der Verletzung der Pflicht zur Einholung eines Gesellschafterbeschlusses

Wäre die Unzulässigkeit des Insolvenzantrags Rechtsfolge eines Handelns gegen den ablehnenden bzw. nicht eingeholten zustimmenden Gesellschafterbeschluss, könnte die Gegenstimme des Minderheitsgesellschafters in der GmbH & Co. KG

1682 *Marotzke*, ZInsO 2015, 325, 334.

1683 Vgl. *Thole*, ZIP 2013, 1937, 1945, der eine allg. Erweiterung des Beschwerderechts jedoch als bedenkenswert bezeichnet; vgl. auch *Schäfer*, ZIP 2013, 2237, 2242.

1684 So auch *Böcker*, ZInsO 2015, 773, 782; *Madaus*, ZIP 2014, 500, 503; *Thole*, ZIP 2013, 1937, 1945; *Westermann*, NZG 2015, 134, 141; vgl. auch *H.-F. Müller*, DB 2014, 41, 43; *Schäfer*, ZIP 2013, 2237, 2241 f.; *ders.*, ZIP 2015, 1208, 1212; a.A. dagegen *Brinkmann*, ZIP 2014, 197, 203 f.; *Marotzke*, ZInsO 2015, 325, 334.

1685 *Wertenbruch*, in: Westermann/Wertenbruch (Hrsg.), Hdb. PersG, Lb, 60. Lfg. (09/2014), Rn. 1872a; *ders.*, ZIP 2013, 1693, 1703.

1686 *OLG Frankfurt/M.*, Beschl. v. 1.10.2013 – 5 U 145/13 = NZI 2013, 978; *Stöber*, ZInsO 2013, 2457, 2463.

dem Insolvenzantrag im Fall der drohenden Zahlungsunfähigkeit entgegentreten und dem einzelnen Gesellschafter eine Möglichkeit zum Schutz vor missbräuchlichen Insolvenzanträgen an die Hand geben. Zugleich wäre den Gesellschaftern aber ein Blockadepotenzial gegeben, das mit den Änderungen durch das ESUG gerade vermieden werden sollte. Die Ansicht *Westermanns*[1687], der Raum für einen die Verfahrenshandlung der Antragstellung – ohne bzw. gegen einen ergangenen Gesellschafterbeschluss – betreffenden Missbrauchsvorwurf erkennt, kann demnach nicht überzeugen. Die Verletzung der Pflicht zur Einholung eines Gesellschafterbeschlusses im Vorfeld der Stellung des Insolvenzantrags im Fall der drohenden Zahlungsunfähigkeit führt weder zur Unzulässigkeit des Insolvenzantrags noch lässt sich eine Verpflichtung zur Durchführung der Sondierung von Sanierungsmaßnahmen vor dem Insolvenzantrag im ordentlichen Rechtsweg durchsetzen.

Zwar löst die Verletzung der Pflicht zur Einholung eines zustimmenden Gesellschafterbeschlusses vor Antragstellung Schadensersatzansprüche gegen den Antragsteller aus[1688], diese vermögen die Pflichtverletzung jedoch schon insoweit nicht zufriedenstellend zu kompensieren, als die Folgen der Insolvenzeröffnung später im Allgemeinen nicht mehr rückgängig gemacht werden können. Zwar ist der Schadensersatzanspruch aus § 280 Abs. 1 BGB (i.V.m. dem Gesellschaftsvertrag) primär auf Wiederherstellung des Zustands gerichtet, der ohne die Pflichtverletzung bestehen würde (§ 249 Abs. 1 BGB), weshalb teilweise der Anspruch auf Rückgängigmachung planbedingter gesellschaftsrechtlicher Strukturmaßnahmen – ohne nähere Auseinandersetzung mit den Problemen der Naturalrestitution – angenommen wird.[1689] Infolge der Aufhebung des Insolvenzverfahrens, nach rechtskräftiger Planbestätigung (§ 258 Abs. 1 InsO), sei es gerade (wieder) möglich, mit den nach Gesellschaftsrecht erforderlichen Mehrheiten in den Insolvenzplan aufgenommene gesellschaftsrechtliche Maßnahmen rückgängig zu machen. Der Schadensersatzanspruch aus § 280 Abs. 1 BGB könne dann insbesondere auch den Antragsteller, der seinen Insolvenzantrag missbräuchlich gestellt hat, verpflichten, für die Wiederherstellung des *Status quo* zu stimmen.

Richtigerweise ist es jedoch häufig schon rein praktisch nicht möglich, die Folgen des missbräuchlichen Insolvenzantrags rückgängig zu machen.[1690] Insbesondere stellen sich im Rahmen der Geltendmachung eines Schadensersatzanspruchs zahlreiche Fragen und Schwierigkeiten betreffend die Unterbrechung des Zurechnungszusammenhangs und die Kausalität.[1691] Die dann erfolgende Kompensation in Geld vermag

1687 *Westermann*, NZG 2015, 134, 136 f.

1688 Siehe hierzu § 3.B.III.1.a)dd).

1689 *Wertenbruch*, in: Westermann / Wertenbruch (Hrsg.), Hdb. PersG, Lb, 60. Lfg. (09/2014), Rn. 1871, 1872a; *ders.*, ZIP 2013, 1693, 1703; a.A. *H.-F. Müller*, DB 2014, 41, 44; *Spliedt*, ZInsO 2013, 2155, 2158; vgl. auch die Ansicht von *Schluck-Amend*, wiedergegeben in *Roesener*, in: Jahrestagung der VGR, 2015, S. 187, 188.

1690 *H.-F. Müller*, DB 2014, 41, 44.

1691 *D. Lang / Muschalle*, NZI 2013, 953, 955; *Thole*, ZIP 2013, 1937, 1944; *ders.*, GesR Maßn. in der Insolvenz, 2. Aufl., 2015, Rn. 80; zu weiteren Schwierigkeiten bei der

allenfalls die vermögensrechtlichen Interessen des Minderheitsgesellschafters zu befriedigen, würde aber beispielsweise bei einem erfolgten Ausschluss aus der Gesellschaft nicht für eine Wiederherstellung der Beteiligung an der Gesellschaft sorgen. Zwar ist bei der Bestimmung der Schadenshöhe dann auf den Wert der verlorenen Beteiligung im Zeitpunkt unmittelbar vor der zum Schadensersatz begründenden Handlung abzustellen, sodass die Zuerkennung eines Schadensersatzanspruchs nicht zwingend dadurch gehindert wird, dass die Beteiligung während des Insolvenzverfahrens wertlos war bzw. geworden ist.[1692] Schließlich bleibt insbesondere zu beachten, dass der einmal gestellte Insolvenzantrag regelmäßig dazu führt, dass Zahlungsunfähigkeit oder Überschuldung erst entstehen. Der Eintritt zwingender Insolvenzgründe wiederum begründet seinerseits eine Antragspflicht und schließt die vollumfängliche Haftung für den Antragsteller aus.

b) Schadensersatz gegen die antragstellende Komplementär-GmbH aus unerlaubter Handlung, § 826 BGB

Zusätzlich kann dem Minderheitsgesellschafter gemäß § 826 BGB ein Schadensersatzanspruch aus unerlaubter Handlung wegen sittenwidriger Eingriffe in seine gesellschaftsrechtliche Position gegen den Antragsteller zustehen, der missbräuchlich den Antrag auf Insolvenzeröffnung gestellt hat.[1693] *Brinkmann* verweist insofern auch auf das Recht der Einzelzwangsvollstreckung, bei dem die Rechtsprechung auf eine Anwendung von § 826 BGB zurückgreift, wenn es um die Vollstreckung aus rechtsmissbräuchlich erlangten Vollstreckungsbescheiden geht.[1694] Die Situationen im Einzelzwangsvollstreckungsrecht und Insolvenzrecht ließen sich insoweit vergleichen, als in beiden Fällen des Missbrauchs ein gerichtliches Verfahren instrumentalisiert wird, um Ziele zu erreichen, die auf ordentlichem Weg nicht zu verwirklichen gewesen wären: Auf der einen Seite steht die Durchsetzung einer Forderung im Klageverfahren und auf der anderen Seite die Durchsetzung gesellschaftsrechtlicher Strukturmaßnahmen mit dem erforderlichen Gesellschafterbeschluss. Selbst wenn demnach im Fall missbräuchlicher Insolvenzanträge von einer Anwendbarkeit des § 826 BGB auszugehen ist, wird der Schadensersatzanspruch des

---

Geltendmachung von Schadensersatzansprüchen durch die Gesellschafter, vgl. *Tetzlaff*, ZInsO 2008, 226, 229.

1692 *Brinkmann*, ZIP 2014, 197, 206.

1693 *Brinkmann*, ZIP 2014, 197, 205 f. (mit Verweis auf *BGH*, Urt. v. 22.05.1962 – VI ZR 256/61 = WM 1962, 929 (Schadensersatzanspruch infolge der Einleitung eines Insolvenzverfahrens zu verfahrensfremden Zwecken)); vgl. auch *Fölsing*, ZInsO 2013, 1325, 1331, der allerdings bereits dann eine sittenwidrige Schädigung für möglich hält, wenn es dem geschäftsführenden Mehrheitsgesellschafter „nicht nur“ darum ging das schuldnerische Unternehmen zu schützen; *ders.*, KSI 2014, 123, 125; *Thole*, ZIP 2013, 1937, 1944.

1694 Vgl. *Brinkmann*, ZIP 2014, 197, 206.

Minderheitsgesellschafters regelmäßig jedoch an den Schwierigkeiten im Rahmen der Kausalitätsprüfung scheitern.[1695]

c) Sonstige Schadensersatzansprüche

Neben den Ansprüchen aus §§ 280 Abs. 1 und 826 BGB gegen den Antragsteller stehen dem Minderheitsgesellschafter zusätzlich ggf. Schadensersatzansprüche gegen den Aussteller der Bescheinigung gemäß § 270b Abs. 1 S. 2 InsO zu, sofern der Sachverständige gemäß §§ 826, 840 Abs. 1 BGB Kenntnis und Beteiligungsvorsatz hatte.[1696] Gegen den vorläufigen Sachwalter sind Schadensersatzansprüche gemäß § 274 Abs. 1 InsO i.V.m. § 60 Abs. 1 InsO denkbar, sofern bei Antragstellung tatsächlich kein Insolvenzgrund gegeben ist, der vorläufige Sachwalter dies jedoch verkennt und gegenüber dem Insolvenzgericht die Eröffnung des Insolvenzverfahrens befürwortet.[1697] Schließlich lassen sich Schadensersatzansprüche gegen den Insolvenzrichter wegen Verletzung einer Amtspflicht bei der Entscheidung über den Insolvenzantrag gemäß § 839 Abs. 1 S. 1 BGB begründen, ohne dass das Spruchrichterprivileg aus § 839 Abs. 2 BGB Anwendung finden kann, da es sich um Beschlüsse, aber nicht um Urteile handelt.[1698] Kann dem Insolvenzrichter dagegen nur ein Fahrlässigkeitsvorwurf gemacht werden, kann der Minderheitsgesellschafter gemäß § 839 Abs. 1 S. 2 BGB lediglich dann Ersatz verlangen, wenn er für seinen Schaden nicht auf andere Weise Wiedergutmachung erreichen kann.[1699] Dagegen ist wohl kein Schadensersatzanspruch gemäß § 839 Abs. 1 S. 1 BGB anzunehmen, wenn der Insolvenzrichter dem Schutzschirmantrag stattgibt, ohne dass ein Insolvenzgrund vorliegt. Durch die Bewilligung des Schutzschirmverfahrens werden gerade noch keine vollendeten Tatsachen geschaffen. Mit Ausnahme des vorübergehenden Verbots von Zwangsvollstreckungsmaßnahmen treten die insolvenzbedingten Nachteile noch nicht ein.[1700]

9. Zwischenergebnis

Im Ergebnis steht dem Minderheitsgesellschafter demnach kein wirkungsvoller eigener Rechtsbehelf gegen den missbräuchlichen Eigenantrag bzw. den auf dessen Grundlage ergangenen Eröffnungsbeschluss zu. Der Minderheitsgesellschafter ist, sofern ihm der Nachweis ausschließlich insolvenzwidriger Motive bei der Antragstellung überhaupt gelingt, auf Schadensersatzansprüche nach Beendigung des

---

1695 *Thole*, ZIP 2013, 1937, 1944; vgl. auch *Zipperer*, ZIP 2015, 2002, 2006.

1696 *Fölsing*, ZInsO 2013, 1325, 1332.

1697 *Fölsing*, ZInsO 2013, 1325, 1332; allg. zur Haftung des Sachwalters *Flöther*, in: Kübler (Hrsg.), HRI, 2. Aufl., 2015, § 18, Rn. 47 ff.

1698 *Fölsing*, ZInsO 2013, 1325, 1332; vgl. auch *Böcker*, DZWiR 2014, 577, 580.

1699 *Fölsing*, ZInsO 2013, 1325, 1332.

1700 Sollte der Insolvenzrichter ausnahmsweise doch nach § 839 Abs. 1 S. 1 BGB haften, wäre gemäß Art. 34 Abs. 1 GG auch das ihn beschäftigende Bundesland verantwortlich, vgl. *Fölsing*, ZInsO 2013, 1325, 1332.

Insolvenzverfahrens verwiesen. Diese sind zwar grundsätzlich auf Naturalrestitution gerichtet. In aller Regel ist es jedoch nicht möglich, die Folgen der Insolvenzeröffnung später rückgängig zu machen, sodass allein eine Kompensation gezahlt werden kann. Häufig wird zudem die missbräuchliche Antragstellung im Zeitpunkt der Entscheidung über den Insolvenzgrund bereits zur Entstehung eines zwingenden Insolvenzgrunds geführt haben. Die (ursprüngliche) Missbräuchlichkeit des Insolvenzantrags ist dann unschädlich im Hinblick auf dessen Zulässigkeit.

Der Minderheitsgesellschafter ist demnach nur dann vor einem missbräuchlichen Insolvenzantrag geschützt, wenn der Antragsteller bzw. der geschäftsführende Mehrheitsgesellschafter keine Einzelvertretungsmacht hat.[1701] Ist er im Rahmen einer Gesamtvertretungsbefugnis nur befugt, den Insolvenzantrag mit einem anderen Geschäftsführer gemeinsam zu stellen, kann der Mehrheitsgesellschafter den Antrag nach § 18 InsO nicht wirksam alleine stellen, da die organschaftliche Vertretungsmacht Voraussetzung für den auf drohende Zahlungsunfähigkeit gestützten Antrag ist.[1702] Infolge der dadurch entstehenden Behinderungen des Tagesgeschäfts wird alternativ angeraten, eine Regelung in den Gesellschaftsvertrag aufzunehmen, wonach der Insolvenzantrag wegen drohender Zahlungsunfähigkeit der Zustimmung der Gesellschafterversammlung mit vertragsändernder Mehrheit bedarf.[1703]

II. Schutz vor der Bestätigung missbräuchlicher Insolvenzpläne

Anders als der missbräuchliche Insolvenzantrag, der vom Insolvenzgericht als unzulässig zurückzuweisen ist, besteht keine Prüfungskompetenz des Insolvenzgerichts zur Feststellung einer ausschließlich insolvenzwidrigen Zwecksetzung des durch die Gläubigerversammlung angenommenen Insolvenzplans bzw. einzelner gesellschaftsrechtlicher Sanierungsmaßnahmen. Ungleich wichtiger ist daher eine Bestandsaufnahme der dem Minderheitsgesellschafter selbst zur Verfügung gestellten Schutzmöglichkeiten und die Beantwortung der Frage, inwieweit sich der Minderheitsgesellschafter über das insolvenzrechtliche Schutzkonzept (eigenständig) gegen missbräuchliche Insolvenzpläne zur Wehr setzen kann.

1. *Antrag auf Versagung der Bestätigung des missbräuchlichen Insolvenzplans, § 251 InsO*

Dem in den Insolvenzplan einbezogenen Minderheitsgesellschafter steht der Minderheitenschutzantrag gemäß § 251 InsO zu. Der Minderheitsgesellschafter muss glaubhaft machen, dass er durch den Insolvenzplan voraussichtlich schlechtergestellt wird, als er ohne einen Plan stünde (§ 251 Abs. 1 Nr. 2, Abs. 2 InsO). Damit ist es ihm gerade auch möglich, sich mit dem Einwand, der Insolvenzplan sei missbräuchlich und begründe eine Schlechterstellung, gegen den Bestätigungsbeschluss

1701 *Meyer*, ZInsO 2013, 2361, 2368 f.
1702 *Meyer*, ZInsO 2013, 2361, 2369; *Tetzlaff*, ZInsO 2008, 226, 230.
1703 *Leinekugel/Skauradszun*, GmbHR 2011, 1121, 1123; *Meyer*, ZInsO 2013, 2361, 2369.

zur Wehr zu setzen. Als Vergleichsmaßstab für seine Beschwer dient jedoch – trotz Missbräuchlichkeit der die Schlechterstellung begründenden Maßnahme – (nur) eine rein wirtschaftliche und allein auf seine vermögensrechtliche Stellung im Regelinsolvenzverfahren bezogene Vergleichsbetrachtung, welche die Insolvenzzweckwidrigkeit der Maßnahme unberücksichtigt lässt. Dieser Vergleichsmaßstab ist (nach der hier vertretenen Ansicht[1704]) auch nicht bei Vorliegen einer atypischen Fallkonstellation dahingehend anzupassen, dass alternative Insolvenzpläne Berücksichtigung finden können.[1705] Der Vergleichsmaßstab des Liquidationserlöses nach § 199 S. 2 InsO führt dazu, dass eine voraussichtliche Schlechterstellung infolge der in den Plan aufgenommenen gesellschaftsrechtlichen Sanierungsmaßnahmen regelmäßig abzulehnen bzw. schwer zu begründen ist.[1706] Lässt sich ausnahmsweise doch eine voraussichtliche Schlechterstellung gegenüber dem Vergleichsszenario des Regelinsolvenzverfahrens begründen, wird ein sorgfältig vorbereiteter Insolvenzplan in der Regel Ausgleichsmittel vorsehen, sodass eine Schlechterstellung entfällt.

2. *Sofortige Beschwerde gegen die Bestätigung des missbräuchlichen Insolvenzplans, § 253 InsO*

Gleiches muss für die – dem in den Insolvenzplan einbezogenen Minderheitsgesellschafter eingeräumte – Möglichkeit zur sofortigen Beschwerde gemäß § 253 InsO gelten. Der Minderheitsgesellschafter muss glaubhaft machen, dass er durch den Insolvenzplan wesentlich schlechtergestellt wird, als er ohne einen Plan stünde (§ 253 Abs. 2 Nr. 2 InsO). Der Vergleich anhand seiner vermögensrechtlichen Stellung im Regelverfahren wird auch bei der Rüge wesentlicher Schlechterstellungen durch missbräuchliche Insolvenzpläne regelmäßig nicht zugunsten des Beschwerdeführers ausfallen.

3. *Keine einstweilige Verfügung auf Unterlassung der Stimmabgabe für den missbräuchlichen Insolvenzplan*

Ein sich auf missbräuchliche Verwendung des Insolvenzplanverfahrens berufender (Minderheits-)Gesellschafter kann zudem auch keine einstweilige Verfügung gegen den Mehrheitsgesellschafter erwirken, mit der diesem bei der Abstimmung über den Insolvenzplan die Zustimmung zu dem Plan untersagt würde.[1707] Angesichts

---

1704 Siehe hierzu § 3.C.II.3.b)bb)(1).

1705 A.A. *BGH*, Beschl. v. 17.07.2014 – IX ZB 13/14 = NZI 2014, 751, Rz. 41.

1706 Siehe hierzu § 3.B.III.2.f).

1707 So auch *OLG Frankfurt/M.*, Beschl. v. 1.10.2013 – 5 U 145/13 = NZI 2013, 978; *Wertenbruch*, in: Westermann/Wertenbruch (Hrsg.), Hdb. PersG, Lb, 60. Lfg. (09/2014), Rn. 1872a; *Fölsing*, KSI 2014, 123, 125; *D. Lang/Muschalle*, NZI 2013, 953, 956 f.; *Meyer*, ZInsO 2013, 2361, 2366; wohl auch *Thole*, ZIP 2013, 1937, 1941 f.; a.A. *LG Frankfurt/M.*, Urt. v. 10.09.2013 – 3-09 O 96/13 = NZI 2013, 986; *Stöber*, ZInsO 2013, 2457, 2465; *Spliedt*, ZInsO 2013, 2155, 2157.

der (unterstellt) anzunehmenden Missbräuchlichkeit des Insolvenzplans kann zwar nicht das Argument einer anderenfalls durch die (Fort-)Geltung der Treuepflicht begründeten Gefährdung des primären Insolvenzziels der Gläubigerbefriedigung gegen die Möglichkeit zur Erwirkung einer einstweiligen Verfügung angeführt werden: Die Treuepflicht kann – wie gezeigt – im eröffneten Insolvenzplanverfahren fortbestehen, wenn das Insolvenzverfahren nicht beeinträchtigt wird. Die an einen missbräuchlichen Insolvenzplan gestellten Voraussetzungen schließen ein fehlendes masserelevantes Verhalten ein und belassen damit grundsätzlich Raum für die gesellschaftsrechtliche Treuepflicht. Die einstweilige Verfügung scheitert daher weder an einer im eröffneten Verfahren grundsätzlich ausgeschlossenen Treuepflicht noch speziell an der im Rahmen der Abstimmung der Gesellschafter-Gläubigergruppe ausgeschlossenen Berücksichtigung der gesellschaftsinternen Beziehungen.[1708]

Dennoch bleibt es auch im Fall missbräuchlicher, dem Minderheitsgesellschafter gegenüber treuwidrig wirkender Insolvenzpläne dabei, dass auf den Ablauf des eröffneten Insolvenzverfahrens kein Einfluss genommen werden und seinem Ergebnis nicht dadurch vorgegriffen werden darf, dass ein Verfahrensbeteiligter in seiner Äußerungsfreiheit durch Unterlassungsansprüche eingeengt wird.[1709] Das Insolvenzverfahren darf gerade nicht dadurch beeinträchtigt werden, dass die Relevanz des Vorbringens einer anzunehmenden Missbräuchlichkeit des Insolvenzplans durch am Insolvenzverfahren nicht beteiligte dritte Gerichte entschieden wird.[1710] Eine Zuständigkeit der Zivilgerichte neben dem Insolvenzgericht würde – auch infolge der Abgrenzungsschwierigkeiten strategischer und missbräuchlicher Insolvenzpläne – die Gefahr sich widersprechender Entscheidungen begründen.[1711] Zudem könnte die einstweilige Verfügung auf Unterlassung der Stimmabgabe zu dem missbräuchlichen Insolvenzplan auch nur zu einer im Verhältnis zwischen Minderheits- und Mehrheitsgesellschafter wirkenden Regelung führen. Keinesfalls könnte dagegen im Wege des einstweiligen Rechtsschutzes verhindert werden, dass der Plan durch eine Mehrheit der Gläubigergruppen angenommen wird.[1712]

4. Einstweilige Anordnung gegen den registerrechtlichen Vollzug missbräuchlicher Sanierungsmaßnahmen ultima ratio

Schließlich bleibt *ultima ratio,* an eine einstweilige Anordnung gegen den registerrechtlichen Vollzug der missbräuchlichen Sanierungsmaßnahmen im Insolvenzplan

1708 Siehe hierzu § 2.B.III.1.a)bb)(1).

1709 *Wertenbruch,* in: Westermann / Wertenbruch (Hrsg.), Hdb. PersG, Lb, 60. Lfg. (09/2014), Rn. 1872a*; D. Lang / Muschalle,* NZI 2013, 953, 956 f.; *H.-F. Müller,* DB 2014, 41, 45; *Thole,* ZIP 2013, 1937, 1941 f.

1710 *Wertenbruch,* in: Westermann / Wertenbruch (Hrsg.), Hdb. PersG, Lb, 60. Lfg. (09/2014), Rn. 1872a.

1711 *H.-F. Müller,* DB 2014, 41, 45.

1712 *Meyer,* ZInsO 2013, 2361, 2367; *H.-F. Müller,* DB 2014, 41, 45; *Thole,* ZIP 2013, 1937, 1941 f.

zu denken.[1713] Der Minderheitsgesellschafter kann über den Antrag auf Erlass einer einstweiligen Anordnung nach § 32 Abs. 1 BVerfGG den Eintritt der Wirkungen des Insolvenzplans bzw. der im Insolvenzplan vorgesehenen Sanierungsmaßnahmen, die einer Eintragung in das Handelsregister bedürfen, vorläufig verhindern. Zu beachten bleibt insofern jedoch, dass der Erlass einer einstweiligen Anordnung durch das BVerfG „nur unter wesentlich engeren Voraussetzungen in Betracht [kommt] als die Gewährung vorläufigen Rechtsschutzes durch die Fachgerichte."[1714] Zu berücksichtigen und gegeneinander abzuwägen „sind nicht nur die Interessen des Antragstellers, sondern ‚alle in Frage kommenden Belange' und ‚widerstreitenden Interessen'"[1715].

5. *Schadensersatzansprüche als Folge missbräuchlicher Insolvenzpläne*

Nach der Aufhebung des Insolvenzverfahrens steht einem durch den Insolvenzplan geschädigten Gesellschafter die Möglichkeit offen, gemäß §§ 280 Abs. 1, 249 BGB im Rahmen einer schadensersatzrechtlichen Naturalrestitution die Zustimmung zur Aufhebung bzw. Rückgängigmachung von gesellschaftsrechtlichen Sanierungsmaßnahmen zu verlangen, die durch den missbräuchlichen Insolvenzplan herbeigeführt worden sind.[1716] Die Präklusionsregelung des § 253 Abs. 4 S. 3 InsO bezieht sich allein auf den Fall, dass eine wegen eines Planfehlers erhobene sofortige Beschwerde aufgrund eines überwiegenden Interesses am Vollzug des Insolvenzplans zurückgewiesen wird und steht einem Schadensersatzanspruch aus § 280 Abs. 1 BGB daher nicht entgegen.[1717] Wird ein gerichtliches Verfahren instrumentalisiert, um missbräuchlich Ziele zu erreichen, die auf ordentlichem Weg – hier unter Anwendung der gesellschaftsrechtlichen Regelungen – nicht zu verwirklichen gewesen wären[1718], kann der Minderheitsgesellschafter sittenwidrigen Eingriffen in seine gesellschaftsrechtliche Position zudem mit Haftungsklagen nach § 826 BGB begegnen.[1719]

1713 *BVerfG*, Beschl. v. 18.12.2014 – 2 BvR 1978/13 = ZInsO 2015, 84; *Fölsing*, KSI 2014, 123, 125; vgl. auch *AG Charlottenburg*, Beschl. v. 9.02.2015 – HRB 153203 B = NZI 2015, 415.

1714 *BVerfG*, Beschl. v. 23.08.2010 – 2 BvQ 56/10 = BeckRS 2010, 52518; *BVerfG*, Beschl. v. 18.12.2014 – 2 BvR 1978/13 = ZInsO 2015, 84.

1715 *BVerfG*, Beschl. v. 18.12.2014 – 2 BvR 1978/13 = ZInsO 2015, 84, 85.

1716 *Wertenbruch*, in: Westermann/Wertenbruch (Hrsg.), Hdb. PersG, Lb, 60. Lfg. (09/2014), Rn. 1872a; *ders.*, ZIP 2013, 1693, 1694; a.A. *Spliedt*, ZInsO 2013, 2155, 2158.

1717 *Wertenbruch*, in: Westermann/Wertenbruch (Hrsg.), Hdb. PersG, Lb, 60. Lfg. (09/2014), Rn. 1871; *ders.*, ZIP 2013, 1693, 1703.

1718 Zur Anwendung von § 826 BGB im Zusammenhang mit sittenwidrigen Vollstreckungsmaßnahmen, insbesondere wenn es um die Vollstreckung aus rechtsmissbräuchlich erlangten Vollstreckungsbescheiden geht, vgl. *Brinkmann*, ZIP 2014, 197, 206 (m.w.N. in Fn. 71).

1719 *Brinkmann*, ZIP 2014, 197, 206; wohl auch *Thole*, ZIP 2013, 1937, 1944, der ausdrücklich jedoch nur die Antragstellung in die Betrachtung einbezieht.

Für beide Ansprüche muss jedoch auf die Schwierigkeit des Nachweises missbräuchlicher Insolvenzpläne und auf die Ausführungen zur Naturalrestitution im Rahmen der Schadensersatzansprüche infolge einer missbräuchlichen Antragstellung verwiesen werden, wonach regelmäßig keine Rückgängigmachung der in den Insolvenzplan aufgenommenen und (teilweise) bereits umgesetzten gesellschaftsrechtlichen Regelungen möglich ist. Ebenso wenig ist es dem Minderheitsgesellschafter möglich, im Wege des Schadensersatzes ein Recht auf Beteiligung an der Gesellschaft im Sinne eines „schadensersatzrechtlich begründete[n] Bezugsrecht[s]“[1720] geltend zu machen, das die nicht-vermögensrechtliche Komponente der Mitgliedschaft vor missbräuchlichen Eingriffen mittels eines Insolvenzplans schützt.[1721]

6. *Zwischenergebnis*

De lege lata steht dem Minderheitsgesellschafter praktisch keine Möglichkeit zu, sich im laufenden Insolvenzplanverfahren gegen missbräuchliche Insolvenzpläne zur Wehr zu setzen. §§ 251, 253 InsO kompensieren nur die (wesentliche) Schlechterstellung zum Vergleichsszenario des Regelinsolvenzverfahrens. Die Missbräuchlichkeit der die Schlechterstellung begründenden Maßnahme fällt dagegen nicht ins Gewicht. Überlegungen dahingehend, ob dem Minderheitsgesellschafter die Möglichkeit zusteht, im Wege der einstweiligen Verfügung auf die Unterlassung der Stimmabgabe für den missbräuchlichen Insolvenzplan hinzuwirken, sind schon insofern abzulehnen, als am Insolvenzverfahren nicht beteiligte dritte Gerichte der Entscheidung nicht vorgreifen dürfen. Zugleich würde ein erfolgreiches Vorgehen gegen den Mehrheitsgesellschafter nur zu einer partiellen Regelung im Verhältnis zwischen Minderheits- und Mehrheitsgesellschafter führen und eine Annahme des Insolvenzplans durch eine Mehrheit der Gläubigergruppen daher nicht verhindern können. Bedürfen einzelne missbräuchliche gesellschaftsrechtliche Sanierungsmaßnahmen der Eintragung in das Handelsregister, kann über den Antrag auf Erlass einer einstweiligen Anordnung nach § 32 Abs. 1 BVerfGG deren Wirksamkeit (theoretisch) vorläufig verhindert werden. In Anbetracht der gegenüber §§ 251, 253 InsO noch gesteigerten Voraussetzungen ist diese Möglichkeit in ihrer praktischen Bedeutsamkeit jedoch als gering einzustufen. Letztlich stehen dem durch den Insolvenzplan geschädigten Minderheitsgesellschafter nach der Aufhebung des Insolvenzverfahrens gemäß §§ 280 Abs. 1, 249 BGB zwar Schadensersatzansprüche gerichtet auf Naturalrestitution zu. Auch für diese gilt jedoch, dass regelmäßig keine Rückgängigmachung der in den Insolvenzplan aufgenommenen und (teilweise) bereits umgesetzten Sanierungsmaßnahmen möglich ist. Der im Fall sittenwidriger Eingriffe in die gesellschaftsrechtliche Position begründete Anspruch aus § 826 BGB umfasst kein schadensersatzrechtlich begründetes Bezugsrecht, das

1720 *Brinkmann*, ZIP 2014, 197, 206.

1721 *Brinkmann*, ZIP 2014, 197, 206; vgl. auch *Zipperer*, ZIP 2015, 2002, 2009.

den Minderheitsgesellschafter vor dem kompensationslosen Verlust seiner (verwaltungsrechtlichen Komponente der) Mitgliedschaft durch einen missbräuchlichen Insolvenzplan schützen würde.

C. Bewertung des zur Verfügung gestellten Minderheiten- und Rechtsschutzes vor einer missbräuchlichen (Aus-)Nutzung des erweiterten Handlungs- und Gestaltungsspielraums

Das vermögens- bzw. wertbezogene Schutzkonzept der InsO begegnet, anders als vielfach fälschlicherweise angenommen, zwar grundsätzlich sowie im Ausnahmefall eines fortbestehenden Vermögenswerts keinen Bedenken. Dem verkürzten Schutzkonzept liegt jedoch zugleich das Verständnis zugrunde, dass diese Verkürzung zugunsten der Erreichung des Insolvenzziels der Gläubigerbefriedigung erfolgt. Sind die hohen Anforderungen an eine missbräuchliche Antragstellung bzw. einen missbräuchlichen Insolvenzplan erfüllt, dienen die Insolvenzinstrumente dagegen ausschließlich insolvenzwidrigen Zwecken, weshalb ernsthafte Zweifel an der Angemessenheit des zur Verfügung gestellten Minderheiten- und Rechtsschutzes bestehen.[1722] Ist der Schutz vor missbräuchlichen Insolvenzanträgen und -plänen durch die insolvenzrechtlichen Regelungen als unzureichend zu bewerten, würde sich die Befürchtung, dass das Insolvenzplanverfahren dazu einlädt, die insolvenzrechtlichen Instrumente missbräuchlich auszunutzen, bestätigen.

I. Schutz vor missbräuchlichen Eigenanträgen

Die an einen missbräuchlichen Eigenantrag gestellten hohen Anforderungen bewirken einen stark eingeschränkten Schutz vor Eigenanträgen, die ohne Vorliegen eines zwingenden Insolvenzgrunds, bei drohender Zahlungsunfähigkeit, ausschließlich insolvenzwidrige Zwecke verfolgen. Dem Insolvenzgericht ist zwar die Kompetenz zur Prüfung missbräuchlicher Eigenanträge zuzusprechen, mit der Folge, dass diese infolge fehlenden Rechtsschutzinteresses des Antragstellers als unzulässig durch das Insolvenzgericht zurückzuweisen sind. Schwierigkeiten bereitet insofern jedoch die Einordnung strategischer und missbräuchlicher Insolvenzanträge, die für das Insolvenzgericht nur schwer voneinander abzugrenzen sind. Zusätzlich bewirkt nicht selten bereits die Stellung des missbräuchlichen Insolvenzantrags den Eintritt der Zahlungsunfähigkeit bzw. Überschuldung, wodurch der Bereich des § 15a InsO eröffnet ist. Der Eintritt eines zwingenden Insolvenzgrunds begründet eine Insolvenzantragspflicht und belässt keinen Raum zur Zurückweisung des Insolvenzantrags infolge des (ursprünglich) fehlenden Rechtsschutzinteresses. Wenngleich der ursprünglich missbräuchlich gestellte Insolvenzantrag Auslöser für die anschließend

---

1722 *Brinkmann*, ZIP 2014, 197, 202 ff.; *Frauer*, Grenzen des Eingriffs, 2014, S. 214 ff., 227.

begründete Antragspflicht war, darf dies schon insoweit keine Auswirkungen haben, als anderenfalls das Insolvenzziel gefährdet würde. Zusätzlich steigern die hohen Anforderungen einer missbräuchlichen Antragstellung durch den Schuldner die Gefahr, dass das Insolvenzgericht die Missbräuchlichkeit als solche verkennt und dem Antrag auf Insolvenzeröffnung entspricht. Problematisch ist in diesem Zusammenhang, dass die auf einem (unerkannt) missbräuchlichen Insolvenzantrag beruhende Eröffnungsentscheidung des Insolvenzgerichts mit Eintritt der formellen Rechtskraft die Heilung des (ursprünglich) infolge fehlenden Rechtsschutzinteresses unzulässigen Insolvenzantrags bewirkt.

Dem Minderheitsgesellschafter stehen für diesen Fall, nach Beendigung des Insolvenzverfahrens, Schadensersatzansprüche zu. Diese sind zwar grundsätzlich auf Naturalrestitution gerichtet, regelmäßig wird es jedoch nicht möglich sein, die Folgen der Insolvenzeröffnung rückgängig zu machen. Darüber hinaus steht dem Minderheitsgesellschafter weder das Recht zur Rücknahme des Insolvenzantrags noch die Möglichkeit, das Vertretungsorgan zur Rücknahme zu verpflichten, zu. Der Minderheitsgesellschafter kann nicht gegen die Anordnung des Schutzschirmverfahrens vorgehen oder den antragstellenden Geschäftsführer eigenständig abberufen. Und schließlich verfügt er auch nicht über die Möglichkeiten, gegen den insolvenzgerichtlichen Eröffnungsbeschluss vorzugehen oder den Antrag auf Einstellung des Verfahrens zu stellen.

Argumentiert wird mit der letztrangigen Stellung der (Minderheits-)Gesellschafter im Insolvenzplanverfahren, der es entgegenstünde, diesen ein singuläres Beschwerderecht an die Hand zu geben.[1723] Insoweit würden die Gesellschafter bessergestellt als die Gläubiger, wodurch der verfahrensrechtliche Vorrang der Gläubiger zugunsten der Gesellschafter umgekehrt würde. Dem Ausschluss der Möglichkeit, gegen den insolvenzrechtlichen Eröffnungsbeschluss vorzugehen, liegt die Vorstellung zugrunde, dass die Eröffnung des Insolvenzplanverfahrens aufgrund eines Eigenantrags niemandem – damit gerade auch nicht den Gesellschaftern – zum Nachteil gereichen könne.[1724] Zudem sei es im (frühen) Stadium des Eröffnungsverfahrens bzw. unmittelbar nach Eröffnung des Insolvenzplanverfahrens durch das Insolvenzgericht ungewiss, ob es überhaupt zu einer Einbeziehung und Beeinträchtigung der Rechte der (Minderheits-)Gesellschafter komme.[1725]

Die Vereinbarung einer Gesamtvertretungsmacht würde zwar dazu führen, dass ein Insolvenzantrag wirksam nur dann gestellt werden kann, wenn der Antragsteller bzw. der geschäftsführende Mehrheitsgesellschafter den Insolvenzantrag nach § 18 InsO mit einem anderen Geschäftsführer gemeinsam stellt. Zugleich bewirkt die Einführung der Gesamtvertretungsbefugnis jedoch auch erhebliche Erschwernisse

1723 *Thole*, ZIP 2013, 1937, 1945.

1724 *Brinkmann*, ZIP 2014, 197, 202.

1725 *Thole*, ZIP 2013, 1937, 1945; vgl. auch *Madaus*, ZIP 2014, 500, 503; *Zipperer*, ZIP 2015, 2002, 2003.

für das Tagesgeschäft[1726] und ist daher gerade nicht für jede Gesellschaft geeignet, sondern auf den Einzelfall abzustimmen. Alternativ bzw. klarstellend rät *Meyer* daher an, jedenfalls eine Regelung in den Gesellschaftsvertrag aufzunehmen, wonach der Insolvenzantrag wegen drohender Zahlungsunfähigkeit der Zustimmung der Gesellschafterversammlung mit vertragsändernder Mehrheit bedarf.

Im Ergebnis ist ein „Rechtsschutzdefizit"[1727], den Schutz vor missbräuchlichen Eigenanträgen betreffend, festzuhalten. Dem Minderheitsgesellschafter stehen nach Beendigung des Insolvenzverfahrens zwar Schadensersatzansprüche, aber kein wirkungsvoller Rechtsschutz gegen die Verfahrenseröffnung zur Verfügung. So können Schutzschirm- und Insolvenzplanverfahren missbräuchlich eingeleitet werden, ohne dass es für den Minderheitsgesellschafter eine wirkungsvolle Möglichkeit gibt, sich zu wehren bzw. das einmal – wenn auch missbräuchlich – beantragte Verfahren zu stoppen.[1728] Es resultiert ein weitgehend zu vernachlässigender *ex-post*-Schutz vor missbräuchlichen Eigenanträgen sowie missbräuchlichen Insolvenzplänen, der nur in Ausnahmefällen durch auf Naturalrestitution gerichtete Schadensersatzansprüche ergänzt wird. Insgesamt greift dieser Rechtsschutz zudem häufig zu spät[1729], was dadurch deutlich wird, dass vielfach bereits die missbräuchliche Antragstellung dazu führt, dass (spätestens) im Zeitpunkt der Eröffnungsentscheidung ein Insolvenzgrund vorliegt. Mit Antragstellung durch den Schuldner ist die „Kettenreaktion ‚Insolvenzverfahren'"[1730] in Gang gesetzt und der Minderheitsgesellschafter muss darauf hoffen, dass das Insolvenzgericht die Missbräuchlichkeit als solche erkennt. Anderenfalls unterliegt er im dann eröffneten Insolvenzplanverfahren dem weitreichenden Handlungs- und Gestaltungsspielraum, ohne dass der (ursprünglich) missbräuchlich gestellte Eigenantrag – nach Heilung durch den rechtskräftigen Eröffnungsbeschluss – noch eine Rolle spielt. Die hohen Anforderungen einer missbräuchlichen Antragstellung vergrößern die Gefahr, dass das Insolvenzgericht diese verkennt bzw. für insolvenzrechtlich unbeachtlich hält und das Insolvenzverfahren – beruhend auf dem missbräuchlichen Insolvenzantrag – eröffnet wird oder auch nur die bloße Antragstellung einen zwingenden Insolvenzgrund und die Pflicht zur Antragstellung auslöst. Sodann steht dem Minderheitsgesellschafter kein wirkungsvoller

---

1726 *Meyer*, ZInsO 2013, 2361, 2369.

1727 *Brinkmann*, ZIP 2014, 197, 203; vgl. auch *Böcker*, DZWiR 2014, 331, 337; *Brünkmans / Uebele*, ZInsO 2014, 265, 267; *Zipperer*, ZIP 2015, 2002, 2003.

1728 *Stöber*, ZInsO 2013, 2457, 2463; vgl. auch *Böcker*, ZInsO 2015, 773, 782, der das Szenario der Instrumentalisierung des Insolvenzrechts zum Ausfechten gesellschaftsrechtlicher bzw. zivilrechtlicher Streitigkeiten, als „nicht billig und gesellschaftspolitisch anstößig" einordnet.

1729 *Brinkmann*, ZIP 2014, 197, 204.

1730 Siehe hierzu § 3.B.III.1.a)dd) (Fn. 826); vgl. auch *Brinkmann*, ZIP 2014, 197, 204, 206; vgl. auch *ders.*, in: FS Schilken, S. 631, 640 („aufgrund der dem Insolvenzverfahren eigenen Dynamik"); *Schäfer*, ZIP 2015, 1208, 1211, der davon spricht, dass „die Verfahrenseröffnung einen Automatismus in Gang setzt"; *Thole*, GesR Maßn. in der Insolvenz, 2. Aufl., 2015, Rn. 81 („Domino-Effekt").

Rechts- bzw. Minderheitenschutz gegen den missbräuchlichen Insolvenzantrag des Schuldners bzw. den auf dessen Grundlage ergangenen Eröffnungsbeschluss zur Verfügung. Ihm verbleibt damit lediglich das Recht, seine Einwände detailliert dem Insolvenzgericht vorzutragen, damit dieses die vorgebrachten Argumente im Rahmen seiner Entscheidung über die Aufhebung des Schutzschirmverfahrens von Amts wegen oder spätestens bei der Entscheidung über die Eröffnung des Insolvenzverfahrens berücksichtigen kann.[1731]

II. Schutz vor missbräuchlichen Insolvenzplänen

Die Existenz missbräuchlicher Insolvenzpläne ist – jedenfalls theoretisch – zu bejahen. Die an einen missbräuchlichen Insolvenzplan gestellten hohen Anforderungen sorgen allerdings dafür, dass ein solcher nur in seltenen Einzelfällen angenommen werden kann, weshalb es sich in den allermeisten Fällen um ein theoretisches Problem handeln wird. So ist die Missbräuchlichkeit des Insolvenzplans bzw. einzelner gesellschaftsrechtlicher Sanierungsmaßnahmen bereits abzulehnen, sobald der Insolvenzplan auch nur eine der Gläubigerbefriedigung dienende Sanierungsmaßnahme vorsieht, die masserelevantes Handeln im Insolvenzverfahren begründet. Die dann erforderliche Einordnung als strategischer Insolvenzplan bzw. strategische Sanierungsmaßnahme ist notwendig, da anderenfalls das insoweit verfolgte Ziel der Gläubigerbefriedigung – zugunsten eines Schutzes der letztrangigen Gläubiger – gefährdet und ggf. vereitelt würde.

Eine Kompetenz des Insolvenzgerichts zur Prüfung der Missbräuchlichkeit des Insolvenzplans ist abzulehnen. In der Folge ist diesem daher weder das Recht zuzusprechen, den Insolvenzplan zurückzuweisen, noch diesem die Bestätigung zu versagen. Allein die fehlende Prüfungskompetenz des Insolvenzgerichts vermag den Minderheitsgesellschafter jedoch insoweit nicht schutzlos zu stellen, als dieser (auch) im Fall missbräuchlicher Insolvenzpläne über das wertbezogene Schutzkonzept des Insolvenzplanverfahrens geschützt wird. Zwar wurde das vermögens- bzw. wertbezogene Schutzkonzept der InsO, das dem (Minderheits-)Gesellschafter die Kompensation der (wesentlichen) Schlechterstellung, gegenüber dem Vergleichsszenario des Regelinsolvenzverfahrens, und damit seinen im eröffneten Insolvenzverfahren fortbestehenden Vermögenswert sichert, zuvor bereits als angemessen und ausreichend anerkannt. Im Fall missbräuchlicher Insolvenzpläne ist diese Bewertung des verkürzten Schutzkonzepts allerdings insoweit zweifelhaft, als der missbräuchliche Insolvenzplan keine Sanierungsmaßnahmen vorsieht, die dem Ziel der Gläubigerbefriedigung zu dienen bestimmt sind. Das vermögens- bzw. wertbezogene Schutzkonzept dagegen ist gerade an dem Ziel der Gläubigerbefriedigung ausgerichtet und gewährleistet insbesondere zu dessen bestmöglicher Verwirklichung nur einen verkürzten Schutz. Zu klären bleibt daher, inwieweit dieses Schutzkonzept

---

1731 *Fölsing*, ZInsO 2013, 1325, 1332.

den Minderheitsgesellschafter auch vor solchen Insolvenzplänen ausreichend und angemessen schützt, die als missbräuchlich einzuordnen sind.

Neben der Möglichkeit, Schadensersatzansprüche als Folge missbräuchlicher Insolvenzpläne geltend zu machen, steht dem Minderheitsgesellschafter insbesondere der Schutz über §§ 251, 253 InsO zu. Auch an dieser Stelle kompensieren die §§ 251, 253 InsO jedoch jeweils nur die Schlechterstellung durch den Insolvenzplan im Vergleich zum Liquidationsszenario. Problematisch erscheint, dass die Missbräuchlichkeit der in den Insolvenzplan aufgenommenen gesellschaftsrechtlichen Maßnahmen für die Frage der Kompensation der (wesentlichen) Schlechterstellung nicht ins Gewicht fällt. Zudem gibt der zur Verfügung stehende Schutz dem Minderheitsgesellschafter keine wirkungsvolle Möglichkeit an die Hand, das eröffnete Insolvenzverfahren zu stoppen oder den Verlust seiner Beteiligung zu verhindern. Auch die darüber hinaus zur Verfügung stehende Möglichkeit der einstweiligen Anordnung gemäß § 32 Abs. 1 BVerfGG vermag dieses Ergebnis insoweit nicht entscheidend zu korrigieren, da der Erlass einer einstweiligen Anordnung durch das BVerfG „nur unter wesentlich engeren Voraussetzungen in Betracht [kommt] als die Gewährung vorläufigen Rechtsschutzes durch die Fachgerichte."[1732]

Der zur Verfügung stehende Schutz vor missbräuchlichen Insolvenzplänen begegnet jedoch insoweit keinen Bedenken, als anderenfalls in die durch das ESUG gestärkte Autonomie der Gläubiger und das Regelungsgefüge des Insolvenzplanverfahrens insgesamt eingegriffen würde. Die durch das Insolvenzgericht getroffene Entscheidung zur Eröffnung des Insolvenzverfahrens, einschließlich der Bestätigung des Insolvenzgrunds, bestätigt die Notwendigkeit zur Durchführung des Insolvenzverfahrens. Mit der Eröffnung des Insolvenzverfahrens und den damit verbundenen weitreichenden Verdrängungen und Überlagerungen durch das Insolvenzrecht muss dem Ziel der Gläubigerbefriedigung höchste Priorität zukommen. Insbesondere dürfen auch Abgrenzungsschwierigkeiten und etwaige Rechtsfolgen möglicherweise missbräuchlicher Insolvenzpläne nicht zulasten der Gläubigerbefriedigung gehen. Zusätzlich bleibt zu bedenken, dass der Minderheitsgesellschafter insbesondere auch nicht rechtsschutzlos steht. Sein Schutz ist über das vermögens- bzw. wertbezogene Schutzkonzept auf den Vermögenswert beschränkt, der dem Gesellschaftsanteil im eröffneten Insolvenzverfahren (noch) zukommt.

Zweifel bleiben demnach lediglich für das Szenario bestehen, in dem das Insolvenzgericht im Rahmen seiner Entscheidung zur Insolvenzeröffnung die Missbräuchlichkeit des Insolvenzantrags verkennt und die anschließend in den Plan aufgenommenen Maßnahmen ausschließlich insolvenzwidrigen Zwecken dienen. Zwar bewirkt die rechtskräftige Eröffnungsentscheidung die Heilung der dem Insolvenzantrag anhaftenden Mängel, dies ändert jedoch nichts daran, dass ein gewisses Unwohlsein – betreffend die Verkürzung des Schutzes der Minderheitsgesellschafter, zugunsten eines Ziels, dessen Erreichung das Planverfahren im konkreten Fall

---

1732 *BVerfG*, Beschl. v. 23.08.2010 – 2 BvQ 56/10 = BeckRS 2010, 52518; *BVerfG*, Beschl. v. 18.12.2014 – 2 BvR 1978/13 = ZInsO 2015, 84, 85.

überhaupt nicht dient – bestehen bleibt. Die einzig denkbare, der Einbeziehung der Gesellschafter zugrunde liegende Rechtfertigung wäre für diesen Fall, dass es dem Antragsteller überhaupt gelungen ist, die Eröffnung des Insolvenzverfahrens zu erreichen.[1733] Denn anschließend erfolgt grundsätzlich keine Differenzierung zwischen einem Insolvenzverfahren, das in Reaktion auf einen (ursprünglich) missbräuchlichen Insolvenzantrag eingeleitet worden ist und einem solchen, dem ein ordnungsgemäßer Insolvenzantrag zugrunde liegt. Die Missbräuchlichkeit des Insolvenzantrags wird durch die rechtskräftige Entscheidung zur Insolvenzeröffnung geheilt. Unter Berücksichtigung des zuvor festgestellten Rechtsschutzdefizits, im Fall missbräuchlicher Insolvenzanträge des Schuldners, setzt sich dieses insoweit in das eröffnete Verfahren fort, als dem Minderheitsgesellschafter keine Möglichkeit gewährt worden ist, das auf den missbräuchlichen Insolvenzantrag hin eingeleitete Insolvenzverfahren zu stoppen, sodass nunmehr das verkürzte Schutzkonzept nicht als ausreichend bewertet werden kann. Zugleich bleibt jedoch herauszustellen, dass es sich hierbei um eine Ausnahmekonstellation handelt, der – nach der bereits getroffenen Einordnung eines missbräuchlichen Insolvenzplans als „seltener Einzelfall" – keine nennenswerte Bedeutung zukommen wird.

III. Zwischenergebnis

Das für missbräuchliche Eigenanträge festgestellte Rechtsschutzdefizit zum Nachteil des Minderheitsgesellschafters lädt (geschäftsführende) Mehrheitsgesellschafter dazu ein, die insolvenzrechtlichen Instrumente zur Lösung von bestehenden Gesellschafterstreitigkeiten einseitig zulasten der Minderheitsgesellschafter auszunutzen.

Für den ohnehin nur selten anzunehmenden Einzelfall eines missbräuchlichen Insolvenzplans ist ein Rechtsschutzdefizit dagegen grundsätzlich abzulehnen, und die Befürchtung, der weitreichende Handlungs- und Gestaltungsspielraum in Kombination mit dem rein vermögens- bzw. wertbezogenen Schutz zugunsten der Gesellschafter würde zum Missbrauch des Insolvenzplans einladen, zu verneinen. Das an dem Ziel der Gläubigerbefriedigung ausgerichtete – und zu dessen bestmöglicher Erreichung verkürzte – Schutzkonzept bietet auch vor solchen Eingriffen, die als missbräuchlich einzuordnen sind, ausreichenden und angemessenen Schutz. Die ordnungsgemäße Eröffnungsentscheidung bestätigt die Notwendigkeit der Durchführung des Insolvenzverfahrens und belässt keinen Raum für einen erweiterten und zugleich blockierenden Schutz der (Minderheits-)Gesellschafter. Die Änderungen durch das ESUG laden vielmehr dazu ein, nach Eröffnung des Insolvenzverfahrens mit einzelnen gesellschaftsrechtlichen Planmaßnahmen ausschließlich insolvenzwidrige Zwecke zu verfolgen. Diese sind angesichts der hohen, gläubigerfreundlichen Anforderungen missbräuchlicher Insolvenzpläne jedoch

1733 Vgl. *Schäfer*, ZIP 2013, 2237, 2241, der eine Pflicht zur Aufopferung des Anteilseigentums im Fall evidenter Treuwidrigkeit ablehnt, obwohl es der Mehrheit gelungen ist eine Verfahrenseröffnung zu erreichen.

bereits durch die Aufnahme einer dem Insolvenzziel dienenden und daher masseneutrales Verhalten begründenden Sanierungsmaßnahme als strategische Sanierungsmaßnahmen einzuordnen. Vor den in der Folge insgesamt (nur) strategischen Insolvenzplänen wird der (Minderheits-)Gesellschafter durch das wertbezogene Schutzkonzept ausreichend geschützt. Zweifel an dem zur Verfügung gestellten Rechtsschutz vor missbräuchlichen Insolvenzplänen verbleiben demnach allenfalls dann, wenn zuvor bereits der Insolvenzantrag (unerkannt) missbräuchlich gestellt wurde. Tatsächlich bestand für diesen Fall zu keiner Zeit eine Gefährdung des Insolvenzziels der bestmöglichen Gläubigerbefriedigung, weshalb ein zugunsten des Insolvenzziels verkürzter Rechtsschutz (rein tatsächlich) keine Rechtfertigung finden dürfte. Unter Berücksichtigung des zuvor festgestellten Rechtsschutzdefizits im Fall missbräuchlicher Insolvenzanträge des Schuldners setzt sich dieses in das eröffnete Insolvenzverfahren fort.

§ 5. Überlegungen zur Gewährleistung eines effektiven Schutzes der (Minderheits-) Gesellschafter vor missbräuchlichem Verhalten im Anwendungsbereich des Insolvenzplanverfahrens *de lege ferenda*

Die im Rahmen der analogen Anwendung von § 34 Abs. 2 InsO angesprochene „besondere Unerträglichkeit" des zulasten der (Minderheits-)Gesellschafter bestehenden Rechtsschutzdefizits und die in der Folge mögliche Instrumentalisierung des Insolvenzrechts durch die Stellung eines missbräuchlichen Insolvenzantrags, der als Eingangstor die Kettenreaktion „Insolvenzverfahren" anstößt, ohne dass der (Minderheits-)Gesellschafter initiativ und effektiv gegen ein missbräuchliches Verhalten vorgehen könnte, erfordern ein Tätigwerden des Gesetzgebers zur Gewährleistung eines effektiven Schutzes der (Minderheits-)Gesellschafter *de lege ferenda*.

Zwar ist auch *de lege ferenda* keine Verhinderung des Insolvenzverfahrens denkbar, sofern nach (missbräuchlicher) Antragstellung bzw. spätestens im Zeitpunkt der Eröffnungsentscheidung ein zwingender Insolvenzgrund vorliegt. Auch kann es nicht darum gehen, den Schutz zugunsten des Minderheitsgesellschafters vor allen denkbaren Missbrauchsszenarien so weitgehend auszubauen, dass dadurch das Ziel der Gläubigerbefriedigung gefährdet würde. Erforderlich ist es jedoch, den (Minderheits-)Gesellschafter in den Fällen einer ausschließlich insolvenzwidrigen und damit gerade nicht der Gläubigerbefriedigung dienenden Ausnutzung der Insolvenzinstrumente wirkungsvoll und angemessen zu schützen.

A. Kein Ausbau des Minderheiten- und Rechtsschutzes im eröffneten Insolvenzplanverfahren

Steht zunächst der Minderheiten- und Rechtsschutz im eröffneten Planverfahren zur Sprache, ergeben sich *de lege ferenda* zwei mögliche Anknüpfungspunkte für dessen Ausbau bzw. Stärkung vor Eingriffen durch missbräuchliches Verhalten. Zum einen könnte schon der Ausbau des Schutzes allein im eröffneten Insolvenzplanverfahren ausreichend sein. Zum anderen ist über eine Kombination der Verstärkung des zur Verfügung stehenden Schutzes sowohl vor Eröffnung des Insolvenzverfahrens als auch im eröffneten Insolvenzplanverfahren nachzudenken.

In der Literatur werden die unterschiedlichsten Vorschläge mit dem Ziel der Gewährleistung eines wirkungsvollen Schutzes vor einem missbräuchlichen Verhalten zugunsten der Minderheitsgesellschafter zur Einarbeitung in die InsO *de lege ferenda* getätigt. Insofern seien lediglich beispielhaft die nachfolgenden Vorschläge zum Ausbau des Schutzes im eröffneten Planverfahren erwähnt: *Frauer* empfiehlt, die Prüfungskompetenz des Insolvenzgerichts dahingehend anzupassen, dass im Insolvenzplan vorgesehene gesellschaftsrechtliche Maßnahmen im Sinne des § 225a Abs. 2, 3 InsO, sofern die Zustimmung der Gesellschafter im Rahmen der Abstimmung über den Insolvenzplan gemäß § 245 InsO ersetzt werden musste, nur dann über die Gestaltungsmöglichkeiten des Planverfahrens umgesetzt werden können, wenn sie einem höherrangigen Interesse zu dienen bestimmt sind.[1734] Die Kompetenz zur Prüfung dieses (ungeschriebenen) Tatbestandsmerkmals soll dem Insolvenzgericht im Rahmen des § 250 Nr. 1 InsO zuteilwerden. *Meyer* dagegen plädiert für die Einführung einer Rechtsmissbrauchskontrolle des Insolvenzplans, die es dem Insolvenzgericht verbieten soll, einen Plan, der Maßnahmen außerhalb des Gesetzeszwecks nach § 1 InsO vorsieht, zu bestätigen.[1735] Dagegen sah *Brinkmann* einst vor, dass es den Gesellschaftern zur Verhinderung des Missbrauchs zu erlauben sei, in demselben Umfang wie die Gläubiger Sanierungsbeiträge zu leisten.[1736] Auf diese Weise sollen sanierungsbereite Gesellschafter Missbräuche des Insolvenzplanverfahrens beispielsweise als Instrument zur Durchführung einer feindlichen Übernahme verhindern. Schließlich sei ein Vorschlag *Stöbers* erwähnt, nach dessen Ansicht es den Gesellschaftern nachträglich möglich sein muss, „die Einstellung eines trotz [...] Treuepflichtverstoßes eröffneten Verfahrens zu erwirken".[1737]

Unter Berücksichtigung der innerhalb der Untersuchung erzielten Ergebnisse ist eine Erweiterung des dem Minderheitsgesellschafter zur Verfügung stehenden Schutzes allein im eröffneten Insolvenzplanverfahren, aber auch in Kombination mit einer Erweiterung des Schutzes vor Insolvenzeröffnung, jedoch nicht mit der Ausgestaltung des Insolvenzplanverfahrens und seinem integrierten und austarierten Schutzkonzept vereinbar. Den vorangestellten Vorschlägen zur Verbesserung des Minderheiten- und Rechtsschutzes im eröffneten Insolvenzverfahren *de lege ferenda* ist gemein, dass deren Einführung das Insolvenzplanverfahren schwächen und zugleich den Zielen des ESUG, die Autonomie der Insolvenzgläubiger zu stärken, die Planbarkeit des Verfahrens zu verbessern und Blockaden der (Minderheits-) Gesellschafter zu vermeiden, entgegenwirken würde. Angesichts der hohen, nur schwer nachweisbaren Voraussetzungen missbräuchlichen Handelns würde die Einführung positiver Voraussetzungen das laufende Insolvenzverfahren lähmen und bestehende Rechtsunsicherheit noch vergrößern. Wurde zunächst in Reaktion auf einen (unerkannt) missbräuchlichen Insolvenzantrag das Insolvenzverfahren eröffnet und verfolgt der ausgearbeitete Insolvenzplan zusätzlich ausschließlich insolvenzwidrige Zwecke, die zum Nachteil des Minderheitsgesellschafters erfolgen, sind zwar insofern Zweifel berechtigt, als tatsächlich zu keiner Zeit das Ziel der Gläubigerbefriedigung verfolgt wurde. Auch in Reaktion auf einen solchen

1734 *Frauer*, Grenzen des Eingriffs, 2014, S. 214 ff., 227.

1735 *Meyer*, DB 2015, 538, 540.

1736 *Brinkmann*, WM 2011, 97, 101; vgl. auch *Spliedt*, in: K. Schmidt (Hrsg.), InsO, 18. Aufl., 2013, § 225a, Rn. 14, mit dem Vorschlag eines den Gesellschaftern *de lege ferenda* einzuräumenden Optionsrechts; *Frauer*, Grenzen des Eingriffs, 2014, S. 212.

1737 *Stöber*, ZInsO 2013, 2457, 2464.

(unerkannt) missbräuchlichen Insolvenzantrag hat die Insolvenzeröffnung jedoch zur Folge, dass die gesellschaftsrechtlichen Regelungen und Wertungen durch den Vorrang des Insolvenzrechts verdrängt werden und der verkürzte vermögens- bzw. wertbezogene Schutz eingreift. Eine über das gewährte und grundsätzlich auch als angemessen bewertete Schutzkonzept hinausgehende Ausweitung des Minderheiten- und Rechtsschutzes *de lege ferenda* kann schon insoweit nicht überzeugen, als das mit dem Insolvenzverfahren verfolgte, primäre Ziel der Gläubigerbefriedigung gefährdet und das in sich geschlossene System des eröffneten Insolvenzplanverfahrens entwertet würde. Zusätzlich hätte die Einführung einer Beschwerdeberechtigung der (Minderheits-)Gesellschafter zur Folge, dass die Machtverhältnisse im Planverfahren empfindlich zugunsten der Gesellschafter verschoben würden und das Prinzip der Beteiligtenautonomie unnötig eingeschränkt würde.[1738]

Schließlich bleibt zu betonen, dass ein Ausbau des Schutzes im eröffneten Insolvenzplanverfahren zudem auch zu spät und in der Folge nicht wirkungsvoll eingreifen würde. Die Nachricht von der Einleitung des Insolvenzverfahrens führt regelmäßig dazu, dass Gläubiger und Geschäftspartner der Gesellschaft ihre Beziehung zum Schuldner abbrechen, weshalb bereits die bloße Einleitung des Insolvenzverfahrens zu erheblichen Verlusten führt.[1739] Ziel eines effektiven – folglich so früh wie möglich ansetzenden – Schutzes vor missbräuchlichen Insolvenzanträgen muss es daher sein, das Insolvenzverfahren insgesamt zu verhindern. Ist das Insolvenzplanverfahren jedoch erst einmal rechtskräftig eröffnet, ist dem Ziel der Gläubigerbefriedigung höchste Priorität beizumessen. Der Vorrang des Insolvenz- vor dem Gesellschaftsrecht und die zugrunde liegende Einordnung der Gesellschafter als nach-nachrangige Gläubiger haben zur Folge, dass der zur Verfügung gestellte Schutz stets nur so wirken kann, dass keine (unangemessene) Gefährdung des Insolvenzziels zu befürchten ist.

Im Ergebnis bleibt daher herauszustellen, dass Eingriffe in die Gesellschafterrechte im eröffneten Planverfahren keinen durchgreifenden Bedenken begegnen, wenn bereits auf der Stufe der Insolvenzeröffnung ein angemessener Minderheiten- und Rechtsschutz auch vor missbräuchlichen Antragstellungen gewährt wurde. Der (Minderheits-)Gesellschafter muss demnach die Möglichkeit gehabt haben, missbräuchlichen Insolvenzanträgen ggf. mit einem eigenen Rechtsbehelf entgegenzutreten, um die weitreichenden Folgen der Insolvenzeröffnung zu verhindern.

1738 *Frauer*, Grenzen des Eingriffs, 2014, S. 212.
1739 *Brinkmann*, in: FS Schilken, 2015, S. 631, 638 f.

B. Verbesserungsvorschläge zur Stärkung des Schutzes zugunsten der (Minderheits-)Gesellschafter vor missbräuchlichen Insolvenzanträgen

Die vorangestellten Überlegungen verdeutlichen, dass sich die Insolvenzeröffnung als „die entscheidende Weichenstellung“[1740] für die Frage eines ausreichenden, wirkungsvollen Schutzes gegen missbräuchliches Verhalten darstellt. Einem gegen das missbräuchlich eingeleitete Insolvenzverfahren opponierenden Minderheitsgesellschafter muss es gerade möglich sein, die Verfahrenseröffnung von vornherein zu verhindern, um im anderenfalls eröffneten Insolvenzplanverfahren nicht ohne das Vorliegen eines Insolvenzgrunds bei Antragstellung und damit zugleich ohne Not und ohne das Ziel der Gläubigerbefriedigung vor Augen den Folgen des Insolvenzplanverfahrens ausgeliefert zu sein. Die dann eintretenden Folgen einer Insolvenzeröffnung, (auch) in Reaktion auf einen missbräuchlichen Insolvenzantrag, bewirken die weitgehende Verdrängung gesellschaftsrechtlicher Regelungen und Wertungen und eröffnen einen denkbar weitreichenden Handlungs- und Gestaltungsspielraum zur Einbeziehung der Gesellschafter in den Insolvenzplan unter gleichzeitiger Reduzierung des Schutzes auf den in der Insolvenz fortbestehenden Vermögenswert. Im Ergebnis ist es daher erforderlich, den Minderheiten- bzw. Rechtsschutz vorne, auf der Ebene des Insolvenzantrags und der Prüfung der Eröffnungsvoraussetzungen, zu integrieren.[1741]

Den nachfolgenden Überlegungen zur Gewährleistung eines effektiven Schutzes der (Minderheits-)Gesellschafter liegt demgemäß die These zugrunde, dass ein wirksamer Schutz vor einer missbräuchlichen Antragstellung geeignet ist, den (Minderheits-)Gesellschafter frühzeitig und angemessen vor einer missbräuchlichen Ausnutzung der Insolvenzinstrumente zu schützen. Zugleich ist ein wirkungsvoller Schutz vor einer auf einem missbräuchlichen Insolvenzantrag beruhenden Insolvenzeröffnung auch erforderlich, um dem (Minderheits-)Gesellschafter eine Möglichkeit an die Hand zu geben, initiativ die Kettenreaktion „Insolvenzverfahren“ frühzeitig zu stoppen und die mit der (rechtskräftigen) Eröffnung des Insolvenzverfahrens verbundenen, weitreichenden Folgen zu verhindern.

1740 Zutreffend *Brinkmann*, ZIP 2014, 197.

1741 Vgl. *LG Berlin*, Beschl. v. 20.10.2014 – 51 T 696/14 = DZWiR 2015, 35, 40, das den gesellschaftsrechtlichen Minderheitenschutz, bevor der Bereich des Insolvenzrechts eröffnet wird, bei der Prüfung der Insolvenzeröffnungsentscheidung verortet; zur Entscheidung *Böcker*, DZWiR 2015, 10, 20; *ders.*, ZInsO 2015, 773, 782; vgl. auch *Brinkmann*, ZIP 2014, 197, 203; *Stöber*, ZInsO 2013, 2457, 2464; a.A. *Thole*, ZIP 2013, 1937, 1945.

I. Keine Übertragung der Rechtsfolgen missbräuchlicher Insolvenzanträge auf (nur) gegen die Konsultationspflicht verstoßende Insolvenzanträge

Ein erster Vorschlag, der zwar keinen eigenen Rechtsbehelf des unterlegenen (Minderheits-)Gesellschafters vorsieht, dessen Schutz jedoch bedeutend erweitern würde, könnte lauten, die Pflicht zur Einholung eines zustimmenden Gesellschafterbeschlusses im Vorfeld des freiwilligen Insolvenzantrags bei drohender Zahlungsunfähigkeit (§ 18 Abs. 3 InsO) als Zulässigkeitsvoraussetzung des jeweiligen Eröffnungs- bzw. Eigenverwaltungsantrags auszugestalten.[1742] Der Insolvenzantrag bzw. der auf Durchführung eines Schutzschirmverfahrens gerichtete Antrag wäre dann, wie von *H.-F. Müller* fälschlicherweise bereits *de lege lata* angenommen, als missbräuchlich abzuweisen, wenn der Antragsteller im Rahmen der Ermittlungen des Insolvenzgerichts keinen Gesellschafterbeschluss vorlegen könnte, gleichwohl aber an seinem Antrag festhalten würde.[1743]

Problematisch und in der Folge daher nicht umsetzbar ist, dass die Ausweitung der Rechtsfolgen missbräuchlicher Insolvenzanträge auf solche Insolvenzanträge, die ohne Vorliegen eines zwingenden Insolvenzgrunds ohne einen zustimmenden Gesellschafterbeschluss gestellt wurden, der Konzeption der InsO und den Änderungen durch das ESUG in Bezug auf das Planverfahren widersprechen: Bei einer Übertragung der Rechtsfolgen hätte der (Minderheits-)Gesellschafter die Möglichkeit, sich dem Beschluss der (sonstigen) KG-Gesellschafter (bzw. Kommanditisten) stets entgegenzustellen und durch seine ablehnende Stimmabgabe den Antrag – jedenfalls bis zum Eintritt eines zwingenden Insolvenzgrunds – zu verhindern. Die über das Innenverhältnis hinausreichende Rechtsfolge der Unzulässigkeit des Insolvenzantrags würde insoweit einen Rückschritt bedeuten, als zugunsten der (Minderheits-)Gesellschafter wieder ein Blockadepotenzial eingeführt würde. Die Möglichkeit, eine Abweisung zu erreichen, ohne dass die Voraussetzung einer „ausschließlich insolvenzwidrigen Zweckverfolgung" überhaupt für die Unzulässigkeit des Antrags erforderlich ist bzw. Berücksichtigung findet, würde das angelegte Rechtsschutzkonzept insgesamt entwerten. Wie gezeigt, hat ein unter Außerachtlassung der erforderlichen Pflicht zur Einholung eines zustimmenden Gesellschafterbeschlusses gestellter Insolvenzantrag grundsätzlich nur Schadensersatzansprüche zur Folge und führt nicht zu dessen Unzulässigkeit.[1744] Das Insolvenzgericht kann einen Insolvenzantrag, dem trotz bestehender Konsultationspflicht kein zustimmender Gesellschafterbeschluss vorangegangen ist, gerade nur dann als missbräuchlich abweisen, wenn (beispielsweise) konkrete Anhaltspunkte dafür bestehen, dass der

1742 *Schäfer*, ZIP 2015, 1208, 1212; vgl. auch die Ansicht von *Schluck-Amend*, wiedergegeben in *Roesener*, in: Jahrestagung der VGR, 2015, S. 187, 193.
1743 *H.-F. Müller*, DB 2014, 41, 44.
1744 Siehe hierzu § 3.B.III.1.a)dd).

Antrag nach § 18 InsO bewusst und zum Nachteil von Minderheitsgesellschaftern gestellt wurde.[1745]

II. Keine Erweiterung des Anwendungsbereichs des insolvenzrechtlichen Gleichbehandlungsgrundsatzes

Westermann regt an, den Anwendungsbereich des Gleichbehandlungsgrundsatzes über die Gruppenbildung hinaus auf die Prüfung des Eröffnungsantrags zu erweitern.[1746] Als elementares Gerechtigkeitskriterium müsse der insolvenzrechtliche Gleichbehandlungsgrundsatz aus § 226 InsO nicht nur materiell-rechtlich, sondern gerade auch bei der Prüfung des Antrags zum Einstieg in das Planverfahren wirken. Welche Rechtsfolgen diese Erweiterung des Anwendungsbereichs des insolvenzrechtlichen Gleichbehandlungsgrundsatzes für missbräuchliche Anträge auslösen soll, eröffnet *Westermann* nicht. Zu denken ist jedoch an die im Insolvenzplanverfahren bestehende Gleichbehandlungspflicht in Verbindung mit dem Verbot einer willkürlichen Gruppenbildung aus § 222 InsO, die sicherstellen soll, dass Sanierungsopfer infolge einer bestehenden Mehrheitsmacht nicht einseitig zulasten der Minderheit verteilt werden.[1747] Im Rahmen des Eröffnungsantrags könnte die Erweiterung u.a. dazu führen, dass missbräuchliche Insolvenzanträge, die ausschließlich der Entmachtung des Minderheitsgesellschafters zu dienen bestimmt sind, an dem insolvenzrechtlichen Gleichbehandlungsgrundsatz bzw. der Unwirksamkeit des Insolvenzantrags scheitern. Zugleich bleibt dann jedoch zu beachten, dass der Nachweis eines Verstoßes gegen den insolvenzrechtlichen Gleichbehandlungsgrundsatz, der sich im Rahmen der Antragstellung ebenfalls auf subjektive Beweggründe stützt, vergleichbar schwer für das Insolvenzgericht zu erkennen sein wird. Angesichts der (weiterhin) fehlenden Möglichkeit des (Minderheits-)Gesellschafters, einer missbräuchlichen Antragstellung initiativ entgegenzutreten, kann die Erweiterung des Anwendungsbereichs des insolvenzrechtlichen Gleichbehandlungsgrundsatzes das Rechtsschutzdefizit nicht beseitigen und ist demnach nicht angezeigt.

III. Einführung einer Beschwerdeberechtigung gegen die Entscheidung zur Eröffnung des Insolvenzverfahrens zugunsten der (Minderheits-)Gesellschafter

Allein überzeugend und in Anbetracht des festgestellten Rechtsschutzdefizits erforderlich erscheint daher die Einführung einer Beschwerdeberechtigung gegen den Beschluss zur Eröffnung des Insolvenzverfahrens zugunsten der (Minderheits-)

1745 Siehe hierzu § 4.A.I.

1746 *Westermann*, NZG 2015, 134, 140; vgl. auch *Wertenbruch*, in: Westermann / Wertenbruch (Hrsg.), Hdb. PersG, Lb, 58. Lfg. (02/2014), Rn. 1867 f.

1747 Siehe hierzu § 2.B.III.1.d).

Gesellschafter gemäß §§ 6, 34 Abs. 2 InsO.[1748] Hervorzuheben bleibt, dass die analoge Anwendung von § 34 Abs. 2 InsO auf die (Minderheits-)Gesellschafter gerade nicht an der Notwendigkeit der Auflösung des aufgedeckten Rechtsschutzdefizits scheitert, sondern an dem *de lege lata* anzunehmenden Analogieverbot, der – infolge einer anzunehmenden bewussten Entscheidung zur Ausgestaltung des Schutzkonzepts ohne ein Beschwerderecht der Gesellschafter gegen die Eröffnungsentscheidung – abzulehnenden Planwidrigkeit sowie an der fehlenden Interessenvergleichbarkeit, die sich daraus begründet, dass auch sonst nicht jedem Beteiligten, der von der Verfahrenseröffnung betroffen ist, ein Beschwerderecht eingeräumt wird. Damit die Einführung einer Beschwerdeberechtigung zugunsten der (Minderheits-)Gesellschafter funktionieren kann, gilt es, diese Hindernisse im Rahmen der Ausgestaltung des *de lege ferenda* einzuführenden Beschwerderechts zu überwinden bzw. auszugleichen. Zugleich kann die Beschwerdeberechtigung gegen die Entscheidung zur Eröffnung des Insolvenzverfahrens nur dann überzeugend eingeführt werden, wenn sich die zu schaffende Beschwerdeberechtigung der (Minderheits-)Gesellschafter darüber hinaus in das (sonstige) durch das ESUG geschaffene Kompetenz- und Regelungsgefüge einfügt.

1. Vereinbarkeit mit der Ablehnung einer analogen Anwendung von § 34 Abs. 2 InsO und dem (sonstigen) Regelungs- und Kompetenzgefüge der InsO

Problematisch ist, dass eine Erweiterung der Beschwerdeberechtigung auf die (Minderheits-)Gesellschafter augenscheinlich im Widerspruch zum Kompetenz- und Regelungsgefüge der InsO und den durch das ESUG verfolgten Zielen steht. Gegner einer Erweiterung der Beschwerdeberechtigung wenden insbesondere ein, dass die Einführung einer Beschwerdeberechtigung nicht mit der Einordnung der Gesellschafter als nach-nachrangige Gläubiger zu vereinbaren sei[1749] und zugleich der allgemeinen Entwicklung im Insolvenzrecht, die Rechtsmittel immer stärker einzuschränken, entgegenstünde.[1750] Die Ausweitung der Beschwerdeberechtigung auf die (Minderheits-)Gesellschafter würde dagegen das mit dem ESUG abgeschaffte Blockadepotenzial der Gesellschafter (teilweise) wieder einführen und in Anbetracht der zu Beginn dargestellten Historie der InsO einen Rückschritt bedeuten.

Unbeachtet bleibt insofern jedoch, dass ein ausschließlich insolvenzwidrige Zwecke verfolgendes Verhalten rein tatsächlich weder die Gläubigerbefriedigung

---

1748 Zur Einführung einer Beschwerdeberechtigung für die Gesellschafter *Böcker*, DZWiR 2015, 10, 20; *ders.*, DZWiR 2014, 331, 337; *ders.*, ZInsO 2015, 773, 782; *Schäfer*, ZIP 2013, 2237, 2241 ff.; *ders.*, ZIP 2015, 1208, 1212; *Thole*, ZIP 2013, 1937, 1945; *Westermann*, NZG 2015, 134, 141; weniger eindeutig *Meyer*, DB 2015, 538, 540; *H.-F. Müller*, DB 2014, 41, 43; a.A. wohl *Pape*, ZInsO 2013, 2129, 2137.

1749 *Thole*, ZIP 2013, 1937, 1945.

1750 *Pape*, ZInsO 2013, 2129, 2137; vgl. auch *Madaus*, ZIP 2014, 500, 503, der gegen eine analoge Anwendung des § 34 Abs. 2 InsO argumentiert.

gefährdet noch eines beschleunigten Verfahrens zur bestmöglichen Erreichung dieses Zwecks bedarf. Hat der Antragsteller mit seinem Eigenantrag ausschließlich insolvenzwidrige Zwecke im Blick, gibt es gerade keine entgegenstehenden vorrangigen Rechte der Gläubiger, die es zu berücksichtigen gilt. Die Verkürzung der im Insolvenzplanverfahren zur Verfügung gestellten Schutzmöglichkeiten dient der Vermeidung missbräuchlicher Blockaden und einer Verzögerung des Verfahrens durch die (Minderheits-)Gesellschafter. Im zugrunde liegenden Fall einer Ausnutzung des Insolvenzplanverfahrens durch den antragstellenden geschäftsführenden Mehrheitsgesellschafter allein für solche Zwecke, die als insolvenzwidrig einzuordnen sind, stellt sich die Situation dagegen vollständig konträr da: Nicht die Gesellschafter verweigern missbräuchlich ihre Mitwirkung zum Gelingen des Insolvenzplanverfahrens, sondern die Antragstellung selbst ist als missbräuchlich zu charakterisieren. In dieser Konstellation kann weder eine Verkürzung des Rechtsschutzes noch eine Argumentation mit der Nachrangigkeit der Gesellschafter gegenüber den Gläubigern überzeugen.

a) Einfügung in die bestehende Regelung des § 6 Abs. 1 S. 1 InsO

Zunächst bleibt festzuhalten, dass sich die Neuregelung einer Beschwerdeberechtigung zugunsten der (Minderheits-)Gesellschafter im Rahmen des § 34 Abs. 2 InsO in die bestehende Regelung des § 6 Abs. 1 S. 1 InsO einfügen und der Notwendigkeit einer gesetzlichen Einräumung der Beschwerdeberechtigung gerecht würde.

b) Vereinbarkeit mit den durch das ESUG verfolgten Zielen

In Anbetracht dessen, dass der sofortigen Beschwerde gegen den Eröffnungsbeschluss gemäß § 4 InsO i.V.m. § 570 Abs. 1 ZPO keine aufschiebende Wirkung zukommt[1751], ist die Einführung einer Beschwerdeberechtigung zugunsten der (Minderheits-)Gesellschafter mit den durch das ESUG verfolgten Zielen, das Blockadepotenzial der Gesellschafter abzubauen und insgesamt auf eine Beschleunigung des Verfahrens hinzuwirken, vereinbar.[1752] Zwar haben das Insolvenzgericht, das Beschwerdegericht und der BGH als Rechtsbeschwerdegericht die Möglichkeit, die Vollziehung der angefochtenen Eröffnungsentscheidung auszusetzen (§ 4 InsO i.V.m. § 570 Abs. 2, 3 ZPO). Davon sollte jedoch nur in Ausnahmefällen Gebrauch gemacht werden, „wenn durch die weitere Vollziehung dem [Beschwerdeführer] größere Nachteile drohen als den anderen Beteiligten im Falle der Aussetzung, die Rechtslage

---

1751 *BGH*, Beschl. v. 27.07.2006 – IX ZB 204/04 = BGHZ 169, 17, 20; *Gundlach*, in: Gottwald (Hrsg.), InsR-Hdb., 5. Aufl., 2015, § 16, Rn. 39 ff.; *Pape*, in: Kübler u.a. (Hrsg.), InsO, Lb, 36. Lfg. (05/2009), § 34, Rn. 76; *Mönning*, in: Nerlich / Römermann (Hrsg.), InsO, Lb, 27. Lfg. (08/2014), § 34, Rn. 29; *ders.*, in: Uhlenbruck u.a. (Hrsg.), InsO, 14. Aufl., 2015, § 34, Rn. 22; *Denkhaus*, in: A. Schmidt (Hrsg.), HHK-InsO, 5. Aufl., 2015, § 34, Rn. 28; *Schmerbach*, in: Wimmer (Hrsg.), FK-InsO, 8. Aufl., 2015, § 6, Rn. 55, § 34, Rn. 53.

1752 Vgl. nur *Brinkmann*, in: FS Schilken, 2015, S. 631, 643.

zumindest zweifelhaft ist und die Rechtsbeschwerde zulässig erscheint“[1753], was in aller Regel nicht ohne eine ordnungsgemäße Begründung der Beschwerde angenommen werden kann.[1754]

Die von *Brinkmann* geforderte Einführung einer Mindestbeteiligung in Form einer qualifizierten Mehrheit, um „die Einlegung missbräuchlicher Beschwerden als Geschäftsmodell analog zu den missbräuchlichen Anfechtungsklagen [zu unterbinden]“[1755], kann angesichts des festgestellten Rechtsschutzdefizits nicht ohne Weiteres überzeugen. Zwar hat der (Minderheits-)Gesellschafter im Einzelfall erst bei Überschreiten einer gewissen Beteiligungshöhe zu befürchten, durch die Insolvenzeröffnung neben den Vermögensinteressen zugleich mit der Mitgliedschaft verbundene Einflussrechte zu verlieren.[1756] Die pauschale Festlegung einer Mindestbeteiligung in Höhe von 25 %[1757] kann je nach Ausgestaltung der Gesellschafterrechte im Einzelfall jedoch insoweit zu hoch gegriffen sein, als bereits eine unterhalb dieser Schwelle liegende Beteiligung die Gefahr eines durch die Eröffnungsentscheidung eintretenden Verlusts der mit der Mitgliedschaft verbundenen Einflussrechte begründen kann. Es bleibt zu bedenken, dass – jedenfalls *de lege lata* – auch die Anfechtungsbefugnis der Aktionäre an keine Mindestbeteiligung geknüpft ist. Diese wurde zwar in der rechtspolitischen Diskussion nicht selten gefordert.[1758] Entsprechende Forderungen wurden vom Gesetzgeber unter Hinweis auf die Rechtsstellung des Aktionärs als „wirtschaftlicher Eigentümer“ der AG jedoch bislang zurückgewiesen. Eingeführt wurde durch das am 1. September 2009 in Kraft getretene Gesetz zur Umsetzung der Aktionärsrechterichtlinie (ARUG) lediglich das Erfordernis einer Beteiligung im Mindestnennbetrag von 1000 Euro, um eine Eintragung des Beschlusses im Freigabeverfahren zu verhindern (§ 246a Abs. 2 Nr. 2 AktG).[1759] Dem Gedanken nach einer Beschränkung der Beschwerdebefugnis gegen die Eröffnungsentscheidung ist daher zwar im Grundsatz zuzustimmen. Der pauschalen Beschränkung auf eine Beteiligung einzelner Gesellschafter in Höhe von mindestens 25 % kann dagegen nicht gefolgt werden. Auch eine reduzierte, aber dennoch pauschale Beteiligungsschwelle in Höhe von 10 %, angelehnt an die Regelung in § 39 Abs. 5 InsO, kommt angesichts der bestehenden Gefahr einer missbräuchlichen Instrumentalisierung der Insolvenzinstrumente und dem darüber festgestellten

1753 *BGH*, Beschl. v. 21.03.2001 – IX ZB 48/02 = NJW 2002, 1658.

1754 *BGH*, Beschl. v. 21.03.2001 – IX ZB 48/02 = NJW 2002, 1658.

1755 *Brinkmann*, ZIP 2014, 197, 204.

1756 *Brinkmann*, ZIP 2014, 197, 204, 206; *ders.*, in: FS Schilken, 2015, S. 631, 640 f.

1757 *Brinkmann*, in: FS Schilken, 2015, S. 631, 641.

1758 *Baums*, Gutachten F zum 63. DJT, 2000, F 102 ff.; *Bayer*, NJW 2000, 2609, 2615 f.; *Hüffer*, in: FS Brandner, 1996, S. 57, 64 ff.; *Saenger*, AG 2002, 536, 541 f.

1759 Beschlussempfehlung und Bericht des Rechtsausschusses (6. Ausschuss) zu dem Gesetzentwurf der Bundesregierung – BT-Drucks. 16/11642 –, Entwurf eines Gesetzes zur Umsetzung der Aktionärsrechterichtlinie (ARUG) v. 20.05.2009, BT-Drucks. 16/13098, S. 35; vgl. auch *Dörr*, in: Spindler / Stilz (Hrsg.), AktG, 3. Aufl., 2015, § 246a, Rn. 26; *Verse*, NZG 2009, 1127, 1129.

Rechtsschutzdefizit der (Minderheits-)Gesellschafter nicht in Betracht. Demgegenüber zu keinen wesentlichen Einschränkungen führend, kann im Einzelfall daher bereits das Erreichen der weiteren in der InsO angelegten Schwelle der kleinbeteiligten Anteilsinhaber, die mit einer Beteiligung am Haftkapital von weniger als 1 % oder weniger als 1000 Euro beteiligt sind (§ 222 Abs. 3 S. 2, 2. Alt. InsO), als Mindestbeteiligung für eine Beschwerdeberechtigung ausreichend sein, sofern die Insolvenzeröffnung für die Beteiligung eine materielle Beschwer, verstanden als Gefahr für die mit der Mitgliedschaft verbundenen Einflussrechte, begründet. Für den Fall, dass eine Gefahr für die mit der Mitgliedschaft verbundenen Einflussrechte tatsächlich erst ab einer Beteiligungsschwelle in Höhe von 25 % begründbar ist, muss es zudem möglich sein, die zu fordernde materielle Beschwer im Zusammenschluss mit anderen Gesellschaftern zu erreichen.[1760]

Im Ergebnis ist es daher nicht überzeugend, die Beschwerdeberechtigung von einer pauschalen Mindestbeteiligung abhängig zu machen. Zu fordern ist allein das Erreichen der Beteiligungsschwelle von 1 % oder 1000 Euro am Haftkapital sowie das Vorliegen einer materiellen Beschwer. Es ist jedoch davon auszugehen, dass sich die materielle Beschwer im Einzelfall auch über ein Zusammenwirken einzelner Gesellschafter ergeben kann. Diese Beschränkungen sinnvoll auszuformen und einzufügen, wird Aufgabe des Gesetzgebers sein.

Ergänzend sei hinzugefügt, dass die bewusste Entscheidung des Gesetzgebers gegen ein Beschwerderecht der Gesellschafter bei Inkrafttreten des ESUG einer nunmehr doch einzuführenden Beschwerdeberechtigung gegen missbräuchliche Insolvenzanträge zugunsten der (Minderheits-)Gesellschafter nicht entgegensteht. Der Gesetzgeber hat zwar die Möglichkeit eines Missbrauchs des Insolvenzplanverfahrens erkannt. Nicht ersichtlich ist dagegen, dass der Gesetzgeber die konkrete Gefahr erkannt hat, dass ein Insolvenzantrag zur Auslösung der Kettenreaktion „Insolvenzverfahren" missbräuchlich gestellt wird, um anschließend die Insolvenzinstrumente zulasten des (Minderheits-)Gesellschafters zur Lösung von Gesellschafterstreitigkeiten auszunutzen. An der Vereinbarkeit der Einführung einer Beschwerdeberechtigung gegen missbräuchliche Insolvenzanträge zugunsten der Gesellschafter, insbesondere mit den durch das ESUG verfolgten Zielsetzungen, das Blockadepotenzial der Gesellschafter abzubauen und Verfahrensverzögerungen zu beschränken, bestehen demnach – auch ohne den Ausschluss kleinbeteiligter Gesellschafter im Sinne des § 222 Abs. 3 S. 2, 2. Alt. InsO – keine durchgreifenden Bedenken.

c) Keine Erforderlichkeit einer allgemeinen Erweiterung der Beschwerdeberechtigung

Die Interessenvergleichbarkeit im Rahmen der Prüfung der analogen Anwendbarkeit von § 34 Abs. 2 InsO auf die (Minderheits-)Gesellschafter war bereits abzulehnen,

1760 A.A. wohl *Brinkmann*, in: FS Schilken, 2015, S. 631, 639 („[...] so dass Gesellschafter, die mit mindestens 25 % an der Gesellschaft beteiligt sind, sofortige Beschwerde einlegen können.").

weil *de lege lata* ohnehin nicht jedem Beteiligten, der von der Verfahrenseröffnung betroffen ist, ein Beschwerderecht gegen den Eröffnungsbeschluss eingeräumt wird. Insbesondere besteht im Fall eines Eigenantrags weder zugunsten des Schuldners selbst[1761] noch zugunsten der Gläubiger[1762] ein Beschwerderecht gegen den Eröffnungsbeschluss. Naheliegend ist daher die Frage nach der Erforderlichkeit einer mit einer Einführung der Beschwerdeberechtigung zugunsten der (Minderheits-)Gesellschafter notwendigerweise zusammentreffenden allgemeinen Erweiterung der Beschwerdeberechtigung auch auf den Schuldner und die (sonstigen) Gläubiger.[1763]

Für den antragstellenden Schuldner lässt sich die Erforderlichkeit der Einführung einer Beschwerdeberechtigung zu seinen Gunsten bereits damit ablehnen, dass dieser selbst die Verfahrenseröffnung beantragt hat, wodurch es für ihn an der nötigen formellen Beschwer fehlt.[1764] Er musste nach seiner Antragstellung mit dem Erlass eines Eröffnungsbeschlusses rechnen und hat gerade auch keinen rechtlich geschützten Anspruch darauf, dass das Insolvenzgericht in einer bestimmten Weise entscheidet, weshalb ihm nach überzeugender Ansicht auch dann kein Beschwerderecht zusteht, wenn das Insolvenzgericht entgegen seinen Erwartungen den Antrag nicht mangels Masse abweist, sondern das Insolvenzverfahren eröffnet.[1765] Zwar wird auch der einzelne Gesellschafter grundsätzlich vom Geschäftsführer vertreten und muss sich dessen Handeln zurechnen lassen. Eine andere Bewertung zugunsten

---

1761 *BGH*, Beschl. v. 18.01.2006 – IX ZB 170/06 = ZInsO 2007, 206; *Herzig*, in: Braun (Hrsg.), InsO, 6. Aufl., 2014, § 34, Rn. 8; *Denkhaus*, in: A. Schmidt (Hrsg.), HHK-InsO, 5. Aufl., 2015, § 34, Rn. 13; *Keller*, in: K. Schmidt (Hrsg.), InsO, 18. Aufl., 2013, § 34, Rn. 14; zulässig ist die Beschwerde allerdings, wenn mit dieser geltend gemacht wird, der Eigenantrag sei vor Eröffnung zurückgenommen worden, vgl. *BGH*, Beschl. v. 18.01.2006 – IX ZB 170/06 = ZInsO 2007, 206, Rz. 11; *OLG Brandenburg*, Beschl. v. 16.07.2001 – 8 W 165/01 = ZInsO 2001, 1155.

1762 *BGH*, Beschl. v. 30.03.2006 – IX ZB 36/05 = BeckRS 2006, 05077; *LG Potsdam*, Beschl. v. 6.09.2000 – 5 T 317/00 = DZWiR 2001, 393; *Schmahl/Busch*, in: Kirchhof u.a. (Hrsg.), MüKo-InsO, Bd. 1, 3. Aufl., 2013, § 34, Rn. 59; *Denkhaus*, in: A. Schmidt (Hrsg.), HHK-InsO, 5. Aufl., 2015, § 34, Rn. 11a; *Schmerbusch*, in: Wimmer (Hrsg.), FK-InsO, 8. Aufl., 2015, § 34, Rn. 7.

1763 *Thole*, ZIP 2013, 1937, 1945, der eine allg. Erweiterung der Beschwerdeberechtigung jedenfalls für bedenkenswert hält.

1764 *BGH*, Beschl. v. 18.01.2006 – IX ZB 170/06 = ZInsO 2007, 206, Rz. 9; *Schmerbach*, in: Wimmer (Hrsg.), FK-InsO, 8. Aufl., 2015, § 34, Rn. 24; *Brinkmann*, ZIP 2014, 197, 202; etwas anderes gilt, wenn vor Eröffnung des Verfahrens der Antrag wirksam zurückgenommen war, vgl. *OLG Brandenburg*, Beschl. v. 16.07.2001 – 8W 165/01 = DZWiR 2002, 205, 206.

1765 *Herzig*, in: Braun (Hrsg.), InsO, 6. Aufl., 2014, § 34, Rn. 8; *Gundlach*, in: Gottwald (Hrsg.), InsR-Hdb., 5. Aufl., 2015, § 16, Rn. 39; *Schmahl/Busch*, in: Kirchhof u.a. (Hrsg.), MüKo-InsO, Bd. 1, 3. Aufl., 2013, § 34, Rn. 71; *Pape*, in: Kübler u.a. (Hrsg.), InsO, Lb, 36. Lfg. (05/2009), § 34, Rn. 67; *Schmerbach*, in: Wimmer (Hrsg.), FK-InsO, 8. Aufl., 2015, § 34, Rn. 32; a.A. *Kirchhof*, in: Kreft (Hrsg.), HK-InsO, 7. Aufl., 2014, § 34, Rn. 9.

des (Minderheits-)Gesellschafters ist jedoch insofern erforderlich, als die InsO es ermöglicht, Rechte der Gesellschafter in den Plan einzubeziehen. Eine Beschwer der Gesellschafter durch die Eröffnung des Insolvenzverfahrens ist daher jedenfalls anzunehmen, wenn sich der Geschäftsführer im Rahmen seines bestehenden Antragsrechts bewusst über die Konsultationspflicht hinwegsetzt und ohne einen zuvor eingeholten bzw. gegen den ablehnenden Gesellschafterbeschluss den Eigenantrag stellt.

Für die Frage eines zugunsten der (sonstigen) Gläubiger bestehenden Beschwerderechts bestehen insofern größere Zweifel, als die Einräumung eines singulären Beschwerderechts zugunsten der Gesellschafter, die als nach-nachrangige Gläubiger in das Insolvenzplanverfahren einzuordnen sind, gegenüber den (sonstigen) Gläubigern eine Besserstellung begründen und damit den „verfahrensrechtlichen Vorrang der Gläubiger umkehren"[1766] könnte.[1767] Unberücksichtigt bliebe demnach jedoch, dass die Einordnung der Gesellschafter als nach-nachrangige Gläubiger erst mit der Eröffnung des Insolvenzverfahrens stattfindet. Würde eine Beschwerde, mit der gegen den Eröffnungsbeschluss vorgegangen wird, von vornherein an dieser Einordnung scheitern, würde stets die Richtigkeit der Insolvenzeröffnung als Grund der Einordnung unterstellt. Zusätzlich muss Berücksichtigung finden, dass die Gesellschafter bereits insoweit „bessergestellt" sind, als die gesellschafterliche Treuepflicht es dem Geschäftsführer gebietet, aufgrund der mit der Eröffnung des Insolvenzverfahrens verbundenen einschneidenden und weitreichenden Auswirkungen und dem zugleich gewährten weitreichenden Handlungs- und Gestaltungsspielraum, vor der Stellung des Eigenantrags einen zustimmenden Gesellschafterbeschluss einzuholen.[1768] Das Beschwerderecht zugunsten der (Minderheits-)Gesellschafter ist daher von vornherein auf die Fälle zu beschränken, in denen der Antragsteller trotz bestehender Konsultationspflicht vor Antragstellung keinen zustimmenden Gesellschafterbeschluss einholt bzw. gegen den ablehnenden Beschluss handelt. Die Erforderlichkeit einer Erweiterung der Beschwerdeberechtigung auf die Gläubiger ist folglich abzulehnen.[1769]

2. Einpassung durch Beschränkung der Beschwerdeberechtigung

Die aufgezeigte Vereinbarkeit eines einzuführenden Beschwerderechts zugunsten der (Minderheits-)Gesellschafter mit dem Regelungs- und Kompetenzgefüge der InsO zeigt zwar, dass die zuvor abgelehnte analoge Anwendung von § 34 Abs. 2 InsO[1770]

1766 *Thole*, ZIP 2014, 1937, 1945.

1767 Daher eine „allgemeine Erweiterung der Beschwerdeberechtigung" zur Sprache bringend *Thole*, ZIP 2013, 1937, 1945; vgl. auch *Brinkmann*, in: FS Schilken, 2015, S. 631, 632 ff.

1768 Siehe hierzu § 3.B.III.1.a).

1769 Im Ergebnis ebenso *Brinkmann*, in: FS Schilken, 2015, S. 631, 638, der unter Einbeziehung der Reform der EuInsVO eine Neuregelung für unabweislich hält.

1770 Siehe hierzu § 4.B.I.7.

der Forderung einer *de lege ferenda* erforderlichen Einführung der Beschwerdeberechtigung nicht entgegensteht. Zugleich wird jedoch deutlich, dass eine uneingeschränkte Ausweitung der Beschwerdeberechtigung zugunsten der (Minderheits-) Gesellschafter auch nicht überzeugen kann. Eine anzuerkennende Beschwerdeberechtigung der (Minderheits-)Gesellschafter darf gerade nicht dazu führen, den eigentlichen Regelfall zu entwerten und dem (Minderheits-)Gesellschafter das mit den Änderungen durch das ESUG genommene Blockadepotenzial wieder an die Hand zu geben. Die missbräuchliche Antragstellung stellt eine Sonderkonstellation dar, vor der es den (Minderheits-)Gesellschafter zu schützen gilt. Zugleich darf dieser Schutz aber nicht dazu führen, dass ein (nur) kreativ bzw. strategisch, aber zulässig eingesetztes Planverfahren, das unter Einsatz des zur Verfügung gestellten Handlungs- und Gestaltungsspielraums zur Lösung des bestehenden Gesellschafterstreits führt, blockiert werden kann. Auch wenn ein missbräuchlicher Insolvenzantrag rein tatsächlich keinen Raum für eine Gefährdung des Insolvenzziels der Gläubigerbefriedigung durch die Geltendmachung des Beschwerderechts belässt, ist dieses sinnvoll einzuschränken, damit Abgrenzungsprobleme und -fragen letztlich nicht doch zum Nachteil des Insolvenzziels gereichen können.

Die Beschwerdeberechtigung ist daher von den Voraussetzungen abhängig zu machen, dass (1) der Antragsteller seiner – im Fall fehlender zwingender Insolvenzgründe – bestehenden Pflicht zur Einholung eines zustimmenden Gesellschafterbeschlusses im Vorfeld der Stellung des Eigenantrags nicht nachkommt bzw. entgegen dem ablehnenden Beschluss handelt, (2) der beschwerdeführende (Minderheits-) Gesellschafter die Verfolgung ausschließlich insolvenzwidriger Ziele durch die Antragstellung geltend macht und (3) vorbringt, dass eine dennoch erfolgende Insolvenzeröffnung zu seinem Nachteil gereichen würde. Zusätzlich ist zu empfehlen, (4) die Beschwerdeberechtigung auszuschließen, wenn die Beteiligung des (Minderheits-)Gesellschafters am Haftkapital unter 1 % oder unter 1000 Euro liegt oder eine materielle Beschwer im Sinne einer mit der Insolvenzeröffnung verbundenen Gefahr eines Verlusts mit der Mitgliedschaft verbundener Einflussrechte abzulehnen ist.

Zwar ist es richtig, dass eine sofortige Beschwerde des opponierenden (Minderheits-)Gesellschafters oftmals als unbegründet abzuweisen sein wird, soweit in der Zwischenzeit ein zwingender Insolvenzgrund eingetreten ist. Denn auch einem ursprünglich rechtsmissbräuchlichen Eigenantrag ist stattzugeben, wenn ein zwingender Insolvenzgrund spätestens im Zeitpunkt der gerichtlichen Entscheidung über die Beschwerde vorliegt.[1771] Im Ergebnis kann dann nur noch über schadensersatzrechtliche Konsequenzen nachgedacht werden.[1772] Deutlich herauszustellen bleibt an dieser Stelle die Bemerkung *Brinkmanns*, wonach nur ein „Zyniker“[1773] aus dieser Kettenreaktion, ausgelöst durch den missbräuchlichen Insolvenzantrag, ein

1771 *Brinkmann*, ZIP 2014, 197, 201; *Marotzke*, ZInsO 2015, 325, 333.

1772 *Brinkmann*, ZIP 2014, 197, 204; *Göb / Nebel*, NZI 2015, 408, 409; *Marotzke*, ZInsO 2015, 325, 333.

1773 *Brinkmann*, ZIP 2014, 197, 204; aufgegriffen von *Marotzke*, ZInsO 2015, 325, 333.

Argument gegen den Ausbau des Beschwerderechts zugunsten der (Minderheits-) Gesellschafter ableiten werde.

IV. Einführung der Berechtigung zur Beantragung der Aufhebung des Schutzschirmverfahrens, § 270b Abs. 1 S. 1, Abs. 4 S. 1 Nr. 3 InsO

Entsprechend der Einführung der Beschwerdeberechtigung gegen den Beschluss zur Eröffnung des Insolvenzverfahrens auf die (Minderheits-)Gesellschafter ist die Berechtigung zur Beantragung der Aufhebung des Schutzschirmverfahrens gemäß § 270b Abs. 1 S. 1, Abs. 4 S. 1 Nr. 3 InsO auf die (Minderheits-)Gesellschafter zu erweitern. Die nach bisheriger Rechtslage lediglich zugunsten der absonderungsberechtigten Gläubiger und Insolvenzgläubiger bestehende Berechtigung, vor Ablauf der Frist nach § 270b Abs. 1 S. 1, 2 InsO die Aufhebung der Anordnung nach § 270b Abs. 1 S. 1 InsO zu beantragen, sofern Umstände bekannt werden, die erwarten lassen, dass die Anordnung zu Nachteilen für die Gläubiger führen wird, kein Gläubigerausschuss bestellt ist und diese Umstände vom Antragsteller glaubhaft gemacht werden, ist auf die (Minderheits-)Gesellschafter zu erweitern, um durch ein frühzeitiges Eingreifen das Eintreten eines zwingenden Insolvenzgrunds zu verhindern.

Die zuzusprechende Antragsberechtigung ist wiederum von den Voraussetzungen abhängig zu machen, dass (1) der Antragsteller seiner bestehenden Pflicht zur Einholung eines zustimmenden Gesellschafterbeschlusses im Vorfeld der Beantragung des Schutzschirmverfahrens gemäß § 270b InsO nicht nachkommt[1774] bzw. den ablehnenden Beschluss ignoriert, (2) der (Minderheits-)Gesellschafter die Verfolgung ausschließlich insolvenzwidriger Ziele durch die Beantragung geltend macht und (3) Umstände bekannt werden, die erwarten lassen, dass die Anordnung zu Nachteilen für die (Minderheits-)Gesellschafter führen wird und diese Umstände vom Antragsteller glaubhaft gemacht werden (vgl. § 270b Abs. 4 Nr. 3 InsO). Weiterhin ist zu empfehlen, (4) die Beschwerdeberechtigung für den Fall auszuschließen, dass die Beteiligung des (Minderheits-)Gesellschafters am Haftkapital unter 1 % oder unter 1000 Euro liegt oder ein über die vermögensmäßigen Nachteile hinausgehender Verlust der mit der Mitgliedschaft verbundenen Einflussrechte nicht zu befürchten ist (materielle Beschwer).

V. Erweiterung der Rechtsfolgen einer Haftungsklage nach § 826 BGB

Problematisch bleibt, dass die missbräuchliche Antragstellung auf Eröffnung des Insolvenzverfahrens (bzw. Durchführung des Schutzschirmverfahrens), die als Startpunkt die Kettenreaktion „Insolvenzverfahren“ in Gang setzt, dazu führt, dass auch ein *de lege ferenda* einzuführender Rechtsbehelf des (Minderheits-)Gesellschafters

1774 Siehe hierzu § 3.B.III.1.d).

gegen die Eröffnungsentscheidung des Insolvenzgerichts oft unbegründet sein wird, weil in der Zwischenzeit bereits ein zwingender Insolvenzgrund eingetreten ist. Inwieweit ein frühzeitiger und angemessener Schutz vor missbräuchlichen Insolvenzanträgen – im Sinne der vorangestellten These – allein über die Ausweitung der Beschwerdeberechtigung auf die (Minderheits-)Gesellschafter gewährleistet werden kann, begegnet daher insbesondere für den Fall Bedenken, dass der zwingende Insolvenzgrund in Reaktion auf den missbräuchlichen Eigenantrag eintritt und anschließend das Insolvenzverfahren eröffnet wird, sodass die Voraussetzungen einer Haftungsklage nach § 826 BGG[1775] anzunehmen sind.

Brinkmann schlägt daher vor, zur Beseitigung des festgestellten Rechtsschutzdefizits – ergänzend zur Einführung des Beschwerderechts gemäß § 34 Abs. 2 InsO – den zur Verfügung gestellten *ex-post*-Schutz durch das Haftungsrecht auszubauen.[1776] Wird das Insolvenzverfahren missbräuchlich eingeleitet und zur ausschließlich insolvenzwidrigen Zweckverfolgung instrumentalisiert, sodass die Voraussetzungen nach § 826 BGB anzunehmen sind, sei zunächst bei der Bestimmung der Schadenshöhe für den Wert der verlorenen Beteiligung „auf den Zeitpunkt unmittelbar vor der zum Schadensersatz begründenden Handlung abzustellen"[1777], sodass eine während des Verfahrens bestehende oder eintretende Wertlosigkeit der Beteiligung die Zuerkennung des Schadensersatzanspruchs nicht zwingend hindert. Zudem soll „der Inhalt des Schadensersatzanspruchs nicht vorschnell auf eine Kompensation in Geld verkürzt werden"[1778]. Um neben den vermögensrechtlichen Interessen auch die nicht-vermögensrechtliche Komponente der Mitgliedschaft vor rechtswidrigen Eingriffen mittels eines Insolvenzverfahrens zu schützen, soll den Gesellschaftern als „schadensrechtliche Konsequenz der durch das ESUG eröffneten Möglichkeit, das Insolvenzverfahren als Waffe in gesellschaftsrechtlichen Streitigkeiten einzusetzen"[1779], im Fall eines im Zuge des Insolvenzverfahrens vollzogenen Ausschlusses aus der Gesellschaft ein schadensersatzrechtlich begründetes Recht auf Beteiligung an der Gesellschaft gewährt werden.[1780]

Der Möglichkeit zum Ausschluss des Bezugsrechts der Altgesellschafter im Insolvenzplan, unabhängig von einer sachlichen Rechtfertigung, liegt das im eröffneten Insolvenzplanverfahren auf einen rein vermögens- bzw. wertbezogenen Schutz reduzierte Schutzkonzept zugrunde, welches der Erreichung einer bestmöglichen Gläubigerbefriedigung zugutekommt. Wird das Insolvenzverfahren durch einen missbräuchlichen Insolvenzantrag in Gang gesetzt, darf ein daraufhin rechtskräftig eröffnetes Insolvenzverfahren zwar nicht beeinträchtigt werden. Erforderlich ist es jedoch, die nicht-vermögensrechtliche Komponente der Mitgliedschaft insoweit

---

1775 Siehe hierzu § 4.B.I.8.b).
1776 *Brinkmann*, ZIP 2014, 197, 205 f.
1777 *Brinkmann*, ZIP 2014, 197, 206.
1778 *Brinkmann*, ZIP 2014, 197, 206.
1779 *Brinkmann*, ZIP 2014, 197, 206.
1780 *Brinkmann*, ZIP 2014, 179, 204, 206; vgl. auch *Zipperer*, ZIP 2015, 2002, 2009.

zu schützen, als dieser Schutz keine Gefährdung des Insolvenzziels begründet oder verstärkt. Ein als Rechtsfolge zu § 826 BGB schadensersatzrechtlich begründetes Bezugsrecht hat weder eine Beeinflussung des laufenden Insolvenzverfahrens noch Verfahrensverzögerungen zur Folge. Wird für die Ausübung dieses Bezugsrechts – wie es auch *Brinkmann* vorsieht[1781] – die Pflicht zur Aufbringung frischen Kapitals vorausgesetzt, lassen sich daher keine begründeten Bedenken festmachen, die gegen ein im Einzelfall schadensersatzrechtlich begründbares Bezugsrecht sprechen.

VI. Zwischenergebnis

Ein wirkungsvoller Schutz des (Minderheits-)Gesellschafters vor missbräuchlichen Eigenanträgen (allein) zur Lösung gesellschaftsrechtlicher Streitigkeiten erfordert dessen Stärkung auf der Stufe der Insolvenzeröffnungsentscheidung. *De lege ferenda* ist daher eine Beschwerdeberechtigung der (Minderheits-)Gesellschafter gegen die Entscheidung zur Insolvenzeröffnung unter den Voraussetzungen einzuführen, dass (1) der Antragsteller seiner bestehenden Pflicht zur Einholung eines zustimmenden Gesellschafterbeschlusses im Vorfeld der Stellung des Eigenantrags nicht nachkommt bzw. den ablehnenden Beschluss ignoriert, (2) der beschwerdeführende (Minderheits-)Gesellschafter die Verfolgung ausschließlich insolvenzwidriger Ziele durch die Antragstellung geltend macht und (3) vorbringt, dass eine dennoch erfolgende Insolvenzeröffnung zu seinem Nachteil gereichen würde. Zusätzlich ist zu empfehlen, (4) die Beschwerdeberechtigung auszuschließen, wenn die Beteiligung des (Minderheits-)Gesellschafters am Haftkapital unter 1 % oder unter 1000 Euro liegt oder eine materielle Beschwer abzulehnen ist. Zusätzlich ist die Einführung der Berechtigung zur Stellung des Antrags auf Aufhebung des missbräuchlich eingeleiteten Schutzschirmverfahrens zugunsten des (Minderheits-)Gesellschafters zu befürworten, sofern (1) der Antragsteller seiner bestehenden Pflicht zur Einholung eines zustimmenden Gesellschafterbeschlusses im Vorfeld der Beantragung des Schutzschirmverfahrens gemäß § 270b InsO nicht nachkommt bzw. den ablehnenden Beschluss ignoriert, (2) der (Minderheits-)Gesellschafter die Verfolgung ausschließlich insolvenzwidriger Ziele durch die Beantragung geltend macht und (3) Umstände bekannt werden, die erwarten lassen, dass die Anordnung zu Nachteilen für die (Minderheits-)Gesellschafter führen wird und diese Umstände vom Antragsteller glaubhaft gemacht werden (vgl. § 270b Abs. 4 Nr. 3 InsO). Weiterhin ist zu empfehlen, (4) die Beschwerdeberechtigung für den Fall auszuschließen, dass die Beteiligung des (Minderheits-)Gesellschafters am Haftkapital unter 1 % oder unter 1000 Euro liegt oder ein über die vermögensmäßigen Nachteile hinausgehender Verlust der mit der Mitgliedschaft verbundenen Einflussrechte nicht zu befürchten ist (materielle Beschwer).

Angesichts der bestehenden Problematik, dass nicht selten bereits die missbräuchliche Antragstellung durch den Schuldner den Eintritt eines zwingenden

---

1781 *Brinkmann*, ZIP 2014, 197, 206.

Insolvenzgrunds herbeiführt und dadurch ein Vorgehen gegen den ursprünglich missbräuchlich gestellten Eigenantrag bzw. Antrag auf Durchführung des Schutzschirmverfahrens zur Verhinderung des Insolvenzverfahrens undenkbar macht, sind außerdem die Rechtsfolgen einer Haftungsklage nach § 826 BGB um ein schadensersatzrechtlich begründetes Bezugsrecht zu erweitern.

Es bleibt zu hoffen, dass der Gesetzgeber diesen Vorschlägen künftig folgen wird. Allein ein *de lege ferenda* eingeführter und wirkungsvoll ausgestalteter – da rechtzeitig einsetzender – Schutz zugunsten der (Minderheits-)Gesellschafter wirkt der *de lege lata* bestehenden Einladung der InsO an die Mehrheitsgesellschafter entgegen, durch missbräuchliche Insolvenzanträge die Kettenreaktion „Insolvenzverfahren" auszulösen und das Insolvenzverfahren zur Lösung andauernder Streitigkeiten zulasten der (Minderheits-)Gesellschafter auszunutzen.

§ 6. Fazit und Thesen

Die Untersuchung hat gezeigt, dass der überwiegende Teil der geäußerten Kritik an der durch die Änderungen durch das ESUG ermöglichten Einbeziehung der Gesellschafter in das Insolvenzplanverfahren nicht überzeugen kann. Insbesondere ist der den (Minderheits-)Gesellschaftern über das rein vermögens- bzw. wertbezogene Schutzkonzept der InsO zur Verfügung gestellte Schutz im eröffneten Insolvenzplanverfahren als ausreichend zu bewerten. Als teilweise zutreffend hat sich dagegen die Kritik an einem unzureichenden Schutz der (Minderheits-)Gesellschafter vor einer missbräuchlichen Ausnutzung des Insolvenzverfahrens herausgestellt. Der zur Verfügung gestellte weitreichende Handlungs- und Gestaltungsspielraum im Insolvenzplanverfahren in Kombination mit dem verkürzten, über das vermögens- bzw. wertbezogene Schutzkonzept der InsO gewährten Schutz bietet dem geschäftsführenden Mehrheitsgesellschafter ein erhebliches Anreizpotenzial, die Insolvenzinstrumente zur Lösung andauernder Streitigkeiten unter den Gesellschaftern einseitig zulasten des Minderheitsgesellschafters zu nutzen. Zwar ist ein strategischer Einsatz des Insolvenzplanverfahrens zusammen mit einer frühen Verfahrenseinleitung nicht nur häufig legitim, sondern sogar gewollt. Wird der Eigenantrag jedoch missbräuchlich bei drohender Zahlungsunfähigkeit und ausschließlich zur Verfolgung solcher Zwecke gestellt, die nicht dem Insolvenzziel der Gläubigerbefriedigung dienen, steht dem Minderheitsgesellschafter kein ausreichender Schutz zur Verfügung. Folgerichtig lässt sich davon sprechen, dass der zur Verfügung gestellte Handlungs- und Gestaltungsspielraum im Insolvenzplanverfahren in Kombination mit dem verkürzten, über das vermögens- bzw. wertbezogene Schutzkonzept gewährten Schutz zur missbräuchlichen Einleitung des Insolvenzplanverfahrens durch den Schuldner einlädt. Insofern besteht Nachbesserungsbedarf *de lege ferenda* zur Beseitigung des festgestellten Rechtsschutzdefizits zum Schutz der Minderheitsgesellschafter.

Die wichtigsten Ergebnisse der Untersuchung lassen sich in Thesen wie folgt zusammenfassen:

1. Die Gesellschafterstellung in der Insolvenz ist nach dem Scheitern der Diskussionen um eine Einbeziehung der Gesellschafter in den Insolvenzplan im Gesetzgebungsprozess und den praktischen Erfahrungen mit der „gesellschaftsrechtlichen Neutralität" der InsO von 1999 abermals in den Fokus des Gesetzgebers gerückt und wurde schließlich durch das ESUG neu kodifiziert. Seit dem 1. März 2012 besteht in Deutschland erstmals die Möglichkeit, über den Insolvenzplan und das Insolvenzplanverfahren mit gestaltender Wirkung Eingriffe in die Organisation der schuldnerischen Gesellschaft und die Rechte ihrer Gesellschafter – auch gegen den ausdrücklichen Willen der Gesellschafter – vorzunehmen.

2. Die Zulässigkeit gesellschaftsrechtlicher Regelungen im Insolvenzplan dient der bestmöglichen Erreichung der gemeinschaftlichen Befriedigung der Gläubiger als – nach wie vor – primäres Ziel des Insolvenzverfahrens, das den

Gesellschaftszweck überlagert. Sie beruht auf dem geänderten Verständnis der Gesellschafter als letztrangige Gläubiger, die ihre Residualansprüche gemäß § 199 S. 2 InsO erst geltend machen können, wenn die Schlussverteilung zu einer Befriedigung aller Insolvenzgläubiger führt. Im Rahmen des eröffneten Insolvenzplanverfahrens legt der Gesetzgeber der Einbeziehung der Gesellschafter als zwangsweise Planunterworfene die Wertung zugrunde, dass deren Anteile in der Insolvenz in der Regel wertreduziert oder sogar wertlos sind. Dass die Mitgliedschaft selbst nicht in die Insolvenzmasse fällt, steht der Einbeziehung der aus der Mitgliedschaft folgenden Rechte nicht entgegen.

3. Im Insolvenzplan kann nach § 225a Abs. 3 InsO jede Regelung getroffen werden, die „gesellschaftsrechtlich zulässig" ist. Die Grenzen der Gestaltungsfreiheit im Insolvenzplanverfahren werden nicht durch das gesamte, sondern nur das zwingende Gesellschaftsrecht gezogen. Im Übrigen unterliegt der Eingriff in die Anteils- und Mitgliedschaftsrechte der Gesellschafter den Regelungen durch den Insolvenzplan (§§ 217 ff. InsO). Das Gesellschaftsrecht wird durch das Insolvenzrecht verdrängt, sofern spezielle Regelungen in der InsO vorhanden sind und diese keinen Raum für die Fortgeltung gesellschaftsrechtlicher Regelungen belassen.

4. Die Verwendung bzw. Verknüpfung von Eigenantrag, vorbereitendem Schutzschirmverfahren, Eigenverwaltung und Insolvenzplan bietet dem geschäftsführenden Mehrheitsgesellschafter die Möglichkeit einer weitgehend von ihm beeinflussten insolvenzrechtlichen Sanierung des Rechtsträgers. Zugleich schaffen der weitreichende Handlungs- und Gestaltungsspielraum und das verkürzte Schutzkonzept zugunsten des geschäftsführenden Mehrheitsgesellschafters ein erhebliches Anreizpotenzial, das Insolvenzplanverfahren zur Lösung von – nach Gesellschaftsrecht unüberwindbaren – Streitigkeiten unter den Gesellschaftern einzusetzen. Insgesamt ist der Insolvenzplan daher als „gesellschaftsrechtliches Universalwerkzeug" zu verstehen.

5. Die Stellung des (Minderheits-)Gesellschafters im eröffneten Insolvenzplanverfahren ergibt sich im Wesentlichen aus der Beschränkung der Beteiligung auf die Abstimmung über den Insolvenzplan und dem gewährten rein vermögens- bzw. wertbezogenen Schutzkonzept der InsO, das sich an dem verbliebenen Anteilswert orientiert und dem (Minderheits-)Gesellschafter keine Möglichkeit bietet, den Verlust seines Mitgliedschaftsrechts oder einen – infolge bestehender Wertlosigkeit des Gesellschaftsanteils im eröffneten Insolvenzverfahren – kompensationslosen Eingriff zu verhindern.

6. Die Einbeziehung der Gesellschafter in das Insolvenzplanverfahren samt zur Verfügung gestelltem Schutz begegnet sowohl für den gesetzlichen Regelfall einer anzunehmenden Wertlosigkeit der Gesellschaftsanteile als auch für den Ausnahmefall eines fortbestehenden Vermögenswerts der Gesellschaftsanteile im eröffneten Insolvenzverfahren keinen durchgreifenden Bedenken.

Unabhängig von einem im eröffneten Insolvenzplanverfahren fortbestehenden Vermögenswert der Gesellschaftsanteile ist das primäre Ziel der Gläubigerbefriedigung geeignet, bei Vorliegen eines Insolvenzgrunds die Eröffnung des Insolvenzverfahrens und – mit Zustimmung der Gläubigerversammlung – die Einbeziehung der (Alt-)Gesellschafter in den Insolvenzplan zu rechtfertigen. Die Wertlosigkeit der Gesellschaftsanteile ist weder Voraussetzung für die Anwendbarkeit der insolvenzrechtlichen Regelungen zur Einbeziehung der Gesellschafter in den Insolvenzplan noch steht ein fortbestehender Vermögenswert deren Einbeziehung in den Insolvenzplan oder der Anwendbarkeit des wertbezogenen Schutzkonzepts entgegen.

7. Die noch in der vorinsolvenzrechtlichen Sanierungssituation intensivierte gesellschaftsrechtliche Treuepflicht hat als Ausdruck der Verbandsautonomie im Gesellschaftsrecht innerhalb der Zwangsgemeinschaft der Gläubigerversammlung keinen Raum. Innerhalb der Gesellschafter-Gläubigergruppe, bei der Abstimmung über den Insolvenzplan sowie im Rahmen des sonstigen treuepflichtbasierten Minderheitenschutzes, wird die gesellschaftsrechtliche Treuepflicht durch die vorrangigen insolvenzrechtlichen Regelungen verdrängt.

8. Ein Rechtsmissbrauch der Insolvenzinstrumente kann nur ausnahmsweise angenommen werden. Insbesondere gilt es, diesen von einem sonstigen, zumindest teilweise der Verfolgung wirtschaftlicher Ziele dienenden, zulässigen und grundsätzlich positiv zu bewertenden strategischen Einsatz des Insolvenzverfahrens abzugrenzen. Ein solches ist abzulehnen, sofern ausschließlich insolvenzwidrige Zwecke verfolgt werden. Die hohen, an ein missbräuchliches Verhalten geknüpften Anforderungen bewirken einen denkbar weitreichenden Schutz des Insolvenzplanverfahrens bzw. des Ziels der Gläubigerbefriedigung und ermöglichen zugunsten des Antragstellers bzw. Planerstellers die weitgehend strategische Nutzung des Insolvenzplanverfahrens.

9. Der schuldnerische Eigenantrag ist missbräuchlich gestellt, wenn im Zeitpunkt der Stellung des Insolvenzantrags der Insolvenzgrund der drohenden Zahlungsunfähigkeit (§ 18 InsO) vorliegt, keine Antragspflicht besteht und mit dem Insolvenzverfahren ausschließlich solche Zwecke verfolgt werden sollen, die nicht dem primären Insolvenzziel der Gläubigerbefriedigung dienen. Stellt der Schuldner unberechtigterweise und wider besseres Wissen bereits vor Eintritt der drohenden Zahlungsunfähigkeit ohne Vorliegen eines zum Insolvenzantrag verpflichtenden Insolvenzgrunds den Eröffnungsantrag, versucht er einen Prozessbetrug.

10. Missbräuchlich gestellte Insolvenzanträge kann das Insolvenzgericht nur infolge fehlenden Rechtsschutzinteresses zurückweisen, wenn auch im Zeitpunkt der Entscheidung über den Antrag noch kein zwingender Insolvenzgrund vorliegt. Die durch den Antrag ausgelöste Kettenreaktion „Insolvenzverfahren" führt regelmäßig dazu, dass im Verlauf des Eröffnungsverfahrens ein zwingender

Insolvenzgrund eintritt. Die Zurückweisungsentscheidung des Insolvenzgerichts ist daher die Ausnahme.

11. *De lege lata* wird dem Minderheitsgesellschafter selbst kein wirkungsvoller eigener Rechtsbehelf gegen den missbräuchlichen Eigenantrag bzw. den Antrag auf Durchführung des Schutzschirmverfahrens oder die auf deren Grundlage ergangenen Entscheidungen zuerkannt. Die nur in Ausnahmefällen auf Naturalrestitution gerichteten Schadensersatzansprüche begründen einen zu vernachlässigenden *ex-post*-Schutz. Die fehlende Möglichkeit, das missbräuchlich beantragte Verfahren zu stoppen, begründet ein Rechtsschutzdefizit zulasten des Minderheitsgesellschafters, das zur Instrumentalisierung und Ausnutzung des Insolvenzplanverfahrens zur Lösung andauernder Gesellschafterkonflikte einseitig zulasten der Minderheitsgesellschafter einlädt.

12. Eine gesellschaftsrechtliche Sanierungsmaßnahme ist nur dann als missbräuchlich einzuordnen, wenn sie ausschließlich insolvenzwidrigen Zwecken zulasten des Minderheitsgesellschafters dient und der Insolvenzplan zugleich auch insgesamt ausschließlich insolvenzwidrige Zwecke verfolgt. Demgegenüber ist eine in den Insolvenzplan aufgenommene, ausschließlich insolvenzwidrigen Zwecken dienende gesellschaftsrechtliche Sanierungsmaßnahme als strategische, zulässige Planmaßnahme einzuordnen, sofern der Plan wenigstens eine weitere, dem Insolvenzzweck dienende und daher masserelevantes Verhalten begründende Sanierungsmaßnahme vorsieht. Die Absolutheit des im eröffneten Verfahren vorrangigen Insolvenzziels der Gläubigerbefriedigung und der Umstand, dass Insolvenzpläne in den seltensten Fällen insgesamt nur eine bzw. ausschließlich missbräuchliche gesellschaftsrechtliche Sanierungsmaßnahmen vorsehen und insofern auch eine Abgrenzung zu strategischen Maßnahmen schwer fällt, führen dazu, dass der Existenz missbräuchlicher gesellschaftsrechtlicher Sanierungsmaßnahmen nur eine zu vernachlässigende Bedeutung zuzusprechen ist.

13. Der Insolvenzplan ist insgesamt als missbräuchlich zu bewerten, sofern für eine einzelne in den Plan aufgenommene gesellschaftsrechtliche Sanierungsmaßnahme die Missbräuchlichkeit zu bejahen ist. Sieht der Insolvenzplan mindestens eine der Gläubigerbefriedigung dienende Sanierungsmaßnahme vor und begründet daher masserelevantes Handeln, handelt es sich um einen strategischen Insolvenzplan.

14. Eine Kompetenz des Insolvenzgerichts zur Prüfung der Missbräuchlichkeit des Insolvenzplans und in der Konsequenz das Recht, den Insolvenzplan zurückzuweisen bzw. diesem die Bestätigung zu versagen, ist abzulehnen. Die Annahme einer Rechtsmissbrauchskontrolle des Insolvenzgerichts stünde insbesondere im Widerspruch zu den Zielen des Gesetzgebers, die Gläubigerautonomie und die Eigenverwaltung zu stärken, und würde das austarierte System des Insolvenzplanverfahrens mit seinem umgestalteten Kompetenzgefüge gefährden.

15. *De lege lata* steht dem Minderheitsgesellschafter keine Möglichkeit zu, einen missbräuchlichen Insolvenzplan oder einen aus diesem resultierenden Verlust der Mitgliedschaft zu verhindern. Praktisch ist sein Schutz auf eine Kompensation der (wesentlichen) Schlechterstellung zum Vergleichsszenario des Regelinsolvenzverfahrens beschränkt (§§ 251, 253 InsO). Die Missbräuchlichkeit der die Schlechterstellung begründenden Maßnahme fällt insoweit nicht ins Gewicht. Zusätzlich können dem geschädigten Minderheitsgesellschafter zwar Schadensersatzansprüche gemäß §§ 280, 249 BGB bzw. § 826 BGB zustehen. Regelmäßig ist jedoch die Möglichkeit der Naturalrestitution abzulehnen und auch ein schadensersatzrechtlich begründetes Bezugsrecht, welches die weitere Beteiligung an der Gesellschaft ermöglicht, nicht als Rechtsfolge vorgesehen.

16. Ein Rechtsschutzdefizit zum Nachteil der Minderheitsgesellschafter vor rechtsmissbräuchlichen Insolvenzplänen ist dennoch abzulehnen. Das an dem Ziel der Gläubigerbefriedigung ausgerichtete und zu dessen bestmöglicher Erreichung verkürzte vermögens- bzw. wertbezogene Schutzkonzept bietet auch vor solchen Eingriffen, die als missbräuchlich einzuordnen sind, ausreichenden und angemessenen Schutz. Die ordnungsgemäße Eröffnungsentscheidung bestätigt die Notwendigkeit der Durchführung des Insolvenzverfahrens und belässt keinen Raum für einen erweiterten und das Insolvenzziel gefährdenden Schutz der (Minderheits-)Gesellschafter. Zweifel an dem zur Verfügung gestellten Schutz vor missbräuchlichen Insolvenzplänen verbleiben allenfalls, wenn zuvor bereits der Insolvenzantrag (unerkannt) missbräuchlich gestellt wurde.

17. Die Änderungen durch das ESUG laden nicht zum Missbrauch des Insolvenzplans ein. Vielmehr lädt das Insolvenzplanverfahren dazu ein, mit einzelnen, in den Insolvenzplan aufgenommenen gesellschaftsrechtlichen Maßnahmen insolvenzwidrige Zwecke zu verfolgen. Angesichts der hohen, gläubigerfreundlichen Anforderungen missbräuchlicher Insolvenzpläne genügt die Aufnahme einer dem Insolvenzziel dienenden und daher masseneutrales Verhalten begründenden Sanierungsmaßnahme, um diese als strategische Sanierungsmaßnahmen einzuordnen. Vor den in der Folge insgesamt nur strategischen Insolvenzplänen wird der (Minderheits-)Gesellschafter durch das wertbezogene Schutzkonzept der InsO ausreichend geschützt.

18. Die durch den Eigenantrag ausgelöste Kettenreaktion „Insolvenzverfahren“ bringt die Einordnung der Insolvenzeröffnung als die entscheidende Weichenstellung für die Frage eines ausreichenden und wirkungsvollen Schutzes gegen missbräuchliches Verhalten mit sich. *De lege ferenda* ist es zur Überwindung des aufgezeigten Rechtsschutzdefizits im Fall missbräuchlicher Insolvenzanträge daher erforderlich, den Schutz des (Minderheits-)Gesellschafters bei der Prüfung der Insolvenzeröffnungsentscheidung zu integrieren.

19. *De lege ferenda* ist die Beschwerdeberechtigung gegen den Beschluss zur Eröffnung des Insolvenzverfahrens gemäß § 34 Abs. 2 InsO unter den Voraussetzungen

auf den (Minderheits-)Gesellschafter zu erweitern, dass (1) der Antragsteller seiner – im Fall fehlender zwingender Insolvenzgründe – bestehenden Pflicht zur Einholung eines zustimmenden Gesellschafterbeschlusses im Vorfeld der Stellung des Eigenantrags nicht nachkommt bzw. den ablehnenden Beschluss ignoriert, (2) der beschwerdeführende (Minderheits-)Gesellschafter die Verfolgung ausschließlich insolvenzwidriger Ziele durch die Antragstellung geltend macht und (3) vorbringt, dass eine dennoch erfolgende Insolvenzeröffnung zu seinem Nachteil gereichen würde. Zusätzlich ist zu empfehlen, (4) die Beschwerdeberechtigung auszuschließen, wenn die Beteiligung des (Minderheits-) Gesellschafters am Haftkapital unter 1 % oder unter 1000 Euro liegt oder eine materielle Beschwer im Sinne einer mit der Insolvenzeröffnung verbundenen Gefahr eines Verlusts mit der Mitgliedschaft verbundener Einflussrechte ausgeschlossen ist.

20. Entsprechend der Einführung der Beschwerdeberechtigung gegen den Beschluss zur Eröffnung des Insolvenzverfahrens auf die (Minderheits-)Gesellschafter ist die Berechtigung zur Beantragung der Aufhebung des Schutzschirmverfahrens gemäß § 270b Abs. 1 S. 1, Abs. 4 S. 1 Nr. 3 InsO auf die (Minderheits-)Gesellschafter zu erweitern.

21. Setzt ein (unerkannt) missbräuchlicher Insolvenzantrag die Kettenreaktion „Insolvenzverfahren“ in Gang und wird das eröffnete Insolvenzverfahren zur ausschließlich insolvenzwidrigen Zweckverfolgung instrumentalisiert, sind die Voraussetzungen einer Haftungsklage nach § 826 BGB anzunehmen. Etwaigen Zweifeln an dem zur Verfügung gestellten Schutz vor missbräuchlichen Insolvenzplänen sollte dadurch begegnet werden, dass dem Gesellschafter als Rechtsfolge zu § 826 BGB ein schadensersatzrechtlich begründetes Bezugsrecht gewährt wird, welches dem Schutz seiner nicht-vermögensrechtlichen Komponente der Mitgliedschaft dient und ihm die weitere Beteiligung an der Gesellschaft ermöglichen soll.

Literaturverzeichnis

Ahrendt, Christian: Reformvorhaben aus Sicht der FDP, ZRP 2010, 66–68.

Ahrens, Martin / Gehrlein, Markus / Ringstmeier, Andreas (Hrsg.): Fachanwaltskommentar Insolvenzrecht, 2. Aufl., Köln, 2014.
(Zitiert: *Bearbeiter*, in: Ahrens u.a. (Hrsg.), FAK InsR, 2. Aufl., 2014.)

Altmeppen, Holger: „Zur Rechtsstellung der Gläubiger im Konkurs gestern und heute", in: Erle, Bernd u.a. (Hrsg.), Festschrift für Peter Hommelhoff zum 70. Geburtstag, Köln, 2012, S. 1–20.
(Zitiert: *Altmeppen*, in: FS Hommelhoff, 2012.)

Andres, Dirk / Leithaus, Rolf / Dahl, Michael: Insolvenzordnung Kommentar, 3. Aufl., München, 2014.
(Zitiert: *Bearbeiter*, in: Andres u.a., InsO, 3. Aufl., 2014.)

Arbeitskreis für Insolvenz- und Schiedsgerichtswesen e.V., Köln (Hrsg.): Kölner Schrift zur Insolvenzordnung, Das neue Insolvenzrecht in der Praxis, 2. Aufl., Herne, 2000.
(Zitiert: *Bearbeiter*, in: AKInsO Köln (Hrsg.), Kölner Schrift zur InsO, 2. Aufl., 2000.)

Arbeitskreis für Insolvenzwesen e.V., Köln (Hrsg.): Kölner Schrift zur Insolvenzordnung, 3. Aufl., Münster, 2009.
(Zitiert: *Bearbeiter*, in: AKInsO Köln (Hrsg.), Kölner Schrift zur InsO, 3. Aufl., 2009.)

Arnold, Arnd: „Nennwertanrechnung beim Debt Equity Swap – Paradigmenwechsel durch das ESUG und die Aktienrechtsnovelle?", in: Krieger, Gerd u.a. (Hrsg.), Festschrift für Michael Hoffmann-Becking zum 70. Geburtstag, München, 2013, S. 29–44.
(Zitiert: *Arnold*, in: FS Hoffmann-Becking, 2013.)

Balz, Manfred: Sanierung von Unternehmen oder von Unternehmensträgern?, zur Stellung der Eigentümer in einem künftigen Reorganisationsverfahren, Köln, 1986.
(Zitiert: *Balz*, Sanierung von Unternehmen oder von Unternehmensträgern?, 1986.)

– / Landfermann, Hans-Georg: Die neuen Insolvenzgesetze, 2. Aufl., Düsseldorf, 1999.
(Zitiert: *Balz / Landfermann*, Die neuen Insolvenzgesetze, 2. Aufl., 1999.)

Bamberger, Heinz Georg / Roth, Herbert (Hrsg.): Beck'scher Online-Kommentar BGB, Ed. 36 (08/2015), München.
(Zitiert: *Bearbeiter*, in: Bamberger / Roth (Hrsg.), BeckOK BGB, Ed. 36 (08/2015).)

Barth, Ulrike: Suhrkampf, Insolvenzrecht schlägt Gesellschaftsrecht, JUVE 12/2013, 70–77.

Bauer, Andreas F. / Dimmling, Andreas: Endlich im Gesetz(entwurf): Der Debt-Equity-Swap, NZI 2011, 517–521.

Baumbach, Adolf (Begr.) / Hopt, Klaus J.: Handelsgesetzbuch, 36. Aufl., München, 2014.
(Zitiert: *Bearbeiter*, in: Baumbach / Hopt, HGB, 36. Aufl., 2014.)

Baumbach, Adolf (Begr.) / Hueck, Alfred: GmbHG, 20. Aufl., München, 2013.

(Zitiert: *Bearbeiter*, in: Baumbach / A. Hueck, GmbHG, 20. Aufl., 2013.)

Baums, Theodor: „Empfiehlt sich eine Neuregelung des aktienrechtlichen Anfechtungs- und Organhaftungsrechts, insbesondere der Klagemöglichkeiten von Aktionären?“, in: Ständige Deputation des Deutschen Juristentages (Hrsg.), Verhandlungen des 63. Deutschen Juristentages, München, 2000, Teil F.
(Zitiert: *Baums*, Gutachten F zum 63. DJT, 2000.)

Baur, Fritz / Stürner, Rolf: Zwangsvollstreckungs-, Konkurs- und Vergleichsrecht, Bd. II, Insolvenzrecht, 12. Aufl., Karlsruhe, 1999.
(Zitiert: *Baur / Stürner*, InsR, 12. Aufl., 1999.)

Bay, Karl-Christian / Seeburg, Dirk / Böhmer, Martin: Debt-Equity-Swap nach § 225a Abs. 2 S. 1 des geplanten Gesetzes zur weiteren Erleichterung der Sanierung von Unternehmen (ESUG), Überblick über gesetzgeberische Ziele, Voraussetzungen und Verfassungsmäßigkeit nach Art. 14 GG, ZInsO 2011, 1927–1941.

Bayer, Walter: Aktionärsklagen de lege lata und de lege ferenda, NJW 2000, 2609–2619.

Beck, Siegfried / Depré, Peter (Hrsg.): Praxis der Insolvenz, Ein Handbuch für die Beteiligten und ihre Berater, 2. Aufl., München, 2010.
(Zitiert: *Bearbeiter*, in: Beck / Depré (Hrsg.), Praxis der Insolvenz, 2. Aufl., 2010.)

Becker, Florian: Umwandlungsmaßnahmen im Insolvenzplan und die Grenzen einer Überlagerung des Gesellschaftsrechts durch das Insolvenzrecht, ZInsO 2013, 1885–1892.

Beissenhirtz, Volker: Plädoyer für ein Gesetz zur vorinsolvenzlichen Sanierung von Unternehmen, ZInsO 2011, 57–71.

Beth, Stephan: Die gerichtliche Prüfung der Voraussetzungen des Schutzschirmverfahrens nach § 270b InsO, ZInsO 2015, 369–375.

Binz, Mark K. / Sorg, Martin H.: Die GmbH & Co. KG im Gesellschafts- und Steuerrecht, Handbuch für Familienunternehmen, 11. Aufl., München, 2010.
(Zitiert: *Binz / Sorg*, GmbH & Co. KG, 11. Aufl., 2010.)

Bitter, Georg: Sanierung in der Insolvenz – Der Beitrag von Treue- und Aufopferungspflichten zum Sanierungserfolg, ZGR 2010, 147–200.

Böcker, Philipp: Gesellschaftsrecht versus Insolvenzrecht oder Suhrkamp: Verfall eines Verlages, Zugleich Besprechung des Beschlusses des OLG Frankfurt vom 1.10.2013 – 5 U 145/13, DZWiR 2014, 370, DZWiR 2014, 331–337.

–: Gesellschaftsrecht versus Insolvenzrecht oder Suhrkamp: Verfall eines Verlages (Fortsetzung I), Zugleich Besprechung des Beschlusses des BGH vom 17.07.2014 – IX ZB 13/14, DZWiR 2014, 462, DZWiR 2014, 440–444.

–: Gesellschaftsrecht versus Insolvenzrecht oder Suhrkamp: Verfall eines Verlages (Fortsetzung II), Zugleich Besprechung des BGH-Beschlusses vom 17.09.2014 – IX ZB 26/14, DZWiR 2014, 604, DZWiR 2014, 577–580.

–: Gesellschaftsrecht versus Insolvenzrecht oder Suhrkamp: Verfall eines Verlages (Fortsetzung III), Zugleich eine Besprechung des Beschlusses des LG Berlin vom 20.10.2014 – 51 T 696/14, DZWiR 2015, 35, DZWiR 2015, 10–21.

–: Gesellschaftsrecht versus Insolvenzrecht oder Suhrkamp: Verfall eines Verlages (Fortsetzung IV), Zugleich eine Besprechung des Beschlusses des Bundesverfassungsgerichts vom 18.12.2014 – 2 BvR 1978/13, DZWiR 2015, 133, DZWiR 2015, 125–132.

–: Das ESUG in der praktischen Anwendung im Fall Suhrkamp, ZInsO 2015, 773–782.

Borchardt, Peter-Alexander / Frind, Frank (Hrsg.): Betriebsfortführung im Insolvenzverfahren, 2. Aufl., Münster, 2014.
(Zitiert: *Bearbeiter*, in: Borchardt / Frind (Hrsg.), Betriebsfortführung im Insolvenzverfahren, 2. Aufl., 2014.)

Bork, Reinhard: Grundfragen des Restrukturierungsrechts, Prolegomena zu einer Reform des deutschen Insolvenzrechts, ZIP 2010, 397–413.

–: Einführung in das Insolvenzrecht, 7. Aufl., Tübingen, 2014.
(Zitiert: *Bork*, Einführung in das InsR, 7. Aufl., 2014.)

–/ *Schäfer, Carsten (Hrsg.)*: Kommentar zum GmbH-Gesetz, 3. Aufl., Köln, 2015.
(Zitiert: *Bearbeiter*, in: Bork / Schäfer (Hrsg.), GmbHG, 3. Aufl., 2015.)

–/ *Hölzle, Gerrit (Hrsg.)*: Handbuch Insolvenzrecht, Köln, 2014.
(Zitiert: *Bearbeiter*, in: Bork / Hölzle (Hrsg.), Hdb. InsR, 2014.)

Brand, Christian: Der Missbrauch des Schutzschirmverfahrens und die (insolvenz-) strafrechtliche Antwort darauf, KTS 2014, 1–23.

Braun, Eberhard: „Eingriff in Anteilseignerrechte im Insolvenzplanverfahren – Das U.S.-amerikanische Konzept in Chapter 11 Bankruptcy Code und seine deutsche Entsprechung“, in: Ganter, Hans Gerhard u.a. (Hrsg.), Festschrift für Gero Fischer zum 65. Geburtstag, München, 2008, S. 53–70.
(Zitiert: *Braun*, in: FS G. Fischer, 2008.)

– *(Hrsg.)*: Insolvenzordnung Kommentar, 4. Aufl., München, 2010.
(Zitiert: *Bearbeiter*, in: Braun (Hrsg.), InsO, 4. Aufl., 2010.)

– *(Hrsg.)*: Insolvenzordnung Kommentar, 6. Aufl., München, 2014.
(Zitiert: *Bearbeiter*, in: Braun (Hrsg.), InsO, 6. Aufl., 2014.)

–/ *Heinrich, Jens*: Auf dem Weg zu einer (neuen) Insolvenzplankultur in Deutschland – Ein Beitrag zu dem Regierungsentwurf für ein Gesetz zur weiteren Erleichterung der Sanierung von Unternehmen, NZI 2011, 505–517.

–/ *Uhlenbruck, Wilhelm*: Unternehmensinsolvenz: Grundlagen, Gestaltungsmöglichkeiten, Sanierung mit der Insolvenzordnung, Düsseldorf, 1997.
(Zitiert: *Braun / Uhlenbruck*, Unternehmensinsolvenz, 1997.)

Bremen, Michael: Das Leitbild des sanierten Unternehmens im Schutzschirmverfahren, NZI 2014, 137–144.

Brinkmann, Moritz: Wege aus der Insolvenz eines Unternehmens – oder: Die Gesellschafter als Sanierungshindernis, WM 2011, 97–103.

–: Haftungsrisiken im Schutzschirmverfahren und in der Eigenverwaltung, DB 2012, 1369–1372 (Teil 2).

–: Der strategische Eigenantrag – Missbrauch oder kunstgerechte Handhabung des Insolvenzverfahrens?, ZIP 2014, 197–207.

–: „Verfahrensrechtlicher Schutz gegen die Eröffnung des Insolvenzverfahrens", in: Meller-Hannich, Caroline u.a. (Hrsg.), Rechtslage, Rechtserkenntnis, Rechtsdurchsetzung, Festschrift für Eberhard Schilken zum 70. Geburtstag, München, 2015, S. 631–643.
(Zitiert: *Brinkmann*, in: FS Schilken, 2015.)

–/ *Zipperer, Helmut*: Die Eigenverwaltung nach dem ESUG aus Sicht von Wissenschaft und Praxis, ZIP 2011, 1337–1347.

Brockdorff, Christian Graf / Heintze, Christian / Rolle, Jaqueline: „Change of Control" im Planinsolvenzverfahren – verbesserte Chancen für Gesellschafter und Investoren durch das ESUG, BB 2014, 1859–1866.

Brüning, Marc: Gesellschafter und Insolvenzplan, Eine Untersuchung ihrer Stellung in der Reorganisation insolventer Gesellschaften im Insolvenzplanverfahren (§§ 217 ff. InsO), Hamburg, 2006.
(Zitiert: *Brüning*, Gesellschafter und Insolvenzplan, 2006.)

Brünkmans, Christian: Der Rechtsschutz gegen den Bestätigungsbeschluss des Insolvenzplans vor dem Hintergrund des insolvenzrechtlichen Freigabeverfahrens nach § 253 Abs. 4 InsO, Zugleich Anmerkung zu den Beschlüssen des LG Berlin v. 24.2.2014, ZInsO 2014, 963 und v. 14.4.2014 – 51 T 107/14, ZInsO 2014, 962 („Suhrkamp"), ZInsO 2014, 993–999.

–/ *Uebele, Sebastian*: Rechtsschutz gegen missbräuchliche Insolvenzanträge und insolvenzzweckwidrige Insolvenzpläne?, ZInsO 2014, 265–275.

De Bruyn, Benedikt: Der vorläufige Gläubigerausschuss im Insolvenzeröffnungsverfahren, Köln, 2015.
(Zitiert: *de Bruyn*, Der vorläufige Gläubigerausschuss, 2015.)

Buchalik, Robert: Das Schutzschirmverfahren nach § 270b InsO (incl. Musteranträge) – Ein überzeugender Schritt des Gesetzgebers, der Sanierung durch Insolvenz nachhaltig zum Durchbruch zu verhelfen, ZInsO 2012, 349–363.

–: § 1 InsO – der Erhalt des Unternehmens als Ziel des Insolvenzverfahrens nach Inkrafttreten des ESUG?, ZInsO 2015, 484–489.

Büchele, Moritz: Eingriff in Gesellschafterrechte im Insolvenzplan, Frankfurt / M., 2011.
(Zitiert: *Büchele*, Eingriff in Gesellschafterrechte im Insolvenzplan, 2011.)

Bundesarbeitskreis Insolvenzgerichte e.V.: Entschließung der Herbsttagung 2011 des BAKInsO e.V. am 15.11.2011, Entschließung zum Tagesordnungspunkt „Gesetzliche

Änderungen durch das Haushaltsbegleitgesetz 2011 im Eröffnungsverfahren und durch das ESUG“, ZInsO 2011, 2223–2224.

Bundesministerium der Justiz (Hrsg.): Erster Bericht der Kommission für Insolvenzrecht, Köln, 1985.
(Zitiert: *BMJ (Hrsg.)*, Erster Kommissionsbericht, 1985.)

dass. (Hrsg.): Zweiter Bericht der Kommission für Insolvenzrecht, Köln, 1986.
(Zitiert: *BMJ (Hrsg.)*, Zweiter Kommissionsbericht, 1986.)

dass. (Hrsg.): Diskussionsentwurf, Gesetz zur Reform des Insolvenzrechts, Entwurf einer Insolvenzordnung, Köln, 1988.
(Zitiert: *BMJ*, Diskussionsentwurf InsO, 1988.)

dass. (Hrsg.): Referentenentwurf, Gesetz zur Reform des Insolvenzrechts, Köln, 1989.
(Zitiert: *BMJ*, Referentenentwurf zur InsO, 1988.)

dass. (Hrsg.): Diskussionsentwurf des BMJ für ein Gesetz zur weiteren Erleichterung der Sanierung von Unternehmen, ZIP 2010, Beil. / Heft 28, 1–22.

Burgard, Ulrich: Die Förder- und Treupflicht des Alleingesellschafters einer GmbH, Überlegungen zu einer gläubigerschützenden Corporate Governance bei der GmbH, ZIP 2002, 827–839.

Buth, Andrea K / Hermanns, Michael (Hrsg.): Restrukturierung, Sanierung, Insolvenz, 4. Aufl., München, 2014.
(Zitiert: *Bearbeiter*, in: Buth / Hermanns (Hrsg.), RSI, 4. Aufl., 2014.)

Cahn, Andreas / Simon, Stefan / Theiselmann, Rüdiger: Forderungen gegen die Gesellschaft als Sacheinlage?, Zum Erfordernis der Forderungsbewertung beim Debt Equity Swap, CFL 2010, 238–251.

–: Nennwertanrechnung beim Debt-Equity-Swap! – Replik zu Prof. Dr. Ekkenga, DB 2012 S. 331 –, DB 2012, 501–504.

Commandeur, Anja / Hübler, Jana Julia: Aktuelle Entwicklungen im Insolvenzrecht, Gesellschaftsrechtliche Umwandlung im Rahmen eines Insolvenzplans – Der Fall Suhrkamp, NZG 2015, 185–188.

Decher, Christian E. / Voland, Thomas: Kapitalschnitt und Bezugsrechtsausschluss im Insolvenzplan – Kalte Enteignung oder Konsequenz des ESUG?, ZIP 2013, 103–114.

Desch, Wolfram: Schutzschirmverfahren nach dem RegE-ESUG in der Praxis, BB 2011, 841–846.

Deutscher Anwaltverein Insolvenzrecht e.V.: Stellungnahme zur Einführung eines Reorganisationsplanverfahrens für systemrelevante Kreditinstitute und zur Abwehr von Gefahren für die Stabilität des Finanzsystems, NZI aktuell 2009, Heft 18, IX–X.

Drukarczyk, Jochen: Ökonomische Schieflage, insolvenzrechtliche Verteilungsregel, Eröffnungsgründe, DES und Position der Alteigentümer, NZI 2015, 110–118.

–/ *Schöntag, Stefanie*: „Insolvenzplan, optionsbasierte Lösungen, Verlustvorträge und vom Gesetzgeber verursachte Sanierungshemmnisse“, in: Bessler, Wolfgang

(Hrsg.), Börsen, Banken und Kapitalmärkte - Festschrift für Hartmut Schmidt zum 65. Geburtstag, Berlin, 2006, S. 649–684.
(Zitiert: *Drukarczyk/Schöntag*, in: FS H. Schmidt, 2006.)

Ebenroth, Carsten Thomas/Boujong, Karlheinz/Joost, Detlev (Begr.): Handelsgesetzbuch, Bd. 1 (§§ 1–342e), 3. Aufl., München, 2014.
(Zitiert: *Bearbeiter*, in: Ebenroth u.a., HGB, 3. Aufl., 2014.)

Ehlers, Harald: Die besondere Verantwortlichkeit des (vorläufigen) Sachwalters, ZInsO 2015, 1417–1421.

Ehricke, Ulrich: „Verfahrenskoordination bei grenzüberschreitenden Unternehmensinsolvenzen“, in: Basedow, Jürgen u.a. (Hrsg.), Aufbruch nach Europa – 75 Jahre Max-Planck-Institut, Tübingen, 2001, S. 337–361.
(Zitiert: *Ehricke*, in: Aufbruch nach Europa – 75 Jahre Max-Planck-Institut, 2001.)

Eidenmüller, Horst: Unternehmenssanierung zwischen Markt und Gesetz, Mechanismen der Unternehmensreorganisation und Kooperationspflichten im Reorganisationsrecht, Köln, 1999.
(Zitiert: *Eidenmüller*, Unternehmenssanierung, 1999.)

–: Prognoseentscheidung im Insolvenzplanverfahren: Verfahrenslähmung durch Minderheitenschutz?, NJW 1999, 1837–1839.

–: Gesellschafterstellung und Insolvenzplan, ZGR 2001, 680–711.

–: Leveraged Buyouts und die Effizienz des deutschen Restrukturierungsrechts, ZIP 2007, 1729–1737.

–: Reformperspektiven im Restrukturierungsrecht, ZIP 2010, 649–660.

–: Der Insolvenzplan als gesellschaftsrechtliches Universalwerkzeug, NJW 2014, 17–19.

–: Strategische Insolvenz: Möglichkeiten, Grenzen, Rechtsvergleichung, ZIP 2014, 1197–1205.

–/Engert, Andreas: Reformperspektiven einer Umwandlung von Fremd- in Eigenkapital (Debt-Equity Swap) im Insolvenzplanverfahren, ZIP 2009, 541–554.

–/ Frobenius, Tilmann/Prusko, Wolfram: Regulierungswettbewerb im Unternehmensinsolvenzrecht: Ergebnisse einer empirischen Untersuchung, NZI 2010, 545–550.

Ekkenga, Jens: Neuerliche Vorschläge zur Nennwertanrechnung beim Debt-Equity-Swap – Erkenntnisfortschritt oder Wiederbelebungsversuche am untauglichen Objekt?, DB 2012, 331–337.

Engels, Andreas: „Lex Hypo Real Estate“ – Das Finanzmarktstabilisierungsgesetz auf verfassungsrechtlichem Prüfstand, BKR 2009, 365–371.

Erman, Walter (Begr.): Bürgerliches Gesetzbuch, Handkommentar, Bd. I (§§ 1–758), 14. Aufl., Köln, 2014.
(Zitiert: *Bearbeiter*, in: Erman, BGB, 14. Aufl., 2014.)

von Falkenhausen, Bernhard: Verfassungsrechtliche Grenzen der Mehrheitsherrschaft nach dem Recht der Kapitalgesellschaften (AG und GmbH), Karlsruhe, 1967.
(Zitiert: *v. Falkenhausen*, Verfassungsrechtliche Grenzen der Mehrheitsherrschaft, 1967.)

Finke, Jan: Kollision von Gesellschaftsrecht und Insolvenzrecht, Die Organkompetenzen der Aktiengesellschaft in Eigenverwaltung, Baden-Baden, 2011.
(Zitiert: *Finke*, Kollision von Gesellschafts- und Insolvenzrecht, 2011.)

Fischer, Gero: Das neue Rechtsmittelverfahren gegen den Beschluss, durch den der Insolvenzplan bestätigt wird, NZI 2013, 513–521.

Fischer, Robert: „Der Minderheitenschutz im deutschen Aktienrecht", in: Verhandlungen des 1. Deutsch-Italienischen Juristenkongresses vom 21.–23. Oktober 1966 in Rom, Minderheitenschutz bei Kapitalgesellschaften (Teil 1); Karlsruhe, 1967, S. 59–71.
(Zitiert: *Rob. Fischer*, in: Minderheitenschutz bei Kapitalgesellschaften, 1967.)

–: „Gedanken über einen Minderheitenschutz bei den Personengesellschaften", in: Fischer, Robert u.a. (Hrsg.), Festschrift für Carl Hans Barz zum 65. Geburtstag am 6. Dezember 1974, Berlin, 1974, S. 33–48.
(Zitiert: *Rob. Fischer*, in: FS Barz, 1974.)

–: Neue Wege im Recht der Personengesellschaften? Eine Besprechung des Buches „Die Personengesellschaft" von Werner Flume, ZGR 1979, 251–272.

Fischer, Roderich: Der Übernahme-Swap durch Insolvenzplan – Investitionsentscheidung im Wettbewerb, NZI 2013, 823–830.

Fleischer, Holger: Der Rechtsmißbrauch zwischen Gemeineuropäischem Privatrecht und Gemeinschaftsprivatrecht, JZ 2003, 865–874.

–/ Goette, Wulf (Hrsg.): Münchener Kommentar zum GmbHG, Bd. 1 (§§ 1–34), 2. Aufl., München, 2015.
(Zitiert: *Bearbeiter*, in: Fleischer / Goette (Hrsg.), MüKo-GmbHG, Bd. 1, 2. Aufl., 2015.)

Flessner, Axel: Sanierung von Unternehmen, ZRP 1982, 244–249.

Flöther, Lucas F.: Der vorläufige Sachwalter – Pilot, Co-Pilot oder fünftes Rad am Wagen?, ZInsO 2014, 465–472.

Fölsing, Philipp: Die Zähmung des Widerspenstigen im Suhrkamp-Fall: Schutzschirmverfahren bei Gesellschafterstreit, ZInsO 2013, 1325–1332.

–: Eingriff in Gesellschafterrechte durch Insolvenzplan, Rechtliches Gehör und Rechtsschutz: Erfahrungen im Suhrkamp-Fall, KSI 2014, 123–125.

–: Fortbestand einer Gesellschaftervereinbarung trotz Formwechsels durch Insolvenzplan, Anmerkung zu LG Berlin v. 16.6.2014 – 95 O 52/13, ZInsO 2014, 1565, ZInsO 2014, 1541–1544.

–: Suhrkamp: Das Machtwort des BGH, ZInsO 2014, 1591–1593.

Frank, Achim / Heinrich, Jens: Von Zielen und (Irr-)Wegen – Gedanken zur Reform des Insolvenzrechts, ZInsO 2011, 1826–1831.

Frauer, Alexander R.: Grenzen des Eingriffs in Gesellschafterrechte im Insolvenzplanverfahren, Frankfurt / M., 2014.
(Zitiert: *Frauer*, Grenzen des Eingriffs, 2014.)

Frege, Michael / Keller, Ulrich / Riedel, Ernst: Insolvenzrecht, Handbuch der Rechtspraxis, 8. Aufl., München, 2015.
(Zitiert: *Frege / Keller / Riedel*, InsR, 8. Aufl., 2015.)

Frind, Frank: Zum Diskussionsentwurf für ein „Gesetz zur weiteren Erleichterung der Sanierung von Unternehmen", Teil 2: Die Regelungen zum Insolvenzplanverfahren, Eigenverwaltung, Insolvenzstatistikgesetz etc., ZInsO 2010, 1524–1530.

–: Die Praxis fragt, „ESUG" antwortet nicht, Eine Exegese der wichtigsten „ESUG"-Auslegungsfragen mit Handlungsvorschlägen, ZInsO 2011, 2249–2261.

–: Anmerkungen zur Musterbescheinigung des IDW nach § 270b Abs. 1 S. 3 InsO, ZInsO 2012, 540–541.

–: „Die Unabhängigkeit des (vorläufigen) Insolvenzverwalters / Sachwalters nach Inkrafttreten des ‚ESUG'", in: Grote, Hugo u.a. (Hrsg.), Insolvenz und Sanierung – auf der Dauerbaustelle geht es weiter, Festschrift für Hans Haarmeyer zum 65. Geburtstag, Köln 2013, S. 39–63.
(Zitiert: *Frind*, in: FS Haarmeyer, 2013.)

Fuhst, Christian: Das neue Insolvenzrecht – Ein Überblick, DStR 2012, 418–423.

Ganter, Gerhard: Zur drohenden Zahlungsunfähigkeit in § 270b InsO, NZI 2012, 985–988.

Gaul, Hans Friedhelm: „Zur Struktur und Wirkungsweise des Insolvenzplans als ‚privatautonomes' Instrument der Haftungsverwirklichung", in: Baums, Theodor u.a. (Hrsg.), Festschrift für Ulrich Huber zum 70. Geburtstag, Tübingen, 2006, S. 1187–1230.
(Zitiert: *Gaul*, in: FS Huber, 2006.)

Gehrlein, Markus: Banken – vom Kreditgeber zum Gesellschafter – neue Haftungsfallen? (Debt-Equity-Swap nach ESUG), NZI 2012, 257–261.

Geißler, Markus: Die drohende Zahlungsunfähigkeit (§ 18 InsO) in der Entscheidungsverantwortung des GmbH-Geschäftsführers, ZInsO 2013, 919–924.

Gerhardt, Walter: Grundbegriffe des Vollstreckungs- und Insolvenzrechts, Stuttgart, 1985.
(Zitiert: *Gerhardt*, Grundbegriffe des Vollstreckungs- und Insolvenzrechts, 1985.)

Gerster, Erwin: Insolvenzplan, „das unbekannte Wesen" oder „der Maßanzug des Insolvenzrechts"?, Erfahrungen mit dem neuen insolvenzrechtlichen Medium aus Sicht der insolvenzgerichtlichen Praxis, ZInsO 2008, 437–445.

Göb, Marc Alexander: Aktuelle gesellschaftsrechtliche Fragen in Krise und Insolvenz, April/Mai 2011, NZI 2011, 532–535.

–: Das Gesetz zur weiteren Erleichterung der Sanierung von Unternehmen (ESUG), Ein Überblick, NZG 2012, 371–377.

–: Aktuelle gesellschaftsrechtliche Fragen in Krise und Insolvenz, August/September 2014, NZI 2014, 948–951.

–: Aktuelle gesellschaftsrechtliche Fragen in Krise und Insolvenz, Oktober/November 2014, NZI 2015, 13–16.

–/ *Nebel, Thomas*: Aktuelle gesellschaftsrechtliche Fragen in Krise und Insolvenz, Februar/März 2015, NZI 2015, 408–412.

Goette, Wulf/Habersack, Mathias/Kalss, Susanne (Hrsg.): Münchener Kommentar zum Aktiengesetz, Bd. 4, §§ 179–277, 3. Aufl., München, 2011.
(Zitiert: *Bearbeiter*, in: Goette u.a. (Hrsg.), MüKo-AktG, 3. Aufl., 2011.)

Gottwald, Peter (Hrsg.): Insolvenzrechts-Handbuch, 5. Aufl., München, 2015.
(Zitiert: *Bearbeiter*, in: Gottwald (Hrsg.), InsR-Hdb., 5. Aufl., 2015.)

Graf-Schlicker, Marie Luise (Hrsg.): Kommentar zur Insolvenzordnung, 4. Aufl., Köln, 2014.
(Zitiert: *Bearbeiter*, in: Graf-Schlicker (Hrsg.), InsO, 4. Aufl., 2014.)

Griffiths, Hellmig: Insolvenzkulturen – Kampf oder Harmonisierung? – Eine angelsächsische Perspektive, NZI 2008, 418–420.

Grub, Volker: „Die angemessene Zahlungsquote im Insolvenzplan“, in: Prütting, Hanns/Vallender, Heinz (Hrsg.), Insolvenzrecht in Wissenschaft und Praxis, Festschrift für Wilhelm Uhlenbruck zum 70. Geburtstag, Köln, 2000, S. 501–518.
(Zitiert: *Grub*, in: FS Uhlenbruck, 2000.)

Grunewald, Barbara: „Die Finanzierungsverantwortung des Kommanditisten“, in: Hübner, Ulrich / Ebke, Werner F. (Hrsg.), Festschrift für Bernhard Großfeld zum 65. Geburtstag, Heidelberg, 1999, S. 319–342.
(Zitiert: *Grunewald*, in: FS Großfeld, 1999.)

Gundlach, Ulf/Müller, Udo/Rautmann, Heiko: Das Rechtsschutzinteresse im Fall des Eigenantrags, ZInsO 2015, 889–891.

Gummert, Hans (Hrsg.): Münchener Anwaltshandbuch Personengesellschaftsrecht, München, 2. Aufl., 2015.
(Zitiert: *Bearbeiter*, in: Gummert (Hrsg.), MAH PersGesR, 2. Aufl., 2015.)

–/ *Weipert, Lutz (Hrsg.)*: Münchener Handbuch des Gesellschaftsrechts, Bd. 1, BGB-Gesellschaft, Offene Handelsgesellschaft, Partnergesellschaft, Partenreederei, EWIV, 4. Aufl., München, 2014.
(Zitiert: *Bearbeiter*, in: Gummert / Weipert (Hrsg.), Münchener Hdb. GesR, Bd. 1, 4. Aufl., 2014.)

– *(Hrsg.)*: Münchener Handbuch des Gesellschaftsrechts, Bd. 2, Kommanditgesellschaft, GmbH & Co. KG, Publikums-KG, Stille Gesellschaft, 4. Aufl., München, 2014.
(Zitiert: *Bearbeiter*, in: Gummert / Weipert (Hrsg.), Münchener Hdb. GesR, Bd. 2, 4. Aufl., 2014.)

Haarmeyer, Hans / Wutzke, Wolfgang / Förster, Karsten (Hrsg.): Insolvenzordnung, Kommentar, 2. Aufl., München, 2012.
(Zitiert: *Bearbeiter*, in: Haarmeyer / Wutzke / Förster (Hrsg.), InsO, 2. Aufl., 2012.)

Haas, Ulrich: „Der GmbH-Gesellschafter in der Unternehmensinsolvenz", in: Dauner-Lieb, Barbara u.a. (Hrsg.), Festschrift für Horst Konzen zum 70. Geburtstag, Tübingen, 2006, S. 157–178.
(Zitiert: *Haas*, in: FS Konzen, 2006.)

–: Mehr Gesellschaftsrecht im Insolvenzplanverfahren, Die Einbeziehung der Anteilsrechte in das Insolvenzverfahren, NZG 2012, 961–967.

Häsemeyer, Ludwig: Insolvenzrecht, 4. Aufl., Köln, 2007.
(Zitiert: *Häsemeyer*, in: InsR, 4. Aufl., 2007.)

Hahn, Carl / Mugdan, Benno (Hrsg.): Die gesamten Materialien zu den Reichs-Justizgesetzen, Bd. 4, Materialien zur Konkursordnung (Neudruck der Ausgabe Berlin 1881), Heidelberg, 1983.
(Zitiert: *Hahn / Mugdan (Hrsg)*, Materialien zu den Reichs-Justizgesetzen, 1881 (Neudruck 1983).)

Harbeck, Nils: Zulässige Festsetzung der Höhe der Verwaltervergütung im Insolvenzplan, Anmerkung zu LG München I 14. Zivilkammer, Beschluss vom 02.08.2013 – 14 T 16050/13, jurisPR-InsR 2/2014, Anm. 4.

Heinrich, Jens: Insolvenzplan „reloaded" – Zu den Änderungen im Insolvenzplanverfahren durch das Gesetz zur weiteren Erleichterung der Sanierung von Unternehmen, NZI 2012, 235–242.

Henkel, Andreas: Die Voraussetzungen für die Anordnung der (vorläufigen) Eigenverwaltung, ZIP 2015, 562–571.

Hennrichs, Joachim: Treupflichten im Aktienrecht – zugleich Überlegungen zur Konkretisierung der Generalklausel des § 242 BGB sowie zur Eigenhaftung des Stimmrechtsvertreters –, AcP 195 (1995), 221–273.

–/ Strohn, Lutz (Hrsg.): Gesellschaftsrecht, 2. Aufl., München, 2014.
(Zitiert: *Bearbeiter*, in: Henssler / Strohn (Hrsg.), GesR, 2. Aufl., 2014.)

Henze, Hartwig: Treupflichten der Gesellschafter im Kapitalgesellschaftsrecht, ZHR 162 (1998), 186–196.

Hess, Harald: Insolvenzrecht Großkommentar in zwei Bänden, Bd. I (§§ 1–128 InsO), Bd. II (§§ 129–359 InsO), 2. Aufl., Heidelberg, 2013.
(Zitiert: *Hess*, InsR, 2. Aufl., 2013.)

– *(Hrsg.)*: Sanierungshandbuch, 6. Aufl., Köln, 2013.
(Zitiert: *Bearbeiter*, in: Hess (Hrsg.), Sanierungshdb., 6. Aufl., 2013.)

–/ Obermüller, Manfred: Insolvenzplan, Restschuldbefreiung und Verbraucherinsolvenz, 2. Aufl., Heidelberg, 1999.
(Zitiert: *Hess / Obermüller*, Insolvenzplan, 2. Aufl., 1999.)

–/ *Weis, Michaela*: Gesellschaftsrechtliche Regelungen im Insolvenzplan, InVO 1996, 169–170.

–: Die sachgerechte Abgrenzung der Gläubigergruppen nach der InsO – Zugleich eine Replik auf den Aufsatz von Smid, InVO 1997, 169 –, InVO 1998, 64–68.

Hesselmann, Malte / Tillmann, Bert / Mueller-Thuns, Thomas: Handbuch GmbH & Co. KG, 20. Aufl., Köln, 2009.
(Zitiert: *Bearbeiter*, in: Hesselmann u.a., Hdb. GmbH & Co. KG, 20. Aufl., 2009.)

Hirte, Heribert / Knof, Béla / Mock, Sebastian: Das Gesetz zur weiteren Erleichterung der Sanierung von Unternehmen, DB 2011, 632–643 (Teil 1), DB 2011, 693–698 (Teil 2).

–: Das neue Insolvenzrecht nach dem ESUG, Einführung und Materialien zum Gesetz zur weiteren Erleichterung der Sanierung von Unternehmen, München, 2012.
(Zitiert: *Hirte / Knof / Mock*, Das neue InsR, 2012.)

Hofmann, Christian: Der Minderheitsschutz im Gesellschaftsrecht, Berlin, 2011.
(Zitiert: *C. Hofmann*, Minderheitsschutz im GesR, 2011.)

Hofmann, Matthias: Die Vorschläge des DiskE-ESUG zur Eigenverwaltung und zur Auswahl des Sachwalters – Wege und Irrwege zur Erleichterung von Unternehmenssanierungen, NZI 2010, 798–805.

–: Eigenverwaltung, Köln, 2014.
(Zitiert: *M. Hofmann*, Eigenverwaltung, 2014.)

Hölzle, Gerrit: Die Sanierung von Unternehmen im Spiegel des Wettbewerbs der Rechtsordnungen in Europa, Eine Betrachtung des Sanierungs- und Insolvenzstandortes Deutschland de lege lata und de lege ferenda im europäischen Vergleich am Beispiel Englands (Habilitationsvortrag, Bremen 2011), KTS 2011, 291–341.

–: Die „erleichterte Sanierung von Unternehmen“ in der Nomenklatur der InsO – ein hehres Regelungsziel des RefE-ESUG, NZI 2011, 124–131.

–: Eigenverwaltung im Insolvenzverfahren nach ESUG – Herausforderung für die Praxis, ZIP 2012, 158–164.

–: Gesellschaftsrechtliche Veränderungssperre im Schutzschirmverfahren, ZIP 2012, 2427–2431.

–: Anmerkung zu LG Frankfurt am Main, U. v. 10.09.2013 – 3-09 O 96/13 – (Insolvenzplan, gesellschaftsrechtliche Treuepflicht, Gesellschafter im Insolvenzverfahren, Suhrkamp), (§ 225a InsO, 1/13), EWiR 2013, 589–590.

–: Der Insolvenzantrag als Sanierungsoption – auch gegen den Willen von Gesellschaftern?, Entscheidungszuständigkeiten und Organkompetenzen in der Krise, ZIP 2013, 1846–1851.

–: Praxisleitfaden ESUG, 2. Aufl., Köln, 2014.
(Zitiert: *Hölzle*, Praxisleitfaden ESUG, 2. Aufl., 2014.)

–: Überlagerung des Gesellschaftsrechts durch das Insolvenzrecht und die Schlechterstellungsprüfung zu Lasten des (Minderheits-)Gesellschafter, Zugleich (partielle)

Besprechung des BGH-Beschlusses v. 17.7.2014 – IX ZB 13/14 – Suhrkamp, ZIP 2014, 1819–1823.

Hoffmann-Becking (Hrsg.): Münchener Handbuch des Gesellschaftsrechts, Bd. 4, Aktiengesellschaft, 4. Aufl., München, 2015.
(Zitiert: *Bearbeiter*, in: Hoffmann-Becking (Hrsg.), Münchener Hdb. GesR, Bd. 4, 4. Aufl., 2015.)

Hopt, Klaus J. / Wiedemann, Herbert (Hrsg.): Aktiengesetz Großkommentar, Bd. 5 (§§ 118–149), 4. Aufl., Berlin, 2008.
(Zitiert: *Bearbeiter*, in: Hopt / Wiedemann (Hrsg.), AktG, 4. Aufl., 2008.)

Horstkotte, Martin: Der Insolvenzplan in der gerichtlichen Vorprüfung, 18 Monate Insolvenzplanrecht in Richterzuständigkeit – § 231 InsO in der Praxis, ZInsO 2014, 1297–1312.

– / Martini, Torsten: Die Einbeziehung der Anteilseigner in den Insolvenzplan nach ESUG, Muster-Arbeitshilfen für Aktiengesellschaft und Gesellschaft mit beschränkter Haftung, ZInsO 2012, 557–581.

Hueck, Alfred: Das Recht der offenen Handelsgesellschaft, 4. Aufl., Berlin, 1971.
(Zitiert: *A. Hueck*, OHG, 4. Aufl., 1971.)

Hueck, Götz: Der Grundsatz der gleichmäßigen Behandlung im Privatrecht, München, 1958.
(Zitiert: *G. Hueck*, Grundsatz der gleichmäßigen Behandlung, 1958.)

Hüffer, Uwe (Begr.): Aktiengesetz, 11. Aufl., München, 2014.
(Zitiert: *Bearbeiter*, in: Hüffer, AktG, 11. Aufl., 2014.)

–: „Anfechtungsbefugnis und Mindestanteilsbesitz – Vorschläge und Überlegungen zu einer gesetzlichen Neuorientierung", in: Pfeiffer, Gerd / Kummer, Joachim (Hrsg.), Festschrift für Hans Erich Brandner zum 70. Geburtstag, Köln, 1996, S. 57–71.
(Zitiert: *Hüffer*, in: FS Brandner, 1996.)

Institut der Wirtschaftsprüfer (Hrsg.): IDW Standard 6: Anforderungen an die Erstellung von Sanierungskonzepten (IDW S 6), Stand 20.08.2012, FN-IDW 12/2012, S. 719–741.

Immenga, Ulrich: Die Problematik der Anfechtungsklage im GmbH-Recht, GmbHR 1973, 5–11.

Jaeger, Ernst (Begr.): Insolvenzordnung Großkommentar, Erster Band, §§ 1–55, Berlin, 2004.
(Zitiert: *Bearbeiter*, in: Jaeger, InsO, 2004.)

Jaffé, Michael / Friedrich, Andreas: Verbesserung der Wettbewerbsfähigkeit des Insolvenzstandorts Deutschland, ZIP 2008, 1849–1858.

Jauernig, Othmar / Stürner, Rolf (Hrsg.): Bürgerliches Gesetzbuch: BGB, 16. Aufl., München, 2015.
(Zitiert: *Bearbeiter*, in: Jauernig, BGB, 16. Aufl., 2015.)

Kahlert, Günter / Gehrke, Hans Dieter: ESUG macht es möglich: Ausgliederung statt Asset Deal im Insolvenzplanverfahren, DStR 2013, 975–978.

Kaltmeyer, Christoph: Der Insolvenzplan als Sanierungsmittel des Schuldners – Unter Berücksichtigung des EGInsOÄndG v. 19.12.1998, ZInsO 1999, 255–266 (Teil I).

Keller, Ulrich: Insolvenzrecht, München, 2006.
(Zitiert: *Keller*, InsR, 2006.)

Kessler, Alexander / Rühle, Thomas: Zulassung der Rechtsbeschwerde im Eilverfahren nach § 253 IV InsO zur Freigabe des Insolvenzplans, GWR 2014, 267–268.

Kirchhof, Hans-Peter / Eidenmüller, Horst / Stürner, Rolf (Hrsg.): Münchener Kommentar zur Insolvenzordnung, Bd. 1, §§ 1–102 InsO, 2. Aufl., München, 2007.
(Zitiert: *Bearbeiter*, in: Kirchhof u.a. (Hrsg.), MüKo-InsO, Bd. 1, 2. Aufl., 2007.)

–: Münchener Kommentar zur Insolvenzordnung, Bd. 3, §§ 217–359 InsO, 2. Aufl., München, 2008.
(Zitiert: *Bearbeiter*, in: Kirchhof u.a. (Hrsg.), MüKo-InsO, Bd. 3, 2. Aufl., 2008.)

–: Münchener Kommentar zur Insolvenzordnung, Bd. 1, §§ 1–79 InsO, 3. Aufl., München, 2013.
(Zitiert: *Bearbeiter*, in: Kirchhof u.a. (Hrsg.), MüKo-InsO, Bd. 1, 3. Aufl., 2013.)

–: Münchener Kommentar zur Insolvenzordnung, Bd. 2, §§ 80–216 InsO, 3. Aufl., München, 2013.
(Zitiert: *Bearbeiter*, in: Kirchhof u.a. (Hrsg.), MüKo-InsO, Bd. 2, 3. Aufl., 2013.)

–: Münchener Kommentar zur Insolvenzordnung, Bd. 3, §§ 217–359 InsO, 3. Aufl., München, 2014.
(Zitiert: *Bearbeiter*, in: Kirchhof u.a. (Hrsg.), MüKo-InsO, Bd. 3, 3. Aufl., 2014.)

Kleindiek, Detlef: „Debt-Equity-Swap im Insolvenzplanverfahren“, in: Erle, Bernd u.a. (Hrsg.), Festschrift für Peter Hommelhoff zum 70. Geburtstag, Köln, 2012, S. 543–563.
(Zitiert: *Kleindiek*, in: FS Hommelhoff, 2012.)

Klöhn, Lars: Gesellschaftsrecht in der Eigenverwaltung: Die Grenzen des Einflusses auf die Geschäftsführung gemäß § 276a S. 1 InsO, NZG 2013, 81–87.

Kluth, Thomas: Die „wertlosen Gesellschaftsanteile“ – der Stein des Anstoßes im Sanierungs-Insolvenzplan, ZInsO 2002, 258–264.

Koller, Ingo / Kindler, Peter / Roth, Wulf-Henning / Morck, Winfried: Handelsgesetzbuch Kommentar, 8. Aufl., München, 2015.
(Zitiert: *Bearbeiter*, in: Koller u.a., HGB, 8. Aufl., 2015.)

Kolmann, Stephan: Schutzschirmverfahren, Köln, 2014.
(Zitiert: *Kolmann*, Schutzschirmverfahren, 2014.)

Kraemer, Joachim: Das neue Insolvenzrecht 1995: Gesetze, Begründungen, Materialien, Stuttgart, 1995.
(Zitiert: *Kraemer*, Das neue InsR, 1995.)

Kreft, Gerhart (Hrsg.): Heidelberger Kommentar Insolvenzordnung, 6. Aufl., Heidelberg, 2011.
(Zitiert: *Bearbeiter*, in: Kreft (Hrsg.), HK-InsO, 6. Aufl., 2011.)

– *(Hrsg.)*: Heidelberger Kommentar Insolvenzordnung, 7. Aufl., Heidelberg, 2014.
(Zitiert: *Bearbeiter*, in: Kreft (Hrsg.), HK-InsO, 7. Aufl., 2014.)

Kresser, Matthias: Debt-equity-swaps im Insolvenzplanverfahren de lege ferenda – Zur Änderung der Stellung der Anteilsinhaber im Insolvenzplanverfahren durch den Diskussionsentwurf des BMJ für ein Gesetz zur weiteren Erleichterung der Sanierung von Unternehmen –, ZInsO 2010, 1409–1418.

Kübler, Bruno M.: Handbuch Restrukturierung in der Insolvenz, Eigenverwaltung und Insolvenzplan, 2. Aufl., Köln, 2015.
(Zitiert: *Bearbeiter*, in: Kübler (Hrsg.), HRI, 2. Aufl., 2015.)

–/ *Prütting, Hanns (Hrsg.)*: Das neue Insolvenzrecht, Bd. 1, InsO, Köln, 1994.
(Zitiert: *Kübler / Prütting (Hrsg.)*, Das neue InsR, 1994.)

–/ *Bork, Reinhard (Hrsg.)*: Kommentar zur InsO, Loseblattsammlung, 65. Lfg. (09/2015), Köln.
(Zitiert: *Bearbeiter*, in: Kübler u.a. (Hrsg.), InsO, Lb.)

Landfermann, Hans-Georg: Das neue Unternehmenssanierungsgesetz (ESUG) – Überblick und Schwerpunkte –, WM 2012, 821–831 (Teil I).

Lang, Andreas: Das Rechtsschutzinteresse beim Antrag auf Eröffnung des Insolvenzverfahrens, Frankfurt / M., 2003.
(Zitiert: *Lang*, Rechtsschutzinteresse beim Insolvenzantrag, 2003.)

Lang, Dennis / Muschalle, Volker: Suhrkamp-Verlag – Rechtsmissbräuchlichkeit eines rechtmäßig eingeleiteten Insolvenzverfahrens?, NZI 2013, 953–957.

Larenz, Karl: Lehrbuch des Schuldrechts, Bd. 2, Besonderer Teil, 12. Aufl., München, 1981.
(Zitiert: *Larenz*, Schuldrecht, 12. Aufl., 1981.)

Leenen, Detlef: „'Bestimmtheitsgrundsatz' und Vertragsänderungen durch Mehrheitsbeschluß im Recht der Personengesellschaften", in: Canaris, Claus-Wilhelm / Diederichsen, Uwe (Hrsg.), Festschrift für Karl Larenz zum 80. Geburtstag, München, 1983, S. 371–393.
(Zitiert: *Leenen*, in: FS Larenz, 1983.)

Lehmann, Jochen / Rühle, Thomas: Das beschleunigte Zurückweisungsverfahren gem. § 253 IV InsO in der Praxis – Erste Hinweise aus Karlsruhe, NZI 2014, 889–895.

–: Die Ausgleichsmittel gemäß § 251 III InsO inner- und außerhalb des Insolvenzverfahrens, NZI 2015, 151–157.

Leinekugel, Rolf / Skauradszun, Dominik: Geschäftsführerhaftung bei eigenmächtig gestelltem Insolvenzantrag wegen bloß drohender Zahlungsunfähigkeit, – Das Spannungsfeld zwischen Sanierungspflicht und Insolvenzantragspflicht –, GmbHR 2011, 1121–1128.

Lutter, Marcus: Theorie der Mitgliedschaft – Prolegomena zu einem Allgemeinen Teil des Korporationsrechts –, AcP 180 (1980), 84–159.

–: Zur inhaltlichen Begründung von Mehrheitsentscheidungen – Besprechung der Entscheidung BGH WM 1980, 378 –, ZGR 1981, 171–182.

–: Das Girmes-Urteil (zu BGH Urteil v. 20.03.1995 – II ZR 205/94), JZ 1995, 1053–1056.

–: Treupflichten und ihre Anwendungsprobleme, ZHR 162 (1998), 164–185.

Lutz, Reinhard: Der Gesellschafterstreit in der GbR, OHG, KG, GmbH & Co. KG und GmbH, 4. Aufl., München, 2015.
(Zitiert: *Lutz*, Gesellschafterstreit, 4. Aufl., 2015.)

Madaus, Stephan: Möglichkeiten und Grenzen einer Reform der Rechtsmittel gegen den Beschluss über die Insolvenzplanbestätigung, NZI 2010, 430–435.

–: Der Insolvenzplan, Tübingen, 2011.
(Zitiert: *Madaus*, Insolvenzplan, 2011.)

–: Keine Reorganisation ohne Gesellschafter, Von den Grenzen der Gläubigermacht in der Insolvenz, ZGR 2011, 749–775.

–: Die zeitliche Grenze des Rechts zur Rücknahme eines Insolvenzplans durch den Planinitiator, Zugleich eine Untersuchung der Rechtsnatur des Insolvenzplans und der auf seine Entstehung gerichteten Beteiligtenhandlungen im Insolvenzplanverfahren, KTS 2012, 27–58.

–: Die Rechtsbehelfe gegen die Planbestätigung nach dem ESUG, NZI 2012, 597–601.

–: Umwandlungen als Gegenstand eines Insolvenzplans nach dem ESUG, Zugleich eine Untersuchung der Grenzen der gesellschaftsrechtlichen Regelungsmacht des neuen Insolvenzplans, ZIP 2012, 2133–2139.

–: Schutzschirme für streitende Gesellschafter? Die Lehren aus dem Suhrkamp-Verfahren für die Auslegung des neuen Insolvenzrechts, ZIP 2014, 500–508.

–: Zustand und Perspektiven der Eigenverwaltung in Deutschland, KTS 2015, 115–142.

Marotzke, Wolfgang: Rechtliches Gehör opponierender Gesellschafter im insolvenzrechtlichen Eröffnungsverfahren, ZInsO 2015, 325–334.

Maunz, Theodor / Düring, Günter (Begr.): Grundgesetz Kommentar, Loseblattsammlung, 74. Lfg. (05/2015), München.
(Zitiert: *Bearbeiter*, in: Maunz / Düring, GG, Lb.)

Mehrbrey, Kim Lars (Hrsg.): Handbuch Gesellschaftsrechtliche Streitigkeiten, Corporate Litigation, 2. Aufl., Köln, 2015.
(Zitiert: *Bearbeiter*, in: Mehrbrey (Hrsg.), Hdb. Gesellschaftsrechtliche Streitigkeiten, 2. Aufl., 2015.)

Meyer, Susanne: Vorrang des Insolvenzrechts vor dem Gesellschaftsrecht? – Überlegungen zur Position des Minderheitsgesellschafters im Schutzschirmverfahren, ZInsO 2013, 2361–2369.

–: Der Plan ist umgesetzt, doch manche Frage offen – Zwischenfazit zum Suhrkamp-Insolvenzverfahren, DB 2015, 538–543.

Meyer-Löwy, Bernd / Pickerill, Carl N.: Versperrt das Gesellschaftsrecht den rechtzeitigen Weg in die Sanierung? – Eine Betrachtung zu den Auswirkungen des § 18 InsO auf den Konflikt zwischen Unternehmenserhaltungspflicht und frühzeitigen Sanierungsmaßnahmen –, GmbHR 2013, 1065–1075.

Michalski, Lutz (Hrsg.): Kommentar zum Gesetz betreffend die Gesellschaften mit beschränkter Haftung (GmbH-Gesetz), Bd. 1, München, 2. Aufl., 2010.
(Zitiert: *Bearbeiter*, in: Michalski (Hrsg.), GmbHG, 2. Aufl., 2010.)

Möhlenkamp, Andreas: Flucht nach vorn in die Insolvenz – funktioniert Suhrkamp?, Zugleich Besprechung LG Frankfurt, Urt. v. 10.09.2013, und OLG Frankfurt, Beschl. v. 1.10.2013, BB 2013, 2828–2831.

Mohrbutter, Harro / Ringstmeier, Andreas (Hrsg.): Handbuch Insolvenzverwaltung, 9. Aufl., Köln, 2015.
(Zitiert: *Bearbeiter*, in: Mohrbutter / Ringstmeier (Hrsg.), Hdb. InsVerw, 9. Aufl., 2015.)

Mönning, Rolf-Dieter: „Der Schutzschirm: Strategische Insolvenz und Haftung", in: Bork, Reinhard u.a. (Hrsg.), Festschrift für Bruno M. Kübler zum 70. Geburtstag, München, 2015, S. 431–447.
(Zitiert: *Mönning*, in: FS Kübler, 2015.)

Müller, Hans-Friedrich: Der Verband in der Insolvenz, Köln, 2002.
(Zitiert: *H.-F. Müller*, Verband in der Insolvenz, 2002.)

–: Die Kapitalerhöhung in der Insolvenz, ZGR 2004, 842–860.

–: Reorganisation systemrelevanter Banken – Das Restrukturierungsgesetz für Kreditinstitute vor dem Hintergrund der Diskussion über die Reform des allgemeinen Unternehmensinsolvenzrechts, KTS 2011, 1–24.

–: Gesellschaftsrechtliche Maßnahmen im Insolvenzplan, KTS 2012, 419–452.

–: Entrechtung der Gesellschafter im Insolvenzverfahren? – Anmerkungen zum Fall Suhrkamp –, DB 2014, 41–46.

Musielak, Hans-Joachim / Voit, Wolfgang (Hrsg.): Zivilprozessordnung mit Gerichtsverfassungsgesetz, 12. Aufl., München, 2015.
(Zitiert: *Bearbeiter*, in: Musielak / Voit (Hrsg.), ZPO, 12. Aufl., 2015.)

Nerlich, Jörg / Römermann, Volker (Hrsg.): Insolvenzordnung Kommentar, Loseblattsammlung, 28. Lfg. (01/2015), München.
(Zitiert: *Bearbeiter*, in: Nerlich / Römermann (Hrsg.), InsO, Lb.)

– / Kreplin, Georg (Hrsg.): Münchener Anwaltshandbuch Insolvenz und Sanierung, 2. Aufl., München, 2012.
(Zitiert: *Bearbeiter*, in: Nerlich / Kreplin (Hrsg.), MAH Insolvenz und Sanierung. 2. Aufl., 2012.)

Noack, Ulrich: „Reorganisation der Schuldnergesellschaft nach neuem Insolvenzrecht“, in: Lieb, Manfred (Hrsg.), Festschrift für Wolfgang Zöllner zum 70. Geburtstag, Bd. I, Köln, 1998, S. 411–428.
(Zitiert: *Noack*, in: FS Zöllner, 1998.)

–: „Unternehmensinsolvenz: Reorganisation des Rechtsträgers oder Vertragsnachfolge bei übertragender Sanierung“, in: Crezelius, Georg u.a. (Hrsg.), Festschrift für Volker Röhricht zum 65. Geburtstag: Gesellschaftsrecht, Rechnungslegung, Sportrecht, Köln, 2005, S. 455–466.
(Zitiert: *Noack*, in: FS Röhricht, 2005.)

–: Gesellschaftsrecht, in: Kübler, Bruno M / Prütting, Hanns (Hrsg.), Kommentar zur InsO, Sonderband 1, Köln, 1999.
(Zitiert: *Noack*, GesR, 1999.)

Oetker, Hartmut (Hrsg.): Kommentar zum Handelsgesetzbuch, 4. Aufl., München, 2015.
(Zitiert: *Bearbeiter*, in: Oetker (Hrsg.), HGB, 4. Aufl., 2015.)

Ohly, Ansgar: „Volenti non fit iniuria“ – die Einwilligung im Privatecht, Tübingen, 2002.
(Zitiert: *Ohly*, Einwilligung im PrivatR, 2002.)

Palandt, Otto (Begr.): Bürgerliches Gesetzbuch mit Nebengesetzen, 74. Aufl., München, 2015.
(Zitiert: *Bearbeiter*, in: Palandt, BGB, 74. Aufl., 2015.)

Pape, Gerhard: Die Insolvenzordnung ist in Kraft getreten..., NJW 1999, 29–32.

–: Erleichterung der Sanierung von Unternehmen durch Insolvenzverfahren bei gleichzeitiger Abschaffung der Gläubigergleichbehandlung?, ZInsO 2010, 2155–2162.

–: Eigenverwaltung im Spiegel der Rechtsprechung nach Inkrafttreten des ESUG, ZInsO 2013, 2129–2138.

–: „Das janusköpfige Insolvenzeröffnungsverfahren bei der Eigenverwaltung“, in: Grote, Hugo u.a. (Hrsg.), Insolvenz und Sanierung – auf der Dauerbaustelle geht es weiter, Festschrift für Hans Haarmeyer zum 65. Geburtstag, Köln 2013, S. 219–232.
(Zitiert: *Pape*, in: FS Haarmeyer, 2013.)

Paul, Uwe: Rechtsprechungsübersicht zum Insolvenzplanverfahren – Zugleich Anmerkung zu BGH, Beschluss v. 15.07.2010 – IX ZB 65/10, ZInsO 2011, 610–613.

–: Rechtsprechungsübersicht zum Insolvenzplanverfahren 2013, ZInsO 2014, 636–640.

–: Rechtsprechungsübersicht zum Insolvenzplanverfahren 2014, ZInsO 2015, 783–786.

Paulus, Christoph G.: Die EuInsVO – wo geht die Reise hin?, NZI 2008, 1–6.

Pfeifer, Udo: Schutzmechanismen bei der Umwandlung von Kapitalgesellschaften, Recklinghausen, 2001.
(Zitiert: *Pfeifer*, Schutzmechanismen bei der Umwandlung von Kapitalgesellschaften, 2001.)

Pleister, Christian: Restrukturierung nach dem ESUG: Die wichtigsten Praxisfälle, GWR 2013, 220–223.

–/ *Tholen, Laurenz*: Zum Siegeszug des insolvenzrechtlichen Freigabeverfahrens, Die extensive Auslegung des LG Berlin zu § 253 Abs. 4 InsO im Beschluss v. 20.10.2014 – 51 T 696/14, ZIP 2014, 2197 – Suhrkamp, ZIP 2015, 414–419.

Podewils, Felix: Zur Anerkennung von Chapter 11 in Deutschland – zugleich eine rechtsvergleichende Betrachtung Deutschland vs. USA –, ZInsO 2010, 209–213.

Priester, Hans-Joachim: „Umwandlung im Insolvenzplan und gesellschaftsrechtliche Treuepflicht" in: Bork, Reinhard u.a. (Hrsg.), Festschrift für Bruno M. Kübler zum 70. Geburtstag, München, 2015, S. 557–566.
(Zitiert: *Priester*, in: FS Kübler, 2015.)

Prinz, Ulrich / Hoffmann, Wolf-Dieter (Hrsg.): Beck'sches Handbuch der Personengesellschaften, Gesellschaftsrecht – Steuerrecht, 4. Aufl., München, 2014.
(Zitiert: *Bearbeiter*, in: Prinz / W.-D. Hoffmann (Hrsg.), Beck'sches Hdb. PersG, 4. Aufl., 2014.)

Prütting, Hanns: „Rechtsmissbrauch und Insolvenzantrag – Erwägungen zur Insolvenz des Suhrkamp-Verlags –", in: Bork, Reinhard u.a. (Hrsg.), Festschrift für Bruno M. Kübler zum 70. Geburtstag, München, 2015, S. 567–575.
(Zitiert: *Prütting*, in: FS Kübler, 2015.)

Prusko, Wolfram: Die Gesellschafterstellung in der Insolvenz, München, 2013.
(Zitiert: *Prusko*, Gesellschafterstellung in der Insolvenz, 2013.)

Rattunde, Rolf: Das neue Insolvenzplanverfahren nach dem ESUG, GmbHR 2012, 455–462.

Rauscher, Thomas / Krüger, Wolfgang (Hrsg.): Münchener Kommentar zur Zivilprozessordnung mit Gerichtsverfassungsgesetz und Nebengesetzen, Bd. 1 (§§ 1–354), 4. Aufl., München, 2013.
(Zitiert: *Bearbeiter*, in: Rauscher / Krüger (Hrsg.), MüKo-ZPO, 4. Aufl., 2013.)

Rendels, Dietmar / Zabel, Karsten: Insolvenzplan, 2. Aufl., Köln, 2015.
(Zitiert: *Rendels / Zabel*, Insolvenzplan, 2. Aufl., 2015.)

Reichert, Jochem (Hrsg.): GmbH & Co. KG, 7. Aufl., München, 2015.
(Zitiert: *Bearbeiter*, in: Reichert (Hrsg.), GmbH & Co. KG, 7. Aufl., 2015.)

Reul, Adolf / Hekschen, Heribert (Hrsg.): Insolvenzrecht in der Gestaltungspraxis, Immobilien-, Gesellschafts-, Erb- und Familienrecht, München, 2012.
(Zitiert: *Bearbeiter*, in: Reul / Hekschen (Hrsg.), Insolvenzrecht in der Gestaltungspraxis, 2012.)

Robrecht, Friedrich H.: Der Informationsanspruch des GmbH-Gesellschafters nach der Eröffnung des Insolvenzverfahrens, GmbHR 2002, 692–694.

Römermann, Volker: Neues Insolvenz- und Sanierungsrecht durch das ESUG, NJW 2012, 645–652.

–: Ein Jahr ESUG – Eine Bestandsaufnahme aus dem Blickwinkel der GmbH-Beratung –, GmbHR 2013, 337–345.

– *(Hrsg.)*: Münchener Anwaltshandbuch GmbH-Recht, 3. Aufl., München, 2014. (Zitiert: *Bearbeiter*, in: Römermann (Hrsg.), MAH GmbHR, 3. Aufl., 2014.)

–/ *Praß, Jan-Philipp*: Das neue Sanierungsrecht – Handbuch für Berater, Unternehmen und Gläubiger (mit Checklisten und Beispielen), Regensburg, 2012. (Zitiert: *Römermann / Praß*, Das neue Sanierungsrecht, 2012.)

–: Auswirkungen des Gesetzes zur weiteren Erleichterung der Sanierung von Unternehmen auf die Beratung, ESUG und Steuerberatungspraxis, NWB 2012, 2168, 2176.

Roesener, Astrid: „Bericht über die Diskussion des Referats Schluck-Amend", in: Gesellschaftsrecht in der Diskussion 2014, Jahrestagung der Gesellschaftsrechtlichen Vereinigung (VGR), Gesellschaftsrechtliche Vereinigung (Hrsg.), Köln, 2015, S. 187–193.
(Zitiert: *Roesener*, in: Jahrestagung der VGR, 2015.)

Roitzsch, Frank: Der Minderheitenschutz im Verbandsrecht, Königstein, 1981. (Zitiert: *Roitzsch*, Minderheitenschutz, 1981.)

Roth, Günther / Altmeppen, Holger: Gesetz betreffend die Gesellschaften mit beschränkter Haftung (GmbH), Kommentar, 8. Aufl., München, 2015. (Zitiert: *Bearbeiter*, in: Roth / Altmeppen, GmbHG, 8. Aufl., 2015.)

Runkel, Hans / Schmidt, Jens (Hrsg.): Anwalts-Handbuch Insolvenzrecht, 3. Aufl., Köln, 2015.
(Zitiert: *Bearbeiter*, in: Runkel / J. Schmidt (Hrsg.), Anwalts-Hdb. InsR, 3. Aufl., 2015.)

Säcker, Franz Jürgen / Rixecker, Roland (Hrsg.): Münchener Kommentar zum Bürgerlichen Gesetzbuch, Bd. 5, Schuldrecht, Besonderer Teil III, §§ 705–853, Partnerschaftsgesellschaftsgesetz, Produkthaftungsgesetz, 6. Aufl., München, 2013. (Zitiert: *Bearbeiter*, in: Säcker / Rixecker (Hrsg.), MüKo-BGB, Bd. 5, 6. Aufl., 2013.)

– *(Hrsg.)*: Münchener Kommentar zum Bürgerlichen Gesetzbuch, Bd. 2, Schuldrecht, Allgemeiner Teil, §§ 241–432, 7. Aufl., München, 2015. (Zitiert: *Bearbeiter*, in: Säcker / Rixecker (Hrsg.), MüKo-BGB, Bd. 2, 7. Aufl., 2015.)

Saenger, Ingo: Aktienrechtliche Anfechtungsklagen: Verfahrenseffizienz und Kosten, AG 2002, 536–543.

–/ *Aderhold, Lutz / Lenkaitis, Karlheinz / Speckmann, Gerhard (Hrsg.)*: Handels- und Gesellschaftsrecht, Praxishandbuch, 2. Aufl., Baden-Baden, 2011. (Zitiert: *Bearbeiter*, in: Saenger u.a. (Hrsg.), Handels- und GesR, 2. Aufl., 2011.)

Saenger, Ingo / Al-Wraikat, Nadja: Insolvenzrecht versus Gesellschaftsrecht: Wer darf bei der GmbH wann den Schutzschirm eröffnen?, NZG 2013, 1201–1206.

Sassenrath, Gerd: Der Eingriff in Anteilseignerrechte durch den Insolvenzplan, Ein Beitrag zur Reform des Insolvenzrechts, ZIP 2003, 1517–1530.

Schäfer, Carsten: „‚Girmes' wiedergelesen: Zur Treupflicht des Aktionärs im Sanierungsfall“, in: Erle, Bernd u.a. (Hrsg.), Festschrift für Peter Hommelhoff zum 70. Geburtstag, Köln, 2012, S. 939–960.
(Zitiert: *Schäfer*, in: FS Hommelhoff, 2012.)

–: Insolvenzplan als Lösungsmittel für Mehrheits-/Minderheitskonflikte? – Lehren aus dem Fall Suhrkamp, ZIP 2013, 2237–2244.

–: Unzulässige Umgestaltungen von Gesellschaftsanteilen im Insolvenzplan, Anmerkungen zu LG Berlin v. 20.10.2014 – 51 T 696/14, ZIP 2014, 2197 – Suhrkamp, ZIP 2014, 2417–2420.

–: Suhrkamp und die Folgen – Konsequenzen aus dem vorläufigen Abschluss des Suhrkamp-Insolvenzverfahrens, ZIP 2015, 1208–1213.

–/ *Wüstemann, Jens*: Unternehmensbewertung, Kapitalmaßnahmen und Insolvenzplan, ZIP 2014, 1757–1768.

Schelo, Sven: Reform der Unternehmenssanierung – Erläuterungen zum Diskussionsentwurf eines Gesetzes zur weiteren Erleichterung der Sanierung von Unternehmen –, DB 2010, 2209–2213.

Schlegelberger, Franz (Begr.): Handelsgesetzbuch, Bd. III/1. Halbband, §§ 105–160, 5. Aufl., München, 1992.
(Zitiert: *Bearbeiter*, in: Schlegelberger, HGB, Bd. III/1, 5. Aufl., 1992.)

Schluck-Amend, Alexandra: „Paradigmenwechsel bei der Stellung des Gesellschafters im Insolvenzverfahren nach dem ESUG“, in: Krieger, Gerd u.a. (Hrsg.), Festschrift für Michael Hoffmann-Becking zum 70. Geburtstag, München, 2013, S. 1039–1052.
(Zitiert: *Schluck-Amend*, in: FS Hoffmann-Becking, 2013.)

–: Gläubigerstrategien in der Insolvenz, GWR 2013, 418–421.

–: „Gesellschaftsrecht versus Insolvenzrecht – Möglichkeiten und Probleme in der Sanierung“, in: Gesellschaftsrechtliche Vereinigung (Hrsg.), Gesellschaftsrecht in der Diskussion 2014, Jahrestagung der Gesellschaftsrechtlichen Vereinigung, Köln, 2015, S. 151–186.
(Zitiert: *Schluck-Amend*, in: Jahrestagung der VGR, 2015.)

Schmidt, Andreas (Hrsg.): Hamburger Kommentar zum Insolvenzrecht, 5. Aufl., Köln, 2015.
(Zitiert: *Bearbeiter*, in: A. Schmidt (Hrsg.), HHK-InsO, 5. Aufl., 2015.)

Schmidt, Karsten: Vom Konkursrecht der Gesellschaften zum Insolvenzrecht der Unternehmen, ZIP 1980, 233–238.

–: Organverantwortlichkeit und Sanierung im Insolvenzrecht der Unternehmen, ZIP 1980, 328–337.

–: „Möglichkeiten der Sanierung von Unternehmen durch Maßnahmen im Unternehmens-, Arbeits-, Sozial- und Insolvenzrecht“, in: Ständige Deputation des

Deutschen Juristentages (Hrsg.), Verhandlungen des 54. Deutschen Juristentages, Band I (Gutachten), München, 1982, Teil D, D 7-D 135.
(Zitiert: *K. Schmidt*, Gutachten D zum 54. DJT, 1982.)

–: Die sanierende Kapitalerhöhung im Recht der Aktiengesellschaft, GmbH und Personengesellschaft, ZGR 1982, 519–538.

–: Das Insolvenzverfahren neuer Art – Kernprobleme der Insolvenzrechtsreform nach dem Kommissionsbericht –, ZGR 1986, 178–210.

–: Gesellschaftsrecht, 4. Aufl., Köln, 2002.
(Zitiert: *K. Schmidt*, GesR, 4. Aufl., 2002.)

– *(Hrsg.)*: Münchener Kommentar zum Handelsgesetzbuch, Bd. 2, §§ 105–160, München, 3. Aufl., 2011.
(Zitiert: *Bearbeiter*, in: K. Schmidt (Hrsg.), MüKo-HGB, Bd. 2, 3. Aufl., 2011.)

– *(Hrsg.)*: Münchener Kommentar zum Handelsgesetzbuch, Bd. 3, §§ 161–237, München, 3. Aufl., 2012.
(Zitiert: *Bearbeiter*, in: K. Schmidt (Hrsg.), MüKo-HGB, Bd. 3, 3. Aufl., 2012.)

–: Gesellschaftsrecht und Insolvenzrecht im ESUG-Entwurf, BB 2011, 1603–1610.

–: Insolvenzrecht und allgemeines Verfahrensrecht: Strategischer Insolvenzantrag, Rechtsmissbräuchlichkeit eines Insolvenzantrags zur Ausschaltung eines Wettbewerbers, JuS 2012, 464–465.

–: Debt-to-Equity-Swap bei der (GmbH & Co.-) Kommanditgesellschaft, ESUG, „Sanieren oder Ausscheiden“ und vor allem: Fragen über Fragen!, ZGR 2012, 566–584.

–: Schöne neue Sanierungswelt: Die Gläubiger okkupieren die Burg!, ZIP 2012, 2085–2088.

– *(Hrsg.)*: Insolvenzordnung, Kommentar, 18. Aufl., München, 2013.
(Zitiert: *Bearbeiter*, in: K. Schmidt (Hrsg.), InsO, 18. Aufl., 2013.)

–/ *Uhlenbruck, Wilhelm (Hrsg.)*: Die GmbH in Krise, Sanierung und Insolvenz, 4. Aufl., Köln, 2009.
(Zitiert: *Bearbeiter*, in: K. Schmidt / Uhlenbruck (Hrsg.), GmbH in Krise, Sanierung und Insolvenz, 4. Aufl., 2009.)

Scholz, Franz (Hrsg.): GmbH-Gesetz, Bd. 3 (§§ 53–85), 11. Aufl., Köln, 2015.
(Zitiert: *Bearbeiter*, in: Scholz (Hrsg.), GmbHG, 11. Aufl., 2015.)

Schöne, Torsten: „Sanieren und Ausscheiden“ und die sog. Trittbrettfahrer, ZIP 2015, 501–509.

Schubert, Werner / Hommelhoff, Peter: Hundert Jahre modernes Aktienrecht: eine Sammlung von Texten und Quellen zur Aktienrechtsreform 1984 mit zwei Einführungen, ZGR Sonderheft 4, Berlin, 1985.
(Zitiert: *Schubert / Hommelhoff*, Hundert Jahre modernes Aktienrecht, 1985.)

Schulze, Reiner (Hrsg.): Bürgerliches Gesetzbuch, 8. Aufl., Baden-Baden, 2014. (Zitiert: *Bearbeiter*, in: Schulze (Hrsg.), BGB, 8. Aufl., 2014.)

Schuster, Gunnar: Zur Stellung der Anteilseigner in der Sanierung, ZGR 2010, 325–355.

Segmiller, Alexander: Kapitalmaßnahmen im Insolvenzplan, Baden-Baden, 2013. (Zitiert: *Segmiller*, Kapitalmaßnahmen im Insolvenzplan, 2013.)

Seibt, Christoph H.: Sanierungsgesellschaftsrecht: Mitgliedschaftliche Treupflicht und Grenzen der Stimmrechtsausübung in der Aktiengesellschaft, ZIP 2014, 1909–1916.

Siebert, Volker: 30 Monate ESUG – eine Zwischenbilanz aus insolvenzrichterlicher Sicht, ZIP 2014, 2153–2166.

Siemon, Klaus: Das Distressed Debt Investing in der deutschen Insolvenz 2013, ZInsO 2014, 172–182.

–/ Klein, Christian: Haftung des (Sanierungs-)Geschäftsführers gem. § 64 GmbHG im Schutzschirmverfahren nach § 270b InsO, ZInsO 2012, 2009–2019.

Simon, Stefan: Der Debt Equity Swap nach dem Gesetz zur weiteren Erleichterung der Sanierung von Unternehmen (ESUG), CFL 2010, 448–459.

–/ Merkelbach, Matthias: Gesellschaftsrechtliche Strukturmaßnahmen im Insolvenzplanverfahren nach dem ESUG, NZG 2012, 121–129.

Skauradszun, Dominik: Suhrkamp – Allgemeines Beschwerdeverfahrensrecht versus § 253 Abs. 4 InsO, Zugleich Besprechung der Beschlüsse des LG Berlin v. 24.2.2014 und 14.4.2014 – 51 T 107/14, DZWiR 2014, 374 und 375, DZWiR 2014, 338–345.

–: Insolvenzpläne unter Beschuss – Erfahrungen, Strategien und Prognosen – zugleich Besprechung der Beschlüsse des BGH vom 17.07.2014 (IX ZB 13/14, DB0665515) und vom 17.09.2014 (IX B 26/14, DB0681389) sowie des LG Berlin vom 20.10.2014 (51 T 696/14) i.S. Suhrkamp –, DB 2014, 2694–2699.

Smid, Stefan: Kontrolle der sachgerechten Abgrenzung von Gläubigergruppen im Insolvenzplanverfahren (§§ 231 Abs. 1 Nr. 1, 222 Abs. 2 InsO), InVO 1997, 169–179.

–: Große Reform oder Beseitigung der Insolvenzordnung durch ein neues Konkursverfahren? – Ein Beitrag zu Schatten und Licht gegenwärtiger Reformprojekte –, DZWiR 2010, 397–408.

–: Zum Beweisverfahren im Eröffnungsverfahren der §§ 270a, 270b InsO und im eröffneten Eigenverwaltungsverfahren, Bemerkungen zu Amtsermittlungen des Insolvenzgerichts zur offensichtlichen Aussichtslosigkeit des Antrags auf Anordnung der Eigenverwaltung, ZInsO 2013, 209–218.

–: Zu Fragen von Rechtsmitteln und rechtsbeschwerdegerichtlichen Entscheidungen im Insolvenzplanverfahren, Zugleich eine Anmerkung zu BGH, Beschl. v. 17.07.2014 – IX ZB 13/14, ZInsO 2014, 1552, ZInsO 2014, 1873-das 1882.

–/ Rattunde, Rolf: Der Insolvenzplan, 2. Aufl., Stuttgart, 2005. (Zitiert: *Smid/Rattunde*, Insolvenzplan, 2. Aufl., 2005.)

–/ *Martini, Torsten*: Der Insolvenzplan: Handbuch für das Sanierungsverfahren gemäß §§ 217 bis 269 InsO mit praktischen Beispielen und Musterverfügungen, 4. Aufl., Stuttgart, 2015.
(Zitiert: *Smid / Rattunde / Martini*, Insolvenzplan, 4. Aufl., 2015.)

Soergel, Theodor (Begr.): Bürgerliches Gesetzbuch: Schuldrecht I, Bd. 2 (§§ 241–432 BGB), 12. Aufl., Stuttgart, 1990.
(Zitiert: *Bearbeiter*, in: Soergel, BGB, 12. Aufl., 1990.)

– *(Begr.)*: Bürgerliches Gesetzbuch mit Einführungsgesetz und Nebengesetzen: BGB Bd. 11/1: Schuldrecht 9/1 (§§ 705–758 BGB), 13. Aufl., Stuttgart, 2011.
(Zitiert: *Bearbeiter*, in: Soergel, BGB, 13. Aufl., 2011.)

Spindler, Gerald: Recht und Konzern, Interdependenzen der Rechts- und Unternehmensentwicklung in Deutschland und den USA zwischen 1870 und 1933, Tübingen, 1993.
(Zitiert: *Spindler*, Recht und Konzern, 1993.)

–/ *Stilz, Eberhard (Hrsg.)*: Kommentar zum Aktiengesetz, Bd. 2 (§§ 150–410), 3. Aufl., München, 2015.
(Zitiert: *Bearbeiter*, in: Spindler / Stilz (Hrsg.), AktG, 3. Aufl., 2015.)

Spliedt, Jürgen D.: Debt-Equity-Swap und weitere Strukturänderungen nach dem ESUG, GmbHR 2012, 462–471.

–: Insolvenz der Gesellschaft ohne Recht der Gesellschaft?, Zur gesellschaftsrechtlichen Abstinenz des OLG Frankfurt / M. in den Beschlüssen v. 01.10.2013 – 5 U 145/13, ZInsO 2013, 2112 – und v. 07.10.2013 – 5 U 135/13, ZInsO 2013, 2164, ZInsO 2013, 2155–2158.

Ständige Deputation des Deutschen Juristentages (Hrsg.): Verhandlungen des 54. Deutschen Juristentages, Bd. 1, Gutachten A-E, München, 1982.
(Zitiert: *Ständige Deputation des DJT (Hrsg.)*, Verhandlungen des 54. DJT, 1982.)

Stapper, Florian: Die Praxis der Arbeit mit Insolvenzplänen oder die Insuffizienz des Insolvenzplans: Diagnose und Therapie, ZInsO 2009, 2361–2367.

–/ *Jacobi, Christoph Alexander*: Der Insolvenzplan – Was prüft das Gericht?, ZInsO 2014, 1821–1830.

Staub, Hermann (Begr.): Handelsgesetzbuch Großkommentar, Bd. 2, Halbband 1 (§§ 105–144), 3. Aufl., Berlin, 1973.
(Zitiert: *Bearbeiter*, in: Staub, HGB, Bd. 2/1, 3. Aufl., 1973.)

–: Handelsgesetzbuch Großkommentar, Bd. 3 (§§ 105–160), 5. Aufl., Berlin, 2009.
(Zitiert: *Bearbeiter*, in: Staub, HGB, Bd. 3, 5. Aufl., 2009.)

–: Handelsgesetzbuch Großkommentar, Bd. 4 (§§ 161–236), 5. Aufl., Berlin, 2015.
(Zitiert: *Bearbeiter*, in: Staub, HGB, Bd. 4, 5. Aufl., 2015.)

Staudinger, Julius von (Begr.): Kommentar zum Bürgerlichen Gesetzbuch, BGB – Buch 2: Recht der Schuldverhältnisse, §§ 705–740 (Gesellschaftsrecht), Berlin, 2003.
(Zitiert: *Bearbeiter*, in: Staudinger, BGB, 2003.)

–: Kommentar zum Bürgerlichen Gesetzbuch, BGB – Buch 2: Recht der Schuldverhältnisse, §§ 241–243 (Treu und Glauben), Berlin, 2015.
(Zitiert: *Bearbeiter*, in: Staudinger, BGB, 2015.)

Stöber, Michael: Die Kompetenzverteilung bei Kapitalerhöhungen im Insolvenzverfahren, ZInsO 2012, 1811–1821.

–: Strukturmaßnahmen im Insolvenzplanverfahren und gesellschaftsrechtliche Treuepflicht – der Fall Suhrkamp, ZInsO 2013, 2457–2466.

Strümpell, Philipp: Die übertragende Sanierung innerhalb und außerhalb der Insolvenz, München, 2006.
(Zitiert: *Strümpell*, Die übertragende Sanierung, 2006.)

Tetzlaff, Christian: Drohende Zahlungsunfähigkeit – Geschäftsführer und Gesellschafter in der Zwickmühle?, Zu Haftungsrisiken für den Geschäftsführer bei Stellung eines Insolvenzantrags wegen drohender Zahlungsunfähigkeit, oder: Sind die Gesellschafter einem böswilligen Fremdgeschäftsführer ausgeliefert?, ZInsO 2008, 226–231.

Theiselmann, Rüdiger: Praxishandbuch des Restrukturierungsrechts, 2. Aufl., Köln, 2013.
(Zitiert: *Bearbeiter*, in: Theiselmann, Praxishdb. Restrukturierungsrecht, 2. Aufl., 2013.)

Thole, Christoph: Treupflicht-Torpedo? Die gesellschaftsrechtliche Treuepflicht im Insolvenzverfahren, Zugleich Besprechung LG Frankfurt / M., v. 10.09.2013 – 3-09 O 96/13, ZIP 2013, 1831 – Suhrkamp, ZIP 2013, 1937–1945.

–: Gesellschaftsrechtliche Maßnahmen in der Insolvenz, 2. Aufl., Köln, 2015.
(Zitiert: *Thole*, GesR Maßn. in der Insolvenz, 2. Aufl., 2015.)

–: „Stimmverbote wegen Interessenkonflikten in der Gläubigerversammlung“, in: Graf-Schlicker, Marie-Luise u.a. (Hrsg.), Festschrift für Heinz Vallender zum 65. Geburtstag, Köln, 2015.
(Zitiert: *Thole*, in: FS Vallender, 2015, S. 697–700.)

Trams, Kai: Gesetz zur weiteren Erleichterung der Sanierung von Unternehmen, NJW-Spezial 2011, 149–150.

Uhlenbruck, Wilhelm: „Zur Kollision von Gesellschafts- und Insolvenzrecht in der Unternehmens-insolvenz“, in: Gerhardt, Walter u.a. (Hrsg.), Insolvenzrecht im Wandel der Zeit, Festschrift für Hans-Peter Kirchhof zum 65. Geburtstag, Recklinghausen, 2003, S. 479–506.
(Zitiert: *Uhlenbruck*, in: FS Kirchhof, 2003.)

–: „Gesellschaftsrechtliche Defizite der Insolvenzordnung“, in: Moll, Wilhelm (Hrsg.), Festschrift für Hans-Jochem Lüer zum 70. Geburtstag, München, 2008, S. 461–477.
(Zitiert: *Uhlenbruck*, in: FS Lüer, 2008.)

–: Von der Notwendigkeit eines eigenständigen Sanierungsgesetzes, NZI 2008, 201–206.

–/ *Vallender, Heinz*: Zehn Jahre Insolvenzordnung – eine kritische Zwischenbilanz, NZI 2009, 1–11.

–/ *Hirte, Heribert (Hrsg.)*: Insolvenzordnung Kommentar, 13. Aufl., München, 2010. (Zitiert: *Bearbeiter*, in: Uhlenbruck u.a. (Hrsg.), InsO, 13. Aufl., 2010.)

– *(Hrsg.)*: Insolvenzordnung Kommentar, 14. Aufl., München, 2015. (Zitiert: *Bearbeiter*, in: Uhlenbruck u.a. (Hrsg.), InsO, 14. Aufl., 2015.)

Ulmer, Peter: Die gesellschaftsrechtlichen Regelungsvorschläge der Kommission für Insolvenzrecht, ZHR 149 (1985), 541–574.

–: Hundert Jahre Personengesellschaftsrecht: Rechtsfortbildung bei OHG und KG, ZHR 161 (1997), 102–132.

–: Mehrheitsbeschlüsse in Personengesellschaften: definitiver Abschied vom Bestimmtheitsgrundsatz, ZIP 2015, 657–662.

Undritz, Sven-Holger: Restrukturierung in der Insolvenz, ZGR 2010, 201–217.

Urlaub, Jasmin: Notwendige Änderungen im Gesetz zur weiteren Erleichterung der Sanierung von Unternehmen (ESUG) zur Verhinderung von Missbräuchen, ZIP 2011, 1040–1045.

Vallender, Heinz: Allgemeine Anforderungen an Anträge im Insolvenzverfahren, MDR 1999, 280–284.

–: Gefahren für den Insolvenzstandort Deutschland, NZI 2007, 129–137.

–: Gesetz zur weiteren Erleichterung der Sanierung von Unternehmen (ESUG) – Änderungen des Insolvenzeröffnungsverfahrens, MDR 2012, 61–65.

–: Das neue Schutzschirmverfahren nach dem ESUG, GmbHR 2012, 450–455.

–: Gerichtliche Erfahrungen mit Eigenverwaltung und Schutzschirmverfahren, DB 2015, 231–238.

Verse, Dirk A.: Das Beschlussmängelrecht nach dem ARUG, NZG 2009, 1127–1132.

–: Anteilseigner im Insolvenzverfahren, Überlegungen zur Reform des Insolvenzplanverfahrens aus gesellschaftsrechtlicher Sicht, ZGR 2010, 299–324.

Vorwerk, Volker / Wolf, Christian (Hrsg.): Beck'scher Online-Kommentar ZPO, Ed. 18 (09/2015), München. (Zitiert: *Bearbeiter*, in: Vorwerk / Wolf (Hrsg.), BeckOK ZPO, Ed. 18 (09/2015).)

Weber, Friedrich: Die Funktionsteilung zwischen Konkursverwalter und Gesellschaftsorganen im Konkurs der Kapitalgesellschaft, KTS 1970, 73–89.

Weisemann, Ulrich / Smid, Stefan (Hrsg.): Handbuch Unternehmensinsolvenz, Köln, 1999. (Zitiert: *Bearbeiter*, in: Weisemann / Smid (Hrsg.), Hdb. Unternehmensinsolvenz, 1999.)

Weller, Marc-Philippe: Die Verlegung des Center of Main Interest von Deutschland nach England, ZGR 2008, 835–866.

Wertenbruch, Johannes: Die Personengesellschaft im Vergleich zur AG und GmbH im Insolvenzplanverfahren, ZIP 2013, 1693–1704.

–: Quorumsabänderung und zweistufige Beschlusskontrolle ohne Bestimmtheitsgrundsatz, NZG 2013, 641–646.

–: Gesellschafterbeschluss für Insolvenzantrag bei drohender Zahlungsunfähigkeit, DB 2013, 1592–1596.

Westermann, Harm Peter: Die Verteidigung von Mitgliedschaftsrechten in der Personengesellschaft (einschließlich GmbH & Co. KG), NZG 2012, 1121–1129.

–: Der „Suhrkamp"-Gesellschafter unter dem Schutzschirm der Gesellschaftsinsolvenz, NZG 2015, 134–144.

–/ Wertenbruch, Johannes (Hrsg.): Handbuch der Personengesellschaften, Loseblattsammlung, 62. Lfg. (05/2015), Köln.
(Zitiert: *Bearbeiter*, in: Westermann / Wertenbruch (Hrsg.), Hdb. PersG, Lb.)

Westpfahl, Lars / Janjuah, Riaz K.: Zur Modernisierung des deutschen Sanierungsrechts, Ein Beitrag zur aktuellen Diskussion über die Reformbedürftigkeit des deutschen Insolvenzrechts, ZIP 2008, Beil. / Heft 3, 1–28.

Wiedemann, Herbert: Die Übertragung und Vererbung von Mitgliedschaftsrechten bei Handelsgesellschaften, München, 1965.
(Zitiert: *Wiedemann*, Mitgliedschaftsrechte, 1965.)

–: Das Abfindungsrecht – ein gesellschaftsrechtlicher Interessenausgleich, ZGR 1978, 477–497.

–: Gesellschaftsrecht, Bd. I, Grundlagen, München, 1980.
(Zitiert: *Wiedemann*, GesR, Bd. I, 1980.)

–: Gesellschaftsrecht, Bd. II, Recht der Personengesellschaften, München, 2004.
(Zitiert: *Wiedemann*, GesR, Bd. II, 2004.)

–: „Debt Equity Swap – Gedanken zur Umwandlung von Schulden in Eigenkapital", in: Krieger, Gerd u.a. (Hrsg.), Festschrift für Michael Hoffmann-Becking zum 70. Geburtstag, München, 2013, S. 1387–1396.

Wieneke, Laurenz / Hoffmann, Thomas: Der Erhalt der Börsennotierung beim echten und unechten Debt Equity Swap in der Insolvenz der börsennotierten AG, ZIP 2013, 697–708.

Willemsen, Reinhard / Rechel, Janine: Die Reform des Insolvenzplanverfahrens – Ein Zwischenstandsbericht: Anmerkungen zu den vorgeschlagenen Änderungen, BB 2010, 2059–2068.

Wimmer, Klaus (Hrsg.): Frankfurter Kommentar zur Insolvenzordnung, 6. Aufl., Köln, 2011.
(Zitiert: *Bearbeiter*, in: Wimmer (Hrsg.), FK-InsO, 6. Aufl., 2011.)

–: Das neue Insolvenzrecht nach der ESUG-Reform, Köln, 2012.
(Zitiert: *Wimmer*, Das neue InsR, 2012.)

– *(Hrsg.)*: Frankfurter Kommentar zur Insolvenzordnung, 8. Aufl., Köln, 2015.
(Zitiert: *Bearbeiter*, in: Wimmer (Hrsg.), FK-InsO, 8. Aufl., 2015.)

–/*Dauernheim, Jörg/Wagner, Martin/Gietl, Josef (Hrsg.)*: Handbuch des Fachanwalts Insolvenzrecht, 7. Aufl., Köln, 2015.
(Zitiert: *Bearbeiter*, in: Wimmer u.a. (Hrsg.), Hdb. des Fachanwalts InsR, 7. Aufl., 2015.)

Wortberg, Sven: Holzmüller und die Stellung des Insolvenzantrags wegen drohender Zahlungsunfähigkeit, ZInsO 2004, 707–713.

Wuschek, Thomas: Debt-Equity-Swap – Gestaltung von Anteilsrechten im Insolvenzplanverfahren, ZInsO 2012, 1768–1772.

Zarzitzky, Alexander: Die Reform des Insolvenzplanverfahrens, Hamburg, 2014.
(Zitiert: *Zarzitzky*, Reform des Insolvenzplanverfahrens, 2014.)

Zimmer, Frank Thomas: Abschaffung der Sanierungsklausel (§ 8c Abs. 1a KStG) und Debt-Equity-Swap nach ESUG, ZInsO 2011, 950–953.

–: Gesetz zur Änderung des § 522 ZPO (und des § 7 InsO!) – Das neue Beschwerderecht in Insolvenzsachen, ZInsO 2011, 1689–1696.

Zipperer, Helmut: Treuepflichten im Insolvenzeröffnungsverfahren, NZI 2010, 281–285.

–: Die Einflussnahme der Aufsichtsorgane auf die Geschäftsleitung in der Eigenverwaltung – eine Chimäre vom Gesetzgeber, Trugbild oder Mischwesen?, ZIP 2012, 1492–1496.

–: Rechtsschutzmöglichkeiten des Gesellschafters im Insolvenzeröffnungs- und eröffneten Verfahren, ZIP 2015, 2002–2010.

Zöllner, Wolfgang: Die Schranken mitgliedschaftlicher Stimmrechtsmacht bei den privatrechtlichen Personenverbänden, Köln, 1963.
(Zitiert: *Zöllner*, Schranken mitgliedschaftlicher Stimmrechtsmacht, 1963.)

–: Treupflichtgesteuertes Aktienkonzernrecht, ZHR 162 (1998), 235–248.

www.ingramcontent.com/pod-product-compliance
Ingram Content Group UK Ltd.
Pitfield, Milton Keynes, MK11 3LW, UK
UKHW021829290926
8980IPUK00004B/347

9 783631 699324